大卒程度

TAC公務員講座 編

公務員試験

基本 過去 問題集

数的推理

TAC出版
TAC PUBLISHING Group

はしがき

- 問題集を買ったのに、解けない問題ばかりで実力がついている気がしない…
- 難しい問題が多くて、途中で挫折してしまう…
- 公務員試験は科目が多いから、せめて１科目１冊の本で済ませたい…

『ゼロから合格 公務員基本過去問題集』（以下、『ゼロ過去』）は、このような読者の声に応えるために開発された公務員過去問題集です。問題集といっても、ただ過去問とその解説が並んでいるだけの本ではなく、「過去問」の前に、「その過去問に正解するために必要な知識やテクニック」が必ず載っています。この科目の学習を全くしたことない方も、本書で知識やテクニックを身につけながら、同時にそれらを使って問題を解く練習を積むことができる構成になっています。

『ゼロ過去』には、「しっかり読んでじっくり考えれば解ける問題」しか載っていません。それでいて、実際の試験で合格ラインを超えるのに十分な問題演習を積むこともできます。つまり、「**ゼロから始めて１冊で合格レベルにたどり着く**」ための問題集なのです。

せっかくやるのだから、最後までやり遂げてほしい。最後まで「つづく」ためには、問題が「解ける」という達成感もきっと必要。『ゼロ過去』は、きちんとがんばった読者にきちんと結果がついてくるように、どの問題も必ず解けるように工夫して配置しています。また、その名のとおり「知識ゼロ」の状態からいきなり取り組んでも支障がないよう、基本的な知識やテクニックのまとめが過去問より先に掲載されているので、「全く何も知らない」状態で、前から順番に取り組むだけで学習が進みます。

本書を十分に活用して、公務員試験の合格をぜひ勝ち取ってください。

TAC公務員講座

本書の利用方法

本書は、大卒程度・行政職の各種公務員試験の対策を、「知識ゼロから始められる問題集」です。何であれ、問題を解くには知識やテクニックが必要です。

- 知識・テクニックの**インプット**（新しい情報を入れる）
- 問題演習を通じた**アウトプット**（入れた情報を使って問題が解けるかどうか試してみる）

試験対策はこの反復で進めていくのが王道です。『ゼロ過去』は、この科目について全く学習したことのない方でも、知識とテクニックを身につけながら問題が解けるように作られています。

ここで説明する効果的な利用方法を参考にしながら学習を進めていきましょう。

1 まずは試験をよく知ることから！　出題傾向を知る

●国家一般　　●：出題あり　●：複数問出題あり

		2011	2012	2013	2014	2015	2016	2017	2018	2019	2020
数の性質	整数の基礎				●	●					
	数列・規則性		●		●	●	●			●	
	倍数の応用	●								●	
	魔方陣、虫食い算・覆面算										
	n進法										
	方程式の基本					●	●	●			
	不等式										
	不定方程式		●								

巻頭には、出題分野ごと・受験先ごとに過去10年間の出題傾向がまとめられています。

多くの方は複数の試験を併願すると思われるため、網羅的に学習するのが望ましいですが、受験先ごとの出題の濃淡はあらかじめ頭に入れたうえで学習に着手するようにしましょう。

2 問題を解くのに必要なことはすべてここにある！ input編

一般的な公務員試験の問題集では、初めて取り組んだ時点では「解けない問題」がたくさんあるはずです。最初は解けないから解説を読んでしまい、そのことで理解し、何度も何度も同じ問題を周回することによってだんだん正答率が高まっていくような仕組みになっていることが多いです。

『ゼロ過去』では、このinput編をしっかり使いこなせば、最初から全問正解することもできるはず。そのくらい大事な部分ですから、しっかり学習しましょう。

学習のポイント
その単元の位置づけや学習に当たっての
心構えです。
まずはここを確認しよう！

例題
知識やテクニックをどのように使えばいいのか、具体的な例題を通じて確認できます。

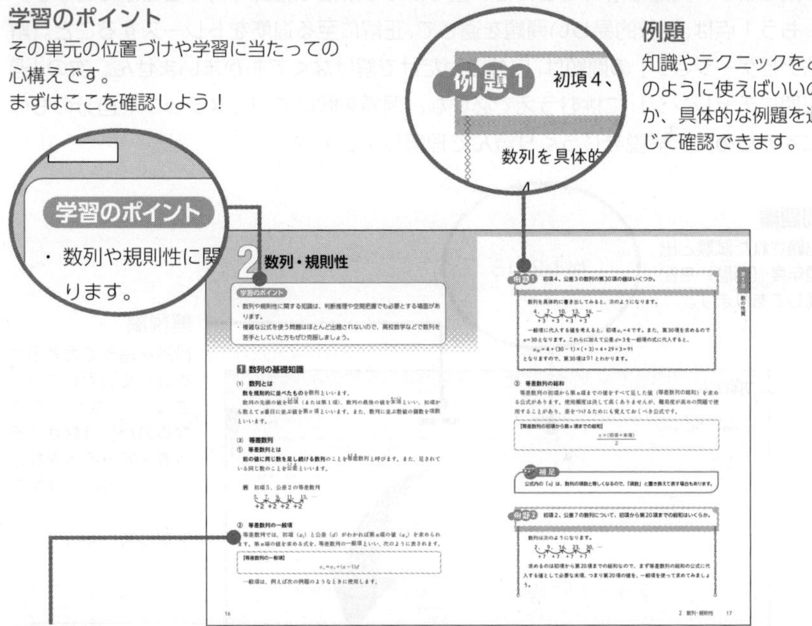

要点整理
問題を解くのに必要なことが、すべてここに詰まっています。
重要なことは強調して表現されているので、メリハリをつけて頭に
入れていきましょう。

★その他のお役立ちアイテム

補足 ：少し発展的な知識を解説しています。

ヒント ：問題を解くための助けになる情報や、情報を覚えやすくするためのポイントをまとめています。

重要！ ：特に押さえておいてほしい知識・テクニックであることを示しています。

3 典型問題で実践！　解法ナビゲーション

知識やテクニックが身についても、それを活用して問題を解くためには、「コツ」や「慣れ」が必要になります。問題の解法は一つではありませんが、どの解法がどの問題に向いているか（どの解法がその問題に最適であるか）を見極めるには、実際に解きながら着眼点を養っていくしかありません。

「解法ナビゲーション」の目的は２点あります。まず、「問題のどういう点に注目して、どのアプローチを試すべきか」がわかるようになること。これがわかると、１人で新しい問題を解くときにも、当てはめる解法の指針を得ることができます。

もう１点は、比較的易しい問題を通じて、正解に至る道筋をトレースすること。「解法ナビゲーション」の問題は、自分の力だけで解けなくてもかまいません。次の「過去問にチャレンジ」に挑むうえで必要な、問題を解いていくステップを自分のものにするために、解説をじっくり読んで理解しましょう。

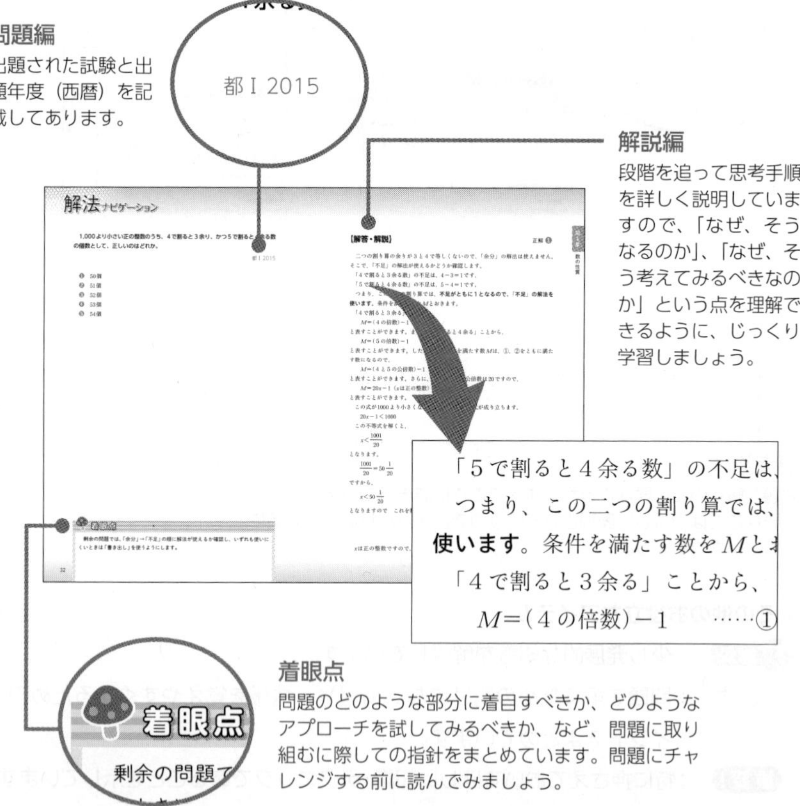

問題編
出題された試験と出題年度（西暦）を記載してあります。
都Ⅰ 2015
解説編
段階を追って思考手順を詳しく説明していますので、「なぜ、そうなるのか」、「なぜ、そう考えてみるべきなのか」という点を理解できるように、じっくり学習しましょう。
解法ナビゲーション
「５で割ると４余る数」の不足は、
つまり、この二つの割り算では、
使います。条件を満たす数をMとお
「４で割ると３余る」ことから、
$M=(4の倍数)-1$　……①
着眼点
剰余の問題で
着眼点
問題のどのような部分に着目すべきか、どのようなアプローチを試してみるべきか、など、問題に取り組むに際しての指針をまとめています。問題にチャレンジする前に読んでみましょう。

4 知識を活用して問題演習！　過去問にチャレンジ

「解法ナビゲーション」で学んだことを、次は別の問題で実践できるか試す段階です。「過去問にチャレンジ」の解説は別冊子にまとめていますので、問題を解いた後、それぞれ並べて答え合わせしてみてください。

『ゼロ過去』は、やさしい問題（必ず正解したい問題）から、やや歯ごたえのある問題（試験で差がつく問題）までバランスよく収録しているので、１科目１冊で試験対策が完結します。場合によっては20科目以上に及ぶ公務員試験だからこそ、必要な問題のみを厳選し、これ１冊で合格レベルに届く本を意識しました。

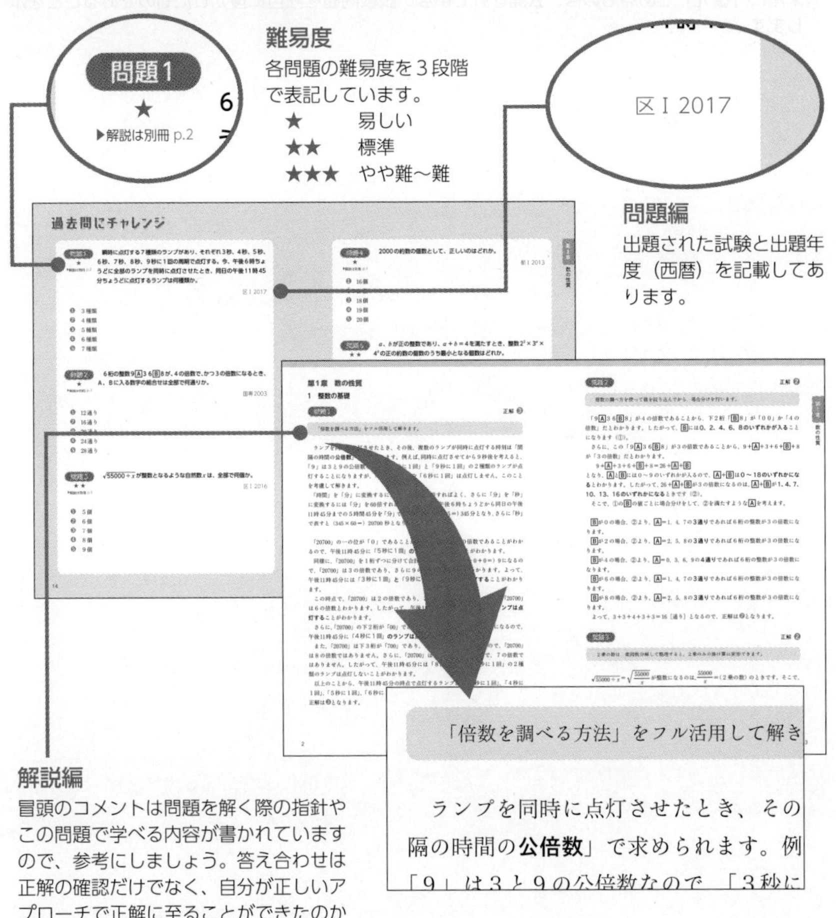

問題1
★
▶解説は別冊 p.2
難易度
各問題の難易度を３段階で表記しています。
★　易しい
★★　標準
★★★　やや難～難
区Ⅰ 2017
問題編
出題された試験と出題年度（西暦）を記載してあります。
過去問にチャレンジ
「倍数を調べる方法」をフル活用して解き
ランプを同時に点灯させたとき、その
隔の時間の公倍数」で求められます。例
解説編
冒頭のコメントは問題を解く際の指針やこの問題で学べる内容が書かれていますので、参考にしましょう。答え合わせは正解の確認だけでなく、自分が正しいアプローチで正解に至ることができたのかについて、しっかり確認してください。

●**掲載した過去問題の表記について**

表記	該当試験
国総	国家総合職 大卒程度（旧・国家Ⅰ種を含む）
国般	国家一般職 大卒程度 行政（旧・国家Ⅱ種を含む）
国専	国家専門職共通問題
裁判所	裁判所職員一般職 大卒程度（旧・裁判所事務官Ⅱ種を含む）
都Ⅰ	東京都Ⅰ類
区Ⅰ	特別区Ⅰ類
地上	道府県庁・政令市上級

※末尾に「復元」とあるものは、公開されていない試験問題を独自に復元したものであることを示します。

過去10年の出題傾向

●国家一般　　　　●：出題あり　◉：複数問出題あり

		2011	2012	2013	2014	2015	2016	2017	2018	2019	2020
数の性質	整数の基礎				●	●					
	数列・規則性		●		●	●	●			●	
	倍数の応用	●								●	
	魔方陣、 虫食い算・覆面算										
	n進法										
方程式の文章題	方程式の基本					●	●	◉			
	不等式										
	不定方程式		●								
	割合・比	●			●		●	●		●	●
	平均・濃度			●					●		●
	仕事算・ ニュートン算		●		●				●		
速　さ	速　さ										
	旅人算・周回算			●							
	流水算	●									●
	通過算										
	ダイヤグラム			●							
	時計算										
場合の数・確率	場合の数の基礎					●				●	●
	場合の数の応用										
	確率の基礎					●		●			
	確率の応用		◉	●	●	●	●		◉		
図形の計量	図形の基礎										
	図形の相似・ 三平方の定理			●			●		●		
	円	●				●		●			
	立体の知識と 面積・体積の応用		◉	◉							

●国家専門職

		2011	2012	2013	2014	2015	2016	2017	2018	2019	2020
数の性質	整数の基礎		●	●	●			●	●	●	
	数列・規則性			●						●	●
	倍数の応用										
	魔方陣、 虫食い算・覆面算										
	n進法										
方程式の文章題	方程式の基本		●		●	●	●	●			
	不等式								●		
	不定方程式	●									
	割合・比		●			●	●			●	
	平均・濃度		●						●		●
	仕事算・ ニュートン算			●		●					
速　さ	速　さ			●			●				
	旅人算・周回算										
	流水算	●			●						
	通過算										
	ダイヤグラム										
	時計算										
場合の数・確率	場合の数の基礎			●			●			●	
	場合の数の応用	●	●	●				●			
	確率の基礎	●			●	●			●		
	確率の応用										●
図形の計量	図形の基礎										
	図形の相似・ 三平方の定理		●						●		
	円									●	
	立体の知識と 面積・体積の応用		●		●		●	●			●

●裁判所

		2011	2012	2013	2014	2015	2016	2017	2018	2019	2020
数の性質	整数の基礎	●			●			●		●	
	数列・規則性		●	●		●	●			●	
	倍数の応用		●		●						●
	魔方陣、 虫食い算・覆面算	●				●					
	n進法										
方程式の文章題	方程式の基本		●	●			●		●		
	不等式										
	不定方程式			●							
	割合・比						●			●	●
	平均・濃度	●					●				
	仕事算・ ニュートン算								●		
速　さ	速　さ										
	旅人算・周回算										
	流水算							●			
	通過算								●		
	ダイヤグラム				●						
	時計算										
場合の数・確率	場合の数の基礎	●				●	●	●			●
	場合の数の応用		●							●	
	確率の基礎				●				●		
	確率の応用	●	●	●	●	●		●			●
図形の計量	図形の基礎	●	●	●							
	図形の相似・ 三平方の定理				●			●	●		●
	円						●			●	
	立体の知識と 面積・体積の応用	●		●		●			●	●	●

●東京都Ⅰ類B

		2011	2012	2013	2014	2015	2016	2017	2018	2019	2020
数の性質	整数の基礎			●			●	●			
	数列・規則性	●	●			●	●			●	
	倍数の応用				●	●		●	●		
	魔方陣、 虫食い算・覆面算								●		
	*n*進法				●				●		
方程式の文章題	方程式の基本		●	●				●	●	●	
	不等式		●			●	●				
	不定方程式				●			●			
	割合・比			●	●						
	平均・濃度										
	仕事算・ ニュートン算	●						●		●	
速　さ	速　さ			●							
	旅人算・周回算	●									
	流水算										
	通過算										●
	ダイヤグラム										
	時計算										
場合の数・確率	場合の数の基礎			●							●
	場合の数の応用										
	確率の基礎	●	●		●	●	●	●	●	●	●
	確率の応用										
図形の計量	図形の基礎			●					●	●	
	図形の相似・ 三平方の定理		●			●					●
	円	●			●			●	●		
	立体の知識と 面積・体積の応用			●			●				●

●特別区Ⅰ類

		2011	2012	2013	2014	2015	2016	2017	2018	2019	2020
数の性質	整数の基礎			●			●	●		●	●
	数列・規則性										
	倍数の応用		●		●	●					
	魔方陣、虫食い算・覆面算					●					
	n進法										
方程式の文章題	方程式の基本										●
	不等式	●							●		
	不定方程式								●		
	割合・比									●	
	平均・濃度		●					●			
	仕事算・ニュートン算	●		●			●		●		●
速　さ	速　さ				●		●	●			
	旅人算・周回算										
	流水算				●				●		●
	通過算										
	ダイヤグラム	●				●				●	
	時計算										
場合の数・確率	場合の数の基礎				●	●					
	場合の数の応用			●						●	
	確率の基礎							●			
	確率の応用		●								
図形の計量	図形の基礎				●		●				
	図形の相似・三平方の定理	●	●	●							●
	円					●					
	立体の知識と面積・体積の応用							●	●	●	

目　次

第1章

数の性質

整数の基礎

数列・規則性

倍数の応用

魔方陣、虫食い算・覆面算

n進法

1 整数の基礎

学習のポイント

・覚えるべき基礎知識の多い分野ですが、ここで習得する内容は数的推理全般で活用する知識となります。基礎の再確認をしっかり行うことが重要です。

1 整数に関する基礎知識

(1) 自然数

自然数とは、**1以上の整数すべて**をいいます。

(2) 素　数

① 素　数

素数(そすう)とは、**約数が1とその数自身の二つのみである正の整数**をいいます。

例　2, 3, 5, 7, 11, 13, 17, 19, …

補足

1は素数ではありませんので、気をつけましょう。

② 素因数分解

ある整数を素数の掛け算に分解することを素因数分解(そいんすう)といいます。素因数分解は、以下のような手順で行います。問題に取り組む過程でよく使うので、確実にできるようにしておきましょう。

❶ 素因数分解したい整数を、割り切ることのできる素数で割る
❷ 出てきた商を、割り切ることのできる素数で割る
❸ 商が素数になったら（＝それ以上割れなくなったら）、L字型に並ぶ素数を掛け算の式にする

例　420を素因数分解する

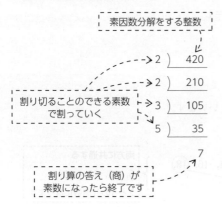

素因数分解をする整数

割り切ることのできる素数で割っていく

2	420
2	210
3	105
5	35
	7

割り算の答え（商）が素数になったら終了です

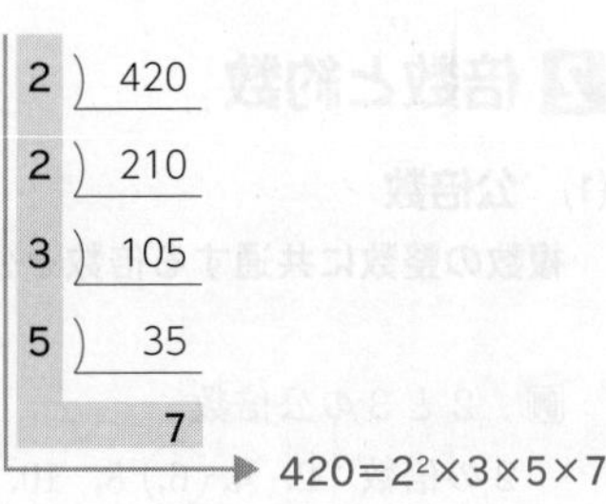

$420=2^2\times3\times5\times7$

平方根を整数を含んだ形に整理するときにも、素因数分解を使うことがあります。

$$\sqrt{750}=\sqrt{2\times3\times5^3}$$
$$=\sqrt{5^2}\times\sqrt{2\times3\times5}$$
$$=5\sqrt{30}$$

(3) 倍　数

倍数とは、**ある整数を整数倍した数**をいいます。

例　2の倍数：2, 4, 6, 8, 10, 12, …

　　7の倍数：7, 14, 21, 28, 35, 42, …

(4) 約　数

約数とは、**ある整数を割り切ることのできる**（割ると余りが0になる）**整数**をいいます。

例　36の約数：1, 2, 3, 4, 6, 9, 12, 18, 36

(5) 指　数

指数とは、**累乗を示す式の右肩に乗っている数字**をいいます。「x^2」の「2」が指数に当たります。

指数に関して必要な知識として**指数法則**があります。式の計算で使うだけでなく、問題を解くヒントにもなる知識です。しっかり覚えておきましょう。

❶ $a^m \times a^n = a^{m+n}$　　❸ $(a^m)^n = a^{mn}$

❷ $a^m \div a^n = a^{m-n}$　　❹ $a^0 = 1$

2 倍数と約数

(1) 公倍数

複数の整数に共通する倍数を**公倍数**といいます。

例　2と3の公倍数

2の倍数：2, 4, (6), 8, 10, (12), 14, 16, (18), …

3の倍数：3, (6), 9, (12), 15, (18), …

両方に共通する6, 12, 18, …が2と3の公倍数になります

公倍数のうち最も小さいものを**最小公倍数**といいます。

上の例であれば、最小公倍数は「6」です。

最小公倍数の倍数すべてが公倍数になります。上の例であれば、最小公倍数「6」の倍数すべてが2と3の公倍数となります。

(2) 公約数

複数の整数に共通する約数を**公約数**といいます。

例　18と30の公約数

18の約数：(1), (2), (3), (6), 9, 18

30の約数：(1), (2), (3), 5, (6), 10, 15, 30

両方に共通する1, 2, 3, 6が18と30の公約数になります

公約数のうち最も大きいものを**最大公約数**といいます。

上の例であれば、最大公約数は「6」です。

ヒント

最大公約数の約数すべてが公約数になります。上の例であれば、最大公約数「6」の約数すべてが18と30の公約数となります。

(3) 最小公倍数・最大公約数の求め方

最小公倍数と最大公約数では、求め方が少し異なるので注意しましょう。

例 36と48の最小公倍数・最大公約数

❶ 調べたい整数**すべてを割り切れる素数で割る**

❷ 商（割り算の答え）をすべて割り切れる素数で割る

❸ 共通で割り切れる素数がなくなったら、次の図のように、縦に並ぶ「**割った素数すべて」を掛け算すると、最大公約数を求められる**

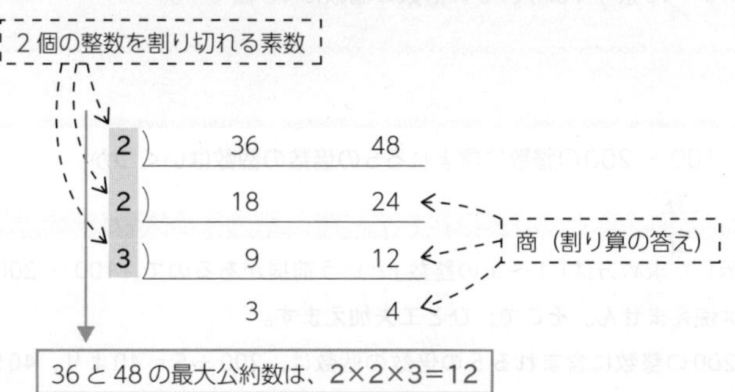

❹ 最後の商が**すべて素数になっていない場合**は、それぞれを素数で割り、その商が素数になるまで続ける

❺ 商がすべて素数になったら、図のように**L字型に並ぶ素数を掛け算すると、最小公倍数を求められる**

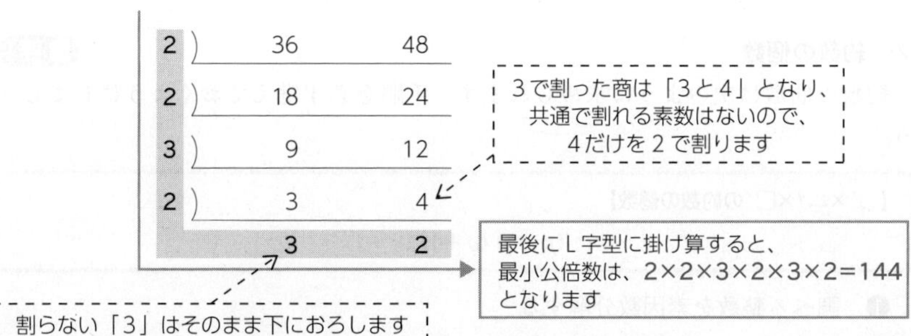

(4) 倍数と約数の個数

① 倍数の個数

重要！

倍数の個数は次のように求められます。

【1～nの整数に含まれるxの倍数の個数】

$n \div x$の商

このとき、割り算の余りがいくつでも考慮する必要はありません。

例題1　1～100の整数に含まれる6の倍数の個数はいくつか。

100 ÷ 6 = 16余り4より、6の倍数の個数は16個です。

例題2　100～200の整数に含まれる5の倍数の個数はいくつか。

先に示した求め方は「1～nの整数」という前提があるので、「100～200の整数」の場合は使えません。そこで、ひと工夫加えます。

1～200の整数に含まれる5の倍数の個数は、200 ÷ 5 = 40より、40個になります。このうち、1～99に含まれる5の倍数の個数は数える必要がありませんから、99 ÷ 5 = 19余り4より、1～99に含まれる5の倍数の個数は19個になります。これを40個から引くと、40 − 19 = 21個となるので、「100～200の整数に含まれる5の倍数の個数」は21個とわかります。

②　約数の個数　重要！

約数の個数は次のように求められます。手順を必ず覚えておくようにしましょう。

【$○^p \times △^q \times □^r$の約数の個数】

$(p+1)(q+1)(r+1)$

❶　調べる整数を素因数分解する

❷　素因数分解した式のすべての指数に1を加える

❸　1を加えた数をすべて掛け算したものが約数の個数になる

例題3 200の約数の個数はいくつか。

❶ 200を素因数分解すると、$2^3 \times 5^2$になります。

❷ この式の指数は3と2なので、それぞれに1を加えると4と3になります。

❸ よって、200の約数の個数は4 × 3 = 12［個］となります。

例題4 ある自然数を素因数分解すると$2^2 \times 3^a \times 5^2$と表され、約数が36個であるとき、この自然数は何か。

素因数分解された式を約数の個数の求め方に合わせておくと、

$(2+1)(a+1)(2+1)=36$

$9(a+1)=36$

$(a+1)=4$

$a=3$

よって、もとの自然数は、

$2^2 \times 3^3 \times 5^2 = 4 \times 27 \times 25 = 2700$

となります。

⑸ 2～10の倍数の見分け方 重要!

ある自然数が、それぞれ2～10の倍数であるかどうかを見分ける方法は以下のとおりです。これらは必ず使いこなせるようにしておきましょう。

2の倍数	下1桁が「0」か「2の倍数」	6の倍数	2の倍数と3の倍数の条件を同時に満たす数
3の倍数	1桁ずつに分けて合計すると、3の倍数になる	8の倍数	下3桁が「000」か「8の倍数」
4の倍数	下2桁が「00」か「4の倍数」	9の倍数	1桁ずつに分けて合計すると、9の倍数になる
5の倍数	下1桁が「0」か「5」	10の倍数	下1桁が「0」

7の倍数は、公務員試験では使いにくい方法しかないので、実際に割って確かめてしまうほうが速いです。

例題5 5400は2～10のうちどの数の倍数か。

・5400は下1桁が「0」⇒5400は2の倍数、5の倍数、10の倍数
・5400は下2桁が「00」⇒5400は4の倍数
・5400は下3桁が「400」⇒400は8の倍数であるので、5400は8の倍数
・5400を1桁ずつに分けた合計は5＋4＋0＋0＝9⇒5400は3の倍数、9の倍数
・5400は2の倍数であり、かつ3の倍数⇒5400は6の倍数
以上より、2、3、4、5、6、8、9、10の倍数であるとわかります。

与えられた条件について、倍数の知識を利用して問題を解くことが求められることがあります。

例題6 ある高校のA～CクラスからX大学に進学した生徒の数について次のことがわかっているとき、AクラスからX大学に進学した生徒は何人か。

・AクラスはBクラスの7倍
・BクラスはCクラスの3倍
・A～CクラスからX大学に進学した生徒の合計人数は50人

AクラスはBクラスの7倍なので、Aクラスからの進学者数は7の倍数だとわかります。

BクラスはCクラスの3倍なので、Bクラスからの進学者数は3の倍数だとわかります。

また、Aクラスは3の倍数であるBクラスの7倍なので、Aクラスからの進学者数は3×7＝21の倍数だとわかります。

21の倍数のうち、合計人数の50人を超えないものは21、42の二つありますが、Aクラスが21人だとすると、Bクラスが3人、Cクラスが1人で合計25人となり条件に合わないため不適となります。

Aクラスが42人だとすると、Bクラスが6人、Cクラスが2人で合計50人となりすべての条件を満たすため、Aクラスからの進学者数は**42人**だとわかります。

3 2乗の数（平方数）　重要！

2乗の数（平方数）は計算の基本となります。1～20の2乗は必ず暗記しましょう。

$1^2=1$	$5^2=25$	$9^2=81$	$13^2=169$	$17^2=289$
$2^2=4$	$6^2=36$	$10^2=100$	$14^2=196$	$18^2=324$
$3^2=9$	$7^2=49$	$11^2=121$	$15^2=225$	$19^2=361$
$4^2=16$	$8^2=64$	$12^2=144$	$16^2=256$	$20^2=400$

また、2乗の数（平方数）は、**素因数分解をすると必ず2乗のみの掛け算に分解できます**（2乗の組は1個以上あれば何組あってもよい）。

例　$9=3^2$

$36=6^2=2^2\times3^2$

$900=30^2=2^2\times3^2\times5^2$

$324=18^2=2^2\times3^2\times3^2$

4 一の位に着目した計算　重要！

足し算、引き算、掛け算では、**計算する数の一の位だけに着目すれば、計算結果の一の位もわかります。**一の位がわかることが問題を解く手がかりになるケースがありますので、覚えておきましょう。

例　4823＋715の一の位だけを計算すれば、3＋5＝8より、4823＋715の計算結果の一の位は「8」です。実際に計算すると、4823＋715＝5538となり、計算結果の一の位が「8」になることがわかります。

```
   4 8 2 3
 +   7 1 5
 ---------
   [   ] 8
```

例　5196×427の一の位だけを計算すれば、6×7＝42より、5196×427の計算結果の一の位は「2」です。実際に計算すると、5196×427＝2218692となり、計算結果の一の位が「2」になることがわかります。

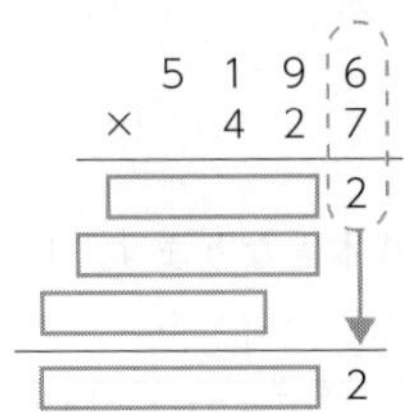

解法ナビゲーション

　A～Dの４人が、100点満点の試験を受けた。４人の得点について、次のことが分かっているとき、Aの得点とBの得点を足し合わせた得点はどれか。ただし、試験の得点は全て整数とし、０点の者はいないものとする。

国専2013

○　Aの得点は、Bの得点の$\frac{5}{7}$倍であった。

○　Bの得点は、Cの得点の$\frac{5}{3}$倍であった。

○　Cの得点は、Dの得点の２倍であった。

❶　36点
❷　60点
❸　96点
❹　120点
❺　144点

　問題文にある「得点は全て整数」という記述より、整数の知識を使うことを考えます。条件にある分数の分母からわかること、分子からわかることを活用して解きます。

【解答・解説】

正解 ❹

まず、分母からわかることを整理します。A～Dの４人の得点は整数ですので、１番目の条件「Aの得点は、Bの得点の$\frac{5}{7}$倍であった」より、

(Aの得点)＝(Bの得点)×$\frac{5}{7}$ ……①

が成り立ちます。Aの得点が整数になるには、右辺の分母「７」を約分して１にする必要がありますので、

(Bの得点)＝(７の倍数) ……②

とわかります。同様に考えると、２番目の条件より、

(Bの得点)＝(Cの得点)×$\frac{5}{3}$ ……③

となるので、

(Cの得点)＝(３の倍数) ……④

となります。

次に、分子からわかることを整理します。②を①に代入すると、

(Aの得点)＝(７の倍数)×$\frac{5}{7}$

となり、これを約分すると、

(Aの得点)＝(整数)×5

となるので、

(Aの得点)＝(５の倍数)

とわかります。同様に考えると、③より、

(Bの得点)＝(５の倍数)

とわかります。

さらに、３番目の条件より、

(Cの得点)＝(Dの得点)×2

となるので、

(Cの得点)＝(２の倍数) ……⑤

とわかります。

B、Cについて複数の情報が得られたので、それらをまとめてみると、④と⑤より、

(Cの得点)＝(６の倍数)

となります。これを③に代入すると、

$$(\text{Bの得点})=(6\text{の倍数})\times\frac{5}{3}$$

となり、これを約分すると、

$$(\text{Bの得点})=(2\text{の倍数})\times 5$$

となります。(2の倍数)×5は必ず10の倍数になるので、

(Bの得点)=(10の倍数)

とわかります。これと②を合わせると、

(Bの得点)=(70の倍数)

となります。ここで、題意より、この試験は100点満点であることから、Bの得点は70点に決まります。

そこで、(Bの得点)=70点を①に代入すると、

$$(\text{Aの得点})=70\times\frac{5}{7}=50\ [\text{点}]$$

となります。これにより、Aの得点とBの得点を足し合わせると、

$$50+70=120\ [\text{点}]$$

とわかりますので、正解は**❹**となります。

過去問にチャレンジ

問題1

★

▶解説は別冊 p.2

瞬時に点灯する7種類のランプがあり、それぞれ3秒、4秒、5秒、6秒、7秒、8秒、9秒に1回の周期で点灯する。今、午後6時ちょうどに全部のランプを同時に点灯させたとき、同日の午後11時45分ちょうどに点灯するランプは何種類か。

区Ⅰ 2017

❶ 3種類
❷ 4種類
❸ 5種類
❹ 6種類
❺ 7種類

問題2

★

▶解説は別冊 p.3

6桁の整数9[A]36[B]8が、4の倍数で、かつ3の倍数になるとき、A、Bに入る数字の組合せは全部で何通りか。

国専 2003

❶ 12通り
❷ 16通り
❸ 20通り
❹ 24通り
❺ 28通り

問題3

★★

▶解説は別冊 p.3

$\sqrt{55000 \div x}$ が整数となるような自然数 x は、全部で何個か。

区Ⅰ 2016

❶ 5個
❷ 6個
❸ 7個
❹ 8個
❺ 9個

問題4 ★
▶解説は別冊 p.4

2000の約数の個数として、正しいのはどれか。

都Ⅰ2013

❶ 16個
❷ 17個
❸ 18個
❹ 19個
❺ 20個

問題5 ★★
▶解説は別冊 p.4

a、bが正の整数であり、$a+b=4$を満たすとき、整数$2^2 \times 3^a \times 4^b$の正の約数の個数のうち最小となる個数はどれか。

区Ⅰ2020

❶ 17個
❷ 18個
❸ 19個
❹ 20個
❺ 21個

問題6 ★★
▶解説は別冊 p.5

1～100の異なる数字が一つずつ書かれた100枚のカードがあり、同じ数字がカードの表・裏両面に書かれている。いま、全てのカードが表面を上にして並んでいるところから、初めに6の倍数が書かれたカードを全て反対の面に返した。次に、その状態から4の倍数が書かれたカードを全て反対の面に返したとき、表面を上にしているカードは何枚か。

国専2014

❶ 41枚
❷ 59枚
❸ 63枚
❹ 67枚
❺ 75枚

2 数列・規則性

学習のポイント

・数列や規則性に関する知識は、判断推理や空間把握でも必要とする場面があります。
・複雑な公式を使う問題はほとんど出題されないので、高校数学などで数列を苦手としていた方もぜひ克服しましょう。

1 数列の基礎知識

(1) 数列とは

数を規則的に並べたものを**数列**といいます。

数列の先頭の値を**初項**（または第１項）、数列の最後の値を**末項**といい、初項から数えてn番目に並ぶ値を**第n項**といいます。また、数列に並ぶ数値の個数を**項数**といいます。

(2) 等差数列

① 等差数列とは

前の値に同じ数を足し続ける数列のことを**等差数列**と呼びます。また、足されている同じ数のことを**公差**といいます。

例　初項５、公差２の等差数列

5,　7,　9,　11,　13, …

+2　+2　+2　+2

② 等差数列の一般項

等差数列では、初項（a_1）と公差（d）がわかれば第n項の値（a_n）を求められます。第n項の値を求める式を、等差数列の**一般項**といい、次のように表されます。

【等差数列の一般項】

$$a_n = a_1 + (n-1)d$$

一般項は、例えば次の例題のようなときに使用します。

例題1 初項4、公差3の数列の第30項の値はいくつか。

数列を具体的に書き出してみると、次のようになります。

4, 7, 10, 13, 16, …
+3 +3 +3 +3

一般項に代入する値を考えると、初項$a_1=4$です。また，第30項を求めるので$n=30$となります。これらに加えて公差$d=3$を一般項の式に代入すると、

$$a_{30}=4+(30-1)\times(+3)=4+29\times3=91$$

となりますので、第30項は**91**とわかります。

③ 等差数列の総和

等差数列の初項から第n項までの値をすべて足した値（**等差数列の総和**）を求める公式があります。使用頻度は決して高くありませんが、難易度が高めの問題で使用することがあり、差をつけるためにも覚えておくべき公式です。

【等差数列の初項から第n項までの総和】

$$\frac{n\times(\text{初項}+\text{末項})}{2}$$

公式内の「n」は、数列の項数と等しくなるので、「項数」と置き換えて表す場合もあります。

例題2 初項2、公差7の数列について、初項から第20項までの総和はいくらか。

数列は次のようになります。

2, 9, 16, 23, 30, …
+7 +7 +7 +7

求めるのは初項から第20項までの総和なので、まず等差数列の総和の公式に代入する値として必要な末項、つまり第20項の値を、一般項を使って求めてみましょう。

第20項の値を求めるので、$n = 20$とします。さらに初項$a_1 = 2$，公差$d = 7$を一般項の式に代入すると、

$$a_{20} = 2 + (20 - 1) \times (+7) = 135$$

となります。

これで初項から第20項の総和を求められるので、等差数列の総和の公式に、初項＝2、末項（第20項）＝135、$n = 20$を代入すると、求める総和は、

$$\frac{20 \times (2 + 135)}{2} = 1370$$

となります。

なお、本試験では、**1からnまでの自然数の総和を求めることが多い**のですが、自然数は、初項1、公差1の等差数列と考えれば、等差数列の総和の公式で求められます。

使用頻度の高い計算なので、「1からnまでの自然数の総和」の求め方を公式として覚えることもできます。その場合の公式は、以下のようになります。

【1からnまでの自然数の総和】

$$\frac{n \times (n + 1)}{2}$$

例題3　1から200までの自然数の総和はいくらか。

公式より、

$$\frac{200 \times (200 + 1)}{2} = 100 \times 201 = 20100$$

となります。

(3) 等比数列

前の値に同じ数を掛け続ける数列のことを**等比数列**（とうひすうれつ）と呼びます。また、掛ける同じ数のことを**公比**（こうひ）といいます。

例 初項3、公比−2の等比数列

3, −6, 12, −24, 48, …
×(−2) ×(−2) ×(−2) ×(−2)

等比数列にも一般項などの公式がありますが、数的処理ではほぼ使いません。等比数列については、その特徴のみをつかんでおけばよいでしょう。

(4) 階差数列

前の値に規則的に変化する数を足し続ける数列において、その「規則的に変化する数」のことを**階差数列**(かいさ)といいます。

例 初項1に「2の倍数」を足し続ける数列

1, 3, 7, 13, 21, …
+2 +4 +6 +8

これが階差数列

上の例では、足されている数「+2, +4, +6, +8, …」は2の倍数になっています。この足されている数字が階差数列と呼ばれるものです。

階差数列の問題では、等差数列の知識や倍数の知識を活用して問題を解くことが多いので、階差数列独特の公式などを覚える必要はありません。

2 特殊な数列

(1) フィボナッチ数列 重要!

第3項以降が前の2項の値の和になっている数列を**フィボナッチ数列**といいます。このような特殊な数列が出題されることもあります。

例題1 1, 1, 2, 3, 5, 8, 13, …の第10項の値はいくらか。

例えば、例題で挙げた数列の第3項は「第1項+第2項」、つまり1+1=2となっています。それ以降も同様で、第4項は「第2項+第3項」、つまり1+2=3となっていますし、第5項は「第3項+第4項」、つまり2+3=5となっています(次の図)。

1+1 2+3 5+8
1, 1, 2, 3, 5, 8, 13, …
1+2 3+5

したがって、上の図のように第６項「８」と第７項「13」の和が第８項になるので、第８項は（8＋13＝）21となります。同様に、第７項＋第８項が第９項となるので、第９項は（13＋21＝）34となり、第８項＋第９項が第10項となるので、第10項は（21＋34＝）55となります。

なお、フィボナッチ数列の問題では、例えば「第10項の値を求める」などの単純な作業を要求されるだけなので、フィボナッチ数列専用の公式などを覚える必要はありません。

(2) 群数列

いくつかの項が集まってグループを形成している数列を**群数列**（ぐんすうれつ）といいます。

例題２ 3, 2, 6, 8, 5, 1, 4, 3, 2, 6, 8, 5, 1, 4, 3, 2, …と、一定の規則に従って並ぶ数列がある。この数列の第100項の値はいくらか。

与えられた数列を数字７個ずつのグループに分けると、「3, 2, 6, 8, 5, 1, 4」の繰り返しになっていることがわかります。そこで、100番目の数までを７個ずつのグループに分けると、100÷7＝14余り２より、14組のグループができ、15組目のグループは数字が２個になることがわかります。

つまり、100番目の数字は、「3, 2, 6, 8, 5, 1, 4」の２番目の数「2」となります。

3 規則性に着目する問題

(1) 反復計算の規則性　重要！

繰り返し同じ作業を続ける問題では、何らかの規則性が隠れている可能性を考えてみます。

例題1 3^{29}の一の位の数は何か。

まず、3^nの計算結果の一の位を書き出します。一の位だけわかればよいので、前節で学習した知識を使うと、例えば3^4の計算結果の一の位は$3^3 \times 3 = 81$より「1」となりますが、81の一の位だけであれば、$3^3 = 27$の一の位「7」に3を掛けて、$7 \times 3 = 21$となることから、3^4の計算結果の一の位が「1」だとわかります。このようにして3^nの一の位だけを書き出すと、次のようになります。

(3^1の一の位) = 3　(3^5の一の位) = 3
(3^2の一の位) = 9　(3^6の一の位) = 9
(3^3の一の位) = 7　(3^7の一の位) = 7
(3^4の一の位) = 1　(3^8の一の位) = 1

3^1～ 3^8の流れから、3^9以降も、計算結果の一の位が、3→9→7→1の順で繰り返すことがわかります

上のように、一の位の規則性を見ると、「3，9，7，1」の順で繰り返し出現していることがわかります。そこで、指数の規則性に着目すると、指数が4の倍数になるとき、計算結果の一の位が1になることがわかるので、この規則性を活用します。

3^{29}に近く、かつ指数が4の倍数になる場合を考えると、例えば3^{28}があるので、3^{28}の一の位は1とわかります。3^{29}は3^{28}の次に位置するので、上の一覧に見られる一の位の規則性より、3^{29}の一の位は3となります。

(2) 同じ規則の反復操作

同様に、一定の規則での操作を繰り返す問題では、ある程度まで試行してみて規則性を見つけて解きます。

例題2 以下の❶のように四つの数字を並べて、これをある規則に従って並べ替えたものが❷である。さらに❷を同じ規則で並べ替えたものが❸である。❹以降も同じ規則で並べ替えていったとき、㊿における数字の並びはどのようになるか。

❶3142 ⇒ ❷4321 ⇒ ❸2413 ⇒　…　⇒ ㊿？？？？

❶から❷への並びの変化の規則性をまとめると、次のようになります。

❶の左から1番目⇒❷の左から2番目

❶の左から2番目⇒❷の左から4番目

❶の左から３番目⇒❷の左から１番目

❶の左から４番目⇒❷の左から３番目

この規則性に従うと、❸2413⇒❹1234⇒❺3142となり、❺は❶と同じ並びになります。つまり、❺以降は、❶〜❹の並びの繰り返しになることがわかります。

そこで❶〜㊿を四つずつのグループに分けると、50÷4＝12余り2より、12組のグループができます。4×12＝48より、四つグループの12組目は㊽となるので、これが❹と同じ1234となり、さらに2回並べ替えると❹⇒❶⇒❷となるので、㊿は❷と同じ4321となります。

解法ナビゲーション

次のように、1からはじめて、順に3、9、7をかけて整数の列$\{a_n\}$を作る。このとき、a_{99}の1の位はいくらか。

国専2013

$a_1=1$
$a_2=3$
$a_3=3\times9=27$
$a_4=3\times9\times7=189$
$a_5=3\times9\times7\times3=567$
$a_6=3\times9\times7\times3\times9=5103$
$a_7=3\times9\times7\times3\times9\times7=35721$
⋮

❶ 1
❷ 3
❸ 5
❹ 7
❺ 9

着眼点

数列の問題ですが、等差数列や等比数列などの単純な数列ではありません。このような問題では試しにいくつかの項を求めて、規則性を見つけることを考えます。

また、計算過程においては一の位だけを求めればよいことに着目しましょう。

【解答・解説】

正解 ❹

問題文の例を見ると、計算結果の一の位はa_1が１、a_2が３、a_3が７、a_4が９、a_5が７、a_6が３、a_7が１となっているので、この続きをいくつか求めてみます。

a_8はa_7×３になるので、35721×３となります。**掛け算の計算結果の一の位は、一の位どうしの掛け算で求められる**ので、a_8の一の位は1×３＝３となります。

同様に、a_9はa_8×９となり、a_8の一の位は３であることから、３×９＝27より、a_9の一の位は７とわかります。さらに、a_{10}はa_9×７となり、a_9の一の位は７であることから、７×７＝49より、a_{10}の一の位は９とわかります。

ここで、一の位の求め方について規則性を見ると、a_9の一の位は７であり、これはa_8の一の位３に９を掛けて求められますが、これはa_3の一の位を求めるときと同じ計算となっています。さらに、a_{10}の一の位９は、a_9の一の位７に７を掛けて求められますが、これはa_4の一の位を求めるときと同じです。そして、a_{11}の一の位を求める計算は、a_5の一の位と同じ「９×3」になります。

つまり、「a_1, a_2, a_3, a_4, a_5, a_6」の一の位は「１，３，７，９，７，３」の順となっていますが、「a_7, a_8, a_9, a_{10}, a_{11}, a_{12}」の一の位も同様に「１，３，７，９，７，３」となっていくことがわかるので、a_{13}以降も計算結果の一の位は、「１，３，７，９，７，３」の６個の数字が、この順に繰り返し出現していくことがわかります。

したがって、a_nを６個ずつにグループ分けすれば、a_{99}の一の位を計算で求められます。a_1～a_{99}の99個を６個ずつに分けると、99÷6＝16余り3より、16グループ作ることができ、最後の３個（a_{97}, a_{98}, a_{99}）が「余り」になることがわかります。この余り３個の一の位も、「１，３，７，９，７，３」の順に変化していきますので、a_{99}の一の位は７とわかります。

よって、正解は❹となります。

過去問にチャレンジ

問題1 ★

▶解説は別冊 p.6

次のア～エは、それぞれ一定の規則により並んだ数列であるが、空欄A～Dにあてはまる4つの数の和として、正しいのはどれか。

都Ⅰ2012

ア　1, 5, 13, [A], 61, ……

イ　2, 8, 44, 260, [B], ……

ウ　3, 11, 43, [C], 683, ……

エ　4, 14, 42, 88, [D], ……

❶ 1908
❷ 1918
❸ 1928
❹ 1938
❺ 1948

問題2 ★

▶解説は別冊 p.6

次の数列の空欄A～Dに当てはまる4つの数の和として、正しいのはどれか。ただし、この数列の数は一定の規則で並んでいる。

都Ⅰ2017

1, 1, 2, 3, [A], 8, 13, [B], [C], 55, [D], 144, 233, ・・・・

❶ 114
❷ 132
❸ 149
❹ 167
❺ 184

問題3
★
▶解説は別冊 p.7

次の図のように、同じ長さの線でつくった小さな正三角形を組み合わせて、大きな正三角形をつくっていくとき、12段組み合わせるのに必要な線の合計の本数はどれか。

都Ⅰ 2009

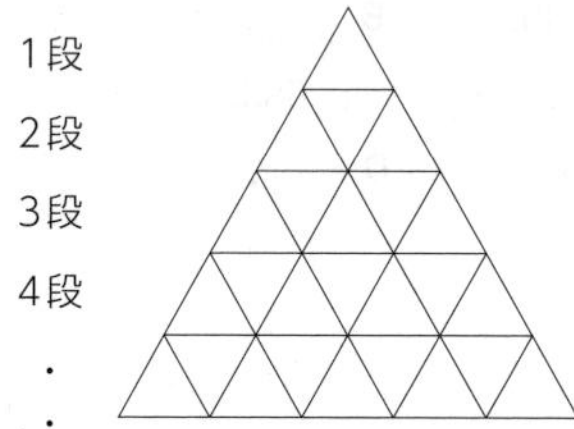

❶ 198本
❷ 216本
❸ 228本
❹ 234本
❺ 252本

問題4
★★
▶解説は別冊 p.7

　ある新言語Xの創始者Aは、1年目に10人に言語Xを習得させた。2年目以降、A及び前年までに言語Xを習得した者はすべて、毎年、必ず10人ずつに新たに言語Xを習得させる。

　6年目が終了した時点で、言語Xを習得している人は、Aを含め何人になるか。

国般2000

❶ 111万1161人
❷ 123万4561人
❸ 144万4861人
❹ 165万1061人
❺ 177万1561人

3 倍数の応用

学習のポイント

・倍数の知識は他の分野でも頻繁に活用します。
・また、剰余も頻出分野ですが、解法をしっかり覚えて使い分けができれば、数学が苦手でも克服可能なテーマです。

1 倍数・割り算の基礎知識

(1) 倍数の表し方

具体的な数値が不明で特定の自然数の倍数であることだけがわかっている場合、文字式として表して検討を進めます。

例えば2の倍数であれば「$2x$」といった具合に、倍数の数に文字をつけるだけです。

(2) 割り算に関する用語

① 被除数

割り算において割られる数を**被除数**（ひじょすう）といいます。

「A÷B＝C余りD」のAを指します。

② 除 数

割り算において割る数を**除数**（じょすう）といいます。

「A÷B＝C余りD」のBを指します。

③ 商

割り算において答えに当たる数を**商**（しょう）といいます。

「A÷B＝C余りD」のCを指します。

(3) 割り算の表し方

割り算を式で表す場合は、掛け算と足し算の式にします。例えば、「A÷B＝C余りD」は、「A＝B×C＋D」と表します。

例 「23÷4＝5余り3」を数式で表すと、「23＝4×5＋3」となります。

2 剰　余

重要！

剰余（じょうよ）とは余りのことで、割り算の余りに関する条件がある問題です。頻出分野であり、**解法は次の３種類あります。**

(1) 余　分

共通の余りに着目した解法です。

例えば、「19÷5＝3余り4」より、19個のものを５個ずつの組に分けると３組作れますが、端数として４が残ります。つまり「余り４」です。この「余り４」がなければ５で割り切れたので、余りは「倍数になるためには余分なもの」といえます。

この「余分」に着目して割り算を表すと、19は「５の倍数」に「余分４」が足されている数であるので、19＝(５の倍数)＋4と表すことができます。

このように、「A÷B＝C余りD」のとき、「余分」では、**A＝(Bの倍数)＋D**の式を立てて解きます。

「余分」を使うのは「**余り」の等しい割り算が複数与えられた問題**のときです。

例題1　３で割ると１余り、７で割ると１余る２桁の自然数のうち、最も大きいものは何か。

条件を満たす数をAとおきます。「３で割ると１余り」より、Aを次のように表すことができます。

A＝(３の倍数)＋1

3の倍数は3で割り切れるので、
(3の倍数)＋1は「3で割ると1余る自然数」

同様に、「７で割ると１余る」より、Aを次のように表すことができます。

A＝(７の倍数)＋1

ここで、Aが（３の倍数)＋１と（７の倍数)＋１を同時に満たす場合を考えると、A＝(３と７の公倍数)＋１となればよいことがわかります。３と７の最小公倍数は21であり、この21の倍数すべてが３と７の公倍数になります。したがって、A＝(21の倍数)＋１と表すことができます。

これを満たす数を書き出していくと、「22，43，64，85，106，…」となりますので、２桁のうち最も大きいものは85です。

(2) 不足

共通の不足分に着目した解法です。

例えば、「19÷5＝3余り4」より、19個のものを5個ずつの組に分けると3組作れますが、端数（つまり余り）4が残ります。この「余り4」は、5個ずつに分けるには少し不足した状態であると考えることができ、「余りが4個」を5個の組にするには、1個「不足」した状態といえます。

この「不足」は、(除数)−(余り）で求めることができ、「不足」に着目して割り算を表すと、19は「5の倍数」から「1不足している」ことから、19＝(5の倍数)−1と表すことができます。

このように、「A÷B＝C余りD」のとき、「不足」では、不足XをX＝B−Dとして求め、**A＝(Bの倍数)−X**の式を立てて解きます。

「不足」を使うのは「**不足」の等しい割り算が複数与えられた問題**のときです。

例題2 200以下の自然数で、3で割ると1余り、5で割ると3余る数はいくつあるか。

余りが1と3で等しくないので、不足の解法を検討します。「3で割ると1余り」より、除数から余りを引いて不足を求めると、3－1＝2より、不足は2です。同様に、「5で割ると3余る」より、不足は（5－3＝）2です。

不足が等しいので、不足の解法を使います。条件を満たす数をBとおき、3で割ると不足が2になることから、Bを式で表すと次のようになります。

B＝(3の倍数)－2

3の倍数は3で割り切れるので、
(3の倍数)－2は、「3で割り切るには2不足している自然数」

同様に、5で割ると不足が2になることから、Bを式で表すと次のようになります。

B＝(5の倍数)－2

ここで、Bが（3の倍数)－2と（5の倍数)－2を同時に満たすことを考えると、B＝(3と5の公倍数)－2となります。3と5の最小公倍数は15ですので、この式は、B＝(15の倍数)－2と表すことができます。

求めるのは、200以下の自然数の中にBがいくつあるか、ですので、$B=15x-2$（ただし、xは正の整数）として、不等式で表すと次のようになります。

$15x-2 \leqq 200$

この式を解くと、$x \leqq \dfrac{202}{15}$となります。$\dfrac{202}{15}$を帯分数で表すと、$13\dfrac{7}{15}$となるので、

xは$13\dfrac{7}{15}$以下の整数となります。つまり、最大のxは13です。

したがって、200以下で条件を満たす数は、$B=15x-2$の「x」に1～13を代入した数になりますので、13個あることがわかります。

(3) 書き出し

条件を満たす数を書き出して、条件を満たす数を式で表して解きます。
「書き出し」を使うのは「**余分**」**と**「**不足**」**を使えない問題**のときです。

例題3 「5で割って4余り、かつ8で割って3余る数」を式で表せ。

5で割って4余る数と、8で割って3余る数をそれぞれ書き出します。「5で割って4余る数」は、余り「4」に除数「5」を足し続けることで書き出すことができます。同様に、「8で割って3余る数」も、余り「3」に除数「8」を足し続けて書き出すと次のようになります。

❶ 5で割って4余る数：4, 9, 14, (19), 24, …
❷ 8で割って3余る数：3, 11, (19), 27, …

上のように、❶、❷を満たす最初の数は19です。そこで、❶、❷の規則性を考えます。

「19」以降の数字の並びを考えると、❶には、19に5をいくつか足した数字だけが並んでいるのがわかります。したがって、❶の数字の並びは、19＋(5の倍数)と表すことができます。同様に、❷には19に8をいくつか足した数字だけが並んでいきますので、❷の数字の並びは、19＋(8の倍数)と表すことができます。

❶ 5で割って4余る数：…, (19), 24, 29, 34, … ⇒ ❶＝19＋(5の倍数)
❷ 8で割って3余る数：…, (19), 27, 35, 43, … ⇒ ❷＝19＋(8の倍数)

ここで、❶と❷を同時に満たすのは、19＋(5の倍数)と19＋(8の倍数)が等しくなる場合です。5と8の最小公倍数が40であることから、❶、❷を同時に満

たす数は19 +（40の倍数）となります。実際に確認してみると、例えば19 + 40 = 59は、以下のように❶、❷の共通の数となります。

❶　5で割って4余る数：…, ⑲, 24, 29, 34, 39, 44, 49, 54, (59), …

❷　8で割って3余る数：…, ⑲, 27, 35, 43, 51, (59), …

よって、（条件を満たす数）= 19 +（40の倍数）として解くことになります。なお、多くの場合、不等式を使うことになるので、その場合は、40の倍数を$40x$（ただし、xは正の整数）とおき、（条件を満たす数）= $19 + 40x$として立式すれば、問題を解くことができます。

解法ナビゲーション

1,000より小さい正の整数のうち、4で割ると3余り、かつ5で割ると4余る数の個数として、正しいのはどれか。

都Ⅰ 2015

❶ 50個
❷ 51個
❸ 52個
❹ 53個
❺ 54個

剰余の問題では、「余分」→「不足」の順に解法が使えるか確認し、いずれも使いにくいときは「書き出し」を使うようにします。

【解答・解説】

正解 ❶

二つの割り算の余りが３と４で等しくないので、「余分」の解法は使えません。そこで、「不足」の解法が使えるかどうか確認します。

「４で割ると３余る数」の不足は、４－３＝１です。

「５で割ると４余る数」の不足は、５－４＝１です。

つまり、この二つの割り算では、**不足がともに１となるので、「不足」の解法を使います**。条件を満たす数をMとおきます。

「４で割ると３余る」ことから、

M＝(４の倍数)－１　　……①

と表すことができます。また、「５で割ると４余る」ことから、

M＝(５の倍数)－１　　……②

と表すことができます。したがって、条件を満たす数Mは、①、②をともに満たす数になるので、

M＝(４と５の公倍数)－１

と表すことができます。さらに、４と５の最小公倍数は20ですので、

$M=20x-1$（xは正の整数）

と表すことができます。

この式が1000より小さくなるので、以下の不等式が成り立ちます。

$$20x-1<1000$$

この不等式を解くと、

$$x<\frac{1001}{20}$$

となります。

$$\frac{1001}{20}=50\frac{1}{20}$$

ですから、

$$x<50\frac{1}{20}$$

となりますので、これを数直線で表すと、以下のようになります。

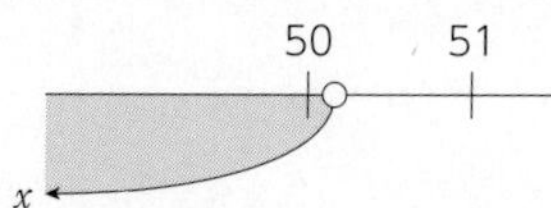

xは正の整数ですので、$M=20x-1$のxに１～50を代入したときに、Mが条件

を満たす値になります。つまり、xに50個の整数を代入すれば、条件を満たす数も50個できるので、正解は❶です。

過去問にチャレンジ

問題1

★

▶解説は別冊 p.8

6で割ると4余り、7で割ると5余り、8で割ると6余る正の整数のうち、最も小さいものの各桁の数字の和はいくらか。

国般2019

❶ 10
❷ 11
❸ 12
❹ 13
❺ 14

問題2

★★

▶解説は別冊 p.9

ある正の整数は5で割ると2余り、7で割ると3余る。このとき、その整数を35で割ったときの余りは次のうちどれか。

裁判所2003

❶ 2
❷ 12
❸ 17
❹ 22
❺ 32

★★

▶解説は別冊 p.9

3桁(けた)の自然数のうち、「5で割ると3余り、かつ7で割ると5余る」という条件を満足するすべての自然数の和として、正しいのはどれか。

都Ⅰ2010

❶ 14,053
❷ 14,063
❸ 14,073
❹ 14,083
❺ 14,093

★★

▶解説は別冊 p.10

17を足すと18の倍数になり、37を引くと20の倍数になる3けたの自然数は、全部で何個か。

区Ⅰ 2012

❶ 3個
❷ 4個
❸ 5個
❹ 6個
❺ 7個

魔方陣、虫食い算・覆面算

学習のポイント

・いずれも出題頻度の低い分野ですが、他の問題を解く際のヒントになる考え方を使うので、学習効果は高いテーマです。

・解法の流れを丸暗記するだけでも効果があるので、基本的な問題だけでも解けるようにしておきましょう。

1 魔方陣

(1) 魔方陣とは

魔方陣(まほうじん)とは、正方形に並んだマス目に、

(縦列の数字の和)＝(横列の数字の和)＝(対角線上の数字の和)

となるように数字を記入したものです。

例　3×3のマス目に1～9の整数を一つずつ書き入れた魔方陣

2	9	4
7	5	3
6	1	8

補足

上の魔方陣は、縦列、横列、対角線上に並ぶ三つの数字の和が、いずれも15になっています。

2	9	4
7	5	3
6	1	8

2	9	4
7	5	3
6	1	8

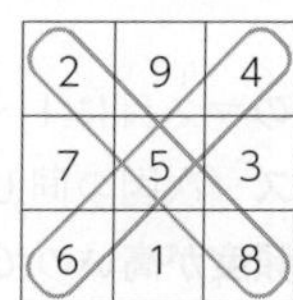

(2) 魔方陣の問題の解法

魔方陣の問題では、いくつかのマス目の数字が与えられ、それ以外のマス目の数

字が不明となっている状態で、特定のマス目の値を求められることが多いです。

① 1列の数値の合計を求める

魔方陣の1列の数値の合計は次のように求めることができます。

【1列の数値の合計】

すべてのマス目の数値の合計÷縦列(または横列)の列数

例題 4×4の魔方陣に1～16の整数を一つずつ記入するとき、1列の数値の合計はいくらか。

すべてのマス目の数値の合計は1～16の総和となるので、

$$\frac{16 \times 17}{2} = 136$$

です。これを4列に分けるので、1列の数値の合計は、

$$136 \div 4 = 34$$

となります。

② 未使用の数字に着目する

通常、整数は1回ずつしか使われません。それを利用して、空いているマス目に入る数字を絞り込みます。

③ 4×4の魔方陣における解法

出題の多い4×4の魔方陣では、以下の知識を覚えておくとよいでしょう。

❶ 4×4のマス目に1～16の整数を一つずつ入れるとき、**1列の合計は34**となります。

❷ 4×4のマス目に1～16の整数を一つずつ入れるとき、**中心点について対称な2マス**（次図の同じ色どうし）**の数値の合計がすべて「17」になる魔方陣の出題頻度が高い**ので、覚えておきましょう。

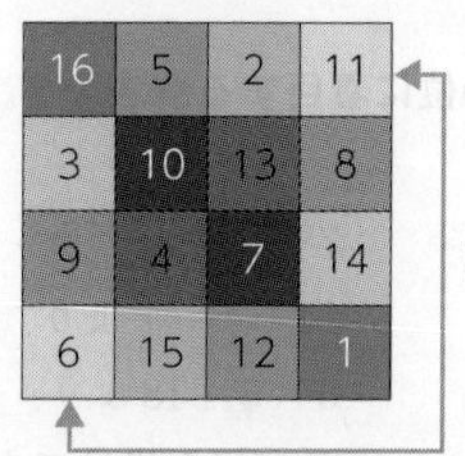

16	5	2	11
3	10	13	8
9	4	7	14
6	15	12	1

同じ色どうしの合計は17

補足

❷はすべての4×4の魔方陣について必ずいえることではありません。中心について対称な2マスの合計が17にならない魔方陣も存在します。次の図はその一例です（他のパターンも存在します）。中心について対称な2マスが1組でも合計17になれば、他の中心について対称な2マスの合計も17になると考えて構いません。

7	14	4	9
15	6	12	1
2	3	13	16
10	11	5	8

④　**4×4以外の魔方陣**

魔方陣は、正方形に1～nの数字を入れる問題以外の形式も存在します。その場合も、正方形の魔方陣の知識を活用するので、正方形の魔方陣の解法をしっかり理解しておけば対処できます。

2 虫食い算

(1)　虫食い算とは

虫食い算とは、四則計算の計算式のうち、**いくつかの数字を空欄にしてその空欄に当てはまる数字を求める問題**です。

(2)　虫食い算の解法

計算式のうち特定の部分に着目し、以下に紹介するような解法を当てはめて少しずつ全体を明らかにしていきます。

① 一の位に着目する

足し算、引き算、掛け算の**一の位に着目する解法**です。

例 ❶ □7＋□5＝□□A　：7＋5＝12より、一の位Aは2に決まる

❷ □4－□7＝□□B　：14－7＝7より、一の位Bは7に決まる

❸ □6×□3＝□□C　：6×3＝18より、一の位Cは8に決まる

❹ □□×□5＝□□D　：5に何を掛けても一の位は0か5になる
よって、Dは0か5になる（それ以上は不明）

❺ □E×□2＝□□8　：2を掛けて一の位が8になるのは、
Eが4か9のときだけ（それ以上は不明）

❻ □F×□3＝□□1　：3を掛けて一の位が1になるのは、
Fが7のときだけ、よって、F＝7に決まる

② 繰り上がりの数に着目する

繰り上がりの数には上限があるため、このことを利用して数を絞り込んでいきます。

❶ 二つの自然数を足し算するとき、繰り上がりの数は**0か1のいずれか**になります（最大である9を二つ足しても18なので、繰り上がりの最大は1）

❷ 三つの自然数を足し算するとき、繰り上がりの数は**0～2のいずれか**になります（最大である9を三つ足しても27なので、繰り上がりの最大は2）

❸ 二つの自然数を掛け算するとき、繰り上がりの数は**0～8のいずれか**になります（最大である9を二つ掛け合わせても81なので、繰り上がりの最大は8）

③ 左端の位に着目する

左端の位の数字が明らかになっている場合、それをヒントに検討します。

例題　6□×A＝5□□を満たすAの値としてあり得る数は何か。

6□×Aが500～599の範囲に入るには、60×9＝540より、A＝9を考えることができます。しかし、「6□」の□には0～9の数字が入る可能性があるので、69×8＝552より、繰り上がりの数次第ではA＝8の場合も条件を満たすことがわかります。69×7＝483なので、A＝7の場合はあり得ないことがわかり、Aの値としてあり得る数は8、9となります。

ヒント

このケースでは、A以外の虫食い部分の数が何かによってAに当てはまる数が変わってしまいます。実際の問題では場合分けを行って検討することになります。

④　答えの桁数に着目する

答えに当たる数が何桁であるかをヒントに未知数を明らかにできる場合があります。

例　4□×A＝□□□

⇒　4□×Aの答えが3桁になるのは、40×1＝40、40×2＝80、40×3＝120より、Aが3以上の場合です。なお、49×2＝98より、繰り上がりを考えても、A＝2の場合は計算結果が3桁になることはありません。

例　8□×B＝□□

⇒　8□×Bの答えが2桁になるのは、80×1＝80、80×2＝160より、B＝1の場合だけです。

ヒント

虫食い算では未知数に0～9の数字が入るのが一般的ですが、ここに示したように数字の桁数は大きなヒントとしての役割を果たすことがあります。問題文で特に断りがない場合は、左端の位に当てはまるのが「0」ではないと考えてください。

3 覆面算

覆面算は、**虫食い算の空欄の一部または全部に、アルファベットや記号**（○や△）**などを当てはめた問題**です。**同じアルファベットや記号には必ず同じ整数が入り、異なるアルファベットには必ず異なる整数が入ります**。このルールに加えて、通常の虫食い算の知識も活用すれば、覆面算を解くことができます。

解法ナビゲーション

下図は、1～16までのそれぞれ異なる整数をマス目に入れて、縦、横、対角線の和が、いずれも等しくなるようにしたものである。A、Bの積として、正しいのはどれか。

都Ⅰ 2002

4			16
14		7	**B**
A		6	3
	8		

❶ 10
❷ 20
❸ 30
❹ 60
❺ 90

「1列の数値の合計」を使って、2列合わせて考えます。または「中心について対称な2マス」の関係を使って解きます。

【解答・解説】

正解 ❸

❶ 1列の数値の合計を使った解法

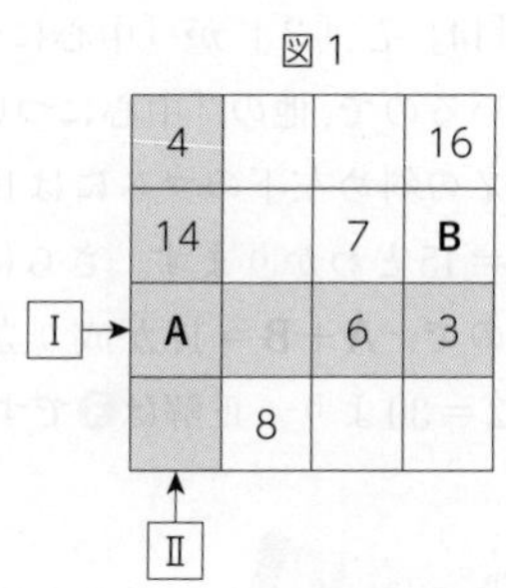

まず、4×4のマス目に1～16を記入した魔方陣の場合、1列の数値の合計は34になります。そこで、求める2マスのうち、Aを含む横列（図1の[Ⅰ]）の数値の合計で式を立てると、A＋□＋6＋3＝34が成り立つので、

A＋□＝25　　……①

となります。同様に、Aを含む縦列（図1の[Ⅱ]）の数値の合計で式を立てると、4＋14＋A＋□＝34が成り立つので、

A＋□＝16　　……②

となります。

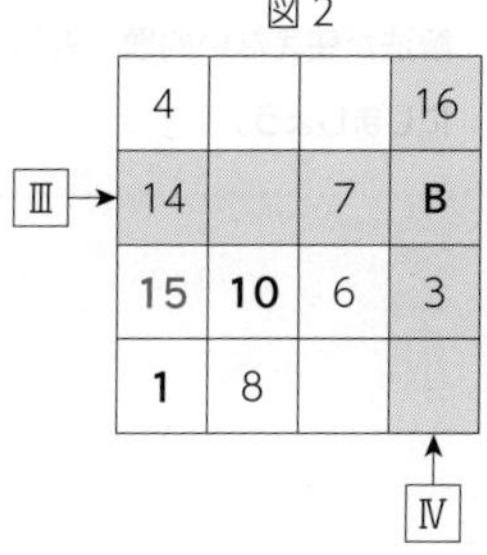

ここで、まだマス目に記入されていない数字は、1、2、5、9、10、11、12、13、15の9個です。この9個のうち、**①を満たす組合せは10＋15か12＋13しかありません**。また、**②を満たす組合せは1＋15か5＋11しかありません**。①と②にはAが共通して含まれているので、①、②を同時に満たすのは、**A＝15**のときとなります。したがって、①は15＋10、②は15＋1に決まります。この時点で、1、10、15の位置が決まります（図2）。

続いて、Bを含む2列を考えます。Bを含む横列（図2の[Ⅲ]）の数値の合計より、14＋□＋7＋B＝34が成り立つので、

□＋B＝13　　……③

となります。さらに、Bを含む縦列（図2の[Ⅳ]）の数値の合計より、16＋B＋3＋□＝34が成り立つので、

B＋□＝15　　……④

となります。

この時点でマス目に記入されていない数字は2、5、9、11、12、13であり、このうち、③を満たす組合せは2＋11のみ、④を満たす組合せは2＋13のみです。したがって、Bは③、④に共通するので、**B＝2**に決まります。

よって、A、Bの積は、15×2＝30となるので、正解は❸です。

❷ 中心について対称な２マスの関係を使った解法

４×４の正方形のマスに１～16を入れる魔方陣であり、かつ問題の図において「14」と「３」が「中心について対称な２マス」の関係にあり、合計が17になっているので、他の「中心について対称な２マス」も合計17になります。これを使うと、７の斜め左下のマスには10が入るので、図1の[Ⅰ]は**A**＋10＋６＋３＝34となり、**A**＝15とわかります。さらに、**A**と**B**は「中心について対称な２マス」の関係にあるので、**A**＋**B**＝17が成り立ち、**A**＝15なので、**B**＝２とわかります。よって、15×２＝30より、正解は❸です。

❷の解法が使える場合、こちらの解法が圧倒的に楽であるものの、頼りすぎてしまうとこの解法が使えない問題に対処できなくなってしまいます。必ず、❶の解法手順も理解しておくようにしましょう。

過去問にチャレンジ

問題1
★
▶解説は別冊 p.11

次の図のように、1～16までのそれぞれ異なる整数をマス目に入れて、縦、横、対角線の数の和がいずれも等しくなるように配置したとき、AとBのマス目の数の積はどれか。

区Ⅰ 2015

1	8	A	
			3
	11	7	
4	B	9	

❶ 10
❷ 20
❸ 30
❹ 60
❺ 90

問題2
★★
▶解説は別冊 p.13

下の図のように、縦、横、斜めのいずれの四つの数字の和も同じになるようにした方陣がある。Xに入る数字として、正しいのはどれか。

都Ⅰ 2018

	15	18	
22	A	B	13
21	C	D	X
	17	10	

❶ 1
❷ 2
❸ 3
❹ 4
❺ 5

問題3
★★
▶解説は別冊 p.13

おもて面に1から12までの相異なる整数が書かれた12枚のメダルを下の図のような形に並べたところ、一直線に並ぶ4つのメダルについては書かれた数字の和がすべて26になった。そこで、1から5までと11と12の数字が書かれた7枚のメダルはそのままとし、残りの5枚を裏返してその面にA、B、C、D、Eのラベルを貼った。ラベルEのメダルを裏返すと出てくる数字として正しいものは、次のうちどれか。

裁判所2004

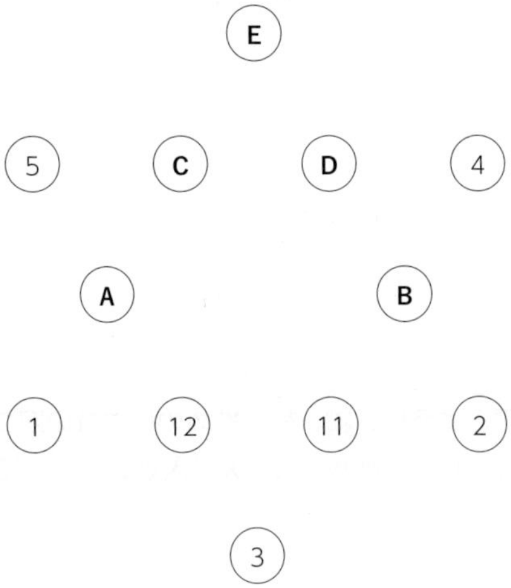

E
5　C　D　4
A　B
1　12　11　2
3

❶ 6
❷ 7
❸ 8
❹ 9
❺ 10

問題4

★★

▶解説は別冊 p.14

A、B、C、D、Eは0から9までのうち異なる5個の整数を表し、6桁の整数「AB2CDE」の2倍が6桁の整数「2CDEAB」となる。このとき、Eは次のうちどれか。

裁判所2003

$$\begin{array}{r} \mathrm{AB2CDE} \\ \times \quad\quad 2 \\ \hline \mathrm{2CDEAB} \end{array}$$

❶ 5
❷ 6
❸ 7
❹ 8
❺ 9

問題5

★★

▶解説は別冊 p.15

次の計算式において、□の中に0～9のいずれかの数字が入るとき、被除数（7けた）の各けたの数の和はいくらか。

国般1996復元

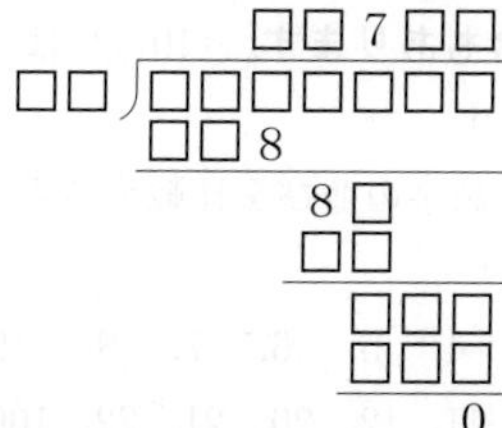

❶ 30
❷ 32
❸ 34
❹ 36
❺ 38

第1章 数の性質

5 n 進法

学習のポイント

・n 進法は出題頻度の低い分野で、難易度も低い問題が多いです。
・ただ、判断推理でも役立つ知識なので、しっかり学習しておきましょう。

1 n 進法の基本的な考え方

(1) n 進法とは

n 進法では、**使える数字を n 種類に制限**して、数字の並びを考えます。

例えば、日常で使われる数字は基本的に10進法です。10進法では、使える数字が０～９の10種類のみです。０から順に数字の並びを考えたとき、９の次に当たる数字がないため、「９の次」の値を１桁の数字で表すことができません。そこで、桁を一つ増やして２桁とし、「10」とします。

これと同様に、例えば３進法を考えると、使える数字は０～２の３種類となります。「２」の次に当たる数字として３～９の数字を使うことはできないので、３進法では、２の次を「10」と表します。

このとき、通常の10進法と区別するために、$10_{(3)}$ のように、**小さいカッコの中に n 進法の n を表記する場合もあります。**「$10_{(3)}$」は、「３進法で表したときに10と表記する数」という意味です。

実際に、10進法と３進法の数字の並びを比較すると、次のようになります。

10進法　：0, 1, 2, 3, 4, 5, 6, 7, 8, 9, 10, 11, 12, …
３進法　：0, 1, 2, 10, 11, 12, 20, 21, 22, 100, 101, 102, 110, …

上の３進法の並びで「12」の次は「20」になっていますが、これは、３進法では「13～19」は３以降の数字を含むので使えないことが理由です。同様に、例えば３進法で「22」の次の数字を考えると、「23～29」は一の位が使えない数字であり、「30～99」は十の位が使えない数字なので、「22」の次は「100」となります。

また、上の数字の並びにおいて、10進法と３進法のそれぞれの列を比較すると、10進法では「２」の次は「３」であり、３進法では「２」の次は「10」ですが、これは使える数字のルールによって見た目が異なっているだけで、**いずれも「2」の次の値を表している点は同じ**です。つまり、**$3_{(10)}$ と $10_{(3)}$ は等しい**と考えます。

同様に、$4_{(10)}=11_{(3)}$、$5_{(10)}=12_{(3)}$、$6_{(10)}=20_{(3)}$、…というように、並んでいる順番が同じであれば、見た目は異なっていても**値そのものは等しいと**考えます。

(2) *n* 進法で用いる数　重要!

① *n*進法で用いる数の種類

上でも説明したとおり、*n*進法では、**0～(*n*－1) の*n*種類**の数字を使って、あらゆる値を表します。慣れないと0～*n*を使えると勘違いすることが多いので注意してください。10進法で使える最大の数字が9であることを想起しましょう。

② 使われている数字から何進法かを推測する問題

*n*進法で表された数が提示され、そこに使われている数字を見て、何進法になるか推測させる問題があります。

例　*n*が1桁の正の整数として、$415_{(n)}$ は何進法か考えてみます。

⇒　この数の各位の数字は4、1、5です。このうち最大は「5」ですので、「5」を使うことのできない2進法、3進法、4進法、5進法はあり得ません。

したがって、*n*が1桁であることから、$6 \leqq n \leqq 9$とわかります。

2 *n* 進法⇒10進法の変換　重要!

*n*進法の基本的なルールは10進法と似ています。例えば、10進法の3桁の整数は、以下のようなルールで成り立っています。

10進法の場合

1	2	$3_{(10)}$
↑	↑	↑
10^2の位	10^1の位	10^0の位

10進法の「123」の場合
10^2 (＝100) が一つ、10^1 (＝10) が二つ、10^0 (＝1) が三つなので、
$(10^2\times1)+(10^1\times2)+(10^0\times3)=123$と式で表すことができる

そして、*n*進法では以下のようになります。

*n*進法の場合

1	2	$3_{(n)}$
↑	↑	↑
n^2の位	n^1の位	n^0の位

*n*進法の「123」の場合
n^2が一つ、n^1が二つ、n^0が三つなので、
$(n^2\times1)+(n^1\times2)+(n^0\times3)$ と式で表すことができる

このことから、次の手順によって、n進法を10進法に変換することができます。

❶ 変換したいn進法の数字の**右端の位**（一の位）**から順**に、「1（$=n^0$），n^1，n^2，n^3，…」と、1桁左に移るごとにnの指数を1ずつ増やしながら各位の数字と掛け算する

❷ 掛け算したものすべてを合計すると、10進法の数になる

例題1 $123_{(6)}$ を10進法で表すといくつか。

右端の位の数字「3」には1（6^0）を、一つ左の位の「2」には6^1を、さらに一つ左の位の「1」には6^2を掛けて、それらを合計します。

$1 \times 6^2 + 2 \times 6^1 + 3 \times 1 = 36 + 12 + 3 = 51_{(10)}$

6進法	1	2	3	
	↓$\times 6^2$	↓$\times 6^1$	↓$\times 6^0$	
10進法	36 +	12 +	3	=51

よって、$123_{(6)} = 51_{(10)}$ となります。

例題2 $12102_{(3)}$ を10進法で表すといくつか。

右端から順に、1、3^1、3^2、3^3、3^4を掛けて、それらを合計します。

$1 \times 3^4 + 2 \times 3^3 + 1 \times 3^2 + 0 \times 3^1 + 2 \times 1 = 81 + 54 + 9 + 0 + 2 = 146_{(10)}$

3進法	1	2	1	0	2	
	↓$\times 3^4$	↓$\times 3^3$	↓$\times 3^2$	↓$\times 3^1$	↓$\times 3^0$	
10進法	81 +	54 +	9 +	0 +	2	=146

よって、$10202_{(3)} = 146_{(10)}$ となります。

ヒント

n進法では、2^2～2^6、3^2～3^4、4^2～4^4、5^2～5^4、6^2～6^3、7^2、8^2、9^2の値を覚えておくと、計算時間を短縮できます。

$2^3=8$	$3^3=27$	$4^3=64$	$5^3=125$	$6^3=216$
$2^4=16$	$3^4=81$	$4^4=256$	$5^4=625$	
$2^5=32$				
$2^6=64$				

3 10進法⇒n進法の変換

重要!

次は逆に、10進法で表された数をn進法に変換する手順です。

❶ 変換したい10進法の数字を「n」で割り、**商と余り**を求める
❷ 求めた商を再び「n」で割り、商と余りを求めることを繰り返す
❸ 商が「n」より小さくなったら、**逆のL字型の流れ**に合わせて数字を並べる（例題参照）

例題 $123_{(10)}$を4進法で表すといくつか。

上の手順どおりに$123_{(10)}$を4で割り続けると、次の図のようになります。

4) 123
4) 30 … 3
4) 7 … 2
1 … 3

逆のL字型に読んで $1323_{(4)}$

4 n進法の計算

重要!

10進法でないn進法の計算をする場合、10進法のルールを使って計算することはできません。なぜなら、10進法とそれ以外のn進法では、計算のルールが異なるからです。

$14_{(5)} \times 2_{(5)}$ の答えを10進法で表すといくつか。

10進法の数字どうしを計算すれば答えが10進法になるのと同じで、5進法の数字どうしを計算すれば答えも5進法になります。

したがって、この計算を$14 \times 2 = 28$とすることはできません。この式の計算結果は5進法であり、「28」の「8」は5進法では使えない数字だからです。つまり、5進法では、計算のルールが10進法とは異なることがわかります。これと同様に、すべてのn進法では、それぞれの計算ルールが異なるので、10進法以外のn進法で表された数を10進法のルールで計算することはできません。

そこで、10進法への変換を行います。$14_{(5)}$と$2_{(5)}$をそれぞれ10進法に変換すると、$14_{(5)} = 9_{(10)}$、$2_{(5)} = 2_{(10)}$となるので、計算は次のように行うことができます。

$$14_{(5)} \times 2_{(5)} = 9_{(10)} \times 2_{(10)} = 18_{(10)}$$

このように、**n進法の計算は、常に10進法に変換して計算する**ことが基本になります。

解法ナビゲーション

2進法で101011と表す数と、3進法で211と表す数がある。これらの和を7進法で表した数として、正しいのはどれか。

都Ⅰ2014

❶ 22
❷ 43
❸ 65
❹ 116
❺ 122

n進法の計算は、必ず10進法の表記に変換してから行うこと、2種類の変換法を使い分けることを意識しましょう。

【解答・解説】

正解 ❺

***n*進法の計算は、10進法に変換して行う**ので、まずは二つの数字を10進法に変換します。

$$101011_{(2)} = 1\times 2^5 + 0\times 2^4 + 1\times 2^3 + 0\times 2^2 + 1\times 2^1 + 1\times 1$$
$$= 32_{(10)} + 0_{(10)} + 8_{(10)} + 0_{(10)} + 2_{(10)} + 1_{(10)}$$
$$= 43_{(10)}$$
$$211_{(3)} = 2\times 3^2 + 1\times 3^1 + 1\times 1$$
$$= 18_{(10)} + 3_{(10)} + 1_{(10)}$$
$$= 22_{(10)}$$

次に、これら二つの10進法の数を足すと、

$$101011_{(2)} + 211_{(3)} = 43_{(10)} + 22_{(10)} = 65_{(10)}$$

となります。これを7進法で表せばよいので、次のようになります。

```
7 ) 65
7 )  9 … 2
     1 … 2
```

逆のL字型に読んで
$122_{(7)}$

よって、正解は❺です。

過去問にチャレンジ

問題1
★
▶解説は別冊 p.17

五進法で表された数3024と三進法で表された数2110との差を七進法で表した数はどれか。

区Ⅰ 2007

❶ 323
❷ 455
❸ 641
❹ 1220
❺ 2444

問題2
★
▶解説は別冊 p.17

4進法で表された数123を6進法でXと表し、5進法で表された数210を6進法でYと表したとき、X＋Yの値を6進法で表したときの数として、正しいのはどれか。

都Ⅰ 2004

❶ 211
❷ 212
❸ 213
❹ 214
❺ 215

問題3
★★
▶解説は別冊 p.17

aとbは、互いに異なる1桁の正の整数である。a進法で$34_{(a)}$の数と8進法で$45_{(8)}$の数の和がb進法で表された$65_{(b)}$だとすると、10進法では$2a+b$はいくつか。

国般2006

❶ 20
❷ 21
❸ 22
❹ 23
❺ 24

第2章

方程式の文章題

方程式の基本

不等式

不定方程式

割合・比

平均・濃度

仕事算・ニュートン算

1 方程式の基本

学習のポイント

・数的推理の文章題を解くうえで基本となる、問題文の状況を方程式で表す方法、その方程式を解いて未知数を求める方法についてしっかり学習しておきましょう。

1 方程式

第２章で扱う文章題では、方程式、不等式を使って問題文で示された状況を表すことが求められます。まず、第１節では単純な方程式を使う問題に触れていきますので、方程式、連立方程式、２次方程式の基礎（計算手順など）を再確認しておきましょう。

(1) 立式の基本

文章中にそのまま立式できる部分があれば、式で表します。

例　AはBより１大きい　⇒　A＝B＋1
　　CはDの0.8倍より１小さい　⇒　C＝0.8D－1

例題1　ある日、２種類の商品を販売しているある商店で１個100円の商品Aと１個80円の商品Bを合計30個販売した。

次の日、商品Aが前日の２倍売れて、その日の売上合計は前日より200円高かったが、２種類の商品の販売数の合計は前日と同じであった。

１日目の商品Aの販売個数はいくつであったか。

１日目の商品Aの販売個数をxとして、両日の売上を式で表現してみます。

２種類の商品の販売数の合計は30個であったことから、１日目の商品Bの販売個数は（$30-x$）と表せますので、

$100x+80(30-x)$［円］

これが、１日目の売上を表す式になります。

２日目の商品Aの販売個数は前日の２倍なので$2x$となり、２日目の商品Bの販売個数は（$30-2x$）と表せますので、

$100 \times 2x + 80(30 - 2x)$［円］

これが、２日目の売上を表す式になります。

２日目の売上は１日目の売上より200円高かったので、

$$100 \times 2x + 80(30 - 2x) = 100x + 80(30 - x) + 200$$

という方程式で両日の売上の関係を結ぶことができます。これを整理してxを求めます。

$$200x + 2400 - 160x = 100x + 2400 - 80x + 200$$
$$40x + 2400 = 20x + 2600$$
$$20x = 200$$
$$x = 10$$

以上より、１日目の商品Ａの販売個数は**10個**となります。

⑵　２次方程式

２次方程式とは、未知数（xなど）の２乗の項を含む方程式をいいます。

問題文の状況を表した結果が２次方程式になったり、計算処理の過程で２次式が現れたりすることがありますので、２次方程式の解き方を確認しておきましょう。

①　因数分解を使った解法

まずは、次の因数分解の公式を使いこなせるようにしましょう。例題を使って解き方を確認していきます。

【因数分解の公式】

❶　$x^2 + (a + b)x + ab = (x + a)(x + b)$

❷　$x^2 \pm 2xy + y^2 = (x \pm y)^2$

❸　$x^2 - y^2 = (x + y)(x - y)$

例題２　$x^2 + 5x + 6 = 0$のとき、xの値はいくらか。

公式❶を当てはめて解く２次方程式です。この因数分解では、「ab」の部分から考えます。

掛けて「＋６」になる式は、

$(+1) \times (+6)$、$(+2) \times (+3)$、$(-1) \times (-6)$、$(-2) \times (-3)$

の４通りです。

このうち、足して「＋5」になる組合せは、$(+2)+(+3)$ のみなので、$a=2$、$b=3$（または、$a=3$、$b=2$でも条件を満たします）となります。

よって、

$$x^2+5x+6=0$$
$$(x+2)(x+3)=0$$
$$x=-2、-3$$

となります。

例題3 $x^2-9x-36=0$のとき、xの値はいくらか。

掛けて「-36」になる組合せは、$(+1)\times(-36)$、$(+2)\times(-18)$、…など、それなりに多く考えられ、さらに符号（＋と－）まで考慮すると多数存在します。

そのうち、足して「-9」になるものを考えるので、掛け算する組合せのうち、大きいほうがマイナスになる場合のみに絞って考えていくと、$(+3)\times(-12)$ のときに、掛けて「-36」、足して「-9」になるので、$a=+3$、$b=-12$（または、$a=-12$、$b=+3$でも条件を満たします）となります。

よって、

$$x^2-9x-36=0$$
$$(x+3)(x-12)=0$$
$$x=-3、12$$

となります。

例題4 $x^2+12x+36=0$のとき、xの値はいくらか。

公式❷の因数分解も、基本的なコツは❶と同じです。

掛けて「$+36$」になるものを探すときに、$(+6)\times(+6)=(+6)^2$が候補に出てきますので、そのときに❷の公式に該当するか考えれば解けます。

$(+6)^2=36$、$2\times6=12$なので、❷の公式の条件を満たします。

よって、

$$x^2+12x+36=0$$
$$(x+6)^2=0$$
$$x=-6$$

となります。

例題5　$x^2-144=0$のとき、xの値はいくらか。

公式❸を使えるかどうかは、（２乗の数）－（２乗の数）となっているかどうかで判断します。

このとき、２乗の数を覚えているかどうかが問われますので、第１章で挙げた、16^2までの計算結果は必ず覚えておきましょう。

$144=12^2$を覚えていれば、次のように簡単に導き出せます。

$$x^2-144=0$$

$$(x+12)(x-12)=0$$

$$x=12、-12$$

となります。

②　解の公式を使った解法

因数分解が容易にできない場合、**解の公式**を使って解きます。解の公式は必ず覚えて使いこなせるようにしておきましょう。

【２次方程式の解の公式】　$ax^2+bx+c=0$のとき、次の式が成り立ちます。

$$x=\frac{-b\pm\sqrt{b^2-4ac}}{2a}$$

例題6　$3x^2+5x-2=0$のとき、xの値はいくらか。

解の公式に当てはめると、$a=3$、$b=5$、$c=-2$となるので、次のようになります。

$$x=\frac{-5\pm\sqrt{5^2-4\times3\times(-2)}}{2\times3}=\frac{-5\pm\sqrt{49}}{6}=\frac{-5\pm7}{6}=-2、\frac{1}{3}$$

２次方程式は、因数分解で解ければ速いですが、必ずしも因数分解が使えるとは限りません。因数分解ができそうにないときは、迷うことなく解の公式を使いましょう。

2 年齢算

年齢算とは、登場する人物の年齢に関する問題であり、基本的な方程式の知識を活用することで解くことができます。

年齢算で必要な知識は、**x年経てば、全員の年齢がx歳増える**ということだけです。ただし、複雑な連立方程式になることが多いので、登場人物の年齢を書き出して、整理して解くようにしましょう。

ヒント

年齢算では、必ずしもすべての登場人物の年齢が明らかになるとは限りません。「必要なものだけを求める問題」の出題が多いので、必要なものは何かを意識して解きましょう。

例題　父と母とその子どもの3人家族がいる。今年の1月1日の時点で、父と母の年齢の合計は子どもの年齢の12倍であり、5年後の1月1日には、父と母の年齢の合計は子どもの年齢の7倍になる。このとき、今年の父と母の年齢の合計はいくらか。

今年の1月1日の時点での子どもの年齢をx歳とおくと、このときの父と母の年齢の合計は、$12x$歳です。5年後、子どもの年齢は（$x+5$）歳となります。

また、5年後の父と母は、2人合わせて年齢が10歳増えるので、2人の年齢の合計は（$12x+10$）歳となります。これが5年後の子どもの年齢の7倍と等しくなるので、

$$(12x+10)=(x+5)\times 7$$

が成り立ちます。この方程式を解くと、$x=5$となるので、今年の1月1日の子どもの年齢は5歳であり、父と母の年齢の合計はその12倍なので$5\times 12=60$歳となり、これが答えになります。

なお、問題の条件だけでは、父だけの年齢や母だけの年齢は求めることができませんが、求めるもの（父と母の年齢の合計）を導けたので、これで終了となります。

3 その他の解法

(1) 選択肢の値を代入する　重要！

文章題の問題の選択肢には、その問題の答え（の候補）が挙げられています。ある程度まで検討を進めた段階で、式に選択肢の値を順番に代入して確かめることが有効な問題も出題されます。

この場合、式に選択肢の値を代入していくだけで解けますし、中には、選択肢を使うしかない問題も存在するので、このテクニックは有効です。

ただし、**式を立てる能力や計算能力の向上には、選択肢を使わない解法の理解が必要**です。選択肢の代入は、あくまでも最終手段と考えたほうがよいでしょう。

(2) 単位をそろえる　重要！

問題文中に異なる単位が使われており（時間、分、秒など）、そこから読み取った情報で式を作る場合は、必ず単位をそろえる必要があります。

例題　あるマラソン大会では、決まったコースを何周かして全長4 kmを各選手が走ることになっている。

Aさんはこのコースを2周と500 m走ったところで転んでしまい、足の怪我を理由にリタイアした。Aさんがリタイアした時点で残されていた走行距離は、Aさんがそれまでに走った距離より200 m短かった。

このマラソンコースの1周の距離は何mか。

「km」と「m」の2種類の単位がありますので、「m」に揃えて立式します。

マラソンコースの1周の距離をx［m］とおくと、リタイアまでにAさんが走った距離は、

$2x+500$ ［m］

リタイア時に残されていた距離は、

$4000-(2x+500)$［m］

残されていた距離は、それまでに走った距離より200 m短かったので、

$4000-(2x+500)=2x+500-200$

と方程式で表現することができます。これを解いてxを求めます。

$$-2x+3500=2x+300$$
$$4x=3200$$
$$x=800$$

以上より、マラソンコースの1周の距離は800 mとなります。

⑶　連立方程式の問題の特徴　重要！

通常の連立方程式では、文字の値をすべて求める場合がほとんどですが、**公務員試験の数的処理では、求めたい文字だけ値を求めて終わらせる問題も多い**ので注意しましょう。

例　$x+y+z=10$、$x+y=6$であり、zの値を求めたい場合、$x+y=6$を$x+y+z=10$に代入すると、$6+z=10$となるので、$z=4$となります。

この時点で、求めるもの（z）の値がわかったので、**x、yの値を求める必要はありません**。そもそもx、yの値を求められない場合もあり、すでに正解を絞れる状況なのに他の値を求めるのに時間を費やすのは無駄になってしまいます。気をつけましょう。

解法ナビゲーション

あるパン屋では、パンを毎日同じ数だけ作り、その日のうちに売り切っている。昨日は、200円で24個販売したところで半額に値下げして、全て売り切った。今日は、200円で全体の$\frac{3}{8}$を販売したところで150円に値下げし、残りが全体の$\frac{1}{8}$になったところで100円に値下げして、全て売り切った。昨日半額で販売した数と今日150円で販売した数が同じであったとき、昨日と今日の売上げの差は何円か。

国専2020

❶ 300円
❷ 400円
❸ 500円
❹ 600円
❺ 700円

着眼点

パンの単価が販売の最中に変化するので、それぞれの単価ごとに売った個数・売上の値を考えます。売上は（単価）×（個数）で求められるので、個数が不明な場合は文字を使って式を立てます。

【解答・解説】

正解 ❹

まず、昨日について見ると、200円で24個販売したので、このときの売上は、

$200 \times 24 = 4800$［円］

です。その後、半額に値下げしたので、そのときの価格は、

$200 \times \frac{1}{2} = 100$［円］

になりますが、販売した数が不明なので、これをx［個］とおくと、100円で販売したときの売上は、

$100 \times x = 100x$［円］

です。つまり、昨日の売上は、

$4800 + 100x$［円］　……①

となります。また、昨日売ったパンの数は（$24 + x$）個となり、問題文の「パンを毎日同じ数だけ作り」より、毎日作るパンの数も、全体で、

（$24 + x$）［個］　……②

となります。

次に、今日について見ると、200円で販売したパンの数は、パンの数全体の$\frac{3}{8}$なので、②より、200円で販売したパンの数は、

$(24 + x) \times \frac{3}{8}$［個］　……③

となり、この時点で残りのパンの数は全体の$\frac{5}{8}$になります。次に、150円に値下げして販売したのは、「残りが全体の$\frac{1}{8}$になったところ」までなので、150円で販売したパンの数は、

$$\frac{5}{8} - \frac{1}{8} = \frac{4}{8} = \frac{1}{2}$$

より、全体の$\frac{1}{2}$になります。したがって、150円で販売したパンの数は、

$(24 + x) \times \frac{1}{2}$［個］　……④

となります。さらに、100円に値下げして、残っている、全体の$\frac{1}{8}$のパンを売って

いるので、100円で販売したパンの数は、

$$(24+x)\times\frac{1}{8}\ [個] \quad \cdots\cdots⑤$$

になります。

ここで、問題文の「昨日半額で販売した数と今日150円で販売した数が同じ」と④より、

$$x=(24+x)\times\frac{1}{2}$$

が成り立ちます。これを解くと、$x=24$となります。

そこで、昨日と今日の売上を求めます。①より、昨日の売上は、

$$4800+100\times24=7200\ [円]$$

となります。また、③、④、⑤より、今日の売上は、

$$200\times(24+24)\times\frac{3}{8}+150\times(24+24)\times\frac{1}{2}+100\times(24+24)\times\frac{1}{8}$$

$$=3600+3600+600$$

$$=7800\ [円]$$

となるので、その差は、

$$7800-7200=600\ [円]$$

となります。よって、正解は❹です。

過去問にチャレンジ

問題1
★
▶解説は別冊 p.19

井戸の深さを測るために、縄を３つ折りにして入れると、３つ折り状態の縄は１ｍの長さが余り、４つ折りにして入れると、４つ折り状態の縄は1.5ｍ短かった。このとき、井戸の深さに最も近いものは、次のうちどれか。

裁判所2004

❶ 8.5 m
❷ 8.8 m
❸ 9.1 m
❹ 9.4 m
❺ 9.7 m

問題2
★★
▶解説は別冊 p.20

ある家では、ペットボトルの天然水を毎月８本消費する。従来はすべてスーパーで購入していたが、通信販売で６本入りケースを購入すると、１本当たり価格はスーパーの半額であり、別途、１回の配送につき、ケース数にかかわらず一律の配送料金がかかることが分かった。また、毎月、通信販売で１ケースを、スーパーで残り２本を購入すると月ごとの経費は従来より300円安くなり、３か月間に２回、通信販売で２ケースずつ購入すると月ごとの平均経費は従来より680円安くなることが分かった。このとき、スーパーでの１本当たり価格はいくらか。

国専2010

❶ 160円
❷ 180円
❸ 200円
❹ 220円
❺ 240円

問題3
★
▶解説は別冊 p.21

長さ2mの針金を2本に切り、それぞれの針金を使い2つの正方形を作ったところ、面積の和が1,828 cm^2であった。このとき、小さい方の正方形の面積はいくらか。

裁判所2016

❶ 64 cm^2
❷ 81 cm^2
❸ 100 cm^2
❹ 121 cm^2
❺ 144 cm^2

問題4
★★
▶解説は別冊 p.22

互いに重さの異なる分銅が四つある。この四つの中から二つずつを選んで重さを量ったところ、87 g、93 g、95 g、96 g、98 g、104 gであった。四つの分銅のうち最も軽い分銅と最も重い分銅の重さの差は何gか。

国専2017

❶ 11 g
❷ 12 g
❸ 13 g
❹ 14 g
❺ 15 g

問題5 ★★ ▶解説は別冊 p.23

ハチミツが入った5個の缶から、異なった2個の缶を取り出してできる10通りの組合せについて、それぞれの重さを量った。その重さが軽い順に、203 g、209 g、216 g、221 g、225 g、228 g、232 g、234 g、238 g、250 gであったとき、缶の重さの一つとして有り得るのはどれか。

区Ⅰ2005

❶ 111 g
❷ 116 g
❸ 121 g
❹ 126 g
❺ 131 g

問題6 ★★ ▶解説は別冊 p.23

ある4人家族の父、母、姉、弟の年齢について、今年の元日に調べたところ、次のA～Dのことが分かった。

A　姉は弟より4歳年上であった。
B　父の年齢は姉の年齢の3倍であった。
C　5年前の元日には、母の年齢は弟の年齢の5倍であった。
D　2年後の元日には、父と母の年齢の和は、姉と弟の年齢の和の3倍になる。

以上から判断して、今年の元日における4人の年齢の合計として、正しいのはどれか。

都Ⅰ2017

❶ 116歳
❷ 121歳
❸ 126歳
❹ 131歳
❺ 136歳

問題 7

★★

▶解説は別冊 p.25

両親と３姉妹の５人家族がいる。両親の年齢の和は、現在は３姉妹の年齢の和の３倍であるが、６年後には３姉妹の年齢の和の２倍になる。また、４年前には父親と三女の年齢の和が、母親、長女及び次女の年齢の和と等しかったとすると、現在の母親、長女及び次女の年齢の和はどれか。

区Ⅰ 2006

❶ 42
❷ 44
❸ 46
❹ 48
❺ 50

2 不等式

学習のポイント

・不等式を使った文章題としては過不足算というジャンルがあるほか、この後学習する不定方程式の解を特定するための手がかりになることもあります。

1 不等式

不等号によって数の大小関係を表した式を**不等式**といいます。

(1) 不等号

不等号は「＞、＜、≧、≦」の４種類あります。

例　$x>3$　⇒　xは３より大きい
　　$x<3$　⇒　xは３より小さい（３未満）
　　$x \geqq 3$　⇒　xは３以上
　　$x \leqq 3$　⇒　xは３以下

問題文に「より大きい、より小さい、未満」と表記されたときは「＞、＜」、「以上、以下」と表記されたときは「≧、≦」を用いて立式します。

(2) 不等号の向き

不等式では、文字に掛け算・割り算されているマイナスの数を移項するとき、不等号の向きが変わります。

例　$-3x>24$において、左辺のxに掛け算されている（-3）を右辺に移項すると、$x<24 \div (-3)$となり、不等号の向きが変わる点に注意しましょう。

2 過不足算

(1) 過不足算とは

過不足算とは、問題文で数量の過不足を含む条件が与えられ、それを手掛かりに総数やその構成要素の数などを明らかにする問題です。

例題1 ある個数のクッキーを子どもたちに3個ずつ配ると4個余り、4個ずつ配ると3個足りなかった。クッキーの個数はいくつか。

子どもの人数をxとおくと、クッキーの個数は、

$3x + 4 = 4x - 3$

と表せます。これを解くと、

$x = 7$

7人の子どもに3個ずつ配ると4個余ったので、クッキーの個数は、

$3 \times 7 + 4 = 25$［個］

となります。

(2) 不等式を用いた解法 重要！

例題ではシンプルな方程式で答えが出ましたが、公務員試験で出題されるほとんどの問題は、不等式を利用して解くことになります。

文章題で出題されるシチュエーションはさまざまですが、すべて「物を人に配る」ことを題材にした問題であると読み替えて、次の手順で解くことを考えましょう。

❶ 「受け取る人の人数」を文字で表す（子ども）
❷ 「配られる物の総数」を式で表す（クッキーの総数）
❸ 不等式に方程式を代入して、式を整理する

例 何人かの子どもに、色紙を6枚ずつ配ったところ、10枚以上余った。

「受け取る人」は「何人かの子ども」、「配られるもの」は「色紙」なので、(子どもの人数)＝x［人］とおき、「色紙の総数」を式で表します。

x人に6枚ずつの色紙を配ると、$6x$枚の色紙が配られますが、「10枚以上余った」ので、配った分と余った分を合計しないと「色紙の総数」になりません。しかし、実際に何枚余ったのかはわからないため、不等式になります。

「6枚ずつ配って10枚ちょうど余る枚数」を式で表すと、$6x+10$ですが、実際にはもっと余った可能性もあります（「10枚以上余った」なので、等しい場合もあります）。例えば、余ったのが11枚（色紙の総数を式で表すと、$6x+11$）や15枚（同、$6x+15$）なども考えられます。

つまり、(色紙の総数）は、$6x+10$と等しいか、それよりも多い可能性があります。したがって、この例を式で表すと、(色紙の総数)$\geqq 6x+10$となります。

例題2 あるサークルのメンバー全員でキャンプに出かけ、ロッジに宿泊した。

1棟のロッジに6人を割り当てると8人が泊まれなくなってしまい、1棟のロッジに8人を割り当てると2人分以上の空きが生じる。

このとき、サークルのメンバーの数として考えられる最少人数は何人か。

何棟かの「ロッジ」に「サークルのメンバー」を配る問題であると読み替えます。「受け取る人の人数」は「ロッジの数」に当たるので、これをxとおき、「配られる物の総数」、つまり「サークルのメンバー」の数を式で表してみます。

1棟のロッジに6人を割り当てると8人が泊まれなくなってしまうということは、サークルのメンバーの数は、x棟のロッジに6人ずつ泊まったら8人が泊まれなくなってしまうことになるので、

$6x + 8$〔人〕

と表すことができます。

また、1棟のロッジに8人を割り当てると2人分以上の空きが生じる、という条件について、いったん「1棟のロッジに8人を割り当てるとちょうど2人分の空きが生じる」としてみます。

サークルのメンバーの数は、x棟のロッジに8人ずつ泊まったら満員より2人分空きがある状態なので、

$8x - 2$〔人〕

と表すことができます。

しかし実際には空きは2人とは限らず2人以上ですから、(サークルのメンバーの数) $\leqq 8x - 2$、つまり、

$6x + 8 \leqq 8x - 2$

と不等式で結ぶことができます。これを解くと、

$x \geqq 5$

となります。

よって、サークルのメンバーの最少人数は、$6 \times 5 + 8 = 38$〔人〕となります。

過不足算では、受け取る人(例クッキーを受け取る子ども)と配られる物(例クッキー)の総数がわからない問題が多いので、これらを文字で表しますが、その文字で表したものが何か混乱しがちなので、注意しましょう。

解法ナビゲーション

公園内にあるすべてのプランターに、購入した球根を植える方法について検討したところ、次のア〜ウのことが分かった。

ア　１つのプランターに球根を60個ずつ植えると、球根は150個不足する。

イ　１つのプランターに球根を40個ずつ植えると、球根は430個より多く余る。

ウ　半数のプランターに球根を60個ずつ植え、残りのプランターに球根を40個ずつ植えると球根は余り、その数は160個未満である。

以上から判断して、購入した球根の個数として、正しいのはどれか。

都Ⅰ2012

❶　1,590個
❷　1,650個
❸　1,710個
❹　1,770個
❺　1,830個

問題文の条件から、まず「ちょうど余った状態」を表す式を立ててみます。そのうえで、「球根の総数」と「ちょうど余った状態」を大小比較する不等式を立てます。

【解答・解説】

正解 ❷

「配られる物」は球根、「受け取る人」はプランターなので、「プランターの総数」をx鉢として、「球根の総数」を式で表します。

まず、条件アより、1鉢のプランターに球根を60個ずつ植えると、x鉢のプランターに植えられた球根の数は$60x$個になるはずですが、球根が150個不足したので、実際に植えた球根は$60x-150$個です。これがそのまま球根の総数になるので、

(球根の総数)$=60x-150$［個］　……①

となります。

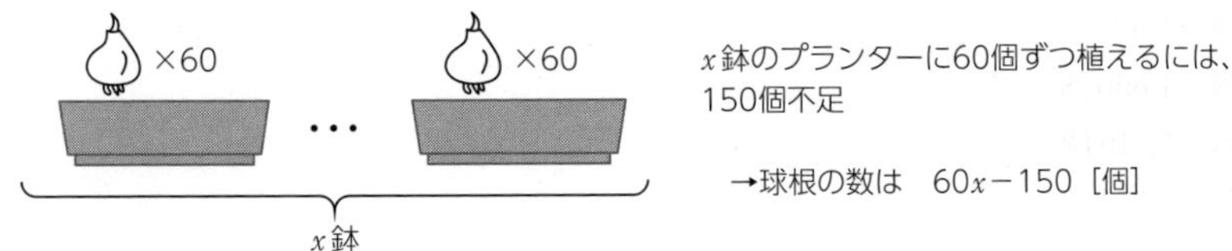

×60
×60
x鉢
x鉢のプランターに60個ずつ植えるには、150個不足
→球根の数は　$60x-150$［個］

次に、条件イより、1鉢のプランターに40個ずつ植えると、x鉢のプランターには$40x$個の球根が植えられたことになりますが、球根は430個より多く余ります。そこで、**「$40x$個の球根を植えると、球根が430個ちょうど余る」状態**を式にすると、$40x+430$となります。しかし、実際には球根が430個より多く余ったので、実際の球根の総数は、例えば$40x+440$や$40x+450$のような式になるはずです。つまり、**実際の球根の総数は、$40x+430$よりも多くなる**ので、

(球根の総数)$>40x+430$　……②

となります。

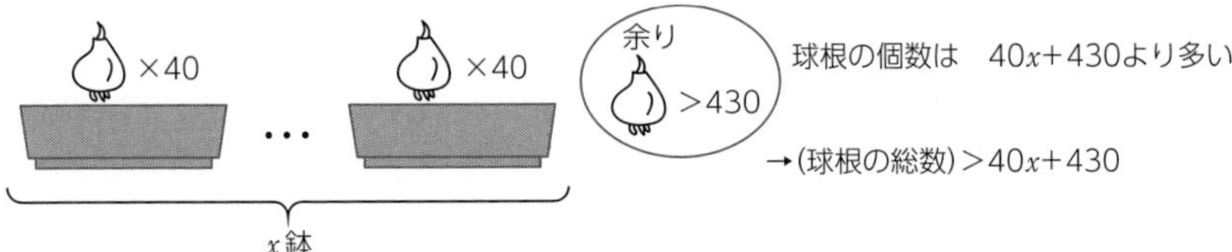

さらに、条件ウより、プランターの半分に60個ずつ植え、残りの半分に40個ずつ植えると、x鉢のプランターに植えられた球根の数は、

$$60\times\frac{1}{2}x+40\times\frac{1}{2}x=50x\ [個]$$

になりますが、この場合も球根は160個未満余ります。「$50x$個の球根を植えると、球根が160個ちょうど余る」状態を式で表すと、$50x+160$となりますが、実際に余ったのは160個未満ですので、実際の球根の総数は、例えば$50x+150$や$50x+130$の

ような式になるはずです。つまり、**実際の球根の総数は、50x＋160よりも少なくなる**ので、

（球根の総数）$< 50x+160$ ……③

となります。

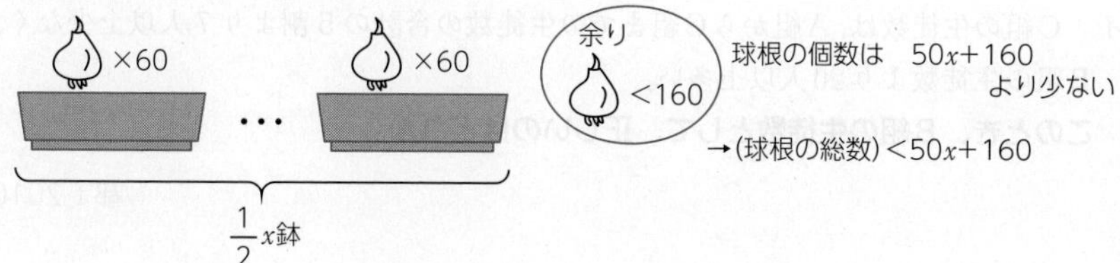

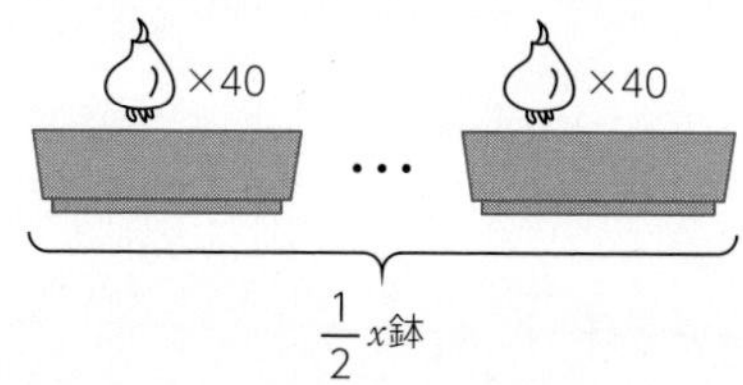

ここで、①を②に代入すると、

$60x-150 > 40x+430$

となるので、この式を整理すると、

$x > 29$ ……④

となります。また、①を③に代入すると、

$60x-150 < 50x+160$

となるので、この式を整理すると、

$x < 31$ ……⑤

となります。

④、⑤より、$29 < x < 31$となるので、$x=30$に決まります。これを①に代入すると、

（球根の総数）$= 60\times30-150=1650$［個］

となるので、正解は❷です。

過去問にチャレンジ

問題1

★

▶解説は別冊 p.26

ある塾のA組からC組までの3つの組には、合計105人の生徒が在籍しており、それぞれの組の生徒数に関して、次のア、イのことが分かっている。

ア　B組の生徒数の３倍は、A組の生徒数の２倍より５人以上多い。

イ　C組の生徒数は、A組からC組までの生徒数の合計の５割より７人以上少なく、B組の生徒数より20人以上多い。

このとき、B組の生徒数として、正しいのはどれか。

都Ⅰ 2010

❶　24人
❷　25人
❸　26人
❹　27人
❺　28人

問題2

★★

▶解説は別冊 p.27

あるテニスサークルの夏合宿において、一次募集した参加人数を基に部屋割りを検討したところ、次のア～ウのことが分かった。

ア　全ての部屋を８人部屋に設定すると、23人の参加者を二次募集できる。

イ　全ての部屋を６人部屋に設定すると、８人分以上の部屋が不足する。

ウ　８部屋を８人部屋に設定し、残りの部屋を６人部屋に設定すると、６人以上の参加者を二次募集できる。

以上から判断して、一次募集した参加人数として、正しいのはどれか。

都Ⅰ 2015

❶　73人
❷　97人
❸　105人
❹　119人
❺　121人

問題3
★★
▶解説は別冊 p.29

あるグループが区民会館で集会をすることになった。今、長椅子の1脚に3人ずつ座ると10人が座れなくなり、1脚に5人ずつ座ると使わない長椅子が3脚でき、使っている長椅子のうち1脚は4人未満になるとき、このグループの人数は何人か。

区Ⅰ 2018

❶ 52人
❷ 55人
❸ 58人
❹ 61人
❺ 64人

3 不定方程式

学習のポイント

・不定方程式は通常の方程式と異なるので、はじめは慣れが必要です。
・第1章で学習した倍数の知識や、前節で学習した不等式との関連で解を絞り込んでいく手順を習得しましょう。

1 不定方程式とは

式に含まれる未知数（文字）**の種類が、式の数よりも多い方程式**を**不定方程式**といいます。

例えば未知数がxとyの２種類ある場合、このxとyの関係を示す方程式が２式あれば、これを連立してxとyを求めることができます。ところが不定方程式はxとyの２種類が未知数なのに、方程式が１式しかないものをいいます。

このため、通常の方程式とは異なり、問題文から得られるその他の手がかりを動員して解を絞り込んでいきます。

2 不定方程式の解法手順

重要！

不定方程式では、通常の方程式のように**式を整理したあと、倍数の知識を使って場合分けを行い、条件を満たすものを求めていく**ことが基本的な流れとなります。

基本的な解法手順は以下のようになります。

❶ 左辺に１種類の文字をおき、残りを右辺に集めた式を立てる
❷ 倍数の知識を使って、右辺の文字の値を絞り込む
❸ 絞り込んだ値を式に代入し、左辺の値を確認する
❹ 条件をもとに、さらに文字の値を絞り込む
※ 選択肢を代入できる場合もあります

例題　x、yがともに正の整数のとき、$3x+7y=54$を満たすようなyの値としてあり得るものは何通りあるか。

まず、左辺を１種類の文字だけにします。与えられた式を変形すると、

$$x=18-\frac{7}{3}y \quad \cdots\cdots①$$

となります。

次に倍数の知識を使います。①より、左辺のxが整数になるのは、右辺の分数$\frac{7}{3}y$が整数になる場合です。つまり、yは、$\frac{7}{3}$の分母と約分ができて、かつ分母を１にできる数になりますので、yは必ず**3の倍数**になります。

そこで、yに３の倍数を代入してxの値を確認します。$y=3$のとき、$x=18-\frac{7}{3}\times3=11$となります。同様に計算すると、$y=6$のときは$x=4$となり、$y=9$のときは$x=-3$となりますが、題意より、$x$は正の整数なので、$y=9$は条件を満たさず、$y$が12以上の３の倍数のときも条件を満たしません。よって、あり得るのは$y=3$と$y=6$の**2通り**となります。

解法ナビゲーション

各位の数字がそれぞれ異なる３桁の正の整数のうち、各位の数字の和が15であり、百の位の数字と一の位の数字を入れ替えると元の整数より198小さくなるような整数の個数として、正しいのはどれか。

都Ⅰ2017

❶ 3
❷ 4
❸ 5
❹ 6
❺ 7

文字３種類に対して、立てられる式が二つなので、不定方程式として解くことを考えます。まずは連立方程式として一つの文字を消去してから、不定方程式として解きましょう。

【解答・解説】

正解 ❸

「各位の数字がそれぞれ異なる３桁の正の整数」を$100x+10y+z$とおくと、題意より、

$$x+y+z=15 \quad \cdots\cdots ①$$

が成り立ちます。また、x、y、zは１桁の整数であり、yは０の可能性がありますがx、zは正の整数だとわかります。

また、百の位の数字xと一の位の数字zを入れ替えたときの整数は、$100z+10y+x$となり、題意より、これがもとの$100x+10y+z$より198小さくなるので、

$$100z+10y+x=100x+10y+z-198$$

が成り立ちます。この式を整理すると、$99z+198=99x$より、$x=z+2$となるので、これを①に代入して、左辺をzのみの形に整理します。

$$(z+2)+y+z=15$$

$$z=\frac{13-y}{2} \quad \cdots\cdots ②$$

②において、zが整数になるには、$(13-y)$が２の倍数である必要があります。さらに、**13は奇数なので、$(13-y)$が２の倍数になるためには、yが奇数でなければならないことがわかります**。

そこで、②のyに１桁の奇数である１、３、５、７、９を当てはめていきます。

$y=1$のとき、②より、$z=\frac{13-1}{2}=6$となり、①に$y=1$、$z=6$を代入すると、$x=8$となるので、もとの整数は816です。これは、「各位の数字がそれぞれ異なる」という条件を満たすので、この場合は**すべての条件を満たします**。

$y=3$のとき、②より、$z=\frac{13-3}{2}=5$となり、①に$y=3$、$z=5$を代入すると、$x=7$となるので、もとの整数は735となり、この場合も**すべての条件を満たします**。

$y=5$のとき、②より、$z=\frac{13-5}{2}=4$となり、①に$y=5$、$z=4$を代入すると、$x=6$となるので、もとの整数は654となり、この場合も**すべての条件を満たします**。

$y=7$のとき、②より、$z=\frac{13-7}{2}=3$となり、①に$y=7$、$z=3$を代入すると、$x=5$となるので、もとの整数は573となり、この場合も**すべての条件を満たします**。

$y=9$のとき、②より、$z=\frac{13-9}{2}=2$となり、①に$y=9$、$z=2$を代入すると、

$x=4$となるので、もとの整数は492となり、この場合も**すべての条件を満たします。**

よって、条件を満たす整数は、816、735、654、573、492の5個となるので、正解は❸です。

過去問にチャレンジ

問題1

★★

▶解説は別冊 p.31

ある果物店で、もも、りんご及びなしの３商品を、ももを１個300円、りんごを１個200円、なしを１個100円で販売したところ、３商品の販売総数は200個、３商品の売上総額は36,000円であった。りんごの販売個数が100個未満であり、なしの売上金額が３商品の売上総額の２割未満であったとき、ももの売上金額として、正しいのはどれか。

都Ⅰ2008

❶ 9,300円
❷ 9,600円
❸ 9,900円
❹ 10,200円
❺ 10,500円

問題2

★★

▶解説は別冊 p.32

ある食堂のメニューは、Ａ定食600円、Ｂ定食500円の２つの定食とサラダ150円の３種類である。ある日、この食堂を利用した人数は300人で、全員がどちらかの定食を一食選び、Ａ定食の売れた数は、Ｂ定食の売れた数の$\frac{3}{7}$より少なく、$\frac{2}{5}$より多かった。この日のこの食堂の売上金額の合計が165,000円であるとき、サラダの売れた数として、正しいのはどれか。

都Ⅰ2016

❶ 41
❷ 42
❸ 43
❹ 44
❺ 45

4 割合・比

学習のポイント

・割合も比も、他の分野においてもとてもよく使うので、最重要分野の一つです。苦手な人は繰り返し復習して、基本的な知識をしっかり身につけましょう。

1 割　合

(1) 割合の変換

割合に関する文章題では、割合の表現が「%」、「●割」、小数、分数などさまざまな形でなされます。そのため、どのような表現がされても正しい割合が把握できるように整理しておく必要があります。

	百分率（%）	歩合（割・分・厘）
1	100%	10割
0.1 1/10	10%	1割
0.01 1/100	1%	1分
0.001 1/1000	0.1%	1厘

0.1%＝1厘という知識が問われることはあまりありません。その他については使いこなせるようにしておきましょう。

(2) 増減率

割合に関する問題では、「20%増えた」、「3割減った」など、「%」や「割・分・厘」の後ろに「増」や「減」などの言葉が続いて増減率が表されることがあります。この場合、小数・分数に変換するときに注意しましょう。

例 **「a%増」は、$(100+a)$%**と考えます。
⇒「8%増」＝(100＋8)%＝108%

例 **「b%減」は、$(100-b)$%**と考えます。
⇒「10%減」＝(100－10)%＝90%

(3) 基準値

割合には必ず基準値が設定されています。

割合は、あるものを100%（＝10割、1）として考えます。その「あるもの」が基準値です。「全体に当たるもの」、「昨年の値」などが基準値になっていることが多いです。

基準値がわかりにくい問題も存在しますが、その場合は、必ず問題文中に基準値に関するヒントがあるので、**割合では常に基準値を探すように意識する**ことが重要です。下の例にあるように、割合の基準値は、**割合の直前にある「の」の前**に表記されることが多いです。

例「合格者はクラス全体の30%」

⇒ 基準値は「クラス全体」です。基準値がわかれば、(基準値)×(割合) で、実際の値を求める式を立てられます。

つまり、この場合は (合格者)＝(クラス全体)×0.3となります。

例 「今年の人数は、昨年より20%減った」

⇒ 「昨年の20%減った」と読み換えると、基準値は「昨年（の人数)」の値だとわかります。

「20%減った」＝「80%になった」となるので、(今年の人数)＝(昨年の人数)×0.8という式を得ることができます。

割合の問題では、基準値の数値を与えられない場合があります。その場合は、**基準値を文字において立式**します。

例「クラス全体の40%は男子である」

⇒ これを式にする場合、(クラス全体)×0.4＝(男子の人数) が成り立ちます。基準値は (クラス全体) ですので、(クラス全体)＝x人とおけば、x×0.4＝(男子の人数) となり、(男子の人数)＝0.4x人と表すことができます。

つまり、「クラス全体」と「男子」の**二つのものを「x」1文字だけで表すことができ、二つの文字を使うよりも式を単純化できます。**

(4) 利 益

ある商品の仕入れや製造にかかった費用、販売した価格、結果として生じた利益などの関係からそのうちのある値を求めさせるタイプの問題があります。

販売の途中で割引価格が設定されることがあり、ここに割合の知識を動員する必

第2章 方程式の文章題

要が生じます。

①　利益の問題における3種類の単価

このタイプの問題では3種類の単価（1個当たりの価格）が出てきます。この3種類の単価の意味と関係性をしっかり理解しておくことが、問題を解くことにつながります。

（ア）原　価

原価とは、仕入れや製造に必要な価格のことです。

多くの場合、この原価を使って、「**売値**」や「**コスト（費用）**」を求めます。数的処理の問題では、基本的に仕入れと製造にかかった費用のみがコストとなりますので、**(原価)×(個数)＝(コストの総額)** となります。

原価の値は問題文で与えられないことが多いので、その場合は、**原価を文字で表します。**

（イ）売値（初期価格）

売値を設定するときは、原価に利益を上乗せします。問題文中で「定価」として表記されることもあります。わざわざ「初期価格」と付け加えているのは、次に説明するとおり、販売期間の途中で価格変更が行われる設定が多くあるからです。

多くの場合、この「初期価格」を使って、「**割引価格**」や「**売上（販売高）**」を求めます。

なお、「売上」は売る側に入った金額の合計のことです。

（ウ）割引価格

「売値（初期価格）」を割引した価格のことです。この「割引価格」も「売上（販売高）」を求めるのに必要となります。

②　利益の割合

「売値（初期価格）」は、「原価」に利益額を足したものになります。数的処理での利益額は、「**原価の何%に当たるか**」という形で計算され、この「何%」に当たるものが**利益の割合**です。つまり、**(利益額)＝(原価)×(利益の割合)** が成り立ちます。一般社会でいう「利益率」とは意味が異なるので注意しましょう。

③　割引率

「割引価格」は、「売値（初期価格）」から割引額を引いたものになります。「割引率」は、**「売値（初期価格）の何%に当たるか」**という形で計算され、この「何%」に当たるものが割引率です。つまり、**(割引額)＝(売値（初期価格))×(割引率)**が成り立ちます。

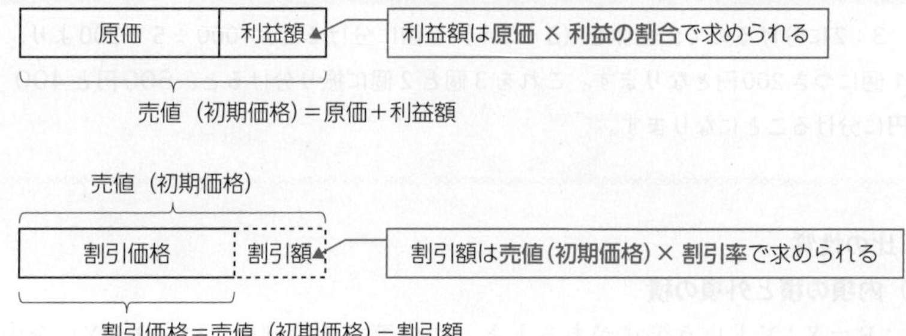

④ 立式のポイント

利益の問題では、**単価の種類ごとに（単価)×(個数)＝(金額）の式を立てて解きます。**「単価の種類ごとに」というのは、「単価の異なる商品ごとに」、あるいは、「ある商品の価格が変わるごとに」という意味です。

次に示す利益の公式も頭に入れておきましょう。

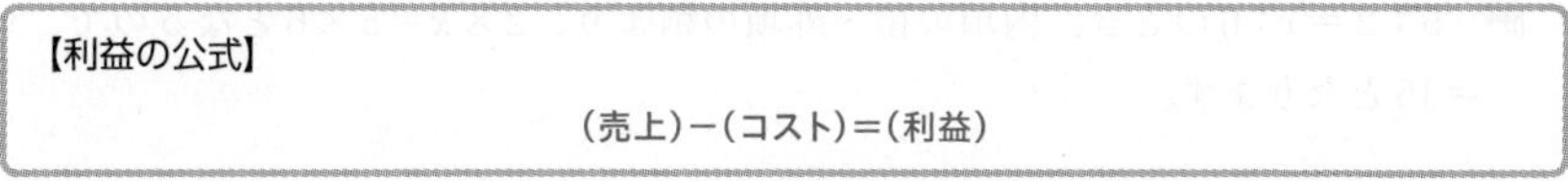

【利益の公式】

(売上)－(コスト)＝(利益)

2 比

(1) 比とは

① 比の考え方

比とは、**複数の数や数量の関係を表したもの**です。$a:b=1:2$という関係であれば、aの数量を1としたとき、bの数量は2となります。

また、比は、ある数量のものを複数に配分するときに使う考え方でもあります。あるものを$a:b$に分けるときは、**全体を（$a+b$）に分けて**から、aとbに振り分ける、と考えることができます。

例題1 1,000円を3：2に分けたとき、いくらずつになるか。

3：2に分けるので、全体を（3＋2＝）5個に分けると、1000÷5＝200より、1個につき200円となります。これを3個と2個に振り分けると、600円と400円に分けることになります。

② 比の性質

（ア）内項の積と外項の積

A：B＝X：Yという等式があるとき、この等式の内側の二つ（BとX）を内項といい、外側の二つ（AとY）を外項といいます。

内項の積と外項の積は等しいという性質があります。

【内項の積・外項の積】

A:B＝X:Yのとき、BX＝AY

例　5：2＝x：6のとき、内項の積・外項の積より、2×x＝5×6となるので、x＝15となります。

（イ）数量の変化と比の関係

例えば10、20、30という三つの数は1：2：3という比で表される関係にありますが、この数に、同じく1：2：3の関係にある3、6、9という数をそれぞれ足すと、13、26、39という数になります。足した結果できた三つの数もまた、1：2：3という比で表すことができます。

このように、ある比で表される関係の数に、同じ比で表される関係の数が加減（足し引き）されても、もともとあった比の関係は変わりません。

逆にいうと、数量が変化しても比が変わらないのは、加減された数量がもともとあった比と同じ比で表される関係の数であるときだけです。

x	＋	1	＝	$x+1$
y	＋	2	＝	$y+2$
z	＋	3	＝	$z+3$

$x:y:z$ ＝1：2：3　⟶　であれば、　$(x+1):(y+2):(z+3)$ ＝1：2：3

(2) 連　比

三つ以上の数の大小関係を示した比を**連比**（れんぴ）といいます。複数の比を一つにまとめるときは、この連比を使います。

例題2　A：B＝3：2、B：C＝3：4のとき、A：Cはいくらか。

二つの比に共通するBの値を見ると、A：BではBが2、B：CではBが3となっています。これらを同じ値にすれば、二つの比を一つにまとめられます。

そこで、Bの値の2と3の最小公倍数が6であることを使い、A：BとB：Cのそれぞれにおいて、Bの値が6になるように変形します。

まず、A：B＝3：2の右辺を3倍すると、A：B＝3×3：2×3＝9：6となります。さらに、B：C＝3：4の右辺を2倍すると、B：C＝3×2：4×2＝6：8となります。

Bが同じ数値になったので、これら二つの比を合わせると、A：B：C＝9：6：8となり、A：C＝9：8とわかります。

(3) 立式のポイント

① 比を文字式で表す

比の値を文字式にするときは、比の値に**同じ文字**を付けます。

【比を文字式で表す方法】

A:Bのものを文字式にするとき、Ax、Bxとおく

例　A：B＝3：4のとき、A＝$3x$、B＝$4x$として式を立てます。

② 比例式を比に変換する

比例式とは、$5a=3b$のように、(数字×文字)＝(数字×文字）の形になっている式のことです。

【比例式を比で表す方法】

❶Ax＝Byのとき、A:B＝y:xとなる

❷Ax＝By＝Czのとき、A:B:C＝$\frac{1}{x}$:$\frac{1}{y}$:$\frac{1}{z}$となる

例 $5a=3b$ のとき、$a:b=3:5$ となります。

例 $4a=3b=2c$ のとき、$a:b:c=\frac{1}{4}:\frac{1}{3}:\frac{1}{2}$ となります。さらに、この比から分母を払います。分母「4、3、2」の最小公倍数12を比全体に掛けると、$a:b:c=\frac{1}{4}:\frac{1}{3}:\frac{1}{2}=3:4:6$ となります。

補足

❶は、（数字×文字）の形二つが等式で結ばれているときのみ使えます。

❷は、（数字×文字）の形二つ以上が等式で結ばれていれば使えます。

解法ナビゲーション

ある店では、２種類のノートＡ、Ｂを売っている。Ａは１冊100円、Ｂは１冊150円である。先月はＢの売上額がＡの売上額より22,000円多かった。また今月の売上冊数は先月に比べて、Ａは３割減ったがＢは４割増えたので、ＡとＢの売上冊数の合計は２割増えた。

このとき、今月のＡの売上冊数として正しいのはどれか。なお、消費税については考えないものとする。

裁判所2020

❶ 50冊
❷ 56冊
❸ 64冊
❹ 72冊
❺ 80冊

（Ａの今月の売上冊数）＋（Ｂの今月の売上冊数）＝（２種類合計の今月の売上冊数）として式を立てます。

【解答・解説】

正解 ❷

ノートAの先月の売上冊数をa冊、ノートBの先月の売上冊数をb冊とおくと、1冊100円のAの先月の売上額は$100a$円、1冊150円のBの先月の売上額は$150b$円と表すことができます。したがって、問題文「先月はBの売上額がAの売上額より22,000円多かった」より、

$$150b = 100a + 22000$$

が成り立ち、これを整理すると、

$$3b = 2a + 440 \quad \cdots\cdots①$$

となります。

また「今月の売上冊数は先月に比べて、Aは3割減ったがBは4割増えた」より、Aの今月の売上冊数は、

$$a \times (1 - 0.3) = 0.7a \ [\text{冊}] \quad \cdots\cdots②$$

となり、Bの今月の売上冊数は、

$$b \times (1 + 0.4) = 1.4b \ [\text{冊}]$$

となるので、AとBの売上冊数の合計は、

$$(0.7a + 1.4b) [\text{冊}] \quad \cdots\cdots③$$

となります。

さらに、先月のAとBの売上冊数の合計は（$a+b$）となるので、問題文「AとBの売上冊数の合計は（先月に比べて）2割増えた」より、その2割増は、

$$(a + b) \times 1.2 = (1.2a + 1.2b) [\text{冊}]$$

となります。これが③と等しくなるので、

$$0.7a + 1.4b = 1.2a + 1.2b$$

が成り立ち、これを整理すると、$0.5a = 0.2b$より、$b = \frac{5}{2}a$となります。これを①に代入すると、

$$3 \times \frac{5}{2}a = 2a + 440$$

となるので、これを解くと、$a = 80$となります。これがAの先月の売上冊数となり、求めるのは今月のAの売上冊数なので、$a = 80$を②に代入すると、

$0.7 \times 80 = 56$ ［冊］となります。

よって、正解は❷です。

解法ナビゲーション

　総額96,000円で品物何個かを仕入れ、全部を１個600円で売ると仕入れ総額の２割５分の利益が出るが、実際はそのうちの何個かを１個600円で売り、残りは１個500円で売ったので、最終的な利益は仕入れ総額の１割５分であった。１個600円で売った個数として、正しいものはどれか。

裁判所2019

❶　100個
❷　102個
❸　104個
❹　106個
❺　108個

着眼点

　問題文に示されている総額96,000円が「コスト」に当たります。仕入れ総額に対する利益が割合で示されているので、これを使って「利益」を求めることができます。
　品物を仕入れた個数が不明なのでこれを文字で表すと売上を文字式で表現することができるので、(売上)－(コスト)＝(利益)で式を立てます。

【解答・解説】 正解 ❸

問題文にある「（仕入れた個数の）全部を１個600円で売ると仕入れ総額の２割５分の利益が出る」より、**(売上)−(コスト)＝(利益)** で式を立てます。そのためには、売上、コスト、利益を求める必要があります。

そこで、まず売上を求めます。仕入れた個数全部を１個600円で売ったので、仕入れた個数をx個とおくと、このときの売上は$600\times x=600x$［円］です。

次に、**コストは仕入れ総額と等しくなる**ので、96,000円です。

さらに、問題文「仕入れ総額の２割５分の利益が出る」より、このときの利益を求めます。仕入れ総額は96,000円ですので、その２割５分は、$96000\times 0.25=24000$［円］であり、これが利益となります。

したがって、(売上)−(コスト)＝(利益) より、

$$600x-96000=24000$$

が成り立ち、この方程式を解くと、$x=200$［個］となるので、

(仕入れた個数)＝200［個］　……①

です。

ここで、**仕入れ総額96,000円、仕入れた個数200個**より、

(原価)×200＝96000

が成り立ちますので、この式を変形すると、(原価)＝480［円］となります。

次に、問題文「実際はそのうちの何個かを１個600円で売り、残りは１個500円で売ったので、最終的な利益は仕入れ総額の１割５分であった」より、式を立てます。

求めるものは600円で売った個数なので、(600円で売った個数)＝y個とおくと、①より、残りの500円で売った個数は、$(200-y)$ 個となります。したがって、600円で売ったときの売上は、$600\times y=600y$［円］となり、500円で売ったときの売上は、$500\times(200-y)=(100000-500y)$［円］となります。したがって、売上の合計は、

$600y+(100000-500y)=(100y+100000)$［円］　……②

です。

コストは仕入れ総額の96,000円とわかっているので、利益を求めます。問題文「最終的な利益は仕入れ総額の１割５分であった」より、最終的な利益は、

$96000\times 0.15=14400$［円］　……③

となります。

したがって、(売上)−(コスト)＝(利益) と②、③より、

$$(100y + 100000) - 96000 = 14400$$

が成り立つので、この方程式を解くと、$y = 104$［個］となります。

よって、正解は❸です。

解法ナビゲーション

ある高校の入学試験において、受験者数の男女比は15：8、合格者数の男女比は10：7、不合格者数の男女比は2：1であった。男子の合格者数と男子の不合格者数の比として、適当なものはどれか。

裁判所2016

❶ 5：1
❷ 3：2
❸ 2：3
❹ 2：5
❺ 1：5

この問題では受験者数、合格者数、不合格者数の３種類の男女比が示されています。比を文字式で表すに当たって、このように複数の比があるときは、比の数値に付ける文字をそれぞれの比ごとに変えることに注意します。

この問題では、(合格者数)＋(不合格者数) で受験者数を表す式を立ててみましょう。

【解答・解説】

正解 ❺

まず、合格者数の男女比10：7より、男子の合格者数を$10x$人、女子の合格者数を$7x$人とおき、不合格者数の男女比2：1より、男子の不合格者数を$2y$人、女子の不合格者数をy人とおきます。(合格者数)＋(不合格者数)＝(受験者数)より、男子の受験者数は$10x+2y$、女子の受験者数は$7x+y$となります。

以上を表にまとめると、次のようになります。

表	男子	女子
合格者数	$10x$	$7x$
不合格者数	$2y$	y
受験者数	$10x+2y$	$7x+y$

問題文より、受験者数の男女比は15：8なので、上の表より、

$(10x+2y):(7x+y)=15:8$

が成り立ちます。(内項の積)＝(外項の積)より、次の式が成り立ちます。

$15(7x+y)=8(10x+2y)$

$105x+15y=80x+16y$

$25x=y$ ……①

求めるのは男子の合格者数と男子の不合格者数の比なので、表より、男子の合格者数は$10x$人、さらに①より、男子の不合格者数は、

$2\times 25x=50x$［人］

となるので、これらの比は、

$10x:50x=1:5$

となります。

よって、正解は❺となります。

なお、本問は受験者数や合格者数などの実際の人数を求めることはできません。

過去問にチャレンジ

問題1

★

▶解説は別冊 p.34

ある土地をA、B二つの領域に分けて、Aの領域の60%にマンションを建て、Bの領域の一部を駐車場にした。A、B合わせた土地全体に占めるマンションと駐車場の領域がそれぞれ40%、20%であったとき、Bの領域に占める駐車場の領域は何%か。

地上2007

❶ 40 %
❷ 50 %
❸ 60 %
❹ 70 %
❺ 80 %

問題2

★★

▶解説は別冊 p.35

あるチームの１年間の戦績は、前半戦の勝率が７割１分で、後半戦の勝率は５割８分であり、年間を通した勝率が６割５分であった。

このとき、後半戦の試合数の前半戦の試合数に対する百分率に最も近いものは、次のうちどれか。なお、引き分けの試合はないものとする。

裁判所2004

❶ 84 %
❷ 85 %
❸ 86 %
❹ 87 %
❺ 88 %

問題3
★★
▶解説は別冊 p.35

あるホテルで同窓会パーティーを行うこととした。一人当たりの通常料金が6,000円のコースで、参加人数が50人以上になると総額の1割引きになる「割引プラン」を利用できるとのことであり、また、パーティーの参加予定人数も50人以上であったので、このプランで申し込んだ。ところが、パーティー当日に欠席者が出て、実際の参加人数は50人未満となってしまい、当初の割引プランは利用できなくなった。そこで、通常料金で計算した額を支払い、かつ、プランの違約金15,000円もあわせて支払ったところ、その合計額は、当初の参加予定人数で「割引プラン」を利用した場合の金額とちょうど等しくなった。当日の欠席人数は何人であったか。

国専2009

❶ 4人
❷ 5人
❸ 6人
❹ 7人
❺ 8人

問題4
★
▶解説は別冊 p.37

ある商品を120個仕入れ、原価に対し5割の利益を上乗せして定価とし、販売を始めた。ちょうど半数が売れた時点で、売れ残りが生じると思われたので、定価の1割引きにして販売した。販売終了時刻が近づき、それでも売れ残りそうであったので、最後は定価の半額にして販売したところ、売り切れた。全体としては、原価に対し1割5分の利益を得た。このとき、定価の1割引きで売れた商品は何個か。

国般2010

❶ 5個
❷ 15個
❸ 25個
❹ 45個
❺ 55個

問題5
★★
▶解説は別冊 p.38

水が入った三つのタンクA～Cがある。Aの水量は100Lであり、BとCの水量の比は2:3である。いま、30Lの水をこれら三つのタンクに分けて追加したところ、三つのタンクの水量の比は追加する前と同じになった。また、Aに追加した水量はBに追加した水量よりも2L多かった。水を追加した後のCの水量は何Lか。

地上2013

❶ 99 L
❷ 100 L
❸ 121 L
❹ 132 L
❺ 143 L

問題6
★★
▶解説は別冊 p.39

A、B、Cの3種類の植物の種子があり、これらの種子をまいて成長させると、一つの種子につき1本の花が咲く。その花の色については、A、B、Cごとに次の比で出現することが分かっている。

［花の色の出現比］
Aは、赤：青：白＝1：1：2
Bは、赤：青：白＝5：3：0
Cは、赤：青：白＝0：1：1

いま、それぞれの数が不明であるA、B、Cの種子を混合してまいて全て成長させたところ、A、B、Cの種子から上記の出現比で花が咲いた。これらを全て切り取って、花の色が赤、青、白1本ずつの花束を作ったところ、200セット作ったところで赤の花がなくなった。その後、青と白1本ずつの花束を作ったところ、ちょうど全ての花がなくなった。

このとき、まかれたBの種子はいくつか。

国専2016

❶ 160
❷ 200
❸ 240
❹ 320
❺ 400

問題7

★★★

▶解説は別冊 p.40

ある生徒は、国語、英語、数学、理科、社会の五つの教科の本を、本棚に整理して並べることにした。この本棚には五段の棚があり、各段には本を20冊ずつ並べることができる。

どの教科も、二つの段を使えばすべての本を並べることができるが、一つの教科の本は一つの段にだけ並べることにし、本を並べた結果、二つの教科のみすべての本を本棚に並べることができた。

本の冊数について、ア、イ、ウのことが分かっているとき、本棚に並べることができなかった本の冊数として正しいのはどれか。

国専1997復元

ア　国語の本と社会の本の冊数の比は、6:7である。
イ　英語の本と数学の本の冊数の比は、3:2である。
ウ　数学の本と理科の本の冊数の比は、5:6である。

❶ 10冊
❷ 15冊
❸ 20冊
❹ 25冊
❺ 30冊

問題8

★★

▶解説は別冊 p.41

A社、B社及びC社の３つの会社がある。この３社の売上高の合計は、10年前は5,850百万円であった。この10年間に、売上高は、A社が９％、B社が18%、C社が12%それぞれ増加し、増加した金額は各社とも同じであったとすると、現在のC社の売上高はどれか。

区Ⅰ 2019

❶ 1,534百万円
❷ 1,950百万円
❸ 2,184百万円
❹ 2,600百万円
❺ 2,834百万円

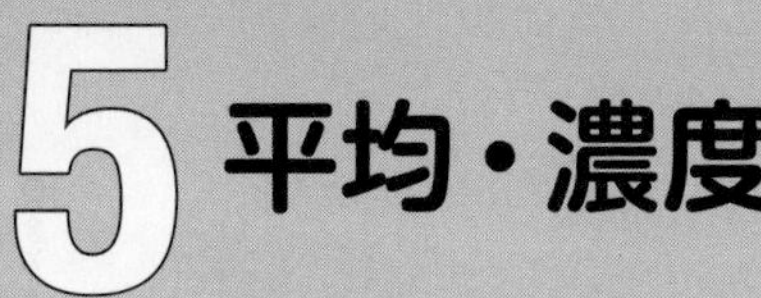

5 平均・濃度

学習のポイント

・平均の考え方は数的処理の他の分野でも役立つ重要な知識なので、基本をしっかり押さえておきましょう。

・濃度の問題は天秤法を使いこなすことで計算量を減らすことができます。比の知識も使う点に注意して学習しましょう。

1 平　均

(1) 平均とは

平均とは、大小がさまざまな数について、全体の中間的な値をいいます。数的推理の文章題においても、この平均の値が問題に出てくることがあります。

以下の公式が示すとおり、データの合計値をデータの個数で割ったものが平均値となります。

【平均の公式】

$$(\text{平均})=\frac{(\text{データの合計値})}{(\text{データの個数})}$$

$$(\text{データの合計値})=(\text{平均})\times(\text{データの個数})$$

(2) 立式のポイント　重要！

① データの合計値を求める

「平均」を使って「**データの合計値**」を求めると、正答へのヒントを得ることができます。

上に示した2番目の式を使うと、平均値とデータの個数から合計値を求めることができます。

例題　国語、数学、英語の3科目のテストを受けたところ、3科目の平均点は62点であった。国語と英語の2科目の平均点が60点であるとき、数学の点数はいくらか。

「平均」から「データ値の合計」を求めてみます。3科目の平均点が62点ですの

で、３科目の合計点、つまり、

国語＋数学＋英語＝62×3＝186［点］

です。同様に、国語と英語の２科目の平均点が60点ですので、この２科目の合計点、つまり、

国語＋英語＝60×2＝120［点］

です。したがって、数学の点数は、

186－120＝66［点］

となります。

② 各データ値の平均差の合計が０となる

各データ値において、(データ値)－(平均) を求めて合計すると、±0になります。

例 国語、数学、英語の３科目のテストを受けて、国語が73点、数学が52点、英語が64点だとします。これら３科目の平均点は、$\frac{73+52+64}{3}=63$［点］です。この平均点63点と、３科目の得点の差を求めると、国語は73－63＝＋10、数学は52－63＝－11、英語は64－63＝＋1となります。

これらを合計すると、(＋10)＋(－11)＋(＋1)＝0となります。

	国語	数学	英語	計	
得点	73	52	64	189	…平均63
平均差	+10	−11	+1	0	

この考え方は、数的推理で無理に使わなくても問題は解けますが、資料解釈などで使われることがあるので、覚えておくとよいでしょう。

2 濃 度

(1) 濃度の問題

数的推理では、水溶液（典型的には食塩水）の濃度を主題化した文章題が出題されることがあります。ここで「食塩水の濃度」とは、「**食塩水に含まれる塩の割合**」をいいますから、

食塩の重さ［g］＝食塩水の重さ［g］×濃度［%］／100

という関係が成り立ちます。例えば、濃度10%の食塩水が100gある場合、

・食塩水（水と食塩の合計）　100g
・食塩　10g（100×10%）
・水　90g

となるわけです。この関係を利用して方程式を立て、食塩の重さや濃度など、指定されたものを求めるわけですが、実際の問題においては、異なる濃度の食塩水が混合されたり、食塩水から水分だけが蒸発したり、食塩水に食塩が足されたり、といった操作が生じるため、検討過程が複雑になりがちです。そのような場合には次に紹介する「天秤法」というアプローチが有効になります。

濃度10%の食塩水とは、「塩10%、水90%の割合で混ぜられているもの」といえます。したがって、例えば濃度40%の砂糖水でも「砂糖40%、水60%の割合で混ぜられているもの」と考えれば、食塩水の解法がそのまま使えます。また、「ぶどうジュース70%、りんごジュース30%のブレンドジュース」などでも、食塩水の解法が使えることになります。

⑵ 天秤法

① 天秤法の原理

天秤の左右に重さの異なる物体を吊るすと、重いほうが下がります。例えば、左に30gの重り、右に20gの重りを吊るせば、左が下がります。

通常はそうなのですが、このとき、左右の重さが違うのに天秤がつり合う状態を作ることができます。そのためには、支点の位置を動かす必要があります。この場合、支点を左にずらしていくと、ある位置で30gの重りと20gの重りがつり合います。このつり合った状態では、**左右に吊るされた物体の重さの比と、支点から左右の端までの長さの比は逆比の関係になっています**。すなわち、左の重りと右の重りの重さの比は3：2、支点から左右の端までの長さの比は2：3となります。

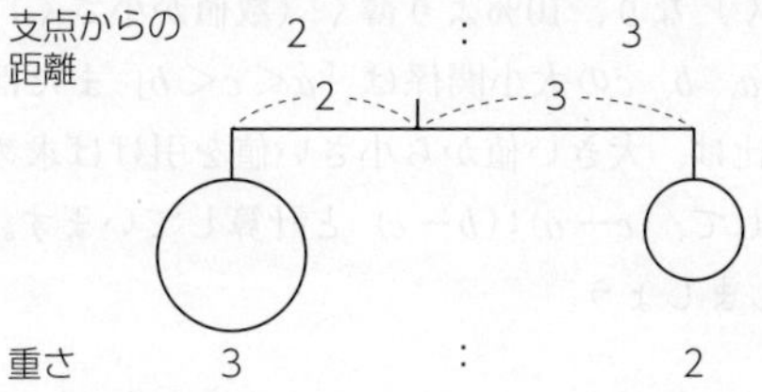

この天秤のメカニズムを借用して、濃度の違う水溶液を混合する場合などの文章題にアプローチするのが天秤法です。以降で具体的に見ていきましょう。

② 天秤法の使い方

（ア）食塩水などの情報を書き込む

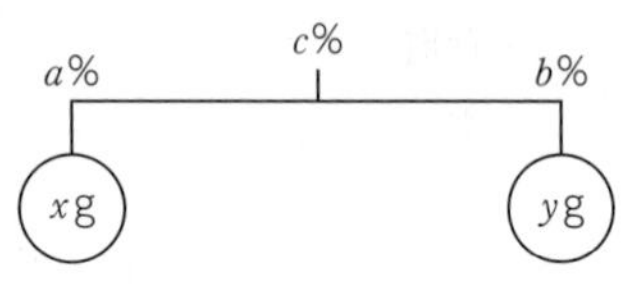

右の図のように、**5か所**に食塩水についてのデータを記入します。

混ぜる食塩水の一方のデータを左端に、もう一方のデータを右端に記入します。

どちらも**上段に濃度**［%］**を、下段に食塩水の量**［gなど］**を記入し、中央の上段には、混合してできた食塩水の濃度**［%］**を記入**します。

このとき、**「%」は小数や分数にせずにそのまま記入し、その後も小数・分数にはしないで計算していきます**。

例　4％の食塩水100gと10％の食塩水200gを混ぜるときの図は、右のようになります。

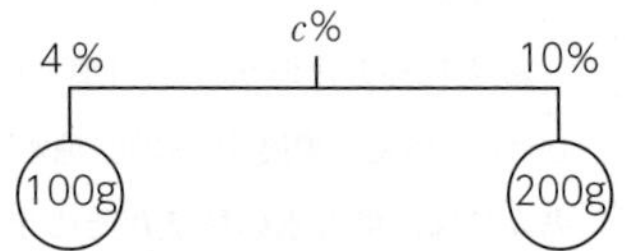

（イ）計算する

❶　図の**横棒（右図の赤線）の長さの比**を求めます。

❷　図の食塩水の量の比を求めます。

❸　❶の「横棒の表さの比」と❷「食塩水の量の比」は必ず**逆比の関係**（比が入れ替わった関係）になることがわかっています。

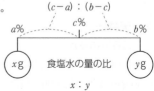

したがって、以下の式が成り立ちます。

$(c-a):(b-c)=y:x$

この式を使えば、問題を解くことができます。

$(c-a):(b-c)$
c%　a%　b%
xg　食塩水の量の比　yg
$x:y$

なお、**a%とb%を混ぜたとき、できる食塩水の濃度は必ずa%とb%の間の値になります**。例えば、3％と10%を混ぜたとき、できる食塩水の濃度は、3％より濃く（数値が大きく）なり、10%より薄く（数値が小さく）なります。

したがって、図のa、b、cの大小関係は「$a<c<b$」または「$a>c>b$」となります。横棒の長さの比は、大きい値から小さい値を引けば求められるので、上の図では「$a<c<b$」として、$(c-a):(b-c)$と計算しています。図を描くときは、a、bの大小関係に注意しましょう。

補足

食塩水においては、(食塩水の量) × (濃度) = (食塩の量) という関係があり、濃度が高いほど含まれている食塩の量が多くなることがわかりますが、天秤のメカニズムにおいては (重りの重量) × (支点からの距離) = (重りを下げる力) という関係があり、支点からの距離が遠いほど重りを下げる力が強くなることがわかります。食塩水の量は重りの重量に、濃度は支点からの距離に対応しており、天秤がつり合うことは「重りを下げる力」が等しいことを意味します。

天秤法は、「重りを下げる力」がつり合っている状況を天秤になぞらえて計算することで、そのときの「支点の位置」(濃度) や「重りの重量」(食塩水の量) を求める手法です。

例題1 4%の食塩水100gと10%の食塩水200gを混ぜ合わせると、できあがる食塩水の濃度はいくらになるか。

右の図のように、横棒の長さの比は、

$(c-4):(10-c)$

で、食塩水の量の比は、

$100:200=1:2$

です。上段と下段は逆比の関係になるので、以下の式が成り立ちます。

$(c-4):(10-c)=2:1$

$(c-4)=2(10-c)$

$c=8$ [%]

$(c-4):(10-c)$
4%　c%　10%
100g　200g

(3) 立式のポイント

重要!

① 濃度変化が起こる場合

天秤法を使ったアプローチは、濃度変化が起こるときに行います。濃度変化が起こるのは、次の4通りの場合です。

❶ 異なる濃度の食塩水を複数混ぜるとき
❷ 食塩水に水だけを加えるとき
❸ 食塩水に塩だけを加えるとき
❹ 食塩水から水分を蒸発させるとき

例えば、食塩水を取り出したり捨てたりするときは、**濃度変化が起きる場合に当**

たらないので天秤法を用いません。例えば、紙パックに入った果汁100%のジュースからコップ1杯を取り出したとき、コップの中には100%果汁のジュースが入っており、紙パックに残ったのも果汁100%のジュースです。つまり、食塩水を取り出すときは、濃度はそのままで、食塩水の量を、条件に合わせて分けるだけです。

② 食塩水どうし以外の混合

食塩水の問題で、「水だけを加える」、「塩だけを加える」、「水分を蒸発させる」場合は、次のように考えます。

❶ 水を加える場合	:水を「濃度0%の食塩水」と考える
❷ 塩を加える場合	:塩を「濃度100%の食塩水」と考える
❸ 水分を蒸発させる場合	:蒸発した水分と同じ量の水を加えれば、もとの濃度に戻ると考えて操作する

例題2 12%の食塩水xgに、水80gを加えてよくかき混ぜたところ、10%の食塩水ができた。このとき、xの値はいくらか。

水80gを加えるので、0%の食塩水80gを加えると考えて天秤図を描くと、右図になります。

(12−10):(10−0)
10%
12%
0%
xg
80g

右図より、横棒の長さの比は、

(12 − 10):(10 − 0)

となり、これを整理すると1:5(①)です。

また、食塩水の量の比はx:80(②)です。

①と②は逆比の関係になるので、1:5 = 80:xが成り立ち、(内項の積)=(外項の積)より、x = 400[g]となります。

例題3 4%の食塩水200gに、塩40gを加えてよくかき混ぜたところ、x%の食塩水ができた。このとき、xの値はいくらか。

塩40gを加えるので、100%の食塩水40gを加えると考えて天秤図を描くと、右図になります。

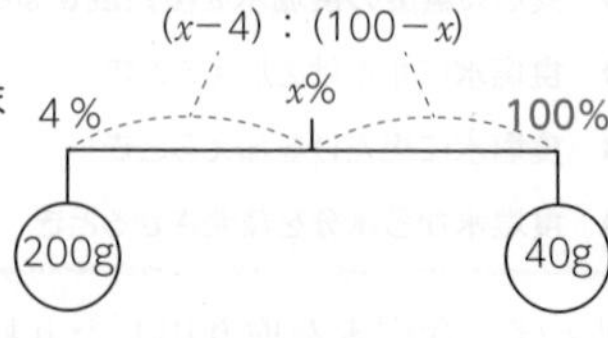

右図より、横棒の長さの比は、

(x − 4):(100 − x) ……①

となります。

また、食塩水の量の比は、

200：40＝5：1　……②

となります。

①と②は逆比の関係になるので、

$(x-4):(100-x)=1:5$

が成り立ち、(内項の積)＝(外項の積) より、

$(100-x)=5(x-4)$

となります。この方程式を解くと、$x=20$［%］となります。

例題4　5％の食塩水x gから水分を40 g蒸発させたところ、6％の食塩水になった。このとき、xの値はいくらか。

できた6%の食塩水に、蒸発させた水分と同量の「水40 g」を加えると、5%の食塩水ができる、と逆算して考えます。

5％の食塩水x gから水分を40 g蒸発させると、食塩水の量は（$x-40$)gです。

したがって、「6％の食塩水（$x-40$)gに、水40 gを混ぜると5％の食塩水x gになった」と考えると、右図のような天秤図になります。

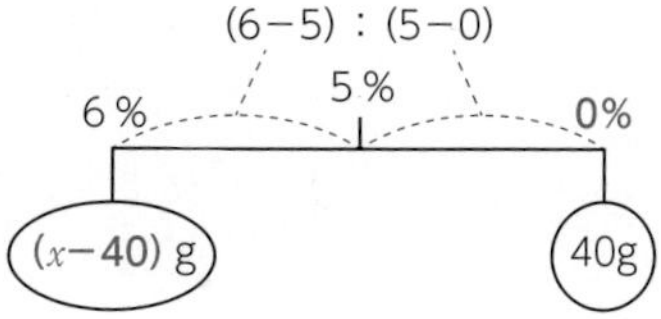

(6－5)：(5－0)
6％　5％　0%
(x−40) g　40g

右図より、横棒の長さの比は、

(6－5)：(5－0)＝1：5　……①

となります。

食塩水の量の比は、

$(x-40):40$　……②

です。

①、②は逆比の関係になるので、

$1:5=40:(x-40)$

となり、(内項の積)＝(外項の積) より、

$200=x-40$

となるので、この方程式を解くと、$x=240$［g］となります。

解法ナビゲーション

あるクラスで数学のテストを実施したところ、クラス全員の平均点はちょうど63点で、最も得点の高かったAを除いた平均点は62.2点、最も得点の低かったBを除いた平均点は63.9点、AとBの得点差はちょうど68点であった。このクラスの人数として正しいのはどれか。

国般2008

❶ 29人
❷ 32人
❸ 35人
❹ 38人
❺ 41人

「平均」をもとに「合計」を求めることを考えます。
（Aの得点）＝（クラス全員の合計点）－（Aを除いた合計点）で求められます。

【解答・解説】

正解 ❺

まず、(データの合計値)＝(平均)×(データの個数) より、それぞれの平均からそれぞれの合計を求めます。

クラス全員の人数を x［人］とおくと、

(クラス全員の合計点)＝$63x$［点］　……①

となります。また、Aを除いたクラスの人数は ($x-1$) 人となるので、

(Aを除いた合計点)＝$62.2(x-1)$［点］　……②

となります。同様に、Bを除いたクラスの人数は ($x-1$) 人となるので、

(Bを除いた合計点)＝$63.9(x-1)$［点］　……③

となります。

ここで、題意より、A、Bの得点差がちょうど68点であることを使います。**(Aの得点)＝(クラス全員の合計点)－(Aを除いた合計点)** となるので、①、②より、

(Aの得点)＝$63x-62.2(x-1)=0.8x+62.2$［点］　……④

となります。同様に、**(Bの得点)＝(クラス全員の合計点)－(Bを除いた合計点)** となるので、①、③より、

(Bの得点)＝$63x-63.9(x-1)=-0.9x+63.9$［点］　……⑤

となります。A、Bの得点差がちょうど68点であることと④、⑤から、④－⑤＝68が成り立つので、

$(0.8x+62.2)-(-0.9x+63.9)=68$

となります。この式を整理すると、$1.7x=69.7$ より、$x=41$ となります。

よって、クラスの人数は41人となるので、正解は❺となります。

解法ナビゲーション

濃度７％の食塩水が入った容器Ａと、濃度10％の食塩水が入った容器Ｂがある。今、容器Ａ、Ｂからそれぞれ100ｇの食塩水を取り出して、相互に入れ替えをし、よくかき混ぜたところ、容器Ａの濃度は9.4％になった。最初に容器Ａに入っていた食塩水は何ｇか。

区Ⅰ2017

❶ 125 g
❷ 150 g
❸ 175 g
❹ 200 g
❺ 225 g

「相互に入れ替えをし、よくかき混ぜた」ところで濃度変化が起こるので、ここで天秤法を使って計算します。また、最終的な濃度が9.4％とわかっており、求めるものが最初に容器Ａにあった食塩水の重量なので、逆向きの流れで解くことを検討してみましょう。

【解答・解説】

正解 ❶

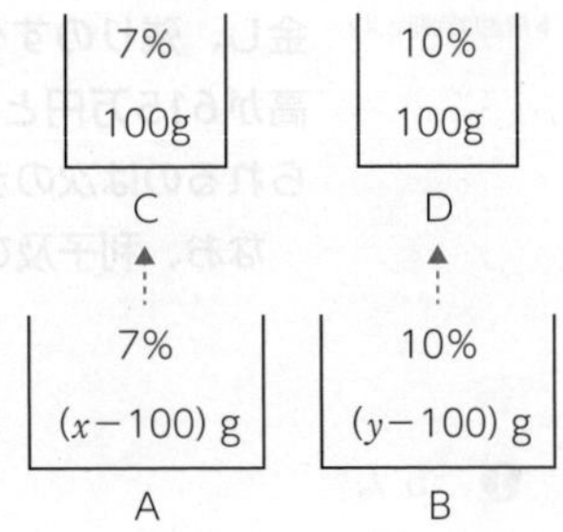

容器Aに入っている7％の食塩水をx［g］、容器Bに入っている10％の食塩水をy［g］とします。

容器A、Bから100 gずつの食塩水を取り出すと、**それぞれの容器に残る食塩水の量は、それぞれ100 gずつ減って**、容器Aには（$x-100$）g、容器Bには（$y-100$）gがある状態になります。

ここで、容器Aから取り出した100 gの食塩水を入れた容器をC、容器Bから取り出した100 gの食塩水を入れた容器をDとして図で示すと、右図のようになります。

問題文「相互に入れ替えをし、よくかき混ぜた」とは、CをBに入れて混ぜ、DをAに入れて混ぜたということです。

その結果、容器Aの濃度は9.4％になったので、**AとDを混ぜた結果が9.4%になった**ことになります。これを天秤図で示すと、次の図のようになります。

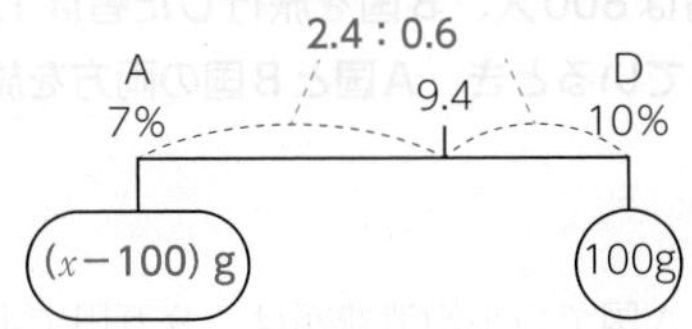

上の図のように、「横棒の長さの比」は2.4：0.6＝4：1になり、「重さの比」は（$x-100$）：100になります。これらの比は逆比の関係なので、

$4:1=100:(x-100)$

が成り立ち、（内項の積）＝（外項の積）より、

$100=4x-400$

となるので、この方程式を解くと、$x=125$［g］となります。求めるのは、最初に容器Aに入っていた食塩水の量ですので、この125 gがそのまま答えになります。

よって、正解は❶です。

過去問にチャレンジ

問題1
★
▶解説は別冊 p.42

あるグループの全員がある銀行に預金をしており、その平均残高は600万円である。このグループのうちの何人かがそれぞれ40万円入金し、残りのすべての人がそれぞれ60万円出金したところ、平均残高が615万円となった。このとき、このグループの人数として考えられるのは次のうちではどれか。

なお、利子及び手数料は考えないものとする。

国専2012

❶ 5人
❷ 6人
❸ 7人
❹ 8人
❺ 9人

問題2
★★
▶解説は別冊 p.43

ある年にA国とB国を旅行した者の平均消費額を調査した。A国を旅行した者は800人、B国を旅行した者は1,000人であり、次のことが分かっているとき、A国とB国の両方を旅行した者は何人か。

国般2020

○ A国を旅行した者のA国での平均消費額は、9万円であった。
○ A国を旅行したがB国は旅行しなかった者のA国での平均消費額は、15万円であった。
○ B国を旅行した者のB国での平均消費額は、12万円であった。
○ B国を旅行したがA国は旅行しなかった者のB国での平均消費額は、18万円であった。
○ A国とB国の両方を旅行した者のA国での平均消費額とB国での平均消費額の合計は、15万円であった。

❶ 200人
❷ 300人
❸ 400人
❹ 500人
❺ 600人

問題3
★
▶解説は別冊 p.45

果汁10%のオレンジジュースがある。これに天然水を加え、果汁6%のオレンジジュースにした。次に、果汁4%のオレンジジュースを500g加えたところ、果汁5%のオレンジジュースになった。天然水を加える前のオレンジジュースは、何gあったか。

区Ⅰ2003

❶ 210 g
❷ 240 g
❸ 270 g
❹ 300 g
❺ 330 g

問題4
★★
▶解説は別冊 p.46

濃度の異なる食塩水が、容器A、Bにそれぞれ600g、400g入っている。はじめに容器Aから容器Bへ食塩水200gを移し、よくかき混ぜた後に容器Bから容器Aへ食塩水200gを戻してよくかき混ぜたら、容器Aには濃度10%の食塩水ができた。その後、容器A、容器Bの食塩水を全てよく混ぜ合わせたら濃度8.4%の食塩水ができた。はじめに容器Aに入っていた食塩水の濃度はいくらか。

裁判所2016

❶ 11%
❷ 12%
❸ 13%
❹ 14%
❺ 15%

問題5 ★★★ **ビーカーに入った濃度10％の食塩水200 gに対して、次のA～Dの順番で操作を行ったところ、濃度4.5％の食塩水200 gができた。**

▶解説は別冊 p.48

A　ある重さの食塩水をビーカーから捨てる。

B　Aで捨てた食塩水と同じ重さの純水をビーカーに加え、よくかき混ぜる。

C　Aで捨てた食塩水の5倍の重さの食塩水をビーカーから捨てる。

D　Cで捨てた食塩水と同じ重さの純水をビーカーに加え、よくかき混ぜる。

以上から判断して、Aで捨てた食塩水の重さとして、正しいのはどれか。

都Ⅰ 2019

❶　12 g

❷　14 g

❸　16 g

❹　18 g

❺　20 g

仕事算・ニュートン算

学習のポイント

・仕事算とニュートン算は出題頻度の高い分野です。
・共通点もありますが、解き方のコツが少し異なりますので、その違いに注意した学習を心掛けましょう。

第2章 方程式の文章題

1 仕事算

(1) 仕事算とは

仕事算は、ある仕事を終わらせるに当たっての、仕事の速さやかかる時間を考える問題です。人間が行う作業だけでなく、何らかの機械や装置が動作して作業を完了するまでにかかる時間や、仕事の速さが問われることもあります。

公務員試験の出題では仕事の総量の値がわからない場合がほとんどであり、その場合、**仕事の総量を1（つまり、100％）とおいて式を立てます。**

(2) 仕事算の公式

ある一定の速さで仕事をする人や機械が、ある一定の時間仕事をすることによって、一定量の仕事が完成します。このことから、次の公式が成り立ちます。

【仕事算の公式】

$$(\text{仕事の速さ})\times(\text{仕事をした時間})=(\text{仕事をした量})$$

$$(\text{仕事の速さ})=\frac{1}{\text{仕事を終わらせるまでの時間}}$$

例題1 Aがある一定の速さで作業をして、仕事をすべて終わらせるのに3日かかったとき、1日当たりのAの仕事の速さはいくらか。

Aは3日間で1（つまり、100％）の仕事を行ったと考えられるので、Aの仕事の速さをaとおき、公式を使うと次のようになります。

$$a\times 3=1$$

$$a=\frac{1}{3}$$

よって、Aの仕事の速さは、1日当たり$\frac{1}{3}$となります。

ヒント

この例題の解答のように、「仕事の速さ」は基本的に分数で表されることになります。

⑶ 仕事算の解法 重要！

① 基本の解法

仕事算では、**仕事の仕方ごとに公式を使って計算します**。

「仕事の仕方ごとに」の意味ですが、例えば仕事の速さの異なるAとBがそれぞれ仕事をするのであれば、Aの仕事とBの仕事について別々に公式を使って計算します。Aの仕事をする速さが日によって異なるのであれば、仕事の速さが同じ単位ごとに公式を使って計算します。例題を使って確認してみましょう。

例題2 ある仕事を終わらせるのに、A1人で20分、B1人で30分かかる。はじめ、この仕事をA1人で8分行った後にB1人で行い、すべて終わらせた。B1人が仕事を行った時間は何分か。

B1人が仕事を行った時間が問われているので、これをt［分］とおき、仕事の仕方を数直線にまとめると、右図のようになります。

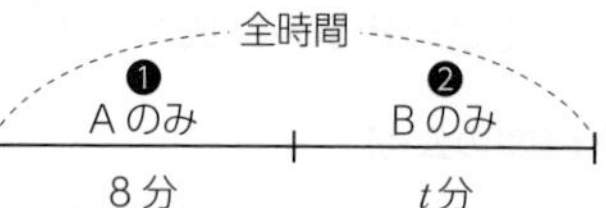

仕事全体の量を1とおくと、A1人でこの仕事を終わらせるまでに20分かかるので、Aの仕事の速さは1分当たり$\frac{1}{20}$です。同様に、Bは1人でこの仕事を終わらせるのに30分かかるので、Bの仕事の速さは1分当たり$\frac{1}{30}$です。

図の❶と（仕事の速さ）×（仕事をした時間）＝（仕事をした量）より、Aの仕事量は、

$$\frac{1}{20} \times 8 = \frac{2}{5}$$

です。同様に、図の❷と（仕事の速さ）×（仕事をした時間）＝（仕事をした量）より、Bの仕事量は、

$$\frac{1}{30} \times t = \frac{1}{30}t$$

です。

❶と❷の仕事量を合わせて1になればよいので、

$$\frac{2}{5} + \frac{1}{30}t = 1$$

が成り立ちます。この式全体を30倍すると、

$$12 + t = 30$$

より、t = 18［分］となります。

第2章 方程式の文章題

② 同時に仕事を進める場合

複数の人や機械などが同時に仕事をするときは、**それぞれの仕事の速さの和が「全体の仕事の速さ」になります。**

Aの仕事の速さが1分当たり$\frac{1}{20}$、Bの仕事の速さが1分当たり$\frac{1}{30}$のとき、A、B2人合わせてこの仕事を終えるのに何分かかるか。

AとBが同時に仕事をするときの仕事の速さは、2人の仕事の速さの合計なので、

$$\frac{1}{20} + \frac{1}{30} = \frac{1}{12}$$

となります。

1分当たりの仕事の速さが$\frac{1}{12}$なので、2人でこの仕事を終えるのにかかる時間は12分となります。

逆に、「全体の仕事の速さ」と「一部の人や機械の仕事の速さ」がわかっている場合は、差を計算することで「残りの人や機械の仕事の速さ」を求めることができます。

2 ニュートン算

(1) ニュートン算とは

ニュートン算は仕事算と似ている部分もありますが、解法の流れが仕事算とは異なるので区別する必要があります。

ニュートン算では、**仕事をこなしていくのと同時に新たな仕事が追加されていく状況での仕事の完成**を考えます。

例 ある店の前に行列があり、一定のペースで行列に人が加わっていくとき、入口を開けて人をお店に入れていく

⇒ 「行列に人が加わっていく」を「行列の人数を増やす仕事」とし、「入口を開けて人をお店に入れていく」を「行列の人数を減らす仕事」と考えることができます。

例 ポンプが水槽の水を汲み出す一方で、水槽に水が追加されていく

⇒ 「水を追加する」を「水槽の水を増やす仕事」とし、「ポンプが水を汲み出す」を「水槽の水を減らす仕事」と考えることができます。

このような、**増やす仕事と減らす仕事が同時に行われている問題を、ニュートン算と判断します。**

(2) ニュートン算の公式

最終的に仕事が完了する状況であれば、次の式に当てはめることができます。

【ニュートン算の公式】

(当初の仕事量)＋(増やす速さ)×(時間)＝(減らす速さ)×(時間)

(3) ニュートン算の解法

ニュートン算は、複数の式を立てて連立方程式として解くことが多いです。例題で確認してみましょう。

ある展示会において、開場前の入口前に150人の行列ができており、今後も１分当たり一定の人数が新たに行列に加わっていくものとする。

いま、入口一つを開けて人を入れていくと15分で行列が解消し、入口二つを開けて人を入れていくと５分で行列が解消することがわかっている。このとき、入口一つ当たりの人を入れる速さを求めよ。

なお、入口一つ当たりの人を入れる速さはどの入口も等しく、一定であるとする。

公式に入れる値を確認すると、「当初の仕事量」は150人、「時間」は、入口一つのときに15分、入口二つのときに５分となりますが、「増やす速さ（新たに行列に加わる速さ）」と「減らす速さ（入口から行列の人を入れる速さ）」が不明です。そこで、「増やす速さ」を１分当たりx人とおき、「減らす速さ」を１分当たりy人とおきます。

ここで、公式を使い、行列が解消するまでの人数の関係を式で表します。

行列に並んだ総人数を式で表すと、「当初の仕事量」は150人、新たに行列に加わった人数は、「増やす速さ」が１分当たりx人で、行列解消までの15分間行列に人が加わるので$15x$人です。つまり、行列に並んだ総人数は、

$150 + 15x$［人］　……①

となります。

次に、行列から減った総人数を式で表します。「減らす速さ」は入口一つで１分当たりy人、行列解消までの15分間人を減らすので、減った総人数は、

$15y$［人］　……②

です。

行列が解消したということは、「行列に並んだ総人数（①）」と「入口から入った総人数（②）」が等しくなるので、

$150 + 15x = 15y$　……③

が成り立ちます。

なお、③の式の状況をグラフの形で示すと、次の図になります。

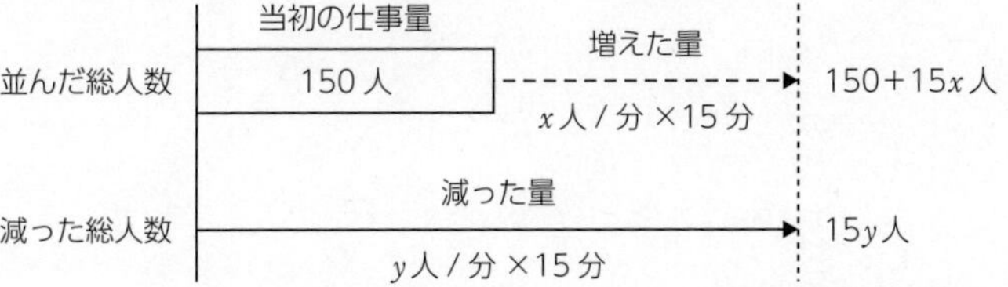

第2章　方程式の文章題

同様に、入口を二つ開けたときの行列に並んだ総人数を式で表すと、「当初の仕事量」は150人、「増やす速さ」は、1分当たりx人で行列解消までの5分間行列に人が加わるので$5x$人です。つまり、行列に並んだ総人数は、

$150 + 5x$ ［人］　……④

です。

このとき、行列から減った総人数を式で表すと、「減らす速さ」は入口二つで1分当たり$2y$人、行列解消までの5分間人を減らすので、減った総人数は、

$2y \times 5 = 10y$ ［人］　……⑤

です。ここでも、「行列に並んだ総人数（④）」と「入口から入った総人数（⑤）」が等しくなるので、

$150 + 5x = 10y$　……⑥

が成り立ちます。

⑥の式の状況をグラフの形で示すと、次の図になります。

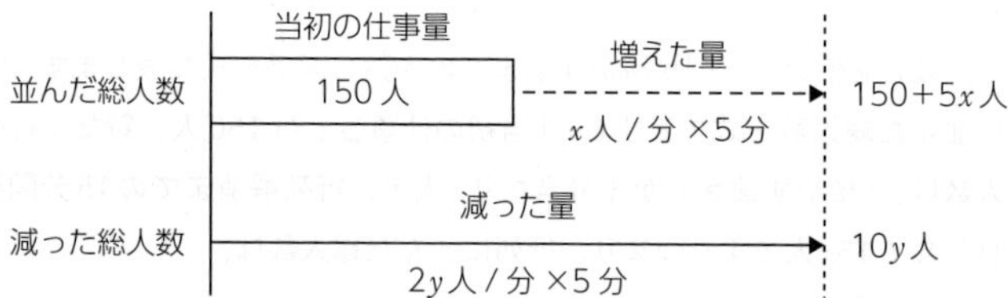

③、⑥を連立方程式として解きます。求めるのはyなので、xを消します。⑥×3より、

$450 + 15x = 30y$

となるので、③と連立させて解くと、$y = 20$［人/分］となり、これが答えとなります。

解法ナビゲーション

ダイレクトメール発送作業があり、これを完了させるのに、A、Bの２名では18日間、A～Dの４名では12日間を要することが分かっている。

この作業をA～Dの４名で行うこととし、当初は全員で作業を進めていたが、途中でC、Dが揃って不在となったため、A、Bの２名だけで作業を進める期間が生じた。その結果、当初の完了予定日よりも丸１日遅れて作業が完了した。

このとき、A～Dの４名が共同で作業を行った日数として妥当なのはどれか。

ただし、各人が１日当たりにこなす作業量は常に一定であるものとし、C、Dの不在期間は共通かつ１日単位であったものとする。

国専2008

❶ 7日
❷ 8日
❸ 9日
❹ 10日
❺ 11日

着眼点

AとB、CとDは、常に同時に作業をしているので、２名を１組にして仕事の速さを求めます。

【解答・解説】

正解 ❹

本問では、「**AとBの2人で仕事をする期間**」と「**A～Dの4人で仕事をする期間**」**があるので、仕事の仕方はこの2通りあります**。そこで、(仕事の速さ)＝$\frac{1}{\text{終わらせるまでの時間}}$を使って、これら2通りの仕事の速さを求めます。AとB2名同時に作業すると18日間で作業が完了することから、AとB2名合わせた仕事の速さは、1日当たり$\frac{1}{18}$となります。同様に、A～Dの4名が同時に作業すると12日間で作業が完了するので、4名合わせた仕事の速さは、1日当たり$\frac{1}{12}$となります。

次に、仕事をした時間を考えます。問題文「当初の完了予定日よりも丸1日遅れて作業が完了した」より、**4名合わせて作業を続けていれば、12日間で終わるはずだった**ので、そこから丸1日遅れたということは、**作業が終わるまでに13日間かかった**ことになります。

そこで、求めるものである「A～Dの4名が共同で作業を行った日数」をt［日］とおくと、そのうち「A､Bの2名だけで作業を進める期間（日数）」は､$(13-t)$［日］と表すことができます。

仮に、はじめからt日間をA～Dの4名で働いた期間とし、後半をA、Bの2名だけで働いた期間として図に示すと、右図のようになります。

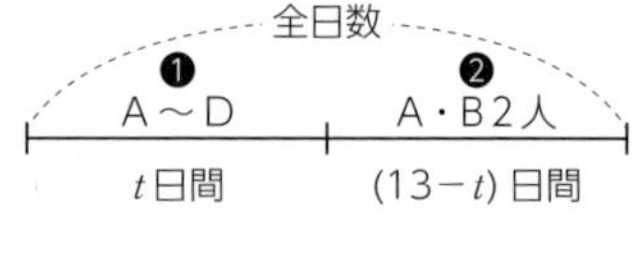

図より、(❶での仕事量)＋(❷での仕事量)＝(終わらせた仕事量)が成り立ちます。(仕事の速さ)×(仕事をした時間)＝(仕事をした量) より、❶は$\frac{1}{12}\times t$となり、❷は$\frac{1}{18}\times(13-t)$ となります。題意より、「作業を完了した」ので、終わらせた仕事量は1です。したがって、

$$\frac{1}{12}t+\frac{1}{18}(13-t)=1$$

が成り立ちます。この式のカッコを外すと、

$$\frac{1}{12}t+\frac{13}{18}-\frac{1}{18}t=1$$

となり、さらに式全体を36倍して分母を消すと、

$3t+26-2t=36$

となるので、この式を整理すると、$t=10$［日間］となります。よって、正解は❹です。

解法ナビゲーション

ある博物館の開館時刻は午前9時であり、開館時刻には、既に博物館前に何人かが並んで開館を待っている。入館待ちの行列は、博物館の入口を5つにすると開館時刻の40分後に、入口を4つにすると開館時刻の55分後になくなるという。このとき、入口を3つにした場合の行列がなくなる時刻に最も近いのはどれか。ただし、来館者は開館後も一定のペースでやってきており、また、すべての入口において入館していくペースは同一であるものとする。

裁判所2005

❶ 午前10時10分
❷ 午前10時20分
❸ 午前10時30分
❹ 午前10時40分
❺ 午前10時50分

入館対応をする（仕事をこなしていく）間にも行列に人が増えていく（新たな仕事が追加されていく）のでニュートン算の問題です。入口が五つの場合と四つの場合について立式できますが、この問題では当初の仕事量、増やす速さ、減らす速さの三つが未知数であるため、それだけだと方程式を解けません。

ここでは、すでに学習した比例式と比の関係を用いたアプローチを行います。検討過程でたくさんの未知数を文字で表しますが、ニュートン算のスタンダードな解法として習得しておいてください。

【解答・解説】

正解 ❸

「当初の仕事量（開館時に並んでいた人数）」、「増やす速さ（開館後に来館者が来るペース）」、「減らす速さ（入口一つから入館していくペース）」がいずれも不明なので、（当初の仕事量）＝a［人］、（増やす速さ）＝x［人/分］、（入口一つの減らす速さ）＝y［人/分］とします（①）。

入口を五つにしたとき40分で行列が解消するので、当初の仕事量はa人、新たに増えた人数は$x \times 40 = 40x$人となり、行列の総人数は、

$a + 40x$［人］

となります。また、この40分間において、1分間にy人ずつ五つの入口それぞれで行列の人を減らしたので、減らした総人数は、

$y \times 5 \times 40 = 200y$［人］

です。

行列がなくなるのは、（行列の総人数）＝（減らした総人数）が成り立つときなので、

$a + 40x = 200y$　……②

が成り立ちます。

入口を四つにしたとき55分で行列が解消するので、当初の仕事量はa人、新たに増えた人数は$x \times 55 = 55x$人となり、行列の総人数は、

$a + 55x$［人］

となります。また、この55分間において、1分間にy人ずつ四つの入口それぞれで行列の人を減らしたので、減らした総人数は、

$y \times 4 \times 55 = 220y$［人］

です。

行列がなくなるのは、（行列の総人数）＝（減らした総人数）が成り立つときなので、

$a + 55x = 220y$　……③

が成り立ちます。

②、③を連立方程式として、aを消すために③－②を行うと、

$15x = 20y$

となり、この式を整理すると、

$3x = 4y$

となります。**この式は比例式**なので、

$x : y = 4 : 3$

となり、

$x = 4z$　……④

$y=3z$　　……⑤

とおいて、**これらを②または③に代入します**。②に代入すると、

$a+40\times4z=200\times3z$

より、

$a=440z$　　……⑥

となります。

ここで、求めるものを確認すると、「入口を３つにした場合の行列がなくなる時刻」なので、**入口が三つのときの行列がなくなるまでの時間をt［分］とおき、（行列の総人数）＝（減らした総人数）の式を立てます。**

入口が三つのとき、⑥より、当初の仕事量は$440z$人、④より、増やす速さは$4z$人、⑤より、減らす速さは$3z$人です。

t分後の行列の総人数は、$440z+4tz$人、入口三つでt分間に減らした総人数は、$3z\times3\times t=9tz$人となるので、（行列の総人数）＝（減らした総人数）より、

$440z+4tz=9tz$

が成り立ちます。この式全体をzで割ると、

$440+4t=9t$

となるので、この方程式を解くと、$t=88$［分］となります。つまり、午前９時から１時間28分後の午前10時28分に行列がなくなるので、これに最も近い選択肢は❸となります。

過去問にチャレンジ

問題1
★★
▶解説は別冊 p.49

ある会議の資料をコピーするために、ＡとＢの２台のコピー機をレンタルした。Ａのコピー機だけを使用すると作業時間は４時間かかるが、ＡとＢの２台を同時に使用すると、２時間40分になることが予想された。最初、Ａのコピー機だけで作業したが、しばらくしてＢのコピー機が加わって２台で作業を行った。ところが、途中でＡのコピー機が故障したため、その後はＢのコピー機のみを使用することになり、作業時間は全体で３時間20分となった。Ａのコピー機のみで作業を行ったのが80分であったとき、Ｂのコピー機のみで作業を行った時間は何分であったか。

国般2000

❶ 20分
❷ 24分
❸ 28分
❹ 32分
❺ 36分

問題2
★
▶解説は別冊 p.50

ある水槽で、満水時に、排水口を開けるとともに排水ポンプを３台使用すると16分で水槽の水は空になり、排水口を開けるとともに排水ポンプを２台使用すると20分で水槽の水が空になる。

ここで、排水口を閉じたままポンプを１台使用する場合、満水の水槽が空になるまでの時間として最も妥当なのはどれか。

ただし、排水口及び排水ポンプからの排水量は、それぞれ、水槽の水の量にかかわらず常に一定の数値を示すものとする。また、１台当たりの排水ポンプからの排水量はどれもすべて同じとする。

国専2007

❶ 40分
❷ 50分
❸ 60分
❹ 70分
❺ 80分

問題3
★
▶解説は別冊 p.52

満水のタンクを空にするために、複数のポンプで同時に排水する。ポンプA、B及びCでは16分、AとBでは24分、AとCでは30分かかる。今、BとCのポンプで排水するとき、排水にかかる時間はどれか。

区Ⅰ 2020

❶ 18分
❷ 20分
❸ 24分
❹ 28分
❺ 32分

問題4
★★
▶解説は別冊 p.53

ある作業を、AとBとの２人で共同して行うと、Aだけで行うより４日早く終了し、Bだけで行うより９日早く終了する。この作業をAだけで行う場合の作業日数として、正しいのはどれか。ただし、A、Bの１日当たりの作業量はそれぞれ一定とする。

都Ⅰ 2017

❶ 10
❷ 11
❸ 12
❹ 13
❺ 14

問題5

★★

▶解説は別冊 p.54

映画館でチケットを売り始めたとき、既に行列ができており、発売開始後も毎分10人ずつ新たに行列に加わるものとする。窓口が1つのときは1時間で行列がなくなり、窓口が3つのときは15分で行列がなくなる。チケットを売り始めたときに並んでいた人数はどれか。ただし、どの窓口も1分間に同じ枚数を売るものとする。

区Ⅰ2013

❶ 1200人
❷ 1300人
❸ 1400人
❹ 1500人
❺ 1600人

問題6

★★

▶解説は別冊 p.55

ある施設に設置されたタンクには、常に一定の割合で地下水が流入しており、このタンクにポンプを設置して排水すると、3台同時に使用したときは21分、4台同時に使用したときは15分でそれぞれタンクが空となる。この場合、このタンクを7分で空にするために必要なポンプの台数として、正しいのはどれか。ただし、排水開始前にタンクに入っていた水量はいずれも等しく、ポンプの毎分の排水量はすべて等しくかつ一定である。

都Ⅰ2011

❶ 6台
❷ 7台
❸ 8台
❹ 9台
❺ 10台

第3章

速　さ

速　さ

旅人算・周回算

流水算

通過算

ダイヤグラム

時計算

1 速　さ

学習のポイント

・第３章では、文章題のうち特に、「速さ」に関連する知識やテクニックを使う問題の解法を学習していきます。

・公式を覚えることが大前提になりますが、それ以上に重要なのは「比」を用いた解法を状況に応じて使いこなすことです。慣れるまでに多少時間がかかる場合もありますが、あきらめずに復習して感覚をつかむようにしましょう。

1 速さの公式

「速さ」の問題では、人や乗り物などがある速度である時間移動する状況が提示され、さまざまな条件から問題文の求めるものを割り出すことになります。

速さは、時間、距離との関係で決まることになるため、次に示す速さの公式は必ず覚えておく必要があります。

【速さの公式】

❶ $（速さ）=\dfrac{（距離）}{（時間）}$

❷ $（時間）=\dfrac{（距離）}{（速さ）}$

❸ （距離）=（速さ）×（時間）

覚えにくいのであれば、いわゆる「ハジキ」の図を使って覚えるとよいでしょう。

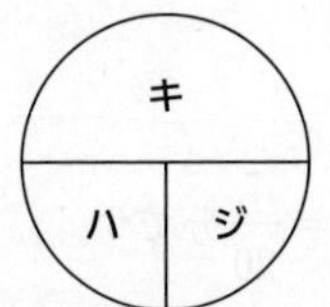

ハ：速さ
ジ：時間
キ：距離

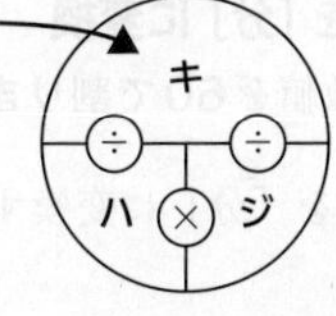

❶　距離と時間がわかっていてが速さを求める場合：

ハジキの図で「ハ」以外の2文字「キ」と「ジ」が縦に並んでいます。縦に並ぶときは割り算（距離÷時間）で計算します。

❷　距離と速さがわかっていて時間を求める場合：

ハジキの図で「ジ」以外の2文字「キ」と「ハ」が縦に並んでいます。縦に並ぶときは割り算（距離÷速さ）で計算します。

❸　速さと時間がわかっていて距離を求める場合：

ハジキの図で「キ」以外の2文字「ハ」と「ジ」が横に並んでいます。横に並ぶときは掛け算（速さ×時間）で計算します。

2 時間の単位の変換法

公式などで計算するときは、単位を揃えてから計算する必要があります。基本的に、**速さの単位に合わせる形で、時間と距離の単位を変換します。**

(1)「時間」を「分」に変換

「時間」の数値に**60を掛けます。**

例　$\frac{5}{12}$時間を「分」に変換すると、$\frac{5}{12}\times 60$より、25分です。

(2)「分」を「時間」に変換

「分」の数値を**60で割ります。**

例　36分を「時間」に変換すると、36÷60より、$\frac{36}{60}=\frac{3}{5}$時間です。

(3)「分」を「秒」に変換

「時間」の数値に**60を掛けます。**

例　$\dfrac{3}{10}$分を「秒」に変換すると、$\dfrac{3}{10}\times 60$より、18秒です。

(4)　「秒」を「分」に変換

「秒」の数値を60で割ります。

例　21秒を「分」に変換すると、21÷60より、$\dfrac{21}{60}$分$=\dfrac{7}{20}$分です。

上記のように1段階ずつ変換することもできますが、「時間」を「秒」に変換するには「時間」の数値に3600を掛け、「秒」を「時間」に変換するには「秒」の数値を3600で割ればいいことになります。

例題　1分間に600 m走る自動車で4.2 kmを移動するのにかかる時間は何分か。ただし、自動車は常に一定の速さで走るものとする。

1分間に600 m走るので、速さは分速600 mということになります。ところが距離が「km」の単位で表されているので、これを速さで使われている「m」の単位にそろえてから公式を使って計算します。

4.2 km = 4200 m

距離と速さがわかっているので、これを公式に当てはめます。

(時間) = (距離) ÷ (速さ)

= 4200 ÷ 600

= 7［分］

4.2 km

自動車

600 m/分

□分

速さの単位が不明であり、いったん文字で表して立式する場合は、選択肢にある速さの単位に合わせておくのがよいでしょう。

3 比を使った解法

(1) 速さにおける比の性質

速さの問題の中には、比の性質を使うと解きやすいものが多くあります。問題には複数の移動主体（人や乗り物）が登場し、異なる条件で移動することが多いです。

このような問題を公式で解くことも可能ですが、式が複雑化しやすく解きにくくなるため、式をシンプルにできる**比の性質を使った解法を使いこなせるかどうかが、速さの分野を攻略するうえでのポイント**となります。それぞれ例を参考にしてください。

① 速さが等しい場合

速さが等しい場合、「移動時間の比」と「距離の比」は**正比の関係**になります。

例 AとBがともに時速10 kmの速さで、Aは2時間、Bは3時間移動した。

⇒ 「ともに時速10 km」とあるので、2人の速さが等しい場合に当たることがわかります。2人が移動した距離を公式で求めると、Aは（10×2＝）20 km移動し、Bは（10×3＝）30 km移動したことになります。

AとBの移動時間の比は、(Aの移動時間)：(Bの移動時間)＝2：3となり、AとBの距離の比は、(Aの距離)：(Bの距離)＝20：30＝2：3となります。

このように、**速さが等しい場合、常に（移動時間の比）＝(距離の比）の関係になります。**

② 移動時間が等しい場合

移動時間が等しい場合、「距離の比」と「速さの比」は**正比の関係**になります。

例 CとDがともに2時間かけて、Cは30 km移動し、Dは60 km移動した。

⇒ 「ともに2時間」とあるので、2人の移動時間が等しい場合に当たることがわかります。2人の速さを公式で求めると、Cは（30÷2＝）時速15 km、Dは（60÷2＝）時速30 kmとなります。

このとき、CとDの距離の比は、(Cの距離)：(Dの距離)＝30：60＝1：2となり、CとDの速さの比は、(Cの速さ)：(Dの速さ)＝15：30＝1：2となります。

このように、**移動時間が等しい場合、常に（距離の比）＝(速さの比）の関係になります。**

③ 距離が等しい場合

距離が等しい場合、「速さの比」と「移動時間の比」は**逆比の関係**になります。

例 Eが時速12 km、Fが時速15 kmで、ともに60 km移動した。

⇒ 「ともに60 km移動した」とあるので、距離が等しい場合に当たることがわかります。２人の移動時間を公式で求めると、Eの移動時間は（60÷12＝）5時間、Fの移動時間は（60÷15＝）４時間となります。

このとき、EとFの速さの比は、(Eの速さ)：(Fの速さ)＝12：15＝4：5となり、EとFの移動時間の比は、(Eの移動時間)：(Fの移動時間)＝5：4となります。

このように、**距離が等しい場合、常に（速さの比）と（移動時間の比）は逆比の関係になります。**

⑵ 連 比

重要！

比が複数出てくる問題では、**連比**を使って解くことがあります。第２章で学習した、複数の比を連比にまとめる方法を復習しておきましょう。

例題 (Aの速さ)：(Bの速さ)＝5：3、(Bの速さ)：(Cの速さ)＝4：5のとき、(Aの速さ)：(Cの速さ) を比で表せ。

Bの速さの比の値を３と４の最小公倍数「12」でそろえると、

(Aの速さ)：(Bの速さ)＝20：12

(Bの速さ)：(Cの速さ)＝12：15

となります。つまり、

(Aの速さ)：(Bの速さ)：(Cの速さ)＝20：12：15

となるので、

(Aの速さ)：(Cの速さ)＝20：15＝4：3

とわかります。

4 その他の解法テクニック

⑴ 数直線を用いる　重要!

基本的な問題であれば、**距離を数直線に表す**と把握しやすくなることがあります。

例　右図は、「AがPからQへ移動したとき」を図で示したものです。

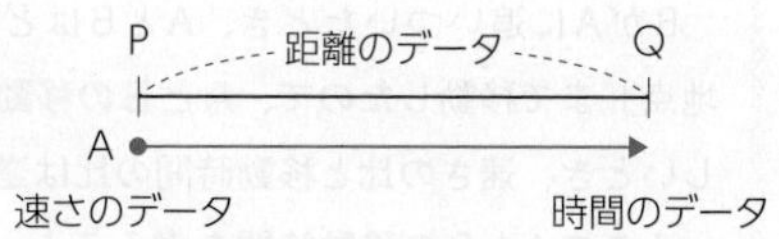

⑵ 「等しいもの」を探す

方程式と比のいずれで解く場合も、**「等しいもの」を探す**ことが重要です。

例題1　Aは自宅と学校の間を、往路を時速４km、復路を時速３kmで移動した。往路と復路の移動時間の比はいくらか。

往復するので、往路の距離と復路の距離は等しいことがわかります。距離が等しいとき、速さの比と移動時間の比は逆比の関係になります。題意より、

(往路の速さ)：(復路の速さ)＝４：３

なので、これを逆比にしたものが移動時間の比です。つまり、

(往路の移動時間)：(復路の移動時間)＝**３：４**

となります。

例題2　ある一本の道があり、一方の端にAが、もう一方の端にBがいる。いま、A、Bの２人が同時に出発した。Aは時速４kmで、Bは時速５kmで歩いたところ、やがて２人は出会った。このとき、２人の出会うまでの移動距離の比はいくらか。

２人は同時に出発しているので、出会うまでの２人の移動時間は等しいことがわかります。移動時間が等しいとき、速さの比と距離の比は正比の関係になります。題意より、

(Aの速さ)：(Bの速さ)＝４：５

なので、

(Aの距離)：(Bの距離)＝**４：５**

となります。

例題3 A、Bの２人が学校から駅へ向かった。BはAが出発してから３分後に学校を出発し、５分歩いたところでAに追いついた。このとき、２人の速さの比はいくらか。

BがAに追いついたとき、AとBはどちらも「学校」から「BがAに追いついた地点」まで移動したので、**AとBの移動距離は等しい**ことがわかります。距離が等しいとき、速さの比と移動時間の比は**逆比**の関係になります。

そこでAとBの移動時間を考えると、AはBより３分早く出発しており、Aの移動時間がBより３分多いことになります。つまり、

(Aの移動時間)＝(Bの移動時間)＋３［分］

となります。Bは、出発してからAに追いつくまでに５分かかっているので、Aの移動時間は５＋３＝８［分］です。

よって、

(Aの移動時間)：(Bの移動時間)＝８：５

となるので、これを逆比にしたものが２人の速さの比になります。つまり、

(Aの速さ)：(Bの速さ)＝**５：８**

です。

解法ナビゲーション

あるランナーは、通常、平坦な道24 kmを2時間40分で走る。このランナーが、ある山の頂上から麓まで12 kmの道のりを下り、折り返して頂上まで12 kmの道のりを上る全長24 kmのコースを走った。下りの平均速度は通常の速度（平坦な道での平均速度）より6 km/h速く、上りの平均速度は通常の速度より6 km/h遅かった。このコースを完走するのに要した時間はいくらか。

国専2010

❶　2時間08分
❷　2時間24分
❸　2時間40分
❹　3時間45分
❺　4時間48分

公式を使って通常の速さを求めます。時間の単位に「分」が含まれていますが、速さの単位が時速なので、速さの単位にそろえましょう。

【解答・解説】

正解 ❺

まず、このランナーの通常の速度（平坦な道での平均速度）を求めます。問題文の6 km/h（時速6 km）より、**速さの単位は「時間」と「km」なので、問題文中の「分」を「時間」に変換します**。40分を「時間」に変換すると、

$$\frac{40}{60}=\frac{2}{3}\ [\text{時間}]$$

になります。題意より、このランナーは24 kmの距離を2時間40分、つまり、

$$2+\frac{2}{3}=\frac{8}{3}\ [\text{時間}]$$

で走ります。したがって、速さの公式より、このランナーの通常の速度は、

$$24\div\frac{8}{3}=9\ [\text{km/h}]$$

となります。

山の頂上から麓まで12 kmを下るとき、このランナーの速度は通常の速度よりも6 km/h速くなるので、

$$9+6=15\ [\text{km/h}]$$

となります。したがって、速さの公式より、下るのにかかる時間は、

$$12\div 15=\frac{4}{5}\ [\text{時間}]$$

となり、$\frac{4}{5}$時間を「分」に変換すると$\frac{4}{5}\times 60=48$より、48分かかることがわかります（①）。

また、折り返して頂上まで12 kmを上るとき、このランナーの速度は通常の速度よりも6 km/h遅くなるので、

$$9-6=3\ [\text{km/h}]$$

となります。したがって、速さの公式より、上るのにかかる時間は$12\div 3=4$［時間］になります（②）。

よって、①、②より、コースを完走するのに要した時間は、下りの48分と上りの4時間を合わせて4時間48分となるので、正解は❺となります。

過去問にチャレンジ

問題1

★★

▶解説は別冊 p.57

A、Bの2人が自転車に乗ってそれぞれ一定の速さで進んでおり、Bの速さはAの速さよりも1 m/sだけ速い。Aが全長90 mのトンネルに進入した4秒後にBもトンネルに入り、Aがトンネルを抜けた3秒後にBもトンネルを抜けたとすると、Aの速さは何m/sか。

地上2011

❶ 5 m/s
❷ 6 m/s
❸ 7 m/s
❹ 8 m/s
❺ 9 m/s

問題2

★★

▶解説は別冊 p.58

地点Aから地点Bまでが上り坂、地点Bから地点Cまでが下り坂の一本道がある。地点Aを自転車で出発し、地点Cで15分間の休憩後、折り返し、復路の地点Bで8分間の休憩後、地点Aに戻ったところ1時間15分かかった。地点Aから地点Cまでの距離はどれか。ただし、上り坂は時速6 km、下り坂は時速20 kmで走行する。

区Ⅰ2017

❶ 3,250 m
❷ 3,500 m
❸ 3,750 m
❹ 4,000 m
❺ 4,250 m

2 旅人算・周回算

学習のポイント

・旅人算の解法は、速さに関する他の出題ジャンルでも必要になる考え方なので、しっかり身につけるようにしましょう。

・周回算は頻出ですが、難解な問題も多いので、公式と周回数の比を使いこなせるように学習しておきましょう。

1 旅人算

旅人算とは、**複数のもの**（人や乗り物など）**が移動する速さの問題**であり、お互いに反対の方向に移動する場合（出会い算）と、お互いに同じ方向に移動する場合（追い掛け算）があります。

解法についても距離に着目して解く場合と速さに着目して解く場合があります。

(1) 出会い算

出会い算は、**複数のものが正反対の方向に移動する問題**です。

① 距離に着目する場合

問題文で与えられる距離の要素に着目すると、次のような解法になります。

例 P地点とQ地点は2km離れていて、P地点からQ地点へ向かってAが、Q地点からP地点へ向かってBが移動し始め、やがて出会った。

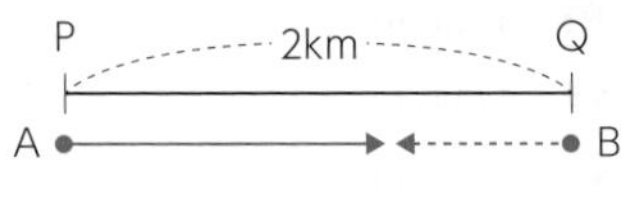

⇒ この場合について図に示すと、右のようになります。

図より、

(Aの距離)＋(Bの距離)＝(片道の距離)

となることがわかります。つまり、この場合、

(Aの距離)＋(Bの距離)＝2［km］

です。

② **速さに着目する場合**

出会い算では、**二つの速さを足し算すると「近づく速さ」または「離れる速さ」を求めることができます。**

例 32 kmの道の両端にAとBがいる。Aは時速５km、Bは時速３kmで向かい合って同時に出発し、出会うまで移動した。

32 km
A　B
時速５km　時速３km

⇒ この場合について図に示すと、右のようになります。

図において、時間を１時間だけ進めると、Aだけで５km進み、Bだけで３km進むので、２人合わせて１時間につき８km近づきます。これを**「近づく速さが時速８km」**と考えれば、

(近づく速さ)×(近づく時間)＝(近づく距離)

が成り立つので、２時間で８×２＝16［km］近づき、３時間で８×３＝24［km］近づくことがわかります。つまり、この場合は、

(近づく距離)÷(近づく速さ)＝(近づく時間)

より、AとBが出会うまでにかかった時間は32÷８＝４［時間］となります。

なお、AとBが近づく速さを求める式は、

(Aの速さ)＋(Bの速さ)＝(近づく速さ)

となります。

例 AとBが同じ地点に背中合わせに立っており、Aは時速５km、Bは時速３kmで同時に歩き始めた。

時速５km
A
B
時速３km

⇒ この場合について図に示すと、右のようになります。

この図より、時間を１時間だけ進めると、Aだけで５km進み、Bだけで３km進むので、２人合わせて１時間に８km離れます。これを**「離れる速さが時速８km」**と考えると、

(離れる速さ)×(離れる時間)＝(離れる距離)

が成り立つので、例えば５時間移動すれば、８×５＝40［km］離れることがわかります。

AとBが離れる速さを求める式も、

(Aの速さ)＋(Bの速さ)＝(離れる速さ)

となります。

以上のことから、反対方向に進むときは、以下の式が成り立ちます。

【出会い算】
AとBが正反対の方向に移動するとき、
(Aの速さ)＋(Bの速さ)＝(近づく速さ、または、離れる速さ)

⑵ 追い掛け算

追い掛け算は、**複数のものが同じ方向に移動する問題**です。

① 距離に着目する場合

問題文で与えられる距離の要素に着目すると、次のような解法になります。

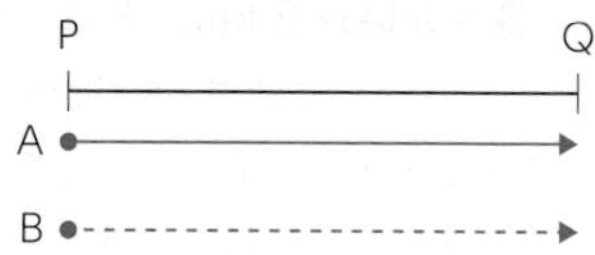

例　AがP地点を出発した３分後にBがP地点を出発してAを追い掛けた。５分後にQ地点でBがAに追いついた。
⇒　この場合について図に示すと、右のようになります。
この図より、
(Aの距離)＝(Bの距離)
が成り立ちます。

② 速さに着目する場合

追い掛け算では、**二つの速さを引き算すると「近づく速さ」または「離れる速さ」を求めることができます。**

例　Aが10 km先にいるBを追い掛けた。Aは時速５km、Bは時速３kmで進む。
⇒　この場合を図で示すと、右のようになります。
この図において、時間を１時間だけ進めると、Bだけで３km進み、Aだけで５km進むので、２人の間隔は、１時間につき２kmずつ近づきます。これを「**近づく速さが時速２km**」と考えれば、
(近づく速さ)×(近づく時間)＝(近づく距離)
より、２時間で２×２＝４［km］近づき、３時間で２×３＝６［km］近づくことがわかります。つまり、この場合は、
(近づく距離)÷(近づく速さ)＝(近づく時間)
より、10÷２＝５［時間］で、AがBに追いつくことになります。

なお、「追い掛け算での近づく速さ」を求める式は、

(Aの速さ)－(Bの速さ)＝(近づく速さ)

となります。

例　Bが10 km先にいるAを追い掛けた。Aは時速５ km、Bは時速３ kmで進む。

10 km
B → A →
時速３ km　時速５ km

⇒　離れる場合も同様で、例えば右の状態で離れる速さを求めると、Aは１時間で５ km進み、Bは１時間で３ km進むので、１時間につき２ kmずつ離れます。これを「**離れる速さが時速２ km**」と考えると、

(離れる速さ)×(離れる時間)＝(離れる距離)

より、例えば４時間移動すれば、2×4＝8［km］離れることがわかります。

この「追い掛け算での離れる速さ」を求める式も、

(Aの速さ)－(Bの速さ)＝(離れる速さ)

となります。

以上のことから、同じ方向に進むときは、以下の式が成り立ちます。

【追い掛け算】

AとBが同じ方向に移動するとき、

(Aの速さ)－(Bの速さ)＝(近づく速さ、または、離れる速さ)

2 周回算

周回算とは、**同じルートを周回し続ける速さについての問題**です。

周回算には、「**出会い型**」と「**追い掛け型**」の二つのタイプがあり、どちらも**同じスタート地点から出発する**という制限があります。

(1) 出会い型

出会い型の周回算とは、同じスタート地点から反対方向に回る場合を考えるものです。

AとBが同じスタート地点から出発し、反対方向に回るとき、１回目に出会うまでの２人の移動距離を考えてみます。

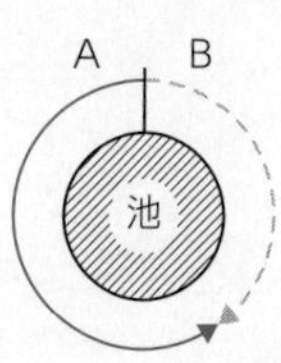

右図より、

(２人の移動距離の和)＝(１周分の距離)

となっています。これは２回目以降も同様になります。

つまり、２回目に出会うまでなら、（２人の移動距離の和）＝（２周分の距離）となり、３回目に出会うまでなら、（２人の移動距離の和）＝（３周分の距離）となるので、以下の公式が成り立ちます。

【周回算の公式❶】

AとBが n 回出会うとき、

（Aの距離）＋（Bの距離）＝（n 周分の距離）

⑵　追い掛け型

追い掛け型の周回算とは、同じスタート地点から同じ方向に回る場合を考えるものです。

ＡとＢが同じスタート地点から出発し、同じ方向に回るとき、ＡがＢに１回目に追いつくまでの移動距離を考えます。

右図より、

（２人の移動距離の差）＝（１周分の距離）

となっています。これは、２回目以降も同様になります。

A
B
池

つまり、２回目に追いつくまでなら、（２人の移動距離の差）＝（２周分の距離）となり、３回目に追いつくまでなら、（２人の移動距離の差）＝（３周分の距離）となるので、以下の公式が成り立ちます。

【周回算の公式❷】

AがBに n 回追いつくとき、

（Aの距離）−（Bの距離）＝（n 周分の距離）

解法ナビゲーション

A、B２台の自動車が、１周５kmのコースを同一の地点から同じ向きに同時に走り出すとAは15分ごとにBを追い越し、逆向きに同時に走り出すとAとBは３分ごとにすれ違う。このときのAの速さはどれか。

区Ⅰ2005

❶ 0.8 km/分
❷ 0.9 km/分
❸ 1.0 km/分
❹ 1.1 km/分
❺ 1.2 km/分

複数のものが同一のコースを周回するので旅人算と周回算の要素があります。周回する方向に注意して、旅人算の公式と周回算の公式を使いましょう。

【解答・解説】

正解 ❸

❶ 旅人算として解く

ＡとＢの２台の自動車が移動しているので旅人算と考えます。旅人算では２台の速さを足し算・引き算する必要があるので、（Ａの速さ）＝a［km/分］、（Ｂの速さ）＝b［km/分］とおきます（①）。なお、速さの単位は選択肢を考慮してあります。

追い掛け算の速さの公式より、同じ向きに進んだときの**ＡとＢが近づく速さは、($a-b$)［km/分］**となります。ＡはＢを15分ごとに追い越すので、周回算の公式より、**Ａは15分で１周分の距離、つまり５kmだけＢに近づいた**ことになります。したがって、近づく速さは（$a-b$)［km/分］、近づいた時間は15［分］、近づいた距離は５［km］なので、（速さ）×（時間）＝（距離）より、（$a-b$）×15＝5が成り立ちます。この式を整理すると、

$3a-3b=1$ ……②

となります。

次に、逆向きに周回したときを考えると、ＡとＢは出会い算の関係になります。逆向きに進んだときの**ＡとＢが近づく速さは、①より、($a+b$)［km/分］**となります。ＡとＢは３分ごとにすれ違うので、周回算の公式より、**ＡとＢは３分で１周分の距離、つまり５km近づいた**ことになります。したがって、近づく速さは（$a+b$)［km/分］、近づいた時間は３［分］、近づいた距離は５［km］なので、（速さ）×（時間）＝（距離）より、（$a+b$）×３＝5が成り立ちます。この式を整理すると、

$3a+3b=5$ ……③

となります。

ここで、①、②を連立方程式として解きます。求めるものはaですので、加減法を使って①＋②を行い、bを消すと、次のようになります。

$$
\begin{array}{rl}
 & 3a-3b=1 \\
+) & 3a+3b=5 \\
\hline
 & 6a \quad\;\; =6 \\
 & \quad a=1 \text{［km/分］}
\end{array}
$$

よって、Ａの速さは１［km/分］となるので、正解は❸です。

❷ 周回算として解く

ＡとＢの２台が周回しているので、周回算と考えます。周回算では２台の移動距離を求めるので、２台の速さが必要です。そこで、（Ａの速さ）＝a［km/分］、（Ｂの速さ）＝b［km/分］とおきます。なお､速さの単位は選択肢を考慮してあります。

同じ向きに進んだとき、周回算の追い掛け型となり、公式より、**AがBを１回追い越すまでの距離の関係**は、

(Aの距離)－(Bの距離)＝(１周分の距離)　……①

となります。そこで、１回追い越すまでの２台の移動距離を求めます。Aの距離について考えると、(Aの速さ)＝a [km/分]、１回追い越すまでの時間は15分ですので、(速さ)×(時間)＝(距離) より、

(Aの距離)＝a×15＝15a [km]

となります。同様に、(Bの速さ)＝b [km/分]、１回追い越されるまでの時間は15分ですので、(速さ)×(時間)＝(距離) より、

(Bの距離)＝b×15＝15b [km]

となります。１周分の距離は５kmなので、①より、15a－15b＝5が成り立ち、この式を整理すると、

$3a-3b=1$　……②

となります。

次に、逆向きに進んだとき、周回算の出会い型となり、公式より、**２人が１回出会うまでの距離の関係**は、

(Aの距離)＋(Bの距離)＝(１周分の距離)　……③

となります。そこで、１回出会うまでの２人の移動距離を求めます。Aの距離について考えると、(Aの速さ)＝a [km/分]、１回出会うまでの時間は３分なので、(速さ)×(時間)＝(距離) より、

(Aの距離)＝a×3＝3a [km]

となります。同様に、(Bの速さ)＝b [km/分]、１回出会うまでの時間は３分なので、

(Bの距離)＝b×3＝3b [km]

となります。１周分の距離は５kmなので、③より、

$3a+3b=5$　……④

が成り立ちます。

ここで、②、④を連立方程式として解きます。求めるものはaですので、加減法を使って①＋②を行い、bを消すと、次のようになります。

$$
\begin{array}{rl}
 & 3a-3b=1 \\
+) & 3a+3b=5 \\
\hline
 & 6a \quad\;\; =6 \\
 & \quad a=1 \text{ [km/分]}
\end{array}
$$

よって、Aの速さは１ [km/分] となるので、正解は❸です。

過去問にチャレンジ

問題1 ★
▶解説は別冊 p.59

A～Cの３人が、X町からY町へ同じ道を通って行くことになった。まずAが徒歩で出発し、次に30分遅れてBがランニングで出発し、最後にCがBより１時間遅れて自転車で出発した。その結果、Cが、出発後30分でAを追い越し、さらにその30分後にBを追い越したとき、AとCとの距離が６kmであったとすると、Bの速さはどれか。ただし、３人の進む速さは、それぞれ一定とする。

区Ⅰ 2007

❶ 時速７km
❷ 時速８km
❸ 時速９km
❹ 時速10km
❺ 時速11km

問題2 ★★
▶解説は別冊 p.60

A地点とB地点とを結ぶ道のり126mの一本道を、甲と乙の２人がそれぞれ一定の速さで走って繰り返し往復したときの状況は、次のア～ウのとおりであった。

ア　甲がA地点からB地点に向かって出発してから10秒後に、乙はB地点からA地点に向かって出発した。
イ　乙が出発してから27秒後に、甲と乙は初めてすれ違った。
ウ　甲はB地点を、乙はA地点をそれぞれ１回折り返した後、甲と乙が再びすれ違ったのは、２人が初めてすれ違ってから63秒後であった。

このとき、甲が走った速さとして、正しいのはどれか。

地上2010

❶ 1.4 m/s
❷ 1.6 m/s
❸ 1.8 m/s
❹ 2.0 m/s
❺ 2.2 m/s

問題3
★★
▶解説は別冊 p.61

A～Cの３人が、スタートから20 km走ったところで折り返し、同じ道を戻ってゴールする40 kmのロードレースを行った。今、レースの経過について、次のア～ウのことが分かっているとき、Cがゴールしてから B がゴールするまでに要した時間はどれか。ただし、A～Cの３人は同時にスタートし、ゴールまでそれぞれ一定の速さで走ったものとする。

区Ⅰ 2014

ア　Aは、16 km走ったところでCとすれ違った。
イ　Bが８ km走る間に、Cは24 km走った。
ウ　AとBは、スタートから３時間20分後にすれ違った。

❶　５時間20分
❷　５時間40分
❸　６時間
❹　６時間20分
❺　６時間40分

問題4
★
▶解説は別冊 p.63

A、Bの２人が図のような一周200 mの運動場のトラック上におり、Aの100 m後方にBが位置している。この２人がトラック上をそれぞれ反時計回りの方向に同時に走り出した。２人が走る速さはそれぞれ一定で、Aは毎分125 mの速さで、Bは毎分150 mの速さであった。Aが何周か走ってスタート地点に到達して止まったとき、BはAより20 m前方にいた。

考えられるAの周回数として最も少ないのはどれか。

国般2013

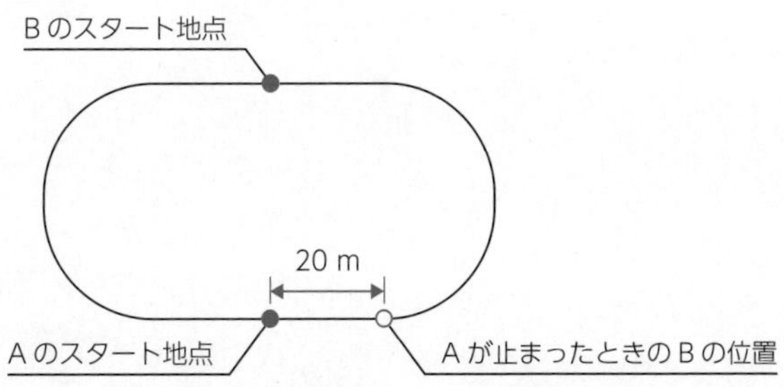

❶　３周
❷　５周
❸　８周
❹　10周
❺　13周

問題5
★★
▶解説は別冊 p.64

図のような池の周りの歩道をA、B、Cの3人がP地点から同時にそれぞれ矢印の方向へ走り始めた。Cは出発してから15分後にQ地点でAと最初に出会い、さらに、3分後にR地点でBと出会った。Aの速さを時速14.4 km、Bの速さを時速9 kmとすると、CはBと出会ってから何分後にP地点に着くか。

ただし、A、B、Cはそれぞれ一定の速さで走り続けるものとする。

国般2001

❶ 7分
❷ 8分
❸ 9分
❹ 10分
❺ 11分

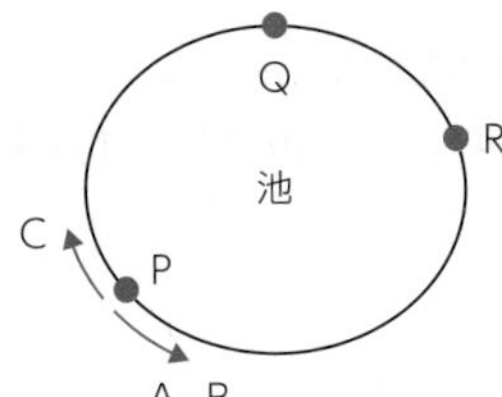

3 流水算

学習のポイント

・頻出の問題パターンですが、似たような出題が多いので繰り返し解き方を練習することで克服できるジャンルです。

1 流水算とは

流水算とは、**流れの上を移動するときに、速さが変動する問題**です。

典型的には川の上を移動する船の問題がありますが、人が動く歩道の上を移動する場合なども考えられます。この場合、「動く歩道」を「川」、「歩く人」を「船」と置き換えて解くことができます。

2 流水算の公式

船が川の上を移動するとき、川の流れと逆の方向に進む（**上り**）場合は、船は、船本来の速さ（**静水時の速さ**）で進むことはできません。流れが船を押し戻すからです。

例えば、流れのないところ（**静水時**）であれば時速10 kmで進むことのできる船があり、流れの速さ（**流速**）が時速２kmの川を上り方向に進むとすると、船は１時間に10 km進みますが、流れによって２km押し戻されるので、10－２＝８より、１時間に８kmずつしか進めません。つまり、この場合の**船の「上りの速さ」は時速８km**と考えることができます。

これは、下りの場合も同様で、時速10 kmの船が流速２kmの川の上を川の流れと同じ方向に進む（**下り**）場合は、船は１時間に10 km進み、さらに流れによって２km押し出されるので、10＋２＝12より、この**船の「下りの速さ」は時速12 km**と考えることができます。

以上のことから、次の図のように考えることができます。

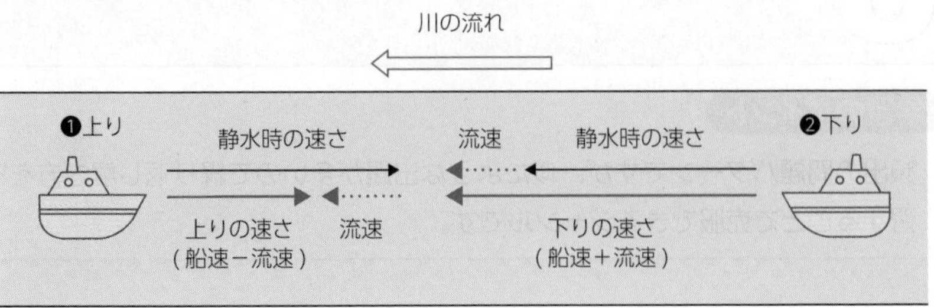

この図から、以下の公式が成り立ちます。

【流水算の公式Ⅰ】

❶ （上りの速さ）＝（静水時の速さ）−（流速）

❷ （下りの速さ）＝（静水時の速さ）＋（流速）

また、❶と❷を連立方程式として変形すると、次の式も成り立ちます。

【流水算の公式Ⅱ】

❸ $（静水時の速さ）=\dfrac{（上りの速さ）+（下りの速さ）}{2}$

❹ $（流速）=\dfrac{（下りの速さ）-（上りの速さ）}{2}$

3 その他のポイント　重要！

流水算は、決まった経路を往復する場合が出題されることが多いです。

往復する場合は、**（上りの距離）＝（下りの距離）**になります。つまり、（速さ）×（時間）を使って距離を求めて解くか、等しい距離を移動するので、「時間の比」と「速さの比」が逆比になることを使って解くことが考えられます。

解法ナビゲーション

川の上流に地点A、下流に地点Bがあり、船がその間を往復している。船の先頭が、Aを通過してから川を下ってBを通過するまで25分かかり、また、船の先頭が、Bを通過してから川を上ってAを通過するまで30分かかる。このとき、静水時の船の速さと川の流れの速さの比はいくらか。

ただし、静水時の船の速さ及び川の流れの速さは一定であるものとする。

国般2020

船 川

❶ 10：1

❷ 11：1

❸ 12：1

❹ 13：1

❺ 14：1

着眼点

地点Aと地点Bの往復なので、上りと下りの距離が等しくなります。すると距離が等しい場合に当たりますから、時間の比から速さの比を求めることを考えます。

【解答・解説】

正解 ❷

上流の地点Ａから下流の地点Ｂへ進むときは、流れと同じ向きに進むので「下り」とし、下流の地点Ｂから上流の地点Ａへ進むときは、流れと逆の向きに進むので「上り」として解説します。

下りの時間と、上りの時間が与えられており、**下りと上りは距離が等しい**ので、**比を使って速さを求めます。**

距離が等しいとき、「時間の比」と「速さの比」は逆比になります。したがって、

（下りの時間）：（上りの時間）＝25：30＝5：6

より、

（下りの速さ）：（上りの速さ）＝6：5となります。

そこで、（下りの速さ）＝$6x$、（上りの速さ）＝$5x$とおきます（①）。なお、速さの単位は設定しなくても解けるので、今回は省略してあります。

公式の（静水時の速さ）＝$\frac{（上りの速さ）+（下りの速さ）}{2}$に①を代入すると、

$$（静水時の速さ）=\frac{5x+6x}{2}=5.5x$$

となります。ここで、流水算の公式より、**静水時の速さの5.5xが、例えば下りのときには6xになるのは、流速の分だけ速くなったため**なので、流速は、

$6x-5.5x=0.5x$

となります。

よって、静水時の船の速さと川の流れの速さの比は、

$5.5x:0.5x=11:1$

となりますので、正解は❷です。

また、公式を中心に解くこともできます。

（静水時の速さ）＝x、（流速）＝yとおくと、公式より、

（下りの速さ）＝$(x+y)$

（上りの速さ）＝$(x-y)$

となります。

次に、往復の距離を求めます。下りの速さで進んだときは、ＡからＢで25分かかるので、（速さ）×（時間）＝（距離）より、

$(x+y)\times25$＝（ＡからＢの距離）

が成り立ちます。同様に、上りの速さで進んだときは、ＢからＡで30分かかるので、

（速さ）×（時間）＝（距離）より、

$(x-y) \times 30 =$（BからAの距離）

が成り立ちます。

（AからBの距離）と（BからAの距離）は等しいので、

$(x+y) \times 25 = (x-y) \times 30$

が成り立ちます。この式を整理すると、$55y = 5x$より、$11y = x$となります。

この式より、静水時の速さは、流速の11倍となるので、静水時の速さと流速の比は、11：1となり、正解は❷とわかります。

過去問にチャレンジ

問題1
★
▶解説は別冊 p.66

ある通路に動く歩道があり、動く歩道の歩道面の始点から終点までの距離は72mで、歩道面は一定の速さで動いている。この歩道面の上を、犬が始点から終点まで18秒で走り抜け、終点から始点まで24秒で走り抜けた。この歩道面の動く速さとして、正しいのはどれか。ただし、犬は、動く歩道の歩道面に対し、常に一定の速さで走った。

地上2010

❶ 0.5 m/s
❷ 0.7 m/s
❸ 0.8 m/s
❹ 1.0 m/s
❺ 1.2 m/s

問題2
★★
▶解説は別冊 p.66

ある川に沿って、20 km離れた上流と下流の2地点間を往復する船がある。今、上流を出発した船が、川を下る途中でエンジンが停止し、そのまま24分間川を流された後、再びエンジンが動き出した。この船が川を往復するのに、下りに1時間、上りに1時間を要したとき、川の流れる速さはどれか。ただし、静水時における船の速さは一定とする。

区Ⅰ2014

❶ 5 km/時
❷ 6 km/時
❸ 7 km/時
❹ 8 km/時
❺ 9 km/時

★★

▶解説は別冊 p.68

静水面での速さが一定の模型の船を、円形の流れるプールで水の流れと反対の方向に一周させると、水の流れる方向に一周させた場合の2倍の時間を要した。今、模型の船の速さを$\frac{1}{2}$にして水の流れる方向にプールを一周させるのに5分を要したとき、この速さで水の流れと反対の方向に一周させるのに要する時間はどれか。ただし、プールを流れる水の速さは、一定とする。

区Ⅰ 2007

❶ 10分
❷ 15分
❸ 20分
❹ 25分
❺ 30分

4 通過算

学習のポイント

・通過算は、出題頻度こそ低いものの難易度も低い問題が多いので、公式をしっかり覚えておくとよいでしょう。

1 通過算とは

通過算は、列車や自動車などが橋やトンネルなどを**通過するときの速さについて扱った問題**です。列車や自動車などの「通過するもの」にも、橋やトンネルなどの「通過されるもの」にも**長さがある**点がポイントです。通過算では、移動距離を移動するものの長さを使って求めます。

2 通過算の公式

例えば「列車が橋を渡る」というケースであれば、**列車の1か所だけに着目して移動距離を考えます。**

列車が橋に差し掛かってから完全に渡り切るまでの間の移動距離（**通過する間の移動距離**ともいいます）を求めるときには、次の図のように、**列車の先頭だけに着目します**。すると、

　（移動距離）＝（橋の長さ）＋（列車の長さ）

で求められることがわかります。

橋に差し掛かってから完全に渡り切るまでの間

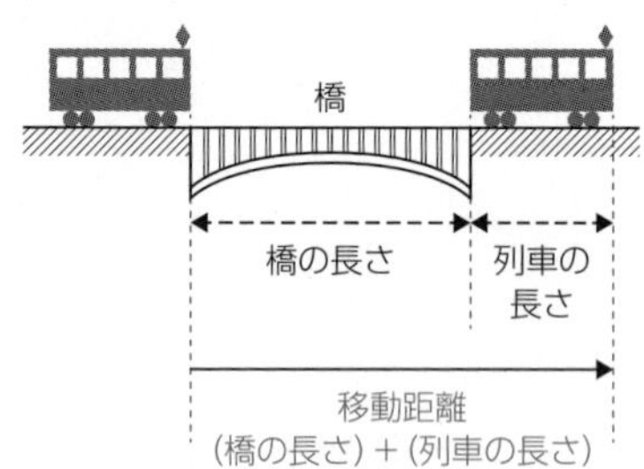

【通過算の公式】

列車が橋を通過するとき、

(橋を通過するときの列車の移動距離)＝(橋の長さ)＋(列車の長さ)

なお、着目するのは先頭でなければならないわけではありません。**最後尾に着目するほうが理解しやすい場合もある**ので、問題の設定どおりに図を描いて、わかりやすい場所に着目すればよいでしょう。

通過算では、速さ、時間、距離に関する情報が多く与えられている問題が多いので、上記の公式を使うほうが解きやすい問題が多いです。

例題 長さ140 mの列車が、秒速20 mで長さ600 mのトンネルを通過し始めてから通過し終わるまでにかかる時間を求めよ。

通過する対象が橋でもトンネルでもコツは同じです。問題の状況を図に表し、列車の先頭が移動した距離（つまり、列車の移動距離）を求めると、次のようになります。

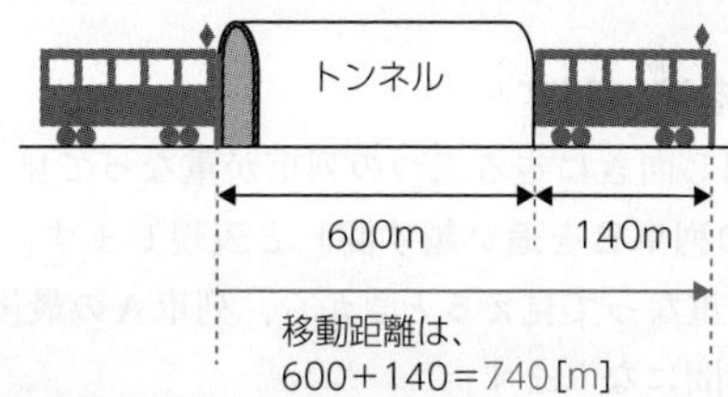

上図より、列車の移動距離は740 mであり、列車の速さは20 m/秒なので、

(距離)÷(速さ)＝(移動時間)

より、移動時間は740 ÷ 20 ＝ 37 ［秒］となります。

3 移動するものどうしの通過算 重要!

通過算では、移動するものどうしがすれ違ったり、一方が他方を追い越したりする問題が多くあります。列車の問題を例に、すれ違いや追い越しのプロセスを詳しく確認してみましょう。

⑴ 列車どうしがすれ違う

横から見ていて、逆向きに走る二つの列車が重なって見える間を、**「列車どうしがすれ違っている間」**と表現します。つまり、先頭どうしが重なって見えるときから、最後尾どうしが重なって見えるまでの間になります。

例えば、二つの列車がすれ違う間の動きを図にすると、次の図１～３のようになります。

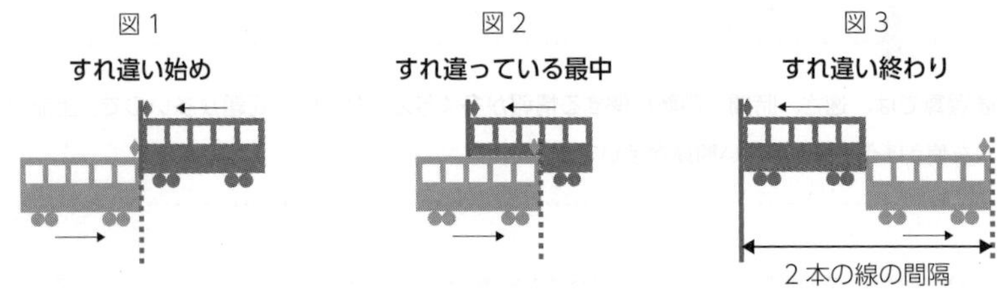

通常の通過算のように、列車の１か所に着目します。二つの列車それぞれの先頭に「赤い点線」と「赤い実線」をつけると、図１では同じ地点にあった２本の線が、図３では二つの列車の長さの合計だけ離れていることがわかります。

つまり、

（二つの列車が離れた距離）＝（二つの列車の長さの合計）

となります。

⑵ 列車Ａが列車Ｂを追い越す

横から見ていて、同じ向きに走る二つの列車が重なって見える間を、**「速いほうの列車Ａが遅いほうの列車Ｂを追い越す間」**と表現します。つまり、列車Ａの先頭が列車Ｂの最後尾と重なって見えるときから、列車Ａの最後尾が列車Ｂの先頭と重なって見えるまでの間になります。

例えば、列車Ａが列車Ｂを追い越す間の動きを図にすると、次の図４～６のようになります。

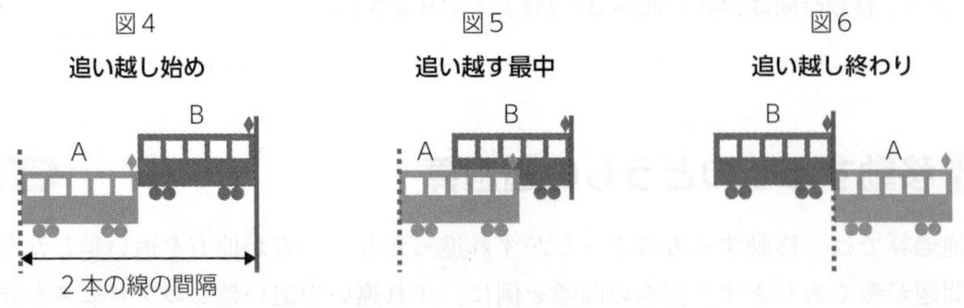

ここでも列車の１か所に着目します。列車Ａの最後尾に「赤い点線」を、列車Ｂの先頭に「赤い実線」をつけると、図４では離れていた２本の線が、図６では同じ地点にあることがわかります。図４では、２本の線は二つの列車の長さだけ離れていたのが、図６ではＡの線がＢの線に追いついたと考えることができます。

つまり、

（二つの列車が近づいた距離）＝（二つの列車の長さの合計）

になります。

例題　時速84 kmで走る長さ160 mの列車Aが、時速78 kmで走る長さ140 mの列車Bに追いついてから完全に追い抜くまでにかかる時間は何分か。

列車Aの先頭が列車Bの最後尾に追いついたとき、列車Aの最後尾と列車Bの先頭は160 + 140 = 300［m］離れています。

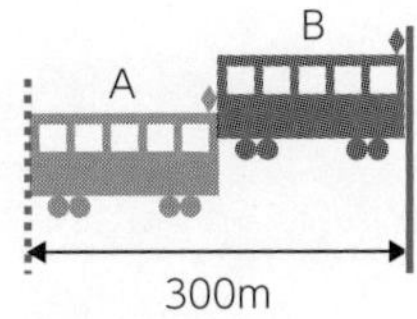

列車Aが列車Bを完全に追い抜くときには、列車Aの最後尾と列車Bの先頭が重なっているので、距離は0［m］となります。

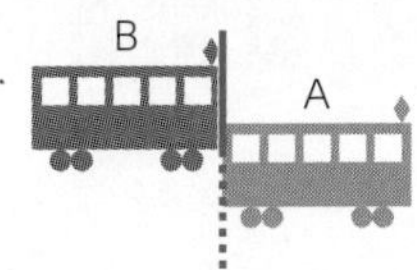

列車Aの最後尾と列車Bの先頭が近づく速さは、列車Aと列車Bの速さの差で求めることができるので、

84 − 78 = 6［km/時］

となり、1時間当たり6 kmの速さで近づくことがわかります。

300 m（= 0.3 km）近づくのにかかる時間は、（時間）=（距離）÷（速さ）で求められるので、

0.3 ÷ 6 = 0.05［時間］

となります。これを「分」に直すには60を掛ければよいので、

0.05 × 60 = 3［分］

となります。

橋やトンネルのように、「通過する対象」が動かないものばかりではなく、この例題のように「動いているもの」が「違った速度で動いているもの」を通過するタイプの問題もあります。この場合、複数のものが動いているので、旅人算の考え方を当てはめて解くことになります。

解法ナビゲーション

直線の道路を走行中の長さ18 mのトラックを、トラックと同一方向に走行中の長さ2 mのオートバイと長さ5 mの自動車が、追い付いてから完全に追い抜くまでに、それぞれ$\frac{8}{3}$秒と$\frac{46}{5}$秒かかった。オートバイの速さが自動車の速さの1.4倍であるとき、オートバイの時速として、正しいのはどれか。ただし、トラック、オートバイ、自動車のそれぞれの速さは、走行中に変化しないものとする。

都Ⅰ2020

❶ 45 km/時
❷ 54 km/時
❸ 63 km/時
❹ 72 km/時
❺ 81 km/時

例えばトラックをオートバイが追い抜く過程を考えるときは、トラックとオートバイのそれぞれ1か所に印を付けて、印の動きを確認します。トラックとオートバイの両方が動いているので、旅人算として考えて解きます。

トラックを自動車が追い抜く過程についても同様です。

【解答・解説】

正解 ❸

まず、移動するものであるトラック、オートバイ、自動車の長さが与えられているので通過算となります。また、複数のものが同時に動いているので旅人算でもあります。本問は、同じ方向に進む場合のみなので、追い掛け算となります。したがって、本問は、通過算と追い掛け算の複合問題として解きます。

問題文「オートバイの速さが自動車の速さの1.4倍である」より、

(自動車の速さ)＝x［m/秒］

とおくと、

(オートバイの速さ)＝$1.4x$［m/秒］　……①

と表すことができます。さらに、

(トラックの速さ)＝y［m/秒］　……②

とおきます。

そこで、オートバイがトラックを追い抜く場合を図で確認すると、次の図1のようになります。なお、トラックの先頭に赤い実線、オートバイの最後尾に赤い点線をつけてあります。

図1

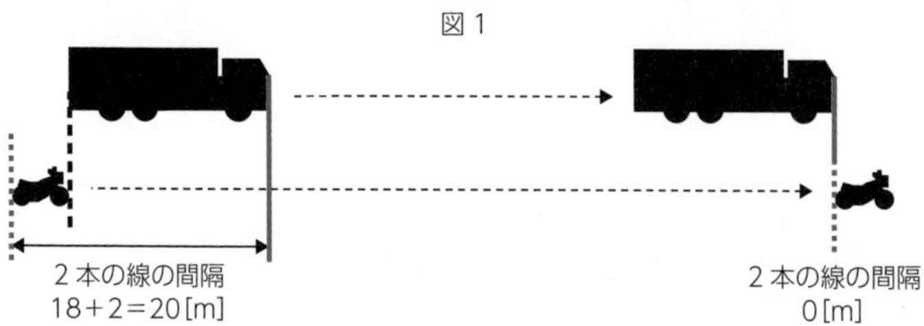

図1より、はじめは赤い実線と赤い点線の間隔は20 mですが、最終的に赤い実線と赤い点線は同じ位置に並ぶので、その間隔は0 mです。つまり、**赤い実線と赤い点線は20 m近づいた**ことになります。題意より、そのときにかかった時間は$\frac{8}{3}$秒なので、(近づく距離)÷(近づく時間)＝(近づく速さ) より、近づく速さは、

$$20 \div \frac{8}{3} = \frac{15}{2}$$ ［m/秒］

となります。

ここで、**(トラックとオートバイの近づく速さ)＝(オートバイの速さ)－(トラックの速さ)** と①、②より、(近づく速さ)＝$1.4x - y$［m/秒］となるので、

$$1.4x-y=\frac{15}{2}\quad\cdots\cdots③$$

となります。

次に、自動車がトラックを追い抜く場合を図で表すと、次の図２となります。なお、トラックの先頭に赤い実線、自動車の最後尾に赤い点線をつけてあります。

図２

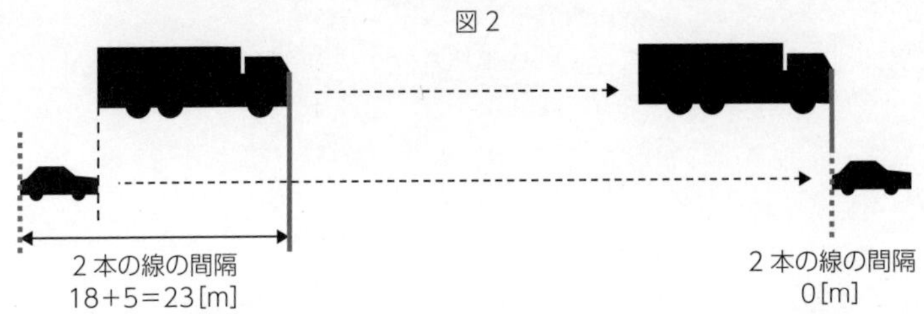

図２より、はじめは赤い実線と赤い点線の間隔は23 mですが、最終的に赤い実線と赤い点線は同じ位置に並ぶので、その間隔は０ mです。つまり、**赤い実線と赤い点線は23 m近づいた**ことになります。題意より、そのときにかかった時間は$\frac{46}{5}$秒なので、(近づく距離)÷(近づく時間)＝(近づく速さ）より、近づく速さは、

$$23\div\frac{46}{5}=\frac{5}{2}\ [\text{m/秒}]$$

となります。

ここで、**(トラックと自動車の近づく速さ)＝(自動車の速さ)－(トラックの速さ)**と①、②より、(近づく速さ)＝$x-y$ [m/秒] となるので、

$$x-y=\frac{5}{2}\quad\cdots\cdots④$$

となります。

③、④を連立方程式として解くと、③－④より、$0.4x=5$となるので、

$$x=\frac{25}{2}\ [\text{m/秒}]\quad\cdots\cdots⑤$$

となります。

求めるのはオートバイの速さなので、①、⑤より、

$$(\text{オートバイの速さ})=1.4\times\frac{25}{2}=17.5\ [\text{m/秒}]$$

となりますが、選択肢の単位はkm/時ですので、単位を変換します。17.5m/秒は１秒に17.5 m進む速さなので、１時間＝3600秒に進む距離を考えると、

$17.5 \times 3600 = 63000$ [m]

となります。63000 m＝63 kmですので、1時間に63 km進む速さ、つまり、63 km/時となります。

よって、正解は❸です。

過去問にチャレンジ

問題1
★
▶解説は別冊 p.69

階段と時速1.8 kmで動いている上りのエスカレーターが並んでいる通路で、エスカレーターに乗っている人が、階段を降りてきた５人の列とすれ違った。このとき、１人目から５人目まですれ違うのに５秒かかった。また、この５人の列は、時速720 mで階段を降りている人を10秒かかって追い越したとすると、５人の列の長さはどれか。ただし、列の長さは一定とする。

区Ⅰ 2006

❶ 3 m
❷ 5 m
❸ 7 m
❹ 9 m
❺ 11 m

問題2
★★
▶解説は別冊 p.70

長さ50 m、時速50 kmで走行する列車Aが、並走する線路を後ろから走ってきた時速75 kmの列車Bに追い越された。その際、列車Bの先頭が列車Aの最後尾に追いつき、列車Bの最後尾が列車Aの先頭を抜き去る瞬間までに14秒かかった。この２本の列車が反対方向からすれ違う場合、先頭どうしがすれ違う瞬間から最後尾どうしがすれ違う瞬間までに要する時間は何秒か。

裁判所 2018

❶ 2.8秒
❷ 2.9秒
❸ 3.0秒
❹ 3.1秒
❺ 3.2秒

問題3

★★

▶解説は別冊 p.72

ある鉄道において、時速140 kmの上りの特急列車は時速40 kmの下りの普通列車と3分おきに出会った。このとき、時速80 kmの上りの準急列車が下りの普通列車とすれ違い終わってから次の普通列車と出会うまでの時間として正しいのはどれか。

なお、上りの準急列車と下りの普通列車の長さはそれぞれ250 mである。

国専2001

❶ 4分
❷ 4分15秒
❸ 4分30秒
❹ 4分45秒
❺ 5分

5 ダイヤグラム

学習のポイント

・２地点間の移動を図形的に把握するのがダイヤグラムです。まずは描き方を押さえたうえで、等しい距離の移動にかかる時間の比に着目した解法をマスターしましょう。

第3章 速さ

1 ダイヤグラムとは

ダイヤグラムとは、**時間を横軸、距離を縦軸にとって異なる地点間の移動の様子を表したグラフ**です。

(1) ダイヤグラムの描き方

例えば「ＡがＸ地点から出発し、一定の速度で歩いてＹ地点に到着した」という状況をダイヤグラムにすると、右の図１のようになります。

Ｘ地点とＹ地点は平行な２直線で表し、Ａの移動の様子を矢印で表します。

矢印の向きがＡの移動方向を表します。また、**矢印の縦方向の長さが「距離」を表し、横方向の長さが「移動時間」を表します。**

図１：ダイヤグラムの描き方

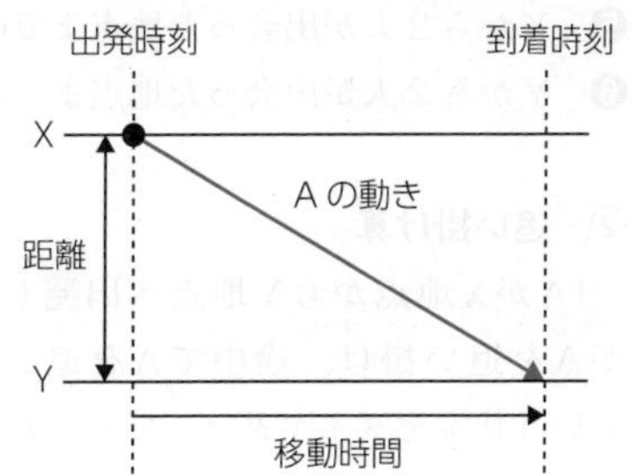

なお、Ａの速さが**速くなれば矢印の傾きは急になり、遅くなれば矢印の傾きは緩やかになります。**

例　ＡがＸ地点からＹ地点へ向かい、ＢがＹ地点からＸ地点へ向かって同時に出発し、目的地に着いた。

⇒　この状況をダイヤグラムで表すと、右の図２のようになります。

図２：ダイヤグラムの読み取り方

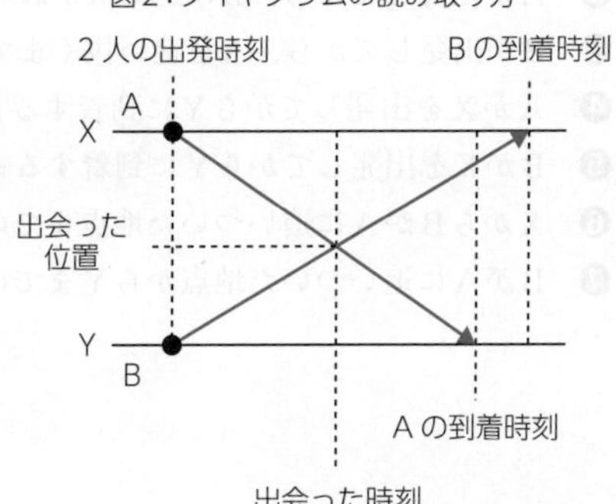

図２の矢印どうしの交点は、ＡとＢが出会ったポイントになります。この交点

に補助線を引くと、**出会った時刻や出会った位置を確認できます。**

⑵ ダイヤグラムの読み取り方

① 出会い算

図3：出会い算のダイヤグラム

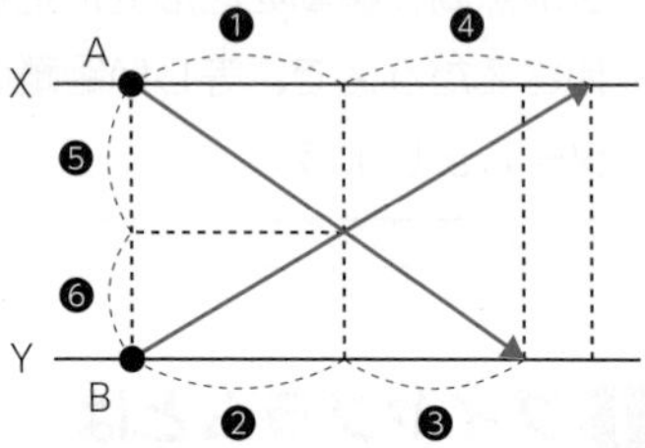

「AがX地点からY地点へ、BがY地点からX地点へ向かって同時に出発し、目的地に着いた」という状況をダイヤグラムで表したものが図３です。

図３の❶〜❻が距離と時間の情報を表します。

❶ Aが、Xを出発してからBと出会うまでの時間
❷ Bが、Yを出発してからAと出会うまでの時間
❸ Aが、Bと出会ってからYに到着するまでの時間
❹ Bが、Aと出会ってからXに到着するまでの時間
❺ Xから２人が出会った地点までの距離
❻ Yから２人が出会った地点までの距離

② 追い掛け算

図4：追い掛け算のダイヤグラム

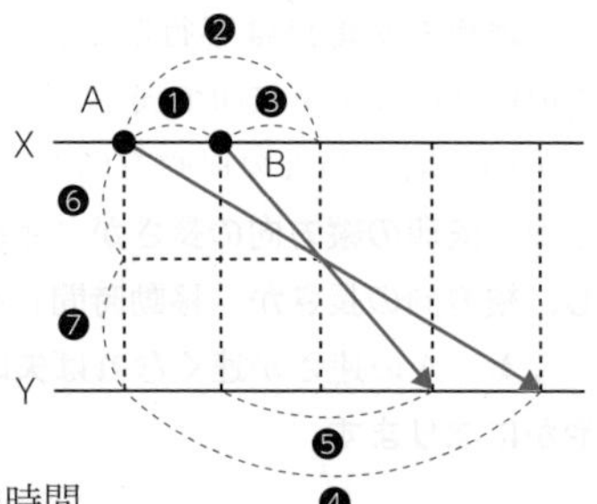

「AがX地点からY地点へ出発した後、BがAを追い掛け、途中でAを追い抜いた」という状況をダイヤグラムで表したものが図４です。

図４の❶〜❼が距離と時間の情報を表します。

❶ AとBの出発時刻の差
❷ Aが出発してから、Bに追い抜かれるまでの時間
❸ Bが出発してから、Aを追い抜くまでの時間
❹ AがXを出発してからYに到着するまでにかかった時間
❺ BがXを出発してからYに到着するまでにかかった時間
❻ XからBがAに追いついた地点までの距離
❼ BがAに追いついた地点からYまでの距離

2 ダイヤグラムの問題の解法 重要!

ダイヤグラムの問題は、**等しい距離での移動時間の比**を使うことが基本です。

例えば、以下の図5の❶の距離に着目すると、Aが❶を移動したときの時間とBが❶を移動したときの時間の比はa：bとなります。

また、❷の距離に着目すると、Aが❷を移動したときの時間とBが❷を移動したときの時間はd：cとなります。

図5：出会い算のダイヤグラム

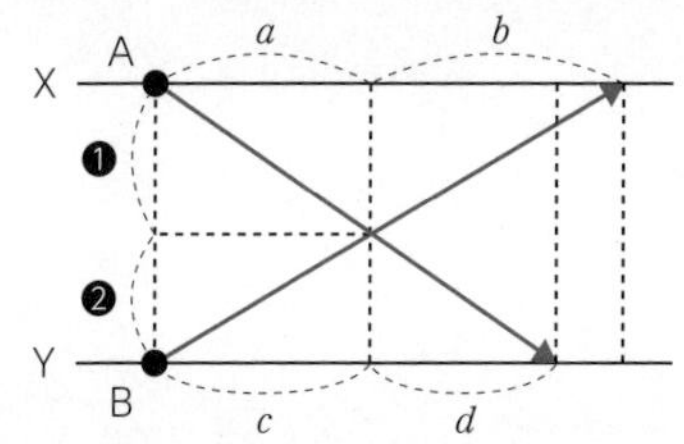

a：bは等しい距離をAとBが移動したときの時間の比なので、AとBの速さの比はb：aとなります。同様にd：cは等しい距離をAとBが移動したときの時間の比なので、AとBの速さの比はc：dとなります。

A、Bともに❶、❷の距離を通じて一定の速さで移動しているので、

$b : a = c : d$

となり、つまり、

$a : b = d : c$

が成り立つことがわります。

解法ナビゲーション

甲駅と乙駅を結ぶ道路を、Aは甲駅から乙駅に向かって、Bは乙駅から甲駅に向かって、それぞれ一定の速さで歩く。2人が同時に出発してから途中で出会うまでにかかる時間は、Aが甲駅を出発してから乙駅に到着するまでにかかる時間に比べると4分短く、Bが乙駅を出発してから甲駅に到着するまでにかかる時間に比べると9分短い。Bが乙駅を出発してから甲駅に到着するまでにかかる時間はいくらか。

国般2013

❶ 11分
❷ 12分
❸ 13分
❹ 14分
❺ 15分

着眼点

ダイヤグラムを描き、等しい距離での時間の比を使って式を二つ立てます。問題文をしっかり読み、2人が出会った後のそれぞれの移動時間を求めます。

【解答・解説】

正解 ❺

まず、時間の情報を整理します。問題文「2人が同時に出発してから途中で出会うまでにかかる時間は、Aが甲駅を出発してから乙駅に到着するまでにかかる時間に比べると4分短く」より、(2人が同時に出発してから途中で出会うまでにかかる時間)＝t［分］とおくと、Aが甲駅を出発してから乙駅に到着するまでの時間は$(t+4)$分となります。つまり、**Aは、Bと出会った後4分かけて乙駅に着いた**ことになります。

同様に考えると、Bが出発してから途中でAと出会うまでの時間は、Bが出発してから甲駅に到着するまでの時間より9分短いので、**Bは、Aと出会った後9分かけて乙駅に着いた**ことになります。

これらをもとにダイヤグラムを描くと、右図のようになります。なお、出会ったポイントをMとします。

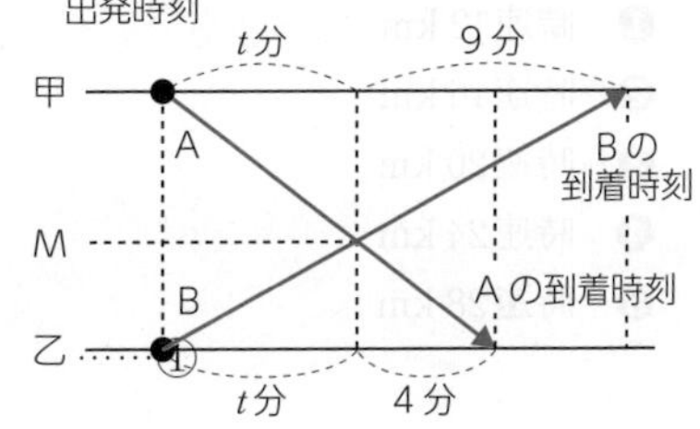

甲からMまでの距離を移動したとき、

(Aの移動時間)：(Bの移動時間)＝t：9　……①

となります。

次に、乙からMまでの距離を移動したとき、

(Aの移動時間)：(Bの移動時間)＝4：t　……②

となります。

①、②は、等しい距離での移動時間の比であり、等しい距離では移動時間の比と速さの比が逆比になるので、①、②ともAとBの速さの比の逆比になります。したがって、①＝②が成り立つので、

$t：9＝4：t$

となります。(内項の積)＝(外項の積)より、$36＝t^2$となることから、$t＝\pm 6$となります。tは時間ですので負の数にはなりませんから、$t＝6$［分］となります。

求めるのは、Bが乙駅を出発してから甲駅に到着するまでにかかる時間であり、ダイヤグラムより、$t+9$［分］となります。これに$t＝6$［分］を代入すると、$6+9＝15$［分］となるので、正解は❺です。

過去問にチャレンジ

問題1

★

▶解説は別冊 p.74

AとBは同一地点から30 km先の目的地に向けて出発することにした。AはBより15分早く自転車で出発したが、移動の途中でバイクに乗ったBに追い越され、結局、AはBより目的地に10分遅れて到着することとなった。

Bのバイクの速さがAの自転車の速さの1.5倍であったとするとAの速さは時速何kmか。

ただし、二人とも同じ経路を終始一定の速さで走り続けたものとする。

国般2005

❶ 時速12 km
❷ 時速16 km
❸ 時速20 km
❹ 時速24 km
❺ 時速28 km

問題2

★

▶解説は別冊 p.75

X区役所とY区役所を結ぶ道路がある。この道路を、Aは徒歩でX区役所からY区役所へ向かい、BはAの出発の10分後に自転車でY区役所を出発してX区役所へと向かった。2人が出会った時点から、Aは25分後にY区役所に到着し、Bは8分後にX区役所へ到着した。2人が出会ったのは、AがX区役所を出発した時点から何分後か。ただし、2人の速度は常に一定とする。

区Ⅰ2011

❶ 15分後
❷ 20分後
❸ 25分後
❹ 30分後
❺ 35分後

6 時計算

学習のポイント

- 時計算は出題頻度が低く、似たような問題が繰り返し出題されます。
- 過去問を繰り返し解くだけでも学習効果が高いので、公式などをしっかり覚えておくようにしましょう。

1 時計算とは

時計には長針と短針があり、絶えず規則的に動いています。この長針と短針がなす角度は常に変化しており、これらが特定の角度をなすタイミングを問うものなど、時計を題材に採った速さの問題が**時計算**です。

時計算では、速さの公式における「距離」の代わりに角度を使って計算します。

補足

なお、時計算での時計の針は、一定間隔でカチカチと動くのではなく、常に同じ速さで回転していくと考えます。

そのため、「1時$5\frac{5}{11}$分」や「2時間$10\frac{10}{11}$分後」というような半端な時刻や時間が登場することもあります。

2 長針・短針の角速度

時計算においては、長針や短針が1時間当たり、または1分当たりに進む速さ（**角速度**（かく））の知識が必要となります。

(1) 短針の角速度

短針は12時間で360°回るので、次のことがわかります。

① 1時間の角速度

短針は1時間に30°回ります（**時速30°**）。

なお、このことから、文字盤に書かれた数字と数字の間は30°開いていることがわかります。

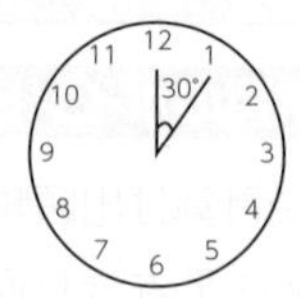

例えば時計の文字盤の「1」と「2」は30°開いており、文字盤の「12」と「5」は150°開いていることになります。

② 1分間の角速度

短針は1分間に0.5°回ります（**分速0.5°**）。

⑵ 長針の角速度

長針は60分で360°回るので、1分間に6°回ることがわかります（**分速6°**）。

3 時計算の解法

⑴ 追い掛け算として捉える

短針と長針は同じ方向に回るので、追い掛け算として考えます。

つまり、追い掛け算ということは、速さを引き算すれば、近づく速さ、または離れる速さを求められます。短針と長針の角速度について、分速で引き算をすると、

（長針の角速度）－（短針の角速度）＝6－0.5＝5.5［°］（**分速5.5°**）

となります。つまり、**短針と長針は、1分間に5.5°ずつ近づく、または離れる**ということになります。

⑵ 時計算の公式 重要！

以下の公式を覚えておくと時間短縮できる場合があります。出題頻度の高い分野ではないので、余裕があれば覚えるくらいの学習でよいでしょう。

【時計算の公式Ⅰ】

短針と長針が重なる時刻は、

$$0時ちょうどから\frac{12}{11}時間（約1時間5分27秒）おき$$

になる。

例　0時ちょうどから3時と4時の間で短針と長針が重なるまでの、短針と長針の重なる時刻をすべて求めると、以下のようになります。

$$\Rightarrow \quad \frac{12}{11}\text{時} = 1\text{時} + \frac{1}{11}\text{時} = 1\text{時}\frac{60}{11}\text{分} = 1\text{時}5\frac{5}{11}\text{分} \qquad (\text{約1時5分27秒})$$

$$\frac{24}{11}\text{時} = 2\text{時} + \frac{2}{11}\text{時} = 2\text{時}\frac{120}{11}\text{分} = 2\text{時}10\frac{10}{11}\text{分} \qquad (\text{約2時10分54秒})$$

$$\frac{36}{11}\text{時} = 3\text{時} + \frac{3}{11}\text{時} = 3\text{時}\frac{180}{11}\text{分} = 3\text{時}16\frac{4}{11}\text{分} \qquad (\text{約3時16分22秒})$$

【時計算の公式Ⅱ】

短針と長針が、文字盤の「12時」と「6時」を結んだ縦線に対して左右対称になる時刻（例：右図）は、

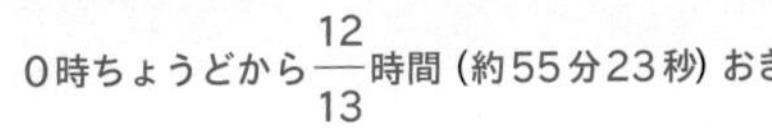

0時ちょうどから$\frac{12}{13}$時間（約55分23秒）おき

になる。

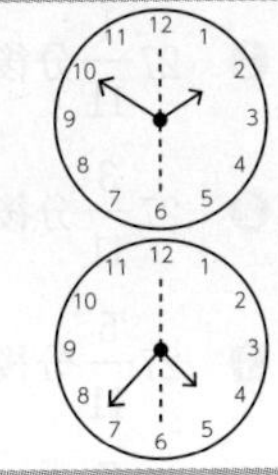

ただし、この計算では、6時ちょうどは含めないので、左右対称になった回数を求めるときは注意しましょう。

例　0時ちょうどから1時と2時の間で短針と長針が左右対称になるまでの、短針と長針が左右対称になる時刻をすべて求めると、次のようになります。

$$\Rightarrow \quad \frac{12}{13}\text{時} = 0\text{時} + \frac{720}{13}\text{分} = 0\text{時}55\frac{5}{13}\text{分} \qquad (\text{約0時55分23秒})$$

$$\frac{24}{13}\text{時} = 1\text{時} + \frac{11}{13}\text{時} = 1\text{時} + \frac{660}{13}\text{分} = 1\text{時}50\frac{10}{13}\text{分} \qquad (\text{約1時50分46秒})$$

解法ナビゲーション

午前０時と正午に短針と長針とが正確に重なり、かつ、針が滑らかに回転し、誤差なく動いている時計がある。この時計が２時ちょうどをさした後、最初に短針と長針のなす角度が90度になるのは何分後か。

都Ⅰ 2014

❶ $27\dfrac{1}{11}$分後

❷ $27\dfrac{3}{11}$分後

❸ $27\dfrac{5}{11}$分後

❹ $27\dfrac{7}{11}$分後

❺ $27\dfrac{9}{11}$分後

短針と長針のはじめの位置と最後の位置で、それぞれ角度を求めます。近づく角度、または離れる角度を求めて、追い掛け算として計算します。

【解答・解説】

正解 ❷

2時ちょうどのときに、短針は文字盤の「2」を指し、長針は文字盤の「12」を指しています。時計の文字盤の「12」と「2」は60°離れているので、**長針が短針より60°後ろにいる**、と考えることができます。

この状態から短針と長針のなす角度が90°になるには、**速さの速い長針が、速さの遅い短針に60°近づいて追いつき、さらに、追い越した後90°離れる**、ということと同じです。

近づく速さ、または離れる速さは分速5.5°なので、長針が短針に60°近づいて重なるまでの時間を求めます。**時計算では、距離の代わりに角度を使うので、公式は、(近づく時間)=(近づく角度)÷(近づく速さ)という形で使用します**。公式に、近づいた角度60°、近づく速さ分速5.5°を入れると、

$$(\text{近づく時間})=\frac{60}{5.5}\ [\text{分}] \qquad \cdots\cdots①$$

となるので、短針と長針が重なるまでに$\frac{60}{5.5}$分かかることになります。さらに、長針が短針と90°離れる時間を求めます。(離れる時間)=(離れる角度)÷(離れる速さ)より、

$$(\text{離れる時間})=\frac{90}{5.5}\ [\text{分}] \qquad \cdots\cdots②$$

となります。

したがって、求める時間は、①+②となるので、$\frac{60}{5.5}+\frac{90}{5.5}=\frac{150}{5.5}$分となります。$\frac{150}{5.5}$分を$\frac{1500}{55}$分として約分すると$\frac{300}{11}$分となるので、これを整理すると、$27\frac{3}{11}$分となります。

よって、正解は❷です。

過去問にチャレンジ

問題1
★
▶解説は別冊 p.75

午前0時と正午に短針と長針とが正確に重なり、かつ、針がなめらかに回転し、誤差なく動いている時計がある。この時計が5時ちょうどをさした後、最初に短針と長針とが重なるのは何分後か。

都Ⅰ2006

❶ $26+\frac{10}{11}$分後

❷ 27分後

❸ $27+\frac{1}{11}$分後

❹ $27+\frac{2}{11}$分後

❺ $27+\frac{3}{11}$分後

★★

▶解説は別冊 p.76

次の図のように、6時から7時の間で、時計の長針と短針の位置が文字盤の6の目盛りを挟んで左右対称になる時刻はどれか。

区Ⅰ 2004

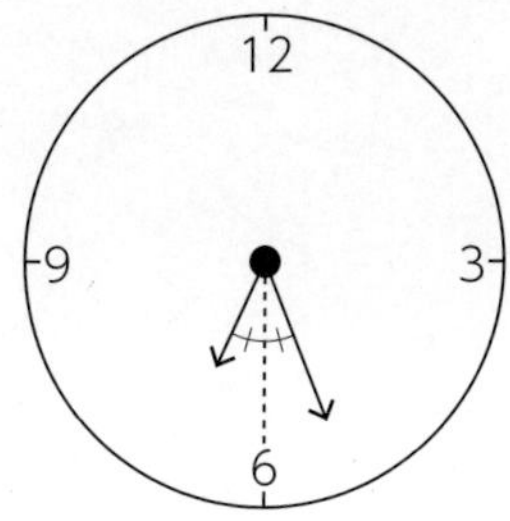

❶ 6時27分

❷ 6時$27\frac{3}{13}$分

❸ 6時$27\frac{6}{13}$分

❹ 6時$27\frac{9}{13}$分

❺ 6時$27\frac{12}{13}$分

第4章

場合の数・確率

1 場合の数の基礎

学習のポイント

・「場合の数」は、判断推理の問題を解く際に使う場合分けの考え方などにもつながる知識です。
・公式を丸暗記するだけでなく、細かいルールや定義をしっかり覚えるようにしましょう。

1 場合の数

(1) 「場合の数」とは

場合の数とは、**「ある条件」を満たすものが何通りあるか**（「条件を満たす場合」の「数」）を考える問題です。具体例を示して説明します。

例題1
❶ サイコロ1個を1回振るとき、目の出方は何通りか。
❷ 当たり1本を含む10本のくじから1本引くとき、結果は何通りあるか。

場合の数の問題では、単純に、何通りの結果があるかを考えます。

❶は「1が出る」、「2が出る」、…、「6が出る」の**6通り**となります。

❷は、当たりくじ1本、はずれくじ9本からくじを1本引きますが、「10本のくじがあれば10通りの引き方がある」としては誤りです。ここでは9本のはずれくじの1本1本を区別せず「結果が何通りあるか」ということだけを考えるので、結果だけであれば、「当たり」と「はずれ」の2通りしかありません。よって、「**2通り**」が正解になります。

(2) 場合の数の問題の解法

「場合の数」が問われる問題の解法には、書き出し、樹形図、公式の3種類があります。

① 書き出し

条件を満たすものを書き出していくシンプルな解法です。本試験では、条件が複雑で混乱しやすい設定になっている問題が多いので、注意が必要です。

例題2 １桁の自然数２数の合計が10となる組合せは何通りあるか。

「書き出し」を使うと、(1, 9)、(2, 8)、(3, 7)、(4, 6)、(5, 5) の５通りあることがわかります。

② 樹形図

基本的には「書き出し」と同じく、条件を満たすものを書き出していく解法ですが、数字やアルファベットなど、混乱しやすい記号などが題材になっている場合に、重複や漏れのないように整理整頓して書き出す解法です。

例題3 黒と紺のスーツに、青、赤、緑のネクタイを組み合わせるとき、何通りの組合せがあるか。

樹形図を使って数えてみます。樹形図は、混乱を防ぐために、一部を固定し、残ったものを場合分けして、すべて書き出していきます。そこで、今回は「スーツ」の色を「黒」の場合と「紺」の場合でそれぞれ固定して、ネクタイ３色との組合せを実際に書き出します。具体的には以下の図となり、組合せは合計６通りとわかります。

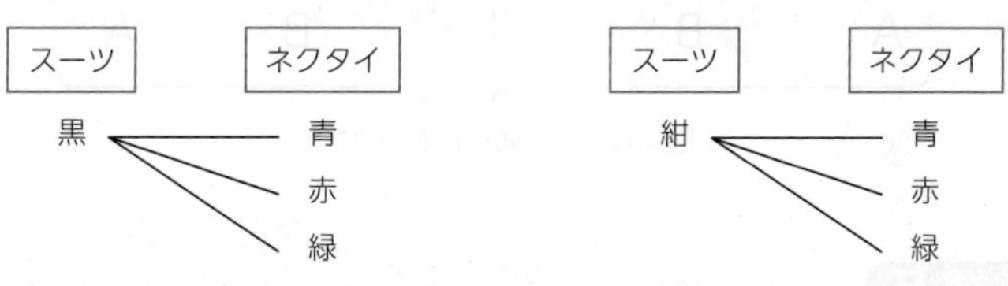

③ 公　式

公式に代入して計算する解法です。順列や組合せの公式など、いくつかの公式があるのでそれを覚えればよいのですが、ちょっとした条件によって、公式を使える問題･使えない問題に分かれるので、公式の条件をしっかり覚える必要があります。

このあと説明する「**順列**」と「**組合せ**」の公式が最も重要なので、よく区別して把握しておきましょう。

「場合の数」の問題では、上記3通りの解法を、単独で、または複数組み合わせて解きます。どのような問題のときにどの解法が使いやすいか、実際に問題を解きながら慣れていきましょう。

2 順　列

(1)　順列とは

順列とは、「異なるn個のものからr個を選んで1列に並べる」ときの場合の数をいいます。選ぶものそれぞれに、**異なる肩書き**（ラベル）**を付ける選び方**であり、選ぶ順番を入れ替えると、必ず異なる選び方になります。

例　A～Dの4人から部長と副部長の2人を選ぶ。

⇒　このとき、「部長にA、副部長にBを選んだ場合」と、選んだ2人を入れ替えて「部長にB、副部長にAを選んだ場合」は、異なる場合として数えます。

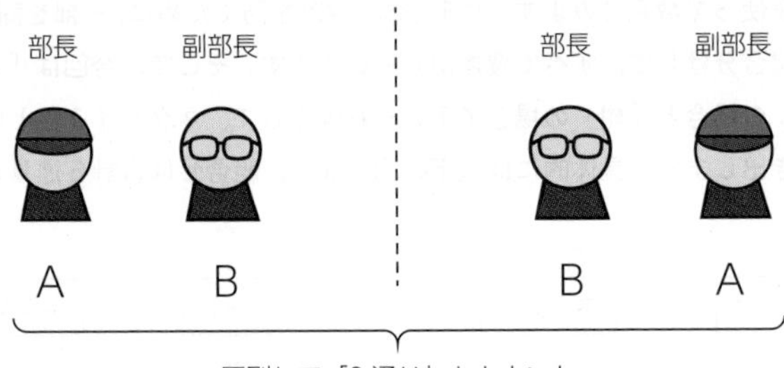

区別して「2通り」とカウント

補足

この例では、4人の人物に「A～D」という記号が振られることで、各人物を区別して取り扱うべきことが示されていますが、このような区別がなく、「4人の人物の中から部長と副部長の2人を選ぶ」という問題であったとしても考え方は同じです。

つまり、人物は必ず個性のある、区別して扱うべき個体と考えて検討します。

(2)　順列の公式

「異なるn個のものから、r個のものを順列で選ぶ」場合の数は、${}_nP_r$通りです。${}_nP_r$の計算方法は以下のようになります。なお、**nは選ぶ範囲全体の個数、rは選ぶ個数**と考えるとわかりやすいでしょう。

【順列の公式】

異なるn個のものから、r個のものを順列で選ぶ場合の数

$${}_nP_r$$

nから始めて１ずつ減らした数字を掛け算する

$${}_{④}P_{\boxed{2}}=④\times 3=12$$[通り]

2個の数字を並べる

式に並べる数字の個数をr個にする

例　Ａ～Ｄの４人から部長と副部長の２人を選ぶときの場合の数

⇒「４人のうち２人を異なる肩書きで選ぶ」と考え、順列の公式「${}_4P_2$」で計算します。

$${}_4P_2=4\times 3=12$$ [通り]

順列は、「**１列に並べる場合**」に使うことが多いです。問題文が直接「…を１列に並べる場合の並べ方は何通りか」という問い方になっていなくても、「１列に並べる場合の数を問われているのと同じだ」と読み替えられるようにしましょう。

例　Ａ～Ｃの３人を１列に並べる

⇒「１番目に並ぶ人」、「２番目に並ぶ人」、「３番目に並ぶ人」というように、３人それぞれに異なる肩書きを付けて選ぶのと同じなので、順列になります。この場合は、３人の中から３人を異なる肩書きで選ぶので、

$${}_3P_3=3\times 2\times 1=6$$ [通り]

となります。

例　１～４の４個の数字から３個を選んで３桁の自然数を作る

⇒「百の位の数」、「十の位の数」、「一の位の数」というように、３個の数字それぞれに異なる肩書きを付けて選ぶのと同じなので、順列になります。この場合は、４個の数字の中から３個を異なる肩書きで選ぶので、

$${}_4P_3=4\times 3\times 2=24$$ [通り]

となります。

第４章　場合の数・確率

3 組合せ

(1) 組合せとは

組合せは、「異なるn個のものからr個を選ぶ」ときの場合の数をいいます。選ぶものすべてに、**同じ肩書き**（ラベル）**を付ける選び方**であり、入れ替えても必ず同じ選び方と考えます。

(2) 組合せの公式

「**異なるn個のものから、r個のものを組合せで選ぶ**」場合の数は、${}_nC_r$通りです。${}_nC_r$の計算方法は以下のようになります。なお、このときも順列のときと同様に、**nは選ぶ範囲全体の個数、rは選ぶ個数**と考えるとわかりやすいでしょう。

【組合せの公式Ⅰ】

異なるn個のものから、r個のものを組合せで選ぶ場合の数

$${}_nC_r$$

分子:nから始めて1ずつ減らした数字を掛け算する

分母:rから始めて1ずつ減らした数字を掛け算する

$${}_{④}C_{\boxed{2}}=\frac{④\times3}{\boxed{2}\times1}=2\times3=6\ [通り]$$

$\boxed{2}$個の数字を並べる

分母・分子に並べる数字の個数はr個にする

例　A～Dの4人から日直の2人を選ぶときの場合の数

⇒「4人のうち2人を同じ肩書きで選ぶ」と考え、組合せの公式「${}_4C_2$」で計算します。

$${}_4C_2=\frac{4\times3}{2\times1}=6\ [通り]$$

また、次のことも覚えておきましょう。

【組合せの公式Ⅱ】

$${}_mC_n={}_mC_{(m-n)}$$

例　A～Cの3人のうち2人を代表に選ぶときの場合の数

⇒「3人のうち2人を同じ肩書きで選ぶ」と考えて${}_3C_2=3$［通り］となります。

この3通りは、AB、AC、BCとなりますが、それぞれの場合で、代表にならな

いのは、代表がABのときはC、ACのときはB、BCのときはAの３通りとなります。このとき、代表にならない１人の選び方は、${}_3C_1=3$ 通りなので、${}_3C_2={}_3C_1$ が成り立つことがわかります。つまり、**「選ぶものが何通りあるか」を求めても、「選ばれないものが何通りあるか」を求めても、計算結果は同じ**なのです。なお、公式 ${}_mC_n={}_mC_{(m-n)}$ の（$m-n$）は、「選ばないものの場合の数」となります。

例えば、10人のうち８人を代表に選ぶのであれば、代表にならない２人を選んでも同じ計算結果になるので、${}_{10}C_8={}_{10}C_2$ が成り立ちます。このとき、計算量は ${}_{10}C_2$ のほうが少なくなるので、${}_{10}C_2$ で計算すると速く解けます。

4 和の法則・積の法則

和の法則、積の法則は、場合の数やこの後学習する確率の問題を検討するのに幅広く用いるので、しっかり理解しておくことが重要です。

⑴ 和の法則

和の法則とは、**AとBが両方は起こらず、Aが起こる場合が m 通り、Bが起こる場合が n 通りあるとき、AまたはBが起こる場合は（$m+n$）通り**になる、という法則です。

重要なのは、**両方は起こらない事象を合わせて数えるとき**に使用するということです。「AまたはBは何通りあるか」というときに使われることが多いので、**「または」の法則**と呼ばれることもあります。その場合、Aの場合とBの場合がそれぞれ何通りあるかを数えて、**足し算をして数値をまとめます。**

例題１ サイコロ１個を１回振るとき、３の倍数が出る場合は何通りあるか。

求めるのは、「３が出る」または「６が出る」とき（サイコロ１個を１回振ったとき、「３が出る」ことと「６が出る」ことが両方起こることはありません）なので、それぞれの場合を数えた後で、「または」の法則である「**和の法則**」を使います。

まず、サイコロ１個を１回振って、「３が出る」を満たすのは１通り、「６が出る」を満たすのは１通りです。

次に、それぞれの場合の数を求められたので「和の法則」より、

第４章 場合の数・確率

1 + 1 = 2〔通り〕

となります。

⑵ **積の法則**

積の法則とは、**Aが起こる場合がm通りあり、そのそれぞれについてBが起こる場合がn通りあるとき、AとBが起こる場合は（$m \times n$）通り**になる、という法則です。

こちらは和の法則と違い、**両方起こる事象を合わせて数えるとき**に使用します。「AさらにBは何通りあるか」というときに使われることが多いので、**「さらに」の法則**と呼ばれることもあります。その場合、Aの場合とBの場合がそれぞれ何通りあるかを数えて、**掛け算をして数値をまとめます**。

例題2 サイコロ1個を2回振るとき、ともに奇数が出る場合は何通りあるか。

求めるのは、「1回目に奇数が出る」さらに「2回目に奇数が出る」とき（サイコロ1個を2回振るとき、「1回目に奇数が出る」ことと「2回目に奇数が出る」ことは両方起こり得ます）なので、「さらに」の法則である「積の法則」を使います。

まず、1回目にサイコロ1個を振って「奇数が出る」を満たすのは、1、3、5が出たときの3通りです。同様に、2回目にサイコロ1個を振って「奇数が出る」を満たすのも3通りです。

次に、それぞれの場合の数を求められたので「積の法則」より、

3 × 3 = 9〔通り〕

となります。

5 場合の数の問題の解法 重要！

⑴ 制限の厳しいところに着目する

問題文で与えられている状況から、**制限の厳しいところ**を見つけ、そこを糸口に検討することを意識すると解きやすくなります。例題で実践してみましょう。

例題1 1～5の数字が一つずつ書かれた5枚のカードから異なる2枚を選び、書かれた数で2桁の奇数を作るとき、何通りの整数を作ることができるか。

2桁の奇数を作るので、「十の位」と「一の位」に分けて考えます。奇数という制限があるので、「十の位」には制限はありませんが、「一の位」には1、3、5の3通りという制限があるので、「一の位」で場合分けをして解きます。

「一の位」が1のとき、「十の位」は2、3、4、5の4通り考えられます。

「一の位」が3のとき、「十の位」は1、2、4、5の4通り考えられます。

「一の位」が5のとき、「十の位」は1、2、3、4の4通り考えられます。

以上をまとめると、「一の位」が1の場合、または3の場合、または5の場合を求めたので、和の法則より、

4＋4＋4＝12［通り］

となります。

例題で示したとおり、制限の厳しいところに着目して検討するのは、そこから手を付けたほうが場合分けが少なくなり、作業を進めやすくなるためです。例えば「十の位」に着目して検討すると、1～5のすべての数について対応する一の位の数を書き出さなければならなくなります。

(2) 条件を満たさないものを全体から引く解法 重要!

「少なくとも」というキーワードを含む問題は、**（全体）－（条件を満たさないもの）**として引き算で解くと検討しやすくなります。例題で確認してみましょう。

例題2 サイコロ1個を3回振るとき、少なくとも1回は6の目が出る場合は何通りあるか。

「少なくとも」があるので、（全体）－（条件を満たさないもの）で計算します。

まず、全体の場合の数を求めます。サイコロ1個を1回振ると目の出方は6通りあります。2回目、3回目も6通りです。サイコロを1回目、さらに2回目、さらに3回目と振るので、積の法則より、

6×6×6＝216［通り］

の目の出方があります。

次に、条件を満たさない場合を考えます。問題文「少なくとも１回は6の目が出る」より、条件を満たす場合は「６の目が１回出る場合」、「６の目が２回出る場合」、「６の目が3回出る場合」です。これらを満たさない場合は、「６の目が０回出る場合」、つまり「６の目以外（１～５の目）が３回とも出る場合」となります。

１～５の目が出るのは１回につき５通りなので、「１回目に１～５の目が出る」さらに「２回目に１～５の目が出る」さらに「３回目に１～５の目が出る」場合と考えれば、積の法則より、

$5 \times 5 \times 5 = 125$〔通り〕

となります。

最後に引き算をします。（全体）−（条件を満たさないもの）より、

$216 - 125 = 91$〔通り〕

となります。

同様に、「…以上となる場合は何通りか」という問題であれば、それを満たさない「…未満である場合」を考えて全体から引いたほうが簡単な場合があります。

特に、「一つ以上である場合は何通りか」という問い方であれば、これを満たさないのは「0である場合」のみとなるため、検討しやすい場合があります。

解法ナビゲーション

1の位、10の位、100の位が、いずれも1から5までの数である3桁の数で、3の倍数となるのは全部でいくつあるか。

裁判所2009

❶ 39個
❷ 40個
❸ 41個
❹ 42個
❺ 43個

まず、倍数の知識を使って3の倍数となる数字3個の組合せを考えてから、その組合せの中での数字の並べ方が何通りあるかを考えます。

【解答・解説】

正解 ❸

まず、倍数の知識を使って、使う3個の数字の組合せだけを考えます。**3の倍数は、各位の数を1桁ずつに分けて合計すると3の倍数になる**ので、これを満たす3個の数字を、3個の数字の和が3になる場合から順に書き出すと次のようになります。

❶ 和が3になる場合　：(1, 1, 1)
❷ 和が6になる場合　：(1, 1, 4)、(1, 2, 3)、(2, 2, 2)
❸ 和が9になる場合　：(1, 3, 5)、(1, 4, 4)、(2, 2, 5)、(2, 3, 4)、(3, 3, 3)
❹ 和が12になる場合　：(2, 5, 5)、(3, 4, 5)、(4, 4, 4)
❺ 和が15になる場合　：(5, 5, 5)

次に、どの桁にどの数字を入れるのか、それぞれの組合せにおいて考えます。

(1, 1, 1)、(2, 2, 2)、(3, 3, 3)、(4, 4, 4)、(5, 5, 5) の5組は、**3個とも同じ数字で構成されています**。この場合、作れる3桁の数字はそれぞれ1通りずつです。したがって、5組で5個の整数を作ることができます（①）。

次に、(1, 1, 4)、(1, 4, 4)、(2, 2, 5)、(2, 5, 5) の4組は、**同じ数字を2個含んでいます**。この場合、1個しかない数字を「一の位」に入れた場合、「十の位」に入れた場合、「百の位」に入れた場合のそれぞれで異なる数字になるので、3通りの整数を作ることができます。つまり、1組につき3通り、4×3＝12［個］の整数を作ることができます（②）。

最後に、(1, 2, 3)、(1, 3, 5)、(2, 3, 4)、(3, 4, 5) の4組は、いずれも**3個の異なる数字で構成されています**。この場合、3個の異なる数字を3個とも1列に並べた分だけ整数を作ることができるので、**順列で計算できます**。順列の公式より、

$${}_3P_3 = 3 \times 2 \times 1 = 6$$ ［通り］

です。したがって、1組につき6通りの数字を作ることができるので、4×6＝24［個］の整数を作ることができます（③）。

以上より、①または②または③のときに条件を満たすので、和の法則より、

$$5 + 12 + 24 = 41$$ ［個］

となります。よって、正解は❸です。

過去問にチャレンジ

問題1

★

▶解説は別冊 p.79

ある国の自動車のナンバープレートには4桁の数のみが書かれており、一の位と百の位の数の和は必ず偶数に、十の位と千の位の数の和は必ず奇数になるようにしてある。

この国の警察が、ある事件現場から逃走した1台の自動車を目撃した人達から、この自動車のナンバープレートに書かれていた数について聞き取りしたところ、次のことが分かったが、これらを満たす数は全部で何通りか。

国専2005

○　4は二つあったが、これらは隣り合っていなかった。

○　最も大きい数は7であった。

○　両端の数のうちの一つは、2か7であった。

❶　4通り
❷　6通り
❸　8通り
❹　10通り
❺　12通り

問題2

★

▶解説は別冊 p.80

家電量販店で買い物をし、一万円紙幣3枚、五千円紙幣6枚、千円紙幣6枚、五百円硬貨8枚のうち、いずれかを組み合わせて、ちょうど32,000円を支払うとき、紙幣及び硬貨の組合せは全部で何通りあるか。

都Ⅰ2019

❶　24通り
❷　25通り
❸　26通り
❹　27通り
❺　28通り

問題3

★

▶解説は別冊 p.80

男性７人、女性５人の中から代表を４人選びたい。女性が２人以上含まれる選び方は何通りあるか。

裁判所2011

❶ 165通り
❷ 219通り
❸ 285通り
❹ 420通り
❺ 495通り

問題4

★

▶解説は別冊 p.82

祖母、両親、子ども２人の５人で暮らしている家族が、買い物に外出する場合、外出のしかたは何通りあるか。ただし、子どもだけでは外出あるいは留守番はできないものとする。

区Ⅰ2014

❶ 22通り
❷ 25通り
❸ 28通り
❹ 31通り
❺ 34通り

問題5
★
▶解説は別冊 p.83

ある地方に駅の数が21の新交通システムがある。この新交通システムの各駅では、他のすべての駅への切符を売っている。ただし、例えば、A駅からB駅へ行く切符と、B駅からA駅へ行く切符は同じ種類の切符として売られている。

この度、路線の延長に伴い新しい駅が複数建設され、販売される切符の種類の総数は全部で351となった。新設された駅の数はいくつか。

国般2001

❶ 4
❷ 5
❸ 6
❹ 7
❺ 8

2 場合の数の応用

学習のポイント

・この節では、場合の数の応用論点を紹介しますが、いずれも重要な知識です。

・はじめは理解しにくいと感じるかもしれませんが、繰り返し復習すれば必ず使いこなせるようになるので、時間をかけて習得しましょう。

1 特殊な順列

(1) 同じものを含む順列

順列を使って並べる対象の中に、同じもの（他と区別できないもの）が一部含まれているときの場合の数を問う問題です。

Aをp個、Bをq個含む合計n個のものをすべて１列に並べるときの場合の数は、次の式で求めることができます。

【同じものを含む順列の公式】

Aをp個、Bをq個、Cをr個…含む合計n個のものすべてを１列に並べるときの場合の数

$$\frac{n!}{p!\times q!\times r!\cdots}$$

$n!$：nの階乗（nから1までのすべての整数の積）

これまでの順列のようにn個の中から一部を選んで並べる場合の数ではなく、n個のものすべてを並べるときのみ使えますので、注意しましょう。

例題1　ＡＡＡＢＢＣＣＤの８文字をすべて１列に並べるとき、何通りの並べ方があるか。

Ａが３個、Ｂが２個、Ｃが２個含まれているので、これらすべてを公式の分母で計算する必要があります。なお、１個しかないＤは、分母の計算には含みません。

公式より、

$$\frac{8!}{3! \times 2! \times 2!} = \frac{8 \times 7 \times 6 \times 5 \times 4 \times 3 \times 2 \times 1}{(3 \times 2 \times 1) \times 2 \times 1 \times 2 \times 1} = 1680\ [\text{通り}]$$

となります。

⑵ 特定のものをセットにする

例えば複数人のグループを１列に並べる際に、特定の２人が隣り合っているという条件が加えられることがあります。「隣り合っている」ということは、**「隣り合う人どうし」をいったん合わせて１人と考えて順列を計算すればよい**ことになります。

このように、特定のものがセットになるよう条件が付けられている場合の解法を具体的に見ていきましょう。

例題２ A～Eの５人が１列に並ぶとき、AとBが隣り合う場合は何通りあるか。

まず、隣り合うAとBをセットにして１人とし、合計４人を並べる問題として考えます（右の図）。

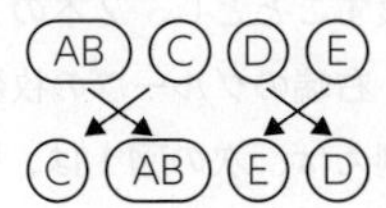

上の図のように
４人として並べ替えれば
AとBは常に隣り合う

４人を１列に並べるので、順列で計算することができます。

$_4P_4 = 4! = 4 \times 3 \times 2 \times 1 = 24$［通り］

次に、セットにしたAとBを２人に戻します。ABを合わせて１人としたときの並べ方24通りは、A、Bを２人に戻すときに、「左にA、右にB」の場合と、「左にB、右にA」の２通りずつに分かれます（右図参照）。

AB C D E
A B C D E
B A C D E

上の図のように
４人とした並べ方を
５人に戻すとき、
１通りにつき、
２通りずつになる

よって、並べ方は、24 × 2 = 48［通り］になります。

第４章 場合の数・確率

2 「しきり」を用いた解法

区別のできない複数のものを、区別のできるものに対して分ける・配分する問題では、「**しきり**」の解法を使います。これも具体例で確認しましょう。

例題 区別できない5枚のコインをA～Cの3人の子どもに配る場合、何通りの配り方があるか。ただし、1枚もコインをもらえない子どもがいてもよいものとする。

コインは「区別できない」と問題文にありますが、それを配る相手である子どもは区別できるものであることがわかります。

まず、5枚のコインを1列に並べ、三つのグループに分けるために「しきり」を2本用意します。この2本を、1列に並べた5枚のコインの間にはさむと、コインを三つのグループに分けることができます。このとき、左端のグループの枚数をAに渡すこととし、2本のしきりに挟まれた中央のグループの枚数をBに渡すこととし、右端のグループの枚数をCに渡すと考えます。

例えば、次の図1は、「Aに1枚、Bに2枚、Cに2枚」配ることを意味し、図2は、「Aに2枚、Bに3枚、Cに0枚」配ることを意味します。

図1

図2

この図1や図2は、「○」を5個と「|」を2本、**合わせて7個の図形を1列に並べるのと同じこと**です。その並べ方を計算するときは、次の2通りの方法で計算することができます。これは、自分に合った方法を使えばよいでしょう。

❶ 組合せによる解法

次のように、「○○○○○ | |」の7個の図形をおくマス目を7マス用意します。

この7マスから、しきり(|)を2本入れるための2マスを選びます。このとき、2本のしきりに区別はないので、**「①と②にしきりを入れた場合」と、選んだものを入れ替えた「②と①にしきりを入れた場合」は、どちらも同じ結果になるので、組合せと考えることができます**。したがって、その選び方は、

$$ {}_7C_2 = \frac{7 \times 6}{2 \times 1} = 21 \text{［通り］} $$

となります。

さらに、残り５マスにコイン（○）を５枚入れますが、残り５マスのうち５マスを選ぶのは１通りです。

よって、「○○○○○｜｜」の７個の図形の並べ方は、積の法則より、

$21 \times 1 = 21$［通り］

となるので、コインの分け方は21通りです。

なお、「○」５個を入れるマスを選ぶ計算については、「｜」を入れた後の残りの５マスすべてに入れるだけあり、必ず１通りとなるので、通常は、計算せずに省略されて解説されることがほとんどです。

❷　同じものを含む順列による解法

「○○○○○｜｜」の７個の図形をすべて１列に並べるときの並べ方を考えます。「○」どうしや「｜」どうしは同一のものなので、同じものを含む順列として計算します。並べる個数は合計７個、「○」は５個、「｜」は２個なので、同じものを含む順列の公式より、次のように計算できます。

$$ \frac{7!}{5! \times 2!} = \frac{7 \times 6 \times 5 \times 4 \times 3 \times 2 \times 1}{5 \times 4 \times 3 \times 2 \times 1 \times 2 \times 1} = 21 \text{［通り］} $$

よって、コインの分け方は21通りとなります。

補足

この解法を使えるのは、区別できるものに対して分ける個数が０個であってもよい場合だけです。例題では、「１枚もコインをもらえない子どもがいてもよい」という条件があったためこの解法を使うことができました。

「しきり」の数は、（分けたいグループの数－1）で求められます。

３グループに分けるなら、「しきり」は３－１＝２［本］必要になります。同様に、４グループに分けるなら、「しきり」は４－１＝３［本］必要となります。

3 図形の個数

問題文にある図に含まれる図形の個数を、場合の数の知識を使って数える問題があり、独特な知識を必要とする場合もあります。

例題 下の図に含まれる四角形の個数はいくつか。

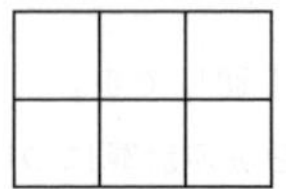

図は、縦線４本、横線３本でできています。このとき、以下の三つの図に示したように、縦線４本のうちの２本、横線３本のうちの２本を選ぶと、その４本に囲まれた部分に四角形ができることがわかります（着色部）。

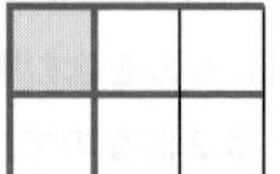

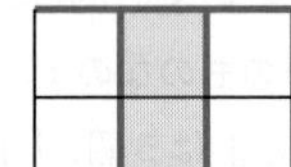

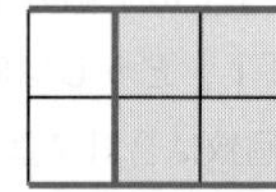

このとき、縦線、横線の選び方を変えると、４本の線に囲まれた四角形は、必ず異なる四角形になります。したがって、「縦線４本のうち２本を選び、さらに横線３本のうち２本を選ぶ」と考えれば、計算で図形の個数を数えられます。

縦線４本のうち２本を選ぶと、

$$ {}_4C_2 = \frac{4 \times 3}{2 \times 1} = 6 \text{〔通り〕} $$

になります。また、横線３本のうち２本を選ぶと、

$$ {}_3C_2 = {}_3C_1 = 3 \text{〔通り〕} $$

となります。

よって、積の法則より、

$$ 6 \times 3 = 18 \text{〔通り〕} $$

となり、これがそのまま四角形の個数となります。

解法ナビゲーション

黄、赤、青、緑、白色の５個の玉を次の条件で横一列に並べるとき、並べ方は何通りあるか。

国専2013

○黄色の玉は端に置く。

○赤色の玉と青色の玉は隣り合うように置く。

○緑色の玉は中央（左右それぞれの端から三つ目）に置かない。

❶ 16
❷ 20
❸ 24
❹ 28
❺ 32

着眼点

赤色の玉と青色の玉が「隣り合う」とあるので、２個の玉をいったん合わせて１個として扱って、具体的な並びを書き出します。

また、「左端が黄色の場合」を求めれば、「右端が黄色の場合」もわかります。

【解答・解説】

正解 ❷

まず、一つ目の条件より、黄色は並べる場所が端に決まっているので、左端に固定し、以下のような表に並べ方を書き入れて考えていきます。

左からの順序	1	2	3	4	5
	黄				

二つ目の条件より、赤色と青色の玉は「隣り合う」という条件があるので、赤色と青色の2個の玉を合わせて1個の玉と考えて、(赤青) と表し、(赤青)、(緑)、(白) の3個の玉を1列に並べる、と考えると、3個の玉を自由に1列に並べるので、順列で計算できます。つまり、並べ方は、

$_3P_3 = 3 \times 2 \times 1 = 6$ [通り]

となり、表に書き出すと、次の❶～❻のようになります。

左からの順序	1	2	3	4	5
❶	黄	(赤青)		緑	白
❷	黄	(赤青)		白	緑
❸	黄	緑	(赤青)		白
❹	黄	白	(赤青)		緑
❺	黄	緑	白	(赤青)	
❻	黄	白	緑	(赤青)	

上の6通りのうち、**❻は、緑色が中央になるので、三つ目の条件を満たしません。** したがって、この段階では❶～❺だけが条件を満たします。

最後に、(赤青) を分けます。(赤青) は、「左から赤、青の順」または「左から青、赤の順」の2通りに分けることができるので、❶～❺をそれぞれ分けると、

$5 \times 2 = 10$ [通り]

になります。

この10通りは、「黄色が左端の場合」なので、一つ目の条件より、「黄色が右端の場合」も考えると、それは❶～❺の左右を逆にしたものとなるので、「黄色が右端の場合」も10通りとなります。よって、「黄色が左端の場合」または「黄色が右端の場合」より、和の法則で、

$10 + 10 = 20$ [通り]

となり、正解は❷となります。

過去問にチャレンジ

問題1 ★★
▶解説は別冊 p.84

TOKUBETUの8文字を並べるとき、2つのTの間に他の文字が1つ以上入る並べ方は何通りあるか。

区Ⅰ2019

❶ 1260通り
❷ 2520通り
❸ 7560通り
❹ 8820通り
❺ 10080通り

問題2 ★★
▶解説は別冊 p.85

A～Jの10人が飛行機に乗り、次のような3人掛け・4人掛け・3人掛けの横一列の席に座ることになった。

窓				通路					通路				窓

この10人の座り方について、次のようにするとき、座り方の組合せはいくつあるか。

○ A、B、Cの3人は、まとまった席にする。
○ DとEは席を隣どうしにしない。
○ AとFは窓際の席にする。

なお、通路を挟んだ席は隣どうしの席ではないものとする。

国専2011

❶ 1122通り
❷ 1212通り
❸ 1221通り
❹ 2112通り
❺ 2211通り

問題3

★

▶解説は別冊 p.87

同じ鉛筆が全部で６本ある。これをA、B、Cの３人に残らず配る場合の配り方は全部で何通りか。ただし、鉛筆を１本ももらえない人がいてもよいとする。

国専2012

❶ 22通り
❷ 24通り
❸ 26通り
❹ 28通り
❺ 30通り

問題4

★

▶解説は別冊 p.87

８個のキャラメルをA、B、Cの３人で分けるとき、その分け方は何通りあるか。ただし、３人とも１個以上受け取るものとする。

区Ⅰ2005

❶ 15通り
❷ 18通り
❸ 21通り
❹ 24通り
❺ 27通り

★

▶解説は別冊 p.88

次の図のように、平行四辺形を３本の斜めの平行線、７本の横の平行線で区切ったとき、その中にできるすべての平行四辺形の数はどれか。

区Ⅰ 2006

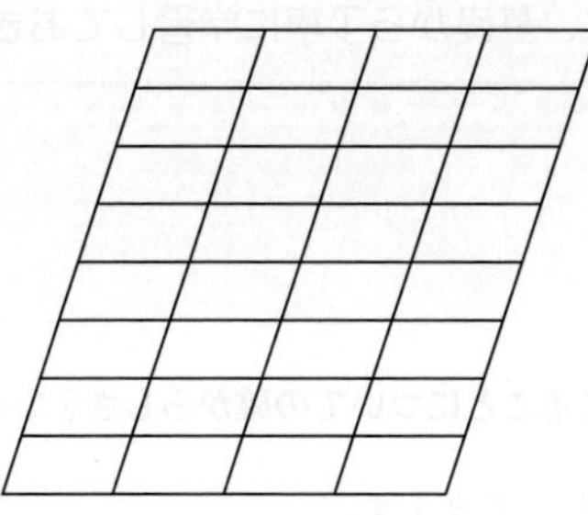

❶ 180
❷ 270
❸ 360
❹ 450
❺ 540

3 確率の基礎

学習のポイント

- 確率は頻出の出題分野です。
- 基本的な問題は解きやすいので基礎をおろそかにしがちですが、本試験レベルの問題を解くために、基礎から丁寧に学習しておきましょう。

1 確率とは

確率とは、**ある事象が起こることについての確からしさ**をいい、$\dfrac{\textbf{条件を満たす場合の数}}{\textbf{全体の場合の数}}$で求められる値ということができます。

例題 サイコロ1個を1回振るとき、3の倍数が出る確率はいくらか。

サイコロ1個を1回振るとき、目の出方は「1が出る」～「6が出る」の6通りとなり、これが全体の場合の数です。そのうち、条件を満たすのは、「3が出る」と「6が出る」の2通りです。よって、求める確率は、

$$\frac{2\text{通り}}{6\text{通り}}=\frac{1}{3}$$

となります。

確率は割合なので、例題の答えのように分数や百分率、小数で表されます。

2 確率の留意事項

(1) 場合の数との違い

確率の問題では、**同じものが複数ある場合でも別々に数えます。**

例題1 当たり１本を含む10本のくじから１本引くとき、当たる確率はいくらか。

10本のくじがあるので、くじを引く場合は、全体で10通りです。また、当たりくじは１本だけですので、当たりを引く場合は１通りとなります。したがって、当たる確率は$\frac{1}{10}$です。

ここで注意すべきは、分母「くじを引く場合は全部で10通り」と考える点です。結果が何通りあるかを数えるだけなら９本のはずれくじを区別しないので、「当たり」か「はずれ」の２通りと数えますが、**確率を考えるときには、９本のはずれくじをそれぞれ異なるものとして９通り**と数えます。この違いを意識して学習する必要があります。

例題2
❶ サイコロ１個を２回振るとき、１回目に「1」、２回目に「2」が出る確率はいくらか。
❷ サイコロ１個を２回振るとき、１回目に「2」、２回目に「1」が出る確率はいくらか。
❸ サイコロ１個を２回振るとき、「1」と「2」が１回ずつ出る確率はいくらか。

❶ １回目に「１の目」が出る確率は$\frac{1}{6}$であり、さらに２回目に「２の目」が出る確率は$\frac{1}{6}$なので、積の法則より求める確率は、

$$\frac{1}{6}\times\frac{1}{6}=\frac{1}{36}$$

となります。

❷ １回目に「２の目」が出る確率は$\frac{1}{6}$であり、さらに２回目に「１の目」が出る確率は$\frac{1}{6}$なので、積の法則より求める確率は、

$$\frac{1}{6}\times\frac{1}{6}=\frac{1}{36}$$

第4章 場合の数・確率

となります。

❸ 1回目、2回目を問わず、「1の目」と「2の目」が1回ずつ出る確率を求めるので、❶と❷のどちらも条件を満たすことになります。つまり、「❶または❷」として計算することになるので、和の法則より求める確率は、

$$\frac{1}{36}+\frac{1}{36}=\frac{1}{18}$$

となります。

他にも、くじを引く問題では、例えば2回くじを引いたときに、「1回目に当たりを引き、2回目にはずれを引いた場合」と「1回目にはずれを引き、2回目に当たりを引く場合」は、どちらも1回だけ当たりを引いたことになりますが、異なる場合として、それぞれ計算します。

この点は、サイコロを2回振って、1回目に「1」、2回目に「2」が出た場合と1回目に「2」、2回目に「1」が出た場合とを別々に数えるという、前節での考え方と同じです。

このように、**少しでも異なれば別々に数える**、と考えておくとよいでしょう。

また、**順列・組合せ**の公式や**和の法則・積の法則**は場合の数と同じように使えます。

補足

例題で実践しているように、和の法則、積の法則で確率を計算する際は、確率の値そのものの和・積を計算することができます。

⑵ 条件を満たさないものを全体から引く解法

場合の数と同様に、「**少なくとも**」というキーワードがある問題は、**(全体の確率)−(条件を満たさない確率)**として計算します。

例題3 当たりくじ2本を含む10本のくじから2本引くとき、少なくとも1回は当たる確率を求めよ。

条件を満たす場合は、「少なくとも1回は当たる場合」なので、「1回だけ当たる場合」と「2回とも当たる場合」があります。さらに、「1回だけ当たる場合」は、「1回目だけ当たる場合」と「2回目だけ当たる場合」に分けて計算するので、

（1回目，2回目）＝（当たり，当たり）、（当たり，はずれ）、（はずれ，当たり）の3通りが条件を満たす場合となります。

しかし、条件を満たさない場合は、

（1回目，2回目）＝（はずれ，はずれ）

の1通りのみとなるので、条件を満たさない場合を活かして解くほうが、計算が単純になります。

そこで、（全体の確率）−（条件を満たさない確率）を計算します。全体の確率は1となるので、条件を満たさない確率を求めると、1回目にはずれる確率は、10本中8本のはずれくじを引くので$\frac{8}{10}$となり、2回目にはずれる確率は、残り9本中7本のはずれくじを引くので$\frac{7}{9}$となります。「1回目にはずれる」さらに「2回目にはずれる」確率を求めるので、積の法則より、

$$\frac{8}{10} \times \frac{7}{9} = \frac{28}{45}$$

となります。

よって、（全体の確率）−（2回ともはずれる確率）より、

$$1 - \frac{28}{45} = \frac{17}{45}$$

となります。

3 出題類型ごとの解法

ここからは、よく出題される類型ごとに解答のポイントを見ていきます。

(1) サイコロ

サイコロを振って、出る目について何らかの確率を問う出題では、条件を満たすような目の出方を**単純に書き出す**のが有効であることが多いです。

これは、サイコロの性質上、「書き出す」という方法を採ってもそれほど場合分けが多くならないケースが多いことによります。例題で確認してみましょう。

第4章 場合の数・確率

例題1 サイコロ１個を２回振るとき、出た目の和が４の倍数になる確率を求めよ。

まず、確率の分母「全体の場合の数」を求めると、サイコロ１個の目の出方は６通りなので、「１回目を振る」、さらに「２回目を振る」と考えると、積の法則より、２回合わせた目の出方は、

$6 \times 6 = 36$［通り］

となります。

次に、確率の分子「条件を満たす場合の数」を求めます。出た目の和が４の倍数のときに条件を満たすので、混乱を防ぐために、出た目の和が「４の場合」、「８の場合」、「12の場合」に分けて求めます。出た目の和が４になる場合の目の出方は、

（１回目，２回目）＝（1，3）、（2，2）、（3，1）

の３通りです。また、出た目の和が８になる場合の目の出方は、

（１回目，２回目）＝（2，6）、（3，5）、（4，4）、（5，3）、（6，2）

の５通りです。さらに、出た目の和が12になる場合の目の出方は、

（１回目，２回目）＝（6，6）

の１通りです。したがって、条件を満たす場合は、

$3 + 5 + 1 = 9$［通り］

となります。

よって、求める確率は、

$$\frac{9\text{通り}}{36\text{通り}} = \frac{1}{4}$$

となります。

⑵ くじ引き

くじ引きの問題では、くじを引く順序を考慮します。例えば「A、Bの２人が、A→Bの順番で１本ずつくじを引いたとき、１人だけが当たる確率」を求めるときは、❶「Aが当たり、さらにBがはずれる確率」または❷「Aがはずれ、さらにBが当たる確率」が条件を満たす、と考えます。したがって、和の法則より、❶＋❷として計算します。

また、１人がくじを引くと、くじの総本数と、当たりくじ・はずれくじのいずれかの本数が少なくなります。**２本目以降のくじを引くときの、残ったくじの本数に注意しましょう**。くじを連続して引くときは、「１本目を引く、さらに２本目を引く、

さらに…」と考えて、それぞれの確率を積の法則で掛け合わせます。

例題2 当たり１本を含む10本のくじから２本引いて、２本ともはずれる確率はいくらか。

１本目にはずれを引く確率は、10本中９本のはずれくじを引くので$\frac{9}{10}$となり、

２本目にはずれを引く確率は、９本中８本のはずれくじを引くので$\frac{8}{9}$となります。

したがって、「１本目にはずれを引き」、さらに「２本目もはずれを引く」ので、積の法則より、その確率は、

$$\frac{9}{10} \times \frac{8}{9} = \frac{4}{5}$$

となります。

このように、くじを引くときは、引くときの「くじ全体の本数」や「当たりくじ・はずれくじの本数」を意識することが重要です。

補足

複数本のくじを引く問題の場合、「同時に複数本引く」、「1本ずつ順に複数回引く」はどちらも確率の計算結果が等しくなります。例えば「２本のくじを同時に引いた」といった設定があったとしても、１本ずつ順番に引いたものと読み替えるとわかりやすくなります。

(3) 球を取り出す問題

異なる色に着色された何種類かの球から特定の球を取り出す確率を求める問題は、くじ引きに置き換えて考えることもできます。

例 「白球５個と赤球３個がある場合」

⇒ 白球を当たりくじとして考えると、「当たりくじ５本とはずれくじ３本の合計８本のくじがある場合」と同じように解くことができます。

また、白球、赤球のどちらを「当たりくじ」と考えてもよいので、赤球を当たりくじとして「当たりくじ３本とはずれくじ５本の合計８本のくじがある場合」と考

えて解いても答えは同じです。

(4) じゃんけん

① じゃんけんの問題の解法

複数人でじゃんけんをして、特定の結果になる確率を問う問題では、特に条件がなければ各人が「グー」、「チョキ」、「パー」を出す確率はそれぞれ等しく、$\frac{1}{3}$ずつになります。

それぞれが「グー」、「チョキ」、「パー」のどの手を出したかについて、細かく分けて計算するようにします。

例題3 A～Cの3人でじゃんけんしたとき、いずれか1人が勝つ確率を求めよ。

A～Cの3人でじゃんけんしたとき、1人だけが勝つ場合を考えると、「Aだけが勝つ場合」、「Bだけが勝つ場合」、「Cだけが勝つ場合」の3通りあります。さらに、「Aだけが勝つ場合」については、「Aがグーで勝つ場合」、「Aがチョキで勝つ場合」、「Aがパーで勝つ場合」の3通りあります。「Aがグーで勝つ確率」は、

(A, B, C)=(グー, チョキ, チョキ)

となる確率であり、これは「Aがグーを出す」さらに「Bがチョキを出す」さらに「Cがチョキを出す」確率なので、

$$\frac{1}{3}\times\frac{1}{3}\times\frac{1}{3}=\frac{1}{3^3}$$

となります。同様に、「Aがチョキで勝つ確率」は、

(A, B, C)=(チョキ, パー, パー)

となる確率なので、

$$\frac{1}{3}\times\frac{1}{3}\times\frac{1}{3}=\frac{1}{3^3}$$

となり、「Aがパーで勝つ確率」は、

(A, B, C)=(パー, グー, グー)

となる確率なので、

$$\frac{1}{3}\times\frac{1}{3}\times\frac{1}{3}=\frac{1}{3^3}$$

となります。

したがって、「Aだけが勝つ確率」は、和の法則より、

$$\frac{1}{3^3}+\frac{1}{3^3}+\frac{1}{3^3}=\frac{1}{3^3}\times 3=\frac{1}{3^2}$$

となります。

さらに、「Ｂだけが勝つ確率」、「Ｃだけが勝つ確率」も、それぞれ「Ａだけが勝つ確率」と等しくなるので、それぞれの確率は$\frac{1}{3^2}$となります。

よって、１人だけが勝つ確率は、「Ａだけが勝つ」または「Ｂだけが勝つ」または「Ｃだけが勝つ」となるので、和の法則より、

$$\frac{1}{3^2}+\frac{1}{3^2}+\frac{1}{3^2}=\frac{1}{3^2}\times 3=\frac{1}{3}$$

となります。

②　じゃんけんの確率についての知識

じゃんけんの問題では、以下の知識を覚えておくと無駄な計算を省けることがあります。

【A・Bの2人でじゃんけんを1回するときの確率】

❶　Aが勝つ確率は$\frac{1}{3}$である

❷　Bが勝つ確率は$\frac{1}{3}$である

❸　あいこになる確率は$\frac{1}{3}$である

【3人でじゃんけんを1回するときの確率】

❶　3人のうち、いずれか1人だけが勝つ確率は$\frac{1}{3}$である

❷　3人のうち、いずれか2人が勝つ確率は$\frac{1}{3}$である

❸　あいこになる確率は$\frac{1}{3}$である

解法ナビゲーション

30本のくじの中に、１等の当たりくじが１本、２等の当たりくじが２本、３等の当たりくじが７本入っている。ここから同時に４本を引いたとき、１等、２等及び３等の当たりくじがそれぞれ１本のみ含まれている確率として、正しいのはどれか。

都Ⅰ 2014

❶ $\frac{2}{3915}$

❷ $\frac{4}{3915}$

❸ $\frac{8}{3915}$

❹ $\frac{2}{783}$

❺ $\frac{8}{783}$

着眼点

くじ引きを題材にした確率の問題です。当たりくじ、はずれくじを引く順序を考慮して検討します。また、「同時に４本を引いた」とありますが、検討過程では１本ごとの確率を順番に検証していきます。

【解答・解説】

正解 ❺

まず、条件を満たす場合を求めます。条件を満たすのは、くじを４本引いて、１等、２等、３等、はずれを１本ずつ引いた場合です。**くじを引いた順序を考慮する必要がある**ので、例えば、「１等→２等→３等→はずれ」の順にくじを引いた場合と、「１等→２等→はずれ→３等」の順にくじを引いた場合は、どちらも条件を満たす異なる場合と考えます。他にも「はずれ→３等→２等→１等」など、「１等、２等、３等、はずれ」を１本ずつ引いた場合の、順序を入れ替えたものすべてが条件を満たす、と考えます。したがって、条件を満たす場合は、**「1等」**、**「2等」**、**「3等」**、**「はずれ」の四つを1列に並べたときの場合の数と等しくなる**ので、順列として計算でき、

$_4P_4 = 4 \times 3 \times 2 \times 1 = 24$［通り］

より、条件を満たす場合は24通りとなります。

次に、24通りそれぞれの確率を求めます。「１等→２等→３等→はずれ」の場合の確率を求めると、１本目は、30本中１本の１等を引くので、その確率は$\frac{1}{30}$です。同様に、２本目に29本中２本の２等を引く確率は$\frac{2}{29}$、３本目に28本中７本の３等を引く確率は$\frac{7}{28}$、そして４本目に27本中20本のはずれを引く確率は$\frac{20}{27}$となるので、この場合の確率は、

$$\frac{1}{30} \times \frac{2}{29} \times \frac{7}{28} \times \frac{20}{27} = \frac{1 \times 2 \times 7 \times 20}{30 \times 29 \times 28 \times 27} \quad \cdots\cdots①$$

となります。

また、例えば「１等→２等→はずれ→３等」の場合は、

$$\frac{1}{30} \times \frac{2}{29} \times \frac{20}{28} \times \frac{7}{27} = \frac{1 \times 2 \times 20 \times 7}{30 \times 29 \times 28 \times 27}$$

となり、**①と同じ計算結果**になります。同様に、「はずれ→３等→２等→１等」など、**①以外の23通りの確率は、いずれも①と等しくなる**ことがわかります。したがって、24通りの確率は、それぞれ$\frac{1 \times 2 \times 7 \times 20}{30 \times 29 \times 28 \times 27}$となります。

よって、和の法則より、求める確率は、

$$\frac{1 \times 2 \times 7 \times 20}{30 \times 29 \times 28 \times 27} \times 24 = \frac{8}{783}$$

となるので、正解は❺となります。

過去問にチャレンジ

問題1
★
▶解説は別冊 p.89

立方体のサイコロを２回振ったとき、出た目の数の和が素数になる確率として、正しいのはどれか。

都Ⅰ 2010

❶ $\frac{5}{12}$

❷ $\frac{7}{12}$

❸ $\frac{5}{18}$

❹ $\frac{7}{18}$

❺ $\frac{5}{36}$

問題2
★
▶解説は別冊 p.90

20本のくじの中に３本の当たりくじがある。この20本の中から同時に２本のくじを引くとき、当たりくじが１本以上ある確率はいくらか。

国専 2009

❶ $\frac{33}{190}$

❷ $\frac{39}{190}$

❸ $\frac{49}{190}$

❹ $\frac{26}{95}$

❺ $\frac{27}{95}$

問題3

★

▶解説は別冊 p.90

A～Zまでの異なるアルファベットが１つずつ書かれた26枚のカードが箱に入っている。箱から１枚取り出して、また元に戻すという作業を４回繰り返す。このとき、取り出した４枚のカードの中に同一のアルファベットが書かれたカードが含まれている確率に最も近いのは、次のうちどれか。

裁判所2002

❶ 5％
❷ 9％
❸ 13％
❹ 17％
❺ 21％

問題4

★★

▶解説は別冊 p.91

１回の射撃で標的に命中する確率が0.2であるときに、独立に５発撃って、少なくとも２回命中する確率に最も近いものは、次のうちどれか。

裁判所2003

❶ 0.1
❷ 0.25
❸ 0.5
❹ 0.75
❺ 0.9

問題5
★
▶解説は別冊 p.93

3人がじゃんけんをして敗者が抜けていくこととしたとき、2回目のじゃんけんにより勝者が1人に決まる確率はいくらか。

ただし、あいこの場合も1回と数えるが、抜ける者はいないものとする。また、グー、チョキ、パーを出す確率はそれぞれ$\frac{1}{3}$で、他の人の出す手は予測できないものとする。

国般2006

❶ $\frac{1}{9}$

❷ $\frac{2}{9}$

❸ $\frac{1}{3}$

❹ $\frac{4}{9}$

❺ $\frac{2}{3}$

問題6
★★
▶解説は別冊 p.95

箱の中に同じ大きさの7個の玉があり、その内訳は青玉が2個、黄玉が2個、赤玉が3個である。この中から玉を1個ずつ取り出して左から順に横一列に7個並べるとき、色の配置が左右対称となる確率はいくらか。

国般2019

❶ $\frac{1}{105}$

❷ $\frac{2}{105}$

❸ $\frac{1}{35}$

❹ $\frac{4}{105}$

❺ $\frac{1}{21}$

問題7
★★
▶解説は別冊 p.97

次の図のような道路がある。A地点からC地点へ車で行くには、橋を渡る直行ルートと、B地点を経由する山岳ルートがある。直行ルートの橋は100日に1日の割合で増水のため通行止めになり、A地点からB地点までは40日に1日、B地点からC地点までは13日に1日の割合でそれぞれ濃霧のため通行止めになるとすると、A地点からC地点へ行けなくなる確率はどれか。

区Ⅰ 2004

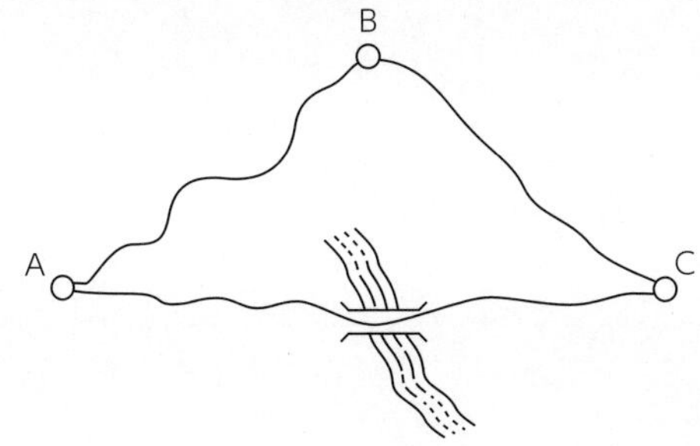

❶ $\dfrac{1}{500}$

❷ $\dfrac{1}{1000}$

❸ $\dfrac{1}{1200}$

❹ $\dfrac{1}{1500}$

❺ $\dfrac{1}{2000}$

問題8

★★

▶解説は別冊 p.98

テニスの大会の第１次予選において、Ａ、Ｂの２人が最大で５回の試合を行い、どちらかが３勝した時点でそれ以上の試合は行わず、勝者は第２次予選に進むこととした。試合において、ＡがＢに勝つ確率が$\frac{2}{3}$であり、ＢがＡに勝つ確率が$\frac{1}{3}$であるとき、この２人が５回まで試合を行う確率はいくらか。

国専2020

❶ $\frac{14}{81}$

❷ $\frac{8}{27}$

❸ $\frac{10}{27}$

❹ $\frac{32}{81}$

❺ $\frac{37}{81}$

問題9

★★

▶解説は別冊 p.99

Ａは、ＢとＣを交互に対戦相手として、卓球の試合を３試合することになった。ＡがＢに勝つ確率が$\frac{2}{5}$、ＡがＣに勝つ確率が$\frac{3}{5}$であるとき、Ａが２回以上連続で勝つ確率は、最初にどちらと対戦するほうが高いか。また、その時の確率はいくらか。

国般2007

最初の対戦相手　２回以上連続で勝つ確率

	最初の対戦相手	２回以上連続で勝つ確率
❶	B	$\frac{42}{125}$
❷	B	$\frac{48}{125}$
❸	C	$\frac{42}{125}$
❹	C	$\frac{48}{125}$
❺	C	$\frac{54}{125}$

問題10

★★

▶解説は別冊 p.100

袋の中に６枚のカードがあり、そのうち３枚は両面とも白色、２枚は表面が白色で裏面が赤色、１枚は両面とも赤色である。この袋の中からカードを同時に２枚取り出して机の上に置いたとき、２枚とも白色の面が現れる確率はいくらか。

なお、カードの各面が現れる確率はそれぞれ等しいものとする。

国専2011

❶ $\frac{2}{3}$

❷ $\frac{4}{9}$

❸ $\frac{5}{12}$

❹ $\frac{1}{3}$

❺ $\frac{7}{24}$

4 確率の応用

学習のポイント

- この節では、本試験で出題される複雑な問題に対応するための、確率問題の応用論点を扱います。
- いずれも頻出分野なので、基礎をしっかり理解した後に学習しましょう。

1 複雑な操作をする問題

重要!

問題文で与えられる条件に従って操作を行った場合に、特定の結果となる確率を問うものです。その「特定の結果」となるのはどのようなことが起こったときか、というように考えて確率を求めていきます。

例題 図のように、1列に並んだ五つのマス目があり、右端のマス目にコマを置いた。サイコロを振って、出た目が3の倍数であれば左へ2マス移動させ、それ以外の目が出たら左へ1マス移動させるものとする。サイコロを2回振ったとき、コマが左から2マス目（着色部）に移動する確率はいくらか。

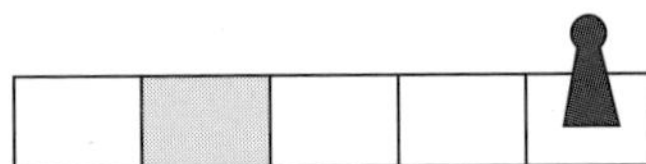

まず、条件を満たす場合を求めます。コマの移動は、「左へ1マス」か「左へ2マス」なので、2回の移動で左から2マス目（着色部）に移動する場合を書き出すと、❶「左へ1マス→左へ2マス」または❷「左へ2マス→左へ1マス」の2通りになります。

次に、それぞれの確率を求めます。題意より、左へ2マス進むのは3か6が出た場合なので、その確率は$\frac{2}{6}=\frac{1}{3}$となります。左へ1マス進むのは1、2、4、5が出た場合なので、その確率は$\frac{4}{6}=\frac{2}{3}$となります。したがって、❶、❷の確率をそれぞれ求めると、次のようになります。

❶「左へ1マス→左へ2マス」の場合の確率　：$\frac{2}{3}\times\frac{1}{3}=\frac{2}{9}$

❷「左へ2マス→左へ1マス」の場合の確率　：$\frac{1}{3}\times\frac{2}{3}=\frac{2}{9}$

求めるのは❶または❷の確率なので、和の法則より、

$$\frac{2}{9}+\frac{2}{9}=\frac{4}{9}$$

となります。

2 他の分野の知識を使う問題

重要！

他の分野の知識をからめて確率を求めなければならない問題です。典型的なものとして、図形の知識を使う問題があります。

例題　以下の図のように、2本の直線上に点が三つずつ、合計六つの点A～Fがある。これらのうち三つの点を選び、それぞれの点を直線で結んだとき、三角形になる確率を求めよ。

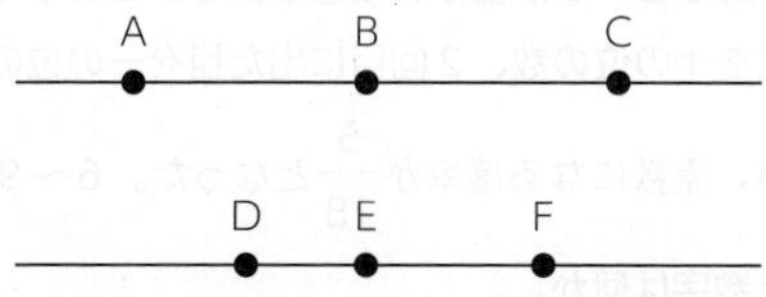

通常、3点を選んで直線で結べば三角形ができるはずです。本問では6点中3点を選ぶので、その組合せは、

$${}_6C_3=\frac{6\times5\times4}{3\times2\times1}=20\text{〔通り〕}$$

となりますが、3点を選んで三角形にならない場合もあります。それは、選んだ3点が直線上に並んでいる場合です。そこで、3点を選んで三角形にならない場合が何通りあるか求めると、A、B、Cの3点を選んだ場合か、D、E、Fの3点を選んだ場合の2通りになります。つまり、6点中3点を選んで三角形になる場合は、3点を自由に選んだ20通りから、三角形にならない2通りを引いて、18通りとなります。

したがって、6点中3点を選んで三角形になる確率は、

$$\frac{18}{20}=\frac{9}{10}$$

となります。

例題のように、図形の知識を使って解く問題が出題されることがありますが、そのときに使われる図形の知識は基本的なものばかりです。

三角形の成立条件としては、例題で示した「3点が同一直線上にないこと」のほかに、「どの辺の長さも他の2辺の長さの合計より短いこと」も押さえておきましょう。

3 確率から場合の数を逆算する問題 重要!

検討過程で先に確率が示され、確率の分母の値などから全体の場合の数を逆算的に推理することが求められる問題があります。

例題 立方体のサイコロがあり、サイコロには1～5の数字が一つ書かれた5面と、6～9のうち一つが書かれた面がある。このサイコロを2回振り、1回目に出た目を十の位の数、2回目に出た目を一の位の数として2桁の整数を作ったとき、素数になる確率が$\frac{5}{18}$となった。6～9のうち、サイコロの面に書かれた数字は何か。

まず、全体の場合の数を求めると、サイコロは6面あるので、1回の目の出方は6通り、さらに2回目も6通りなので、積の法則より、

$6 \times 6 = 36$［通り］

となります。

次に、条件を満たす場合を考えると、最終的に確率は$\frac{5}{18} = \frac{10}{36}$なので、この分数の分子より、条件を満たす場合は10通り（①）であることがわかります。

条件を満たすのは、1～5ともう一つの数字を使って作る2桁の数が素数になる場合です。1～5だけで2桁の数を作り、素数になる場合を書き出すと、11、13、23、31、41、43、53の7通りです。①より、さらに6～9の数字を含めて合計10通りにする必要があるので、素数が3通り増えるような数字を考えます。

6を加えた場合、1～5と組み合わせて素数になるのは、61の1通りのみなので、不適となります。

7を加えた場合、1～5と組み合わせて素数になるのは、17、37、47、71、73の5通りとなるので、不適となります。

8を加えた場合、1～5と組み合わせて素数になるのは、83の1通りのみなので、不適となります。

9を加えた場合、1～5と組み合わせて素数になるのは、19、29、59の3通りとなり、1～5だけの7通りと合わせて10通りとなり、条件を満たします。

よって、サイコロの面に書かれた数字は9です。

4 ある変化が発生する確率

重要！

例えば、赤色の花の種から咲く花の色が再び赤になる確率を求める問題などがあります。

例題 ある植物は、赤色の花の種を植えて花を咲かせたときに、咲く花が赤色になる確率が80%、ピンク色になる確率が20%である。また、ピンク色の花の種を植えて花を咲かせたときに、咲く花が赤色になる確率が40%、ピンク色になる確率が60%である。いま、赤色の花の種を植え、花を咲かせた。その新しく咲いた花から種を取り、それを植えて花を咲かせたとき、咲いた花が赤色になる確率はいくらか。

まず、条件を満たす場合を考えます。この植物の赤色の花の種を植えて花を咲かせたとき、花の色は赤色かピンク色の2通りです。さらに咲いた花の種を植え、花を咲かせて赤色になればよいので、条件を満たす場合は、咲いた花の色が「赤→赤→赤」または「赤→ピンク→赤」の2通りです。

次に、この2通りについて、それぞれ確率を求めます。

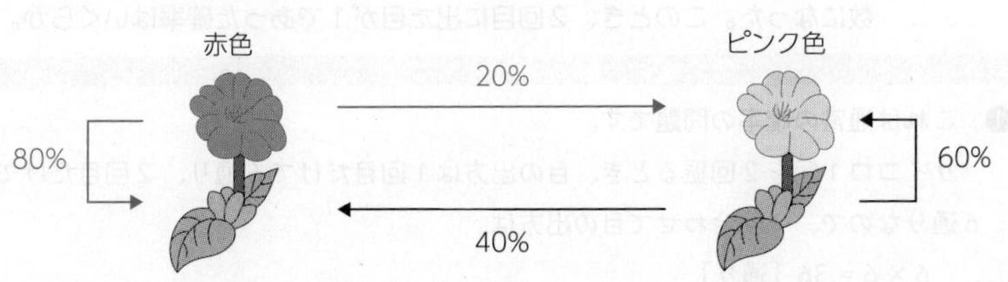

「赤→赤→赤」の場合、題意より、「赤→赤」は80%の確率で発生するので、「赤→赤」さらに「赤→赤」という変化が起こればよいことになります。したがって、その確率は、積の法則より、

$0.8 \times 0.8 = 0.64$

となります。

「赤→ピンク→赤」の場合、題意より、「赤→ピンク」は20%の確率で発生し、「ピンク→赤」は40%の確率で発生するので、「赤→ピンク」さらに「ピンク→赤」という変化が起こればよいことになります。したがって、その確率は、積の法則より、

$0.2 \times 0.4 = 0.08$

となります。

求めるのは「赤→赤→赤」または「赤→ピンク→赤」の確率なので、和の法則より、

$0.64 + 0.08 = 0.72$

となります。したがって、求める確率は72%です。

ヒント

例題では「%」を小数で計算しましたが、分数で計算しても同じ結果になります。小数で計算するか、分数で計算するかは、選択肢に合わせて決めるとよいでしょう。

5 条件付き確率

重要!

通常、全体の確率は100%、つまり1となります。しかし、条件付き確率の問題では、ある制限があるために、**全体の確率が100%にはならない**、と考えて解く場合があります。

例題

❶ サイコロ1個を2回振って、出た目の積が奇数になる確率はいくらか。

❷ サイコロ1個を2回振って出た目を確認したところ、出た目の積が奇数になった。このとき、2回目に出た目が1であった確率はいくらか。

❶ これは通常の確率の問題です。

サイコロ1個を2回振るとき、目の出方は1回目だけで6通り、2回目だけで6通りなので、2回合わせて目の出方は、

$6 \times 6 = 36$〔通り〕

となります。これが全体の場合の数（確率の分母）、つまり100%に当たるものになります。

次に、二つの整数の積が奇数になるのは、（奇数）×（奇数）のときだけです。

そこで、その確率を求めると、1回目に奇数になるのは3通り、2回目に奇数が出るのは3通りなので、積の法則より、

3×3＝9［通り］

となり、これが条件を満たす場合の数（確率の分子）になります。

したがって、求める確率は、

$$\frac{9}{36}=\frac{1}{4}$$

となります。

❷ 通常であれば、❶と同様に、全体の場合の数は36通りになりますが、本問では、出た目の積が奇数と決まっています。つまり、本問では、全体の場合の数（100％に当たるもの）が、通常の「36通り」とは異なります。本問における全体の場合の数は、出た目の積が奇数となる（1回目，2回目）＝(1，1)、(1，3)、(1，5)、(3，1)、(3，3)、(3，5)、(5，1)、(5，3)、(5，5）の9通りとなります。つまり、36通りが100％になるのではなく、この9通りで100％と考えます。

このうち、条件を満たす場合、つまり2回目に「1」の目が出た場合は、（1，1）、（3，1）、（5，1）の3通りなので、求める確率は$\frac{3}{9}=\frac{1}{3}$となります。

このような条件付き確率の問題では、必ず問題文中に「全体に制限がある」ということを示す部分があるので、それを見逃さないようにしましょう。

上の例題の❷であれば、「サイコロ1個を2回振って出た目を確認したところ、出た目の積が奇数になった」の部分から、通常の全体の場合の数36通りが100％になるのではなく、出た目の積が奇数になる9通りのみが全体の場合の数として100％に当たる、と読み取ることができます。

また、複雑な問題では、「全体の場合の数」や「条件を満たす場合の数」を場合の数として「何通り」というように求めることが難しいものがあります。その場合は、「全体の確率」を分母に、「条件を満たす確率」を分子において計算することができます。

解法ナビゲーション

同じ形の３つの缶Ａ、Ｂ、Ｃがある。缶Ａには赤玉２個と白玉３個が、缶Ｂには赤玉３個と白玉７個が、缶Ｃには赤玉４個と白玉２個が入っており、玉はすべて同じ大きさであるとする。

ある人が目隠しをして、１つの缶を選び、その缶の中から１個取り出した玉が赤玉であったとき、この人の選んだ缶がＡである確率に最も近いのはどれか。

裁判所2009

❶ 0.30
❷ 0.32
❸ 0.34
❹ 0.36
❺ 0.38

「１個取り出した玉が赤玉であったとき」とあることから、「全体」に当たるものに制限がある「条件付き確率」の問題であるとわかります。

缶を選ぶときも確率を計算する必要があるので、気をつけましょう。

【解答・解説】

正解 ❶

単に三つの缶から赤玉を取り出す確率を求めるのであれば、「取り出した玉が赤玉の場合」と「取り出した玉が白玉の場合」を合わせて全体の場合、つまり100%になるはずです。しかし、本問では、問題文の後半に「取り出した玉が赤玉であったとき」という制限があるので、取り出した玉が白玉である場合はあり得ません。つまり、**「取り出した玉が赤玉の場合」だけを全体、つまり100%と考える**ことになります。

そこで、本問での全体に当たる「赤玉を取り出す場合」の確率を求めます。赤玉を取り出す場合は、❶「缶Aを選び、さらに赤玉を取り出す場合」、❷「缶Bを選び、さらに赤玉を取り出す場合」、❸「缶Cを選び、さらに赤玉を取り出す場合」の3通りが考えられます。なお、缶A～Cは同じ形なので、それぞれの缶を選ぶ確率はいずれも$\frac{1}{3}$と考えます。

それぞれの確率を求めると、❶の確率は、

$$\frac{1}{3}\times\frac{2}{5}=\frac{2}{15} \quad \cdots\cdots①$$

となり、❷の確率は、

$$\frac{1}{3}\times\frac{3}{10}=\frac{1}{10}$$

となり、❸の確率は、

$$\frac{1}{3}\times\frac{4}{6}=\frac{2}{9}$$

となります。したがって、全体の確率は❶または❷または❸の場合なので、和の法則より、

$$\frac{2}{15}+\frac{1}{10}+\frac{2}{9}=\frac{41}{90} \quad \cdots\cdots②$$

となります。

次に、条件を満たすのは、「缶Aである確率」なので、❶～❸のうち、缶Aであるのは❶「缶Aを選び、さらに赤玉を取り出す確率」です。❶の確率は、①より、$\frac{2}{15}$なので、これが条件を満たす確率です（③）。

したがって、「全体の確率」を分母、「条件を満たす確率」を分子におくと、②、

③より、$\dfrac{\frac{2}{15}}{\frac{41}{90}}$となります。これは$\dfrac{2}{15}\div\dfrac{41}{90}$と同じことなので、

$$\frac{2}{15}\times\frac{90}{41}=\frac{12}{41}$$

となり、

$$12\div 41\fallingdotseq 0.292\cdots$$

より、約0.29となります。これに最も近い選択肢を見ると、正解は❶となります。

過去問にチャレンジ

▶解説は別冊 p.102

数直線上の原点にPがある。サイコロを投げ、1または2の目が出たら点Pは正の方向へ1動き、3または4の目が出たら点Pは負の方向へ1動き、5または6の目が出たら点Pは動かないものとする。3回サイコロを投げたとき、点Pが＋1の点で止まる確率として正しいものはどれか。

裁判所2020

❶ $\frac{1}{27}$

❷ $\frac{2}{27}$

❸ $\frac{1}{9}$

❹ $\frac{2}{9}$

❺ $\frac{1}{3}$

問題2

★★

▶解説は別冊 p.103

図のような正方形がある。頂点Aに駒をおき、さいころを振り、出た目に応じ辺にそって隣の頂点に駒を移動させる。さいころの目が1か2であれば上下に1つ移動させ、出た目が3から6であれば左右に1つ移動させる。サイコロを4回振って移動させたときに、駒が頂点Bにある確率はいくらか。

裁判所2012

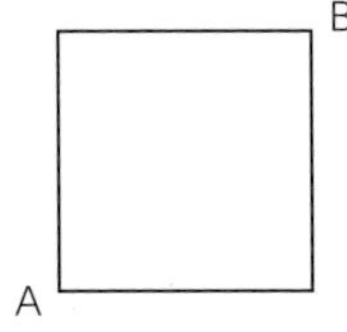

❶ $\frac{16}{81}$

❷ $\frac{24}{81}$

❸ $\frac{32}{81}$

❹ $\frac{40}{81}$

❺ $\frac{48}{81}$

問題3

★

▶解説は別冊 p.104

図のように、円周上に等間隔に並んだ12個の点から異なる３点を無作為に選んで三角形をつくるとき、得られた三角形が正三角形になる確率はいくらか。

国般2012

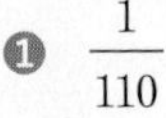

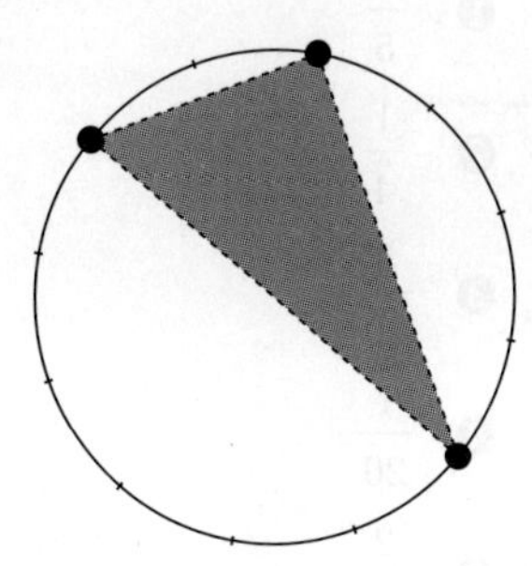

❶ $\frac{1}{110}$

❷ $\frac{1}{55}$

❸ $\frac{1}{33}$

❹ $\frac{1}{12}$

❺ $\frac{1}{11}$

問題4
★★
▶解説は別冊 p.105

1～6の6個の整数から重複のないように無作為に三つの整数を選んだとき、各整数を辺の長さとする三角形ができる確率はいくらか。

国専2007

❶ $\frac{1}{5}$

❷ $\frac{1}{4}$

❸ $\frac{3}{10}$

❹ $\frac{7}{20}$

❺ $\frac{2}{5}$

問題5
★★★
▶解説は別冊 p.106

立方体のサイコロがある。各面には1から9までのうち、異なる数が1つ書かれている。このサイコロを1回振って5以下の目が出る確率は$\frac{1}{2}$である。また、2回振って出た目の合計が9となる確率は$\frac{1}{6}$である。サイコロの面に書かれている数だけからなる組合せはどれか。

裁判所2015

❶ 1、2
❷ 3、5
❸ 4、5
❹ 4、7
❺ 8、9

問題6

★★★

▶解説は別冊 p.107

７枚のカードがあり、それぞれのカードには数が１つずつ書かれている。書かれている数は、１から13までの中の６つの奇数と、２から12までの中の１つの偶数であり、互いに異なる。この７枚から無作為に２枚取り出したカードに書かれている数の和について次のア～ウのことが分かっている。このとき、カードに書かれていない奇数とカードに書かれている偶数はどれか。

裁判所2013

ア　和が12以下の偶数となる確率は$\frac{2}{7}$である。

イ　和が18以上の偶数となる確率は$\frac{4}{21}$である。

ウ　和が19以下の奇数となる確率は$\frac{4}{21}$である。

❶　5と8
❷　5と10
❸　5と12
❹　7と10
❺　7と12

問題7

★★

▶解説は別冊 p.109

ある地域の稲作統計によると、豊作年の翌年も豊作である確率は0.3であり、平年作である確率は0.4であった。また、平年作の翌年は豊作である確率は0.4であり、平年作である確率は0.4であった。さらに、不作年の翌年は豊作である確率は0.6であり、平年作である確率は0.3であった。

今年が豊作であったとすると、２年後が豊作である確率として妥当なのはどれか。

ただし、作柄は、豊作、平年作、不作の三つのみとする。

国専2006

❶ 0.35
❷ 0.37
❸ 0.39
❹ 0.41
❺ 0.43

問題8

★★

▶解説は別冊 p.110

ある格付け会社は企業をA、B、C、D（ランク外）の４段階で格付けしている。表は、この格付け会社によってA、B、Cに格付けされた企業が１年後にどのような格付けになるかの確率を示したものである。これによれば、現在Aに格付けされている企業が４年以内にD（ランク外）の格付けになる確率はいくらか。ただし、いったんD（ランク外）の格付けになった企業が再びA、B、Cの格付けを得ることはないものとする。

国般2013

1年後の格付け／現在の格付け	A	B	C	D（ランク外）
A	90%	10%	0%	0%
B	10%	80%	10%	0%
C	5%	10%	80%	5%

❶ 0.1%
❷ 0.125%
❸ 0.15%
❹ 0.175%
❺ 0.2%

★★

▶解説は別冊 p.111

X選手はマラソンをするとき、距離やコース、その他のコンディションにかかわらず各給水所で確率$\frac{1}{3}$で水分を補給する。ある日、X選手は、スタートから順にA、B、Cという三つの給水所が設置されたマラソン大会に参加して完走した。この大会でX選手が少なくとも一度は水分を補給したことが確かだとすると、B給水所で初めて水分を補給した確率はいくらか。

国専2003

❶ $\frac{1}{3}$

❷ $\frac{2}{9}$

❸ $\frac{6}{19}$

❹ $\frac{4}{27}$

❺ $\frac{19}{27}$

問題10
★★
▶解説は別冊 p.113

ある感染症に感染しているか否かを判定するための検査法Tは、感染している人に適用すると90%の確率で「感染している」という正しい判定結果が出て、また、感染していない人に適用すると10%の確率で「感染している」という誤った判定結果が出る。

いま、5%の人が感染している集団から無作為に抽出した一人に検査法Tを適用したところ、「感染している」という判定結果が出た。このとき、この人が本当に感染している確率はいくらか。

国総2010

❶ $\dfrac{7}{50}$

❷ $\dfrac{9}{28}$

❸ $\dfrac{81}{100}$

❹ $\dfrac{29}{34}$

❺ $\dfrac{9}{10}$

第5章

図形の計量

図形の基礎

図形の相似・三平方の定理

円

立体の知識と面積・体積の応用

1 図形の基礎

学習のポイント

・図形の問題では、ひととおりの公式や知識が頭に入っていることを前提に、それをどのように活用して解くかが問われることになります。

・頭に入っていないと使えないですし、使いながらでないとなかなか身につきませんから、はじめのうちは公式や知識を参照しながら問題を解くようにするとよいでしょう。

1 図形の基礎

(1) 対頂角、同位角、錯角

図形の問題では、問題文で与えられる図形を観察して、辺の長さや角度が等しいところ、または一定の比で表されるところを見つけるのが第一歩となります。

ここで紹介する対頂角、同位角、錯角はすべて角度が等しくなる組合せです。

図のように、直線 l と m が平行であるとき、❶〜❸は角度がすべて等しくなります。

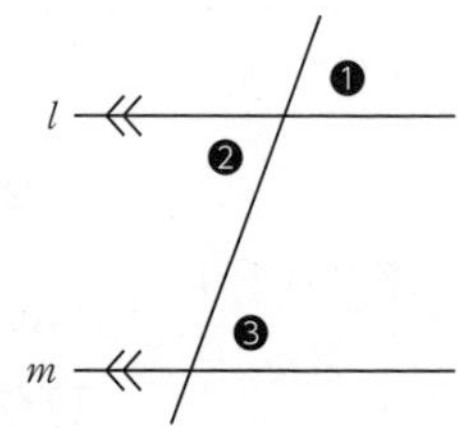

① 対頂角

❶と❷のように、２本の直線が交わるとき、互いに向かい合う角を**対頂角**(たいちょうかく)といいます。

対頂角の角度は等しくなります（❶＝❷）。

② 同位角

平行な２直線と別の直線が交わってできる角のうち、❶と❸のように、平行な２直線に対して同じ位置関係をなす角を**同位角**(どういかく)といいます。

同位角の角度は等しくなります（❶＝❸）。

③ 錯角

平行な２直線と別の直線が交わってできる角のうち、❷と❸のように、斜め向かいの位置関係をなす角を**錯角**(さっかく)といいます。

錯角の角度は等しくなります（❷＝❸）。

同様に、同位角、錯角の関係があれば、直線 l と m は平行であるともいえます。

⑵ 多角形の内角・外角

多角形の内側にできる角を**内角**(ないかく)といい、外側にできる角を**外角**(がいかく)といいます。

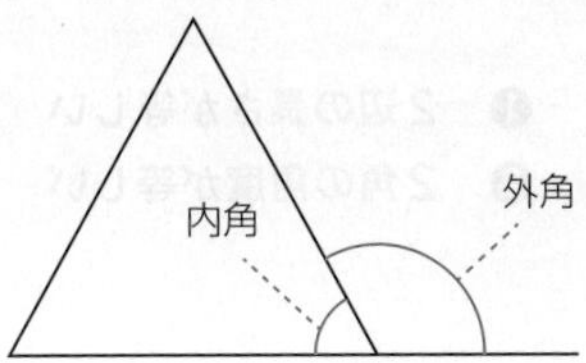

多角形の内角・外角についての次の公式を覚えておきましょう。

【多角形の内角・外角の公式】

❶ (n角形の内角の和) $=(n-2)\times 180°$

❷ (n角形の外角の和) は常に360°

例題 正八角形の内角一つと外角一つの角度はそれぞれいくらか。

n角形の内角の和の公式より、正八角形の内角の和は、

$(8-2)\times 180 = 1080$ [°]

となります。正多角形では、すべての内角の角度は等しいので、正八角形の一つの内角の角度は、

$1080 \div 8 = 135$ [°]

となります。

また、何角形であっても外角の和は360°であり、正多角形では、それぞれの外角の角度が等しいので、

$360 \div 8 = 45$ [°] となります。

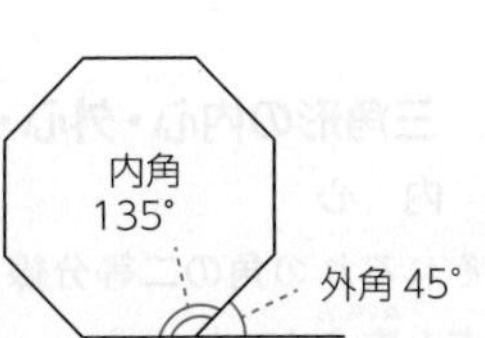

なお、何角形であっても内角一つと外角一つの合計は常に180°になるので、内角一つが135°とわかれば、

$180 - 135 = 45$ [°]

として求めることもできます（右図）。

2 三角形

三角形が何らかの形で題材になっている問題は非常に多く出題されます。その性質についてはしっかり把握しておきましょう。

(1) 二等辺三角形・直角三角形・正三角形の性質

① 二等辺三角形

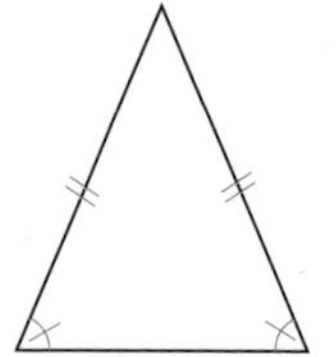

❶ 2辺の長さが等しい

❷ 2角の角度が等しい

② 直角三角形

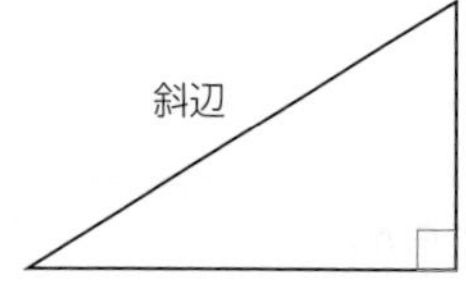

❶ 一つの角が直角（90°）である

❷ 斜辺（両端が直角でない辺）が最も長い

③ 正三角形

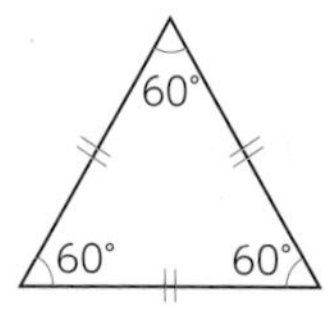

❶ 3辺の長さが等しい

❷ 内角はすべて60°である

(2) 三角形の内心・外心・重心

① 内　心

それぞれの**角の二等分線**（角を二等分する直線）**の交点**を**内心**（ないしん）といいます。

図1を見ると、三角形の内部に円が描かれており、この円は、三角形の3辺それぞれと1点で接しています。この円を内接円といいますが、**内心は三角形の内接円の中心**となります（図1のO）。

また、内接円の半径は、△OAB、△OBC、△OCAの高さとして考えることができます。

図1

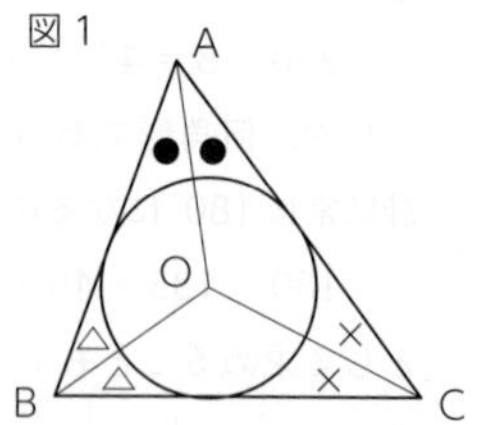

② 外　心

それぞれの**辺の垂直二等分線**（辺を二等分し、辺に対して垂直に交わる直線）**の交点**を**外心**（がいしん）といいます。

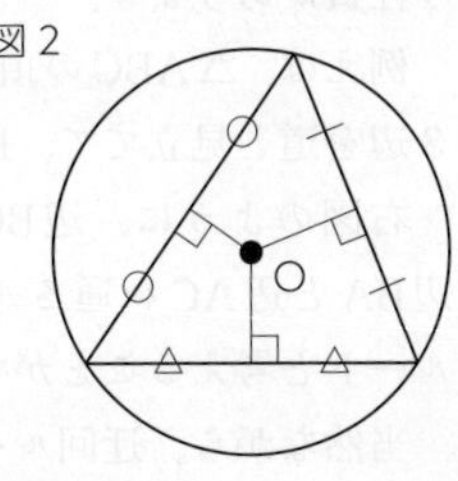

図２を見ると、三角形の外側に円が描かれており、この円は三角形の３頂点それぞれと１点で接しています。この円を外接円といいますが、**外心は三角形の外接円の中心**となります（図２のO）。

③ 重　心

それぞれの**中線**（三角形の頂点から対辺の中点に引いた直線）**の交点**を**重心**（じゅうしん）といいます。例えば、図３のGが重心となります。

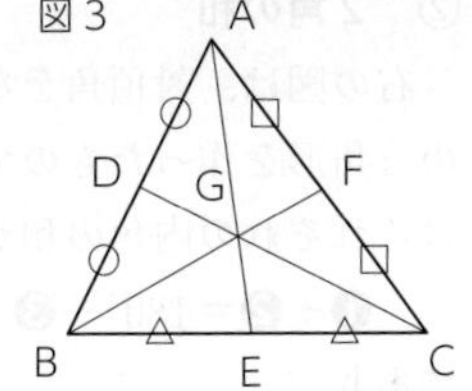

また、**重心は中線を２：１に分割します**。よって、

AG：EG＝BG：FG＝CG：DG＝２：１

が成り立ちます。

補足

正三角形において、内心、外心、重心は同一の点となります。

⑶ 三角形の面積

三角形の面積は次の式で求めることができます。特に、正三角形の面積を求める公式は使いこなせるようにしておきましょう。

【三角形の面積】

❶ （三角形の面積）＝（底辺）×（高さ）×$\frac{1}{2}$

❷ （1辺の長さがaである正三角形の面積）＝$\frac{\sqrt{3}}{4}a^2$

例　１辺２cmの正三角形の面積は、$\frac{\sqrt{3}}{4}\times 2^2=\sqrt{3}$ ［cm^2］

⑷ その他の三角形の性質

① 各辺の長さ

三角形の**どの１辺についても、その長さは他の２辺の長さの合計よりも短い**という性質があります。

例えば、△ABCの頂点A、B、Cを3か所の地点、3辺を道と見立てて、BからCへ向かうとします。

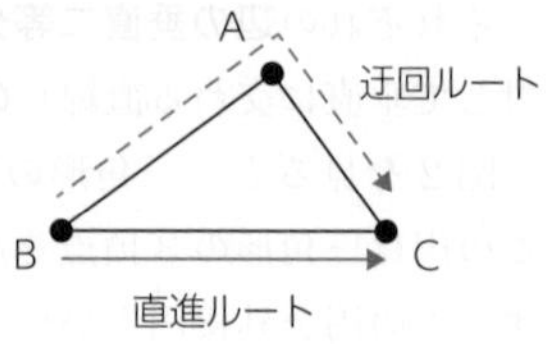

右図のように、辺BCは直進ルートと考えられ、辺BAと辺ACを通るルートは、Aを経由する迂回ルートと考えることができます。

当然ながら、迂回ルートは直進ルートよりも距離が長くなります。

よって、BC<(AB+AC) が成り立つことがわかります。

② 2角の和

右の図は、対頂角をなす二つの線分を使って、左右に2個の三角形を作ったものです。この図において、2個の三角形はそれぞれの内角の和が180°であるため、

❶+❷=180°−❸

であり、

❺+❻=180°−❹

となります。

❸、❹は対頂角であるので、❸=❹より、❶+❷=❺+❻が成り立ちます。

③ 辺の比と面積比

(ア) 辺の比と面積比Ⅰ

右図のように、△ABCの頂点Aから、辺BC上の点Dに直線を引いたとき、次の式が成り立ちます。

(△ABDの面積):(△ACDの面積)=BD:CD

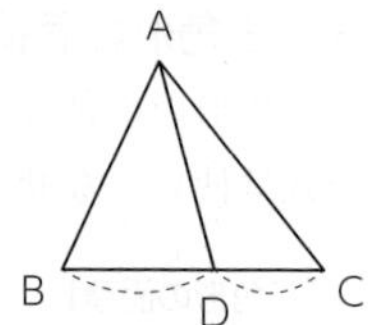

(イ) 辺の比と面積比Ⅱ

右図のように、辺AEを共通とする△ABEと△ACEがあり、AEの延長線とBCの交点を点Dとしたとき、次の式が成り立ちます。

(△ABEの面積):(△ACEの面積)=BD:CD

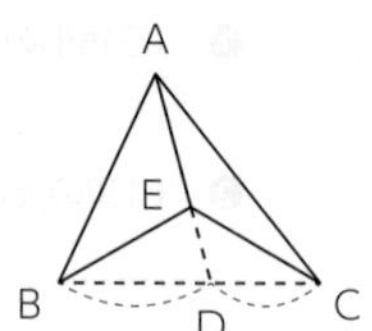

(ウ) 辺の比と面積比Ⅲ

右図のように、△ABCの辺AB上に点P、辺AC上に点Qを取って△APQを作るとき、次の式が成り立ちます。

(△ABCの面積):(△APQの面積)=AB×AC:AP×AQ

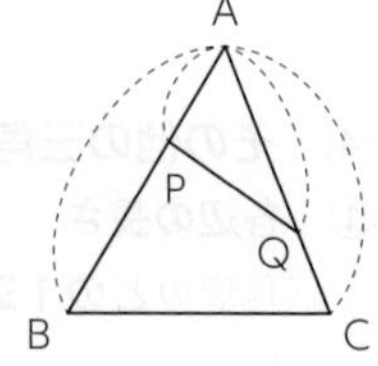

なお、点P、Qを結ぶ直線は、一つの頂点付近に三角形を作るような直線であれば、特に条件や制限はありません。

④　**角の二等分線と辺の比**

右の図において、**ADが∠BACの二等分線であるとき**、次の式が成り立ちます。

AB：AC＝BD：CD

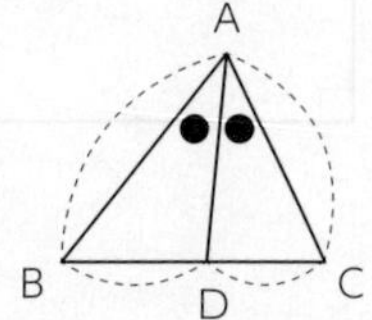

3 四角形

(1)　四角形の性質

主な四角形の性質を以下にまとめています。

①　**台　形**

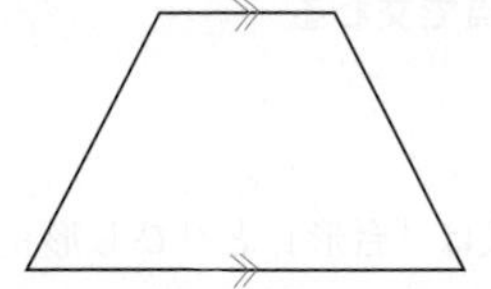

❶　**1組の対辺**（向かい合う２辺）**が平行**
❷　平行な２辺を底辺（上底と下底）という

②　**平行四辺形**

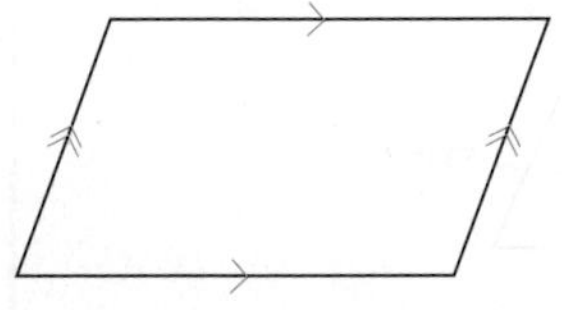

❶　２組の対辺がそれぞれ平行
❷　対辺の長さが等しい
❸　台形の一種
❹　向かい合う二つの内角の角度がそれぞれ等しい
❺　**対角線２本が、互いに中点で交わる**

③　**ひし形**

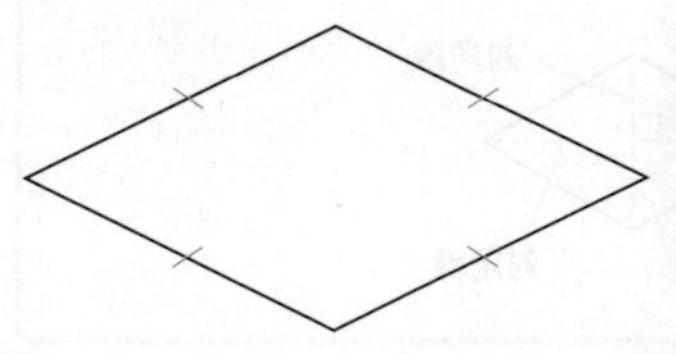

❶　２組の対辺がそれぞれ平行
❷　**４辺の長さがすべて等しい**
❸　台形や平行四辺形の一種
❹　向かい合う二つの内角の角度がそれぞれ等しい
❺　**対角線２本が、互いに中点で交わる**
❻　**対角線２本が、直角に交わる**

④　**長方形**

❶　２組の対辺がそれぞれ平行
❷　**対辺の長さが等しい**
❸　台形や平行四辺形の一種
❹　内角はすべて直角
❺　**対角線２本の長さが等しい**
❻　**対角線２本が、互いに中点で交わる**

⑤　**正方形**

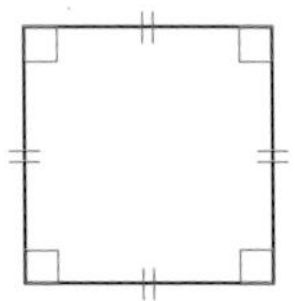

❶　２組の対辺がそれぞれ平行
❷　４辺の長さがすべて等しい
❸　台形、平行四辺形、ひし形、長方形の一種
❹　内角はすべて直角
❺　**対角線２本の長さが等しい**
❻　**対角線２本が、互いに中点で交わる**

⑵　四角形の面積

四角形の面積の公式はすべて重要ですが、特に重要な公式は「台形」と「ひし形」です。

【台形の面積】

$\{(上底)+(下底)\}\times(高さ)\times\frac{1}{2}$

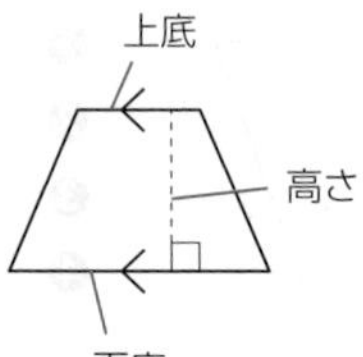

【ひし形の面積】

$(対角線)\times(対角線)\times\frac{1}{2}$

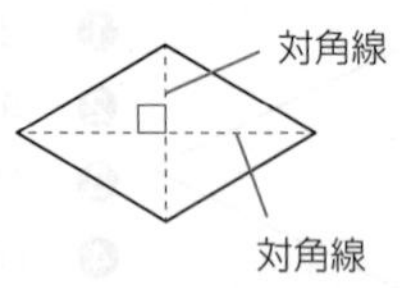

解法ナビゲーション

平らな地面で直進と方向転換だけが可能なロボットが移動した跡として図のような4通りの多角形A、B、C、Dを得た。ロボットが方向転換した際にできる角の一方を、それぞれ図に記してある。各多角形について、印がついている角の大きさの総和に関する記述として最も適当なのはどれか。

裁判所2011

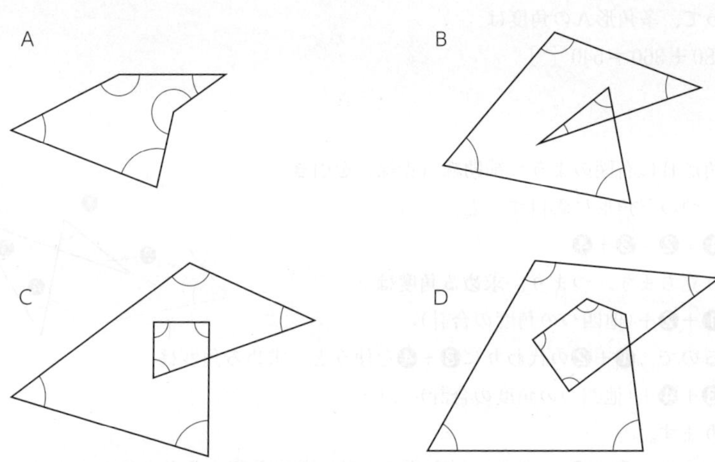

❶ 多角形Aと多角形Bについてだけ、その値は一致する。
❷ 多角形Aと多角形Cについてだけ、その値は一致する。
❸ 多角形Cと多角形Dについてだけ、その値は一致する。
❹ 多角形B、C、Dの３つについてだけ、その値は一致する。
❺ ４つの多角形のいずれについても、その値は一致しない。

複雑な多角形を見たら、三角形や四角形などの単純な形に分割できないかと考えてみます。角度についての知識、三角形、四角形の知識をいつでも使えるように訓練しましょう。

【解答・解説】

正解 ❷

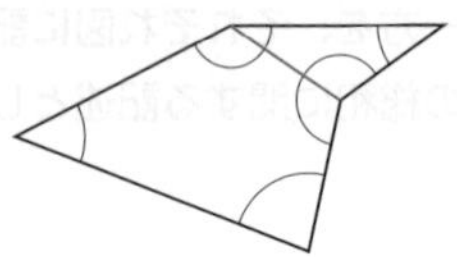

多角形Aに右図のように補助線（赤線）を引き、三角形と四角形に分けると、三角形と四角形の二つの内角の合計が、そのまま多角形Aの角度の総和となります。

よって、多角形Aの角度は、

180＋360＝540［°］

です。

多角形Bに右図のように補助線（赤線）を引き、太枠の二つの三角形に着目すると、

❶＋❷＝❸＋❹

が成り立ちます。つまり、求める角度は、

❶＋❷＋(他四つの角度の合計)

となるので、❶＋❷の代わりに❸＋❹を使うと、求める角度は、

❸＋❹＋(他四つの角度の合計)

となります。

右図より、❸＋❹＋(他四つの角度の合計）は四角形の内角と等しくなることがわかるので、多角形Bの角度は360°です。

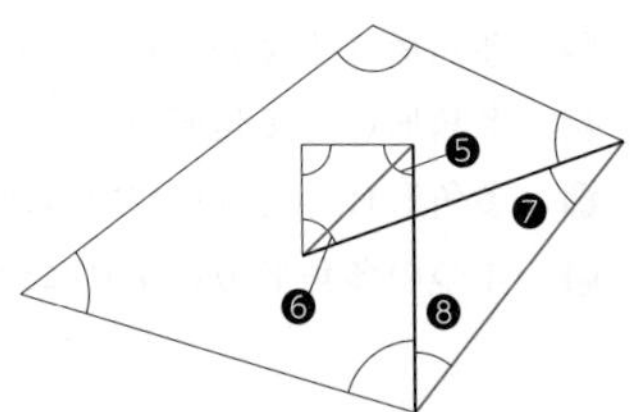

多角形Cに右図のように補助線（赤線）を2本引くと、多角形C内部の四角形を二つの三角形に分けることができます。二つの三角形のうち右側の三角形と、右の補助線によってできた三角形を見ると、

❺＋❻＝❼＋❽

が成り立つことがわかります。したがって、求める角度は、多角形C内部の左側の三角形の内角の合計と、❼、❽と外側の四つの角度を合わせた四角形の内角の合計になるので、

180＋360＝540［°］

となります。

この時点で、多角形Aと多角形Cの角度が等しくなるので、正解は❷になります。

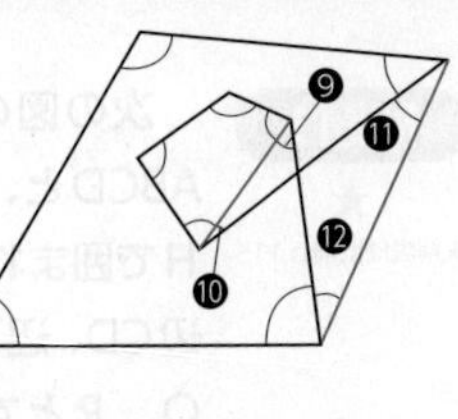

多角形Dは、多角形Cと同じように補助線（赤線）を引けば、

❾＋❿＝⓫＋⓬

となるので、多角形Dの角度の総和は、四角形二つの内角の合計として計算できます。つまり、多角形Dの角度は、

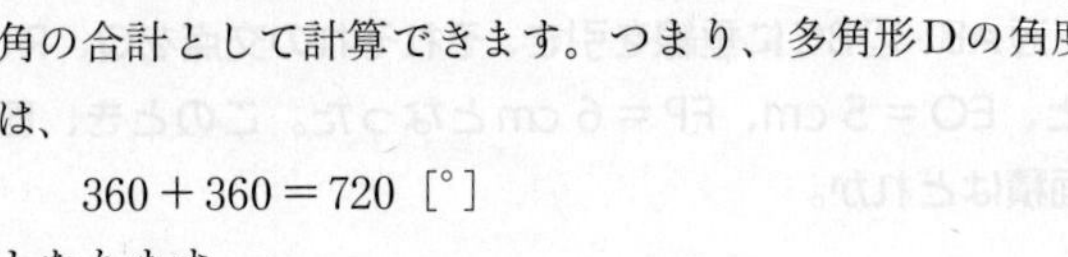

360＋360＝720［°］

となります。

過去問にチャレンジ

★

▶解説は別冊 p.115

次の図のような、辺AB＝13 cm、辺BC＝16 cmとする長方形ABCDと、辺AB、辺BC、辺CD、辺AD上の点E、点F、点G、点Hで囲まれた四角形EFGHがある。今、点E、点F、点G、点Hから辺CD、辺AD、辺AB、辺BCに垂線を引き、それぞれの交点をQ、R、O、Pとすると、EO＝5 cm、FP＝6 cmとなった。このとき、四角形EFGHの面積はどれか。

区Ⅰ 2014

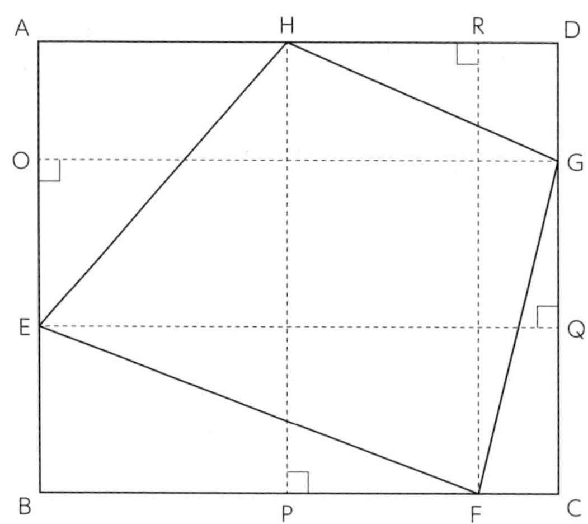

❶ 104 cm^2

❷ 119 cm^2

❸ 124 cm^2

❹ 134 cm^2

❺ 149 cm^2

問題2

★★

▶解説は別冊 p.116

下の図のように、三角形ABCは、AB＝ACの二等辺三角形であり、辺AB上に点D、Fが、辺AC上に点E、Gが置かれ、線分DE、EF、FG、GBによって五つの三角形に分割されている。この五つの三角形のそれぞれの面積が全て等しいとき、ADの長さとAEの長さの比として、正しいのはどれか。

都Ⅰ2019

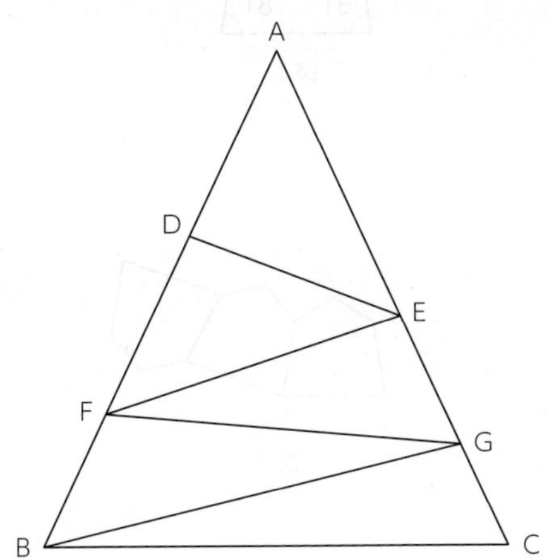

	AD	:	AE
❶	5	:	7
❷	9	:	13
❸	15	:	22
❹	45	:	62
❺	45	:	64

問題3
★★★
▶解説は別冊 p.120

図1のような五角形の将棋の駒を、図2の実線部分のように3枚を1組として、角どうしが接するように並べ続けたとき、環状になるために必要な駒の枚数として、正しいのはどれか。

都Ⅰ 2013

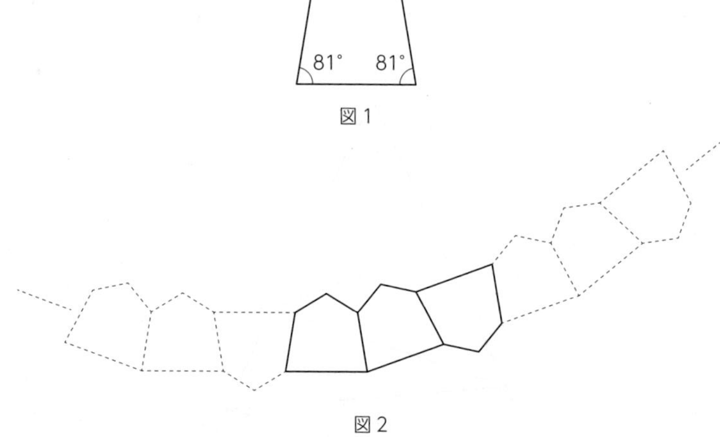

図1

図2

❶ 48枚
❷ 54枚
❸ 60枚
❹ 66枚
❺ 72枚

図形の相似・三平方の定理

学習のポイント

・図形の相似、三平方の定理は、どちらも他の分野でも使われる重要な知識です。

・問題演習を繰り返して、基本的な問題だけでも解けるようにしておくとよいでしょう。

1 相　似

(1) 相似と合同

① 相　似

二つの図形の**形が同じ**である場合、その二つの図形は**相似**（そうじ）の関係になります。このとき、形さえ同じであれば大きさは問いません。

② 合　同

二つの図形の**形が同じであり、かつ大きさが同じ**である場合、その二つの図形は**合同**（ごうどう）の関係になります。

合同は相似の一種であり、「相似であり、かつ相似比が1：1である図形」として考えることもできます。

「合同」は二つの図形を重ねるとぴったり一致する関係、「相似」は一方の図形を拡大・縮小するともう一方の図形とぴったり一致する関係です。

数的推理の問題では、図形の中に相似の関係をうまく見つけることを求められる場面が多くあります。

(2) 三角形の相似条件

二つの三角形が相似であるためには、以下の三角形の相似条件のうち、いずれか一つを満たしていることが必要です。特に❶の条件の成立が問題になることが多く、重要です。

【三角形の相似条件】

❶ 2組（または3組）の内角が等しい

❷ 2組の辺の比とその間の角がそれぞれ等しい

❸ 3組の辺の比がすべて等しい

補足

正n角形どうしは必ず相似になります（検証する必要はありません）。例えば、正三角形が二つあれば、それらは必ず相似になります。これは、正方形どうしや正五角形どうしでも同様です。また、円についても同じであり、円が二つあれば、それらは相似となります。

立体でも、正多面体と呼ばれる正四面体、正六面体（立方体）、正八面体、正十二面体、正二十面体において、同様のことがいえます。例えば、正六面体（立方体）が二つあれば、それらは必ず相似になります。また、球についても同様で、球が二つあればそれらは必ず相似になります。

(3) 三角形の合同条件

二つの三角形が合同であるためには、以下の三角形の合同条件のうち、いずれか一つを満たしていることが必要です。

【三角形の合同条件】

❶ 1組の辺とその両端の角がそれぞれ等しい

❷ 2組の辺とその間の角がそれぞれ等しい

❸ 3組の辺がそれぞれ等しい

(4) 相似比と面積比・体積比

相似の関係にある二つの図形では、**相似比**（対応する部分の長さの比）がわかれば、**面積比や体積比を求めることができます。**

① 相似比と面積比の関係

ある二つの平面図形が相似であり、**相似比が$a:b$であるとき、その二つの平面図形の面積比は$a^2:b^2$となります。**

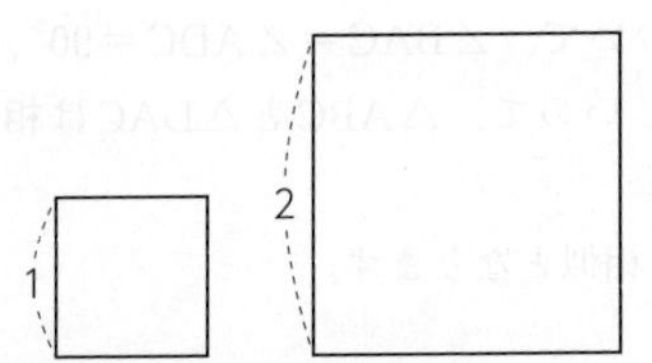

例 左の図のように、1辺の長さが1の正方形と1辺の長さが2の正方形があるとき、二つの正方形は相似であり、その相似比は1:2となります。

このとき面積比は、$1^2:2^2=1:4$です。

② 相似比と体積比の関係

ある二つの立体図形が相似であり、**相似比が$a:b$であるとき、その二つの立体図形の体積比は$a^3:b^3$となります。**

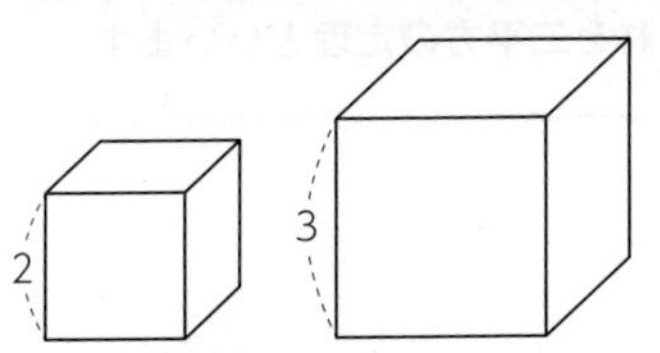

例 左の図のように、1辺の長さが2の立方体と1辺の長さが3の立方体があるとき、二つの立方体は相似であり、その相似比は2:3となります。

このとき体積比は、$2^3:3^3=8:27$です。

(5) 三角形の相似の基本形

相似の関係にある三角形の基本的なパターンをいくつか紹介します。これらについては形を覚えておくことが重要です。

① 錯角で2組の内角が等しい

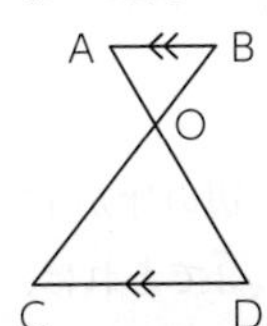

AB//CDである左の図の△OABと△ODCにおいて、∠OAB＝∠ODC（錯角）、∠OBA＝∠OCD（錯角）で2角が等しいので、△OABと△ODCは相似の関係になります。

② 同位角で2組の内角が等しい

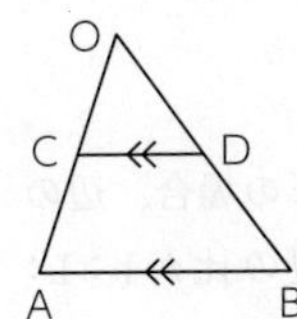

AB//CDである左の図の△OABと△OCDにおいて、∠OAB＝∠OCD（同位角）、∠OBA＝∠ODC（同位角）で2角が等しいので、△OABと△OCDは相似の関係になります。

③ 直角三角形で直角と別の1角が等しい

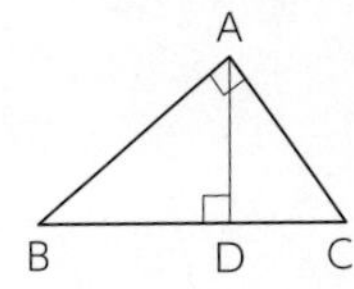

∠BAC＝90°、∠ADB＝90°である左の図の△ABCと△DBAにおいて、∠BAC＝∠BDA＝90°、∠ABC＝∠DBAで2角が等しいので、△ABCと△DBAは相似の関係になります。

第5章 図形の計量

また、△ABCと△DACにおいて、∠BAC＝∠ADC＝90°、∠ACB＝∠DCAで2角が等しいので、△ABCと△DACは相似の関係になります。

よって、△DBAと△DACも相似となります。

2 三平方の定理

(1) 三平方の定理

直角三角形において、直角を挟む2辺をそれぞれa、bとし、斜辺をcとしたとき、a、b、cの長さについて次の定理が成り立ち、これを**三平方の定理**といいます。

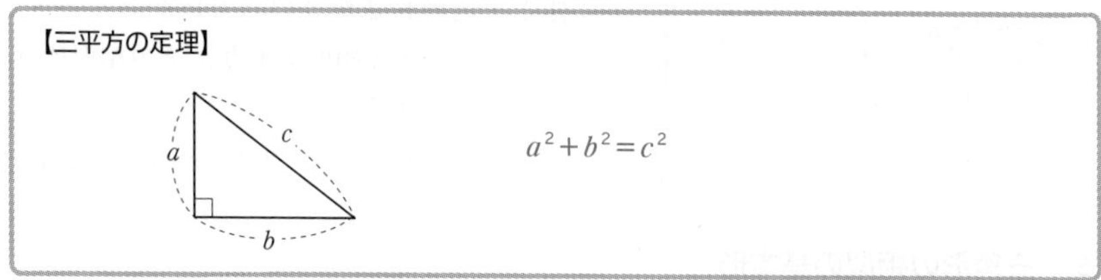

(2) 頻出の直角三角形

典型的ないくつかの直角三角形では、辺の比を覚えておくと検討がスムーズに進みます。下に掲げるものは頭に入れておきましょう。

① 30°・60°・90°の直角三角形

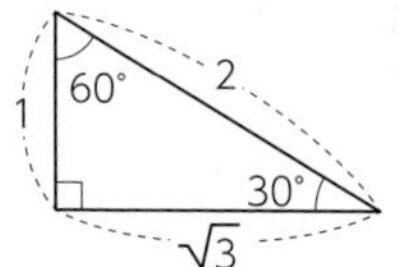

30°、60°、90°の直角三角形の場合、辺の比が**1：2：$\sqrt{3}$**になります。逆に、辺の比が1：2：$\sqrt{3}$であれば、斜辺の両端の角度がそれぞれ30°、60°と考えることもできます。

② 45°・45°・90°の直角三角形

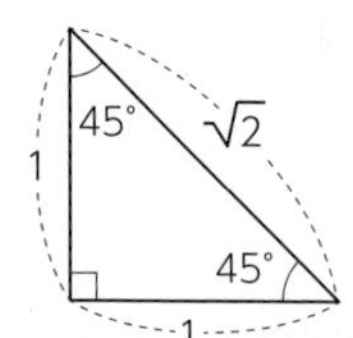

45°、45°、90°の直角二等辺三角形の場合、辺の比が**1：1：$\sqrt{2}$**になります。逆に、辺の比が1：1：$\sqrt{2}$であれば、斜辺の両端の角度がともに45°と考えることもできます。

③　3辺の長さの比が3：4：5の直角三角形

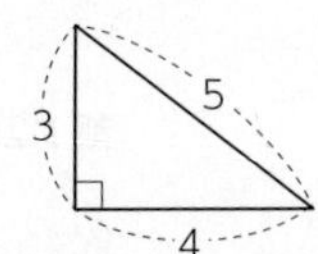

3辺の比が**3：4：5**になる直角三角形があります。

例　直角を挟む2辺の比が3：4であれば、残る斜辺の比は5であることがわかり、このように未知の辺の長さを確定させられることがあります。

補足

直角三角形の辺の比においては、$\sqrt{2}$や$\sqrt{3}$などの平方根を扱います。このとき、計算過程において分母に根号を含む式が残ってしまった場合はそのままにせず、有理化を行ってこれを除きます。

例　$\dfrac{1}{\sqrt{3}}=\dfrac{1}{\sqrt{3}}\times\dfrac{\sqrt{3}}{\sqrt{3}}=\dfrac{\sqrt{3}}{3}$

$\dfrac{1}{\sqrt{3}+1}$の分母を有理化する（根号を消す）とき、分母と分子に$\sqrt{3}$のみを掛けても分母の根号は消えません（$\dfrac{1}{\sqrt{3}+1}\times\dfrac{\sqrt{3}}{\sqrt{3}}=\dfrac{\sqrt{3}}{3+\sqrt{3}}$となり、これ以上整理できません）。また、分母と分子に（$\sqrt{3}+1$）を掛けても、やはり分母の根号は消えません（$\dfrac{1}{\sqrt{3}+1}\times\dfrac{\sqrt{3}+1}{\sqrt{3}+1}=\dfrac{\sqrt{3}+1}{4+2\sqrt{3}}$となり、これ以上整理できません）。

この分数を有理化するには、分母のプラスマイナスを逆にした（$\sqrt{3}-1$）を分母と分子に掛けます。そうすると、

$$\frac{1}{\sqrt{3}+1}\times\frac{\sqrt{3}-1}{\sqrt{3}-1}=\frac{\sqrt{3}-1}{(\sqrt{3})^2-1^2}=\frac{\sqrt{3}-1}{2}$$

となり、有理化することができます。

例　$\dfrac{5+\sqrt{3}}{2-\sqrt{3}}=\dfrac{5+\sqrt{3}}{2-\sqrt{3}}\times\dfrac{2+\sqrt{3}}{2+\sqrt{3}}=\dfrac{13+7\sqrt{3}}{4-3}=13+7\sqrt{3}$

第5章　図形の計量

解法ナビゲーション

下の図のような台形の高さhとして、正しいのはどれか。

都Ⅰ 2018

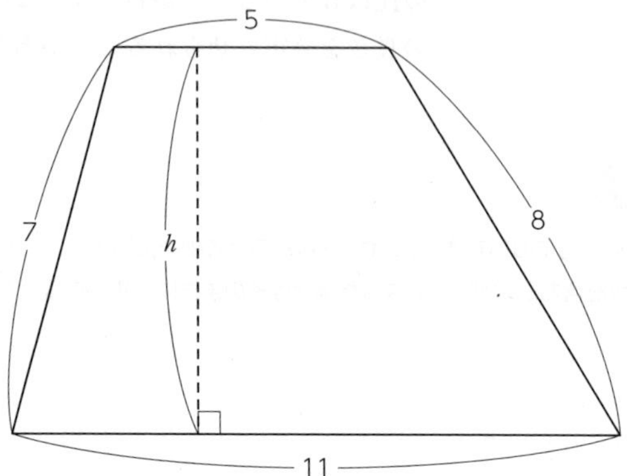

❶ $\dfrac{7\sqrt{3}}{2}$

❷ $\dfrac{7\sqrt{15}}{4}$

❸ $\dfrac{3\sqrt{21}}{2}$

❹ $\dfrac{5\sqrt{39}}{4}$

❺ $\dfrac{3\sqrt{30}}{2}$

着眼点

上底から下底へ垂線を引き、二つの直角三角形を作ります。左右にできる二つの直角三角形は高さhが共通しているので、三平方の定理を使ってhを求める式を二つ立て、連立させて解くことを考えます。

【解答・解説】

正解 ❷

以下の図のように、台形の各頂点をA～Dとおきます。さらに、点Aと点Dから、辺BCに向けてそれぞれ垂線を引き、これらの垂線と辺BCの交点をE、Fとおきます。

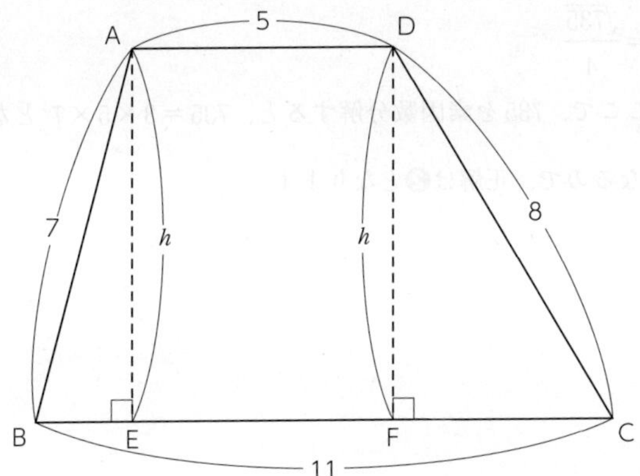

上図より、直角三角形ABEと直角三角形DCFを得ます。そこで、三平方の定理より、hに関する式を立てます。上図より、AD＝EF＝5となるので、BE＝xとおくと、

$CF = 11 - x - 5 = 6 - x$

とおくことができます。

△ABEにおいて、三平方の定理より、

$h^2 = 7^2 - x^2 = (49 - x^2)$ ……①

となります。同様に、△DCFにおいて、三平方の定理より、

$h^2 = 8^2 - (6 - x)^2 = 64 - (36 - 12x + x^2) = (28 + 12x - x^2)$ ……②

となります

①、②より、

$(49 - x^2) = (28 + 12x - x^2)$

が成り立つので、これを解くと、

$49 - x^2 = 28 + 12x - x^2$

より、$21 = 12x$となるので、

$x = \dfrac{7}{4}$ ……③

となります。

求めるのはhなので、③を①または②に代入します。ここでは①に代入して解説します。①より、

$$h^2 = 49 - (\frac{7}{4})^2 = 49 - \frac{49}{16} = \frac{784-49}{16} = \frac{735}{16}$$

となるので、

$$h = \sqrt{\frac{735}{16}} = \frac{\sqrt{735}}{4}$$

となります。ここで、735を素因数分解すると、$735 = 3 \times 5 \times 7^2$となることから、$\frac{\sqrt{735}}{4} = \frac{7\sqrt{15}}{4}$となるので、正解は❷となります。

過去問にチャレンジ

問題1
★
▶解説は別冊 p.121

辺AB＝6、辺AD＝10とする長方形ABCDにおいて、BCを2：3に分ける点をEとし、ACとDEの交点をFとする。このとき三角形AEFの面積は次のどれか。

裁判所2008

❶ 11.21
❷ 11.25
❸ 11.27
❹ 11.30
❺ 11.33

問題2
★★
▶解説は別冊 p.122

下の図のように∠BAC＝75°の△ABCを、線分DEを折り目として点Aが辺BC上の点A′に来るように折り返す。∠BA′D＝90°、線分AD＝6、線分BA′＝$2\sqrt{3}$とするとき、辺BCの長さはいくらか。

裁判所2017

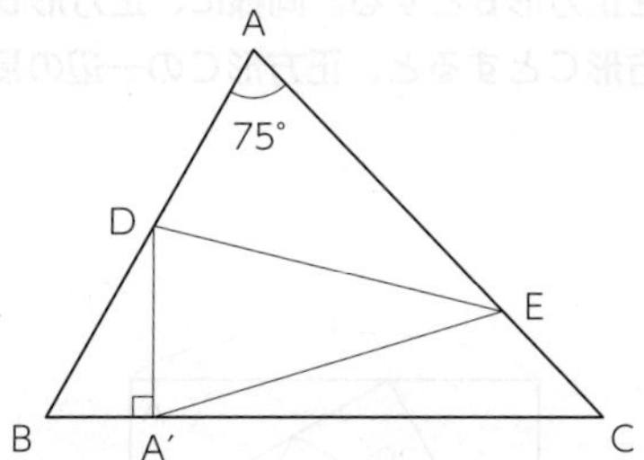

❶ $10\sqrt{3}$
❷ $6+8\sqrt{3}$
❸ $8+6\sqrt{3}$
❹ $9+5\sqrt{3}$
❺ $12+2\sqrt{3}$

問題3
★★★
▶解説は別冊 p.124

Kビルの1階からは、建設中のSタワーは、KビルとSタワーの間にある高さ34 mのDビルに隠れて、見ることができない。Kビルの高さ29 mの位置からは、Sタワーの高さが534 mになったとき、初めてその最上部を見ることができた。Sタワーの高さが634 mになったとき、その最上部をKビルから見ることができる位置の中で、最も低い高さはどれか。ただし、Kビル、Dビル、Sタワーの高さの基点は同じ水平面上にあるものとする。

区Ⅰ 2012

❶ 24 m
❷ 25 m
❸ 26 m
❹ 27 m
❺ 28 m

問題4
★★
▶解説は別冊 p.126

図のように、一辺の長さが1の正方形Aに内接し、かつ、30°傾いた正方形を正方形Bとする。同様に、正方形Bに内接し30°傾いた正方形を正方形Cとすると、正方形Cの一辺の長さcとして正しいのはどれか。

国般2003

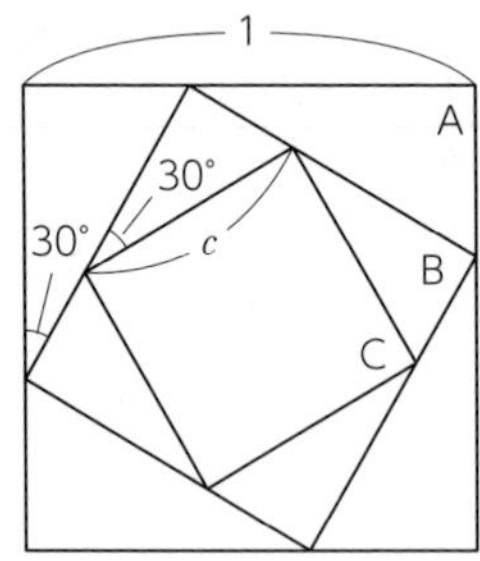

❶ $\sqrt{\frac{2}{3}}$

❷ $\frac{3}{4}$

❸ $\sqrt{3}-1$

❹ $\frac{1}{\sqrt{2}}$

❺ $4-2\sqrt{3}$

問題5
★★
▶解説は別冊 p.128

次の図のように、直角三角形ABCの∠BACの二等分線と辺BCとの交点をDとする。ABを2、BDを1とするとき、直角三角形ABCの面積はどれか。

区Ⅰ 2012

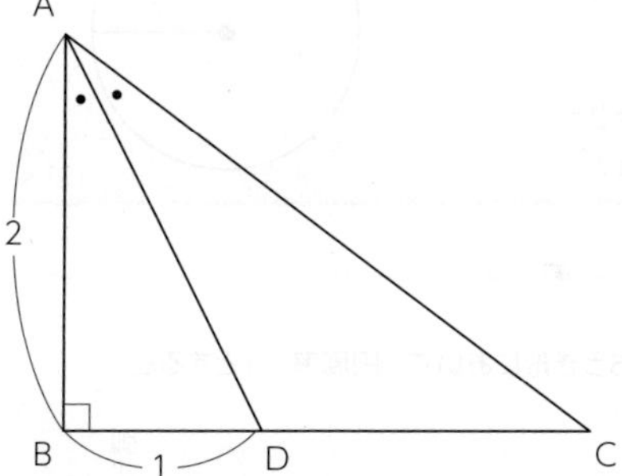

❶ $\frac{11}{3}$

❷ $\frac{10}{3}$

❸ 3

❹ $\frac{8}{3}$

❺ $\frac{7}{3}$

3 円

学習のポイント

・円は頻出分野です。空間把握で活かせる知識でもあるので、必ず使いこなせるようにしておきましょう。

1 円とおうぎ形の公式

円とおうぎ形の円周や面積を求める公式は、必ず覚えて使えるようにしておきましょう。

【円の公式】

半径rの円において、円周率＝πとすると、次の式が成り立ちます。

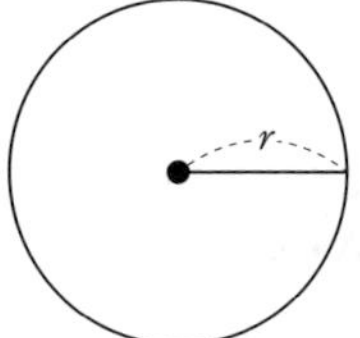

❶ （円周の長さ）＝$2\pi r$

❷ （円の面積）＝πr^2

【おうぎ形の公式】

半径r、中心角$x°$のおうぎ形において、円周率＝πとすると、次の式が成り立ちます。

❶ （おうぎ形の弧の長さ）＝$2\pi r \times \dfrac{x}{360}$

❷ （おうぎ形の面積）＝$\pi r^2 \times \dfrac{x}{360}$

2 円と接線の関係

円と直線が1点で接しているとき、この円と接している直線を接線といい、接している点を接点といいます。

円と接線には次のような関係が成立します。

(1) 円の中心と接点を結んだ線と接線との関係

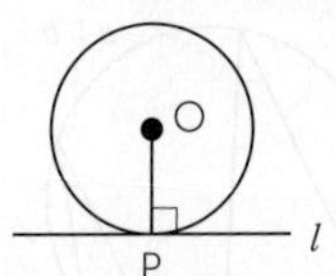

円が接線lとPで接しているとき、円の中心と接点を結ぶ直線OPと接線lがなす角は**直角**になります。

(2) 円外の1点から2点の接点までの距離

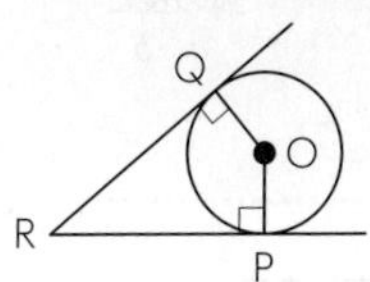

円周上の異なる2点P、Qに対して接線を引き、その2本の接線の交点をRとするとき、**PR＝QR**が成り立ちます。

3 円周角

(1) 円周角と中心角

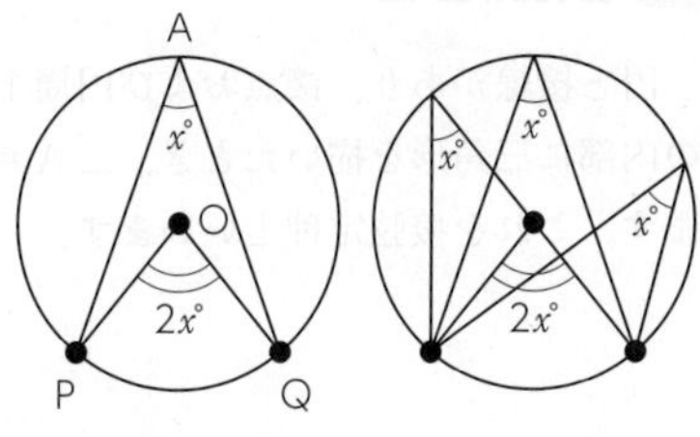

円周上の弧PQから、弧PQ以外の円周上に点Aをとるとき、∠PAQを**円周角**といいます。また、∠POQを**中心角**といいます。

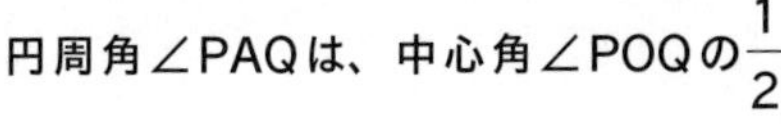

円周角∠PAQは、中心角∠POQの$\frac{1}{2}$になります。

一つの弧からできる円周角は複数あり、同じ弧からできる円周角はすべて等しくなります。

補足

弧が円周の$\frac{1}{2}$の場合、中心角が180°になるので、円周角は90°になります。

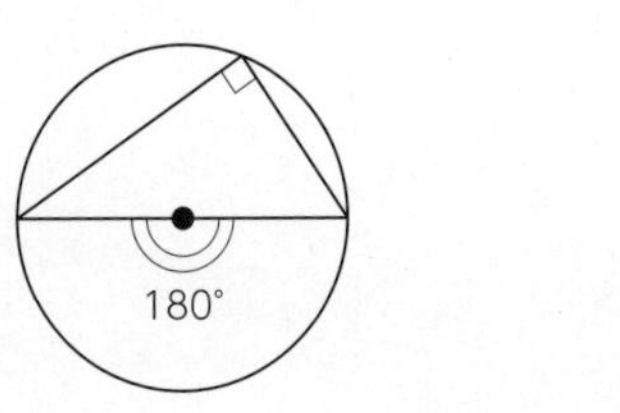

⑵ 弧の長さと円周角の比

弧の長さの比と、円周角の比は等しくなります（中心角の比とも等しくなります）。

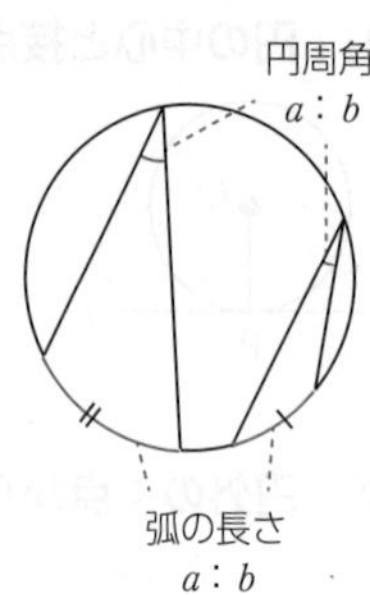

弧の長さの比から、中心角の比や円周角の比を求めて解く問題が多く存在します。

4 接弦定理

円と接線があり、接点および円周上の２点で円の内部に三角形を描いたとき、∠A＝∠Bとなります。これを接弦定理といいます。

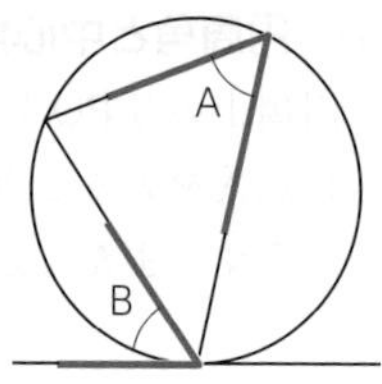

解法ナビゲーション

図のような1辺が8mで、残りの2辺が12mの二等辺三角形の花壇に、円形の花時計を作る。このとき、花壇からはみ出さないように作ることのできる最大の花時計の直径はいくらか。

国般1999

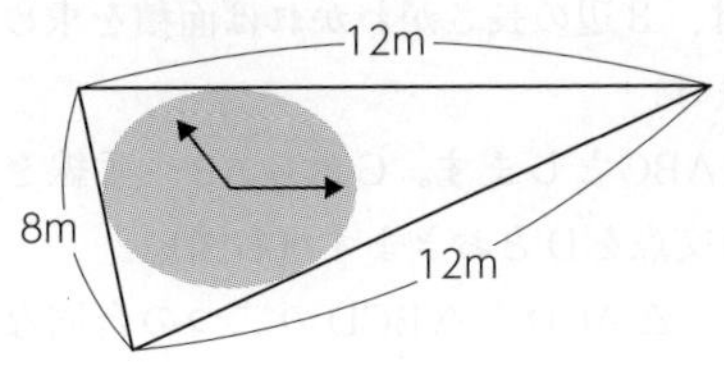

❶ 4 m
❷ 5 m
❸ $4\sqrt{2}$m
❹ 6 m
❺ $4\sqrt{3}$m

三角形の内心の知識を使います。二等辺三角形の面積を2種類の方法で立式することにより、花時計の半径を割り出すことを考えます。

【解答・解説】

正解 ❸

この花壇は三角形になるので、花壇内に作ることのできる最大の円は、三角形の内接円になります。そこで、「**内接円の半径を使って三角形の面積を求められる**」ことを使います。

まず、二等辺三角形は、３辺の長さがわかれば面積を求められるので、二等辺三角形の面積を求めてみます。

花壇をAC＝BCの△ABCとします。CからABへ垂線を引き、その垂線とABの交点をDとおきます（右図）。

このとき、△ABCは、△ACDと△BCDの二つの合同な直角三角形に分割できます。△BCDは∠BDC＝90°の直角三角形になります。題意よりBC＝12［m］、BD＝4［m］になるので、三平方の定理を使うと、

$$CD=\sqrt{12^2-4^2}=\sqrt{128}=8\sqrt{2}\ [\mathrm{m}]$$

となります。CDは、△ABCの底辺をABとしたときの高さに当たることから、△ABCの面積は、

$$AB\times CD\times\frac{1}{2}=8\times 8\sqrt{2}\times\frac{1}{2}=32\sqrt{2}\ [\mathrm{m}^2]\qquad\cdots\cdots①$$

となります。

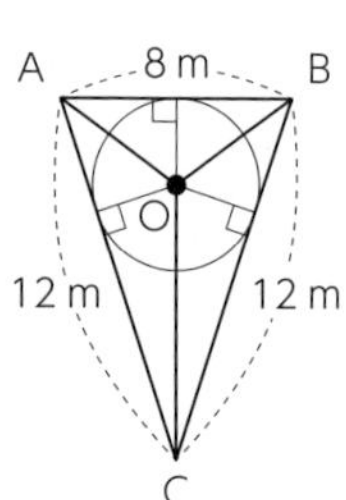

次に、内接円を使って△ABCの面積を求めます。内接円の中心をOとおき、OをA、B、Cとそれぞれ直線で結びます。内接円の半径をr［m］とおくと、△OACは底辺AC、高さrと考えることができますので、△OACの面積は、

$$12\times r\times\frac{1}{2}=6r\ [\mathrm{m}^2]$$

となります。同様に計算すると、△OBCの面積は$6r$［m^2］、△OABの面積は$4r$［m^2］となります。

これら三つの面積を合計すると、

$$6r+6r+4r=16r\ [\mathrm{m}^2]$$

となり、これが△ABCの面積になります。これと①は等しくなりますので、

$$16r=32\sqrt{2}$$

より、$r=2\sqrt{2}$［m］となります。

求めるのは直径なので、直径は、

$$2\sqrt{2}\times 2=4\sqrt{2}\ [\mathrm{m}]$$

となります。よって、正解は❸となります。

過去問にチャレンジ

問題1 ★ 次の図のように、辺ABが20 cmの直角三角形ABCに半径4 cmの円Oが内接しているとき、直角三角形ABCの面積はどれか。

▶解説は別冊 p.129

区Ⅰ 2003

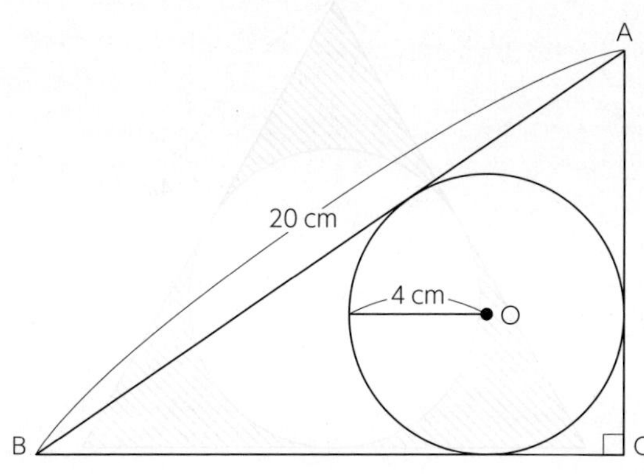

❶ 95 cm^2
❷ 96 cm^2
❸ 97 cm^2
❹ 98 cm^2
❺ 99 cm^2

第5章 図形の計量

次の図のような、一辺の長さが$4a$の正三角形とその内接する円で構成された斜線部の面積はどれか。ただし、円周率はπとする。

★

▶解説は別冊 p.130

区Ⅰ 2016

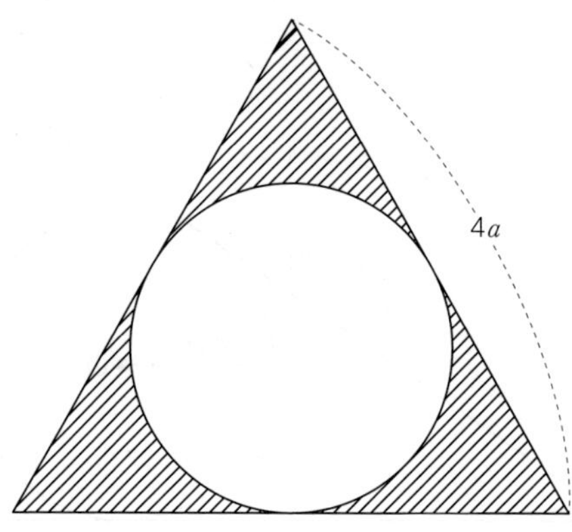

❶ $(4\sqrt{3}-\frac{1}{3}\pi)a^2$

❷ $(4\sqrt{3}-\frac{2}{3}\pi)a^2$

❸ $(4\sqrt{3}-\pi)a^2$

❹ $(4\sqrt{3}-\frac{4}{3}\pi)a^2$

❺ $(4\sqrt{3}-\frac{5}{3}\pi)a^2$

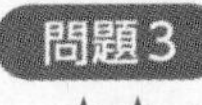

★★

▶解説は別冊 p.131

図のように、点Oを中心とする半径1の円と点Pを中心とする円が外接しており、二つの円に共通する接線lとmが60°で交差している。二つの円と接線lとの接点をそれぞれA、Bとすると、四角形ABPOの面積はいくらか。

国総2013

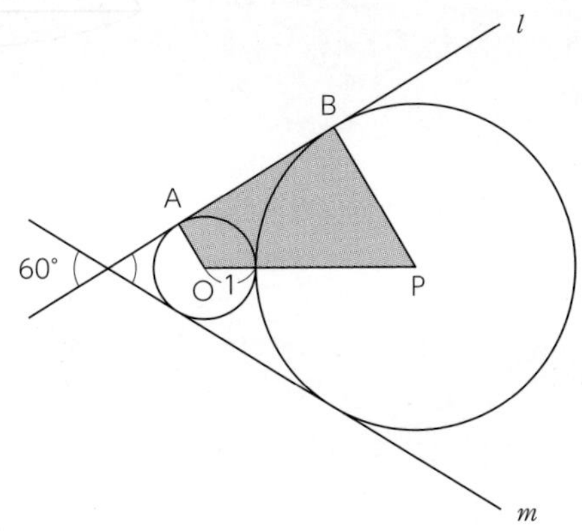

❶ $3\sqrt{3}$
❷ $4\sqrt{2}$
❸ 6
❹ $4\sqrt{3}$
❺ 7

★★

▶解説は別冊 p.133

右図のように、大きい円が一辺の長さ$2a$の正三角形に内接し、小さい円が正三角形の二辺と大きい円とに接しているとき、大きい円と小さい円の面積の計として、正しいのはどれか。

都Ⅰ 2011

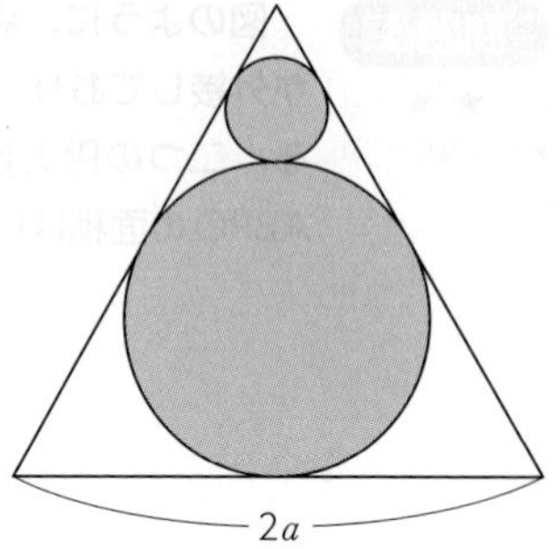

❶ $\frac{5}{18}\pi a^2$

❷ $\frac{5}{27}\pi a^2$

❸ $\frac{10}{27}\pi a^2$

❹ $\frac{5}{54}\pi a^2$

❺ $\frac{25}{54}\pi a^2$

★

▶解説は別冊 p.134

図のように、半径２の円に内接する正方形の対角線上に、互いに接するように等しい大きさの小円を三つ並べ、かつ、両端の円が正方形の２辺に接するように描くとき、この小円の半径として正しいのはどれか。

国般2011

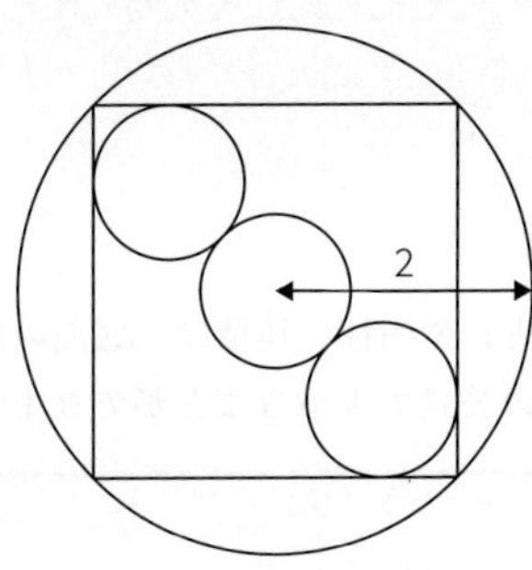

❶ $2\sqrt{2}-2$

❷ $\dfrac{2}{3}$

❸ $\dfrac{4-\sqrt{2}}{4}$

❹ $2-\sqrt{2}$

❺ $\dfrac{2-\sqrt{2}}{2}$

第5章 図形の計量

4 立体の知識と面積・体積の応用

学習のポイント

・この節で学習する内容も、他の分野で使う知識となります。

・他の図形の知識に比べるとわかりやすいものが多いので、苦手な人も少しずつ覚えていくとよいでしょう。

1 立　体

(1) 角柱・円柱の体積

角柱（三角柱、四角柱など）や円柱の体積は、底面の形（三角柱なら三角形、円柱なら円）に関係なく、次の公式で求めることができます。

【角柱・円柱の体積】

(角柱・円柱の体積)＝(底面積)×(高さ)

高さ

底面積

(2) 角すい・円すいの体積

角すい（三角すい、四角すいなど）や円すいの体積も、底面の形に関係なく、次の公式で求めることができます。

【角すい・円すいの体積】

(角すい・円すいの体積)＝(底面積)×(高さ)×$\frac{1}{3}$

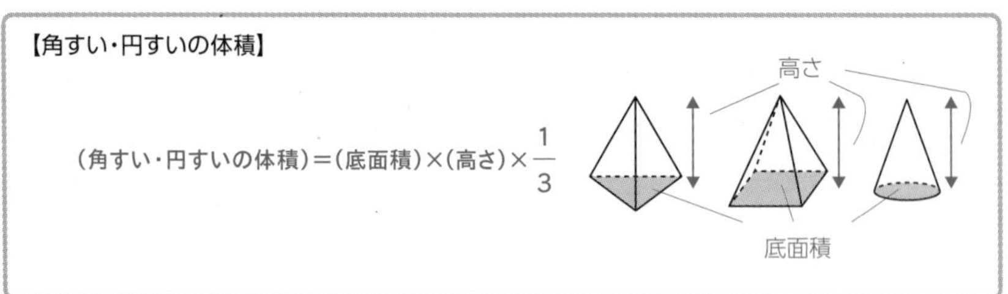

(3) 球の表面積・体積

球の表面積・体積は次の公式で求めることができます。

【球の公式】

半径rの球において、次の公式が成立します。

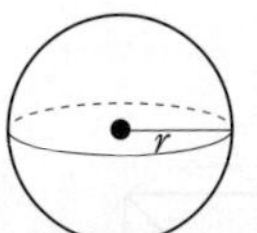

❶ （球の表面積）＝$4\pi r^2$

❷ （球の体積）＝$\frac{4}{3}\pi r^3$

⑷ 円すいの知識

① 半径・高さ・母線の関係

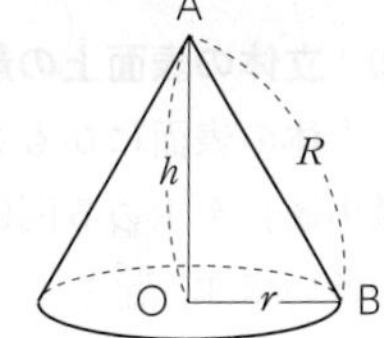

半径がr、高さがh、母線（ぼせん）（頂角Aから底面の円周上の点Bまでの長さ）がRの円すいにおいて、△ABOは∠AOB＝90°の直角三角形になります。

したがって、三平方の定理より、**$h^2 = R^2 - r^2$**が成り立ちます。

② 円すいの展開図

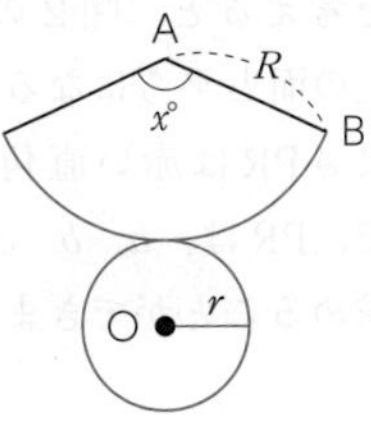

円すいの展開図は、図のように**底面の円と側面のおうぎ形の組合せ**になります。円すいの母線Rは、展開図における側面のおうぎ形の半径となります。

また、側面のおうぎ形の**弧の長さ**は、底面の円の**円周の長さ**と等しくなります。

③ 円すいの中心角・側面の面積

円すいの中心角、側面のおうぎ形の面積は次の式で求めることができます。

【円すいの公式】

半径がr、高さがh、母線がRの円すいにおいて、次の式が成り立ちます。

❶ （側面のおうぎ形の中心角）＝$360 \times \frac{r}{R}$

❷ （側面のおうぎ形の面積）＝πrR

⑸ 立体図形での三平方の定理の応用

① 直方体の対角線の長さ

直方体の対角線の長さ（図１の赤線）は、**三平方の定理を２回使って求めます。**

まず図２のように、a、bを使って三平方の定理で上面の対角線MPを求めます。次に、もう一度三平方の定理を使って△PMNの斜辺として対角線MNを求めます（図３）。

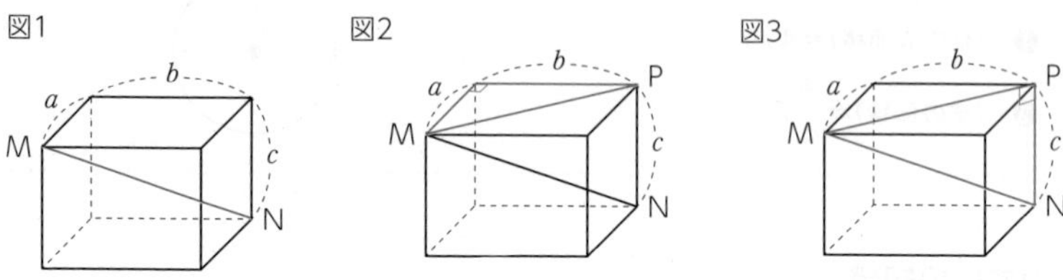

② **立体の表面上の最短距離**

立体の表面にひもを巻き付けたときの「ひもの長さの最小値」を求める問題でも、**三平方の定理**が使えることが多いです。

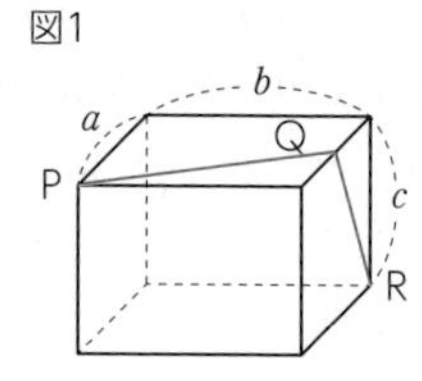

例えば、直方体にひも（図１の赤線）を巻き付けたとき、PQ＋QRの最小値を求める方法を考えると、図２のようにQRのある右面を、上の面と平らになるように展開します。ひもの長さPRは赤い直角三角形の斜辺に当たるので、PRは、a、b、cを使って三平方の定理で求めることができます。

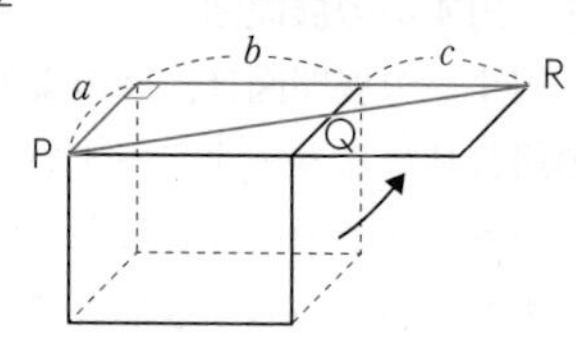

2 面積・体積の応用

重要！

平面図形や立体図形の面積や体積を求める問題では、図形が典型的な形ではなく複雑な形をしていることが多くあります。このようなときには、以下に紹介するような方法により計量しやすい形で捉え直すことを考えます。

【面積・体積を求める問題の解法】

- ❶ **足し算型**　：補助線で図形を求めやすい形に分割し、最後に足し算する
- ❷ **引き算型**　：大きな図形から不要な部分を取り除く（引き算する）
- ❸ **等積変形**　：面積・体積が変わらず、かつ求めやすい形に変形する

それぞれ例題を使って説明していきます。

例題1 次の四角形の面積を求めよ。

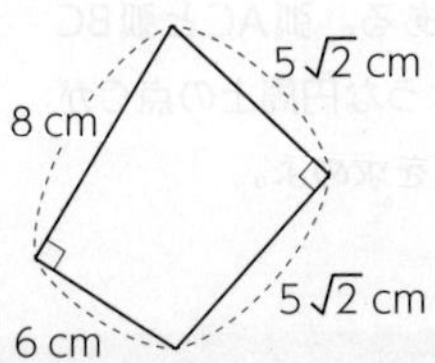

図のような四角形の面積を直接求める公式は存在しないので、わかりやすい形に分けて、足し算型を使います。

問題の図を以下のように二つの直角三角形に分けます。すると、左の三角形の面積は、

$$6 \times 8 \times \frac{1}{2} = 24 \ [\mathrm{cm}^2]$$

となり、右の三角形の面積は、

$$5\sqrt{2} \times 5\sqrt{2} \times \frac{1}{2} = 25 \ [\mathrm{cm}^2]$$

となるので、四角形の面積は、

$$24 + 25 = 49 \ [\mathrm{cm}^2]$$

となります。

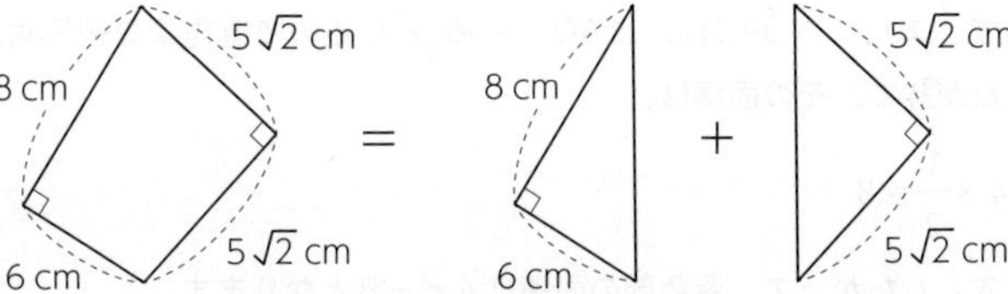

例題2 右図のように、直径がABである半円があり、その半径は４である。弧ACと弧BCの　長さが等しくなるような円周上の点Cがあるとき、着色部の面積を求めよ。

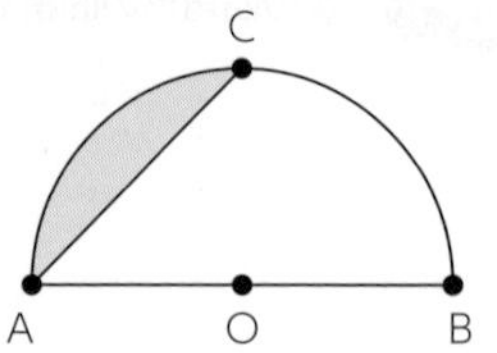

着色部の面積を直接求める公式は存在しないので、わかりやすい図を使って解きます。

弧ACと弧BCの長さが等しいので、おうぎ形OACとおうぎ形OBCの中心角も等しくなります。つまり、おうぎ形OACの中心角は90°とわかります。そこで、着色部の面積を、以下の図のように引き算型として、（おうぎ形OACの面積）－（△OACの面積）の形で求めます。

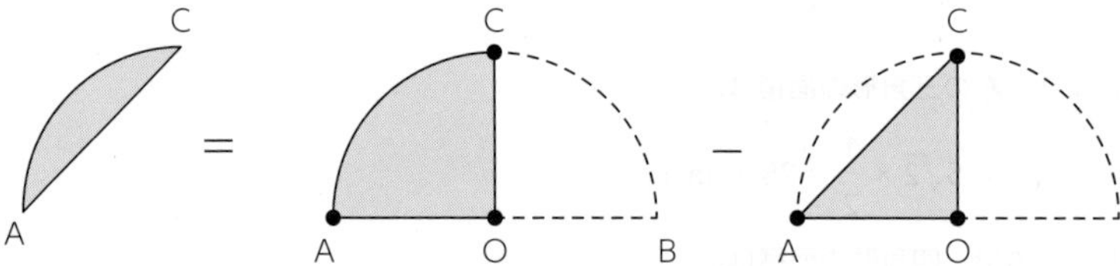

おうぎ形OACの面積は、

$$\pi \times 4^2 \times \frac{90}{360} = 4\pi$$

となります。また、△OACは、∠AOC＝90°となるので直角二等辺三角形になります。したがって、その面積は、

$$4 \times 4 \times \frac{1}{2} = 8$$

となります。したがって、着色部の面積は$4\pi-8$となります。

例題3　右図のように、１辺６の正方形の内部に、正方形の１辺を直径とする半円を二つ描いたとき、着色部の面積はいくらか。

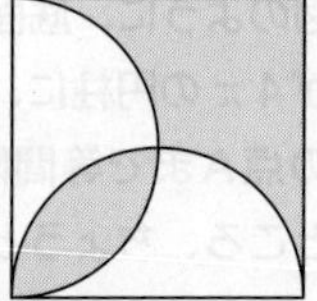

着色部の面積を直接求める公式は存在しないので、わかりやすい形に変形します。このとき、面積が変わらないように変形する等積変形を使います。

下図のように、正方形左下の「弧を二つ合わせた着色部」を二つに分けて移動させると、直角二等辺三角形一つの面積と等しいことがわかります。つまり、着色部の面積は、正方形の面積の$\frac{1}{2}$となるので、その面積は、

$$6 \times 6 \times \frac{1}{2} = 18$$

となります。

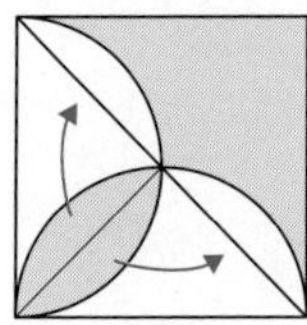

＝

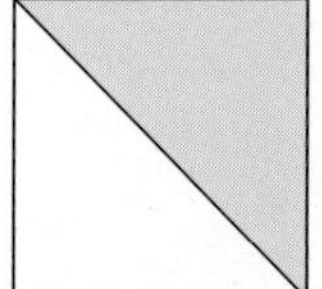

解法ナビゲーション

図のように、底面が直径１の円で、かつ高さが４πの円柱に、ひもを底面の点Ｂから直上の点Ａまで等間隔の螺旋状に巻いていったところ、ちょうど４周したところで巻き終わった。

このひもを用いて円を作ったとき、その面積はいくらか。

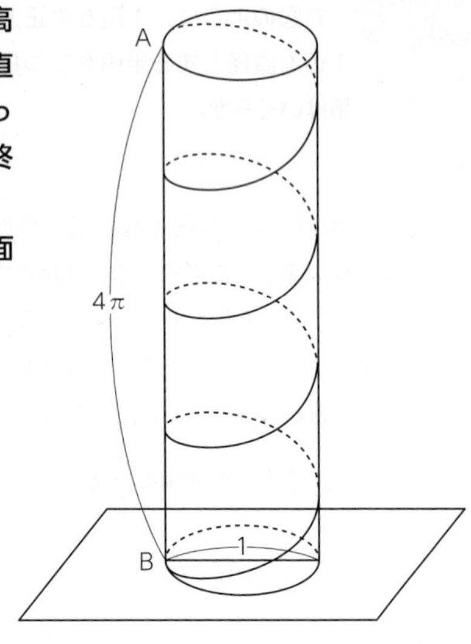

国般2012

❶ $4\sqrt{2}\pi$

❷ 8π

❸ $8\sqrt{2}\pi$

❹ 12π

❺ $12\sqrt{2}\pi$

着眼点

立体表面上の最短距離を求めるので、展開図上で直角三角形を作ることを考えます。「円柱の側面を４周する」とは、「側面四つを並べて直線で結ぶ」ことに当たります。

【解答・解説】 正解 ❷

まず、巻き付ける面、つまり円柱の側面の形を考えます。「底面の円の円周の長さ」と「側面の１辺の長さ」が等しいことを使います。底面の円は、直径１、円周率はπですので、その円周の長さは$1 \times \pi = \pi$になります。つまり、**この円柱の側面は、横がπ、縦が4πの長方形になる**ことがわかります（①）。

この円柱にひもを巻き付けたとき、点Bから等間隔になるように、らせん状に4周巻き付けると点Aの位置にきたということは、**①の長方形を四つ横方向に並べて大きな四角形を作り、左右の端にある点Aと点Bを直線で結んだときの長さが、ひもの長さと等しい**、ということです（以下の図）。なお、図において、点Aに当たる点をA_0～A_4とおき、点Bに当たる点をB_0～B_4とおいてあります。

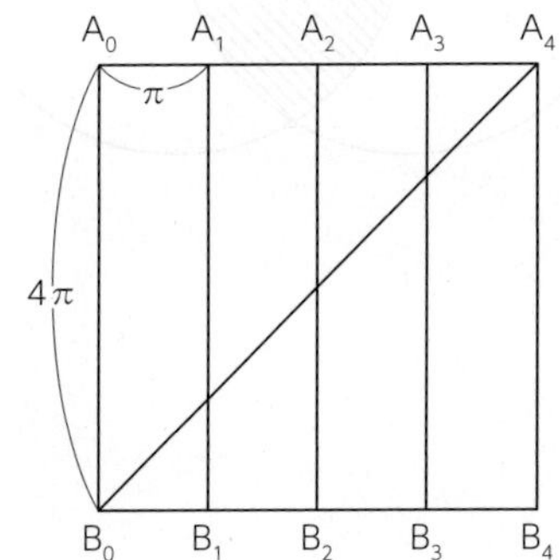

この図を使ってひもの全長を求めます。図より、A_4からB_0までの長さは、縦4π、横4πの直角二等辺三角形の斜辺の長さに等しくなります。したがって、

$A_0B_0 : A_4B_0 = 1 : \sqrt{2}$

が成り立つので、この式に$A_0B_0 = 4\pi$を代入すると、

$4\pi : A_4B_0 = 1 : \sqrt{2}$

より、

$A_4B_0 = 4\sqrt{2}\pi$

となります。これがひもの長さになります。

このひもを使って円を作れば、その円周の長さは$4\sqrt{2}\pi$になります。円周の公式は、(直径)$\times \pi$なので、このひもで作った円の直径は$4\sqrt{2}$となります。つまり、このひもで作った円の半径は$2\sqrt{2}$です。

よって、この円の面積は、

$\pi \times (2\sqrt{2})^2 = 8\pi$

となるので、正解は❷となります。

過去問にチャレンジ

問題1 ★

▶解説は別冊 p.135

次の図のように、半径6 cmの2つの円がそれぞれの中心を通るように交わっているとき、斜線部分の面積はどれか。ただし、円周率はπとする。

区Ⅰ 2009

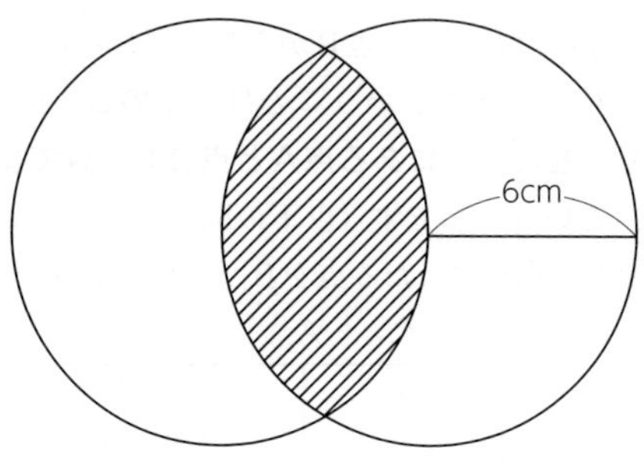

❶ 12π
❷ 18π
❸ $12\pi-9\sqrt{3}$
❹ $24\pi-18\sqrt{3}$
❺ $24\pi+18\sqrt{3}$

★★

▶解説は別冊 p.137

一辺4 cmの正方形9個を隙間なく並べて、一辺12 cmの正方形を作る。この作った正方形の対角線が交わる点を中心とし、半径4 cmの円を描く。このとき、下の図のように着色した部分の面積として、正しいのはどれか。ただし、円周率はπとする。

都Ⅰ 2020

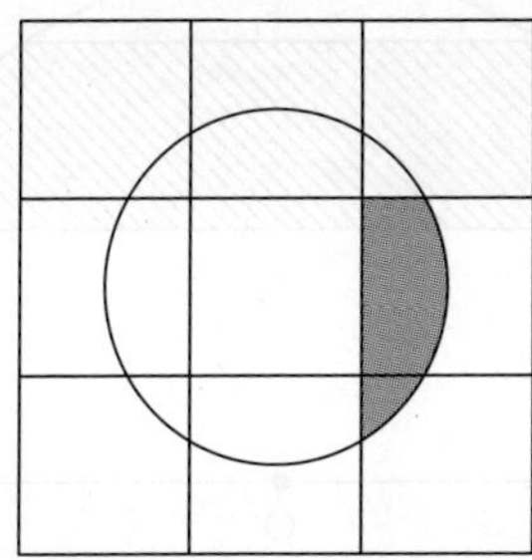

❶ $4\pi - 4\ \mathrm{cm}^2$

❷ $4\pi - 5\ \mathrm{cm}^2$

❸ $4\pi - 6\ \mathrm{cm}^2$

❹ $4\pi - 7\ \mathrm{cm}^2$

❺ $4\pi - 8\ \mathrm{cm}^2$

★

▶解説は別冊 p.138

次の図のような、半径１mの半円がある。今、円弧を六等分する点をC、D、E、F、Gとするとき、斜線部の面積はどれか。ただし、円周率はπとする。

区Ⅰ 2018

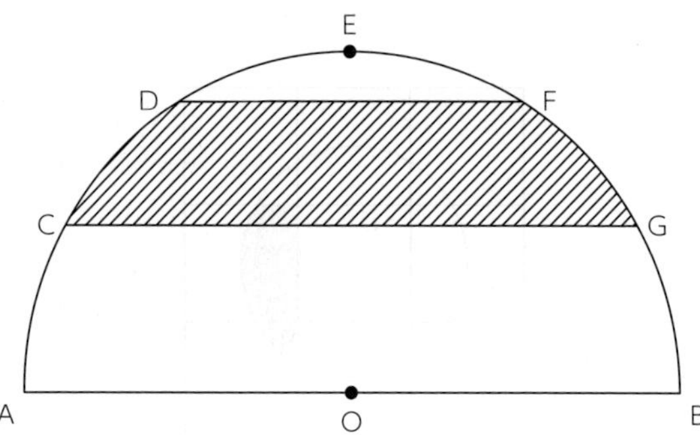

❶ $\frac{\pi}{2}-\frac{\sqrt{3}}{4}\ \mathrm{m}^2$

❷ $\frac{\pi}{3}-\frac{\sqrt{3}}{4}\ \mathrm{m}^2$

❸ $\frac{\pi}{3}\ \mathrm{m}^2$

❹ $\frac{\pi}{6}-\frac{\sqrt{3}}{4}\ \mathrm{m}^2$

❺ $\frac{\pi}{6}\ \mathrm{m}^2$

問題4

★★

▶解説は別冊 p.140

図Ⅰのように、底面の半径が4 cmの円筒に、ある高さまで水が入っている。いま、図Ⅱのように、一辺の長さが4 cmの正方形を底面とする四角柱を、底面を水平に保ったままこの水中に沈めていったとき、水面の位置が3 cm高くなった。このとき、四角柱の水につかっている部分の高さはいくらか。

国般2013

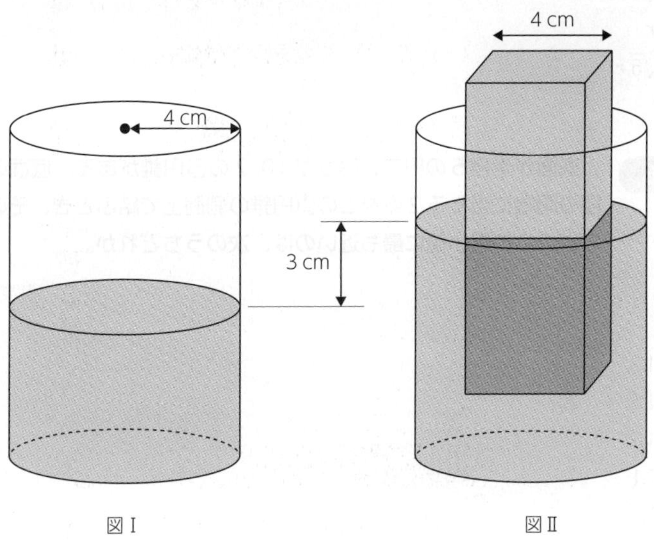

図Ⅰ　　図Ⅱ

❶ $3\pi - 3$ cm
❷ $4\pi - 4$ cm
❸ 3π cm
❹ $3\pi + 3$ cm
❺ 4π cm

問題5

★

▶解説は別冊 p.141

底面の半径r、高さhの円すい（直円すい）の側面積が底面積の3倍に等しいとき、hをrで表したものとして正しいのはどれか。

国専2008

❶ $2r$

❷ $2\sqrt{2}\,r$

❸ $2\sqrt{3}\,r$

❹ $4r$

❺ $2\sqrt{5}\,r$

問題6

★★

▶解説は別冊 p.142

底面が半径5の円で、高さが$10\sqrt{2}$の直円錐がある。底面の円の直径の両端に当たる2点をこの直円錐の側面上で結ぶとき、その2点間の道のりの最小値に最も近いのは、次のうちどれか。

裁判所2002

❶ 14.2

❷ 14.5

❸ 14.8

❹ 15.1

❺ 15.4

索 引

〈執筆〉伊藤 健生（TAC公務員講座）

〈本文デザイン〉清原 一隆（KIYO DESIGN）

本書の内容は、小社より2021年４月に刊行された
「公務員試験 ゼロから合格 基本過去問題集 数的推理」（ISBN：978-4-8132-9485-6）
と同一です。

公務員試験 ゼロから合格 基本過去問題集 数的推理 新装版

2021年４月25日　初　版　第１刷発行
2024年４月１日　新装版　第１刷発行

編著者　ＴＡＣ株式会社（公務員講座）
発行者　多田敏男
発行所　ＴＡＣ株式会社　出版事業部（TAC出版）

〒101-8383
東京都千代田区神田三崎町3-2-18
電話　03(5276)9492(営業)
FAX　03(5276)9674
https://shuppan.tac-school.co.jp

組　版　朝日メディアインターナショナル株式会社
印　刷　株式会社　ワコー
製　本　株式会社　常川製本

ISBN 978-4-300-11105-5
N.D.C. 317

公務員講座のご案内

無料体験のご案内

3つの方法でTACの講義が体験できる!

教室で体験 迫力の生講義に出席

予約不要! 3回連続出席OK!

1. 校舎と日時を決めて、当日TACの校舎へ

TACでは各校舎で毎月体験入学の日程を設けています。

2. オリエンテーションに参加(体験入学1回目)

初回講義「オリエンテーション」にご参加ください。終了後は個別にご相談をお受けいたします。

3. 講義に出席(体験入学2・3回目)

引き続き、各科目の講義をご受講いただけます。参加者には講義で使用する教材をプレゼントいたします。

- 3回連続無料体験講義の日程はTACホームページと公務員パンフレットでご覧いただけます。
- 体験入学はお申込み予定の校舎に限らず、お好きな校舎でご利用いただけます。
- 4回目の講義前までに、ご入会手続きをしていただければ、カリキュラム通りに受講することができます。

※地方上級・国家一般職・警察官・消防官レベル以外の講座では、2回連続体験入学を実施しています。

ビデオで体験 校舎のビデオブースで体験視聴

TAC各校の個別ビデオブースで、講義を無料でご視聴いただけます。(要予約)

各校のビデオブースでお好きな講義を視聴できます。視聴前日までに視聴する校舎受付窓口にてご予約をお願い致します。

ビデオブース利用時間 ※日曜日は④の時間帯はありません。

① 9:30 ～ 12:30 ② 12:30 ～ 15:30
③ 15:30 ～ 18:30 ④ 18:30 ～ 21:30

※受講可能な曜日・時間帯は一部校舎により異なります。
※年末年始・夏期休業・その他特別な休業以外は、通常平日・土日祝祭日にご覧いただけます。
※予約時にご希望日とご希望時間帯を合わせてお申込みください。
※基本講義の中からお好きな科目をご視聴いただけます。(視聴できる科目は時期により異なります)
※TAC提携校での体験視聴につきましては、提携校各校へお問合せください。

Webで体験 スマートフォン・パソコンで講義を体験視聴

TACホームページの「TAC動画チャンネル」で無料体験講義を配信しています。時期に応じて多彩な講義がご覧いただけます。

TAC ホームページ https://www.tac-school.co.jp/

※体験講義は教室講義の一部を抜粋したものになります。

(2018年5月現在)

書籍のご購入は

1 全国の書店、大学生協、ネット書店で

2 TAC各校の書籍コーナーで

資格の学校TACの校舎は全国に展開!
校舎のご確認はホームページにて

資格の学校TAC ホームページ
https://www.tac-school.co.jp

3 TAC出版書籍販売サイトで

TAC 出版 で 検索

24時間
ご注文
受付中

https://bookstore.tac-school.co.jp/

新刊情報を
いち早くチェック!

たっぷり読める
立ち読み機能

学習お役立ちの
特設ページも充実!

TAC出版書籍販売サイト「サイバーブックストア」では、TAC出版および早稲田経営出版から刊行されている、すべての最新書籍をお取り扱いしています。
また、無料の会員登録をしていただくことで、会員様限定キャンペーンのほか、送料無料サービス、メールマガジン配信サービス、マイページのご利用など、うれしい特典がたくさん受けられます。

サイバーブックストア会員は、特典がいっぱい!(一部抜粋)

通常、1万円(税込)未満のご注文につきましては、送料・手数料として500円(全国一律・税込)頂戴しておりますが、1冊から無料となります。

専用の「マイページ」は、「購入履歴・配送状況の確認」のほか、「ほしいものリスト」や「マイフォルダ」など、便利な機能が満載です。

メールマガジンでは、キャンペーンやおすすめ書籍、新刊情報のほか、「電子ブック版TACNEWS(ダイジェスト版)」をお届けします。

書籍の発売を、販売開始当日にメールにてお知らせします。これなら買い忘れの心配もありません。

公務員試験対策書籍のご案内

TAC出版の公務員試験対策書籍は、独学用、およびスクール学習の副教材として、各商品を取り揃えています。学習の各段階に対応していますので、あなたのステップに応じて、合格に向けてご活用ください!

INPUT

『みんなが欲しかった!
公務員
合格へのはじめの一歩』
A5判フルカラー

●本気でやさしい入門書
●公務員の"実際"をわかりやすく紹介したオリエンテーション
●学習内容がざっくりわかる入門講義

・法律科目（憲法・民法・行政法）
・経済科目
（ミクロ経済学・マクロ経済学）[近刊]

『過去問攻略Vテキスト』
A5判
TAC公務員講座

●TACが総力をあげてまとめた公務員試験対策テキスト

全21点

・専門科目：15点
・教養科目：6点

『新・まるごと講義生中継』
A5判
TAC公務員講座講師
新谷 一郎 ほか

●TACのわかりやすい生講義を誌上で!
●初学者の科目導入に最適!
●豊富な図表で、理解度アップ!

・郷原豊茂の憲法
・郷原豊茂の民法Ⅰ
・郷原豊茂の民法Ⅱ
・新谷一郎の行政法

『まるごと講義生中継』
A5判
TAC公務員講座講師
渕元 哲 ほか

●TACのわかりやすい生講義を誌上で!
●初学者の科目導入に最適!

・郷原豊茂の刑法
・渕元哲の政治学
・渕元哲の行政学
・ミクロ経済学
・マクロ経済学
・関野喬のパターンでわかる数的推理
・関野喬のパターンでわかる判断整理
・関野喬のパターンでわかる空間把握・資料解釈

要点まとめ

『一般知識
出るとこチェック』
四六判

●知識のチェックや直前期の暗記に最適!
●豊富な図表とチェックテストでスピード学習!

・政治・経済
・思想・文学・芸術
・日本史・世界史
・地理
・数学・物理・化学
・生物・地学

記述式対策

『公務員試験論文答案集
専門記述』A5判
公務員試験研究会

● 公務員試験（地方上級ほか）の専門記述を攻略するための問題集
● 過去問と新作問題で出題が予想されるテーマを完全網羅!

・憲法〈第2版〉
・行政法

書籍の正誤についてのお問合わせ

万一誤りと疑われる箇所がございましたら、以下の方法にてご確認いただきますよう、お願いいたします。

なお、正誤のお問合わせ以外の書籍内容に関する解説・受験指導等は、**一切行っておりません。**
そのようなお問合わせにつきましては、お答えいたしかねますので、あらかじめご了承ください。

1 正誤表の確認方法

TAC出版書籍販売サイト「Cyber Book Store」の
トップページ内「正誤表」コーナーにて、正誤表をご確認ください。

CYBER TAC出版書籍販売サイト BOOK STORE

URL:https://bookstore.tac-school.co.jp/

2 正誤のお問合わせ方法

正誤表がない場合、あるいは該当箇所が掲載されていない場合は、書名、発行年月日、お客様のお名前、ご連絡先を明記の上、下記の方法でお問合わせください。
なお、回答までに1週間前後を要する場合もございます。あらかじめご了承ください。

文書にて問合わせる

●郵送先　〒101-8383 東京都千代田区神田三崎町3-2-18
TAC株式会社 出版事業部 正誤問合わせ係

FAXにて問合わせる

●FAX番号　**03-5276-9674**

e-mailにて問合わせる

●お問合わせ先アドレス　**syuppan-h@tac-school.co.jp**

※お電話でのお問合わせは、お受けできません。また、土日祝日はお問合わせ対応をおこなっておりません。
※正誤のお問合わせ対応は、該当書籍の改訂版刊行月末日までといたします。

乱丁・落丁による交換は、該当書籍の改訂版刊行月末日までといたします。なお、書籍の在庫状況等により、お受けできない場合もございます。
また、各種本試験の実施の延期、中止を理由とした本書の返品はお受けいたしません。返金もいたしかねますので、あらかじめご了承くださいますようお願い申し上げます。

TACにおける個人情報の取り扱いについて
■お預かりした個人情報は、TAC(株)で管理させていただき、お問い合わせへの対応、当社の記録保管および当社商品・サービスの向上にのみ利用いたします。お客様の同意なしに業務委託先以外の第三者に開示、提供することはございません(法令等により開示を求められた場合を除く)。その他、個人情報保護管理者、お預かりした個人情報の開示等及びTAC(株)への個人情報の提供の任意性については、当社ホームページ(https://www.tac-school.co.jp)をご覧いただくか、個人情報に関するお問い合わせ窓口(E-mail:privacy@tac-school.co.jp)までお問合せください。

(2020年10月現在)

ゼロから合格 基本過去問題集

数的推理

解答・解説編

解答・解説は、色紙を残したまま、丁寧に抜き取ってご利用ください。
なお、抜き取りの際の損傷によるお取替えは致しかねます。

目 次

第1章　数の性質

1　整数の基礎

問題1　　正解 ❸

「倍数を調べる方法」をフル活用して解きます。

ランプを同時に点灯させたとき、その後、複数のランプが同時に点灯する時刻は「間隔の時間の**公倍数**」で求められます。例えば、同時に点灯させてから９秒後を考えると、「９」は３と９の公倍数なので、「３秒に１回」と「９秒に１回」の２種類のランプが点灯することになりますが、「５秒に１回」や「６秒に１回」は点灯しません。このことを考慮して解きます。

「時間」を「分」に変換するには「時間」を60倍すればよく、さらに「分」を「秒」に変換するには「分」を60倍すればよいことから、午後６時ちょうどから同日の午後11時45分までの５時間45分を「分」で表すと（5×60＋45＝）345分となり、さらに「秒」で表すと（345×60＝）20700秒となります。

「20700」の一の位が「０」であることから、「20700」は５の倍数であることがわかるので、午後11時45分に**「５秒に１回」のランプは点灯する**ことがわかります。

同様に、「20700」を１桁ずつに分けて合計すると、（2＋0＋7＋0＋0＝）９になるので、「20700」は３の倍数であり、さらに９の倍数であることもわかります。よって、午後11時45分には**「３秒に１回」と「９秒に１回」のランプは点灯する**ことがわかります。

この時点で、「20700」は２の倍数であり、さらに３の倍数でもあるので、「20700」は６の倍数とわかります。したがって、午後11時45分に**「６秒に１回」のランプは点灯する**ことがわかります。

さらに、「20700」の下２桁が「00」であることから、「20700」は４の倍数になるので、午後11時45分に**「４秒に１回」のランプは点灯する**ことがわかります。

また、「20700」は下３桁が「700」であり、これは８の倍数ではないので、「20700」は８の倍数ではありません。さらに、「20700」は７で割り切れないので、７の倍数ではありません。したがって、午後11時45分には「８秒に１回」、「７秒に１回」の２種類のランプは点灯しないことがわかります。

以上のことから、午後11時45分の時点で点灯するランプは、「３秒に１回」、「４秒に１回」、「５秒に１回」、「６秒に１回」、「９秒に１回」の５種類のランプになりますので、正解は❸となります。

問題2

正解 ❷

倍数の調べ方を使って値を絞り込んでから、場合分けを行います。

「9[A]36[B]8」が4の倍数であることから、下2桁「[B]8」が「00」か「4の倍数」だとわかります。したがって、[B]には**0、2、4、6、8のいずれかが入る**ことになります（①）。

さらに、この「9[A]36[B]8」が3の倍数であることから、9＋[A]＋3＋6＋[B]＋8が「3の倍数」だとわかります。

9＋[A]＋3＋6＋[B]＋8＝26＋[A]＋[B]

となり、[A]と[B]には0～9のいずれかが入るので、[A]＋[B]は**0～18のいずれかになる**とわかります。したがって、26＋[A]＋[B]が3の倍数になるのは、[A]＋[B]が**1、4、7、10、13、16のいずれかになる**ときです（②）。

そこで、①の[B]の値ごとに場合分けをして、②を満たすような[A]を考えます。

[B]が0の場合、②より、[A]＝1、4、7の**3通り**であれば6桁の整数が3の倍数になります。

[B]が2の場合、②より、[A]＝2、5、8の**3通り**であれば6桁の整数が3の倍数になります。

[B]が4の場合、②より、[A]＝0、3、6、9の**4通り**であれば6桁の整数が3の倍数になります。

[B]が6の場合、②より、[A]＝1、4、7の**3通り**であれば6桁の整数が3の倍数になります。

[B]が8の場合、②より、[A]＝2、5、8の**3通り**であれば6桁の整数が3の倍数になります。

よって、3＋3＋4＋3＋3＝16［通り］となるので、正解は❷となります。

問題3

正解 ❷

2乗の数は、素因数分解して整理すると、2乗のみの掛け算に変形できます。

$\sqrt{55000 \div x} = \sqrt{\dfrac{55000}{x}}$が整数になるのは、$\dfrac{55000}{x}$＝（2乗の数）のときです。そこで、**2乗の数は、素因数分解をすると「2乗の数だけの掛け算」に変形できる**ことを使って解きます。素因数分解をすると、$55000 = 2^3 \times 5^4 \times 11$となるので、これを分母$x$で約分した後に、2乗のみの掛け算になる場合を考えます。

$5^4 = 5^2 \times 5^2$の部分は2乗のみの掛け算に分解できるので、2乗のみに分解できない2^3

と11に着目すると、例えば、$x=2\times11$の場合、$\dfrac{2^3\times5^4\times11}{2\times11}=2^2\times5^4$となり、2乗のみの掛け算になって条件を満たします。

また、約分した後に2乗のみの掛け算にできればよいということは、例えば$x=2\times11\times5^2$の場合においても、$\dfrac{2^3\times5^4\times11}{2\times11\times5^2}=2^2\times5^2$となり、この場合も条件を満たします。

以上のことを考慮して、55000を約分した後に2乗のみの掛け算になるようなxを書き出していくと、次の❶～❹のように、6通りとわかるので、正解は❷となります。

❶ 2×11のみ　　　　　：2×11の**1通り**
❷ 2×11と2乗の数1組：$2\times11\times2^2$、$2\times11\times5^2$の**2通り**
❸ 2×11と2乗の数2組：$2\times11\times2^2\times5^2$、$2\times11\times5^2\times5^2$の**2通り**
❹ 2×11と2乗の数3組：$2\times11\times2^2\times5^2\times5^2$の**1通り**

補足

なお、❹の場合、$\dfrac{2^3\times5^4\times11}{2\times11\times2^2\times5^2\times5^2}=1$となり、1は2乗の数ですので、条件を満たすことに注意しましょう。

問題4

正解 ❺

約数の個数は、公式を使って素早く計算しましょう。

2000を素因数分解すると、$2000=2^4\times5^3$となり、指数は4と5になります。よって、約数の個数は、$(4+1)\times(3+1)=5\times4=20$［個］となるので、正解は❺です。

問題5

正解 ❷

約数の個数は、「素因数分解」をして公式を使うので、「4^b」を変形する必要があります。

$2^2\times3^a\times4^b=2^2\times3^a\times2^{2b}$となり、**指数法則**を使ってさらに整理すると、$2^{(2+2b)}\times3^a$となります。この式の指数は、$(2+2b)$とaになるので、これらに1を加えて掛け算をすれば約数の個数を求められます。つまり、約数の個数は、

$(2+2b+1)\times(a+1)=(3+2b)\times(a+1)$ ……①

となります。ここで、題意より$a+b=4$ですので、aとbの値の組合せとしてあり得るのは、$(a,\ b)=(1,\ 3)$、$(2,\ 2)$、$(3,\ 1)$の3通りです。そこで、これら3通りを①に代入して約数の個数を求めてみると、次のようになります。

$(a,\ b)=(1,\ 3)$ のとき、約数の個数は $(3+2\times3)\times(1+1)=9\times2=$ **18［個］**

$(a,\ b)=(2,\ 2)$ のとき、約数の個数は $(3+2\times2)\times(2+1)=7\times3=$ **21［個］**

$(a,\ b)=(3,\ 1)$ のとき、約数の個数は $(3+2\times1)\times(3+1)=5\times4=$ **20［個］**

よって、約数の個数のうち最小は、$(a,\ b)=(1,\ 3)$ のときの18個となるので、正解は❷となります。

問題6

正解 ❺

6と4の公倍数が書かれたカードに注意しましょう。

100枚のカードのうち6の倍数が書かれたカードは、

$100\div6=16$余り4

より、16枚あることがわかります。また、100枚のカードのうち4の倍数が書かれたカードは、

$100\div4=25$

より、25枚あることがわかりますが、この25枚には、「4と6の公倍数」の書かれたカード、つまり、**12の倍数の書かれたカードが含まれています**。100枚のカードのうち12の倍数が書かれたカードは、

$100\div12=8$余り4

より、8枚あります。以上をまとめると、次のようになります。

❶　6の倍数であり、かつ4の倍数ではないカードが $16-8=8$［枚］ある

❷　4の倍数であり、かつ6の倍数ではないカードが $25-8=17$［枚］ある

❸　6の倍数であり、かつ4の倍数であるカードが8枚ある

❶、❷は2回の操作の一方のみで返されたので、2回の操作が終わった時点では裏面が上になっていますが、❸は**2回の操作ともに返された**ので、2回の操作が終わった時点で表面が上になっていることになります。

ここで、❶～❸の $(8+17+8=)$ 33枚を除いた $(100-33=)$ 67枚は、操作によって返されることがなかったので表面が上のままです。これに加えて、❸も表面が上になっているので、2回の操作が終わった時点で表面が上になっているカードは、

$8+67=75$［枚］

となります。

よって、正解は❺です。

2　数列・規則性

問題1　　正解 ❶

各項の差から、規則性を推測することを考えます。

A　並んだ数を見ると、「1, 5, 13, …」となっており、各項の差が4、8となっています。これらは4の倍数ですので、これ以降の差を「12, 16, …」と考えると、数列は「1, 5, 13, 25, 41, …」となり、第5項が61になりません。そこで、項の差「4, 8」を4の倍数ではなく、前の差の2倍として考えてみると、各項の差が「4, 8, 16, 32, …」となることが推測できます。その場合、数列は「1, 5, 13, 29, 61, …」となり、条件を満たします。よって、**A＝29**です。

B　並んだ数を見ると、「2, 8, 44, 260, …」となっており、各項の差が6、36、216となっています。$6＝6^1$、$36＝6^2$、$216＝6^3$より、各項の差が6^nになっていることがわかります。したがって、216の次の差は$6^4＝1296$と推測できますので、260＋1296＝1556より、**B＝1556**となります。

C　並んだ数を見ると、「3, 11, 43, …」となっており、各項の差が8、32となっています。8から32へ4倍になっているので、これ以降の差が32×4＝128、128×4＝512と考えると、第4項は43＋128＝171、第5項は171＋512＝683となり、矛盾はありません。よって、**C＝171**となります。

D　並んだ数字を見ると、「4, 14, 42, 88, …」となっており、各項の差が10、28、46となっています。10、28、46の規則性を考えると、10から28へと＋18、28から46へと＋18となっているので、差が18ずつ増えていくことがわかります。よって、第5項の値は、第4項に（46＋18＝）64を足した数になると推測できます。したがって、88＋64＝152より、**D＝152**となります。

よって、**A～D**に当てはまる四つの数の和は、29＋1556＋171＋152＝1908となるので、正解は❶です。

問題2　　正解 ❸

最初の4項が、フィボナッチ数列の特徴と同じである点に着目します。

はじめの4項「1，1，2，3」に着目すると、第3項「2」は、直前の2項（第1項と第2項）の和と等しく、第4項「3」も、直前の2項（第2項と第3項）の和と等しいことから、フィボナッチ数列である可能性について考えてみます。

空欄に、直前の２項の和を入れて確認をしてみると、**A**には（2＋3＝）5を入れると、**A**の次は8となっていて、直前の２項の和（3＋5）と等しくなっています。さらにその次は13となっており、直前の２項の和（5＋8）と等しくなっているので、この数列がフィボナッチ数列であるとわかります。

したがって、**B**は、（8＋13＝）21となり、**C**は、（13＋21＝）34となり、**C**の次は（21＋34＝）55であり、**D**は、（34＋55＝）89となります。

よって、**A**～**D**の和は、5＋21＋34＋89＝149となるので、正解は❸となります。

問題3 正解 ❹

> 1段増やすごとに、線が何本増えるかを考えてみます。

図より、1段目だけを作るのに必要な線は3本です。さらに、**2段目だけを「増やす」のに必要な線の数は6本**であり、**3段目だけを「増やす」のに必要な線の数は9本**です。このことから、**n段目だけを「増やす」のに必要な線の数は、$3n$で求められる**ことがわかります。つまり、12段目だけを「増やす」のに必要な線の数は（3×12＝）36本です。

したがって、12段組み合わせるのに必要な線の合計は、次のように求めることができます。

$$3+6+9+\cdots+33+36=3\times(1+2+3+\cdots+11+12)$$

この式のカッコ内は、1～12の整数の総和ですので、**1～nの整数の総和を求める公式**を使います。上の式を変形すると、次のようになります。

$$3\times(1+2+3+\cdots+11+12)=3\times\frac{12\times13}{2}$$
$$=234\ [\text{本}]$$

よって、正解は❹です。

問題4 正解 ❺

> 10人に教えれば、教えた人と教わった人を合わせて11人のグループができることになります。

1年目が終了した時点で新言語Xを習得している人数は、**Aを含めて11人**です。2年目はこの11人全員が10人ずつに習得させますが、教えた人とその人に教わった10人を合わせると11人のグループとなりますので、**11人グループが11組できる**ことになります。つまり、2年目が終了した時点でXを習得した人数の合計は$11\times11=11^2$［人］です。同様に、3年目はこの11^2人がそれぞれ10人にXを教え、新たに11人グループを作っていくので、11人グループが11^2組できます。したがって、3年目が終了した時点でXを習得した人数の合計は$11 \times 11^2 = 11^3$［人］となります。

以上をまとめると、**n 年目が終了した時点でのXを習得した人数の合計は 11^n 人になる**ことがわかりますので、6年目の終了時にXを習得した人数の合計は11^6人です。

ここで、11^6の値を求める方法を考えます。11×11を「11の11倍」と考えれば、「11の10倍と1倍の合計」として計算できます。したがって、

$$11^2 = 11 \times 11 = 11 \times 10 + 11 \times 1 = 110 + 11 = 121$$

です。同様に、

$$11^3 = 11^2 \times 11 = 121 \times 11 = 121 \times 10 + 121 \times 1 = 1210 + 121 = 1331$$

です。これ以降も同様に計算すれば、

$$11^4 = 1331 \times 11 = 13310 + 1331 = 14641$$

$$11^5 = 14641 \times 11 = 146410 + 14641 = 161051$$

$$11^6 = 161051 \times 11 = 1610510 + 161051 = 1771561$$

となります。

よって、正解は❺です。

3　倍数の応用

問題1　　正解 ❹

不足の等しい式が三つある剰余の問題なので、「不足」の解法を使って解きます。

6で割ると4余り、7で割ると5余り、8で割ると6余るので、これらは**不足が2で等しい**とわかります。したがって、条件を満たす自然数をMとおくと、「不足」の解法より、Mは以下のように考えることができます。

M＝(6の倍数)－2
M＝(7の倍数)－2
M＝(8の倍数)－2

三つの式を同時に満たすのは、
M＝(6、7、8の公倍数)－2のとき

ここで、6、7、8の最小公倍数を求めます。

2	6	7	8	
	3	7	4	⇒2×3×7×4=168

最小公倍数は168になるので、M＝(168の倍数)－2と表すことができます。したがって、これを満たす最小のものは168－2＝166です。

よって、各位の数字の和は1＋6＋6＝13となり、正解は❹となります。

問題2

正解 ❸

「書き出し」の解法で解くときは、条件を満たす２番目以降の共通の数の探し方に注意しましょう。

「５で割ると２余る」の場合、余りは２、不足は３であり、「７で割ると３余る」の場合、余りは３、不足は４です。つまり、余りは２と３で等しくないので「余分」の解法は使えません。不足も３と４で等しくないので、「不足」の解法も使えません。**「余分」も「不足」も使えないので、「書き出し」の解法を使います。**

二つの割り算を満たす数をそれぞれ書き出すと、次のようになります。つまり、最も小さい共通の数が17であるとわかります。

❶　５で割ると２余る数：2，7，12，(17)，22，…
❷　７で割ると３余る数：3，10，(17)，24，…

次に、❶、❷の数字の並びを式で表します。❶は、「17」の後、５を足し続けた数が並びます。つまり、「17」以降に❶を満たす数は、17＋(５の倍数）となります。また、❷は、「17」の後、７を足し続けた数が並びます。つまり、❷を満たす数は、17＋(７の倍数）となるので、**❶、❷をともに満たす数は、17＋(5と7の公倍数)** となります。

さらに、５と７の最小公倍数は35なので、❶、❷をともに満たす数は、17＋(35の倍数）となります。この式を35で割ると、余りは「17」になりますので、正解は❸となります。

問題3

正解 ❶

条件を満たす自然数が等差数列になることを利用して総和を求めます。

「５で割ると３余り」と「７で割ると５余る」の二つの割り算は**不足が２で等しい**とわかります。したがって、

(条件を満たす数)＝(５と７の公倍数)－２

と表すことができます。５と７の最小公倍数は35なので、この式は、

(条件を満たす数)＝(35の倍数)－２

と変形できます。

これを満たす３桁の自然数の個数を求めます。(35の倍数)＝$35x$とおくと、

(条件を満たす数)＝$35x-2$(xは正の整数)

となります。この式が３桁になるということは、100以上999以下になることなので、以下の不等式が成り立ちます。これを解いて数直線に表すと、次のようになります。

$100 \leqq 35x-2 \leqq 999$

$$102 \leqq 35x \leqq 1001$$

$$\frac{102}{35} \leqq x \leqq \frac{1001}{35}$$

$$2\frac{32}{35} \leqq x \leqq 28\frac{21}{35}$$

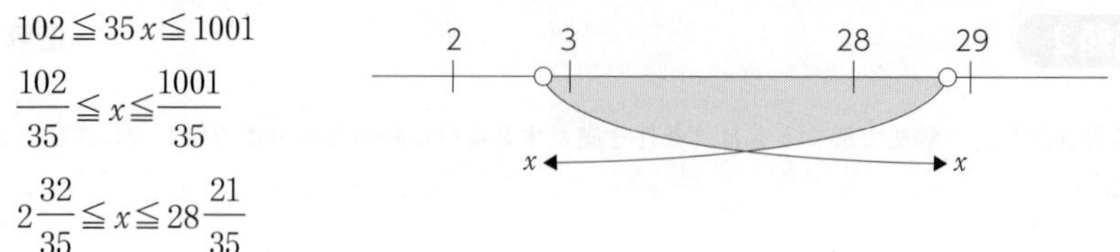

xは正の整数なので、条件を満たすのは$3 \leqq x \leqq 28$のときです。そこで、$35x-2$にxの値を代入して条件を満たす数を求めると、$x=3$のとき$35 \times 3-2=103$となり、以下、$x=4$のとき$35 \times 4-2=138$、$x=5$のとき$35 \times 5-2=173$、…、$x=28$のとき$35 \times 28-2=978$となります。

このとき、「103, 138, 173, …, 978」を数列として考えると、**初項103、末項978、公差35の等差数列**となります。求めるのはこの数列の和になるので、**等差数列の総和の公式**を使うことになりますが、第n項の「n」が不明です。そこで、「n」を求めます。

$35x-2$において、$x=3$のときに初項（第１項）103になり、$x=4$のときに第２項138になるので、第n項の「n」は（$x-2$）で求められることがわかります。したがって、$x=28$のときの末項978は、第26項となります。

よって、等差数列の総和の公式より、

$$\frac{26 \times (103+978)}{2}=14053$$

となるので、正解は❶となります。

問題4

正解 ❸

倍数に関する問題ですが、式を立てて整理すると、剰余と同じ解法を使えることがわかります。

条件を満たす数をxとおくと、題意より、

$x+17=$(18の倍数)

であり、

$x=$(18の倍数)-17　　……①

となります。同様に、

$x-37=$(20の倍数)

より、

$x=$(20の倍数)$+37$　　……②

となります。この時点で、剰余の問題にかなり近い形になりますので、剰余の解法を使うことを考えます。①、②の余りと不足からはヒントを得られないので、「書き出し」の解法を使います。

①を満たす数は、-17に18を足し続けて書き出していき、②を満たす数は、37に20

を足し続けて書き出していくと、次のようになります。

① $x=-17, 1, 19, 37, 55, 73, \cdots$

② $x=37, 57, 77, 97, \cdots$

上のように、①、②に共通する最初の数は「37」とわかります。さらに、①は37以降も18を足し続けますので、

$x=37+$(18の倍数)

となります。同様に、②は37以降も20を足し続けますので、

$x=37+$(20の倍数)

となります。したがって、これらをともに満たす数は、

$x=37+$(18と20の公倍数)

となり、さらに18と20の最小公倍数が180であることから、

$x=37+$(180の倍数)

と表すことができます。

これを満たす3桁の自然数を書き出すと、

$x=37+180=217$

$x=37+360=397$

$x=37+540=577$

$x=37+720=757$

$x=37+900=937$

となりますので、条件を満たすxは5個となります。よって、正解は❸となります。

4 魔方陣、虫食い算・覆面算

問題1 正解 ❹

中心について対称な2マスの和が「17」になる4×4の魔方陣では、それを活用して解くのが簡単です。ただし、❶の解法も使えるようにしておきましょう。

❶ 1列の数値の合計を使った解法

まず、4×4のマス目に1～16を記入した魔方陣の場合、1列の数値の合計は34になります。そこで、求める2マスのうち、**B**を含む横列（図1のⅠ）の数値の合計で式を立てると、$4+\mathbf{B}+9+\square=34$が成り立つので、

$\mathbf{B}+\square=21$ ……①

となります。同様に、**B**を含む縦列（図1のⅡ）の数値の合計で式を立てると、$8+\square+11+\mathbf{B}=34$が成り立つので、

$\mathbf{B}+\square=15$ ……②

図1

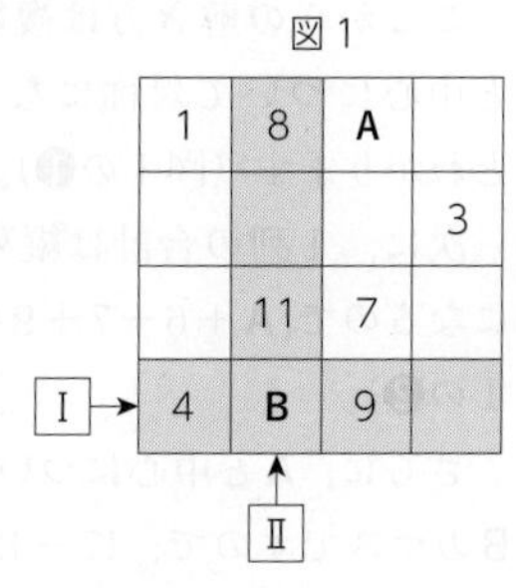

1	8	A	
			3
	11	7	
4	B	9	

となります。

図２

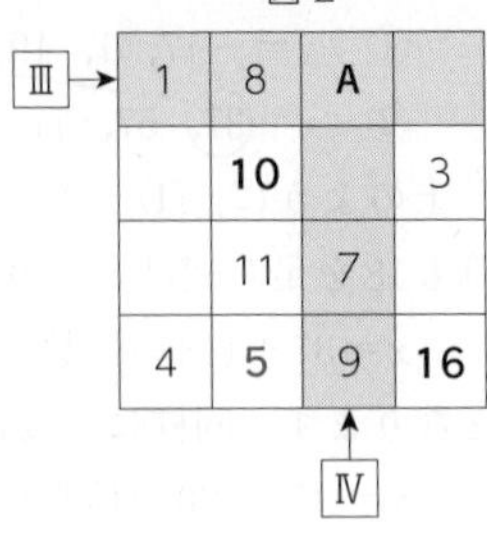

ここで、まだマス目に記入されていない数字は、２、５、６、10、12、13、14、15、16の９個です。この９個のうち、**①を満たす組合せは５＋16か６＋15しかありません。** また、**②を満たす組合せは２＋13か５＋10しかありません。** ①と②には**B**が共通して含まれているので、①、②を同時に満たすのは、**B＝５**のときとなります。したがって、①は５＋16、②は５＋10に決まります。この時点で、５、10、16の位置が決まります（図２）。

続いて、**A**を含む列を考えます。**A**を含む横列（図２のⅢ）の数値の合計より、１＋８＋**A**＋□＝34が成り立つので、

A＋□＝25　　……③

となります。さらに、**A**を含む縦列（図２のⅣ）の数値の合計より、**A**＋□＋７＋９＝34が成り立つので、

A＋□＝18　　……④

となります。

この時点でマス目に記入されていない数字は、２、６、12、13、14、15であり、このうち、③を満たす組合せは12＋13のみ、④を満たす組合せは６＋12のみです。したがって、**A**は③、④に共通するので、**A＝12**に決まります。

よって、**A**、**B**の積は、12×５＝60となるので、正解は❹です。

❷　中心について対称な２マスの関係を使った解法

４×４の魔方陣に１～16の異なる整数を入れるので、**１列の合計は34**です。また、中心について対称な２マスの値を確認すると、**「8」と「9」の２マスが中心について対称な２マスであり、かつ和が17になっている**ことがわかります。したがって、すべての「中心について対称な２マス」の値の和が17になることがわかります。

図１

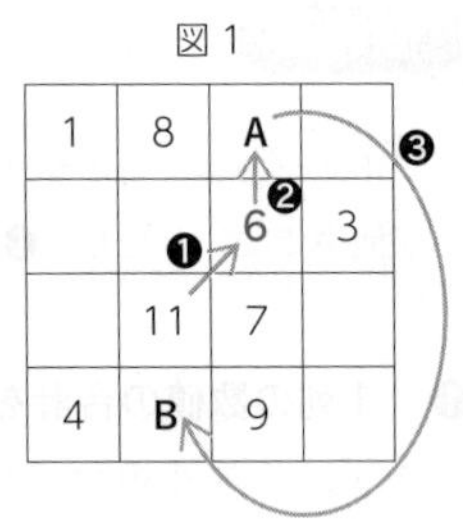

ここからの解き方は複数考えられますが、例えば、「11」と中心について対称になるマスは、17－11＝６より、「６」とわかります（図１の❶）。

次に、１列の合計は縦列右から２列目の１列の合計が34になるので、**A**＋６＋７＋９＝34より、**A＝12**となります（図１の❷）。

さらに、**A**と中心について対称な２マスの関係になるのは**B**のマスですので、17－12＝５より、**B＝５**となります（図１の❸）。

図２

1	8	12	13
15	10	6	3
14	11	7	2
4	5	9	16

よって、求める値**A**×**B**は、12×５＝60となるので、正

解は❹です。

なお、すべてのマス目を埋めると、図2になります。

問題2 正解 ❹

対称2マスの和が「17」にならないので、2列合わせて考える解法で解きます。

本問は4×4の魔方陣ですが、1～16を入れる問題ではないので、中心について対称な2マスの解法が使えません。そこで、**2列を合わせて考える解法**を使います。

まず、図1のⅠ列、Ⅱ列、Ⅲ列、Ⅳ列について、それぞれの1列の合計を式で表すと、次のようになります。

図1

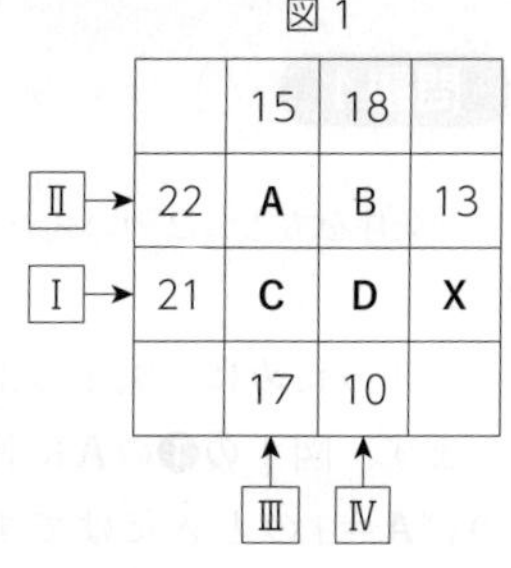

Ⅰ：(1列の合計)＝21＋**C**＋**D**＋**X**

Ⅱ：(1列の合計)＝22＋**A**＋**B**＋13＝35＋**A**＋**B**

Ⅲ：(1列の合計)＝15＋**A**＋**C**＋17＝32＋**A**＋**C**

Ⅳ：(1列の合計)＝18＋**B**＋**D**＋10＝28＋**B**＋**D**

ここで、2列の式を組み合わせていきます。題意より、(Ⅱ列の式)＝(Ⅲ列の式) が成り立つので、次の式を得ます。

35＋**A**＋**B**＝32＋**A**＋**C**

上の式を整理すると、**B**＝**C**－3となるので、これをⅣ列の式に代入すると、次のようになります。

Ⅳ：(1列の合計)＝28＋(**C**－3)＋**D**＝25＋**C**＋**D**

題意より、(Ⅰ列の式)＝(Ⅳ列の式) となることから、以下の式を得ます。

21＋**C**＋**D**＋**X**＝25＋**C**＋**D**

この式を整理すると、**X**＝4となりますので、正解は❹となります。

問題3 正解 ❹

正方形のマス目のときの解法を活かして、わかりやすい列から解きます。

問題の図の1列より、**A**＝26－5－12－3＝6に決まり、図の2の列より、**B**＝26－4－11－3＝8に決まります。

次に、図の3の列より、**C**＋**D**＝26－5－4＝17となりますが、未使用の数字は7、9、10ですので、**このうち二つの和が17になるのは7＋10のとき**だとわかります。したがって、**C**と**D**は一方が7、もう一方が10となります。

よって、**未使用の数字のうち残った9がEの値になる**ので、正解は❹となります。

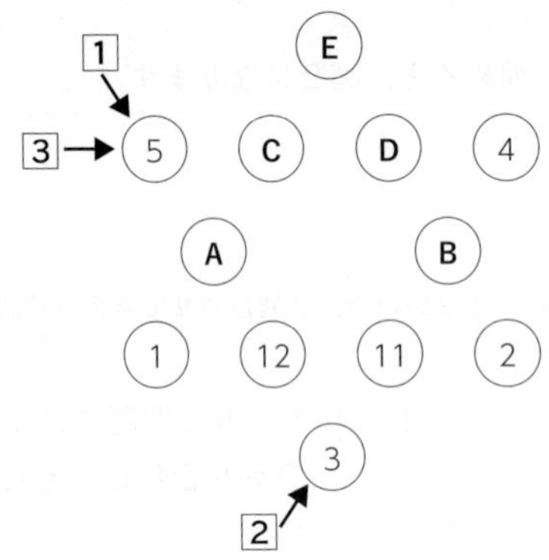

問題4

正解 ❸

条件をもとに2列の式を作り、組み合わせて解きます。

説明のために、図1のように、各縦列を❶～❻とおきます。

まず、図1の❶のAに着目すると、A×2＝2が成り立つのはA＝1のときだけです。さらに、最上位のAは0ではないので、A×2の最小値は2になります。したがって、❷のB×2から繰り上がりがあると、計算結果の最上位が3以上になり、不適となります。つまり、❷からは繰り上がりがないことがわかりますので、A＝1で確定です。

図1

❶	❷	❸	❹	❺	❻
A	B	2	C	D	E
×					2
2	C	D	E	A	B

次に、図1の❷のB×2が繰り上がらないことから、Bは0～4のいずれかとなります。さらに、図1の❻より、E×2の答えの一の位がBになるので、Bは2の倍数、つまり、0、2、4のいずれかとなります。そこで、場合分けを行います。

B＝0の場合、図2の❷の掛け算は0×2になり、この答えの一の位がCとなります。ここで、❸の掛け算が2×2であることから、❸から❷への繰り上がりは発生しないので、C＝0となります。しかし、この場合、B＝C＝0となり、BとCが異なるという条件を満たすことができません。よって、この場合は不適です。

図2

❶	❷	❸	❹	❺	❻
1	0	2	C	D	E
×					2
2	C	D	E	1	0

B＝2の場合、図3の❷の掛け算は2×2であり、この答えの一の位がCとなります。右隣の❸の掛け算が2×2であることから、❷への繰り上がりは生じないので、C＝4に決まります。また、図3の❻の掛け算はE×2となり、この答えの一の位が2であることから、Eは1か6となりますが、A＝1より、Eも1になることはあり得ませんので、E＝6に決まります（図4）。

ここで、図4の❹に着目すると、4×2の答えの一の位が6となっていますが、❺の掛け算からの繰り上がりを考えても、これを満たすDは存在しませんので、この場合は不適です。

したがって、B＝4に決まります。図5の❻より、E×2の答えの一の位が4になることから、**Eは2か7のいずれか**になりますが、本問ではEを求めるので、選択肢を確認すると、❸の7のみが条件を満たします。よって、正解は❸です。

図3

❶	❷	❸	❹	❺	❻
1	2	2	C	D	E
×					2
2	C	D	E	1	2

なお、式をすべて確定させると、E＝2の場合、下の図5において、❻は2×2＝4で繰り上がりが生じません。すると、❺のD×2の答えの一の位が1になることはあり得ないので、E＝7に決まります。このとき、❻は7×2＝14となるので、❺に対して1の繰り上がりが生じます。したがって、❺はD×2＋1の一の位が1になればよいので、D＝5となります（図6）。さらに、図6において、❺から❹に対して1繰り上がりますので、❹の計算はC×2＋1の一の位が7となります。これを満たすCは3または8ですが、C＝3のとき、❹から❸への繰り上がりが生じないので、❸の計算結果の一の位が5とならず矛盾します。つまり、C＝8となり（図7）、式が完成します。

図4

❶	❷	❸	❹	❺	❻
1	2	2	4	D	6
×					2
2	4	D	6	1	2

図5

❶	❷	❸	❹	❺	❻
1	4	2	C	D	E
×					2
2	C	D	E	1	4

図6

❶	❷	❸	❹	❺	❻
1	4	2	C	5	7
×					2
2	C	5	7	1	4

図7

❶	❷	❸	❹	❺	❻
1	4	2	8	5	7
×					2
2	8	5	7	1	4

問題5

正解 ❶

計算結果の桁数に着目して、場合分けを行います。

説明のために、除数（2桁）を❶、5桁の商を桁ごとに❷～❻、3か所の引き算部分を❼～❾とおきます。

まず、❶×❸と❶×❺に着目すると、その掛け算の結果が下段に書かれていないので、❸＝0、❺＝0となります（図1）。

次に、図1の❽に着目すると、❽1行目「8□」は80～89のいずれかであり、そこから❽2行目「□□」を引いた結果1桁の数が残るということは、**単純に考えれば❽2**

行目□□は71～88のいずれか（①）**となります。**

また、図1の❶×❹（□□×7）の計算結果が❽2行目「□□」（2桁の数）になることに着目すると、**❶の十の位が2以上の場合は❶×❹（□□×7）の計算結果が3桁になってしまうので不適**です。よって、❶の十の位は1に決まります（図2）。

ここで、図2❶×❹は「1□×7＝□□」となるので、❶「1□」について場合分けしてみると、10×7＝70、11×7＝77、12×7＝84、13×7＝91、14×7＝98となり、このうち①を満たすのは、❶「1□」が11または12の場合のみです。そこで、❶が11の場合と12の場合をそれぞれ❶×❷に代入します。❶が11の場合は、❶×❷は「11×□」となりますが、図2の**❷の□に0～9のいずれの数字を入れても、計算結果（❼2行目）が3桁（□□8）にはなりません**。したがって、❶が11の場合は不適となり、**❶＝12**に決まりますので、図2の❶×❷は「12×□＝□□8」となります。

さらに、図2の**❶×❷（12×□）の計算結果が3桁**であることに着目すると、条件を満たすのは、**12×9＝108となる場合のみ**（②）です。したがって、❷＝9となり、❼の引き算は「108－108＝0」となります（図3）。

ここで、図3の❶×❹は「12×7＝84」となるので、❽2行目は「84」となります。さらに、❾2行目は❶×❻（「12×□」）の計算結果になりますが、②より、「12×□」が3桁になるのは、❻＝9の場合のみであり、❾の引き算は、「108－108＝0」に決まります。したがって、❽の引き算は「8□－84＝1」となりますので、この□は5となります。

ここまでわかれば、残った□はすべて埋められます（図4）。

よって、被除数の各桁の和は、1＋0＋8＋8＋5＋0＋8＝30となるので、正解は❶となります。

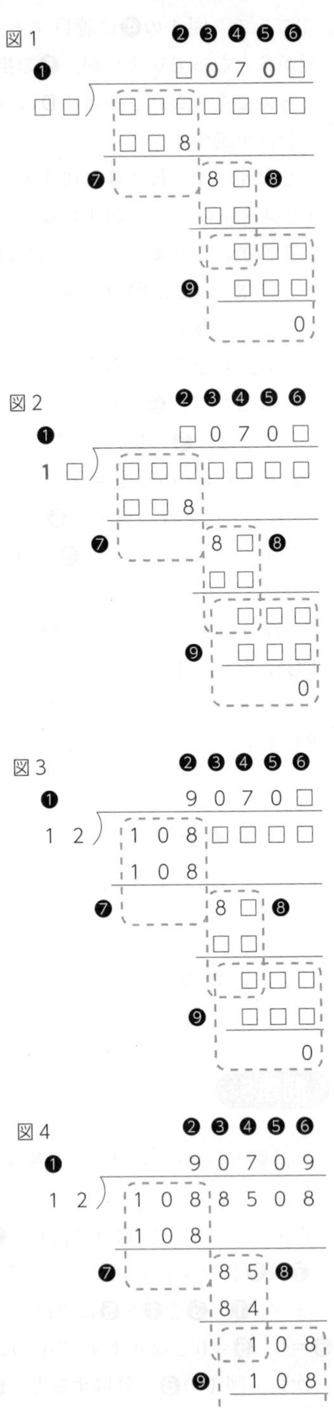

5 n進法

問題1

正解 ❸

それぞれ10進法に変換し、10進法で計算してから7進法に変換します。

5進法の3024を10進法で表すと、$3 \times 5^3 + 0 \times 5^2 + 2 \times 5^1 + 4 \times 1 = 389_{(10)}$ となり、3進法の2110を10進法で表すと、$2 \times 3^3 + 1 \times 3^2 + 1 \times 3^1 + 0 \times 1 = 66_{(10)}$ となります。これら二つの数の差は、$389 - 66 = 323_{(10)}$ です。そこで、右の図のように、323を7進法で表すと641となるので、正解は❸です。

7) 323
7) 46 … 1
6 … 4

問題2

正解 ❹

6進法で計算した結果は、10進法で計算した結果と実質同じです。

4進法の123を10進法に変換すると、$1 \times 4^2 + 2 \times 4^1 + 3 \times 1 = 27_{(10)}$ となり、5進法の210を10進法に変換すると、$2 \times 5^2 + 1 \times 5^1 + 0 \times 1 = 55_{(10)}$ となります。

したがって、10進法でのX＋Yの値は $27 + 55 = 82_{(10)}$ となるので、これを6進法に変換すると、右の図のように $214_{(6)}$ となります。

6) 82
6) 13 … 4
2 … 1

よって、正解は❹です。

問題3

正解 ❷

$34_{(a)}$、$65_{(b)}$ に使われている数字から、n進法の「n」の値を絞り込みます。

n進法では、0から $(n-1)$ までの数字が使用されます。したがって、$34_{(a)}$ という表記からa進法では3や4が使用できるので、2進法、3進法、4進法ではないとわかり、$5 \leqq a \leqq 9$ （①）となります。同様に、$65_{(b)}$ より、$7 \leqq b \leqq 9$ （②）となります。

次に、$34_{(a)} = 3a + 4_{(10)}$、$45_{(8)} = 4 \times 8 + 5 = 37_{(10)}$、$65_{(b)} = 6b + 5_{(10)}$ となるので、題意より、以下の式が成り立ちます。

$$(3a + 4) + 37 = (6b + 5)$$

この式を整理すると、

$$12 + a = 2b \quad \cdots\cdots③$$

となります。

③より、12、$2b$はともに2の倍数ですので、aも2の倍数となります。さらに、①より、aは6か8のいずれかまで絞れます。そこで場合分けを行うと、$a=8$のとき、③

に代入すると$b=10$となり、②を満たしません。したがって、$a=6$に決まります。さらに、これを③に代入すると、$b=9$となります。

よって、$2a+b=2\times6+9=21$となるので、正解は❷です。

第2章　方程式の文章題

1　方程式の基本

問題1　　正解 ❸

井戸の深さを文字で表し、縄の全長を求める式を立ててみます。

三つ折り、四つ折りのどちらの縄を入れたときも、**井戸の深さ自体は変わりません。** そこで、井戸の深さを文字で表し、**（三つ折りの縄の長さから縄の全長を求める式）と（四つ折りの縄の長さから縄の全長を求める式）をそれぞれ立てます。**

井戸の深さを x［m］とおき、井戸の深さを横方向に示して、縄の全長との関係を図で表すと、次のようになります。

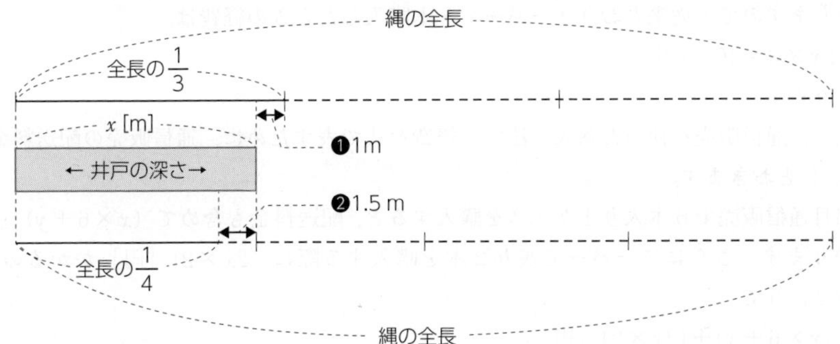

図の上側の直線は縄の全長を表し、それを三つ折りにしたときの縄の長さが、縄を示す直線の実線部分です。題意より、縄の全長の$\frac{1}{3}$は、井戸の深さより1 m長かったので、上の図の❶より、

$$（縄の全長の\frac{1}{3}）= x + 1 \ [\mathrm{m}]$$

となります。つまり、縄の全長はその3倍になるので、

$$（縄の全長）= 3x + 3 \ [\mathrm{m}] \qquad \cdots\cdots①$$

となります。

同様に、図の下側の直線も縄の全長を表し、それを四つ折りにしたときの縄の長さが、縄を示す直線の実線部分です。題意より、縄の全長の$\frac{1}{4}$は、井戸の深さより1.5 m短かったので、上の図の❷より、

$$（縄の全長の\frac{1}{4}）= x - 1.5 \ [\mathrm{m}]$$

となります。つまり、縄の全長はその4倍になるので、

$$（縄の全長）= 4x - 6 \ [\mathrm{m}] \qquad \cdots\cdots②$$

となります。

①、②より、

$3x+3=4x-6$

が成り立つので、これを解くと$x=9$となります。

これに最も近い選択肢を探すと、❸の9.1 mになりますので、正解は❸です。

問題2　　　　　正解 ❺

通信販売を使った2通りの購入方法と、従来の購入方法それぞれの式を立てます。

まず、通信販売の1本当たりの価格はスーパーの半額なので、通信販売での1本当たりの価格をx［円］とおくと、スーパーで購入したときの1本当たりの価格は$2x$［円］となりますので、従来どおりスーパーで8本購入したときの経費は、

$2x\times8=16x$［円］

となります。

次に、通信販売を使った購入方法での経費を式で表すために、通信販売の配送料金をy［円］とおきます。

毎月通信販売で6本入り1ケースを購入すると、配送料金も含めて$(x\times6+y)$［円］かかります。さらにスーパーで残り2本を購入する際に$(2x\times2)$［円］かかるので、経費は合計で、

$(x\times6+y)+(2x\times2)$［円］

となります。これは、従来の経費$16x$円よりも300円安くなるので、

$(x\times6+y)+(2x\times2)=16x-300$

が成り立ちます。この式を整理すると、

$6x-y=300$　　……①

となります。

また、3か月に2回通信販売で6本入り2ケースずつ購入すると、その経費はペットボトル24本分に加えて、配送料金のy円が2回分かかるので、**3か月分の経費**は、

$(x\times24+y\times2)$［円］　　……②

となります。これは、従来の経費$16x$円よりも、1か月当たり680円安くなるので、1か月当たりの経費は$(16x-680)$円です。つまり、**3か月分の経費**は、

$(16x-680)\times3=48x-2040$

と表すことができ、これが②と等しいことから、

$x\times24+y\times2=48x-2040$

が成り立ちます。この式を整理すると、

$12x-y=1020$　　……③

となります。

ここで、①、③を連立方程式として解くと、③−①より、次のようになります。

$$
\begin{array}{rrl}
 & 12x - y = & 1020 \\
-) & 6x - y = & 300 \\
\hline
 & 6x \quad = & 720 \\
 & x = & 120
\end{array}
$$

したがって、$x=120$［円］となるので、**スーパーでの１本当たりの価格**（$2x$［円］）は、

$120 \times 2 = 240$［円］

となり、正解は❺となります。なお、yを求めると、420［円］となります。

問題３

正解 ❶

［cm］と［m］の２種類の単位が出てくるので、単位をそろえて立式します。面積を求める式が２次方程式になるので、因数分解か解の公式を使って解きます。

小さいほうの正方形の１辺をx［cm］とおくと、**小さいほうの正方形の４辺の長さは$4x$**［cm］となります。これを２ m＝200 cmの針金から切り出せば、**残りの針金の長さは（$200-4x$）**［cm］となります。この針金で大きいほうの正方形を作ると、**１辺の長さはその$\frac{1}{4}$となる**ので、大きいほうの正方形の１辺の長さは、

$(200-4x) \times \frac{1}{4} = (50-x)$［cm］　……①

となります。したがって、小さいほうの正方形の面積はx^2［cm^2］となり、大きいほうの正方形の面積は、

$(50-x)^2 = 2500 - 100x + x^2$［$cm^2$］

となるので、**二つの正方形の面積の和**は、

$x^2 + (2500 - 100x + x^2) = 2x^2 - 100x + 2500$

となります。

題意より、

$2x^2 - 100x + 2500 = 1828$

が成り立ちますので、これを整理すると、

$x^2 - 50x + 1250 = 914$

$x^2 - 50x + 336 = 0$　……②

となります。これを因数分解すると、

$(x-8)(x-42) = 0$

となるので、$x=8$、42より、小さいほうの正方形の１辺は８ cmか42 cmとなります。ここで、$x=8$［cm］のとき、①より、大きいほうの正方形の１辺は42 cmとなり、条件を満たしますが、$x=42$［cm］のとき、①より、大きいほうの正方形の１辺は８ cmとなり、不適となります。

よって、小さいほうの正方形の面積は、$8 \times 8 = 64$［cm^2］となるので、正解は❶です。

なお、②を２次方程式の解の公式を使って計算してみると、次のようになります。

$ax^2+bx+c=0$が$x^2-50x+336=0$になるので、$a=1$、$b=-50$、$c=336$となり、これらを解の公式に代入すると、次のようになります。

$$x=\frac{-(-50)\pm\sqrt{(-50)^2-4\times1\times336}}{2\times1}=\frac{50\pm\sqrt{2500-1344}}{2}=\frac{50\pm\sqrt{1156}}{2}$$

ここで、1156を素因数分解すると$2^2\times17^2$になるので、$\sqrt{1156}=34$とわかります。したがって、

$$x=\frac{50\pm\sqrt{1156}}{2}=\frac{50\pm34}{2}=42、8$$

となります。ここから先は前述の解説と同様に解くことができます。

問題４

正解 ❶

２番目に重い（または軽い）組合せを使って、必要な値だけを求めます。

四つの分銅を、軽いほうから順に、A、B、C、Dとおきます。

このうち二つを選んで重さを量るとき、その組合せは、(A＋B)、(A＋C)、(A＋D)、(B＋C)、(B＋D)、(C＋D)の６通りです（第４章で学習しますが、組合せの公式を使って、${}_4C_2=6$［通り］と求めることができます）。

この６通りのうち、最も軽い組合せは（A＋B）になるので、

(A＋B)＝87［g］　……①

に決まります。同様に、最も重い組合せは（C＋D）になるので、

(C＋D)＝104［g］

に決まります。

次に、２番目に重い組合せを考えます。残りの４通りについて、(A＋C)＜(A＋D)であり、(B＋C)＜(B＋D)であることから、(A＋D)と(B＋D)のいずれかが２番目に重い組合せになります。これら二つの組合せにおいて、Dが共通であり、A＜Bなので、(A＋D)＜(B＋D)となります。したがって、２番目に重い組合せは(B＋D)となり、

(B＋D)＝98［g］　……②

に決まります。

ここで、②－①より、

D－A＝98－87＝11

が成り立つので、最も軽い分銅Aと最も重い分銅Dの重さの差は、11 gとなります。よって、正解は❶です。

問題5

正解 ❶

10通りの組合せを合計すると、5種類の缶の重さの合計を求めることができます。

軽いほうの缶から順にA、B、C、D、Eとおくと、異なった2缶の組合せ10通りは、(A＋B)、(A＋C)、(A＋D)、(A＋E)、(B＋C)、(B＋D)、(B＋E)、(C＋D)、(C＋E)、(D＋E) です。**これら10通りを合計する**と、

$$(A+B)+(A+C)+(A+D)+(A+E)+(B+C)+(B+D)+(B+E)+(C+D)+(C+E)+(D+E)$$
$$=4\times(A+B+C+D+E) \quad \cdots\cdots ①$$

となります。

また、**問題文中の実際の重さの値10通りを合計する**と、

$$203+209+216+221+225+228+232+234+238+250=2256\ [g] \quad \cdots\cdots ②$$

となります。ここで、**①＝②より**、

$$4(A+B+C+D+E)=2256$$

が成り立ち、これを整理すると、

$$A+B+C+D+E=564 \quad \cdots\cdots ③$$

となります。

ここで、最も軽いAと2番目に軽いBを合計した重さは、10種類の重さの値のうち最も軽い203gになるので、

$$A+B=203 \quad \cdots\cdots ④$$

が成り立ちます。同様に、最も重いEと2番目に重いDを合計した重さは、10種類の重さの値のうち最も重い250gとなるので、

$$D+E=250 \quad \cdots\cdots ⑤$$

が成り立ちます。④、⑤を③に代入すると、

$$203+C+250=564$$

より、C＝111となるので、正解は❶です。

問題6

正解 ❺

姉の年齢についての条件が多いので、姉の年齢を文字で表して立式します。

条件Aより、

(今年の姉の年齢)＝(今年の弟の年齢)＋4

なので、

(今年の弟の年齢)＝(今年の姉の年齢)－4

であり、条件Bより、

(今年の父の年齢)＝(今年の姉の年齢)×3

ですので、**「今年の姉の年齢」を文字で表せば、「今年の弟の年齢」と「今年の父の年齢」を同じ文字を使って表せます。**

そこで、

(今年の姉の年齢)$=x$［歳］

とおくと、

(今年の弟の年齢)$=(x-4)$［歳］

(今年の父の年齢)$=3x$［歳］

となります。「今年の母の年齢」については、特に条件がありませんので、

(今年の母の年齢)$=y$［歳］

とおきます（①）。

条件Cより、

(５年前の母の年齢)＝(５年前の弟の年齢)×５　……②

が成り立ちます。①より、

(５年前の母の年齢)$=(y-5)$［歳］

(５年前の弟の年齢)$=(x-4)-5=(x-9)$［歳］

となるので、これらを②に代入すると、

$(y-5)=(x-9)\times 5$

より、

$y=5x-40$　……③

となります。

また、条件Dより、

(２年後の父の年齢)＋(２年後の母の年齢)

＝{(２年後の姉の年齢)＋(２年後の弟の年齢)}×３　……④

となります。①より、

(２年後の父の年齢)$=(3x+2)$［歳］

(２年後の母の年齢)$=(y+2)$［歳］

(２年後の姉の年齢)$=(x+2)$［歳］

(２年後の弟の年齢)$=(x-4)+2=(x-2)$［歳］

となりますので、これらを④に代入すると、

$(3x+2)+(y+2)=\{(x+2)+(x-2)\}\times 3$

より、

$3x-y=4$　……⑤

となります。

ここで、⑤に③を代入すると、

$3x-(5x-40)=4$

となり、これを整理すると、

$x=18$

となりますので、今年の姉の年齢は18歳です。これを③に代入すると、

$y = 5 \times 18 - 40 = 50$

となるので、今年の母の年齢は50歳です。さらに、$x = 18$を①に代入すると、今年の父の年齢は、

$18 \times 3 = 54$［歳］

となり、今年の弟の年齢は、

$18 - 4 = 14$［歳］

となります。

よって、今年の４人の年齢の合計は、

$54 + 50 + 18 + 14 = 136$［歳］

となりますので、正解は❺となります。

問題７

正解 ❺

個々の年齢を求めるのではなく、求める式を意識して解きます。

現在における父親の年齢をx歳、母親の年齢をy歳、長女の年齢をa歳、次女の年齢をb歳、三女の年齢をc歳とおくと、**求めるものは（$y + a + b$）となります。**

問題文の「両親の年齢の和は、現在は３姉妹の年齢の和の３倍である」より、

$x + y = 3(a + b + c)$　　……①

となります。

次に６年後の条件を考えます。６年後には全員の年齢が６歳ずつ増えているので、両親の年齢は２人合わせて12歳増え、３姉妹の年齢は３人合わせると18歳増えていることになります。したがって、「（両親の年齢の和は）６年後には３姉妹の年齢の和の２倍になる」を式で表すと、

$(x + y + 12) = 2(a + b + c + 18)$

となり、これを整理すると、

$x + y = 2(a + b + c) + 24$　　……②

となります。

さらに４年前の条件を考えると、４年前には全員の年齢が４歳減っているので、問題文の「４年前には父親と三女の年齢の和が、母親、長女及び次女の年齢の和と等しかった」を式で表すと、

$(x - 4) + (c - 4) = (y - 4) + (a - 4) + (b - 4)$

となります。これを整理すると、

$x + c = y + a + b - 4$　　……③

となります。

ここで、**①、②の左辺が共通であることに着目**し、①を②に代入して整理すると、次のようになります。

$3(a + b + c) = 2(a + b + c) + 24$

$a+b+c=24$ ……④

さらに④を①に代入すると、

$x+y=3\times 24$

より、

$x+y=72$ ……⑤

となります。

ここで、求めるものが $(y+a+b)$ であることから、x と c は求める必要がありません。そこで、③、④、⑤を使って x と c を消します。

④より、

$c=24-a-b$ ……⑥

となります。また、⑤より、

$x=72-y$ ……⑦

となりますので、⑥、⑦を③に代入して整理すると、次のようになります。

$$(72-y)+(24-a-b)=y+a+b-4$$
$$y+a+b=50$$

この式の左辺は冒頭に掲げた「求めるもの」に一致するので、現在の母親、長女および次女の年齢の和は50となります。

よって、正解は❺です。

2 不等式

問題1 正解 ❷

条件からB組の生徒数とC組の生徒数の値を絞り込み、選択肢を用いて場合分けします。

A組、B組、C組の生徒数を、それぞれ a 人、b 人、c 人とおくと、題意より、

$a+b+c=105$ ……①

となります。

また、条件ア「B組の生徒数の3倍は、A組の生徒数の2倍より5人以上多い」より、$b\times 3$ は、$a\times 2+5$ と等しいか、それ以上に多いので、

$3b\geqq 2a+5$ ……②

が成り立ちます。

次に条件イの前半の「C組の生徒数は、A組からC組までの生徒数の合計の5割より7人以上少なく」を式で表してみます。「A組からC組までの生徒数」は105人ですので、その5割、つまりその $\frac{1}{2}$ は、$105\times\frac{1}{2}=52.5$［人］です。したがって、「A組からC組までの生徒数の合計の5割より7人少ない」状態は、$52.5-7=45.5$［人］となり、C組の生徒数は「7人以上少ない」ので、45.5人と等しいか、それよりもさらに少ない可能

性もあります。つまり、

$c \leqq 45.5$ ……③

となります。

さらに、条件イの後半の「(C組の生徒数は) B組の生徒数より20人以上多い」より、

$c \geqq b + 20$ ……④

となります。

③、④より、

$b + 20 \leqq c \leqq 45.5$ ……⑤

となるので、$b + 20 \leqq 45.5$が成り立ちます。これを整理すると、$b \leqq 25.5$となりますが、**これ以上条件がないので選択肢を確認する**と、❶の24人、❷の25人のみが条件を満たします。

そこで、**それぞれの場合について、場合分けをして確認します。**

❶の$b = 24$人の場合、⑤より、$c = 44$または$c = 45$です。$c = 44$のとき、①より、

$a + 24 + 44 = 105$

となるので、$a = 37$となります。さらに②より、

$3 \times 24 \geqq 2 \times 37 + 5$

となりますが、これを整理すると$72 \geqq 79$となり、式が矛盾するため条件を満たしません。よって、**この場合は不適です。**

また、$c = 45$のとき、①より、

$a + 24 + 45 = 105$

となるので、$a = 36$となります。さらに②より、

$3 \times 24 \geqq 2 \times 36 + 5$

となりますが、$72 \geqq 77$となり、この場合も矛盾が生じるので条件を満たさず、**不適です。**

❷の$b = 25$人の場合、⑤より、$c = 45$に決まります。①より、

$a + 25 + 45 = 105$

となるので、$a = 35$となります。さらに②より、

$3 \times 25 \geqq 2 \times 35 + 5$

となりますが、$75 \geqq 75$となり、矛盾は生じません。したがって、**この場合は条件を満たします。**

よって、正解は❷です。

問題2

正解 ❸

「配られる物」を参加者、「受け取る人」を部屋として式を立てます。

「配られる物」を一次募集の参加者、「受け取る人」を部屋として、「部屋の総数」をx部屋とおき、「一次募集の参加人数」を式で表します。なお、問題文中の「二次募集できる」という表現は、**部屋に空きができる状態**になるので、**部屋に割り振った人数よ**

りも参加者が少ない、という意味になります。

条件アより、すべての部屋に８人ずつ割り振ると、$8x$ 人が割り振られるはずですが、23人不足するので、

(一次募集の参加人数)$=8x-23$［人］……①

となります。

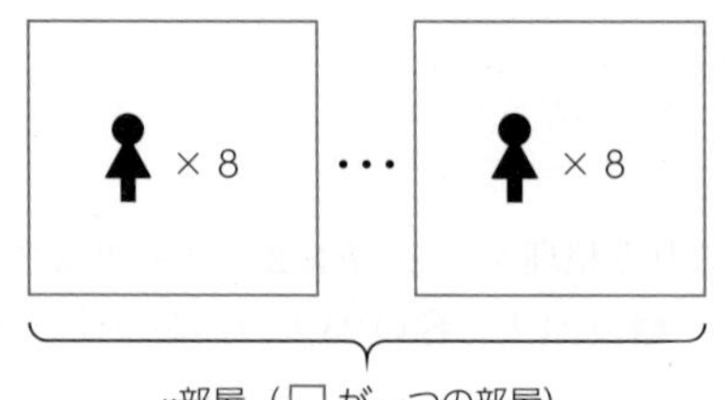

×８
…
×８
一次募集の参加人数は、各部屋8人でx部屋を
満室にできる人数より23人少ない
→一次募集の参加人数は　8x−23［人］
x部屋（□が一つの部屋）

条件イより、すべての部屋に６人ずつ割り振ると、$6x$ 人が割り振られますが、「８人分以上の部屋が不足する」ということは、**８人以上が部屋に割り振られず、余ってしまった**ということです。ここで、８人ちょうど余った状態は、$6x+8$ と表すことができますが、実際の「一次募集の参加人数」は、８人以上が割り振られないので、例えば $6x+9$ や $6x+10$ のような参加人数もあり得ることになります。つまり、

(一次募集の参加人数)$\geqq 6x+8$　……②

が成り立ちます。

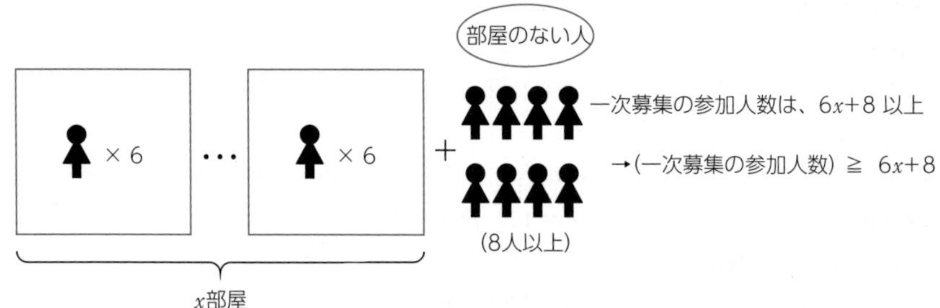

部屋のない人
×６
…
×６
＋
(8人以上)
一次募集の参加人数は、6x+8 以上
→(一次募集の参加人数) ≧ 6x+8
x部屋

条件ウより、x 部屋のうち８部屋を８人部屋に設定すると、$8\times8=64$［人］が割り振られます。この時点で残りの部屋数は（$x-8$）部屋であり、これらの部屋すべてを６人部屋に設定すると、$6\times(x-8)$［人］が割り振られるはずです。この時点で部屋に割り振られた人数の合計は、

$64+6(x-8)=6x+16$［人］

になりますが、６人分以上の空きが出ています。ここで、「６人分ちょうど空きが出た」状態を式で表すと、$(6x+16)-6$ となりますが、実際には６人以上の空きが出ているので、例えば $(6x+16)-7$ や $(6x+16)-10$ のような数も考えられ、一次募集の参加人数は $(6x+16)-6$ よりも少ない可能性があります。つまり、

(一次募集の参加人数)$\leqq(6x+16)-6$

となり、これを整理すると、

(一次募集の参加人数)$\leqq 6x+10$　……③

となります。

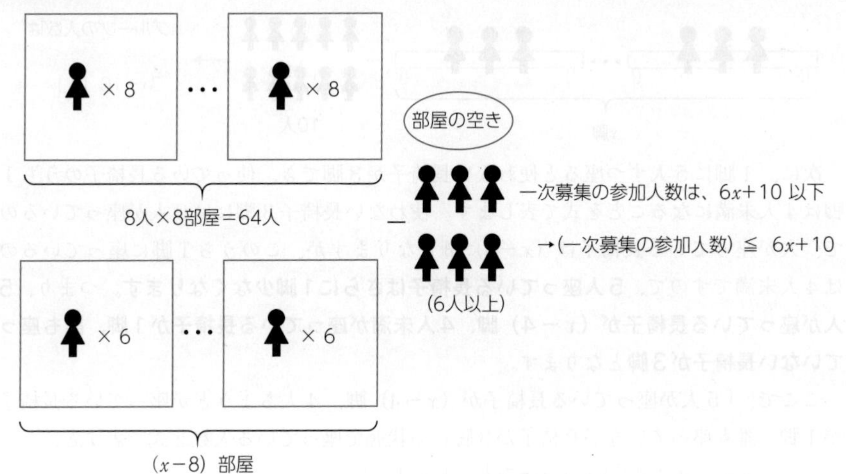

ここで、①を②に代入すると、

$8x - 23 \geqq 6x + 8$

となり、これを整理すると、

$x \geqq 15.5$ ……④

となります。さらに、①を③に代入すると、

$8x - 23 \leqq 6x + 10$

となり、これを整理すると、

$x \leqq 16.5$ ……⑤

となります。

④、⑤より、$15.5 \leqq x \leqq 16.5$となりますから、$x = 16$に決まります。これを①に代入すると、

(一次募集の参加人数) $= 8 \times 16 - 23 = 105$ [人]

となるので、正解は❸となります。

問題3

正解 ❶

最後に場合分けを行い、条件を満たすか確認していきます。

「配られる物」をグループのメンバー、「受け取る人」を長椅子として、「長椅子の総数」をx脚とおき、「グループの人数」を式で表します。

まず、長椅子1脚に3人ずつ座ると10人が座れないので、

(このグループの人数) $= 3x + 10$ [人] ……①

となります。

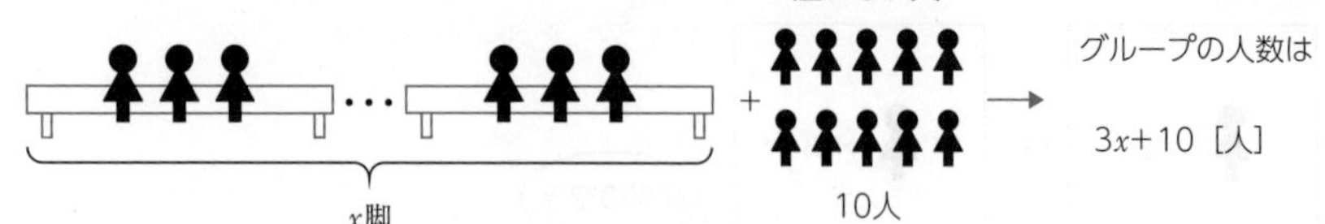

次に、1脚に5人ずつ座ると使わない長椅子が3脚でき、使っている長椅子のうち1脚は4人未満になることを式で表します。使わない長椅子3脚には0人が座っているので、人が座っている長椅子は（$x-3$）脚となりますが、このうち1脚に座っているのは4人未満ですので、**5人座っている長椅子はさらに1脚少なくなります**。つまり、**5人が座っている長椅子が（$x-4$）脚、4人未満が座っている長椅子が1脚、誰も座っていない長椅子が3脚**となります。

ここで、「5人が座っている長椅子が（$x-4$）脚、4人ちょうどが座っている長椅子が1脚、誰も座っていない長椅子が3脚」の状態で座っている人数を式で表すと、

$$5\times(x-4)+4\times1+0\times3=5(x-4)+4 \ [\text{人}]$$

となりますが、実際には4人未満の座る長椅子が1脚なので、例えば、$5(x-4)+3$や$5(x-4)+2$のような式がグループの人数を表すはずです。

つまり、

$$(\text{このグループの人数})<5(x-4)+4$$

が成り立ち、この式を整理すると、

$$(\text{このグループの人数})<5x-16$$

となります。

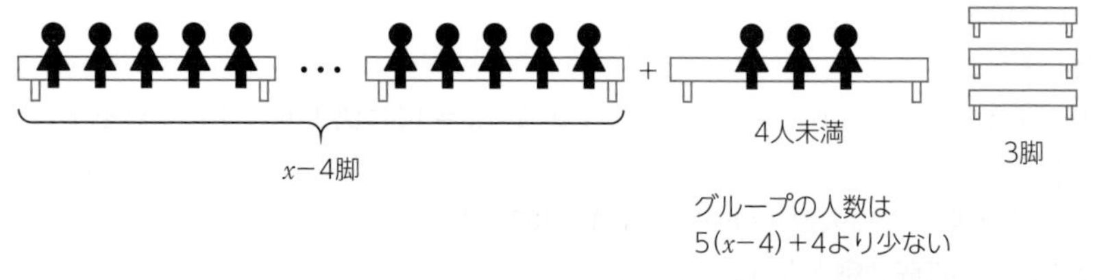

この式に①を代入すると、$3x+10<5x-16$となるので、この式を整理すると、$x>13$となり、長椅子が14脚以上あったことがわかります。

これ以上条件がないので、**xの値が14以上として場合分けを行います**。

$x=14$の場合、①より、このグループの人数は、$3\times14+10=52$［人］です。52人を5人ずつ14脚の長椅子に座らせると、10脚で50人になり、もう1脚には2人座ることになります。したがって、使わない長椅子は、$14-10-1=3$［脚］となり、**特に矛盾はありません。**

$x=15$の場合、①より、このグループの人数は、$3\times15+10=55$［人］です。55人を5人ずつ15脚の長椅子に座らせると、11脚でちょうど55人になり、残りの4脚は使わないことになります。題意より、使わない長椅子は3脚ですので、**この場合は不適で**

す。

$x=16$の場合、①より、このグループの人数は、$3\times16+10=58$［人］です。58人を5人ずつ16脚の長椅子に座らせると、11脚で55人になり、もう1脚は3人が座ります。したがって、使わない長椅子は、$16-11-1=4$［脚］となりますが、使わない長椅子は3脚ですので、**この場合は不適です**。

$x=17$の場合、①より、このグループの人数は、$3\times17+10=61$［人］です。61人を5人ずつ17脚の長椅子に座らせると、12脚で60人になり、もう1脚は1人が座ります。したがって、使わない長椅子は、$17-12-1=4$［脚］となりますが、使わない長椅子は3脚ですので、**この場合は不適です**。

$x=18$の場合、①より、このグループの人数は、$3\times18+10=64$［人］です。64人を5人ずつ18脚の長椅子に座らせると、12脚で60人になり、もう1脚は4人が座りますが、題意より、「使っている長椅子のうち1脚は4人未満」ですので、4人が座ると条件を満たしません。よって、**この場合は不適です**。

この時点で、グループの人数が52人、55人、58人、61人、64人の場合を検討したので、選択肢にある値すべてを確認したことになります。つまり、これ以上は確認する必要がありませんので、ここまでで矛盾のない❶が正解となります。

なお、本問では、①の式が立てられた時点で、選択肢を代入して解くことも可能です。ただし、上の解説の流れも必ず理解しておくようにしてください。

3　不定方程式

問題1　　正解 ❶

不定方程式として文字の値を絞り込んでから、不等式の条件を満たすか確認していきます。

りんごの個数をx個、なしの個数をy個とおくと、販売総数より、ももの個数は、

$(200-x-y)$［個］　……①

と表すことができます。これらを単価と掛け算し、売上総額の式を立てると次のようになります。

$300(200-x-y)+200x+100y=36000$

この式を整理し、左辺をyのみの形にすると、

$y=120-\frac{1}{2}x$　……②

となります。x、yは正の整数ですので、②より、xは2の倍数です（③）。

題意より、$x<100$（④）ですので、③、④より、xは98以下の２の倍数となります（⑤）。

ここで、「なしの売上金額が３商品の売上総額の２割未満だった」について考えると、なしは１個100円、売上個数がy個ですので、なしの売上金額は$100y$円になります。題意より、３商品の売上金額は36,000円であり、なしの売上金額はこの２割未満です。36,000円の２割は7,200円ですので、$100y<7200$より、$y<72$が成り立ちます。この式に②を代入すると、

$$120-\frac{1}{2}x<72$$

より、$96<x$が成り立ちます。これと③、④を同時に満たすのは$x=98$のみです。これを②に代入すると$y=71$となり、xとyの値を①に代入すると、ももの売上個数は、

$200-98-71=31$［個］

とわかり、ももの売上金額は、$300\times31=9300$［円］となります。

よって、正解は❶です。

なお、⑤でxの範囲がわかった後、②のxに98以下の２の倍数を順に代入していく解法も考えられます。

$x=98$のとき、$y=120-\frac{1}{2}\times98$より、$\boldsymbol{y=71}$となるので、これを①に代入すると、$200-98-71=31$より、**ももの売上個数は31個**となります。このとき、「なしの売上金額が３商品の売上総額の２割未満であった」を満たすかどうかを確認します。３商品の売上総額は36,000円なので、その２割は$36000\times0.2=7200$［円］となります。これに対して、なしの売上金額は、$100\times71=7100$［円］となり、**この場合は条件を満たします**。

$x=96$のとき、$y=120-\frac{1}{2}\times96$より、$y=72$となるので、これを①に代入すると、$200-96-72=32$より、ももの売上個数は32個となりますが、なしの売上金額を求めると、$100\times72=7200$［円］となり、「なしの売上金額が３商品の売上総額の２割未満」であるという条件を満たしません。したがって、この場合は不適です。

$x=94$以下の２の倍数のときも、なしの売上金額が7300円以上となり、「なしの売上金額が３商品の売上総額の２割未満」を満たさないので、不適です。

したがって、条件を満たす場合は$x=98$のときだけですので、そのときのももの売上金額は、$300\times31=9300$［円］となります。

よって、正解は❶です。

問題２

正解 ❷

Ａ定食とＢ定食を選んだ人数の合計は300人であることに着目しましょう。

まず、「この食堂を利用した人数は300人で、全員がどちらかの定食を一食選び」より、A定食の売れた数をa食、B定食の売れた数をb食とおくと、

$a+b=300$ ……①

が成り立ちます。

次に、「A定食の売れた数は、B定食の売れた数の$\frac{3}{7}$より少なく、$\frac{2}{5}$より多かった」より、

$\frac{3}{7}b>a>\frac{2}{5}b$ ……②

が成り立ちます。

さらに、「この日のこの食堂の売上金額の合計が165,000円」より、サラダの売れた数をc食とおくと、

$600a+500b+150c=165000$

が成り立ち、この式全体を50で割ると、

$12a+10b+3c=3300$ ……③

が成り立ちます。

①より、

$a=(300-b)$ ……④

となるので、これを②に代入すると、

$\frac{3}{7}b>(300-b)>\frac{2}{5}b$

となります。

$\frac{3}{7}b>(300-b)$ を解くと、$3b>2100-7b$より、$b>210$となり、$(300-b)>\frac{2}{5}b$を解くと、$1500-5b>2b$より、$b<214\frac{2}{7}$となるので、$210<b<214\frac{2}{7}$となります。**bはB定食の売れた数であるため整数になります**ので、$b=211$、212、213、214の4通りが考えられます（⑤）。

また、④を③に代入すると、

$12(300-b)+10b+3c=3300$

が成り立ち、これを整理すると、

$3600-12b+10b+3c=3300$

より、

$300-2b+3c=0$

となり、さらに、左辺をcだけにして、残りを右辺に移項すると、

$c=\frac{2}{3}b-100$ ……⑥

となります。**cはサラダの売れた数ですので、整数になります。**⑥より、cが整数にな

るには、$\frac{2}{3}b-100$が整数になる必要があり、それは、**bが3の倍数になるときだけ**です。

3の倍数は、各位の数の合計が3の倍数になることから、⑤の4通りのうち、bが3の倍数になるのは$b=213$の場合のみなので、$b=213$に決まります。

よって、⑥に$b=213$を代入すると、

$$c=\frac{2}{3}\times 213-100=42$$

となるので、正解は❷となります。

4　割合・比

問題1　　　　正解 ❸

「Aの領域の面積」と「Bの領域の面積」を文字で表すと、「土地全面積」を文字の足し算で表すことができるようになります。

まず、問題文に「Aの領域」、「Bの領域」、「A、B合わせた土地全体」に関する割合の情報がありますので、**(Aの領域の面積)$=a$、(Bの領域の面積)$=b$**とおけば、

(A、B合わせた土地全体)$=(a+b)$　……①

と表すことができ、文字の少ない状態で式を立てられます。

そこで、問題文「Aの領域の60%にマンションを建て」より、

(マンションの面積)$=a\times 0.6=0.6a$　……②

と表すことができます。同様に、問題文「A、B合わせた土地全体に占めるマンションと駐車場の領域がそれぞれ40%、20%であった」より、

(マンションの面積)$=(a+b)\times 0.4=0.4(a+b)$　……③

(駐車場の面積)$=(a+b)\times 0.2=0.2(a+b)$　……④

が成り立ちます。

②=③より、$0.6a=0.4(a+b)$ となり、これを整理すると、$0.2a=0.4b$より、$a=2b$となります。これを①に代入すると、

(A、B合わせた土地全体)$=2b+b=3b$

となります。これを④に代入すると、

(駐車場の面積)$=0.2\times 3b=0.6b$

となります。これは、**$b\times 0.6$とすれば(Bの領域の面積)×60%という意味になります。**

つまり、駐車場の面積は、Bの領域の60%ですので、正解は❸となります。

問題2

正解 ❸

前半の試合数と後半の試合数を文字で表すと、勝率から勝ち数を求められます。

勝率は、試合数に占める勝ち数の割合ですので、

(勝ち数)＝(試合数)×(勝率)

が成り立ちます。そこで、前半戦の試合数をx試合、後半の試合数をy試合とおく（①）と、勝率をもとに、前半戦、後半戦の勝ち数を文字式で表すことができます。

(前半戦の勝ち数)＝$0.71x$　　……②

(後半戦の勝ち数)＝$0.58y$　　……③

次に、年間を通じた勝率をもとに、年間の勝ち数を求めます。①より、年間を通じた試合数は（$x+y$）試合となり、年間を通じた勝率が６割５分ですので、年間の勝ち数は次のようになります。

(年間の勝ち数)＝$0.65(x+y)$　　……④

ここで、**(年間の勝ち数)＝(前半戦の勝ち数)＋(後半戦の勝ち数)** が成り立つので、②、③、④より、次の式が成り立ちます。

$0.71x+0.58y=0.65(x+y)$

この式を整理すると$6x=7y$より、$y=\frac{6}{7}x$となります。

求めるのは「**後半戦の試合数の前半戦の試合数に対する百分率**」であり、これは、「後半戦の試合数は前半戦の試合数のどれくらいの割合か」という意味ですので、

$$\frac{\textbf{(後半戦の試合数)}}{\textbf{(前半戦の試合数)}}=\textbf{(後半戦の試合数)÷(前半戦の試合数)}$$

で求められます。この式に（前半戦の試合数）＝x、（後半戦の試合数）＝$\frac{6}{7}x$を代入すると、

(求める値)＝$\frac{6}{7}x\div x=\frac{6}{7}$

となり、$\frac{6}{7}\fallingdotseq 0.8571\cdots$より、この値は約85.7％となります。

よって、85.7％に最も近いものを選択肢から選ぶと、正解は❸となります。

問題3

正解 ❺

参加予定人数が50人以上であることと、不定方程式を活用して解きます。

１人当たりの料金が通常料金6,000円ですが、当初の予定では、割引プランを利用できるはずだったので、１人当たりの料金は通常料金の１割引き、つまり１人当たり

$6000 \times 0.9 = 5400$［円］になります。これらの料金に人数を掛け算して料金の合計を求めたいので、このパーティーの参加予定人数をx人（題意より、**$x \geqq 50$**（①））、当日の欠席人数をy人とおきます。

当初の支払額は、割引料金5400円がx人分で、$5400x$円支払う予定だったことになります（②）。

しかし、当日にy人の欠席者が出たので、実際に支払う1人当たりの料金は6000円であり、参加人数は（$x-y$）人となります。したがって、パーティー料金は、$6000(x-y)$［円］となります。さらに、違約金15000円も合わせて支払ったので、支払金額の合計は、

$6000(x-y)+15000$［円］　……③

となります。

題意より、**実際に支払った合計額は、当初予定していた「割引プラン」を利用した支払額と等しい**ので、②＝③となります。したがって、以下の式が成り立ちます。

$5400x = 6000(x-y)+15000$

条件から立てられる式はこれのみです。この式は、**文字の種類が2種類、式の数が一つですので、不定方程式となります**。

そこで、この式を整理すると、

$10y = x + 25$

より、

$y = \dfrac{x+25}{10}$　……④

となります。yは人数を表すので整数になります。したがって、右辺の分子（$x+25$）は10の倍数となりますが、そのためには、（$x+25$）の計算結果の一の位が「0」になる必要があります。つまり、**xの一の位が5になる数**のときに、（$x+25$）の計算結果が10の倍数になります。さらに、①より、$x \geqq 50$であることから、$x=55$、65、75、…となるので、これを④に代入してyの値を求めてみます。

$x=55$のとき、$y=\dfrac{55+25}{10}=8$となります。このとき、当初の参加予定者は55人、当日の欠席者が8人となるので、実際の参加人数は$55-8=47$人となり、50人以上の参加予定が、実際には50人未満の参加になったという条件と矛盾せず、条件を満たします。

$x=65$のとき、$y=\dfrac{65+25}{10}=9$となります。このとき、当初の参加予定者は65人、当日の欠席者が9人となるので、実際の参加人数は$65-9=56$人となりますが、**実際の参加人数が50人を超えてしまうので、条件を満たしません**。つまり、この場合は不適です。

$x \geqq 75$の場合、実際の参加人数が56人よりもさらに増えてしまうので、条件を満たしません。したがって、**$x \geqq 75$の場合はすべて不適です**。

よって、$x=55$のときのみが条件を満たすので、当日の欠席者は８人となり、正解は❺となります。

問題４ 正解❶

販売価格が３種類あるので、売上はそれぞれ立式します。そのうえで、(売上)−(コスト)＝(利益) の式に当てはめて計算します。

まず、**定価での売上**を求めます。問題文の「原価に対し５割の利益を上乗せして定価とし」について、(原価)＝x［円］とおくと、原価の５割は$x\times0.5=0.5x$となります。これを原価x円に上乗せするので、

(定価)＝$x+0.5x=1.5x$［円］ ……①

となります。

題意より、定価で売った個数は仕入れた個数120個の半数、つまり60個になるので、定価で販売した分の売上は、

$1.5x\times60=90x$［円］ ……②

となります。

次に**定価の１割引きで売ったときの売上**を求めます。①より、定価の１割引きは、

$1.5x\times0.9=1.35x$［円］

です。個数について考えると、残っている60個のうち１割引きで売った個数は不明なので、(１割引きで売った個数)＝y［個］とおくと、

(１割引きで売った売上)＝$1.35x\times y=1.35xy$［円］ ……③

となります。

さらに、**定価の半額で売ったときの売上**を求めます。①より、定価の半額は、

$1.5x\times0.5=0.75x$［円］

です。このときに売った個数は、120個から定価で60個、１割引きでy個売った後なので、(定価の半額で売った個数)＝$(60-y)$［個］となります。したがって、このときの売上は、

(定価の半額で売った売上)＝$0.75x\times(60-y)=(45x-0.75xy)$［円］ ……④

となります。

②、③、④より、売上の総額は、

(売上総額)＝$90x+1.35xy+(45x-0.75xy)$［円］ ……⑤

になります。

続いて、**コスト**を求めます。**コストは原価の合計と等しい**ので、原価x円で120個仕入れたことから、コストは、

(コスト)＝$x\times120=120x$［円］ ……⑥

となります。

さらに、**利益**を求めます。問題文「全体としては、原価に対し１割５分の利益を得た」

と⑥より、原価の合計$120x$円の１割５分が利益となります。したがって、

(利益)＝$120x \times 0.15 = 18x$［円］　……⑦

です。

(売上)－(コスト)＝(利益) に⑤、⑥、⑦を代入すると、

$90x + 1.35xy + (45x - 0.75xy) - 120x = 18x$

が成り立ちます。この式はすべての項にxが掛けられているので、式全体をxで割ると、

$90 + 1.35y + 45 - 0.75y - 120 = 18$

となり、この方程式を解くと、$y = 5$［個］となります。

よって、定価で売ったのは５個となるので、正解は❶です。

問題５

正解 ❹

水を追加した後も比が同じなのは、追加した水量の比がもとの水量の比と等しいからです。

水を追加しても比が変わらなかったのは、追加した水量の比がもとの水量の比と等しかったからです（①)。したがって、

(もとのＢの水量)：(もとのＣの水量)＝２：３　……②

より、

(Ｂに追加した水量)：(Ｃに追加した水量)＝２：３　……③

となります。問題文「Ａに追加した水量はＢに追加した水量よりも２Ｌ多かった」より、

(Ａに追加した水量)＝(Ｂに追加した水量)＋２

が成り立つので、③より、**(Ｂに追加した水量)＝$2x$、(Ｃに追加した水量)＝$3x$** とおくと、

(Ａに追加した水量)＝$2x + 2$　……④

となります。

ここで、問題文「30Ｌの水をこれら三つのタンクに分けて追加した」より、

(Ａに追加した水量)＋(Ｂに追加した水量)＋(Ｃに追加した水量)＝30

が成り立つので、④より、

$(2x + 2) + 2x + 3x = 30$

となります。この式を解くと、$x = 4$となり、これを④に代入すると、

(Ａに追加した水量)＝$2 \times 4 + 2 = 10$［L］

(Ｂに追加した水量)＝$2 \times 4 = 8$［L］

(Ｃに追加した水量)＝$3 \times 4 = 12$［L］　……⑤

となります。したがって、追加した水量の比は、

(Ａに追加した水量)：(Ｂに追加した水量)：(Ｃに追加した水量)

＝10：8：12

＝5：4：6　……⑥

となります。

次に、もとの水量について考えます。②より、

(もとのBの水量)$=2y$

(もとのCの水量)$=3y$　　……⑦

とおくと、

(もとのAの水量):(もとのBの水量):(もとのCの水量)$=100:2y:3y$

となり、①より、**これが⑥と等しくなる**ので、

$100:2y:3y=5:4:6$

が成り立ちます。したがって、(もとのAの水量):(もとのCの水量) より、

$100:3y=5:6$

が成り立つので、(内項の積)=(外項の積) より、

$3y\times5=100\times6$

となり、これを解くと、$y=40$とわかります。これを⑦に代入すると、

(もとのCの水量)$=3\times40=120$ [L]

となり、⑤より、

(Cに追加した水量)$=12$ [L]

ですので、水を追加した後のCの水量は、

$120+12=132$ [L]

となります。

よって、正解は❹です。

問題6　　正解 ❷

赤の花は200本、青の花と白の花は同数咲いたことに着目します。

花の色の出現比より、Aの種子から咲いた赤の花の数をx本、Aの種子から咲いた青の花の数をx本、Aの種子から咲いた白の花の数を$2x$本とおきます。同様に、Bの種子から咲いた赤の花の数を$5y$本、Bの種子から咲いた青の花の数を$3y$本とします。Cの種子から咲いた青の花の数をz本、Cの種子から咲いた白の花の数をz本とおきます。

以上を表にまとめて、赤、青、白の花の数の合計を求めると、次のようになります。

表	赤	青	白
Aの種子	x	x	$2x$
Bの種子	$5y$	$3y$	0
Cの種子	0	z	z
合計	$x+5y$	$x+3y+z$	$2x+z$

問題文「花の色が赤、青、白1本ずつの花束を作ったところ、200セット作ったところで赤の花がなくなった」より、赤の花は200本になるので、

$x+5y=200$　　……①

が成り立ちます。また、問題文「その後、青と白1本ずつの花束を作ったところ、ちょ

うど全ての花がなくなった」より、**青の花と白の花は同数だった**ことがわかるので、

$x+3y+z=2x+z$

が成り立ち、この式を整理すると、

$3y=x$ ……②

となります。

②を①に代入すると、$3y+5y=200$ より、$y=25$ となります。

求めるのは、まかれたBの種子の数であり、表より、**Bの種子の数は $5y+3y=8y$ となる**ので、これに $y=25$ を代入すると、Bの種子の数は、

$8\times25=200$

となります。

よって、正解は❷です。

なお、$y=25$ を②に代入すると、

$x=3\times25=75$

となりますが、本問の条件だけでは z の値を求めることはできません。

問題7

正解 ❷

比の値から、科目ごとに本の冊数としてあり得る数値を書き出すことを考えます。

問題文の意味がわかりにくくなっているので注意が必要です。

まず、本棚には5段の棚があり、棚1段には20冊まで並べられるということになります。また、問題文「どの教科も二つの段を使えばすべての本を並べることができる」とあるので、1段には20冊まで並べられることから、**どの教科の本も40冊以内である**ことがわかります（①）。

さらに、問題文「一つの教科の本は一つの段にだけ並べることにし、本を並べた結果、二つの教科のみすべての本を本棚に並べることができた」というのは、**2教科だけが1段（20冊）だけですべての本を収めることができ、他の3教科は1段だけでは足りなかった**という意味になるので、**2教科は20冊以内、他の3教科は21冊以上40冊以内**ということになります（②）。

以上を踏まえたうえで、条件を確認します。

イの比とウの比は「数学」が共通ですので、連比でまとめられます。そこで、冊数の比を見ると、(英語)：(数学)＝3：2、(数学)：(理科)＝5：6より、数学の比の値を「2」と「5」の最小公倍数である10になるように比を変形すると、(英語)：(数学)＝15：10、(数学)：(理科)＝10：12となります。したがって、

(英語)：(数学)：(理科)＝15：10：12

とまとめることができます。

この比をもとにすると、英語、数学、理科の冊数としてあり得るのは、

(英語，数学，理科)＝(15冊，10冊，12冊)、(30冊，20冊，24冊)、

（45冊，30冊，36冊）、（60冊，40冊，48冊）…

となります。しかし、（45冊，30冊，36冊）は英語が40冊以上になるので、①を満たすことができず、（60冊，40冊，48冊）以降も同様ですので、

（英語，数学，理科）＝（15冊，10冊，12冊）

または、

（英語，数学，理科）＝（30冊，20冊，24冊）

のいずれかとなります。さらに、（英語，数学，理科）＝（15冊，10冊，12冊）の場合は、3教科が20冊以内となっているため、②を満たすことができません。したがって、**（英語，数学，理科）＝（30冊，20冊，24冊）に決まります**（③）。

この時点で、数学1教科が20冊以内であり、英語と理科の2教科が21冊以上40冊以内ですので、②より、**国語と社会については、20冊以内が1教科、21冊以上40冊以内が1教科の組合せになる**ことがわかります（④）。

次に、アより、（国語）：（社会）＝6：7であり、この比をもとに国語と社会の冊数の組合せを考えると、

（国語，社会）＝（6冊，7冊）、（12冊，14冊）、（18冊，21冊）、（24冊，28冊）…

となります。これらのうち④を満たす組合せは、（18冊，21冊）のみです。したがって、**（国語，社会）＝（18冊，21冊）**に決まります（⑤）。

したがって、③、⑤より、本棚に並べることができなかった本の冊数（1段に並べられなかった冊数）は、英語が（30－20＝）10冊、理科が（24－20＝）4冊、社会が（21－20＝）1冊となるので、その合計は、10＋4＋1＝15［冊］となります。

よって、正解は❷です。

問題8

正解 ❸

増加額が等しいことから、比例式を立てて、比の知識を使って解きます。

A社、B社、C社の10年前の売上高を文字式で表すと、増加率をもとに現在の3社の売上高を求めることができます。

そこで、（10年前のA社の売上高）＝a百万円、（10年前のB社の売上高）＝b百万円、（10年前のC社の売上高）＝c百万円とおきます。10年間の増加率より、増加した金額を求めると、

（A社の売上高の増加額）＝$a\times 0.09=0.09a$［百万円］

（B社の売上高の増加額）＝$b\times 0.18=0.18b$［百万円］

（C社の売上高の増加額）＝$c\times 0.12=0.12c$［百万円］

となります。

以上を表にまとめると、次の表1のようになります。

表1	A社	B社	C社
10年前の売上高	a百万円	b百万円	c百万円
増加額	$0.09a$百万円	$0.18b$百万円	$0.12c$百万円

また、問題文「増加した金額は各社とも同じであった」より、

$$0.09a=0.18b=0.12c$$

が成り立ちます。この式を整理すると、$9a=18b=12c$より、$3a=6b=4c$となります。この式は比例式ですので、この式からa、b、cの比を求めると、

$$a:b:c=\frac{1}{3}:\frac{1}{6}:\frac{1}{4}$$

となり、さらに、分母を払うためにこの比全体を12倍すると、

$$a:b:c=4:2:3$$

となります。そこで、$\boldsymbol{a=4x}$［百万円］、$\boldsymbol{b=2x}$［百万円］、$\boldsymbol{c=3x}$［百万円］とおきます（①）。

①を表1に反映させると、次の表2になります。

表2	A社	B社	C社
10年前の売上高	$4x$百万円	$2x$百万円	$3x$百万円
増加額	$0.36x$百万円	$0.36x$百万円	$0.36x$百万円

問題文「この3社の売上高の合計は、10年前は5,850百万円であった」と表2より、

$$4x+2x+3x=5850$$

が成り立ちます。この方程式を解くと、$x=650$［百万円］となります。

求めるのはC社の現在の売上高なので、表2より、

（現在のC社の売上高）＝$3x+0.36x=3.36x$［百万円］

となります。これに、$x=650$［百万円］を代入すると、

（現在のC社の売上高）＝2184［百万円］

となります。

よって、正解は❸です。

5 平均・濃度

問題1 正解 ❹

はじめの残高、入金額、出金額、最終的な残高の平均から、それぞれの合計を求めます。

まず、「あるグループの平均残高」と「出入金した後の平均残高」の**2種類の平均から、これらの合計を求めます。**

問題文より、何人かが40万円ずつ、残りのすべての人が60万円ずつ出金しているので、合計の式を立てるために、**40万円入金した人数をx人、残りの60万円ずつ出金した人数をy人**とおくと、**あるグループの全員の人数が（$x+y$）人**となります（①）。

もとの平均残高が600万円であることから、①より、もとの合計残高は、

$600(x+y)$［万円］　……②

となります。

次に、入金額と出金額の合計を求めます。入金額について考えると、x人が40万円ずつ入金したので、入金額の合計は$40x$万円です。つまり、このことだけを考えれば、預金残高は合計で$40x$万円増えたことになります。同様に、出金額について考えると、y人が60万円ずつ出金したので、出金額の合計は$60y$万円です。つまり、このことだけを考えれば、預金残高は合計で$60y$万円減ったことになります。

以上のことと②より、入金・出金をした後の預金残高の合計は、

$600(x+y)+40x-60y$［万円］　……③

となります。

続いて、入金・出金をした後の平均残高615万円から、そのときの合計残高を求めると、①より、

$615(x+y)$［万円］　……④

となります。

ここで、③＝④が成り立つので、

$600(x+y)+40x-60y=615(x+y)$

となります。この式を整理すると、

$600x+600y+40x-60y=615x+615y$

より、$x=3y$となります。①より、このグループの全員の人数は（$x+y$）［人］ですので、これに$x=3y$を代入すると、このグループの全員の人数は、

$(3y+y)=4y$［人］

となります。yは人数ですので整数になることから、このグループの全員の人数$4y$人は、4の倍数になります。

選択肢のうち、4の倍数であるのは❹の8人のみですので、正解は❹となります。

問題2

正解 ❺

3通りの旅行の仕方それぞれについて、消費額を求めます。

まず、「平均」から「合計」を求めるために、平均の値に対応する人数について考えます。五つの条件のうち「A国を旅行したがB国は旅行しなかった者」の人数や「B国を旅行したがA国は旅行しなかった者」、「A国とB国の両方を旅行した者」の人数がわからないので、これらを文字で表すことを考えます。

本来、A国とB国の旅行の仕方は、以下の4通りあります。

❶ A国とB国の両方を旅行した者（以下、$A \wedge B$と表します）

❷ A国を旅行したがB国は旅行しなかった者（以下、$A \wedge \overline{B}$と表します）

❸ B国を旅行したがA国は旅行しなかった者（以下、$\overline{A} \wedge B$と表します）

❹ A国もB国も旅行しなかった者

題意より、A国とB国を旅行した者について調査しているので、**❹は存在しません。**

したがって、❶～❸について考えます。

A国で消費したのはA国を旅行した者だけなので、その人数は❶＋❷です。同様に、B国で消費したのはB国を旅行した者だけなので、その人数は❶＋❸です。そこで、❶$A \wedge B$の人数をx人、❷$A \wedge \overline{B}$の人数をa人、❸$\overline{A} \wedge B$の人数をb人とおくと、A国で消費した者の合計人数は、

❶＋❷＝$(x + a)$［人］　……①

となり、B国で消費した者の合計人数は、

❶＋❸＝$(x + b)$［人］　……②

となります。

人数が決まったので、条件内の平均消費額とともに(データの合計値)＝(平均)×(データの個数)の式に代入すれば、合計消費額を求められます。そこで、消費額について次のような表にまとめてみます（表1）。なお、❶はA、B両国で消費しますが、**❷はB国での消費はせず、❸はA国での消費をしません**ので、消費額を「0」としてあります。

表1　［単位：万円］

旅行の仕方	❶$A \wedge B$	❷$A \wedge \overline{B}$	❸$\overline{A} \wedge B$	合計消費額
A国での消費額			0	
B国での消費額		0		
両国での合計消費額				

一つ目の条件と①より、A国での合計消費額は、

$9 \times (x + a) = 9x + 9a$［万円］

になります。同様に、三つ目の条件と②より、B国での合計消費額を求めると、

$12 \times (x + b) = 12x + 12b$［万円］

になり、これらを表に記入すると、次の表2になります。

表2　［単位：万円］

旅行の仕方	❶$A \wedge B$	❷$A \wedge \overline{B}$	❸$\overline{A} \wedge B$	合計消費額
A国での消費額			0	$9x+9a$
B国での消費額		0		$12x+12b$
両国での合計消費額				

二つ目の条件より、❷の平均消費額は15万円、❷の人数はa人なので、❷に該当する者のA国での消費額は、

$15 \times a = 15a$［万円］

になります。同様に、四つ目の条件より、❸の平均消費額は18万円、❸の人数はb人

なので、❸に該当する者のB国での消費額は、

$18 \times b = 18b$［万円］

になります。さらに、五つ目の条件より、❶の平均消費額は15万円、❶の人数はx人なので、❶に該当する者のA、B両国での合計消費額は、

$15 \times x = 15x$［万円］

になります。以上を表に記入すると、次の表3になります。

表3 ［単位：万円］

旅行の仕方	❶A∧B	❷A∧$\overline{B}$	❸$\overline{A}$∧B	合計消費額
A国での消費額	③	$15a$	0	$9x+9a$
B国での消費額	④	0	$18b$	$12x+12b$
両国での合計消費額	$15x$			

ここで、表3の③、④の値について考えます。

表3のA国での消費額の横列より、

③$+15a=9x+9a$

が成り立つので、

③$=(9x+9a)-15a=9x-6a$［万円］

となります。同様に、表3のB国での消費額の横列より、

④$=(12x+12b)-18b=12x-6b$［万円］

になります。さらに、表3の❶の縦列より、

③+④$=15x$［万円］

が成り立つので、

$(9x-6a)+(12x-6b)=15x$

となります。この式を整理すると、

$x=a+b$ ……⑤

となります。

ここで、①、②と題意より、$x+a=800$、$x+b=1000$が成り立つので、それぞれ変形すると、$a=(800-x)$、$b=(1000-x)$となります。これらを⑤に代入すると、

$x=(800-x)+(1000-x)$

となり、これを整理すると、$x=600$となります。

よって、正解は❺となります。

問題3

正解 ❹

必ずしも問題文で示されている手順のとおりに考えるだけでなく、計算しやすいところから解くことを考えましょう。

本問では、次の2回の濃度変化が起こります。

❶ 10%のジュースに天然水を加えて6%のジュースにする

❷　6％のジュースに4％のジュース500 gを加えて5％のジュースにする

❶の場合、天秤法で計算するには、10％のジュースの重さと天然水の重さについての情報が不足しているので、単純に計算することはできません。

それに対して、❷の場合、6％のジュースの重さは不明ですが、4％のジュース500 gを加えて5％にするので、**天秤図で必要なデータのうち6％のジュースの重さ以外はすべてわかっています**。したがって、❷から解きます。

❷について、6％のジュースの重さをx［g］とおき、天秤図を描くと、右の図1になります。

図1

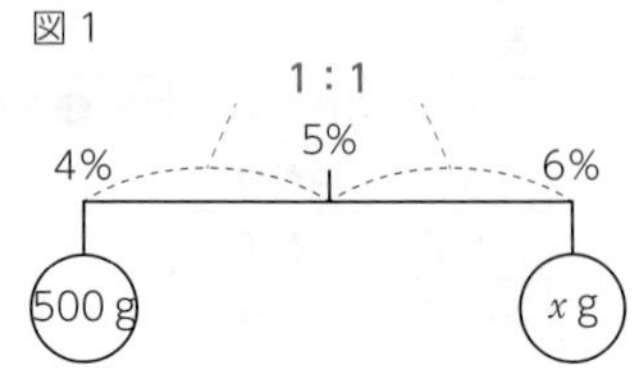

図1より、「横棒の長さの比」は1:1、「重さの比」は500：xです。これらの比は逆比の関係になるので、

$$1:1 = x:500$$

が成り立ち、この式から$x=500$［g］となります。

「x」は❶の濃度変化の結果できた食塩水なので、❶は「10％のジュースに天然水を加えて6％のジュース500 gにする」と読み替えることができます。

ここで、❶の濃度変化で500 gのジュースができたということは、**❶で混ぜた10％のジュースと天然水の重さの合計が500 gだった**（①）と考えることができます。そこで、求めるものである10％のジュースの重さをy［g］とおくと、①より、加えた天然水の重さは（$500-y$）［g］とおくことができます。

そこで、上記の情報をもとに天秤図を描くと、右の図2となります。

図2

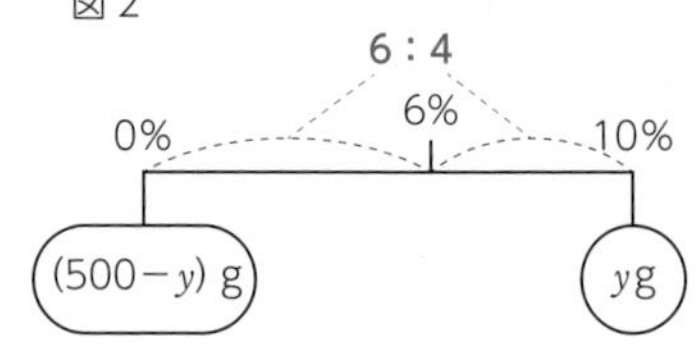

図2より、「横棒の長さの比」は6:4＝3:2、「重さの比」は（$500-y$）：yであり、これらの比は逆比の関係になるので、

$$3:2 = y:(500-y)$$

が成り立ちます。

（内項の積）＝（外項の積）より、

$$2y = 3(500-y)$$

となり、この方程式を解くと、$y=300$［g］となるので、正解は❹です。

問題4　　正解 ❷

食塩水を混ぜる流れを確認し、解きやすいところから解いていきます。

容器Aの濃度をa［％］、容器Bの濃度をb［％］とおき、さらに、1回目の操作でBの容器にできた食塩水の濃度をx［％］とおくと、本問では、次の3回の濃度変化が起こります。

❶　a％の食塩水200 gを、容器Bのb％の食塩水400 gに混ぜて、x％の食塩水

600 gを作る（**容器Aにはa%の食塩水400 gが残ります**）

❷　x%の食塩水200 gを、容器Aのa%の食塩水400 gに混ぜて、10%の食塩水600 gを作る（**容器Bにはx%の食塩水400 gが残ります**）

❸　容器Aの10%の食塩水600 gと、容器Bのx%の食塩水400 gを混ぜて、8.4%の食塩水1000 gを作る

以上を図にまとめたものが、以下の図です。

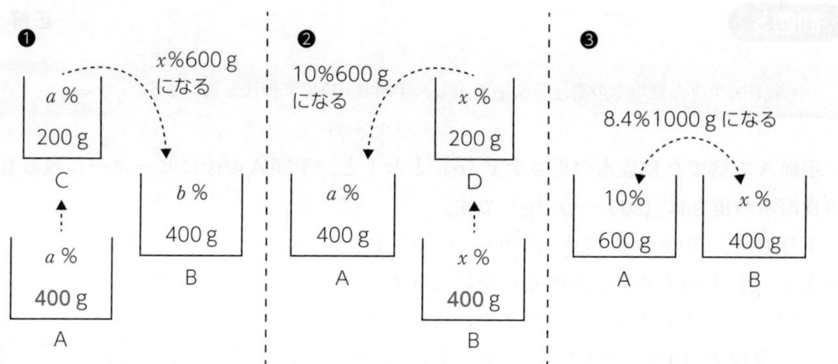

この3回の濃度変化のうち、**最も情報が多いのは**❸です。そこで❸から解くこととし、天秤図を描くと、右の図1になります。なお、Aの10%の食塩水が、Bのx%の食塩水と混ざることで8.4%に濃度が下がったことから、

$x\% < 8.4\% < 10\%$

図1

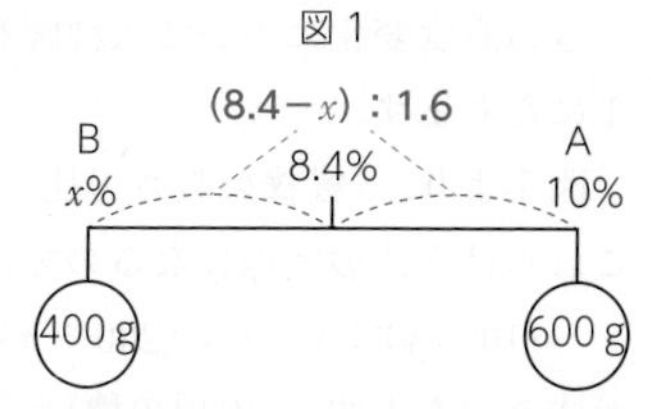

となることがわかるので、濃度が左から小さい順になるように、図の左側にBの食塩水のデータを描いてあります。

「横棒の長さの比」は（$8.4-x$）：1.6、「重さの比」は400：600＝2：3となり、これらは逆比の関係になるので、

$(8.4-x):1.6=3:2$

となります。(内項の積)＝(外項の積) より、

$4.8=2(8.4-x)$

となるので、この方程式を解くと、$x=6$［%］となります。

求めるのは「はじめに容器Aに入っていた食塩水の濃度」、つまりaの値ですので、❷に$x=6$を反映させて天秤図を描くと、右の図2となります。なお、

図2

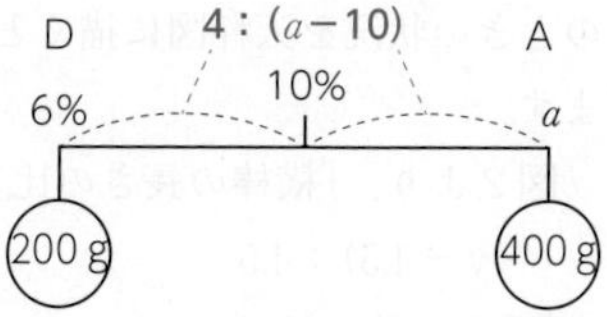

D　4：(a－10)　A
6%　10%　a
200 g　400 g

（Dの6%）<（できた食塩水の10%）

の大小関係から、左端にDの食塩水のデータを描いてあります。

「横棒の長さの比」は4：（$a-10$）、「重さの比」は200：400＝1：2であり、これら

は逆比の関係になるので、

$$4 : (a-10) = 2 : 1$$

が成り立ちます。(内項の積)＝(外項の積)より、

$$2(a-10) = 4$$

となるので、この方程式を解くと、$a=12$［%］となるので、正解は❷です。

問題5

正解 ❺

手順Bでできた食塩水の濃度を文字で表し、手順B、Dで天秤法を使います。

手順Aで捨てた食塩水の重さを x［g］とおくと、手順Aの後にビーカーに残る10%の食塩水の重さは（$200-x$）［g］です。

手順Bで、10%の食塩水（$200-x$）［g］に、純水 x［g］を加えると、濃度変化が起こります。その結果、できた食塩水の濃度を y［%］とおくと、**できる食塩水はy%200［g］**です（①）。このときの濃度変化について天秤図を描くと、右の図1になります。

図1

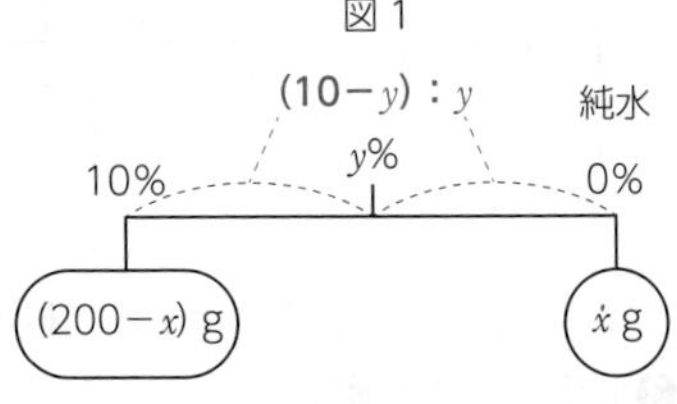

図1より、「横棒の長さの比」は（$10-y$）：y、「重さの比」は（$200-x$）：xとなり、これらは逆比の関係になるので、

$$(10-y) : y = x : (200-x)$$

が成り立ちます。(内項の積)＝(外項の積)より、

$$xy = (10-y)(200-x)$$

となるので、この方程式を整理すると、

$$xy = 2000-10x-200y+xy$$

となり、さらに整理すると、

$$x+20y = 200 \quad \cdots\cdots②$$

となります。

次に、①より、手順CでBの後にできたy%200 gの食塩水から$5x$ gを捨てるので、手順Cの後にビーカーに残る食塩水の重さは、$(200-5x)$ gです。

さらに、手順Dで純水$5x$ gを加えるので、そのときの状況を天秤図に描くと、右の図2になります。

図2

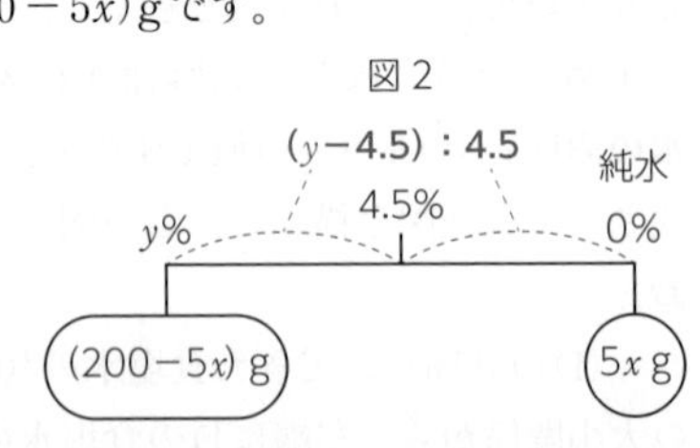

図2より、「横棒の長さの比」は、

$$(y-4.5) : 4.5$$

「重さの比」は、

$$(200-5x) : 5x = (40-x) : x$$

となり、これらは逆比の関係になるので、

$(y-4.5):4.5=x:(40-x)$

が成り立ちます。(内項の積)＝(外項の積) より、

$4.5x=(y-4.5)(40-x)$

となるので、この方程式を整理すると、

$4.5x=40y-xy-180+4.5x$

となり、さらに整理すると、

$40y-xy=180$ ……③

となります。

ここで、②と③を連立方程式として解きます。求めるのはxの値ですので、②より、

$y=10-\frac{1}{20}x$ ……④

と変形して、④を③に代入すると、

$40(10-\frac{1}{20}x)-x(10-\frac{1}{20}x)=180$

となります。この方程式の左辺を整理すると、

$400-2x-10x+\frac{1}{20}x^2=180$

となります。この式全体を20倍して分数を消すと、

$8000-240x+x^2=3600$

となり、さらに整理すると、

$x^2-240x+4400=0$ ……⑤

となるので、この式を、解の公式か因数分解で解きますが、ここでは因数分解で解きます。⑤の左辺を因数分解すると、

$(x-20)(x-220)=0$

となるので、$x=20$、220となりますが、$x=220$の場合、もともとビーカーに入っていた食塩水は200 gしかありませんので、220 gを捨てることができません。したがって、$x=20$に決まります。

よって、正解は❺となります。

6 仕事算・ニュートン算

問題1 正解 ❶

A、Bを合わせた仕事の速さは、Aの速さとBの速さの和となります。

まず、仕事の速さについて考えます。仕事の仕方は、❶コピー機Aのみを使用する、❷コピー機A、B２台を同時に使用する、❸コピー機Bのみを使用する、の３通りあります。そこで、それぞれの場合の仕事の速さを求めます。

❶Aのみを使用すると4時間＝240分かかるので、Aの仕事の速さは1分当たり$\frac{1}{240}$になります。

❷A、B2台を同時に使用すると2時間40分＝160分かかるので、A、B合わせた仕事の速さは、1分当たり$\frac{1}{160}$です。

❸Bの仕事の速さは、❶と❷を使って求められます。❷は、**(A、B合わせた速さ)＝(Aの速さ)＋(Bの速さ)** で求められるので、この式を変形すると、**(Bの速さ)＝(A、B合わせた速さ)－(Aの速さ)** となり、これに❶、❷の速さを代入すると、

$$(\text{Bの速さ})=\frac{1}{160}-\frac{1}{240}=\frac{3}{480}-\frac{2}{480}=\frac{1}{480}$$

となります。

次に、仕事をした時間について考えます。題意より、❶の時間は80分です。❷と❸の時間は不明ですが、全体の時間が3時間20分＝200分とわかっていて、そのうち❶が80分なので、❷と❸の時間の合計は、

$$200-80=120\ [分]$$

になります。

そこで、求める❸の時間をt［分］とおくと、❷の時間は、

$$(120-t)\ [分]$$

となります。以上をまとめると、右図のようになります。

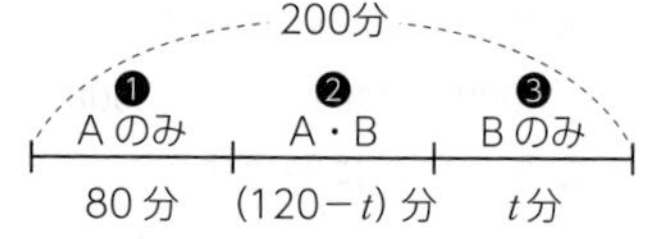

❶～❸の仕事量の合計が1となればよいので、

$$\frac{1}{240}\times 80+\frac{1}{160}\times(120-t)+\frac{1}{480}\times t=1$$

が成り立ちます。この式のカッコを外して整理すると、

$$\frac{1}{3}+\frac{3}{4}-\frac{1}{160}t+\frac{1}{480}t=1$$

となります。さらに、分母の最小公倍数480を式全体に掛けて分数を消すと、

$$160+360-3t+t=480$$

となるので、この方程式を解くと、$t=20$［分］となります。

よって、正解は❶です。

問題2

正解 ❺

排水口や排水ポンプ1台の仕事の速さをそれぞれ文字で表して計算します。

水槽が満水の状態のときの水量を1（つまり100％）**とおく**と、**「水槽を空にする」こ**

とが「仕事を終わらせる」ことと同じになるので、仕事算の考え方を使うことができます。

そこで、水槽が満水のときの水量を1として、排水口の仕事の速さ、排水ポンプ1台の仕事の速さについて考えます。どちらも、単独で「水槽を空にするまでの時間（仕事を終わらせるまでの時間）」について情報がないので、文字で表します。問題文中の時間の単位が「分」ですので、1分当たりの仕事の速さについて、

（排水口の仕事の速さ）$=x$

（排水ポンプ1台の仕事の速さ）$=y$

とおきます。

問題文「排水口を開けるとともに排水ポンプを3台使用すると16分で水槽の水は空になり」について、排水口、排水ポンプとも16分仕事をしたと考えると、（排水口の仕事量）＋（排水ポンプ3台の仕事量）＝1が成り立ちます。

（排水口の仕事量）$=x\times16=16x$

であり、

（排水ポンプ3台の仕事量）$=y\times3\times16=48y$

となりますので、

$16x+48y=1$　……①

が成り立ちます。

同様に、問題文「排水口を開けるとともに排水ポンプを2台使用すると20分で水槽の水が空になる」について、排水口、排水ポンプとも20分仕事をしたと考えると、

（排水口の仕事量）$=x\times20=20x$

であり、

（排水ポンプ2台の仕事量）$=y\times2\times20=40y$

となりますので、

$20x+40y=1$　……②

が成り立ちます。

①、②を連立方程式として解きます。求めるのは、排水ポンプを1台使用したときの時間なので、**yを残すためにそれぞれの式からxを消します**。①、②の式においてxの係数は16と20ですので、16と20の最小公倍数80になるように、①×5と②×4に変形します。

$$\begin{array}{rl} 80x+240y=5 & (①\times5) \\ -)\ \underline{80x+160y=4} & (②\times4) \\ 80y=1 & \\ y=\dfrac{1}{80} & \end{array}$$

したがって、

（排水ポンプ1台の仕事の速さ）$=\dfrac{1}{80}$　……③

となります。求めるのは、排水ポンプ１台だけで水槽を空にするまでの時間であり、(仕事の速さ)$=\dfrac{1}{\text{終わらせるまでの時間}}$より、$\dfrac{1}{80}$の分母が**ポンプ１台だけで仕事を終わらせるまでの時間**になります。

よって、排水ポンプ１台だけで水槽を空にするまでは80分となるので、正解は❺となります。

問題３

正解 ❷

立てられる式をうまく使って、求めるべきものを導き出すことを考えます。

タンクが満水のときの水量を１として、「タンクから排水して空にする」ことを「仕事を終わらせる」ことと考えて、仕事算として解きます。

仕事の速さについての情報がないので、

(ポンプAの１分当たりの仕事量)$=a$

(ポンプBの１分当たりの仕事量)$=b$

(ポンプCの１分当たりの仕事量)$=c$

とおきます。

A、B、Cの三つを使うと仕事が終わるまでに16分かかるので、

$16a+16b+16c=1$

が成り立ちます。この式を変形すると、

$a+b+c=\dfrac{1}{16}$　　……①

となります。同様に、AとBの二つを使うと24分かかるので、

$24a+24b=1$

が成り立ちます。この式を変形すると、

$a+b=\dfrac{1}{24}$　　……②

となります。さらに、AとCの二つを使うと30分かかるので、

$30a+30c=1$

が成り立ちます。この式を変形すると、

$a+c=\dfrac{1}{30}$　　……③

となります。

求めるものはBとCのポンプで排水するときにかかる時間なので、BとCの仕事の速さを足した、$b+c$の値を求めることができれば、ヒントを得ることができます。そこで、**①と②の左辺に着目すると、($a+b+c$) と ($a+b$) を使ってcの値を求められる**ことがわかります。左辺どうし、右辺どうしで①－②を行うと、

$$(a+b+c)-(a+b)=\frac{1}{16}-\frac{1}{24}$$

となり、これを整理すると、

$$c=\frac{1}{48} \quad \cdots\cdots ④$$

となります。同様に、**①と③の左辺に着目すると、$(a+b+c)$ と $(a+c)$ を使って b の値を求められる**ことがわかります。左辺どうし、右辺どうしで①−③を行うと、

$$(a+b+c)-(a+c)=\frac{1}{16}-\frac{1}{30}$$

となり、これを整理すると、

$$b=\frac{7}{240} \quad \cdots\cdots ⑤$$

となります。

ここで、④+⑤より、

$$(b+c)=\frac{7}{240}+\frac{1}{48}=\frac{7}{240}+\frac{5}{240}=\frac{1}{20}$$

となります。これは、BとCのポンプで排水するときの速さであり、空にするまでの時間は、仕事の速さの分母の値と等しくなることから、空にするまでにかかる時間は20分です。

よって、正解は❷となります。

問題4

正解 ❶

終わらせるまでの時間のデータから式を立てられるので、その式を使って時間の速さの分数を作ります。

仕事を終わらせるのにかかる時間の情報が数値で与えられていませんが、式で表すことができます。そこで、その式を使って仕事の速さを求めてみます。

問題文「AとBとの２人で共同して行うと、Aだけで行うより４日早く終了し」より、

(A、B２人で仕事が終わるまでの日数)
　＝(Aだけで仕事が終わるまでの日数)－4　……①

となります。同様に、問題文「(AとBとの２人で共同して行うと) Bだけで行うより９日早く終了する」より、

(A、B２人で仕事が終わるまでの日数)
　＝(Bだけで仕事が終わるまでの日数)－9　……②

となります。

①、②は、(A、B2人で仕事が終わるまでの日数) が共通なので、(A、B２人で仕事が終わるまでの日数)＝t［日］とおき、①、②の式に代入して変形すると、①より、

(Aだけで仕事が終わるまでの日数)＝$t+4$　……③

となり、②より、

(Bだけで仕事が終わるまでの日数)＝$t+9$　……④

となります。

仕事を終わらせるまでの時間がわかったので、それぞれの仕事の速さを求めると、③より、

(Aだけの1日当たりの仕事の速さ)＝$\dfrac{1}{t+4}$　……⑤

となり、④より、

(Bだけの1日当たりの仕事の速さ)＝$\dfrac{1}{t+9}$　……⑥

となります。また、

(AとB2人共同での仕事の速さ)＝$\dfrac{1}{t}$　……⑦

となります。

ここで、**(AとB2人共同での仕事の速さ)＝(Aだけの1日当たりの仕事の速さ)＋(Bだけの1日当たりの仕事の速さ) が成り立つ**ので、⑤、⑥、⑦より、

$$\frac{1}{t}=\frac{1}{t+4}+\frac{1}{t+9}$$

が成り立ちます。この式の分数を消すために、**式全体に$t(t+4)(t+9)$ を掛ける**と、次のようになります。

$$(t+4)(t+9)=t(t+9)+t(t+4)$$
$$t^2+13t+36=t^2+9t+t^2+4t$$
$$t^2=36$$

上の式より、$t=\pm6$となります。tは日数であり正の数になりますから、$t=6$［日］です。求めるのは、「この作業をAだけで行う場合の作業日数」ですので、③より、

(Aだけで仕事が終わるまでの日数)＝6＋4＝10［日］

となります。

よって、正解は❶です。

問題5

正解 ❶

窓口の数ごとに (行列の総人数)＝(減らした総人数) の式を立てて解きます。

「行列に人が加わる」＝「人を増やす仕事」、「窓口でチケットを販売する」＝「人を減らす仕事」となるので、ニュートン算と判断します。

そこで、ニュートン算の公式で使用する情報を確認すると、「増やす速さ (新たに行列に加わるペース)」は10人/分、「(行列がなくなるまでの) 時間」は1時間 (つまり

60分）や15分とわかっていますが、「当初の仕事量（チケットを売り始めたときに並んでいた人数）」と「減らす速さ（入口一つから入館していくペース）」は不明なので、

(当初の仕事量)＝a［人］

(窓口一つが行列を減らす速さ)＝x［人/分］

とおきます。

窓口が一つのとき60分で行列がなくなるので、行列に加わる人数は、$10 \times 60 = 600$［人］です。したがって、行列の総人数は、

$a + 600$［人］

となります。また、この60分間に減らした総人数は、$x \times 60 = 60x$［人］となるので、(行列の総人数)＝(減らした総人数）より、

$a + 600 = 60x$　　……①

が成り立ちます。

窓口が三つのとき、15分で行列がなくなるので、行列に加わる人数は、$10 \times 15 = 150$［人］となり、行列の総人数は、

$a + 150$［人］

となります。また、減らした総人数を考えると、窓口が三つのとき、1分当たり$x \times 3 = 3x$［人］ずつ人が減るので、15分間で、$3x \times 15 = 45x$［人］となります。したがって、(行列の総人数)＝(減らした総人数）より、

$a + 150 = 45x$　　……②

が成り立ちます。

①、②を連立方程式として解きます。aを消すために①－②を行うと、

$450 = 15x$

より、$x = 30$［人/分］となるので、**これを①または②に代入します**。①に代入すると、

$a + 600 = 60 \times 30$

より、$a = 1200$［人］となるので、正解は❶です。

問題6

正解 ❸

はじめに2本の式を立てて、3種類の文字を1種類に減らします。

「タンクを空にする」＝「行列が解消する」、「水」＝「行列に並ぶ人」、「タンクに水が流入する」＝「人が行列に加わる」、「ポンプで排水する」＝「入口から人を入れて行列を減らす」と置き換えると、行列が題材の**ニュートン算**と同じと考えることができます。

つまり、「排水開始前にタンクに入っていた水量」＝「当初の仕事量」、「タンクに水が流入する」＝「増やす仕事」、「ポンプで排水する」＝「減らす仕事」となります。

そこで情報を確認すると、わかっているのは「タンクが空になる時間（行列が解消するまでの時間と同じ)」のみなので、不明なものを文字で表します。

(当初の仕事量)＝a、(水が流入する速さ)＝x［/分］、(ポンプ１台の１分当たりの排水する速さ)＝y［/分］とおきます（①)。

ポンプ３台を同時に使用した場合は21分でタンクが空になるので、この21分間に増えた水量は、$x \times 21 = 21x$となります。つまり、たまった水量の合計は、$a + 21x$です。また、この21分間にポンプ３台で減らした水量の合計は、$y \times 3 \times 21 = 63y$です。(たまった水量の合計)＝(減らした水量の合計）より、

$a + 21x = 63y$ ……②

が成り立ちます。

ポンプ４台を同時に使用した場合は15分でタンクが空になるので、この15分間に増えた水量は、$x \times 15 = 15x$となります。つまり、たまった水量の合計は、$a + 15x$です。また、この15分間にポンプ４台で減らした水量の合計は、$y \times 4 \times 15 = 60y$です。(たまった水量の合計)＝(減らした水量の合計）より、

$a + 15x = 60y$ ……③

が成り立ちます。

ここで、②、③を連立方程式として解きます。aを消すために②−③を行うと、

$6x = 3y$

$2x = y$ ……④

となります。**この式を②または③に代入します**。ここでは③に代入します。すると、

$a + 15x = 60 \times 2x$

より、

$a = 105x$ ……⑤

となります。**④、⑤より、aとyをxに変換できる**ので、①より、

(排水開始前にタンクにたまっている量)＝$105x$

(水が流入する速さ)＝x［/分］

(ポンプ１台の１分当たりの排水する速さ)＝$2x$［/分］

として、このタンクを７分で空にする場合を考えます。７分間で増えた水量は、$x \times 7 = 7x$です。つまり、たまった水量の合計は、$105x + 7x$です。また、必要なポンプの台数をz［台］とおくと、この７分間にポンプz台で減らした水量の合計は、$2x \times z \times 7 = 14xz$です。(たまった水量の合計)＝(減らした水量の合計）より、

$105x + 7x = 14xz$

が成り立ちます。この式は、**すべての項に「x」が掛けられている**ので、式全体を「x」で割ると、

$105 + 7 = 14z$

となります。この方程式を解くと、$z = 8$［台］となるので、正解は❸です。

第3章　速　さ

1　速　さ

問題1　　正解 ❺

速さが不明なので文字で表し、距離と合わせて時間を求め、移動時間の関係を表した式に代入します。

まず、移動時間から考えます。Bはトンネルに入るのがAより4秒遅いので、その4秒間はトンネルの中では動いていないのと同じです。つまり、はじめはBのトンネルの中での移動時間がAのトンネルの中での移動時間より4秒少なくなることがわかります（①）。

また、BはAの3秒後にトンネルを抜けることから、Bは最後にAより3秒多くトンネルの中を移動したことになります（②）。

①、②を合わせると、**Bのトンネルの中での移動時間は、Aと比べてはじめ4秒少なく、最後に3秒多く移動した**ので、最終的に、

(Bの移動時間)＝(Aの移動時間)－1［秒］　……③

が成り立ちます。

次に、速さについて考えると、Bの速さはAの速さより1 m/s速いので、(Aの速さ)＝a（m/s）とおくと、

(Bの速さ)＝($a+1$)［m/s］　……④

となります。なお、「m/s」は秒速メートルです。

ここで、2人の移動距離はトンネルの長さと等しく90 mになりますので、④の速さと合わせると、それぞれの移動時間を求められます。つまり、

(Aの移動時間)＝$\frac{90}{a}$［秒］

(Bの移動時間)＝$\frac{90}{a+1}$［秒］

となります。これらを③に代入すると、

$$\frac{90}{a+1}=\frac{90}{a}-1 \quad \cdots\cdots⑤$$

となります。この式の分数を消すために、**式全体に$a(a+1)$を掛ける**と、

$$90a=90(a+1)-a(a+1)$$

となります。この式を整理すると、

$$a^2+a-90=0$$

となるので、因数分解か解の公式を使って解きます。ここでは因数分解を使います。

$$a^2+a-90=0$$
$$(a+10)(a-9)=0$$

となることから、$a=-10$、9となります。aは速さの値なので正の値ですから、$a=9$[m/s]となります。

よって、正解は❺です。

問題2

正解 ❹

AB間をx［km］、BC間をy［km］とおくと、求めるのは（$x+y$）［km］の距離となります。

右図のように、往路は「AB間：上り、BC間：下り」になりますが、復路は「AB間：下り、BC間：上り」と上り、下りが逆になります。

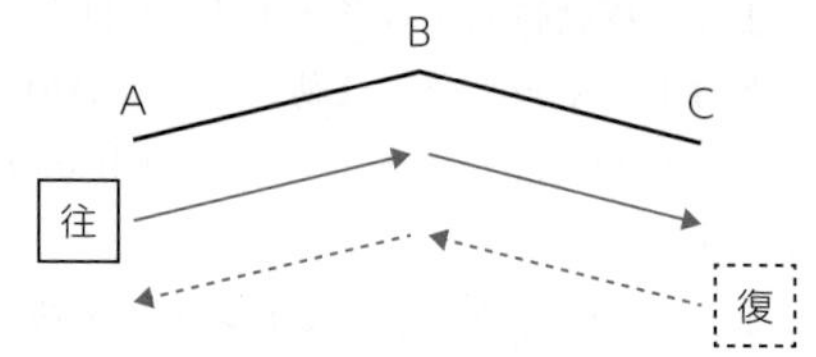

求めるのは片道の距離なので、AB間＝x［km］、BC間＝y［km］とおき、問題文中の往復時間に関する式を立てます。

往路について考えると、AB間（上り）のx［km］を時速6 kmで移動したので、AB間の移動時間は$\frac{x}{6}$時間です。また、BC間（下り）のy［km］を時速20 kmで移動したので、BC間の移動時間は$\frac{y}{20}$時間です。つまり、往路の移動時間は、

$$\frac{x}{6}+\frac{y}{20}\ [\text{時間}] \quad \cdots\cdots ①$$

となります。

復路について考えると、BC間（上り）のy［km］を時速6 kmで移動したので、BC間の移動時間は$\frac{y}{6}$時間です。また、AB間（下り）のx［km］を時速20 kmで移動したので、AB間の移動時間は$\frac{x}{20}$時間です。つまり、復路の移動時間は、

$$\frac{y}{6}+\frac{x}{20}\ [\text{時間}] \quad \cdots\cdots ②$$

となります。

さらに、休憩時間について考えると、往路を進んでCに到着した後、Cで15分間、つまり、$\frac{15}{60}$時間休憩し、復路の途中のBで8分間、つまり、$\frac{8}{60}$時間休憩しています（③）。

ここで、題意より、Aを出発してAに戻るまでの時間が1時間15分であり、1時間15分＝75分なので、単位を「時間」に変換すると、$\frac{75}{60}$時間になります（④）。

したがって、①、②、③、④より、

$$\left(\frac{x}{6}+\frac{y}{20}\right)+\left(\frac{y}{6}+\frac{x}{20}\right)+\frac{15}{60}+\frac{8}{60}=\frac{75}{60}$$

が成り立ちます。分数を消すために、この式全体を60倍すると、

$(10x+3y)+(10y+3x)+15+8=75$

となり、この方程式を整理すると、

$13x+13y=52$

となり、式全体を13で割ると、

$x+y=4$ [km]　……⑤

となります。

求めるのはAからCまでの距離なので、$(x+y)$ になります。つまり、⑤より、4 km（＝4,000m）となるので、正解は❹です。

2　旅人算・周回算

問題1　　正解 ❷

3人一緒に考えるのではなく、2人ずつに分けて移動距離が等しいことを利用して解きます。

まず、CがAを追い越すときに着目すると、**AとCは同じスタート地点（X町）から出発しているので、CがAを追い越すとき、(Aの距離)＝(Cの距離）が成り立ちます。**距離が等しいとき、「時間の比」と「速さの比」は逆比になり、問題文中に時間の情報があるので、「時間の比」から「速さの比」を求めます。

題意より、CはAから1時間30分＝90分遅れてX町を出発しているので、

(Aの移動時間)＝(Cの移動時間)＋90［分］　……①

が成り立ちます。また、CがAを追い越すまでに、Cが出発してから30分かかっているので、このとき、①より、(Cの移動時間)＝30［分］、(Aの移動時間)＝30＋90＝120［分］となります。つまり、

(Aの移動時間)：(Cの移動時間)＝120：30＝4：1

となり、

(Aの速さ)：(Cの速さ)＝1：4　……②

とわかります。

同様に、CがBを追い越すときに着目すると、BとCは同じスタート地点（X町）から出発しているので、CがBを追い越すとき、(Bの距離)＝(Cの距離）が成り立ち、「時間の比」と「速さの比」は逆比になります。そこで、「時間の比」から「速さの比」を求めます。

題意より、CはBから1時間遅れてX町を出発しているので、

(Bの移動時間)＝(Cの移動時間)＋60［分］　……③

が成り立ちます。また、Cは出発後30分でAを追い越した後、さらに30分後にBを追

い越しているので、このとき、(Cの移動時間)＝60［分］となり、③より、(Bの移動時間)＝60＋60＝120［分］となります。したがって、

(Bの移動時間)：(Cの移動時間)＝120：60＝2：1

となり、

(Bの速さ)：(Cの速さ)＝1：2　　……④

となります。

ここで、問題文「(Cが) Bを追い越したとき、AとCの距離が6 kmであった」に着目すると、**AとCは同じ方向に進んでいるので、追い掛け算と考えることができます。** CがAを追い越したとき、**2人は同じ地点にいて**（このときの2人の間隔は0 kmです）、**そこからCがBを追い越すまでの30分間で、同じ地点にいた2人が6 km離れた、**と考えます（⑤）。そこで、追い掛け算の公式より、速さを引き算して「離れる速さ」を求めます。

②より、(Aの速さ)＝x［km/時］、(Cの速さ)＝$4x$［km/時］とおきます（⑥）。なお、速さの単位は選択肢を考慮して設定しています。追い掛け算の公式より、2人の離れる速さは、

$4x-x=3x$［km/時］

です。⑤より、離れる時間は30分＝$\frac{1}{2}$時間です。つまり、AとCは、$3x$ km/時の速さで30分＝$\frac{1}{2}$時間離れた結果、6 km離れたことになるので、(離れる速さ)×(離れる時間)＝(離れる距離) より、$3x\times\frac{1}{2}=6$が成り立ちます。この方程式を解くと、$x=4$［km/時］となり、⑥より、

(Aの速さ)＝4［km/時］

(Cの速さ)＝4×4＝16［km/時］

となります。

求めるのはBの速さですので、(Cの速さ)＝4×4＝16［km/時］を④に代入すると、

(Bの速さ)＝8［km/時］

となるので、正解は❷となります。

問題2

正解 ❸

1回目にすれ違ってから2回目にすれ違うまでの2人の移動距離の合計は、1往復の距離と等しくなります。

まず、状況を把握するために、「出発してから1回目にすれ違うまで」と「1回目にすれ違ってから2回目にすれ違うまで」に分けて図を描きます。最初に出会った地点をP、2回目に出会った地点をQとして、「出発してから1回目にすれ違うまで」を図1、「1

回目にすれ違ってから２回目にすれ違うまで」を図２とすると、次のようになります。なお、ＰとＱについては正確な位置ではなく、状況を把握するために仮の位置に設定してあります。

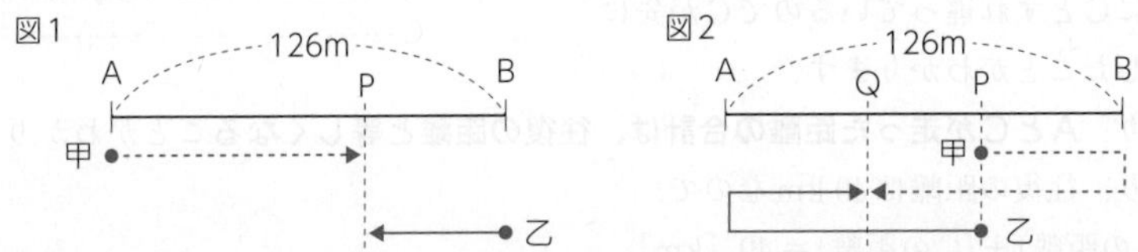

図１より、出発してから１回目にすれ違うまでの甲と乙の移動距離の合計は、AB間の距離126 mと等しいことがわかります（①）。そこで、距離を求めるために、（甲の速さ）＝x［m/s］、（乙の速さ）＝y［m/s］とおきます。なお、速さの単位は選択肢を考慮して設定しています。

アより、乙は甲の10秒後に出発しているので、乙の移動時間は甲より10秒短くなります。さらに、イ「乙が出発してから27秒後に、甲と乙は初めてすれ違った」より、１回目にすれ違ったとき、乙は27秒移動しているので、甲は37秒移動したことになります。以上のことと（速さ）×（時間）＝（距離）より、甲と乙の移動距離を求める式は、甲が$x \times 37 = 37x$［m］、乙が$y \times 27 = 27y$［m］となります。したがって、①より、

$37x + 27y = 126$　　……②

が成り立ちます。

次に、図２より、１回目にすれ違ってから２回目にすれ違うまでの甲と乙の移動距離の合計は、AB間の往復の距離$126 \times 2 = 252$［m］と等しいことがわかります（③）。ウより、１回目に出会ってから２回目に出会うまでの２人の移動時間は63秒ですので、甲と乙の移動距離を求める式は、甲が$x \times 63 = 63x$［m］、乙が$y \times 63 = 63y$［m］となります。したがって、③より、$63x + 63y = 252$が成り立ち、この式の「63」と「252」は９の倍数なので、式全体を９で割ると、$7x + 7y = 28$となり、さらに式全体を７で割ると、

$x + y = 4$　　……④

となります。

ここで、②、④を連立方程式として解きます。求めるのは（甲の速さ）＝xなので、yを消すために、④を$y = (4 - x)$とおき、②に代入すると、②は、

$37x + 27(4 - x) = 126$

となります。この方程式を解くと、$x = 1.8$［m/s］となるので、正解は❸です。

問題3　　正解 ❺

すれ違った２人の移動距離を合わせると、往復の距離と等しくなります。

まず、アより、Aは16 km走ったところでCとすれ違ったので、これを図に示すと、右図のようになります。Aは片道20 kmを走る前にCとすれ違っているのでCが先に折り返したことがわかります。

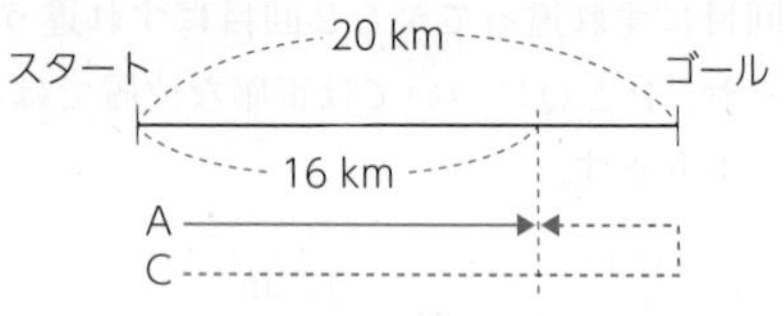

図より、**AとCが走った距離の合計は、往復の距離と等しくなる**ことがわかります。題意より、往復の距離は40 kmなので、

(Aの距離)＋(Cの距離)＝40［km］

が成り立ちます。さらに、アより、(Aの距離)＝16［km］なので、

(Cの距離)＝40－16＝24［km］

とわかります。

また、**AとCは同時にスタートして同時に出会うので、上の図のとき、Aの移動時間とCの移動時間は等しくなります**。移動時間が等しいとき、距離の比と速さの比は正比になり、

(Aの距離)：(Cの距離)＝16：24＝2：3　……①

となるので、

(Aの速さ)：(Cの速さ)＝2：3

となります。

次に、イ「Bが8 km走る間に、Cは24 km走った」は、等しい時間における走った距離を示しています。時間が等しいとき、距離の比と速さの比は正比になり、

(Bの距離)：(Cの距離)＝8：24＝1：3　……②

より、

(Bの速さ)：(Cの速さ)＝1：3　……③

です。

続いてウ「AとBは、スタートから3時間20分後にすれ違った」は、同時にスタートしたAとBがすれ違うまでの情報なので、アで作成した図と似た状況になります。つまり、**AとBが移動した距離の合計は往復の距離40 kmと等しくなります**（④）。そこで、AとBが等しい時間で移動したときのそれぞれの距離を求めるために、①と②を連比を使って一つにまとめます。

①と②を見るとCの比の値が「3」で等しいので、そのまま二つの比をまとめられます。つまり、

(Aの距離)：(Bの距離)：(Cの距離)＝2：1：3

となるので、

(Aの距離)：(Bの距離)＝2：1

となります。

ここで、(Aの距離)＝$2x$［km］、(Bの距離)＝x［km］とおくと、④より、

$2x+x=40$［km］

が成り立ちます。この方程式を解くと、$x=\frac{40}{3}$［km］となるので、

$$(\text{Aの距離})=2\times\frac{40}{3}=\frac{80}{3}\ [\text{km}]$$

$$(\text{Bの距離})=\frac{40}{3}\ [\text{km}]$$

となります。

ウより、Bは3時間20分走って$\frac{40}{3}$km移動し、Aとすれ違ったことになります。3時間20分＝200分なので、これを時間に変換すると、$\frac{200}{60}$時間＝$\frac{10}{3}$時間となるので、(距離)÷(時間)＝(速さ) より、

$$(\text{Bの速さ})=\frac{40}{3}\div\frac{10}{3}=\frac{40}{3}\times\frac{3}{10}=4\ [\text{km/h}]$$

となります。これを③に代入すると、4：(Cの速さ)＝1：3より、

(Cの速さ)＝12［km/h］

となるので、それぞれが往復してゴールするまでの時間を求めると、(距離)÷(速さ)＝(時間) より、Bは40÷4＝10［時間］、Cは40÷12＝$\frac{10}{3}$時間となり、$\frac{10}{3}$時間＝3時間20分となります。

よって、CがゴールしてからBがゴールするまでに要した時間は、

10時間－3時間20分＝6時間40分

となるので、正解は❺となります。

問題4

正解 ❶

Aが1周するごとにBの位置を確認します。

求めるものは、Aがスタート地点に到達したとき、つまりAがちょうど何周かしたときに、BがAより20m前方にいる状態になるようなAの周回数です。そこで、Aが1周するごとにBの位置を確認し、その規則性を考えます。

毎分125mの速さのAが1周する（つまり、200m移動する）のに要する時間は、

$200\div125=\frac{8}{5}$［分］　……①

です。この$\frac{8}{5}$分間にBが移動する距離は、

$150\times\frac{8}{5}=240$［m］

になります。2人はどちらも反時計回り（つまり、同じ向き）に周回するので、Aが1周する$\frac{8}{5}$分間に2人が近づく距離を考えると、240－200＝40［m］より、Aが1周するごとに、AとBの間隔は40m近づく、または離れるということがわかります。このことは、**Aが1周する間に、BはAより40m多く進む**ことを示しています。

したがって、はじめAの100m後方にいたBは、Aが1周したときには40m近づいて、Aの後方60mに位置します。同様に、Aが2周したときにはさらに40m近づいてAの後方20mに位置します。そして、Aが3周したときに、Aの20m後方にいたBはAより40m多く進むので、そのうち20mでAに追いつき、さらにAの前方20mまで進むことになります。このとき、題意を満たしますので、Aが3周したときに初めて条件を満たすことがわかります。

よって、正解は❶です。

問題5

正解 ❸

「CがAと出会うまで」、「CがBと出会うまで」の2人の移動距離は、合計で1周分の距離になることに着目して式を立てます。

まず、速さが「時速」で与えられていますが、移動時間は「分単位」となるので、「時速」を「分速」に変換します。Aの速さは時速14.4kmであり、これは1時間当たり14.4km進むという意味です。1時間＝60分なので、**時速14.4kmは60分当たり14.4km進むことと同じ**です。つまり、14.4kmを60で割れば1分当たりに変換できます。割りやすいように、14.4km＝14400mとすると、14400÷60＝240より、「時速14.4km」＝「分速240m」とわかります。

同様に、Bの速さ「時速9km」を分速に変換すると、60分当たり9000m進むことから、分速150mとなります。したがって、Aの速さは240m/分、Bの速さは150m/分（①）となります。

CがP地点を出発してから15分後にAとCがQ地点で出会うまでを図で示すと右の図1のようになり、この図から、

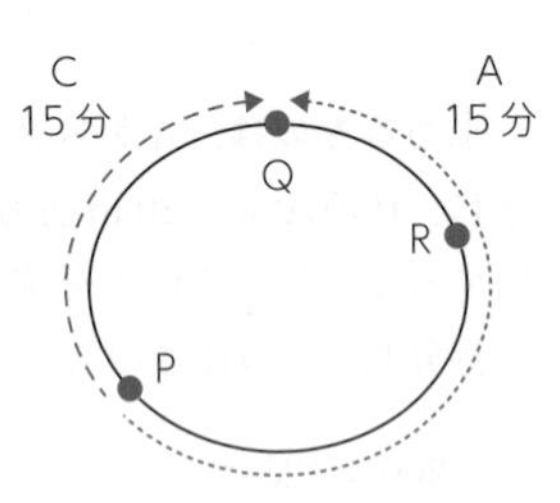

(Aの距離)＋(Cの距離)＝(1周分の距離) ……②

が成り立つことがわかります。そこで、(Cの速さ)＝x［m/分］とおき、AとCの15分間の移動距離を求めます。①および（速さ）×(時間)＝(距離）より、

(Aの距離)＝240×15＝3600［m］

(Cの距離)＝x×15＝15x［m］

となります。これらを②に代入すると、

3600＋15x＝(1周分の距離) ……③

となります。

次に、CがQ地点を通過してから3分後にR地点でBと出会うまでを考えます。CはP地点からQ地点までに15分、さらにQ地点からR地点までに3分移動しているので、P地点を出発してからR地点に到着するまでに18分かかったことがわかります。このとき、BもR地点に到着してCと出会っており、BとCは同時に出発していることから、**BがP地点からR地点まで移動した時間も、Cと等しく18分**とわかります。以上を図に示すと、右の図2になります。

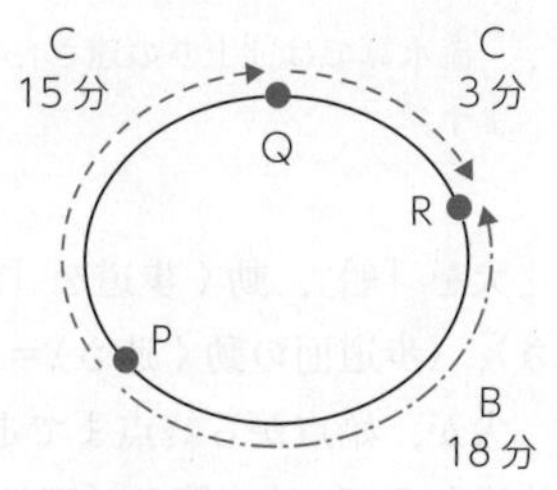

図2より、BとCがP地点からR地点まで移動した距離を見ると、

(Bの距離)+(Cの距離)=(1周分の距離) ……④

が成り立つことがわかります。そこで、BとCの18分間の移動距離を求めます。

①および(速さ)×(時間)=(距離)より、

(Bの距離)$=150\times18=2700$[m] ……⑤

(Cの距離)$=x\times18=18x$[m]

となります。これらを④に代入すると、

$2700+18x=$(1周分の距離) ……⑥

となります。

③、⑥より、

$3600+15x=2700+18x$

となるので、この方程式を解くと、

$x=300$[m/分]

となり、

(Cの速さ)$=300$[m/分] ……⑦

とわかります。

求めるのは、CがR地点からP地点まで移動する時間です。R地点からP地点までの距離は、BがCと出会うまでに移動した距離に等しく、⑤よりその距離は2700mです。

また、Cの速さは⑦より300[m/分]なので、(時間)=(距離)÷(速さ)より、

(Cの移動時間)$=2700\div300=9$[分]

となり、正解は❸です。

3　流水算

問題1　　正解 ❶

> 流水算では「上りの速さ」、「下りの速さ」、「静水時の速さ」、「流速」の４種類の速さを求めます。

犬を「船」、動く歩道を「川」とおいて流水算と考えると、(犬の速さ)＝(静水時の速さ)、(歩道面の動く速さ)＝(流速)となります。

犬が、始点から終点まで走ったときについて考えると、**歩道面の動く向きと同じ方向に進むので、流水算の「下り」と同じです**。また、犬が終点から始点まで走ったときは、**歩道面の動く向きと逆の方向に進むので、流水算の「上り」と同じ**です。そこで、それぞれの場合について考えます。

「下り」のとき、犬は72 mを18秒で走り抜けたので、(距離)÷(時間)＝(速さ)より、

(下りの速さ)＝72÷18＝4［m/秒］

となります。同様に、「上り」のとき、犬は72 mを24秒で走り抜けたので、(距離)÷(時間)＝(速さ)より、

(上りの速さ)＝72÷24＝3［m/秒］

となります。

ここで、流水算の公式の静水時の速さを求める公式より、「犬の速さ（静水時の速さ）」を求めると、

$$(\text{静水時の速さ})=\frac{4+3}{2}=3.5\ [\text{m/秒}]$$

となります。この静水時の速さが、「上り」になると３m/秒と遅くなるのは、流れに逆らって進むことで、流速の分だけ遅くなったからです。つまり、

「動く歩道の速さ（流速）」＝3.5－3＝0.5［m/秒］

となります。

もしくは、流速を求める公式を使って直接歩道面の動く速さを求めることもできます。

$$(\text{流速})=\frac{4-3}{2}=0.5\ [\text{m/秒}]$$

よって、正解は❶となります。

問題2　　正解 ❶

> 比を扱いにくい流水算の問題では、公式を使ったほうが解きやすい場合もあります。

本問は流水算ですが、通常の問題のように、片道すべてを一定の速さで進んでいません。したがって、距離が等しいことから比を立てる解法は使いにくいので、公式を使っ

て解くことにします。

下りについて考えると、下りでは、はじめ「下りの速さ」で進みますが、途中でエンジンが停止しており、その間は川に流されています。川に流されている間、船は「流速」で進むことになります。「下りの速さ」で進んだ時間と「流速」で進んだ時間が与えられているので、(静水時の速さ)＝x［km/時］、(流速)＝y［km/時］とおき、距離を求める式を立てます。流水算の公式より、(下りの速さ)＝$(x+y)$［km/時］、(上りの速さ)＝$(x-y)$［km/時］となります(①)。なお、速さの単位は、選択肢を考慮してあります。

下りの距離について考えると、題意より、下りにおいて、「流速」で進んだ時間は24分＝$\frac{24}{60}$時間＝$\frac{2}{5}$時間であり、下りにかかった時間の合計が1時間なので、「下りの速さ」で進んだ時間は、$1-\frac{2}{5}=\frac{3}{5}$［時間］となります。したがって、①と(速さ)×(時間)＝(距離)より、「下りの速さ」で進んだ距離は、

$$(x+y)\times\frac{3}{5}=\frac{3}{5}(x+y)\ [\text{km}]$$

となり、「流速」で進んだ距離は、

$$y\times\frac{2}{5}=\frac{2}{5}y\ [\text{km}]$$

となります。これらの合計が20 kmになればよいので、

$$\frac{3}{5}(x+y)+\frac{2}{5}y=20$$

が成り立ち、この式を整理すると、

$$3x+5y=100 \qquad \cdots\cdots②$$

となります。

上りの距離について考えると、「上りの速さ」で1時間進んだので、①と(速さ)×(時間)＝(距離)より、

$$(x-y)\times1=20$$

が成り立ち、この式を整理すると、

$$x-y=20 \qquad \cdots\cdots③$$

となります。

②、③を連立方程式として解くと、$y=5$［km/時］となるので、流速は5 km/時となります。

よって、正解は❶です。

問題3　　　正解 ❹

船速を$\frac{1}{2}$にする前と後でそれぞれ「船速」、「流速」、「上りの速さ」、「下りの速さ」を求めます。

水の流れと反対方向に1周することを「上り」、水の流れる方向に1周することを「下り」として、流水算として解きます。説明のために、最初の速さで進む横型の船を「船A」とし、速さを$\frac{1}{2}$にして進む横型の船を「船B」とします。

問題文「円形の流れるプールで水の流れと反対の方向に一周させると、水の流れる方向に一周させた場合の2倍の時間を要した」より、

（船Aの上りで1周する時間）：（船Aの下りで1周する時間）＝2：1

です。これは、**1周という等しい距離を移動したときの時間の比**であり、等しい距離では「時間の比」と「速さの比」が逆比になることから、

（船Aの上りの速さ）：（船Aの下りの速さ）＝1：2

となります。

そこで、（船Aの上りの速さ）＝x、（船Aの下りの速さ）＝$2x$とおきます。なお、本問では速さの単位に関する情報がないので、あえて単位は付けていません。流水算の静水時の速さの公式より、

（船Aの静水時の速さ）$=\frac{x+2x}{2}=1.5x$　……①

となります。さらに、（流速）＝（下りの速さ）－（静水時の速さ）より、

（流速）$=2x-1.5x=0.5x$　……②

とわかります。

次に、船Bについて考えます。①より、

（船Bの静水時の速さ）$=1.5x\times\frac{1}{2}=0.75x$

となります。流速は$0.5x$のままなので、②と流水算の公式より、

（船Bの上りの速さ）$=0.75x-0.5x=0.25x$

（船Bの下りの速さ）$=0.75x+0.5x=1.25x$　……③

となります。

ここで、求めるのは船Bの上りにかかる時間であり、船Bの下りにかかる時間は5分とわかっています。このとき、船Bは、上り、下りそれぞれの向きにプールを1周するので、等しい距離を移動することになり、**等しい距離では「移動時間の比」と「速さの比」は逆比の関係になります**。そこで、（船Bの上りで1周する時間）＝t［分］とおくと、

（船Bの上りで1周する時間）：（船Bの下りで1周する時間）＝t：5　……④

となります。さらに、③より、

（船Bの上りの速さ）：（船Bの下りの速さ）$=0.25x:1.25x=1:5$　……⑤

となるので、④、⑤が逆比になることから、

$t:5=5:1$

が成り立ちます。この式を解くと、$t=25$［分］となるので、正解は❹となります。

4　通過算

問題1　　正解 ❸

5人の列を「列車」などと同じように考えて、通過算として解きます。「エスカレーターに乗っている人」、「階段を降りている人」の長さは「0」とします。

「5人の列」の長さについて記述があるので通過算になり、複数のものが同時に動いているので、旅人算との複合問題になります。（5人の列の長さ）$=a$［m］とおきます。なお、「エスカレーターに乗っている人」と「階段を降りている人」については長さに関する記述がないので、長さを「0」と考えます。

「5人の列」と「エスカレーターに乗っている人」がすれ違い始めてからすれ違い終わるまでを図にすると、次の図1のようになります。

図1

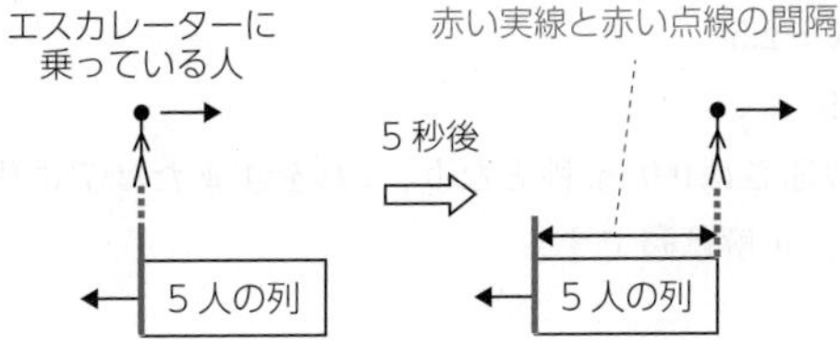

図1より、5人の列の先頭（**図1の赤い実線**）とエスカレーターに乗っている人（**図1の赤い点線**）までの間隔を見ると、はじめは同じ位置にあるのでその間隔は0mです。また、5秒後には「5人の列の長さ」だけ離れているので、**赤い実線と赤い点線はa［m］離れたことになります**（①）。

5人の列とエスカレーターに乗っている人は反対方向に進んでいるので、出会い算として計算します。エスカレーターに乗っている人の速さは、エスカレーターの動く速さと等しくなるので、1.8km/時です。問題文に出てくる単位は、「m」や「秒」が多いので、単位を変換すると、1.8km/時＝0.5m/秒となります。

5人の列の速さをx［m/秒］とおく（②）と、出会い算の公式より、5人の列の先頭とエスカレーターに乗っている人が離れる速さは、$x+0.5$［m/秒］となります（③）。離れた時間は5秒なので、②、③と合わせて（離れる距離）＝（離れる速さ）×（離れる時間）に代入すると、次の式が成り立ちます。

$a=5(x+0.5)$　　……④

次に、「5人の列」が「階段を降りている人」を追い越し始めてから追い越し終わるまでを図にすると、次の図2のようになります。

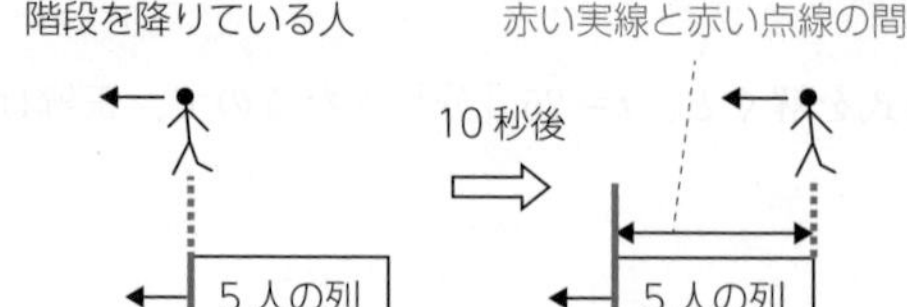

図2より、5人の列の先頭（図2の赤い実線）と階段を降りている人（図2の赤い点線）までの間隔を見ると、はじめは同じ位置にあるので、その間隔は0mです。これが10秒後には「5人の列の長さ」だけ離れているので、赤い実線と赤い点線はa［m］離れたことになります（⑤）。

5人の列と階段を降りている人は同じ方向に進んでいるので追い掛け算として計算します。階段を下りている人の速さは720m/時＝0.2m/秒なので、②と追い掛け算の公式より、5人の列の先頭と階段を下りている人が離れる速さは、$x-0.2$［m/秒］となります（⑥）。離れた時間は10秒なので、⑤、⑥と合わせて（離れる距離）＝（離れる速さ）×（離れる時間）に代入すると、次の式が成り立ちます。

$a=10(x-0.2)$ ……⑦

ここで、⑦を④に代入して解くと、次のようになります。

$$10(x-0.2)=5(x+0.5)$$
$$10x-2=5x+2.5$$
$$x=0.9$$

よって、5人の列の速さは0.9m/秒となり、これを④または⑦に代入すると、$a=7$［m］となります。よって、正解は❸です。

問題2

正解 ❶

列車どうしの出会い算では「先頭どうし」か「最後尾どうし」の間隔に着目しますが、列車どうしの追い掛け算では、「一方の先頭ともう一方の最後尾」の間隔に着目すると解きやすくなります。

長さのある列車どうしのすれ違いや追い越しを考えるので、通過算となります。また、追い越すときは二つの列車が同じ方向に進むので、追い掛け算との複合問題となり、すれ違うときは二つの列車が逆の方向に進むので、出会い算との複合問題となります。

まず、AがBに追い越されたときを図で表します。列車Aの先頭に赤い実線、列車Bの最後尾に赤い点線をつけると、次の図1のようになります。

図1

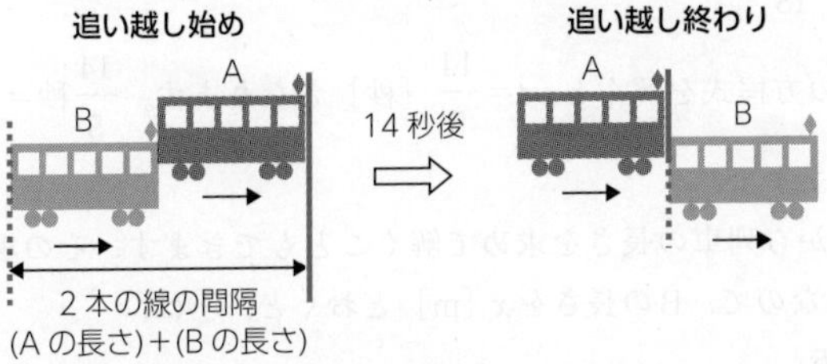

追い越し始め
A
B
14秒後
追い越し終わり
A
B
2本の線の間隔
(Aの長さ)+(Bの長さ)

図1より、**2本の線は（Aの長さ）+(Bの長さ）だけ近づいた**ことになります。また、追い掛け算の公式より、近づく速さは、

(Bの速さ)−(Aの速さ)＝75−50＝25［km/時］

となり、単位を変換すると、25 km/時＝$\frac{125}{18}$ m/秒となります。さらに、近づいた時間は14秒ですので、(近づく距離)＝(近づく速さ)×(近づく時間）より、

(Aの長さ)＋(Bの長さ)＝$\frac{125}{18}\times 14$［m］　……①

となります。

次に、二つの列車がすれ違う場合を図に表します。列車Aの先頭に赤い実線、列車Bの先頭に赤い点線をつけると、次の図2のようになります。なお、求める時間をt［秒］とおいてあります。

図2

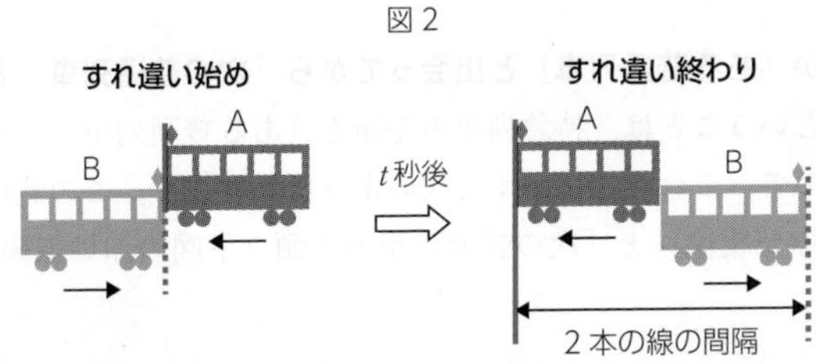

図2より、**2本の線は（Aの長さ）+(Bの長さ）だけ離れた**ことになります。また、出会い算の公式より、離れる速さは、

(Aの速さ)＋(Bの速さ)＝50＋75＝125［km/時］

となり、単位を変換すると、125 km/時＝$\frac{625}{18}$ m/秒となります。さらに、離れた時間はt［秒］ですので、(離れる距離)＝(離れる速さ)×(離れる時間）より、

(Aの長さ)＋(Bの長さ)＝$\frac{625}{18}\times t$［m］　……②

となります。

①に②を代入すると、

$$\frac{625}{18} \times t = \frac{125}{18} \times 14$$

となるので、この方程式を解くと、$t=\frac{14}{5}$［秒］となります。$\frac{14}{5}$秒＝2.8秒となるので、正解は❶となります。

なお、①の式から列車の長さを求めて解くこともできます。その場合は、題意より、Aの長さは50 mなので、Bの長さをx［m］とおくと、①は、

$$50 + x = \frac{125}{18} \times 14$$

となります。この式を解くと、$x=\frac{425}{9}$［m］となります。これと、Aの長さ50 mを②に代入すると、

$$50 + \frac{425}{9} = \frac{625}{18} \times t$$

となります。この式を解くと、$t=\frac{14}{5}$［秒］となります。

問題3

正解 ❷

普通列車の1台目と出会ったときから、2台目と出会うまでを考えます。

まず、特急列車が「**ある普通列車**」**と出会ってから**「**次の普通列車**」**と出会うまで**を考えます。出会うということは、特急列車の先頭と「ある普通列車の先頭」が同じ地点にあるときになるので、これを図に示すと次のようになります。この状態から、特急列車の先頭（下図の赤い実線）と「次の普通列車の先頭（下図の赤い点線）」が出会うまでを考えます。

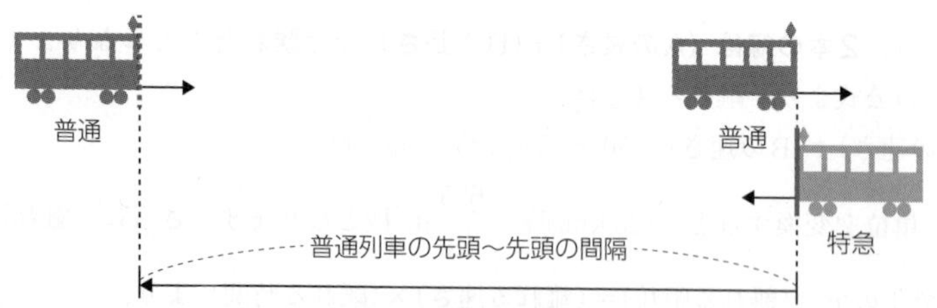

上の図の状態から「特急列車と次の普通列車が出会うまで」に2本の赤い線が近づく距離は、「ある普通列車の先頭から次の普通列車の先頭までの距離」と等しくなります。

特急列車と普通列車は逆の方向に進むので、出会い算となります。特急列車の速さは時速140 kmであり、普通列車の速さは時速40 kmなので、出会い算の公式より、特急列車と普通列車の近づく速さは、

$140+40=180$ ［km/時］

となります。近づいた時間は3分$=\frac{1}{20}$時間なので、（近づく距離）=（近づく速さ）×（近づく時間）より、近づいた距離は、

$180\times\frac{1}{20}=9$ ［km］

とわかります。したがって、普通列車の先頭から次の普通列車の先頭までの距離は9 kmとなります。

次に、準急列車が「ある普通列車とすれ違い終わってから次の普通列車と出会うまで」について考えます。**すれ違い終わるときというのは、準急列車の最後尾と普通列車の最後尾が同じ地点に位置したときになります**。これを図にすると、次のようになります。この状態から、準急列車の先頭（下図の赤い実線）と「次の普通列車の先頭（下図の赤い点線）」が出会うまでを考えます。

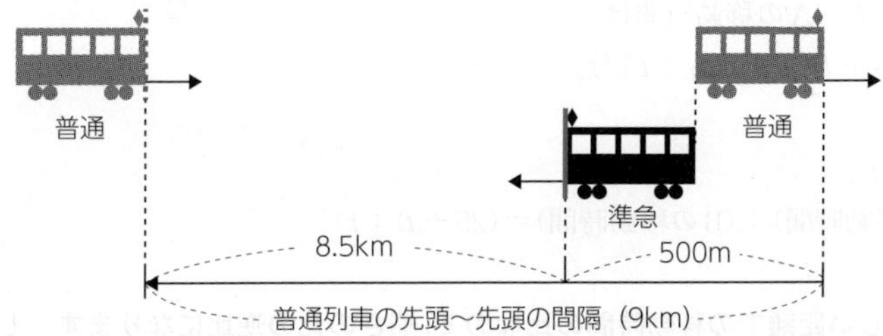

上の図の状態から、**準急列車が次の普通列車と出会うまでに近づく距離は、普通列車の先頭から次の普通列車の先頭までの9kmから、準急列車と普通列車の長さを引けば求められます**。題意より、どちらの列車も長さはともに250 m = 0.25 kmなので、$9-0.25-0.25=8.5$より、近づく距離は8.5 kmです。

また、準急列車の速さは時速80 km、普通列車の速さは時速40 kmなので、出会い算の公式より、準急列車と普通列車の近づく速さは、

$80+40=120$ ［km/時］

となります。

したがって、（近づく距離）÷（近づく速さ）=（近づく時間）より、近づくまでに要する時間は、

$8.5\div120=\frac{8.5}{120}$ ［時間］

となります。これを「分」に変換すると、$\frac{8.5}{120}\times60=4.25$ ［分］となり、さらに、0.25分=15秒ですので、求める時間は4分15秒となります。

よって、正解は❷となります。

5　ダイヤグラム

問題1　　　　正解 ❹

ダイヤグラムを描いて、２人の移動時間の関係を確認します。

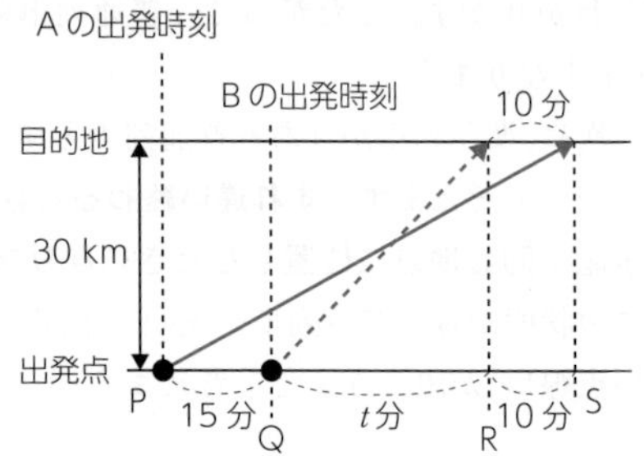

題意より、ダイヤグラムを作成すると右の図のようになります。Aの移動は実線、Bの移動は点線で示しています。なお、説明のために、P（Aの出発時刻）、Q（Bの出発時刻）、R（Bの到着時刻）、S（Aの到着時刻）をおきます。

図より、Bの移動時間に当たるQRをt［分］とおくと、Aの移動時間は、

$PS = 15 + t + 10 = 25 + t$［分］　……①

となります。

したがって、

（Aの移動時間）：（Bの移動時間）＝$(25 + t) : t$

となります。

これは**等しい距離での移動時間の比なので、速さの比の逆比になります**。したがって、

（Aの速さ）：（Bの速さ）＝$t : (25 + t)$　……②

となります。

題意より、Bのバイクの速さがAの自転車の速さの1.5倍であったことから、

（Aの速さ）：（Bの速さ）＝$1 : 1.5 = 2 : 3$　……③

となります。

ここで、②＝③となるので、以下の式が成り立ち、それを解くと次のようになります。

$t : (25 + t) = 2 : 3$

$3t = 2(25 + t)$

$t = 50$［分］

したがって、Bの移動時間は50分であり、①より、Aの移動時間は（25＋50＝）75分となります。ここで、**時間の単位を速さに合わせて「時間」に変換**すると、75分＝$\frac{75}{60}$時間＝$\frac{5}{4}$時間となるので、Aは30 kmを$\frac{5}{4}$時間で移動したことがわかります。

よって、Aの速さは、

$30 \div \frac{5}{4} = 24$［km/時］

となるので、正解は❹です。

問題2

正解 ❷

等しい距離でのAとBの移動時間の比を2組求めます。

求めるものである、AがX区役所（X）を出発してからBと出会うまでの時間をt［分］とおくと、Aの10分後にY区役所（Y）を出発したBは、出発してからAと出会うまでに（$t-10$）分かかったことになります。そこで、A、Bの移動の様子をダイヤグラムに表すと、次の図のようになります（M：A、Bが出会った位置）。

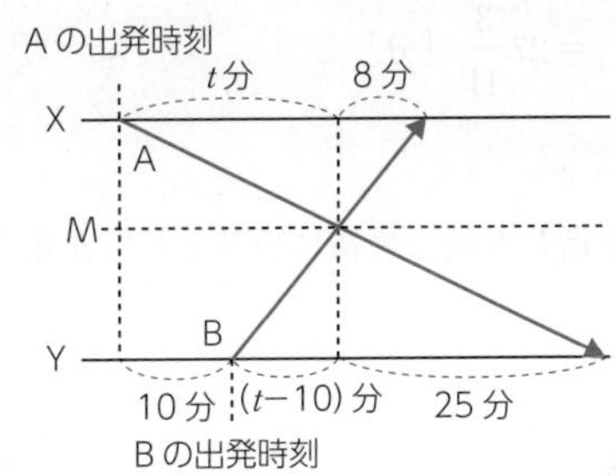

まず、図より、XM間の移動時間を見ると、Aはt分、Bは8分なので、

（Aの移動時間）：（Bの移動時間）＝t：8　……①

となります。

次に、図より、YM間の移動時間を見ると、Aは25分、Bは（$t-10$）分なので、

（Aの移動時間）：（Bの移動時間）＝25：（$t-10$）　……②

となります。

①、②は、等しい距離での移動時間の比であり、いずれも速さの比と逆比になることから、①＝②が成り立ちます。したがって、

$t:8=25:(t-10)$

となり、この式を整理すると、次のようになります。

$$t:8=25:(t-10)$$
$$t^2-10t=200$$
$$t^2-10t-200=0$$

この2次方程式の左辺を因数分解すると、$(t-20)(t+10)=0$となるので、$t=20$、-10となります。tは移動時間であり負の数ではありませんから$t=20$［分］に決まるので、正解は❷です。

6 時計算

問題1

正解 ❺

時計算の基礎を再確認しましょう。

❶ 追い掛け算として解く方法

文字盤上の針の位置を考えると、短針は1時間に30°ずつ進むので、5時ちょうどの時点で、$30 \times 5 = 150$より、短針は文字盤の「12」から150°進んだところにあります。また、5時ちょうどの時点で長針は文字盤の「12」の位置にいるので、**長針は短針より150°後方にいる**、と考えることができます。したがって、短針と長針が重なるには、**長針が短針に150°近づけばよい**、ということになります。

ここで、**長針と短針は1分間に5.5°ずつ近づく（または離れる）**ことから、長針と短針が150°近づくのに要する時間は、

$$150 \div 5.5 = \frac{300}{11}\ [分] = 27\frac{3}{11}\ [分]$$

となります。

よって、5時ちょうどを指した後、最初に短針と長針が重なる時刻は5時$27\frac{3}{11}$分となるので、正解は❺です。

❷ 公式を使って解く方法

時計算の公式より、**0時ちょうどに短針と長針が重なった後、短針と長針が重なるのは$\frac{12}{11}$時間おき**です。$\frac{12}{11}$時間$=1\frac{1}{11}$時間であり、これは1時間強なので、5時ちょうど以降になるのは、5倍したときになります。したがって、5時ちょうどを指した後、最初に短針と長針が重なるまでの時間は、$1\frac{1}{11}$時間$\times 5 = 5\frac{5}{11}$時間なので、求める時刻は**0時ちょうどから$5\frac{5}{11}$時間後**になります。$\frac{5}{11}$時間を「分」に変換すると、$\frac{300}{11}$分$=27\frac{3}{11}$分となるので、短針と長針が重なる時刻は5時$27\frac{3}{11}$分です。

よって、5時より$27 + \frac{3}{11}$分後になるので、正解は❺となります。

問題2

正解 ❹

長針の位置は、文字盤の「6」から何度戻った位置にあるか、と考えます。

❶ 追い掛け算として解く方法

6時ちょうどの時点で、短針は文字盤の「6」の位置にあり、長針は文字盤の「12」の位置にあります。短針はその後、文字盤の左側に進んでいくので、短針と長針が左右対称になるのは、長針が文字盤の右側にあるときになります。そのときの短針と長針の位置は、次の図のようになり、**(①の角度)＝(②の角度)**が成り立つことになります。

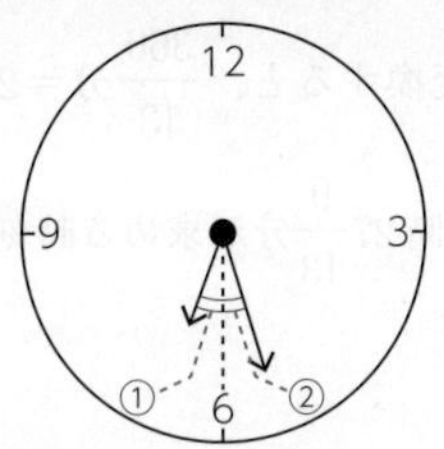

そこで、6時ちょうどから短針と長針が左右対称になるまでの時間をt分とおき、①、②の角度を考えます。

短針は分速0.5°の速さで進むので、**(近づく速さ)×(近づく時間)=(近づく角度)**より、t分間であれば、$0.5 \times t = 0.5t$となるので、短針は文字盤の「6」の位置から$0.5t$°進むことになります。したがって、①$=0.5t$°です。

長針は分速6°の速さで進むので、t分間であれば、$6 \times t = 6t$より、長針は文字盤の「12」から$6t$°進むことになります。ここで、**②の角度は、文字盤の「12」から「6」までの180°から、長針が進んだ角度を引けば求められる**ので、②$=(180-6t)$°となります。

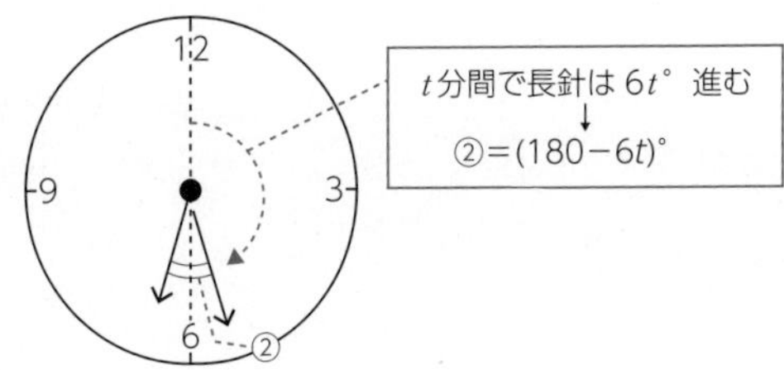

ここで、①=②が成り立つので、$0.5t=180-6t$となり、この式を整理すると次のようになります。

$$0.5t = 180 - 6t$$
$$6.5t = 180$$
$$t = \frac{180}{6.5} = \frac{360}{13} = 27\frac{9}{13}\ [分]$$

よって、6時と7時の間で長針と短針の位置が文字盤の「6」を挟んで左右対称になる時刻は6時$27\frac{9}{13}$分となるので、正解は❹です。

❷ 公式を使って解く方法

時計算の公式より、**短針と長針が文字盤の「12」と「6」を結ぶ線に対して左右対称になるのは、0時から$\frac{12}{13}$時間おき**です。これは1時間弱なので、7倍すれば7時間弱、つまり、6時以降に短針と長針が左右対称になる時刻になる、とわかります。$\frac{12}{13} \times 7 = \frac{84}{13} = 6\frac{6}{13}$より、求める時刻は0時から$6\frac{6}{13}$時間後になります。

ここで、$\frac{6}{13}$時間を「分」に変換すると、$\frac{360}{13}$分$=27\frac{9}{13}$［分］となるので、0時から6時間$27\frac{9}{13}$分後、つまり、6時$27\frac{9}{13}$分が求める時刻となります。

よって、正解は❹です。

第4章　場合の数・確率

1　場合の数の基礎

問題1　　　　　　　　　　　　　　　　　　　　　　　　正解 ❶

場合分けの少ない条件を満たすものを書き出し、残りの条件を踏まえて場合分けします。

本問では「偶数」と「奇数」に関する条件がありますが、**二つの数の和が偶数になるのは、「偶数＋偶数」または「奇数＋奇数」のときであり、二つの数の和が奇数になるのは、「奇数＋偶数」のときだけ**です。

一つ目の条件より、逃走した自動車のナンバープレートに含まれる「二つの４」の位置を場合分けすると、以下の３通りになります。

❶

千の位	百の位	十の位	一の位
4		4	

❷

千の位	百の位	十の位	一の位
4			4

❸

千の位	百の位	十の位	一の位
	4		4

題意より、十の位と千の位の和は必ず奇数になりますが、❶は偶数になってしまい、条件を満たすことができず、不適となります。また、三つ目の条件より、「両端の数のうち一つは、２か７」なので、❷も条件を満たすことができず、不適となります。したがって、条件を満たすのは❸の場合のみとなります。

次に、十の位と千の位について考えます。三つ目の条件より、両端の数のうち一つは２か７になるので、条件を満たす数は、「２４□４」または「７４□４」になります。そこで、場合分けを行います。

❸−１「２４□４」の場合

二つ目の条件より、「２４７４」の１通りとなります。

❸−２「７４□４」の場合

十の位と千の位の和は必ず奇数になることから、「７４□４」の□に入るのは必ず偶数になりますが、□に入る数字が「４」の場合は一つ目の条件「４が二つあった」を満たすことができず、不適となります。また、□に入る数字が「８」の場合は、二つ目の条件「最も大きい数は７」を満たすことができず、不適になります。

したがって、□に入る数字としてあり得るのは、「０」、「２」、「６」の場合であり、そのときのナンバープレートの数字の並びは「７４０４」、「７４２４」、「７４６４」となります。これらはすべての条件を満たすので、この場合は３通りとなります。

よって、❸－1または❸－2の場合に条件を満たすので、和の法則より、

1＋3＝4［通り］

となるので、正解は❶です。

問題2 正解 ❶

場合分けの少ない1万円紙幣から順に、樹形図で整理します。

場合分けの少ない1万円紙幣の枚数で場合分けをして、32,000円になる組合せを樹形図にまとめると、次のようになります。

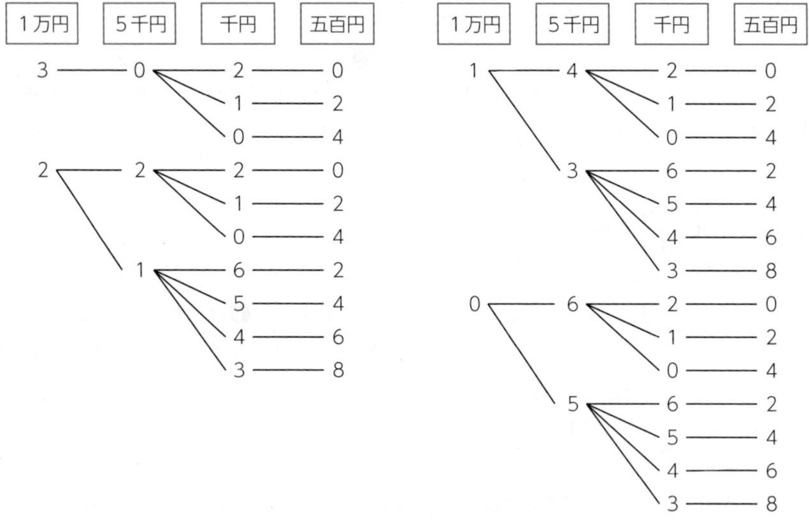

この樹形図より、条件を満たす場合は24通りとなります。

よって、正解は❶です。

問題3 正解 ❸

女性の人数ごとに場合分けをして、組合せの公式を使って計算します。

問題文には「男性7人、女性5人」とだけ書かれていますが、人物が題材なので、7人の男性、5人の女性それぞれを区別して扱います。

ここでは、**女性を選ぶ人数ごとに場合分けを行い**、場合の数を求めていきます。

❶　女性が2人の場合（男性は2人）

「女性5人の中から2人を選び」、さらに、「男性7人の中から2人選ぶ」として計算

します。女性の選び方は、

$$ {}_5C_2 = \frac{5 \times 4}{2 \times 1} = 10 \text{［通り］} $$

男性の選び方は、

$$ {}_7C_2 = \frac{7 \times 6}{2 \times 1} = 21 \text{［通り］} $$

となるので、積の法則よりこの場合は、

$10 \times 21 = 210$［通り］

となります。

❷　女性が３人の場合（男性は１人）

「女性５人の中から３人を選び」、さらに、「男性７人の中から１人選ぶ」として計算します。女性の選び方は、

$$ {}_5C_3 = {}_5C_2 = \frac{5 \times 4}{2 \times 1} = 10 \text{［通り］} $$

男性の選び方は、

${}_7C_1 = 7$［通り］

となるので、積の法則より、この場合は、

$10 \times 7 = 70$［通り］

となります。

❸　女性が４人の場合（男性は０人）

「女性５人の中から４人を選ぶ」として計算します。女性の選び方は、

${}_5C_4 = {}_5C_1 = 5$［通り］

となり、この場合は５通りとなります。

したがって、❶または❷または❸の場合に条件を満たすので、和の法則より、

$210 + 70 + 5 = 285$［通り］

です。よって、正解は❸です。

なお、別解として、**全体から条件を満たさない場合を引いて求めることもできます。**

全体は、合計12人の中から４人を選ぶので、

$$ {}_{12}C_4 = \frac{12 \times 11 \times 10 \times 9}{4 \times 3 \times 2 \times 1} = 495 \text{［通り］} $$

です。このうち条件を満たさないのは、「**女性を０人選ぶ場合**」または「**女性を１人選ぶ場合**」なので、場合分けをして計算します。

第４章 場合の数・確率

❶ 女性を０人選ぶ場合（男性は４人）

「男性７人の中から４人を選ぶ」として計算します。男性の選び方は、

$$_7C_4 = {}_7C_3 = \frac{7 \times 6 \times 5}{3 \times 2 \times 1} = 35 \text{［通り］}$$

となり、この場合は35通りとなります。

❷ 女性が１人の場合（男性は３人）

「女性５人の中から１人を選び」、さらに、「男性７人の中から３人選ぶ」として計算します。女性の選び方は、

$$_5C_1 = 5 \text{［通り］}$$

男性の選び方は、

$$_7C_3 = \frac{7 \times 6 \times 5}{3 \times 2 \times 1} = 35 \text{［通り］}$$

となるので、積の法則よりこの場合は、

$$5 \times 35 = 175 \text{［通り］}$$

となります。

したがって、❶または❷の場合に条件を満たさないので、これらを全体から引くと、

$$495 - 35 - 175 = 285 \text{［通り］}$$

となります。よって、正解は❸です。

問題４ 正解 ❷

外出できない場合を書き出して、全体から引いて求めます。

条件を満たす場合をすべて書き出すと複雑になるので、**「全体の場合の数**（制限なく５人から外出する人を選ぶ場合の数）**」を求め、そこから「条件を満たさない場合の数」を引いて求めます**。外出する人を選ぶとき、全員同じ肩書きである「外出する人」として選ぶので、組合せの公式を使います。

なお、子どもが２人いますが、２人の子どもは区別して検討します。

❶ 制限なく外出する場合

出かける人数ごとに場合分けして計算すると、次のようになります。

５人のうち１人だけが外出する場合　：$_5C_1 = 5$［通り］

５人のうち２人だけが外出する場合　：$_5C_2 = \frac{5 \times 4}{2 \times 1} = 10$［通り］

５人のうち３人だけが外出する場合　：$_5C_3 = {}_5C_2 = \frac{5 \times 4}{2 \times 1} = 10$［通り］

5人のうち4人だけが外出する場合　　　　：${}_5C_4={}_5C_1=5$［通り］
5人のうち5人全員が外出する場合　　　　：1通り

したがって、制限なく外出する場合は、
5＋10＋10＋5＋1＝31［通り］
となります。

❷ 条件を満たさない場合

子どもだけで外出する、または子どもだけで留守番する場合は条件を満たしません。そのときの場合の数を求めると、次のようになります。

子ども1人だけが外出する場合　　　　：子どもは2人いるので2通り
子ども2人だけが外出する場合　　　　：1通り
子ども1人だけが留守番する場合　　　：子どもは2人いるので2通り
子ども2人だけが留守番する場合　　　：1通り

したがって、条件を満たさない場合は、
2＋1＋2＋1＝6［通り］
となります。

❶、❷より、
31－6＝25［通り］
となるので、正解は❷です。

問題5

正解 ❸

本問の条件では、切符の種類の数を組合せで計算できます。

新幹線や飛行機の切符などを参考に考えると、切符には「出発駅」と「到着駅」が「出発駅→到着駅」のように表示されることが一般的です。例えば、A駅からB駅へ行くときの切符は「A→B」となり、B駅からA駅へ行くときの切符は「B→A」となります。通常であれば、「A→B」の切符と「B→A」の切符は異なる切符と考えるので、「入れ替えると異なるものになる」と考えられ、「順列」と考えることができます。しかし、本問では**「A→B」と「B→A」を同じ種類の切符とする**ので、「入れ替えても同じものになる」と考えて、**「組合せ」として計算する**ことになります。

駅の総数にかかわらず、1種類の切符には二つの駅が表示されるので、本問の場合、駅の総数をn駅とすると、「全部でn駅の中から、切符に表示する2駅を組合せで選ぶ」と考えることができ、切符の種類の総数は${}_nC_2$で計算できることがわかります。

そこで、**選択肢ごとに、はじめの駅の数21に新設された駅の数を加えた値を求め、それを駅の総数nとして${}_nC_2$に代入し、351種類になる場合を求めます。**

❶ × 　新設された駅の数が4のとき、駅の総数$n=21+4=25$となります。したがって、

$$_{25}C_2=\frac{25\times24}{2\times1}=300$$

より、切符の種類の総数は300種類となるので、不適となります。

❷ × 　新設された駅の数が5のとき、駅の総数$n=21+5=26$となります。したがって、

$$_{26}C_2=\frac{26\times25}{2\times1}=325$$

より、切符の種類の総数は325種類となるので、不適となります。

❸ ○ 　新設された駅の数が6のとき、駅の総数$n=21+6=27$となります。したがって、

$$_{27}C_2=\frac{27\times26}{2\times1}=351$$

より、切符の種類の総数は351種類となるので、条件を満たします。

❹ × 　新設された駅の数が7のとき、駅の総数$n=21+7=28$となります。したがって、

$$_{28}C_2=\frac{28\times27}{2\times1}=378$$

より、切符の種類の総数は378種類となるので、不適となります。

❺ × 　新設された駅の数が8のとき、駅の総数$n=21+8=29$となります。したがって、

$$_{29}C_2=\frac{29\times28}{2\times1}=406$$

より、切符の種類の総数は406種類となるので、不適となります。

解説では最後の選択肢まで計算していますが、実際の試験問題に取り組む際は、順番に計算していき❸で正解が得られた段階で検討を止めてしまってかまいません。

2　場合の数の応用

問題1　　正解 ❸

（全体）－（条件を満たさないもの）の考え方を使い、「同じものを含む順列」と考えて計算します。

「２つのＴの間に他の文字が１つ以上入る並べ方」は、

(制限なく１列に並べる場合)−(２つのＴの間に１文字も入らない場合)

と考えて計算します。

まず、「制限なく１列に並べる場合」を求めます。８文字すべて異なる文字であれば、１列に並べるときの並べ方は${}_8P_8 = 8!$となりますが、本問で並べるのは「ＴＯＫＵＢＥＴＵ」であり、**「Ｔ」や「Ｕ」が複数あるので、「同じものを含む順列」として計算します**。つまり、公式より、分子には制限ないときの8!を、分母には「Ｔ」と「Ｕ」が２文字ずつあるので2!×2!をおくと、

$$\frac{8!}{2! \times 2!} = \frac{8 \times 7 \times 6 \times 5 \times 4 \times 3 \times 2 \times 1}{2 \times 1 \times 2 \times 1} = 10080 \ [\text{通り}] \quad \cdots\cdots ①$$

となります。

次に、「２つのＴの間に１文字も入らない場合」を求めます。これは、二つのＴが隣り合うということと同じです。そこで、二つの「Ｔ」を一つにまとめて（ＴＴ）として、「(ＴＴ) ＯＫＵＢＥＵ」の７文字を１列に並べることを考えます。この場合も、「Ｕ」が２文字あるので、分母には2!をおくと、

$$\frac{7!}{2!} = \frac{7 \times 6 \times 5 \times 4 \times 3 \times 2 \times 1}{2 \times 1} = 2520 \ [\text{通り}]$$

となります。

ここで、本来、「隣り合う」問題では、まとめた二つをもとに戻しますが、今回はまとめたものは（ＴＴ）であり、例えば（ＡＢ）をもとに戻して「ＡＢ」と「ＢＡ」の２通りとするような作業は必要ありません。**（ＴＴ）はもとに戻しても「ＴＴ」の１通り**です。したがって、「２つのＴの間に１文字も入らない場合」は2520［通り］となります（②）。

よって、①−②より、求める値は、

10080 − 2520 = 7560［通り］

となるので、正解は❸です。

問題２

正解 ❹

一つ目と三つ目の条件を満たす席順から、ＤとＥが隣り合う場合を除外します。

説明のために、座席を左から順に❶〜❿とおきます（図１）。

図１

窓	❶	❷	❸	通路	❹	❺	❻	❼	通路	❽	❾	❿	窓

場合分けの最も少ない三つ目の条件から考えると、ＡとＦの座席の組合せは（Ａの席番号, Ｆの席番号）=（❶, ❿）、（❿, ❶）の２通りとなるので、場合分けを行います。

(1)（Aの席番号，Fの席番号）=（❶，❿）の場合

まず、一つ目の条件より、BとCは、Aと一緒にまとまった席になるので、（Bの席番号，Cの席番号）=（❷，❸）、（❸，❷）の2通り（①）となります（次の図2）。

図2

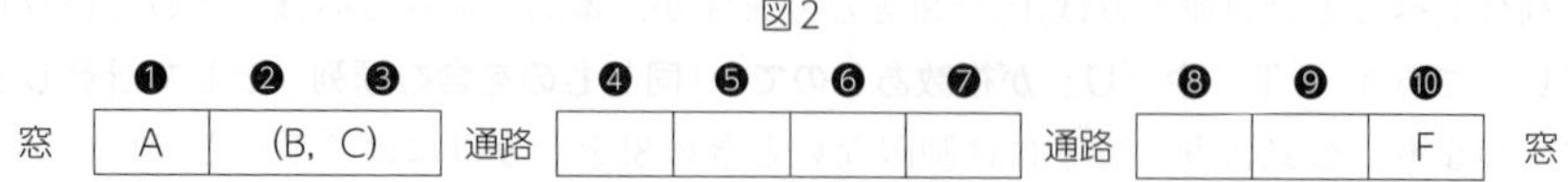

次に、❹～❾の席について考えます。❹～❾には、D、E、G、H、I、Jの6人が制限なく1列に並んで座ると考えれば、順列の公式で計算できます。6人中6人を順列で選ぶと、

$_6P_6 = 6 \times 5 \times 4 \times 3 \times 2 \times 1 = 720$［通り］　……②

となります。

ここで、二つ目の条件より、DとEが隣り合う場合は条件を満たさないので、この場合を720通りから引きます。DとEが隣り合う場合（**条件を満たさない場合**）は、DとEを合わせて1人と考えて、(DE)、G、H、I、Jの5人を1列に並べることで求められます。なお、**(DE)が❼、❽に座る場合は条件を満たすので、ここでは数える必要がありません**。したがって、(DE)が（❹と❺）、（❺と❻）、（❻と❼）、（❽と❾）に座る場合の4通りについて場合分けをします。

(DE)が（❹と❺）に座る場合、❻～❾にはG、H、I、Jの4人が制限なく1列に並ぶので、4人中4人を順列で選ぶと、

$_4P_4 = 4 \times 3 \times 2 \times 1 = 24$［通り］

となります。さらに、合わせて1人としていた(DE)を分けて2人に戻すとき、「左がD、右がE」に分ける場合と「左がE、右がD」に分ける場合の2通りがあります。したがって、「合わせて1人としたときの24通り」が、さらに2通りに分けられるので、この場合は、

$24 \times 2 = 48$［通り］

となります。

同様に、(DE)が（❺と❻）、（❻と❼）、（❽と❾）に座る場合も、(DE)が（❹と❺）に座る場合と同じ48通りとなるので、(DE)が（❹と❺）、（❺と❻）、（❻と❼）、（❽と❾）に座る場合をすべて合わせると、

$48 \times 4 = 192$［通り］　……③

となります。

②、③より、D、E、G、H、I、Jの座り方は、

$720 - 192 = 528$［通り］

となります。さらに、①より、**この528通りすべてにおいて、（Bの席番号，Cの席番号）=（❷，❸）、（❸，❷）の2通りが考えられる**ので、(1)の場合は、

$528 \times 2 = 1056$［通り］

となります。

⑵ （Aの席番号，Fの席番号）＝（⑩，❶）の場合

⑴と鏡写しになるように並べばよいので、⑴同様に1056通りとなります。

よって、⑴、⑵より、条件を満たす席順は、

1056 × 2 ＝ 2112［通り］

となるので、正解は❹です。

問題3 正解 ❹

「しきり」の解法で解ける問題です。

区別できない６本の鉛筆を、区別できるＡ～Ｃの３人に分けるので、「しきり」の問題として考えることができます。

３人に分ける場合は「**しきり**」**は**（3－1＝）**２本必要**です。したがって、鉛筆の６本と「しきり」２本の合計８個のものを１列に並べる、と考えて解きます（①）。

そこで、マス目を８マス用意し、そのうち「しきり」を入れる２マスを組合せで選ぶと、

$$_8C_2 = \frac{8 \times 7}{2 \times 1} = 28 \ [通り]$$

の選び方があります。さらに、鉛筆６本については、残りの６マスすべてに入れるので、その入れ方は１通りしかありません。つまり、鉛筆の６本と「しきり」２本の合計８個のものを１列に並べるときの並べ方は28通りとなります。よって、正解は❹です。

なお、「同じものを含む順列」として計算する場合は、①の後から次のように考えます。

鉛筆６本を「○」とし、しきり２本を「｜」とすると、「○○○○○○｜｜」の８個の図形を並べるので、同じものを含む順列の公式より、

$$\frac{8!}{6! \times 2!} = 28 \ [通り]$$

となります。

よって、正解は❹となります。

問題4 正解 ❸

「０個に分ける場合は数えない」ので、工夫して「しきり」の解法を使います。

区別できない８個のキャラメルを、区別できるＡ～Ｃの３人に分けるので、「しきり」の問題と考えられますが、本問では**「３人とも１個以上受け取る」という条件があるので、そのまま「しきり」の解法を使うことはできません。**

そこで、**あらかじめ3人に1個ずつキャラメルを渡してしまう、と考えます**。その結果、3人はすでに1個ずつキャラメルを受け取っているので、**残りのキャラメルを「0個に分ける場合も数えるもの」として3人に配れば、「しきり」の解法を使う条件を満たす**ことができます。

8個のキャラメルのうち3個をA～Cの3人に1個ずつ渡すと、残ったキャラメルは5個となります。この5個を「0個に分ける場合も数えるもの」として3人に分けます。3人に分けるには、「しきり」の数は（3－1＝）2本となるので、キャラメルを5個と「しきり」2本の合計7個を1列に並べる、と考えます（①）。

そこで、マス目を7マス用意し、そのうち「しきり」を入れるマス目を組合せで2マス選ぶと、

$${}_7C_2=\frac{7\times 6}{2\times 1}=21\ \text{［通り］}$$

の選び方があることになります。キャラメル5個については、残りの5マスすべてに入れるので、1通りとなります。つまり、キャラメルの5個と「しきり」2本の合計7個のものを1列に並べるときの並べ方は21通りです。

よって、正解は❸となります。

なお、「同じものを含む順列」として計算する場合は、①の後から次のように考えます。

キャラメル5個を「○」とし、しきり2本を「｜」とすると、「○○○○○｜｜」の7個の図形を並べるので、同じものを含む順列の公式より、

$$\frac{7!}{5!\times 2!}=21\ \text{［通り］}$$

となります。

よって、正解は❸となります。

問題5

正解 ❸

斜めの平行線2本と横の平行線2本を選べば平行四辺形を作ることができます。

平行四辺形を作るには、斜めの平行線を2本選び、さらに横の平行線を2本選ぶ、と考えれば、計算で解くことができます。このとき、例えば、斜めの平行線5本のうち、「左から1番目と5番目を選んだとき」と、「左から5番目と1番目を選んだとき」は、**平行四辺形の左右の辺が全く同じになるので、入れ替えても同じである組合せの選び方**となります。

条件より、斜めの平行線は合計で5本あるので、ここから2本を組合せで選ぶと、

$${}_5C_2=10\ \text{［通り］}$$

となります。同様に、横の平行線は合計で9本あるので、ここから2本を組合せで選ぶと、

$${}_9C_2=36\ \text{［通り］}$$

となります。

したがって、「斜めの平行線を選び」、さらに「横の平行線を選ぶ」ので、積の法則より、平行四辺形の数は、

10×36＝360［通り］

となります。

よって、正解は❸です。

3　確率の基礎

問題1　　正解 ❶

サイコロを2回振って出た目の和は12以下なので、12以下の素数を書き出して検討します。

まず、条件を満たす場合を考えます。立方体のサイコロを2回振ったときに出た目の和は、2～12のいずれかです。そのうち素数になるのは2、3、5、7、11の5通りになります。この5通りを満たす目の出方を書き出すと、次のようになります。なお、目の出方については、（1回目に出た目，2回目に出た目）として表記します。

❶　出た目の和が「2」になる場合

（1，1）の1通り

❷　出た目の和が「3」になる場合

（1，2）、（2，1）の2通り

❸　出た目の和が「5」になる場合

（1，4）、（2，3）、（3，2）、（4，1）の4通り

❹　出た目の和が「7」になる場合

（1，6）、（2，5）、（3，4）、（4，3）、（5，2）、（6，1）の6通り

❺　出た目の和が「11」になる場合

（5，6）、（6，5）の2通り

したがって、❶～❺より、条件を満たす場合は、

1＋2＋4＋6＋2＝15［通り］

となります。

次に、それぞれの場合の確率を求めます。例えば、（1，1）になる確率は$\frac{1}{6}\times\frac{1}{6}=\frac{1}{36}$となり、（1，2）になる確率も$\frac{1}{6}\times\frac{1}{6}=\frac{1}{36}$となります。つまり、**条件を満たす場合の15通りについて、それぞれ発生する確率が$\frac{1}{36}$になる**ことがわかります。したがって、和の法則より、15通りの確率すべてを合計すると、

$$\frac{1}{36}\times 15=\frac{5}{12}$$

となります。

よって、求める確率は$\frac{5}{12}$となるので、正解は❶です。

問題2 正解 ❺

（1本以上当たりになる確率）＝（全体の確率）－（2本ともはずれる確率）で求められます。

まず、条件を満たす場合を考えます。「20本の中から同時に2本のくじを引くとき、当たりくじが1本以上ある場合」を満たすのは、「当たりくじが1本だけある場合」と「当たりくじが2本ある場合」の2通りありますが、**条件を満たさない場合**について考えると、**「当たりくじが0本の場合」のみ**です。そこで、**（求める確率）＝（全体の確率）－（当たりくじが0本になる確率）**の形で計算します。

全体の確率は、原則100%、つまり1なので、条件を満たさない確率を求めます。「当たりくじが0本の場合」とは、「2本ともはずれる場合」です。したがって、1本目がはずれ、さらに2本目がはずれる場合の確率を求めます。1本目がはずれるのは、20本中17本のはずれくじを引く場合なので、その確率は$\frac{17}{20}$です。また、2本目がはずれる確率は、残り19本中16本のはずれくじを引くので、その確率は$\frac{16}{19}$です。したがって、積の法則より、2本ともはずれる確率は、

$$\frac{17}{20}\times\frac{16}{19}=\frac{68}{95}$$

となります。

よって、求める確率は、

$$1-\frac{68}{95}=\frac{27}{95}$$

となるので、正解は❺となります。

問題3 正解 ❺

（全体の確率）－（4枚とも異なるアルファベットが書かれたカードになる確率）で求めます。また、「元に戻す」という設定があるので、2回目以降にカードを取り出すときも、カード全体の枚数が減らない点に注意しましょう。

まず、条件を満たす場合を考えます。「同一のアルファベットが書かれたカードが含

まれている場合」は、同じアルファベットが書かれているカードの枚数が２枚、３枚、４枚のいずれの場合でもよいことになります。さらに、例えば４枚の内訳が**「Aが２枚、Bが２枚」という場合も考慮しなくてはならない**ので、素直に条件を満たす場合から解くと、複雑な計算になります。

そこで、(求める確率)＝(全体の確率)－(条件を満たさない確率）として解くことを検討します。「条件を満たさない場合」は「４枚とも異なるアルファベットが書かれたカードになる場合」であり、複雑さはありません。そこで、**(求める確率)＝(全体の確率)－(4枚とも異なるアルファベットになる確率)**として計算します。

４枚とも異なるアルファベットになる確率を求めます。１枚目を引くとき、26枚中どのカードを引いてもよいので、その確率は$\frac{26}{26}$、すなわち１となります。２枚目を引くとき、１枚目とは異なるアルファベットの書かれたカードを引く必要があります。つまり、26枚中25枚のいずれかを引けばよいので、その確率は$\frac{25}{26}$です。３枚目を引くとき、１枚目、２枚目とは異なるアルファベットの書かれたカードを引くので、26枚中24枚のいずれかを引くことになり、その確率は$\frac{24}{26}$となります。さらに、４枚目を引くとき、１枚目、２枚目、３枚目とは異なるアルファベットの書かれたカードを引けばよいので、26枚中23枚を引くことになり、その確率は$\frac{23}{26}$となります。

したがって、積の法則より、４枚とも異なるアルファベットが書かれたカードを引く確率、つまり条件を満たさない確率は、

$$1\times\frac{25}{26}\times\frac{24}{26}\times\frac{23}{26}$$

となります。

よって、求める確率は、

$$1-\frac{25}{26}\times\frac{24}{26}\times\frac{23}{26}=1-\frac{25\times3\times23}{13\times13\times13}=1-\frac{1725}{2197}=\frac{472}{2197}$$

となります。

$$472\div2197\fallingdotseq0.214\cdots$$

より、この分数は約21％となるので、最も近いものを選択肢から選ぶと、正解は❺となります。

問題4　　正解 ❷

これも全体から条件を満たさない場合を引いて求めることを考えます。このうち１回だけ命中する場合は、何回目に当たったかで分けて数えるので、５通りになることに注意します。

第4章 場合の数・確率

５発撃ち、「少なくとも２回命中する場合」を満たすのは、「２回命中」、「３回命中」、「４回命中」、「５回命中」の場合が考えられますが、これを解くには場合分けが多くなります。そこで、**(全体)−(条件を満たさない確率)で計算する**ことを検討します。

条件を満たさない場合は、「０回命中」と「１回命中」の２通りであり、場合分けが少なくなるので、このまま解いていきます。題意より、１回の射撃で命中する確率は0.2 $=\frac{1}{5}$なので、１回の射撃で外す確率は、$1-\frac{1}{5}=\frac{4}{5}$となります。これらをもとにそれぞれの場合の確率を求めます。以下、命中したことを○、外したことを×と表すものとします。

❶ ０回命中する確率

（１回目，２回目，３回目，４回目，５回目）＝（×，×，×，×，×）の確率を求めるので、

$$\frac{4}{5}\times\frac{4}{5}\times\frac{4}{5}\times\frac{4}{5}\times\frac{4}{5}=\frac{4^5}{5^5}$$

となります。分子の$4^5=4^4\times4$であり、4^4は16^2と等しいので256となります（①）。したがって、

$$4^5=4^4\times4=256\times4=1024$$

より、この場合の確率は、

$$\frac{4^5}{5^5}=\frac{1024}{5^5} \qquad \cdots\cdots②$$

となります。

❷ １回だけ命中する確率

１回だけ命中する場合は、（１回目，２回目，３回目，４回目，５回目）＝（○，×，×，×，×）、（×，○，×，×，×）、（×，×，○，×，×）、（×，×，×，○，×）、（×，×，×，×，○）の５通りが考えられるので、それぞれの場合の確率を求めます。

（１回目，２回目，３回目，４回目，５回目）＝（○，×，×，×，×）の確率は、

$$\frac{1}{5}\times\frac{4}{5}\times\frac{4}{5}\times\frac{4}{5}\times\frac{4}{5}=\frac{4^4}{5^5}$$

となります。この式の分子を計算すると、①より、

$$\frac{4^4}{5^5}=\frac{256}{5^5} \qquad \cdots\cdots③$$

となります。

さらに、（×，○，×，×，×）、（×，×，○，×，×）、（×，×，×，○，×）、（×，×，×，×，○）の４通りの確率を求める式も、**$\frac{1}{5}$を１回、$\frac{4}{5}$を４回掛けることになるので、計算結果は③と等しくなります**。したがって、③より、それぞれの確率は

$\frac{256}{5^5}$となるので、1回だけ命中する5通りの確率を合わせると、和の法則より、

$$\frac{256}{5^5}+\frac{256}{5^5}+\frac{256}{5^5}+\frac{256}{5^5}+\frac{256}{5^5}=\frac{256}{5^5}\times 5=\frac{1280}{5^5} \quad \cdots\cdots④$$

となります。

以上より、条件を満たさない確率は、和の法則より、

$$②+④=\frac{1024}{5^5}+\frac{1280}{5^5}=\frac{2304}{5^5}$$

となるので、条件を満たす確率は、

$$1-\frac{2304}{5^5}=\frac{3125}{3125}-\frac{2304}{3125}=\frac{821}{3125}$$

となります。ここで、

$821 \div 3125 \fallingdotseq 0.262\cdots$

となるので、これに近い選択肢は、❷の「0.25」になります。

よって、正解は❷です。

問題5 　　正解 ❸

2回目で勝者が1人に決まる場合は、1回目に1人負ける場合と1回目にあいこになる場合の2通り考えられます。

まず、条件を満たす場合を求めます。

2回目で勝者が1人に決まる場合は、次の2通りに分けられます。

❶　1回目に3人のうち1人が負けて抜け、2回目に2人のうち1人が勝つ場合

❷　1回目にあいこで全員が残り、2回目に3人のうち1人が勝つ場合

そこで、それぞれの確率を求めます。じゃんけんをする3人をA～Cとおきます。また、3人がじゃんけんで出す手は、それぞれグー、チョキ、パーの3通りがあるので、1回のじゃんけんで3人合わせた手の出し方は、「Aが手を出す」さらに「Bが手を出す」さらに「Cが手を出す」と考えると、積の法則より、

$3\times 3\times 3=3^3$［通り］　　……①

となります。

❶ 1回目に3人のうち1人が負けて抜け、2回目に2人のうち1人が勝つ場合

1回目に3人のうち1人が負ける場合を考えると、例えばAが負ける場合は、(A, B, C)＝(グー, パー, パー)、(チョキ, グー, グー)、(パー, チョキ, チョキ) の3通りがあります。また、B、Cだけが負ける場合の手の出し方も、Aと同様に3通りずつあるので、3人のうち1人だけが負ける手の出し方は、

$3+3+3=9$［通り］

となります。①より、全体の手の出し方は3^3通りであり、そのうち条件を満たす手の出し方が9通りあるので、3人のうち1人だけが負ける確率は、

$$\frac{9}{3^3}=\frac{1}{3} \quad \cdots\cdots ②$$

となります。なお、「3人のうち1人だけが負ける確率」は「3人のうちいずれか2人が勝つ確率」と同じ意味なので、**じゃんけんの確率の知識を使って$\frac{1}{3}$とすることもできます。**

次に、2回目に2人のうち1人が勝つ確率を求めると、例えばAとBの2人がじゃんけんをするのであれば、Aが勝つ場合とBが勝つ場合を求めることになりますが、逆に考えれば、「2人のうち1人が勝つ場合」を満たさない場合は「2人があいこになる場合」です。そこで、(2人のうち1人が勝つ確率)＝(全体の確率)－(2人があいこになる確率)として計算します。

「2人があいこになる場合」の2人の手の出し方は、「2人ともグー」、「2人ともチョキ」、「2人ともパー」の3通りです。2人の手の出し方は全体で、

$3\times3=3^2$ [通り]

となるので、2人があいこになる確率は、

$$\frac{3}{3^2}=\frac{1}{3}$$

となります。なお、**じゃんけんの確率の知識を使って、「2人があいこになる確率」は$\frac{1}{3}$とすることもできます。**

したがって、(2人のうち1人が勝つ確率)＝(全体の確率)－(2人があいこになる確率)より、

$$(2\text{人のうち}1\text{人が勝つ確率})=1-\frac{1}{3}=\frac{2}{3} \quad \cdots\cdots ③$$

となります。

以上のことから、❶の確率は、「1回目に3人のうち1人が負け」さらに、「2回目に2人のうち1人が勝つ」と考えると、②、③と積の法則より、

$$\frac{1}{3}\times\frac{2}{3}=\frac{2}{9} \quad \cdots\cdots ④$$

となります。

❷　1回目にあいこで全員が残り、2回目に3人のうち1人が勝つ場合

次に、❷の確率を求めます。1回目にあいこになる場合は、3人が同じ手を出す場合の(A, B, C)＝(グー，グー，グー)、(チョキ，チョキ，チョキ)、(パー，パー，パー)の3通りと、3人とも異なる手を出す場合の(A, B, C)＝(グー，チョキ，パー)、(グー，パー，チョキ)、(チョキ，グー，パー)、(チョキ，パー，グー)、(パー，グー，チョキ)、

（パー，チョキ，グー）の6通りとなるので、合わせて9通りあります（⑤）。なお、3人とも異なる手を出す場合は、グー、チョキ、パーの三つを入れ替えて並べる場合を数えるのと同じなので、

$${}_3P_3 = 3 \times 2 \times 1 = 6 \text{［通り］}$$

とすることができます。

したがって、①、⑤より、全体で3^3通りのうち、条件を満たす場合が9通りあるので、1回目にあいこになる確率は、

$$\frac{9}{3^3} = \frac{1}{3} \quad \cdots\cdots⑥$$

となります。なお、**じゃんけんの確率の知識を使って、3人があいこになる確率は$\frac{1}{3}$と求めることもできます。**

2回目に3人のうち1人だけが勝つ場合は、例えば、(A, B, C)＝(グー，チョキ，チョキ）などがありますが、これは、❶の「3人のうち1人だけが負ける場合」の（A，B，C)＝(グー，パー，パー）と計算上は同じになります。つまり、「3人のうち1人だけが負ける確率」と「3人のうち1人だけが勝つ確率」は等しくなるので、②より、3人のうち1人だけが勝つ確率は$\frac{1}{3}$となります（⑦）。なお、**じゃんけんの確率の知識を使って、3人のうち1人が勝つ確率は$\frac{1}{3}$とすることもできます。**

したがって、❷の確率は、「1回目にあいこ」さらに「2回目に3人のうち1人が勝つ」ので、⑥、⑦と積の法則より、

$$\frac{1}{3} \times \frac{1}{3} = \frac{1}{9} \quad \cdots\cdots⑧$$

となります。

よって、求める確率は、❶または❷となるので、④、⑧と和の法則より、

$$\frac{2}{9} + \frac{1}{9} = \frac{1}{3}$$

となり、正解は❸となります。

問題6

正解 ❸

左右対称なので、左側3個の並び方が決まれば、右側3個の並び方は1通りになります。

まず、確率の分母に当たる「全体の場合の数」を求めます。青玉2個、黄玉2個、赤玉3個の同じものを複数含むものを1列に並べます。2個の青玉、2個の黄玉、3個の赤玉は同色でもすべて異なる玉として数えるので、「全体の場合の数」は、すべて異なる7個の玉を1列に並べる場合として計算します。したがって、その並べ方は、

$_{7}P_{7}$［通り］　……①

となります。

次に、確率の分子に当たる「条件を満たす場合の数」を求めます。条件を満たす場合は、７個並べたときに色の配置が左右対称になる場合なので、そのときの並べ方を考えます。**左右対称になるには、中央に赤玉があり、その左側に青玉、黄玉、赤玉が１個ずつ並び、さらに中央の赤玉の右側に青玉、黄玉、赤玉が１個ずつ並ぶ必要があります**（図）。

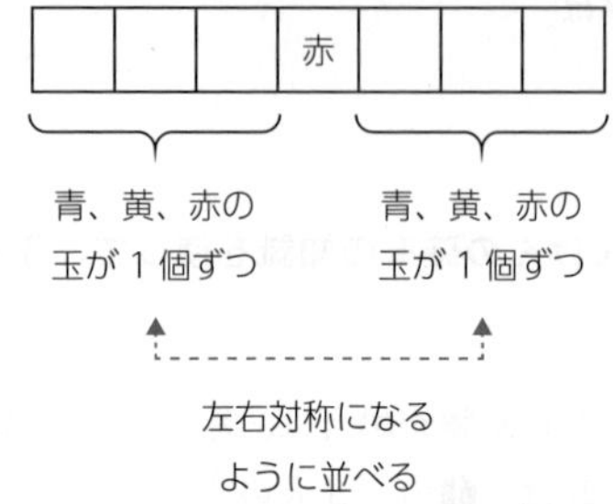

図の左側３個の玉の並べ方を玉の色だけに着目して考えると、青玉、黄玉、赤玉の３個の異なるものを１列に並べるので、順列で計算できます。したがって、色の並びだけを考えたときの並べ方は、

$_{3}P_{3}=6$［通り］　……②

となります。

また、上図の右側３個の玉の並べ方を玉の色だけに着目して考えると、左側３個と左右対称になるように並べるので、例えば左側３個が「青黄赤」の順であれば、右側３個の並べ方は「赤黄青」の１通りのみとなります。つまり、**左側の１通りに対して、右側が左右対称になる並べ方は１通りです**。したがって、②の６通りに対して、右側の並べ方は１通りずつになるので、「左側３個を並べる」さらに「右側３個を並べる」として、積の法則より、

$6\times1=6$［通り］　……③

が、色の並びだけを考えたときの左右対称になる並べ方になります。

ここで、同色の玉であっても異なるものとして区別するので、例えば、色の並びだけを考えたときの左右対称の並べ方６通りのうち、「青黄赤赤赤黄青」は、左から１個目の「青」は、２個の青玉のうち１個を選ぶので２通りの選び方があり、左から２個目の「黄」は、２個の黄玉のうち１個を選ぶので２通りの選び方があります。また、左から３個目の「赤」は、３個の赤玉のうち１個を選ぶので３通りの選び方があります。左から４番目（中央）の「赤」は、残り２個の赤玉のうち１個を選ぶので２通り、左から５番目の「赤」は、残り１個の赤玉のうち１個を選ぶので１通り、左から６番目の「黄」は、残り１個の黄玉のうち１個を選ぶので１通り、左から７番目の「青」は、残り１個の青玉のうち１個を選ぶので１通りとなります。

つまり、「青黄赤赤赤黄青」の並べ方は、

$2\times2\times3\times2\times1\times1\times1=24$［通り］

となります。これは、③の色の並びだけを考えたときの左右対称の並べ方6通りすべてで同様に数えるので、左右対称の並べ方は、

6×24［通り］　……④

となります。

よって、求める確率は、①、④より、$\dfrac{6 \times 24}{7 \times 6 \times 5 \times 4 \times 3 \times 2 \times 1} = \dfrac{1}{35}$となるので、正解は❸です。

問題7

正解 ❷

山岳ルートを通れなくなる場合が3通りあることに注意します。

まず、条件を満たす場合を考えます。A地点からC地点まで行くには、ACを通る直行ルートと、ABとBCを通る山岳ルートの2通りのルートがあります。求めるのは、A地点からC地点へ行けなくなる場合ですが、それは直行ルートと山岳ルートのどちらも通行できなくなる場合です。山岳ルートを通行できなくなるのは、「**ABだけが通行止めの場合**」、「**BCだけが通行止めの場合**」、「**AB、BCの両方が通行止めの場合**」の3通りが考えられるので、A地点からC地点へ行けなくなる場合は、次の3通りとなります。

❶（ABが通行可）さらに（BCが通行止め）さらに（ACが通行止め）
❷（ABが通行止め）さらに（BCが通行可）さらに（ACが通行止め）
❸（ABが通行止め）さらに（BCが通行止め）さらに（ACが通行止め）

次に、それぞれの場合の確率を求めます。

❶は、題意より、ABを通行できる確率が$\dfrac{39}{40}$、BCが通行止めになる確率が$\dfrac{1}{13}$、ACが通行止めになる確率が$\dfrac{1}{100}$なので、積の法則より、

$\dfrac{39}{40} \times \dfrac{1}{13} \times \dfrac{1}{100} = \dfrac{39}{40 \times 13 \times 100}$　……①

となります。

❷は、題意より、ABが通行止めになる確率が$\dfrac{1}{40}$、BCを通行できる確率が$\dfrac{12}{13}$、ACが通行止めになる確率が$\dfrac{1}{100}$なので、積の法則より、

$\dfrac{1}{40} \times \dfrac{12}{13} \times \dfrac{1}{100} = \dfrac{12}{40 \times 13 \times 100}$　……②

となります。

❸は、題意より、ABが通行止めになる確率が$\frac{1}{40}$、BCが通行止めになる確率が$\frac{1}{13}$、ACが通行止めになる確率が$\frac{1}{100}$なので、積の法則より、

$$\frac{1}{40}\times\frac{1}{13}\times\frac{1}{100}=\frac{1}{40\times13\times100} \quad \cdots\cdots③$$

となります。

求める確率は、❶または❷または❸の場合となるので、和の法則より、

$$①+②+③=\frac{39}{40\times13\times100}+\frac{12}{40\times13\times100}+\frac{1}{40\times13\times100}=\frac{52}{40\times13\times100}$$

$$=\frac{1}{1000}$$

となります。

よって、正解は❷です。

問題8 正解 ❷

5回試合を行うのは2勝2敗のときであり、5試合目の試合結果は無関係です。

まず、条件を満たす場合を考えます。2人が5回まで試合を行う場合は、2勝2敗になった場合です。**何試合目にどちらが勝ったかで細かく場合分けを行うので、2勝2敗になる場合が何通りあるかを求めます**。なお、本問では5回試合を行えば条件を満たすので、5試合目の勝敗について考慮する必要はありません。

マス目を4マス用意し、マス目には勝ったほうの人物を書き込む、という形で考えると、2マスにAを、2マスにBを書き込めば2勝2敗の状態を作れます。

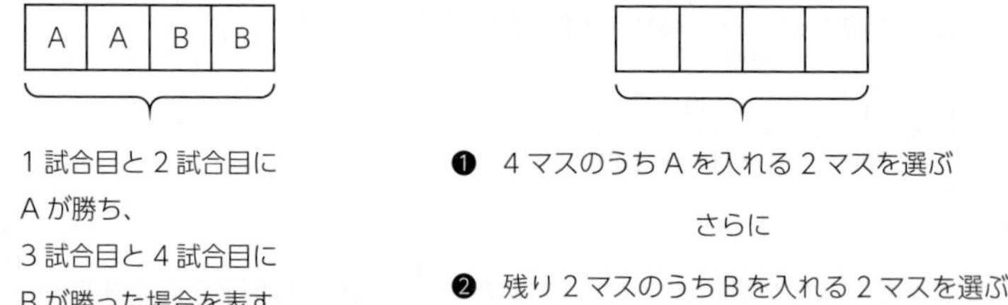
A
A
B
B
1試合目と2試合目にAが勝ち、3試合目と4試合目にBが勝った場合を表す
❶ 4マスのうちAを入れる2マスを選ぶ
さらに
❷ 残り2マスのうちBを入れる2マスを選ぶ

上図のように、❶「4マスのうちAを入れる2マスを選ぶ」さらに❷「残り2マスのうちBを入れる2マスを選ぶ」として計算すると、

$_4C_2\times{}_2C_2=6\times1=6$［通り］

となります。つまり、2勝2敗になる場合は、6通り考えられます。この6通りを具体的に書き出すと、AABB、ABAB、ABBA、BAAB、BABA、BBAAとなります（マス目は省略してあります）。

次に、それぞれの場合の確率を求めます。例えば、AABBになる確率は、題意より、

$$\frac{2}{3}\times\frac{2}{3}\times\frac{1}{3}\times\frac{1}{3}=\frac{4}{3^4} \quad \cdots\cdots①$$

となります。ここで、例えば、ABABになる確率は、$\frac{2}{3}\times\frac{1}{3}\times\frac{2}{3}\times\frac{1}{3}=\frac{4}{3^4}$となりますが、これは、他のABBA、BAAB、BABA、BBAAについても、$\frac{2}{3}$を二つ、$\frac{1}{3}$を二つ掛けることになるので、計算結果は①と等しく$\frac{4}{3^4}$になります。

求める確率は、AABBの場合、またはABABの場合、…となるので、和の法則より、

$$\frac{4}{3^4}+\frac{4}{3^4}+\frac{4}{3^4}+\frac{4}{3^4}+\frac{4}{3^4}+\frac{4}{3^4}=\frac{4}{3^4}\times 6=\frac{8}{27}$$

となります。

よって、正解は❷です。

問題9 正解 ❷

Aが２回だけ連続で勝つ場合と３回連続で勝つ場合について、場合分けします。

まず、条件を満たす場合を求めます。

Aが勝つことを○、Aが負けることを×として、３試合してAが２回以上連続で勝つ場合を書き出すと、

(１試合目，２試合目，３試合目)＝(○，○，×)、(×，○，○)、(○，○，○)

の３通りが考えられます。求めるのは、この３通りについて、**Bから対戦し始める場合の確率と、Cから対戦し始める場合の確率の大小比較**と、**大きいほうの確率の値**です。そこで、それぞれの場合の確率を求めます。なお、題意より、AがBに勝つ確率が$\frac{2}{5}$なので、AがBに負ける確率は$\frac{3}{5}$であり、AがCに勝つ確率が$\frac{3}{5}$なので、AがCに負ける確率は$\frac{2}{5}$となります。

❶ 対戦相手が（1試合目，2試合目，3試合目)＝(B，C，B)の場合

勝敗が（○，○，×）になる確率　：$\frac{2}{5}\times\frac{3}{5}\times\frac{3}{5}=\frac{18}{5^3}$

勝敗が（×，○，○）になる確率　：$\frac{3}{5}\times\frac{3}{5}\times\frac{2}{5}=\frac{18}{5^3}$

第4章 場合の数・確率

勝敗が（○，○，○）になる確率　　：$\frac{2}{5}\times\frac{3}{5}\times\frac{2}{5}=\frac{12}{5^3}$

よって、この場合にAが２試合以上連続して勝つ確率は、

$\frac{18}{5^3}+\frac{18}{5^3}+\frac{12}{5^3}=\frac{48}{5^3}$　　……①

となります。

❷ 対戦相手が（1試合目，2試合目，3試合目）＝（C，B，C）の場合

勝敗が（○，○，×）になる確率　　：$\frac{3}{5}\times\frac{2}{5}\times\frac{2}{5}=\frac{12}{5^3}$

勝敗が（×，○，○）になる確率　　：$\frac{2}{5}\times\frac{2}{5}\times\frac{3}{5}=\frac{12}{5^3}$

勝敗が（○，○，○）になる確率　　：$\frac{3}{5}\times\frac{2}{5}\times\frac{3}{5}=\frac{18}{5^3}$

よって、この場合にAが２試合以上連続して勝つ確率は、

$\frac{12}{5^3}+\frac{12}{5^3}+\frac{18}{5^3}=\frac{42}{5^3}$　　……②

となります。

①と②を比較すると、①＞②となるので、Aが２回以上連続で勝つ確率は、最初にBと対戦するほうが高くなり、その確率は、

$\frac{48}{5^3}=\frac{48}{125}$

となります。

よって、正解は❷です。

問題10

正解 ❸

カードの引き方を考えるときに、１枚目と２枚目の順序まで考慮して検討します。

まず、条件を満たす場合を考えます。以下、両面が白色のカードを「両面白」、表面が白色で裏面が赤色のカードを「片面白」と表記します。

２枚とも白色の面が現れるようなカードの引き方は、次の４通り考えられます。

❶　１枚目に「両面白」を引き、さらに２枚目に「両面白」を引く場合
❷　１枚目に「両面白」を引き、さらに２枚目に「片面白」を引く場合
❸　１枚目に「片面白」を引き、さらに２枚目に「両面白」を引く場合
❹　１枚目に「片面白」を引き、さらに２枚目に「片面白」を引く場合

次に、カードを机の上に置いたとき、白色の面が上になる確率を求めます。

「両面白」を引いた場合、白色の面が現れる確率は100%、つまり1となります。また、「片面白」を引いた場合、白色の面が現れる確率は$\frac{1}{2}$です。これをもとに❶〜❹のそれぞれの場合の確率を求めます。

❶の場合、1枚目に6枚中3枚の「両面白」を引き、さらに白色の面が現れる確率は$\frac{3}{6}\times 1=\frac{1}{2}$となります。また、2枚目に5枚中2枚の「両面白」を引き、さらに白色の面が現れる確率は$\frac{2}{5}\times 1=\frac{2}{5}$となるので、❶の場合に2枚とも白い面が現れる確率は、

$$\frac{1}{2}\times\frac{2}{5}=\frac{1}{5}\quad\cdots\cdots①$$

となります。

❷の場合、1枚目に6枚中3枚の「両面白」のカードを引き、さらに白い面が現れる確率は$\frac{1}{2}$です。また、2枚目に5枚中2枚の「片面白」のカードを引き、さらに白い面が現れる確率は$\frac{2}{5}\times\frac{1}{2}=\frac{1}{5}$となるので、❷の場合に2枚とも白い面が現れる確率は、

$$\frac{1}{2}\times\frac{1}{5}=\frac{1}{10}\quad\cdots\cdots②$$

となります。

❸の場合、1枚目に6枚中2枚の「片面白」のカードを引き、さらに白い面が現れる確率は$\frac{2}{6}\times\frac{1}{2}=\frac{1}{6}$となります。また、2枚目に5枚中3枚の「両面白」のカードを引き、さらに白い面が現れる確率は$\frac{3}{5}\times 1=\frac{3}{5}$となります。したがって、❸の場合に2枚とも白い面が現れる確率は、

$$\frac{1}{6}\times\frac{3}{5}=\frac{1}{10}\quad\cdots\cdots③$$

となります。

❹の場合、1枚目に6枚中2枚の「片面白」のカードを引き、さらに白い面が現れる確率は$\frac{2}{6}\times\frac{1}{2}=\frac{1}{6}$となります。また、2枚目に5枚中1枚の「片面白」のカードを引き、さらに白い面が現れる確率は$\frac{1}{5}\times\frac{1}{2}=\frac{1}{10}$となります。したがって、❹の場合に2枚とも白い面が現れる確率は、

$$\frac{1}{6}\times\frac{1}{10}=\frac{1}{60}\quad\cdots\cdots④$$

となります。

求める確率は、❶または❷または❸または❹の確率なので、和の法則より、

$$①+②+③+④=\frac{1}{5}+\frac{1}{10}+\frac{1}{10}+\frac{1}{60}=\frac{25}{60}=\frac{5}{12}$$

となります。

よって、正解は❸です。

4　確率の応用

問題1　　正解 ❹

条件を満たす場合を書き出して、それぞれの確率を求めます。

まず、条件を満たす場合を考えます。正の方向へ進むことを「＋１」、負の方向へ進むことを「－１」、動かない場合を「０」とします。

求めるのは、３回サイコロを投げたとき、点Pが「＋１の点」で止まる場合なので、それを満たすサイコロの目の出方は、**３回投げた結果「０を２回、＋１を１回」になる場合か、「－１を１回、＋１を２回」になる場合**です。具体的に書き出すと、以下の６通りになります。

❶ （1回目，２回目，３回目）＝（0，0，＋1）
❷ （1回目，２回目，３回目）＝（0，＋1，0）
❸ （1回目，２回目，３回目）＝（＋1，0，0）
❹ （1回目，２回目，３回目）＝（－1，＋1，＋1）
❺ （1回目，２回目，３回目）＝（＋1，－1，＋1）
❻ （1回目，２回目，３回目）＝（＋1，＋1，－1）

なお、この６通りは、「＋１」、「０」、「－１」を三つ合計して「＋１」になるとき、と考えることもでき、それをもとに書き出すこともできます。

次に、これら６通りそれぞれの確率を求めます。

「＋１」になるのは１または２の目が出たときであり、その確率は$\frac{2}{6}=\frac{1}{3}$となります。

同様に、「－１」になるのは３または４が出たときなので、その確率は$\frac{2}{6}=\frac{1}{3}$となり、「０」になるのは５または６が出たときなので、その確率は$\frac{2}{6}=\frac{1}{3}$となります。

したがって、❶～❻の確率はいずれも$\frac{1}{3}\times\frac{1}{3}\times\frac{1}{3}=\frac{1}{3^3}$となります。条件を満たすのは、❶または❷または…または❻の場合なので、和の法則より、

$$\frac{1}{3^3}+\frac{1}{3^3}+\frac{1}{3^3}+\frac{1}{3^3}+\frac{1}{3^3}+\frac{1}{3^3}=\frac{1}{3^3}\times 6=\frac{6}{27}=\frac{2}{9}$$

となります。

よって、正解は❹です。

問題2　　正解 ❹

見落としのないように、条件を満たす進み方を書き出していきます。

まず、条件を満たす場合を求めます。サイコロを4回振って移動させたときに、駒が頂点Bにあるような進み方をすべて書き出すと、次の8通りになります。

❶ 上右下上　　❺ 右上左右
❷ 上右左右　　❻ 右上下上
❸ 上下上右　　❼ 右左右上
❹ 上下右上　　❽ 右左上右

次に、それぞれの確率を求めます。

題意より、上下に進む場合は、サイコロの目6通りのうち、1か2が出たときになるので、その確率は、$\frac{2}{6}=\frac{1}{3}$となり、左右に進む場合は、サイコロの目6通りのうち、3～6が出たときなので、その確率は$\frac{4}{6}=\frac{2}{3}$となります（①）。

❶は上下方向に合計3回進み、さらに左右方向に合計1回進むので、①より、その確率は、

$$\frac{1}{3}\times\frac{1}{3}\times\frac{1}{3}\times\frac{2}{3}=\frac{2}{3^4}$$

となります。これと同様に、**❸、❹、❻も上下方向に合計3回進み、左右方向に合計1回進むので、それぞれの確率は$\frac{2}{3^4}$となります**。したがって、これら4通りの確率の合計は、

$$\frac{2}{3^4}\times 4=\frac{8}{3^4}\quad\cdots\cdots②$$

となります。

❷は上下方向に合計1回進み、さらに左右方向に合計3回進むので、①より、その確率は、

$$\frac{1}{3}\times\frac{2}{3}\times\frac{2}{3}\times\frac{2}{3}=\frac{8}{3^4}$$

となります。これと同様に、**❺、❼、❽も上下方向に合計1回進み、左右方向に合計3回進むので、それぞれの確率は$\frac{8}{3^4}$となります**。したがって、これら4通りの確率の合計は、

$$\frac{8}{3^4}\times 4=\frac{32}{3^4} \quad \cdots\cdots③$$

となります。

求める確率は、②または③のときになるので、和の法則より、

$$\frac{8}{3^4}+\frac{32}{3^4}=\frac{40}{81}$$

となり、正解は❹となります。

問題3

正解 ❷

得られる三角形が何通りあるかを求め、そのうち正三角形になる場合を考えます。

まず、全体の場合の数を求めます。

12個の点から異なる3点を無作為に選ぶとき、その選び方は、

$_{12}P_3=12\times 11\times 10=1320$ [通り]　……①

となり、12個の点から異なる3点を無作為に選んだとき、1320個の三角形を得られることになります。

次に、条件を満たす場合を考えます。

①の1320個の三角形のうち、正三角形になる場合を考えます。説明のために、円周上の12個の点をA～Lとおき、3点を選んで正三角形になる場合を図で示すと、例えば点A、E、Iを選んだときは以下の図のようになります。

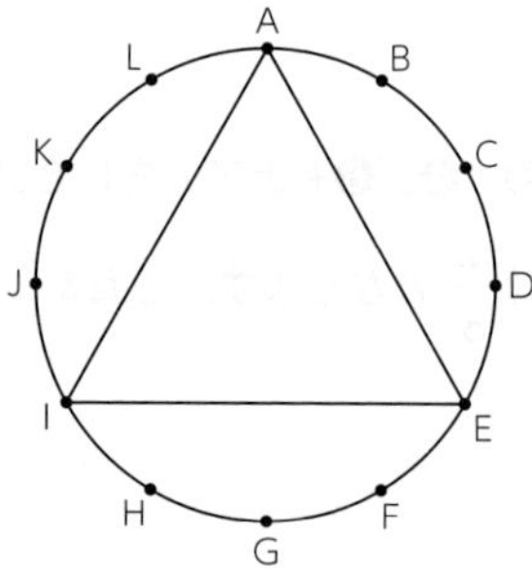

このとき、AとEの間にはB、C、Dの3点があり、EとIの間にもF、G、Hの3点、IとAの間にもJ、K、Lの3点があるので、弧AE＝弧EI＝弧IAとなります。同じ円周上で、長さの等しい弧からできる弦の長さは互いに等しくなるので、弦AE＝弦EI＝弦IAが成り立つことになります。したがって、三角形AEIは正三角形です。

ここで、(A, E, I) の3点を選ぶとき以外に正三角形になるのは、それぞれの点から見て時計回り方向に一つ隣りになる3点、つまり (B, F, J) のときがあり、これと同様に、さらに一つずつ隣りの3点を選んでいけば、(C, G, K)、(D, H, L) の場合があるので、3点を選んで正三角形になる場合は4通りとなります (②)。

さらに、この4通りを選ぶときの順序を考えると、(A, E, I) の3点を選ぶ場合は、

A→E→Iの順に選ぶ場合、A→I→Eの順に選ぶ場合、I→A→Eの順に選ぶ場合などがありますが、これは、A、E、Iの３点を並べ替えた分だけ存在します。つまり、三つのものを三つとも１列に並べた分だけ存在するので、選ぶ順序まで考慮すると、(A, E, I）の３点の選ぶ方は、

$_3P_3 = 3 \times 2 \times 1 = 6$［通り］

あることがわかります。これは、②の４通りすべてで同様に考えられるので、正三角形になる選び方は、

$4 \times 6 = 24$［通り］　　……③

となります。

よって、①、③より、求める確率は、

$$\frac{24}{1320} = \frac{1}{55}$$

となるので、正解は❷となります。

問題４　　　正解 ❹

三角形の辺の長さの性質を使って、条件を満たす整数の組合せを書き出します。

まず、全体の場合の数を求めます。

１～６の整数のうち異なる三つを選ぶ場合の数は、

$_6P_3 = 6 \times 5 \times 4 = 120$［通り］　　……①

となります。

次に、条件を満たす場合を考えます。本問は、三角形の３辺の長さの性質を知らないと解けません。その性質とは、三角形の３辺をa、b、cとし、このうち**最も長い辺をcとすると、a、b、cの長さの関係において必ず$a+b>c$が成り立つ**、というものです。つまり、**短いほうの２辺の長さの合計が、最も長い辺の長さより必ず長くなる**、ということです（②）。

そこで、まず１～６の整数のうち異なる三つの数字を選び、②$a+b>c$が成り立つ場合を考えます。１～６の整数のうち異なる三つの数字を、cが最大になるように選ぶと、例えば、（１，２，３）がありますが、このとき、1＋2＝3となり、②を満たしません。同様に確認していくと「１」を含んだ選び方は必ず②を満たさないことがわかるので、「１」を含まず、かつ$a+b>c$を満たす選び方を書き出すと、(a, b, c)＝（２，３，４）、（２，４，５）、（２，５，６）、（３，４，５）、（３，４，６）、（３，５，６）、（４，５，６）の７通りとなります（③）。

この７通りを選ぶ順序まで考慮すると、例えば（２，３，４）の選び方は、２、３、４の異なる三つを１列に並べる分だけ存在するので、

$_3P_3 = 3 \times 2 \times 1 = 6$［通り］

あることがわかります。これは、③の７通りすべて同様に考えるので、条件を満たす場

合は、

7×6＝42［通り］……④

あることになります。

よって、①、④より、求める確率は、

$$\frac{42}{120}=\frac{7}{20}$$

となるので、正解は❹となります。

問題5

正解 ❶

6～9のうち、サイコロに書かれていない数が一つだけである点に着目します。

まず、サイコロを１回振って５以下の目が出る確率が$\frac{1}{2}$なので、サイコロに書かれている目は１～５の五つのうち三つである（①）ことがわかります。したがって、サイコロの残りの３面には、６～９のうち三つが書かれていることになります（②）。

次に、サイコロを２回振って、出た目の合計が９となる確率が$\frac{1}{6}$になる（③）ことに着目します。**サイコロ２個を振ったとき、目の出方は6×6＝36［通り］になる**ので、③の確率は、$\frac{6}{36}$を約分して$\frac{1}{6}$**となったものである**ことがわかります。この確率の分子より、条件を満たす場合は6通りです（④）。

１～９のうち二つの合計が９になる組合せは、(1＋8)、(2＋7)、(3＋6)、(4＋5)、(5＋4)、(6＋3)、(7＋2)、(8＋1) の８通りになる（⑤）ので、これを２通り減らして６通りになるような場合を考えれば、サイコロに書かれた数がわかります。

そこで、②より、**６～９のうち一つの数字だけ書かれていない**点に着目します。

「６」が書かれていない場合、②より、「７、８、９」が書かれていることになります。さらに、⑤の８通りのうち、(3＋6) と (6＋3) があり得なくなるので、残りの (1＋8)、(2＋7)、(4＋5)、(5＋4)、(7＋2)、(8＋1) の６通りがあり得るようにする必要があります。つまり、この６通りに出てくる数である「１」、「２」、「４」、「５」、「７」、「８」は必ずサイコロに書かれていることになりますが、①の１～５のうち三つの数字しか書かれていないことに反するので、不適となります。

「７」が書かれていない場合、②より、「６、８、９」が書かれていることになります。さらに、⑤の８通りのうち、(2＋7) と (7＋2) があり得なくなるので、残りの (1＋8)、(3＋6)、(4＋5)、(5＋4)、(6＋3)、(8＋1) の６通りがあり得るようにする必要があります。つまり、この６通りに出てくる数である「１」、「３」、「４」、「５」、「６」、「８」は必ずサイコロに書かれていることになりますが、①の１～５のうち三つの数字しか書かれていないことに反するので、不適となります。

「8」が書かれていない場合、②より、「6、7、9」が書かれていることになります。さらに、⑤の8通りのうち、(1＋8) と (8＋1) があり得なくなるので、残りの (2＋7)、(3＋6)、(4＋5)、(5＋4)、(6＋3)、(7＋2) の6通りがあり得るようにする必要があります。つまり、この6通りに出てくる数である「2」、「3」、「4」、「5」、「6」、「7」は必ずサイコロに書かれていることになりますが、①の1～5のうち三つの数字しか書かれていないことに反するので、不適となります。

「9」が書かれていない場合、②より、「6、7、8」が書かれていることになります。このとき、⑤の8通りのうち、あり得なくなる組合せはありません。そこで、④を満たすために、⑤の8通りのうち2通りをあり得ないようにし、さらに、①より、1～5のうち二つの数字を書かれていない状態にする必要があります。

これらの条件を満たすのは、「4、5」を書かれていない数として、(4＋5) と (5＋4) があり得なくなるようにした場合のみです。このとき、(1＋8)、(2＋7)、(3＋6)、(6＋3)、(7＋2)、(8＋1) の6通りがあり得る組合せとなり、④を満たします。

よって、サイコロに書かれていない数は、「4、5、9」の三つとなるので、これらを含まない選択肢を見ると、❶が正解となります。

問題6

正解 ❹

場合分けの少ない条件ウをもとに、書かれている偶数を絞り込んでいきます。

7枚のカードから2枚を取り出して足したとき、その取り出し方は、組合せで計算できます。つまり、7枚のカードから2枚を組合せで選ぶので、

$_7C_2 = 21$ [通り]

となります。したがって、条件ア～ウで示された確率の分母は、**もともと「21」だった**ことになります (①)。

また、奇数が六つ、偶数が一つのうち二つを足した場合、その計算結果は、

(奇数)＋(奇数)＝(偶数)

となる場合か、

(奇数)＋(偶数)＝(奇数)

となる場合のみです。本問では**偶数が一つだけなので、(奇数)＋(偶数)＝(奇数) になる場合は、場合分けが少なくなります**。そこで、制限の厳しい条件ウから考えます。

条件ウより、2枚のカードの取り出し方21通りのうち、2枚の和が19以下の奇数となる確率は$\frac{4}{21}$です。①より、「条件を満たす場合の数」は、分子「4」より、4通りであるとわかります (②)。

ここで、偶数のカードは、2、4、6、8、10、12のいずれか1枚になりますが、偶数のカードが「2」の場合、奇数のカードに書かれた数が1、3、5、7、9、11、13のうちどの六つであっても、2枚のカードの整数の和がすべて19以下の奇数となり

ます。したがって、条件を満たす場合が6通りとなってしまい、②を満たすことができず、この場合は不適です（条件ウの確率が$\frac{6}{21}=\frac{2}{7}$となってしまいます）。同様に、偶数のカードが「4」の場合、「6」の場合も、奇数のカードに書かれた数がどの六つであっても、2枚のカードの整数の和が6通りすべて19以下の奇数となるので、②を満たすことができず、不適となります。

偶数のカードが「8」の場合、奇数のカードとの合計が19以下になる場合は、(8＋1)、(8＋3)、(8＋5)、(8＋7)、(8＋9)、(8＋11）の6通りです。七つの奇数のうち、カードに書かれていない奇数は一つだけなので、それが「13」の場合は、19以下の奇数になる場合は6通りのままとなり、4通りになりません。同様に、カードに書かれていない奇数一つが1～11のいずれかの場合は、19以下の奇数になる場合は1通り減って5通りとなりますが、この場合も4通りにならず、②を満たしません。したがって、偶数のカードが「8」の場合はあり得ません。

偶数のカードが「10」の場合、七つの奇数との合計のうち19以下の奇数になるのは、(10＋1)、(10＋3)、(10＋5)、(10＋7)、(10＋9）の5通りです。②を満たすために、これを1通り減らして4通りにするには、奇数のカードは「1、3、5、7、9のうちいずれか4枚」と「11」と「13」の6枚の組合せ（③）になれば、2枚のカードの合計が19以下の奇数になる組合せは4通りとなり、②を満たします。

偶数のカードが「12」の場合、七つの奇数との合計のうち19以下の奇数になるのは、(12＋1)、(12＋3)、(12＋5)、(12＋7）の4通りです。したがって、奇数のカードは「1」、「3」、「5」、「7」の4枚と、「9、11、13のうち2枚」の組合せ（④）であれば、2枚のカードの合計が19以下の奇数になる組合せは4通りとなり、②を満たします。

この時点で偶数のカードは「10」か「12」のいずれかに絞られました。

次に、条件アに着目し、(奇数)＋(奇数)＝(偶数）の形で12以下の偶数になる場合が6通りとなり、その確率が$\frac{6}{21}=\frac{2}{7}$になる場合を考えます。このとき、条件を満たす場合は6通りになります（⑤）。

偶数のカードが「12」の場合、④より、奇数のカードで確定している「1」、「3」、「5」、「7」の四つだけで考えても、(1＋3)、(1＋5)、(1＋7)、(3＋5)、(3＋7)、(5＋7)の6通りが12以下になります。さらに「9、11、13のうち二つ」がどの二つであっても「1」と合計すると、12以下の偶数が1通り以上できてしまい、12以下の偶数になる場合が7通り以上となるので、確率が$\frac{6}{21}$にならず、不適となります。

したがって、偶数のカードは「10」に決まり、③より、奇数のカードは「1、3、5、7、9のうち4枚」と「11」と「13」の組合せに決まります。ここで、条件アより、二つの奇数の和が12以下の偶数になる場合を考えると、(1＋3)、(1＋5)、(1＋7)、(1＋9)、(1＋11)、(3＋5)、(3＋7)、(3＋9)、(5＋7）の9通りがあるので、これを6通りになるように「1、3、5、7、9のうち4枚」を選ぶと、「1、3、5、9」か「1、

3、7、9」の2通りに絞られます。さらに、条件イより、二つの奇数の和が18以上の偶数になる組合せを考えると「1、3、5、9、11、13」の場合は、(13＋11)、(13＋9)、(13＋5)、(11＋9) の4通りとなって条件を満たしますが、「1、3、7、9、11、13」の場合は、(13＋11)、(13＋9)、(13＋7)、(11＋9)、(11＋7) の5通りとなり、条件イを満たしません。

したがって、偶数は「10」、奇数は「1、3、5、9、11、13」と決まります。

よって、書かれている偶数は「10」、書かれていない奇数は「7」となるので、正解は❹です。

問題7

正解 ❺

1年後の作柄は豊作、平年作、不作のどれであってもよいことになります。

まず、条件を満たす場合を確認します。今年が豊作で、その2年後が豊作になる確率なので、1年後の作柄については特に条件がありません。つまり、**1年後の作柄は、豊作、平年作、不作のいずれであっても条件を満たす**ことになります。したがって、条件を満たす場合は、(A)「豊作→豊作→豊作」、(B)「豊作→平年作→豊作」、(C)「豊作→不作→豊作」の3通りとなります。

次に、それぞれの場合の確率を求めます。

題意より、ある年の作柄は、豊作、平年作、不作の3通りしかないので、豊作年の翌年にあり得る作柄は、豊作か平年作か不作の3通りです。よって、**豊作年の翌年に、豊作になる確率、平年作になる確率、不作になる確率の合計は100%、つまり1になります。**

したがって、問題文「豊作年の翌年も豊作である確率が0.3であり、平年作である確率は0.4」より、豊作年の翌年が不作になる確率を、1－0.3－0.4＝0.3として求めることができます。

同様に、あり得るすべての変化について、その発生する確率を求めると、次のようになります。

❶「豊作→豊作」の確率　：0.3
❷「豊作→平年作」の確率　：0.4
❸「豊作→不作」の確率　：0.3
❹「平年作→豊作」の確率　：0.4
❺「平年作→平年作」の確率：0.4
❻「平年作→不作」の確率　：0.2
❼「不作→豊作」の確率　：0.6
❽「不作→平年作」の確率　：0.3
❾「不作→不作」の確率　：0.1

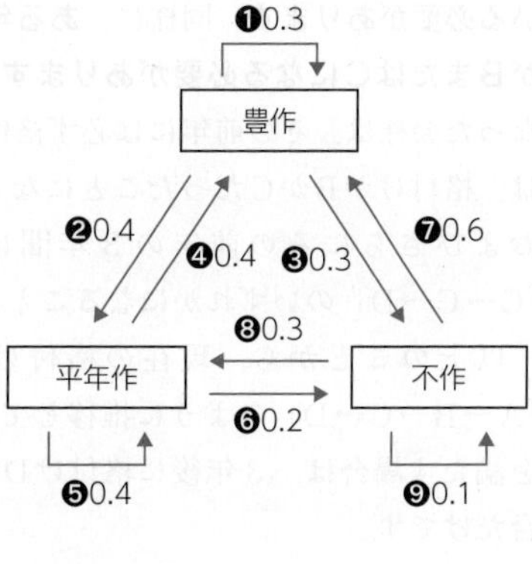

そこで、❶〜❾をもとに、それぞれの場合における確率を求めます。

(A)「豊作→豊作→豊作」の場合、今年から１年後にかけて❶「豊作→豊作」の変化が発生し、さらに１年後から２年後にかけて❶「豊作→豊作」の変化が発生すればよいので、積の法則より、その確率は、

0.3 × 0.3 = 0.09　　……①

となります。

(B)「豊作→平年作→豊作」の場合、今年から１年後にかけて❷「豊作→平年作」の変化が発生し、さらに１年後から２年後にかけて❹「平年作→豊作」の変化が発生すればよいので、その確率は、

0.4 × 0.4 = 0.16　　……②

となります。

(C)「豊作→不作→豊作」の場合、今年から１年後にかけて❸「豊作→不作」の変化が発生し、さらに１年後から２年後にかけて❼「不作→豊作」の変化が発生すればよいので、その確率は、

0.3 × 0.6 = 0.18　　……③

となります。

したがって、①または②または③の場合に条件を満たすので、和の法則よりその確率は、

0.09 + 0.16 + 0.18 = 0.43

となります。

よって、正解は❺です。

問題８

正解 ❹

格付けがＣになる場合やＤになる場合は、前年の格付けに制限があることに注目します。

まず、条件を満たす場合を確認します。

問題の表より、**ある年に格付けＤになるためには、その１年前に格付けＣになっている必要があります**。同様に、**ある年に格付けＣになるためには、その１年前に格付けがＢまたはＣになる必要があります**。したがって、４年以内の最後の年に格付けＤになった会社は、その前年には必ず格付けＣだったことになります。さらに、その前年には、格付けがＢかＣだったことになります。したがって、格付けＤになった年の前年、およびさらにその前年の３年間における格付けの推移は、「Ｂ→Ｃ→Ｄ」または「Ｃ→Ｃ→Ｄ」のいずれかになることがわかります（①）。

以上のことから、現在の格付けがＡの企業が格付けＤになるには、最短でも「Ａ→Ｂ→Ｃ→Ｄ」のように推移して３年後までかかることになります。つまり、条件を満たす場合は、３年後に格付けＤになる場合か、または４年後に格付けＤになる場合だけです。

そこで、３年後に格付けＤになる場合を考えると、問題の表より、格付けＡの企業

が1年後に格付けCになる確率は0％なので、「A→C→C→D」はあり得ません。したがって、3年後に格付けDになる場合は、下表の❶「A→B→C→D」の場合のみです。

また、4年後に格付けDになる場合は、①より、「B→C→D」または「C→C→D」の推移で4年後に至ることになるので、「現在A→1年後？→2年後B→3年後C→4年後D」になる場合か、「現在A→1年後？→2年後C→3年後C→4年後D」になる場合かのいずれかです。さらに、問題の表より、格付けAの1年後は格付けAか格付けBにしかならないことを踏まえると、下表の❷～❹の場合になります。

	現在	1年後	2年後	3年後	4年後
❶	A	B	C	D	
❷	A	A	B	C	D
❸	A	B	B	C	D
❹	A	B	C	C	D

次に、❶～❹のそれぞれの場合の確率を求めます。

問題の表より、それぞれの確率を求める式は、次のようになります。

❶＝0.10×0.10×0.05

❷＝0.90×0.10×0.10×0.05

❸＝0.10×0.80×0.10×0.05

❹＝0.10×0.10×0.80×0.05

求める確率は、❶または❷または❸または❹の場合になるので、

❶＋❷＋❸＋❹＝(0.10×0.10×0.05)＋(0.90×0.10×0.10×0.05)＋(0.10×0.80×0.10×0.05)＋(0.10×0.10×0.80×0.05)

となります。❶～❹の式にはそれぞれ（0.10×0.10×0.05）が含まれるので、これを因数分解すると次のようになります。

$$(0.10 \times 0.10 \times 0.05) \times (1 + 0.90 + 0.80 + 0.80) = 0.1 \times 0.1 \times 0.05 \times 3.5$$
$$= 0.1 \times 0.1 \times 0.175$$
$$= 0.00175$$

よって、0.00175＝0.175％となるので、正解は❹です。

問題9

正解 ❸

「いずれの給水所でも水分を補給しなかった場合」はあり得ないことに注意しましょう。

まず、条件を満たす場合を確認します。

制限がなければ、初めて水分を補給した給水所に着目して、各給水所での水分の補給の仕方は次の4通り考えられます。

❶　A給水所で初めて水分を補給した場合

❷　B給水所で初めて水分を補給した場合

❸　C給水所で初めて水分を補給した場合

第4章 場合の数・確率

❹ いずれの給水所でも水分を補給しなかった場合

次に、それぞれの場合の確率を求めます。

題意より、各給水所で水分を補給する確率はそれぞれ$\frac{1}{3}$なので、ある給水所で水分を補給しない確率は、$1-\frac{1}{3}=\frac{2}{3}$より、$\frac{2}{3}$となります。これを踏まえて❶～❹の確率を求めます。以下、「A給水所」は単純に「A」と表します。

❶ Aで初めて水分を補給した場合

Aで水分を補給した後、本来であればBで水分を補給したかどうかを場合分けするところですが、**Bでの水分補給の有無がどちらであっても、「少なくとも一度は水分を補給した」という条件を満たすので、Bで条件を満たす確率は100%、つまり1となります。**これはCでも同様です。したがって、Aで初めて水分補給し、さらにBでは100%条件を満たし、さらにCでは100%条件を満たすので、❶の確率は、

$$\frac{1}{3}\times1\times1=\frac{1}{3} \quad \cdots\cdots①$$

となります。

❷ Bで初めて水分を補給した場合

Bで初めて水分を補給すれば、Cでの水分補給の有無はどちらであっても100%条件を満たすので、「Aで水分を補給せず、さらにBで水分を補給し、さらにCでは100%条件を満たす」と考えると、その確率は、

$$\frac{2}{3}\times\frac{1}{3}\times1=\frac{2}{3^2} \quad \cdots\cdots②$$

です。

❸ Cで初めて水分を補給した場合

「Aで水分を補給せず、さらにBで水分を補給せず、さらにCで水分を補給する」となるので、その確率は、

$$\frac{2}{3}\times\frac{2}{3}\times\frac{1}{3}=\frac{4}{3^3} \quad \cdots\cdots③$$

となります。

❹ いずれの給水所でも水分を補給しなかった場合

「Aで水分補給せず、さらにBで水分補給せず、さらにCで水分補給しない」となるので、その確率は、

$$\frac{2}{3}\times\frac{2}{3}\times\frac{2}{3}=\frac{8}{3^3} \quad \cdots\cdots④$$

となります。

ここで、

$$①+②+③+④=\frac{1}{3}+\frac{2}{3^2}+\frac{4}{3^3}+\frac{8}{3^3}=\frac{9}{3^3}+\frac{6}{3^3}+\frac{4}{3^3}+\frac{8}{3^3}=1$$

となりますが、これは、①～④がすべて起こり得る場合として、合計1、つまり100％になっています。しかし、本問の場合、問題文「この大会でX選手が少なくとも一度は水分を補給したことが確かだとすると」という部分から、**④はあり得なかった**、ということになります。つまり、本問において、あり得るのは①～③の場合だけであり、これを全体、つまり100％として考え直す必要があります。

したがって、「全体の確率」は①または②または③となり、

$$\frac{1}{3}+\frac{2}{3^2}+\frac{4}{3^3}=\frac{19}{3^3}$$

となります。そのうち、「条件を満たす確率」は、「Bで初めて水分を補給した確率」である②の$\frac{2}{3^2}$になります。よって、$\frac{条件を満たす確率}{全体の確率}$として計算すると、$\frac{\frac{2}{3^2}}{\frac{19}{3^3}}$となります。この分数を割り算に変形して計算すると、

$$\frac{2}{3^2}\div\frac{19}{3^3}=\frac{2}{3^2}\times\frac{3^3}{19}=\frac{6}{19}$$

となり、これが求める確率になります。

よって、正解は❸です。

問題10

正解 ❷

「求めるべき確率」を正確に読み取りましょう。

求めるものは、「5％の人が感染している集団から無作為に抽出した一人に検査法Tを適用したところ、『感染している』とされた人が、本当に感染している確率」です。つまり、「感染している」と判定された人が本当に感染している確率が「求めるもの」になるので、**確率の分母となる「全体」に当たるのは、「感染している」と判定された人全員**であり、確率の分子となる「条件を満たすもの」は、そのうち本当に感染している人となります。したがって、「『感染している』と判定された人の人数」を分母に、「そのうち本当に感染している人の人数」を分子におく形で確率を求めます。

そこで、「全体」の「検査法Tを適用して『感染している』と判定された人全員」の人数を求めます。「5％の人が感染している集団」の全体の人数をx人とおくと、感染している人数は$0.05x$人になります（①）。また、「全体」のうち感染していない人の人数は、

第4章 場合の数・確率

$x-0.05x=0.95x$［人］　……②

となります。

「感染している」と判定される人数は、①と②では確率が異なるので、場合分けをして求めます。題意より、①のうち90%が「感染している」と判定されるので、その人数は、

$0.05x\times0.90=0.045x$［人］　……③

となります。また、②のうち10%が「感染している」と誤って判定されるので、その人数は、

$0.95x\times0.10=0.095x$［人］　……④

となります。

したがって、「全体」に当たる「感染している」と判定された人の人数は、

③＋④$=0.045x+0.095x=0.14x$［人］　……⑤

となります。

また、「条件を満たすもの」に当たる「感染していると判定された人のうち本当に感染している人の人数」は、③の$0.045x$人です。

よって、③、⑤を$\frac{\text{条件を満たす場合}}{\text{全体の場合}}$に当てはめると、

$$\frac{0.045x}{0.14x}=\frac{45}{140}=\frac{9}{28}$$

となるので、正解は❷となります。

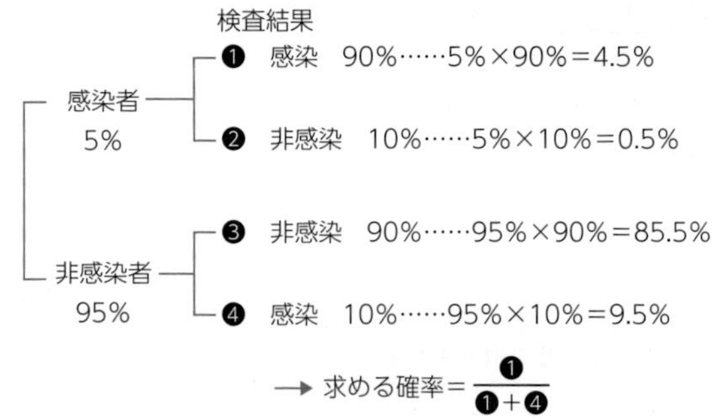

第5章　図形の計量

1　図形の基礎

問題1　　　　正解 ❷

四角形ABCDに補助線を引き、五つの長方形に分けて考えます。

四角形EFGHは、「公式で面積を求められる四角形」ではありません。そこで、この四角形に含まれる「面積の求めやすい図形」を利用して解きます。「面積の求めやすい図形」とは、公式が使える「台形」や「二等辺三角形」など、面積の求め方がわかりやすい四角形や三角形のことです。そこで、次の図のように、四角形ABCDを❶～❺の五つの長方形に分けます。

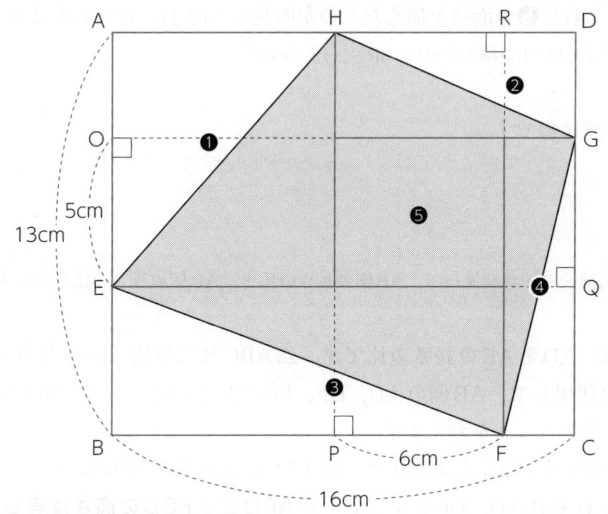

❶を見ると、四角形EFGH（着色部）の一部が含まれていて、**その着色部の面積は、❶の長方形のちょうど$\frac{1}{2}$の面積になる**ことがわかります。❷～❹についても同様に、着色部の面積は、それぞれの長方形のちょうど$\frac{1}{2}$の面積になります。したがって、（❶～❹に含まれる着色部の面積の合計）＝（❶×$\frac{1}{2}$）＋（❷×$\frac{1}{2}$）＋（❸×$\frac{1}{2}$）＋（❹×$\frac{1}{2}$）となるので、これを整理すると、

（❶～❹に含まれる着色部の面積の合計）＝$\frac{1}{2}$×（❶＋❷＋❸＋❹）　　……①

となります。

❺の長方形については、その面積がそのまま着色部の面積となるので、条件より、

(❺の面積)＝EO × FP ＝ 5 × 6 ＝ 30 [cm^2]　　……②

となります。

ここで、(四角形ABCDの面積)＝❶＋❷＋❸＋❹＋❺であり、さらに、題意より、四角形ABCDの面積は13 × 16 ＝ 208 [cm^2] なので、❶＋❷＋❸＋❹＋❺＝208となります。この式に②を代入すると、

❶＋❷＋❸＋❹＋30＝208

より、

❶＋❷＋❸＋❹＝178　　……③

となります。

そこで、③を①に代入すると、

(❶～❹に含まれる着色部の面積の合計)＝$\frac{1}{2}$ × 178 ＝ 89 [cm^2]

となります。これに❺の面積を加えたものが四角形ABCDの面積になるので、②より、

(四角形ABCDの面積)＝89 ＋ 30 ＝ 119 [cm^2]

となります。

よって、正解は❷です。

問題2

正解 ❺

辺の比と面積比の知識を使って、AB側の長さの比と、AC側の長さの比を求めます。

求めるのは、ADとAEの長さの比です。△ABCは二等辺三角形なので、AB＝ACとなることを利用して、AB側のAD、DF、FBの長さの比と、AC側のAE、EG、GCの長さの比を求めることを考えます。

まず、AB側の長さの比を求めます。図1の△AEDと△FEDにおいて、二つの三角形の底辺をそれぞれAD、DFとすると、**△AEDと△FEDの高さは等しくなります。** したがって、**辺の比と面積比の関係より、(底辺の比)＝(面積比) が成り立ちます。** 題意より、

(△AEDの面積)：(△FEDの面積)＝1：1

となるので、底辺の比においても、

AD：DF＝1：1　　……①

となります。

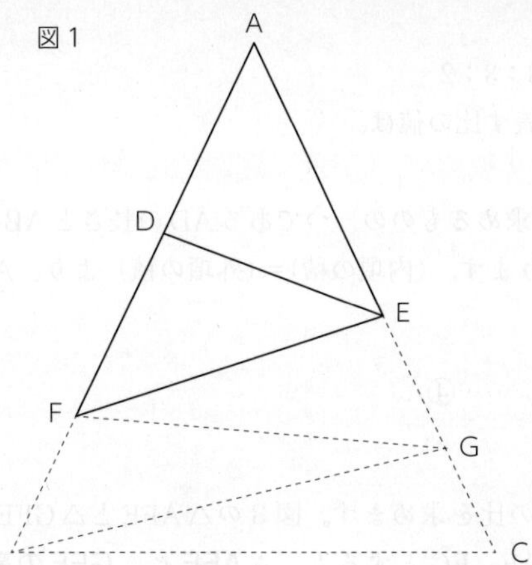

さらに、図2の△AGFと△BGFにおいて、二つの三角形の底辺をそれぞれAF、FBとすると、**△AGFと△BGFの高さは等しくなります**。したがって、辺の比と面積比の関係より、(底辺の比)＝(面積比) が成り立ち、題意より、

(△AGFの面積)：(△BGFの面積)＝3：1

となるので、底辺の比においても、

AF：FB＝3：1　　……②

となります。

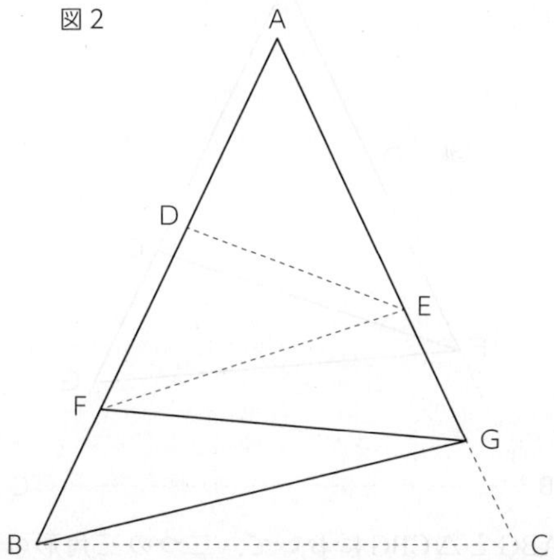

ここで、①、②の二つの比を一つにまとめることで、**ABの長さの比を求めます**。①およびAF＝AD＋DFとなることより、

AD：DF：AF＝1：1：2　　……③

となります。この比を②とまとめるために、**AFの値を、3と2の最小公倍数である6に変形すると**、③の比全体を3倍してAD：DF：AF＝3：3：6となり、②の比全体を2倍してAF：FB＝6：2となります。これら二つの比をまとめると、

AD：DF：AF：FB＝3：3：6：2

となるので、

AD：DF：FB＝3：3：2

となり、ABの長さを表す比の値は、

3＋3＋2＝8

となります。つまり、求めるものの一つであるADの長さとABの長さの比を求めると、AD：AB＝3：8となります。（内項の積）＝（外項の積）より、AB×3＝AD×8となるので、

$$AD = AB \times \frac{3}{8} \qquad \cdots\cdots ④$$

となります。

次に、AC側の長さの比を求めます。図3の△AFEと△GFEにおいて、二つの三角形の底辺をそれぞれAE、EGとすると、**△AFEと△GFEの高さは等しくなります。** したがって、辺の比と面積比の関係より、（底辺の比）＝（面積比）が成り立つので、題意より、

（△AFEの面積）：（△GFEの面積）＝2：1

となり、底辺の比においても、

AE：EG＝2：1　　……⑤

となります。

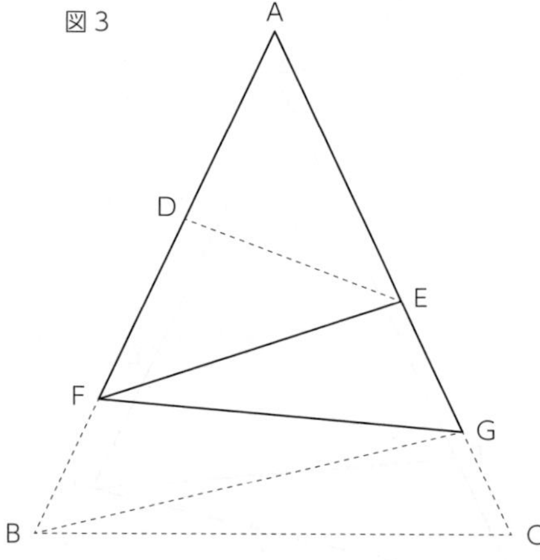

さらに、図4の△ABGと△CBGにおいて、二つの三角形の底辺をそれぞれAG、GCとすると、**△ABGと△CBGの高さは等しくなる**ので、辺の比と面積比の関係より、（底辺の比）＝（面積比）が成り立ちます。題意より、

（△ABGの面積）：（△CBGの面積）＝4：1

となるので、底辺の比においても、

AG：GC＝4：1　　……⑥

となります。

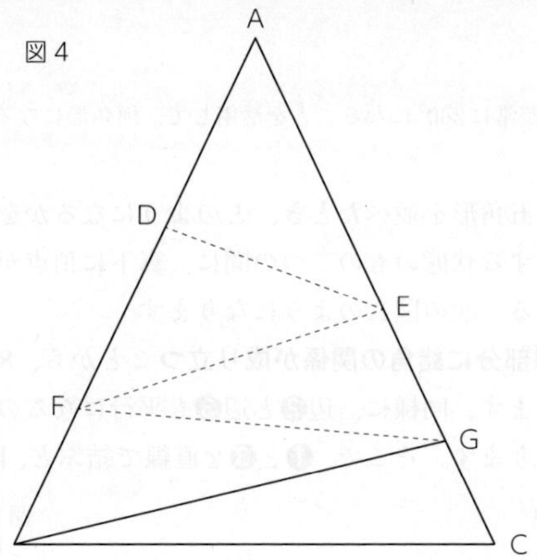

ここで、⑤、⑥の二つの比を一つにまとめて、ACの長さを求めます。⑤およびAG＝AE＋EGとなることから、

AE：EG：AG＝2：1：3　　……⑦

となります。この比を⑥とまとめるために、**AGの値を、3と4の最小公倍数である12に変形する**と、⑦の比全体を4倍してAE：EG：AG＝8：4：12となり、⑥の比全体を3倍してAG：GC＝12：3となります。これら二つの比をまとめると、

AE：EG：AG：GC＝8：4：12：3

となるので、

AE：EG：GC＝8：4：3

となり、ACの長さを表す比の値は、8＋4＋3＝15となります。つまり、求めるものの一つであるAEとACの長さの比を求めると、AE：AC＝8：15となります。（内項の積）＝（外項の積）より、AC×8＝AE×15となるので、

$$AE = AC \times \frac{8}{15} \quad \cdots\cdots ⑧$$

となります。

よって、④、⑧より、

$$AD : AE = AB \times \frac{3}{8} : AC \times \frac{8}{15}$$

となり、AB＝ACより、

$$AD : AE = \frac{3}{8} : \frac{8}{15} = \frac{45}{120} : \frac{64}{120} = 45 : 64$$

となるので、正解は❺となります。

問題3

正解 ❸

多角形の外角の合計が常に360°になることを活用して、何角形になるか求めます。

まず、問題の図1の五角形を並べたとき、どのようになるかを考えます。この五角形を、真上に頂点が位置する状態のもの二つの間に、真下に頂点が位置する状態のものを挟む形で横に三つ並べると次の図Aのようになります。

このとき、図の**赤線部分に錯角の関係が成り立つ**ことから、81°の２角に挟まれる辺❶と辺❷は平行になります。同様に、辺❷と辺❸も平行になるので、**辺❶と辺❸は一直線上に並ぶ**ことがわかります。そこで、❶と❸を直線で結ぶと、図Bの赤線となります。

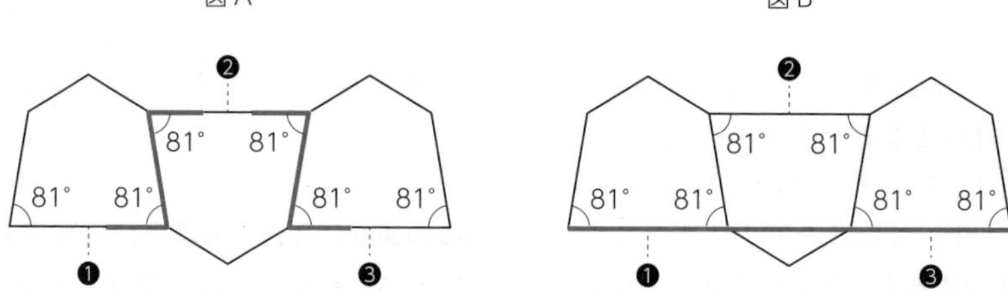

次に、問題の図２について考えると、五角形を並べ続けて環状（円形につながること）になるようにするということは、次の図Cのように、**図Bの❶と❸を結ぶ赤線をつなげて並べていくことと同じ**です。

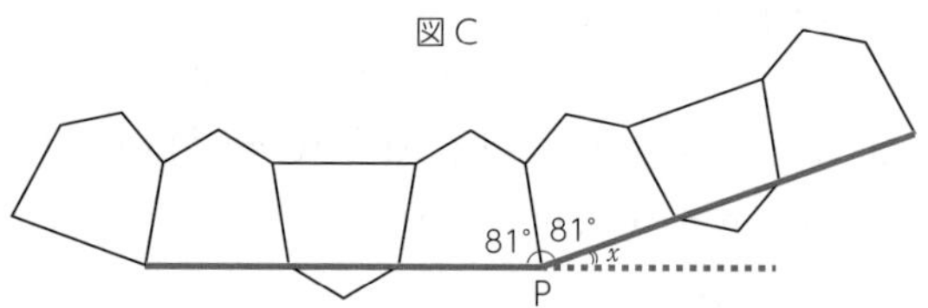

さらに、この赤線をつなげて並べていき環状にすると、図Cの点Pを一つの頂点とし、図Bの❶と❸を結ぶ赤線を１辺として、頂点と辺を交互に並べて多角形を作ることと同じです。このとき、この多角形は、辺の長さがすべて図Bの赤線の長さとなるので、正多角形となります。

そこで、この多角形が何角形になるかを調べてみます。

n角形の内角の総和は「n」の値次第で数値が変わりますが、**n角形の外角は、「n」の値にかかわらず、常に合計が360°になります**（①）。そこで、外角に着目します。できあがる多角形の外角に当たるのは、図Cのxです。図Cより、その角度を求めると、

$$x = 180 - (81 + 81) = 18 \ [°]$$

となります。つまり、できあがる正多角形の一つの外角は18°です（②）。

ここで、正多角形はそれぞれの外角がすべて等しいことと①より、n角形の「n」の値を求められます。$360 \div 18 = 20$より、できあがる正多角形は、**一つ18°の外角が20個ある**ことがわかります。したがって、この正多角形は正二十角形となります。

さらに、図Cより、この正二十角形は1辺（1本の赤線）につき将棋の駒が3枚ずつ並ぶことになるので、20×3＝60より、20辺に並ぶ将棋の駒は60枚となります。

よって、正解は❸となります。

2　図形の相似・三平方の定理

問題1　　正解 ❷

相似を使って長さの比DF：EFを求め、さらに辺の比と面積比を使います。

条件をもとに図を描くと、右の図1となります。題意より、BC＝10 cm、BE：CE＝2：3なので、

BE＝$2a$、CE＝$3a$　　……①

とおくと、BC＝BE＋CEより、

BC＝$2a+3a=5a$

となり、$5a=10$より、$a=2$［cm］となります。

これを①に代入すると、BE＝4 cm、CE＝6 cmとなります。

図1

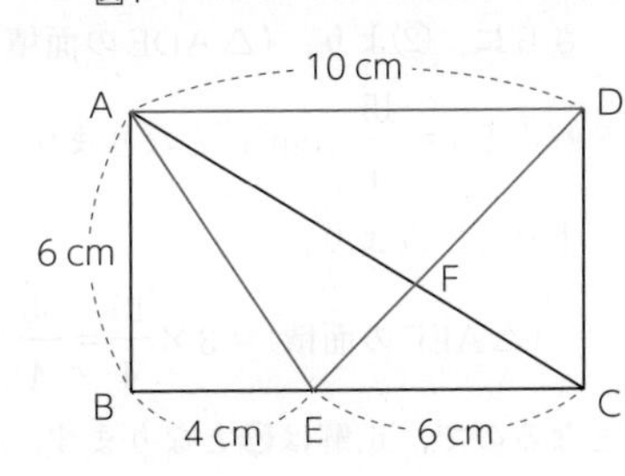

次に、図1の△ADEに着目します。△ADEの底辺をAD＝10 cmとすると、高さはAB＝6 cmとなるので、

$$(\triangle \text{ADEの面積})=10\times 6\times\frac{1}{2}=30\ [\text{cm}^2]$$

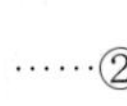
……②

となります。

図2

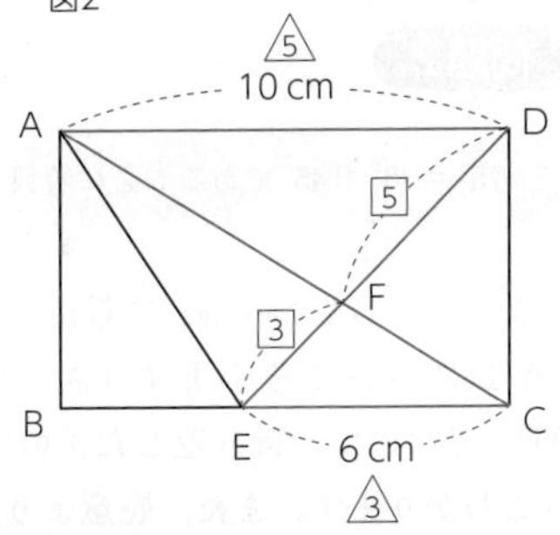

次に、図2の△ADFと△CEFに着目すると、

ADとCEが平行なので、△ADFと△CEFは相似の関係になります。

この二つの三角形において、ADとCEは対応する2辺であり、図2より、その長さの比は、

AD：CE＝10：6＝5：3（図2の△数字）

となります。ここで、DFとEFも対応する2辺になるので、その比はAD：CEと等しく、

5：3（図2の□数字）　　……③

となります。

さらに、△ADFと△AEFに着目します。この二つの三角形の底辺をそれぞれDFとEFとすると、△ADFと△AEFの高さはAからDEまでの垂線の

図3

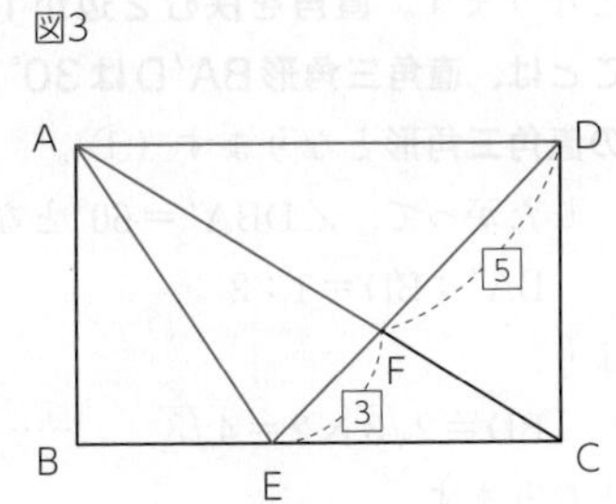

長さとなり、**二つの三角形の高さが等しくなります。**

したがって、辺の比と面積比の関係より、△ADFと△AEFの面積比は、底辺の比であるDF：EFと等しくなります。③より、DF：EF＝5：3なので、△ADFと△AEFの面積比は、

5：3　……④

です。

ここで、△ADFと△AEFの面積の和が△ADEの面積と等しくなることから、

(△ADFの面積)＝$5x$［cm^2］、(△AEFの面積)＝$3x$［cm^2］　……⑤

とおくと、

(△ADEの面積)＝$5x+3x=8x$［cm^2］

となります。

さらに、②より、(△ADEの面積)＝30 cm^{2}なので、$8x=30$が成り立ちます。この式を解くと$x=\dfrac{15}{4}$［cm^2］となります。

よって、⑤より、

(△AEFの面積)＝$3\times\dfrac{15}{4}=\dfrac{45}{4}=11.25$［cm^2］

となるので、正解は❷となります。

問題2

正解 ❹

75°＝30°＋45°であることに着目し、補助線を引いて直角三角形を作ります。

まず、∠BA′D＝90°に着目し、直角三角形BA′Dについて考えます（図1）。題意より、AD＝6なので、折り返した後のA′Dの長さも6とわかります。また、題意より、BA′＝$2\sqrt{3}$であることから、直角三角形BA′Dの、直角を挟む2辺の比は、

BA′：A′D＝$2\sqrt{3}$：6＝1：$\sqrt{3}$

となります。**直角を挟む2辺が1：$\sqrt{3}$ということは、直角三角形BA′Dは30°、60°、90°の直角三角形**となります（①）。

したがって、∠DBA′＝60°となり、さらに、

BA′：BD＝1：2

より、

BD＝$2\sqrt{3}\times2=4\sqrt{3}$　……②

となります。

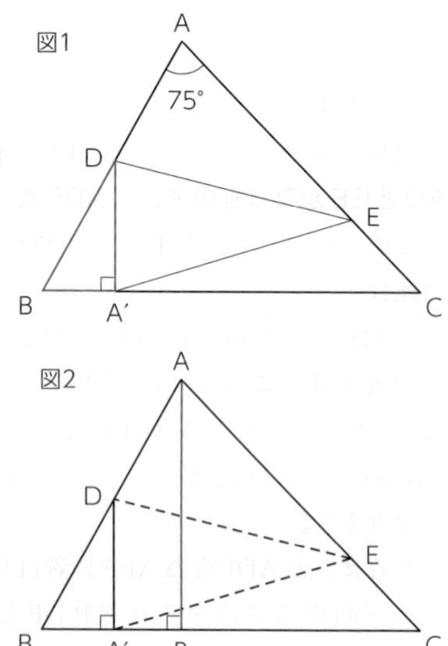

次に、AからBCへ向けて垂線を引き、直角三角形ABPを作ります（図2）。①より、∠ABP＝60°となるので、直角三角形ABPは30°、60°、90°の直角三角形になり、

$BP : AB : AP = 1 : 2 : \sqrt{3}$ ……③

となります。

ここで、AB＝AD＋BDで求められるので、題意より、AD＝6、②より、BD＝$4\sqrt{3}$であることから、AB＝$6+4\sqrt{3}$となります。③より、BP：AB＝1：2となるので、これにAB＝$6+4\sqrt{3}$を代入して計算すると、

$BP : (6+4\sqrt{3}) = 1 : 2$

となるので、これを計算すると、

$6+4\sqrt{3} = BP \times 2$

$BP = 3+2\sqrt{3}$ ……④

となります。さらに、③より、BP：AP＝1：$\sqrt{3}$であり、BP＝$(3+2\sqrt{3})$を代入すると、

$(3+2\sqrt{3}) : AP = 1 : \sqrt{3}$

となるので、これを計算すると、

$AP = 3\sqrt{3}+6$ ……⑤

となります。

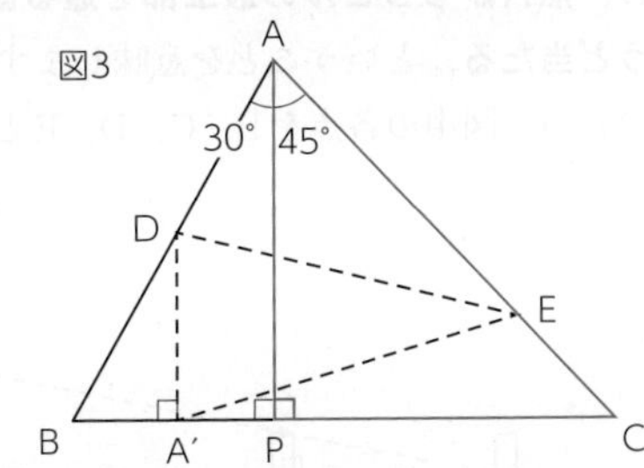

さらに、③より、**∠BAP＝30°になることに着目**すると、題意より、∠BAC＝75°より、**∠CAP＝45°**となります。

したがって、直角三角形ACPは、45°、45°、90°の直角二等辺三角形とわかります。つまり、AP＝CPとなり、⑤より、

$CP = 3\sqrt{3}+6$ ……⑥

となります。

求めるのはBCであり、BC＝BP＋CPであることから、④、⑥より、

$BC = (3+2\sqrt{3}) + (3\sqrt{3}+6) = 9+5\sqrt{3}$

となります。

よって、正解は❹です。

なお、①において、直角三角形BA′Dが30°、60°、90°の直角三角形になる、ということを、次のように求めることもできます。

直角三角形BA′Dの２辺、A′D＝6、BA′＝$2\sqrt{3}$を三平方の定理の公式に代入して、BDの長さを求めると、

$BD^2 = 6^2 + (2\sqrt{3})^2 = 36+12 = 48$

より、BD＝$\sqrt{48} = 4\sqrt{3}$となります。したがって、直角三角形BA′Dの３辺の比は、

$BA' : BD : A'D = 2\sqrt{3} : 4\sqrt{3} : 6 = 1 : 2 : \sqrt{3}$

となるので、直角三角形BA′Dが30°、60°、90°の直角三角形であるとわかります。

問題3

正解 ❺

直角三角形を作り、三平方の定理ではなく、相似を使って解きます。

タワーやビルと、地面とのなす角度は直角になるので、それを活用して直角三角形を作ることができます。

まず、Sタワーが534 mになったときを考えます。Kビルの高さ29 mの位置にある点をAとし、この点Aから、地面と平行な直線をDビルおよびSタワーに向かって引くと、この直線とDビルとSタワーはそれぞれ直角に交わります。

また、**Sタワーが534 mになったときに初めて点Aから最上部が見える**ということは、**点AからDビルの最上部を通る直線が、534 mになったSタワーの最上部にちょうど当たる**、ということを意味します。これを図で示すと、次の図1となります（説明のため、図中の各点をB、C、D、Eとおきます）。

図1

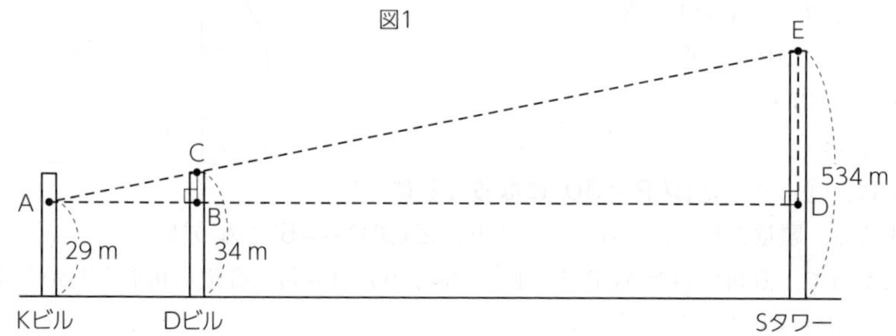

図1の△ABCと△ADEについて見ると、∠BAC＝∠DAE（共通）であり、∠ABC＝∠ADE＝90°なので、2組の角が等しくなることから、△ABCと△ADEは相似の関係になります。

また、Dビルは高さ34 mであり、Dビルの点Bは地面から29 mであることから、

BC＝34－29＝5［m］

となります。同様に考えると、

DE＝534－29＝505［m］

となります。BCとDEは、△ABCと△ADEにおいて対応する辺になるので、相似比を求めることができます。つまり、

BC：DE＝5：505＝1：101

より、△ABCと△ADEの相似比は1：101となります。

ここで、（KビルからDビルまでの距離）＝ABであり、（KビルからSタワーまでの距離）＝ADであることから、

（KビルからDビルまでの距離）：（KビルからSタワーまでの距離）
＝1：101　……①

となります。

次に、Sタワーが634 mになったときを考えます。「Sタワーの最上部をKビルから見

ることができる位置の中で、最も低い高さ」を示す点をPとおき、地面から点Pまでの高さをx［m］とおきます。点Pから地面と平行な直線をDビル、Sタワーに向かって引き、さらに、点PからDビルの最上部およびSタワーの最上部までを直線で結ぶと、次の図2となります（説明のため、各点をQ、R、S、Tとおきます）。

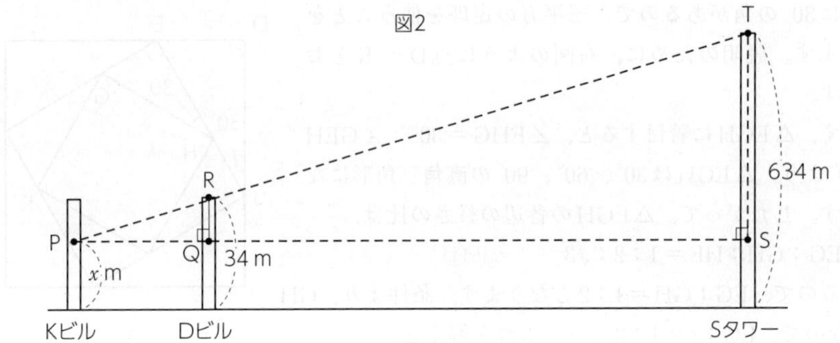

図２の△PQRと△PSTについて見ると、∠QPR＝∠SPT（共通）、∠PQR＝∠PST＝90°となるので、２組の角が等しくなることから、△PQRと△PSTは相似の関係になります。

さらに、図２のPQは、KビルからDビルまでの距離なので、図１のABと距離が等しくなります。同様に、PSは、KビルからSタワーまでの距離なので、図１のADと等しくなります。したがって、①より、

PQ：PS＝1：101

となります。ここで、△PQRと△PSTにおいて、PQとPSは対応する辺になるので、**△PQRと△PSTの相似比は1:101**となります。さらに、△PQRと△PSTにおいて、QRとSTは対応する辺なので、

QR：ST＝1：101　　……②

が成り立ちます。

ここで、図２より、点Qおよび点Sは地面からx［m］の高さにある点なので、

QR＝$(34-x)$［m］、ST＝$(634-x)$［m］

と表すことができます。これらを②に代入すると、

$(34-x):(634-x)=1:101$

が成り立つので、この式を整理して解くと、次のようになります。

$(34-x):(634-x)=1:101$

$634-x=3434-101x$

$x=28$［m］

よって、Sタワーの最上部をKビルから見ることができる位置の中で、最も低い高さは28 mとなるので、正解は❺です。

第5章　図形の計量

問題4　　正解 ⑤

30°の角と正方形の内角を合わせて直角三角形を作ります。

図に30°の角があるので、三平方の定理を使うことを考えます。説明のために、右図のように点D～Kをおきます。

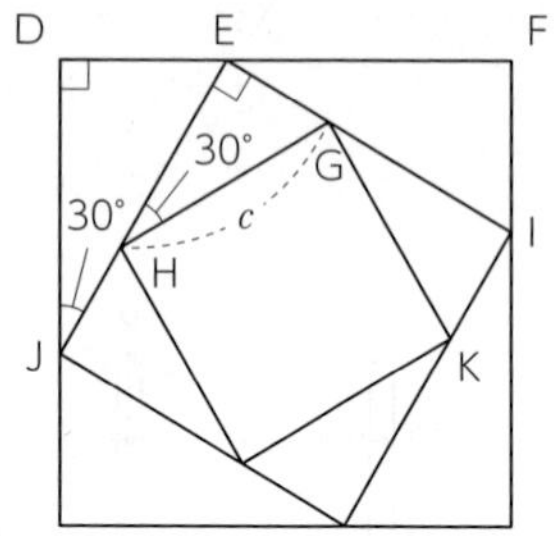

まず、△EGHに着目すると、∠EHG＝30°、∠GEH＝90°より、△EGHは30°、60°、90°の直角三角形になります。したがって、△EGHの各辺の長さの比は、

$$\mathrm{EG}:\mathrm{GH}:\mathrm{HE}=1:2:\sqrt{3} \quad \cdots\cdots ①$$

となるので、EG：GH＝1：2となります。条件より、GH＝cなので、EG：c＝1：2より、これを解くと、

$$\mathrm{EG}=\frac{1}{2}c \quad \cdots\cdots ②$$

となります、

さらに、①より、EG：HE＝1：$\sqrt{3}$となるので、これに②を代入すると、

$$\frac{1}{2}c:\mathrm{HE}=1:\sqrt{3}$$

となります。この式を解くと、

$$\mathrm{HE}=\frac{\sqrt{3}}{2}c \quad \cdots\cdots ③$$

とわかります。

次に、△IGKに着目すると、∠IGKの角度は、∠EGH＝60°、∠HGK＝90°であることから、

$$\angle\mathrm{IGK}=180-(60+90)=30\ [°]$$

となります。また、∠KIG＝90°なので、△IGKは30°、60°、90°の直角三角形になり、△EGHと相似の関係になります。さらに、△EGHと△IGKにおいて、GHとKGは対応する辺であり、GHとKGは正方形Cの１辺になることからGH＝KG＝cとなるので、△EGHと△IGKの相似比は1：1、つまり合同になります。したがって、

$$\mathrm{HE}=\mathrm{IG} \quad \cdots\cdots ④$$

です。

ここで、正方形Bの１辺EIの長さは、EG＋IGとなることから、④より、

$$\mathrm{EG}+\mathrm{IG}=\mathrm{EG}+\mathrm{HE}$$

となり、これに②、③を代入すると、

$$\mathrm{EI}=\frac{1}{2}c+\frac{\sqrt{3}}{2}c=\frac{\sqrt{3}+1}{2}c$$

となります。さらに、EIとEJは、ともに正方形Bの１辺なので、

$$\mathrm{EJ}=\mathrm{EI}=\frac{\sqrt{3}+1}{2}c \quad \cdots\cdots ⑤$$

となります。

ここで、△DJEに着目すると、△DJEは、∠DJE＝30°、∠EDJ＝90°、∠DEJ＝60°の直角三角形になるので、

$$\mathrm{DE}:\mathrm{EJ}:\mathrm{JD}=1:2:\sqrt{3} \quad \cdots\cdots ⑥$$

となります。⑤、⑥より、

$$\mathrm{DE}:\mathrm{EJ}=1:2、\mathrm{EJ}=\frac{\sqrt{3}+1}{2}c$$

であることから、

$$\mathrm{DE}:\frac{\sqrt{3}+1}{2}c=1:2$$

が成り立ちます。この式を解くと、

$$\mathrm{DE}=\frac{\sqrt{3}+1}{4}c \quad \cdots\cdots ⑦$$

となります。さらに、⑥より、$\mathrm{DE}:\mathrm{JD}=1:\sqrt{3}$であり、⑦より、$\mathrm{DE}=\frac{\sqrt{3}+1}{4}c$なので、

$$\frac{\sqrt{3}+1}{4}c:\mathrm{JD}=1:\sqrt{3}$$

が成り立ち、この式を解くと、

$$\mathrm{JD}=\frac{3+\sqrt{3}}{4}c \quad \cdots\cdots ⑧$$

となります。

ここで、△EGHと△IGKのときと同様に、△DJEと△FEIは合同になり、JD＝EFが成り立ちます。したがって、正方形Aの１辺DFの長さは、

$$\mathrm{DF}=\mathrm{DE}+\mathrm{EF}=\mathrm{DE}+\mathrm{JD}$$

となり、これに⑦、⑧を代入すると、

$$\mathrm{DF}=\frac{\sqrt{3}+1}{4}c+\frac{3+\sqrt{3}}{4}c=\frac{4+2\sqrt{3}}{4}c=\frac{2+\sqrt{3}}{2}c$$

となります。

題意より、DF＝1なので、$\frac{2+\sqrt{3}}{2}c=1$が成り立ち、$c=\frac{2}{2+\sqrt{3}}$となります。ここで、$\frac{2}{2+\sqrt{3}}$を有理化します。このとき、**$\frac{2}{2+\sqrt{3}}$に$\frac{\sqrt{3}}{\sqrt{3}}$や$\frac{2+\sqrt{3}}{2+\sqrt{3}}$を掛けても分母の根号は消えません**。有理化するには、$\frac{2-\sqrt{3}}{2-\sqrt{3}}$を掛けます。すると、

$$\frac{2}{2+\sqrt{3}}\times\frac{2-\sqrt{3}}{2-\sqrt{3}}=4-2\sqrt{3}$$

となり、有理化することができます。

よって、$c=4-2\sqrt{3}$となるので、正解は❺です。

問題5　　正解❹

まず、「角の二等分線と辺の比」と相似を使ってから三平方の定理を使います。

求めるのは直角三角形ABCの面積であり、この三角形のBCを底辺とすると、高さはABとなります。題意より、AB＝2、BD＝1とわかっているので、DCの長さがわかれば面積を求められます。

そこで、角の二等分線に着目します。「角の二等分線と辺の比」より、**ADは∠BACの二等分線なので、AB：AC＝BD：CDが成り立ちます。**この比の式に、AB＝2、BD＝1を代入し、CD＝xとおく（①）と、2：AC＝1：xとなるので、この式を解くと、

$$AC=2x \quad \cdots\cdots②$$

となります。

ここで、△ABCは直角三角形なので、三平方の定理より、

$$AB^2+BC^2=AC^2 \quad \cdots\cdots③$$

が成り立ちます。また、BC＝BD＋CDなので、BD＝1および①より、

$$BC=1+x \quad \cdots\cdots④$$

となります。そこで、条件および②、④より、AB＝2、BC＝1＋x、AC＝$2x$を③に代入すると、

$$2^2+(1+x)^2=(2x)^2$$

が成り立ちます。この式を計算して解くと、次のようになります。

$$2^2+(1+x)^2=(2x)^2$$
$$4+1+2x+x^2=4x^2$$
$$3x^2-2x-5=0 \quad \cdots\cdots⑤$$

2次方程式の解の公式を使うと、

$$x=\frac{-(-2)\pm\sqrt{(-2)^2-4\times3\times(-5)}}{2\times3}=\frac{2\pm\sqrt{4-(-60)}}{6}=\frac{2\pm8}{6}$$
$$=-1、\frac{5}{3}$$

となります。xは長さなので、$x=\frac{5}{3}$に決まります。

よって、直角三角形ABCの面積は、AB×BC×$\frac{1}{2}$より、

$$2\times\left(1+\frac{5}{3}\right)\times\frac{1}{2}=\frac{8}{3}$$

となるので、正解は❹です。

なお、やや難しいですが、⑤の式を因数分解して解くこともできます。その場合は、次のようになります。

$(3x-5)(x+1)=0$

$x=-1、\dfrac{5}{3}$

3 円

問題1 正解 ❷

補助線を引いて、∠ACBを含む正方形を作ります。

直角三角形の3辺、AB、BC、CAは円Oの接線になるので、AB、BC、CAと円Oとの接点をそれぞれP、Q、Rとおき、円Oの中心からP、Q、Rに補助線を引くと、右の図1のようになります。

図1

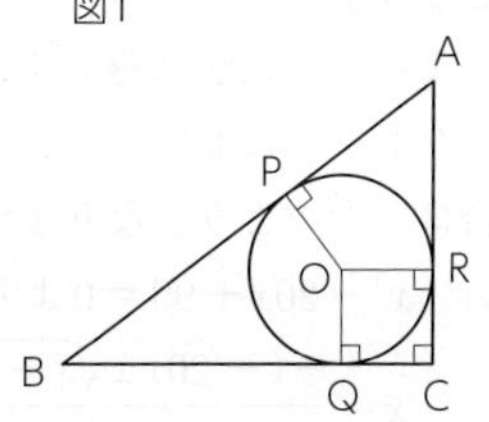

図1において、四角形CROQに着目すると、∠RCQ＝90°であり、円と接線の関係より、∠ORC、∠OQCはそれぞれ直角になります。また、条件より、OQ＝OR＝4 cmとなるので、**四角形CROQは1辺4 cmの正方形**とわかります。

次に、AB、ACはともに円の接線であることから、円と接線の関係よりAP＝ARとなります。同様に、AB、BCはともに円の接線であるので、BP＝BQとなります。

題意よりAB＝20［cm］であり、**AP＝AR＝x［cm］とおくと、BP＝BQ＝(20－x)［cm］と表すことができます**（右の図2）。

図2

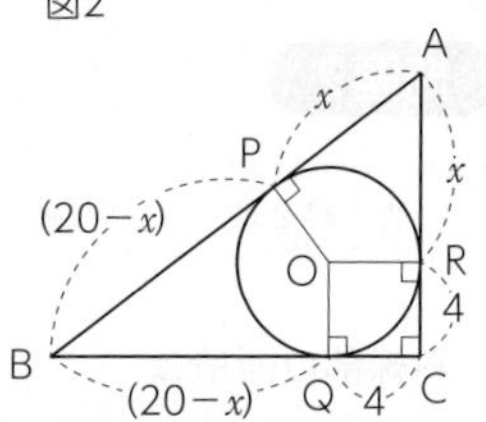

さらに、△ABCは∠ACB＝90°の直角三角形なので、三平方の定理より、

$AC^2+BC^2=AB^2$ ……①

が成り立ちます。

図2より、

$AC=(x+4)$［cm］

$BC=(20-x)+4=(24-x)$［cm］となるので、これらとAB＝20 cmを①に代入すると、

$(x+4)^2+(24-x)^2=20^2$

となります。この式を解くと、次のようになります。

$$(x+4)^2+(24-x)^2=20^2$$

$$x^2+8x+16+576-48x+x^2=400$$

$$x^2 - 20x + 96 = 0 \quad \cdots\cdots ②$$

②の左辺を因数分解すると、

$$(x-8)(x-12) = 0$$

となるので、$x=8$または$x=12$となります（③）。$x=8$の場合、

AC $= 8 + 4 = 12$［cm］

BC $= 24 - 8 = 16$［cm］

となり、$x=12$の場合、

AC $= 12 + 4 = 16$［cm］

BC $= 24 - 12 = 12$［cm］

となるので、$x=8$の場合、$x=12$の場合のいずれにおいても、△ABCの面積は、

$$12 \times 16 \times \frac{1}{2} = 96 \text{［cm}^2\text{］}$$

となります。

よって、正解は❷です。

なお、③において、２次方程式の解の公式を使って計算することもできます。その場合は、次のようになります。

$x^2 - 20x + 96 = 0$より、

$$x = \frac{-(-20) \pm \sqrt{(-20)^2 - 4 \times 1 \times 96}}{2 \times 1} = \frac{20 \pm \sqrt{400 - 384}}{2} = \frac{20 \pm 4}{2} = 12、8$$

となります。

問題２　　正解 ❹

補助線を使って、内接円の半径を求めます。

斜線部の面積は、

（正三角形の面積）－（円の面積）　……①

として求められます。正三角形の面積は１辺の長さがわかれば求められるので、円の面積を求めるために必要な円の半径の求め方を考えます。

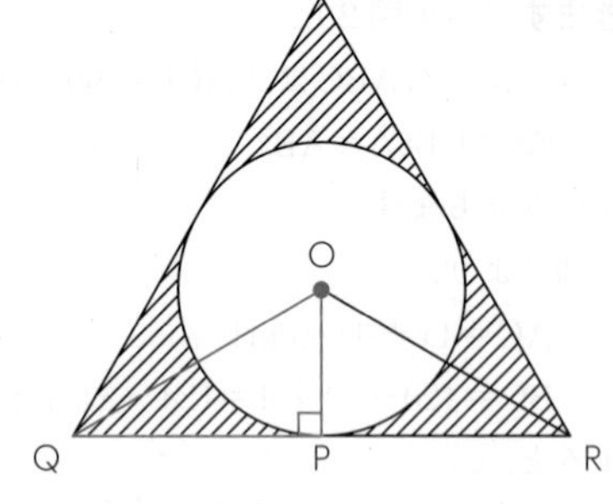

右の図のように、内接円の中心Oから正三角形と円の接点の一つに補助線を引き、さらに中心Oから正三角形の二つの頂点へ補助線を引きます。なお、説明のために、図の各点をP、Q、Rとおきます。

△OPQに着目すると、円と接線の関係より、∠OPQ＝90°になります。また、**円Oは正三角形の内心**なので、内心と正三角形の一つの角を結ぶOQは、正三角形の内角を２等分することがわかります。つまり、∠OQP＝30°です。したがって、△OPQは30°、

60°、90°の直角三角形となり、

$$\mathrm{OP}:\mathrm{OQ}:\mathrm{PQ}=1:2:\sqrt{3} \quad \cdots\cdots②$$

となります。

また、△OPRに着目すると、△OPQと同様に30°、60°、90°の直角三角形となり、OP：OR：PR＝1：2：$\sqrt{3}$となるので△OPQと△OPRは相似の関係になります。さらに、二つの三角形はOPが共通で長さが等しいので、相似比は1：1となり、△OPQと△OPRは合同となります。したがって、PQ＝PRとなるので、PはQRの中点となります。題意より、QR＝$4a$なので、PQ＝$2a$です。

②より、OP：PQ＝1：$\sqrt{3}$なので、これにPQ＝$2a$を代入すると、OP：$2a$＝1：$\sqrt{3}$より、

$$2a=\sqrt{3}\,\mathrm{OP}$$

$$\mathrm{OP}=\frac{2a}{\sqrt{3}}=\frac{2a\times\sqrt{3}}{\sqrt{3}\times\sqrt{3}}=\frac{2\sqrt{3}}{3}a$$

分母に根号があるので
有理化しています。

となります。これが内接円の半径になるので、この円の面積は、

$$\pi\times\left(\frac{2\sqrt{3}}{3}a\right)^2=\frac{12}{9}\pi a^2=\frac{4}{3}\pi a^2$$

となります。

さらに、正三角形の面積を求めると、

$$\frac{\sqrt{3}}{4}\times(4a)^2=\frac{\sqrt{3}}{4}\times16a^2=4\sqrt{3}\,a^2$$

となるので、①より、斜線部の面積は、

$$4\sqrt{3}\,a^2-\frac{4}{3}\pi a^2=\left(4\sqrt{3}-\frac{4}{3}\pi\right)a^2$$

となります。

よって、正解は❹となります。

問題3

正解 ❹

問題の図の60°と、円と接線の関係からできる90°を生かして、三平方の定理を使うことを考えます。

次の図のように、二つの円の接点をQ、接線lとmの交点をCとおき、CからOに補助線を引きます。

円と接線の関係より、AOとBPはともに接線lに対する垂線になるので、AOとBPは平行です。したがって、四角形ABPOは1組の対辺が平行になるので、台形になります。

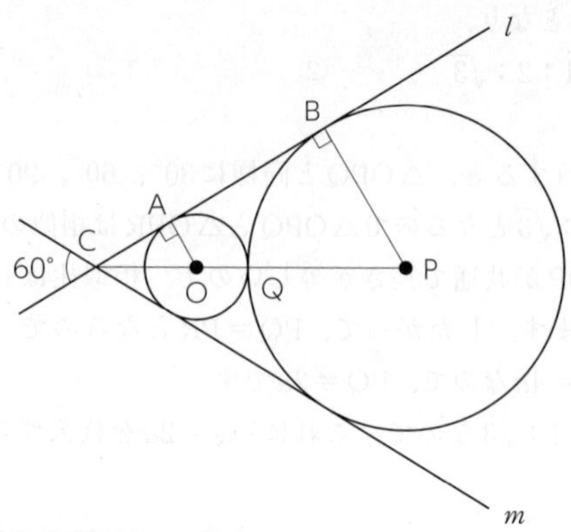

求めるものは台形ABPOの面積になります。台形の面積の公式は（上底＋下底）×（高さ）×$\frac{1}{2}$であり、題意より、**上底AOの長さは1**（①）とわかっているので、下底BPと高さABを求めることを考えます。

図より、∠ACO＝∠BCP＝30°となるので、△ACOと△BCPはそれぞれ30°、60°、90°の直角三角形となります。したがって、△ACOにおいて、

AO：CO：AC＝1：2：$\sqrt{3}$

となり、題意より、AO＝1なので、

CO＝2、AC＝$\sqrt{3}$　……②

となります。

また、△BCPにおいて、

BP：CP：BC＝1：2：$\sqrt{3}$

となるので、BP＝xとおくと、

CP＝$2x$、BC＝$\sqrt{3}x$　……③

となります。

ここで、CPに着目すると、図より、

CP＝CO＋OQ＋PQ　……④

が成り立つことがわかります。②より、CO＝2であり、OQは小円の半径なので、OQ＝1です。また、PQは大円の半径でありBPと等しくなるので、PQ＝xとなります。さらに③より、CP＝$2x$となります。これらを④に代入すると、

$2x=2+1+x$

が成り立つので、これを解くと、$x=3$となります。これを③に代入すると、

BP＝3、CP＝2×3＝6、BC＝$\sqrt{3}\times 3=3\sqrt{3}$　……⑤

となります。

したがって、求める台形の**下底BP＝3**となります（⑥）。また、求める台形の高さABは、AB＝BC－ACが成り立つので、この式に、②、⑤より、AC＝$\sqrt{3}$、BC＝$3\sqrt{3}$を代入すると、

$AB = 3\sqrt{3} - \sqrt{3} = 2\sqrt{3}$　　……⑦

となります。

よって、①、⑥、⑦より、台形ABPOの面積は、

$(1+3) \times 2\sqrt{3} \times \frac{1}{2} = 4\sqrt{3}$

となるので、正解は❹となります。

問題4

正解 ❸

小さい円に内接する正三角形を作り、正三角形の内心が重心と同じ点になることを利用します。

大きい円の中心をO、小さい円の中心をO′とおきます。

次の図のように、補助線として二つの円の接点Mを通るDEと、BCの中点NとAを結んだANを引きます。このとき、DEはBCと平行になるので、∠ADMは∠ABNと同位角の関係になるので60°になり、同様に、∠AEMは∠ACNと同位角の関係になるので60°になります。つまり、**△ADEは正三角形となります**。また、ANは正三角形を二等分する（①）ので、O、O′を通ります。

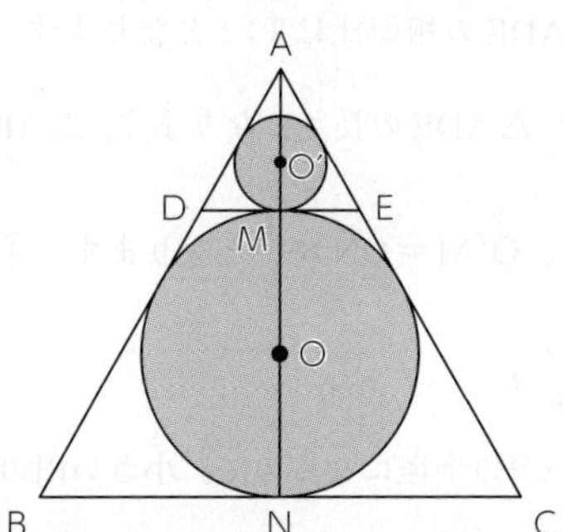

△ACNは30°、60°、90°の直角三角形となり、辺の比は、

$CN : AC : AN = 1 : 2 : \sqrt{3}$　　……②

となります。また、題意より、$BC = 2a$であり、①より、CNは正三角形の1辺の$\frac{1}{2}$なので、$CN = a$となります。したがって、②より、

$AC = 2a$、$AN = \sqrt{3}a$　　……③

となります。

ここで、**大きい円の中心Oは正三角形ABCの内心なので、正三角形ABCの重心でもあります**。したがって、辺BCの中線ANは、重心OによってAO：ON＝2：1に分けられます。また、AN＝AO＋ONなので、AN：ON＝3：1となります。この式に、③より、$AN = \sqrt{3}a$を代入すると、

第5章 図形の計量

$\sqrt{3}a : ON = 3 : 1$

となり、この式を解くと、

$$ON = \frac{\sqrt{3}}{3}a \quad \cdots\cdots ④$$

となります。ONは大きい円の半径になるので、大きい円の面積は、

$$\pi \times (\frac{\sqrt{3}}{3}a)^2 = \frac{3}{9}\pi a^2 = \frac{1}{3}\pi a^2 \quad \cdots\cdots ⑤$$

となります。

ここで、△ABCと△ADEはいずれも正三角形なので、相似の関係になります。さらに、△ADE の高さに当たるAMについて見ると、AM＝AN－MNが成り立ちます。③より、AN＝$\sqrt{3}a$であり、MNは大円の直径に当たるので、④より、MN＝$\frac{\sqrt{3}}{3}a \times 2$となるので、

$$AM = \sqrt{3}a - \frac{\sqrt{3}}{3}a \times 2 = \frac{\sqrt{3}}{3}a$$

となります。したがって、△ABCの高さANと△ADEの高さAMの比は、

$$\sqrt{3}a : \frac{\sqrt{3}}{3}a = 3 : 1$$

となるので、△ABCと△ADEの相似比は3：1となります。つまり、対応する辺について、△ABCの長さの$\frac{1}{3}$が、△ADEの長さになります。△ABCのOMと対応するのは、△ADEのO′Mとなるので、O′M＝ON×$\frac{1}{3}$となります。④より、ON＝$\frac{\sqrt{3}}{3}a$なので、

$$O'M = \frac{\sqrt{3}}{3}a \times \frac{1}{3} = \frac{\sqrt{3}}{9}a$$

となります。O′Mは小さい円の半径になるので、小さい円の面積は、

$$\pi \times (\frac{\sqrt{3}}{9}a)^2 = \frac{1}{27}\pi a^2 \quad \cdots\cdots ⑥$$

となります。

よって、⑤、⑥より、大きい円と小さい円の面積の計は、

$$\frac{1}{3}\pi a^2 + \frac{1}{27}\pi a^2 = \frac{10}{27}\pi a^2$$

となるので、正解は❸です。

問題5

正解 ❹

円からの補助線を引いて正方形を作り、その対角線を活用します。

まず、左上の小円の中心をB、中央の小円の中心をOとおきます。このとき、Oは大円の中心でもあります。また、正方形の対角線を引き、その一方の端をAとおきます。さらに、小円Bと正方形の二つの接点P、Qに対して中心Bから補助線を引くと、右図のようになります。

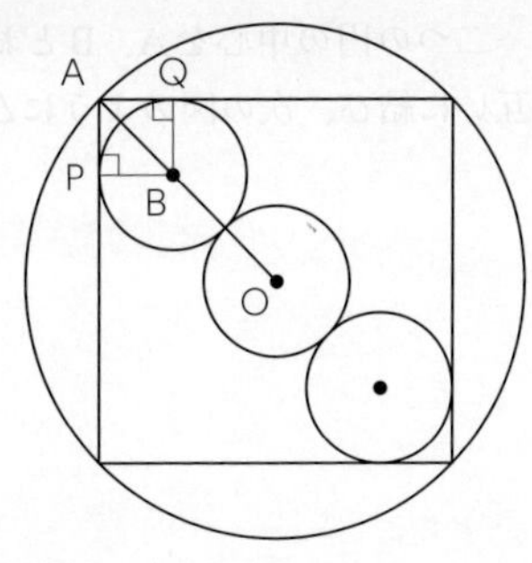

四角形APBQについて見ると、∠PAQ＝90°であり、円と接線の関係より、∠APB＝∠AQB＝90°となります。さらに、PBとQBは小円Bの半径なのでPB＝QBが成り立ちます。つまり、**四角形APBQは正方形**とわかります。

ここで、(小円の半径)＝rとおくと、正方形APBQの１辺はrとなり、さらに、**三角形APBは直角二等辺三角形**になるので、三平方の定理より、正方形APBQの対角線ABは$\sqrt{2}r$となります（①)。

図より、大円の半径はAOであり、AO＝AB＋BOが成り立ちます。BOは小円の半径二つ分になるので、①より、

$$AO=\sqrt{2}r+2r=(2+\sqrt{2})r$$

となります。さらに、題意より、大円の半径は２なので、$(2+\sqrt{2})r=2$が成り立ちます。この式を解くと、次のようになります。

$$(2+\sqrt{2})r=2$$

$$r=\frac{2}{2+\sqrt{2}}=\frac{2\times(2-\sqrt{2})}{(2+\sqrt{2})\times(2-\sqrt{2})}=\frac{2(2-\sqrt{2})}{2}=2-\sqrt{2}$$

よって、正解は❹となります。

4　立体の知識と面積・体積の応用

問題1　　　　正解 ❹

二つの円が重なる部分の内部に、正三角形を二つ作って考えます。

二つの弧を合わせたレンズ型の図形の面積を求めるには、以下のように半分に分けて、弧と弦からなる図形（以下、「レンズの半分」と呼びます）二つにすれば、おうぎ形から三角形を引くことで「レンズの半分」の面積を求めることができます。

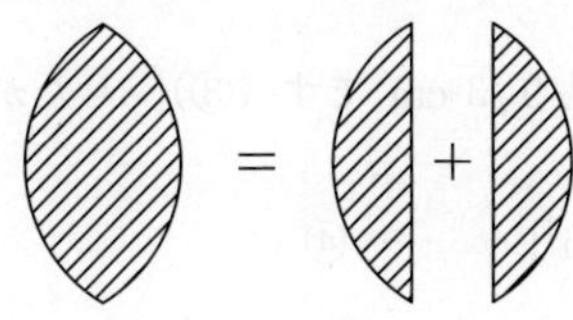

二つの円の中心をA、Bとおき、円どうしの交点をC、Dとおきます。これら4点を互いに結び、次の図のように△ABCと△ABDを作ります。

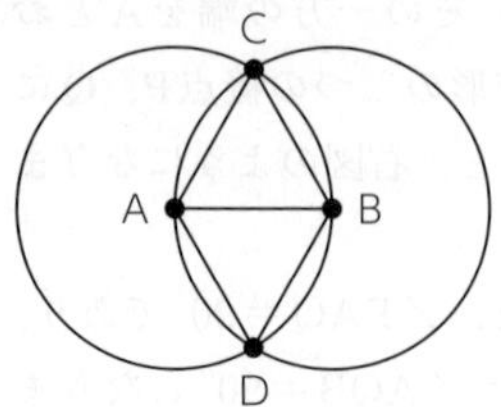

ここで、**△ABCと△ABDは、3辺がいずれも半径6 cmとなるので、どちらも正三角形**になります（①）。したがって、∠CAD＝∠CBD＝120°となります。

次に、CBDを弧とした中心Aのおうぎ形の面積を求めます（次の図の斜線部）。

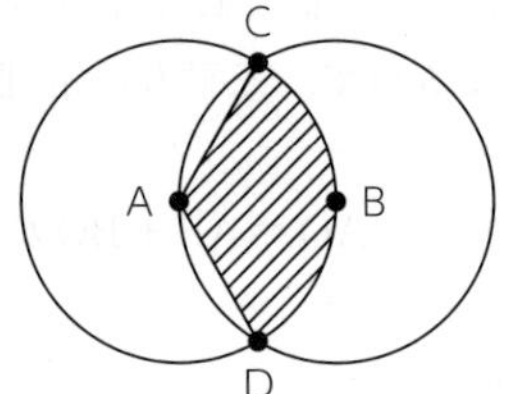

このおうぎ形は、半径6、中心角120°になるので、その面積は、

$$6^2 \times \pi \times \frac{120}{360} = 12\pi \ [\mathrm{cm}^2] \qquad \cdots\cdots②$$

となります。

この**おうぎ形から△ACDの面積を引く**と、次の図のようになり、「**レンズの半分**」**の面積**になります。

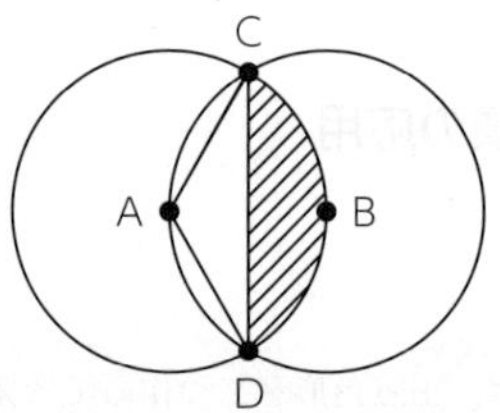

△ACDは、△ABCを半分にした面積と、△ABDを半分にした面積の合計になるので、①より、**△ACDの面積は、1辺が6 cmの正三角形と等しくなります。**1辺6の正三角形の面積は、

$$\frac{\sqrt{3}}{4} \times 6^2 = 9\sqrt{3} \ [\mathrm{cm}^2]$$

となるので、△ACDの面積も$9\sqrt{3}$ cm^{2}です（③）。したがって、上の図の斜線部の面積は、

$$②-③ = 12\pi - 9\sqrt{3} \ [\mathrm{cm}^2] \qquad \cdots\cdots④$$

となります。

求める面積は、「レンズの半分」の面積の２倍となるので、④×２より、

$(12\pi - 9\sqrt{3}) \times 2 = 24\pi - 18\sqrt{3}$ ［cm^2］

となります。

よって、正解は❹です。

問題２　　正解 ❶

正方形のマス目の線を利用して、円を五つの部分に分けて考えます。

求める図形の面積は、単純に公式で求められるものではありません。そこで、小さな正方形のマス目に着目します。

マス目の線によって、円は九つの部分に分けられており、そのうち二つの部分の面積の合計が、求める図形の面積になります。

ここで、円の他の部分を見ると、求める図形と同じ形のものが他に三つあることがわかります。さらに、円の中央には小さな正方形があるので、この円は、**求める図形が四つと、中央の小さな正方形一つの、合計五つの部分に分けられる**ことがわかります（以下の図）。

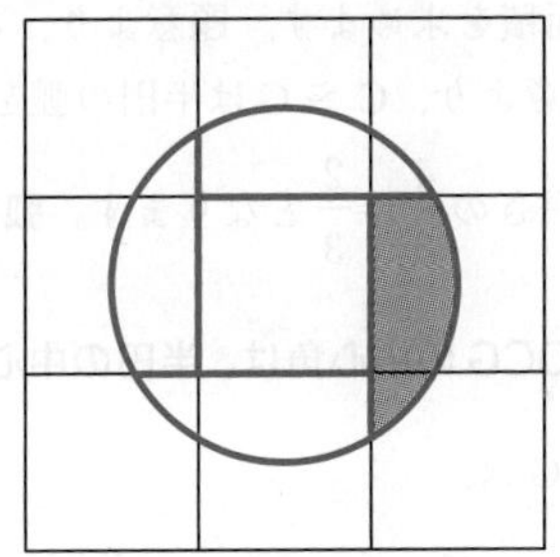

この図より、（円の面積）＝（求める面積）×４＋（小さな正方形の面積）であることがわかります。この式を変形すると、

（求める面積）×４＝（円の面積）－（小さな正方形の面積）

となるので、円の面積から小さな正方形の面積を引き、出た値を４で割れば、求める面積になることがわかります（①）。

この円は半径４ cmなので、その面積は、

$\pi \times 4^2 = 16\pi$ ［cm^2］　……②

となります。また、小さな正方形は１辺４ cmなので、その面積は、

$4^2 = 16$ ［cm^2］　……③

となります。

よって、①より、求める面積は（②－③）÷４となるので、

（求める面積）＝$(16\pi - 16) \div 4 = 4\pi - 4$ ［cm^2］

となり、正解は❶とわかります。

問題3 正解 ❺

斜線部を含むおうぎ形の面積から、不要な部分を引いて面積を求めます。

斜線部の面積を直接求める公式はありません。そこで、斜線部を含む図形で面積を求めやすい図形を考えます。次の図のように、Oを中心とし、弧をCGとするおうぎ形OCGに着目すると、このおうぎ形から、弧DFと弦DFからなる図形（以下、「レンズ型」と呼びます）と、△OCGを引けば、斜線部の面積となります（①）。

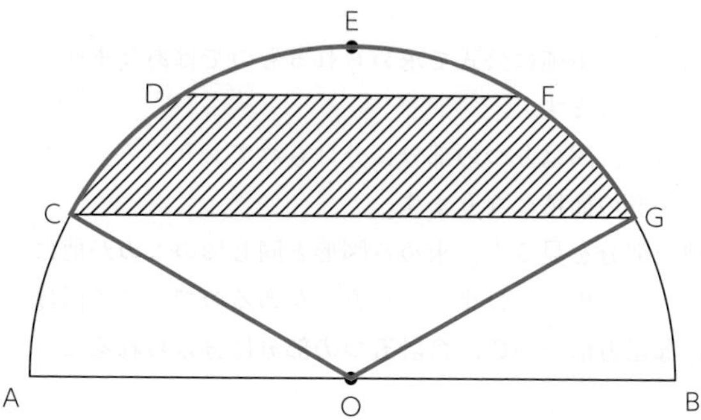

そこで、おうぎ形OCGの面積を求めます。題意より、このおうぎ形の半径は1mなので、中心角を考えます。題意より、C～Gは半円の弧を6等分したときの点なので、弧CGの長さは、半円の弧の長さの$\frac{4}{6}=\frac{2}{3}$となります。**弧の長さの比率は中心角の比率と等しくなる**ので、**おうぎ形OCGの中心角は、半円の中心角の$\frac{2}{3}$**となります。つまり、おうぎ形OCGの中心角∠COGは、

$$\angle COG = 180 \times \frac{2}{3} = 120 \ [°] \quad \cdots\cdots②$$

です。したがって、おうぎ形OCGの面積は、

$$\pi \times 1^2 \times \frac{120}{360} = \frac{\pi}{3} \ [m^2] \quad \cdots\cdots③$$

となります。

次に、「レンズ型」の面積を求めます。次の図のように、**「レンズ型」の面積は、おうぎ形ODFから△ODFを引けば求められます**（④）。

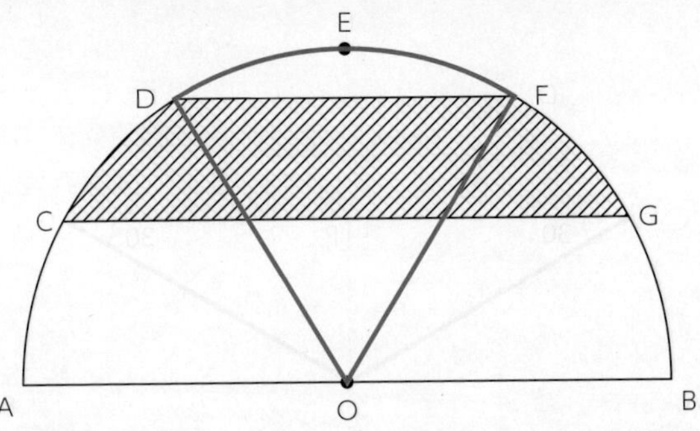

そこで、おうぎ形ODFの面積を求めます。題意より、おうぎ形ODFの半径は1 mです。また、上の図より、弧DFの長さは、半円の弧の長さの$\frac{2}{6}=\frac{1}{3}$となります。つまり、おうぎ形の中心角∠DOFは、半円の中心角の$\frac{1}{3}$となるので、その角度は、

$$180\times\frac{1}{3}=60\ [°] \qquad \cdots\cdots⑤$$

となります。したがって、おうぎ形ODFの面積は、

$$\pi\times1^2\times\frac{60}{360}=\frac{\pi}{6}\ [\mathrm{m}^2] \qquad \cdots\cdots⑥$$

となります。

続いて、△ODFの面積を求めます。ODとOFの長さは、いずれも円の半径になるので、△ODFは二等辺三角形となります。したがって、∠ODF＝∠OFDとなります。さらに、⑤より、∠DOF＝60°となるので、∠ODF＝∠OFD＝60°となり、△ODFは正三角形となります。この正三角形は1辺が1 mとなるので、正三角形の面積の公式より、

$$\frac{\sqrt{3}}{4}\times1^2=\frac{\sqrt{3}}{4}\ [\mathrm{m}^2] \qquad \cdots\cdots⑦$$

となります。

したがって、「レンズ型」の面積は、

$$⑥-⑦=\frac{\pi}{6}-\frac{\sqrt{3}}{4}\ [\mathrm{m}^2] \qquad \cdots\cdots⑧$$

となります。

さらに、△OCGの面積を求めます。題意より、OC＝OG＝1 mなので、△OCGは二等辺三角形となり、②より、∠COG＝120°となるので、∠OCG＝∠OGC＝30°となります。ここで、下図のように、OからCGへ垂線を引き、この垂線とCGの交点をPとします。

第5章 図形の計量

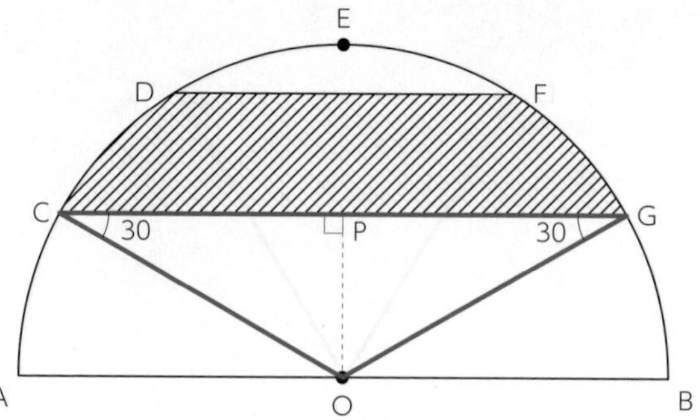

上図より、△**OCPは30°、60°、90°の直角三角形**となり、**辺の比は、OP：OC：CP＝1：2：$\sqrt{3}$** となります。OC＝1 mより、OP＝$\frac{1}{2}$mとなるので、CP＝$\frac{\sqrt{3}}{2}$mとなります。ここで、△OCGの底辺をCGとすると、高さはOPとなります。CGの長さは、CPの長さの2倍となるので、

$$CG=\frac{\sqrt{3}}{2}\times 2=\sqrt{3}\ [m]$$

となり、△OCGの面積は、(底辺)×(高さ)×$\frac{1}{2}$より、

$$\sqrt{3}\times\frac{1}{2}\times\frac{1}{2}=\frac{\sqrt{3}}{4}\ [m^2] \qquad \cdots\cdots⑨$$

となります。

よって、①より、斜線部の面積は、

$$③-⑧-⑨=\frac{\pi}{3}-\left(\frac{\pi}{6}-\frac{\sqrt{3}}{4}\right)-\frac{\sqrt{3}}{4}=\frac{4\pi-2\pi+3\sqrt{3}-3\sqrt{3}}{12}=\frac{2\pi}{12}=\frac{\pi}{6}\ [m^2]$$

となるので、正解は❺となります。

問題4

正解 ❸

水位が上がった部分の体積が、沈んだ立体の体積と等しくなることを利用します。

ある高さまで水の入った円筒に立体を沈めると、沈めた立体の体積の分だけ水面の高さが上昇します。このとき、立体を「円筒の底まで沈めた場合」と「水面近くで沈めた場合」では、どちらも沈めた立体の体積は等しいので、水面の高さの上昇分は等しくなります（次の図）。

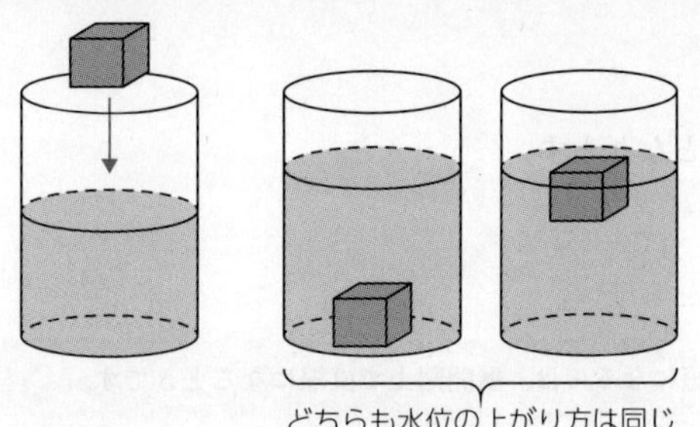

題意より、立体を沈めた結果、水面の位置は3 cm高くなったので、四角柱の水につかっている部分の体積は、半径4 cmの円を底面に持つ高さ3 cmの円柱の体積と等しくなることがわかります。そこで、半径4 cmの円を底面に持つ高さ3 cmの円柱の体積を求めると、

$\pi \times 4^2 \times 3 = 48\pi$ ［cm²］　　……①

となります。

そこで、求めるものである、四角柱の水につかっている部分の高さをx［cm］とおくと、その体積は$4^2 \times x = 16x$となるので、①より、$16x = 48\pi$が成り立ちます。この式を解くと$x = 3\pi$［cm］となります。

よって、正解は❸となります。

問題5　　正解❷

円すいの側面積の公式と、円すいに隠された直角三角形を使って検討します。

半径rの底面の面積は、πr^2となります。この3倍が側面積となるので、

(側面積)$= \pi r^2 \times 3 = 3\pi r^2$　　……①

となります。また、側面のおうぎ形の半径をRとおくと、円すいの側面積の公式より、**(円すいの側面積)$= \pi rR$**となり、これと①が等しくなるので、$\pi rR = 3\pi r^2$が成り立ちます。この式をRについて解くと、次のようになります。

$\pi rR = 3\pi r^2$

$R = 3r$　　……②

また、右図より、**Rと底面の半径rと高さhを互いに結んで三角形を作ることができます**。この三角形は、**Rを斜辺とする直角三角形**になります。したがって、三平方の定理より、

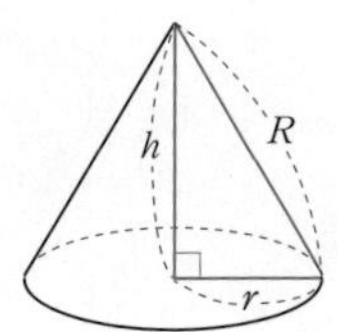

$h = \sqrt{R^2 - r^2}$

が成り立つので、これに②を代入すると、

$h = \sqrt{(3r)^2 - r^2}$

が成り立ちます。この式を解くと、次のようになります。

$h = \sqrt{(3r)^2 - r^2}$

$=\sqrt{8r^2}$

$=2\sqrt{2}r$

よって、正解は❷となります。

問題6

正解 ❹

側面上の距離が最短になるのは、展開図上で直線になるときです。

円すいの側面にひもを巻きつける問題と同じと考えられるので、展開図を描いて、ひもを巻きつける側面上に直角三角形を作り、三平方の定理を使います。

そこで、まず円すいの側面のおうぎ形の形をつかむために、側面のおうぎ形の半径に当たる母線の長さを求めます。

底面の半径が5、高さが$10\sqrt{2}$の円すいを図で示すと、右の図1のようになります（ABは底面の直径）。

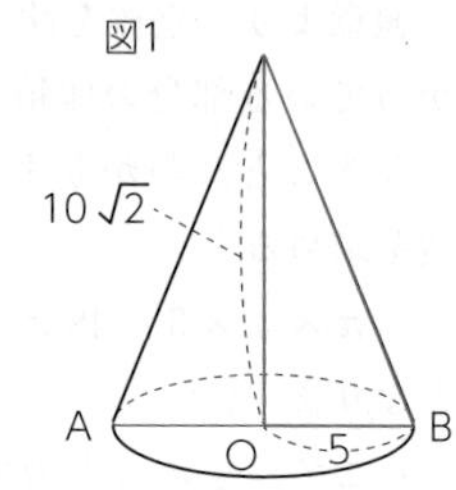

図1より、底面の半径と、高さを示す直線と、母線を合わせると、直角三角形になります。題意より、底面の半径は5、高さは$10\sqrt{2}$とわかっているので、三平方の定理を使って母線の長さを求められます。したがって、

$$（母線の長さ）=\sqrt{5^2+(10\sqrt{2})^2}=\sqrt{225}=15 \quad \cdots\cdots ①$$

となります。

次に、円すいの側面のおうぎ形の中心角を求めます。

円すいの公式より、

$$（側面のおうぎ形の中心角）=360\times\frac{5}{15}=120\ [°] \quad \cdots\cdots ②$$

となります。

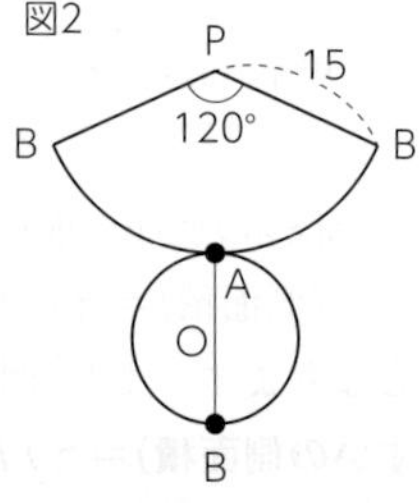

①、②より、この円すいの展開図を描くと、右の図2のようになります（側面のおうぎ形の中心をPとおきます）。

ここで注意すべきは、**底面の円の直径の両端AとBの位置は、おうぎ形の弧の両端にはならない**ということです。直径の両端のA、Bを側面上で結ぶと、その線は、例えば次の図3の赤い線のようになります。

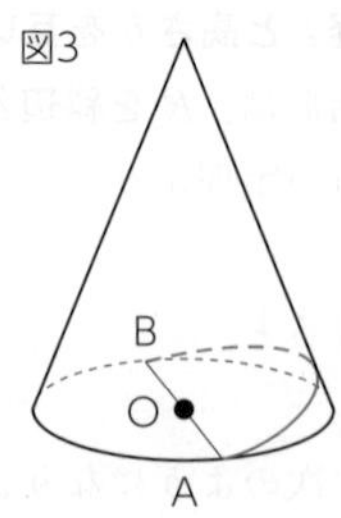

図3の円すいの側面を、Bを通る母線で切って展開図にすると、図2のように、**側面**

のおうぎ形の弧の両端がBとなり、Aは、側面のおうぎ形の弧の中央に位置することになります。

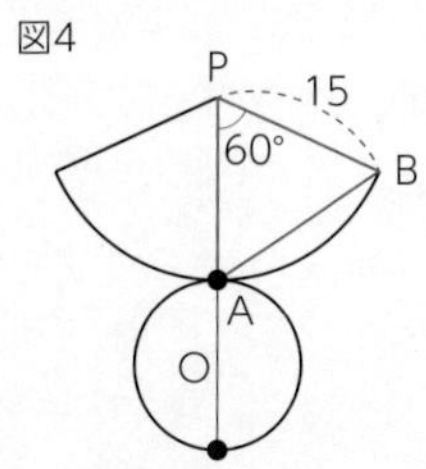

求めるのは、AとBを、側面のおうぎ形の上で結んだときの道のりの最小値であるので、それは側面上でAとBを直線で結んだ**線分ABの長さと等しくなります**。

ここで、ABの長さを求めるために、右の図4のようにPAとABを結ぶ補助線を引いて、△PABを作ります。

△PABについて見ると、PAとPBはともにおうぎ形の半径になるので、PA＝PBです。つまり、△PABは二等辺三角形となり、∠PAB＝∠PBAとなります（③）。

また、Aは側面のおうぎ形の弧の中央に位置するので、PAは側面のおうぎ形を二等分します。したがって、∠APBはおうぎ形の中心角の$\frac{1}{2}$となり、②より、∠APB＝60°となります。さらに、③より、

∠PAB＝∠PBA＝∠APB＝60°

となり、**△PABが正三角形である**ことがわかります。したがって、PA＝PB＝ABとなり、①より、

PA＝PB＝AB＝15

となります。

よって、最小値15に最も近い選択肢は、❹の15.1となるので、正解は❹です。

TAC
出版

読者限定

ことりっぷ co-Trip

箱根

電子書籍が無料ダウンロードできます♪

電子書籍のいいところ

購入した「ことりっぷ」がいつでもスマホやタブレットで持ち運べますよ♪

詳しくは裏面で

いってきます。

箱根に行ったら…

箱根に着きました。

さて、なにをしましょうか？

四季折々に美しい自然の中で、美術館めぐりに絶景さんぽ。仕上げは温泉でリフレッシュしましょう。

凛とした山の空気と自然の美しさが印象的な箱根。美術館でアートを鑑賞したり、登山電車に揺られて、芦ノ湖の観光船や大涌谷のロープウェイで絶景めぐりを楽しんだり。縁結びの神社や、レトロな温泉街も訪れたいもの。仕上げは歴史ある名湯でくつろいで。

レトロな雰囲気が漂う箱根湯本をおさんぽ。奈良時代に開湯した箱根最大の温泉街をのんびり歩いてみましょう。P.16

check list

- □ 箱根湯本街並みさんぽ P.16
- □ 富士屋ホテルを体験 P.26
- □ 美術館をめぐる P.28・48～51
- □ 登山電車でアジサイ見物 P.32
- □ ロープウェイで空をさんぽ P.34
- □ 芦ノ湖の絶景 P.38
- □ 山と湖の神社へお参り P.44
- □ 泉質自慢の美肌温泉 P.58
- □
- □

あっ、富士山が見える！ きらきら輝く芦ノ湖で心地いいそよ風を受けながら絶景を。P.38

おさんぽ気分で作品の世界にふれることができる美術館めぐりも箱根流アート鑑賞術です。P.28～

泊まることが旅の目的になるような、すてきな宿もいっぱい。早めに着いて、とことんのんびりして。P.92～

厳かな雰囲気が漂う芦ノ湖畔の古社。良縁成就のお願い、神さまに届きますように。P.44

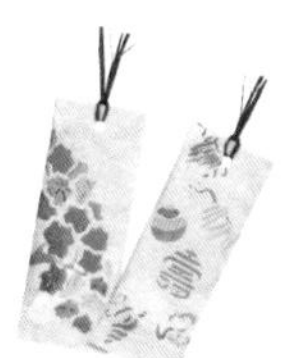

箱根に行ったら…

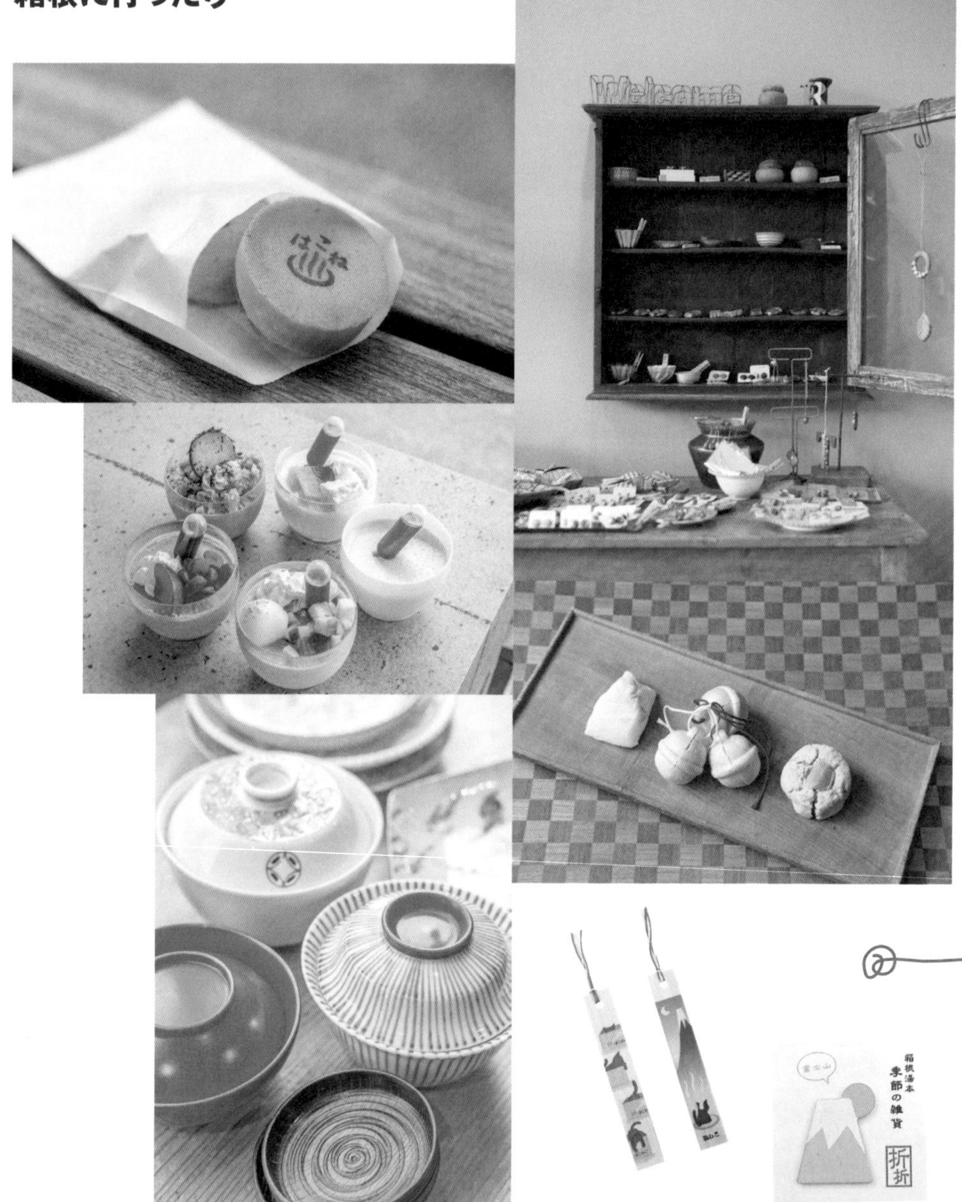

なにを食べましょうか？

おいしい湧き水と豊かな山の幸、相模湾や駿河湾の旬の魚介が集まる箱根。名物グルメづくしを楽しんで。

伝統的な名物といえば、名水を使う豆腐や蕎麦。湯葉料理の店も人気です。日本のリゾートの草分けだけに、近郊の旬の食材をふんだんに使うフレンチやイタリアンの名店も豊富。平日でも行列が絶えない店の名物料理や、箱根各所にあるカフェもはずせません。

芦ノ湖畔の人気店、Bakery & Table箱根。野菜をふんだんに使うランチをぜひ。P.41

check list

- ☐ 箱根湯本のおいしいカフェ P.20
- ☐ 湖畔のリゾートランチ P.42
- ☐ 箱根ローカルのカフェ P.68
- ☐ 箱根のおいしい名店 P.72
- ☐ 名水と素材を生かす蕎麦 P.76
- ☐ 正統派ダイニング P.78
- ☐

ゆったりとした時間が流れている箱根ローカルのカフェ。新しいお店も誕生していて、出かけるたびに発見も。P.68

なにを買いましょうか？

若手作家が手がける寄木細工から、温泉地らしいコスメまで。パンや豆腐のおいしいおみやげもそろいます。

地元の若手作家たちが手がける寄木細工は、箱根ならではのクラフト。限定パンやできたて豆腐、新しい商品が次々と話題になるスイーツなども見逃せません。美術館やホテル、カフェのオリジナルグッズにも、かわいい&おいしいものがたくさんありますよ。

寄木細工やアンティークなど大切な人へのギフトにしたい上質な雑貨を探してみましょう。P.23、86

旅館のお着き菓子や旅のおみやげとして、古くから親しまれてきた和菓子も。P.22、88

check list

- ☐ 湯本のおみやげストリート P.22
- ☐ 箱根の名物パン P.82
- ☐ 逸品豆腐 P.84
- ☐ 伝統の寄木細工 P.86
- ☐ おみやげ&ギフト P.88
- ☐

小さな旅のしおり

今週末、１泊２日で箱根へ

新宿からロマンスカーに乗り込めば、90分前後で箱根に到着。美術館、おいしいランチにゆったりカフェ、観光スポットも忘れずにめぐりましょう。

1日め

箱根湯本駅に到着
駅前の商店街は人でいっぱい。箱根登山鉄道で宮ノ下へ。

10:00

和や洋のアンティークがそろう

セピア通りのアンティークショップや雑貨店を併設する**NARAYA CAFE**P.24でお買物。

12:00

ホテル伝統のメニューを♪

140年以上の歴史をもつ**富士屋ホテル**P.26へ。無料のホテル・ミュージアムを見学したら**レストラン・カスケード**P.79で伝統を受け継ぐ洋食ランチをいただきます。

13:30

箱根登山鉄道で**彫刻の森美術館**P.28へ。ピクニック気分で野外彫刻を鑑賞します。

ステンドグラスの塔も美しい

15:30

箱根登山鉄道で強羅駅まで行き、**COFFEE CAMP**P.68でこだわりのコーヒー＆ケーキを。

箱根登山ケーブルカーで強羅駅から中強羅駅へ

16:30

たくさんの本に囲まれておこもりしましょう

約12000冊の本をそろえる**ブックホテル、箱根本箱**P.92にチェックイン。客室の露天風呂や大浴場で温泉も満喫。

2日め

10:00

箱根ロープウェイP.34に乗り、山を越え谷を越え、進みます。眼下に広がる大パノラマに感動。

早雲山駅には
すてきなショップがあります

10:10

大涌谷駅で下車。水蒸気が噴き出す**大涌谷**P.36へ。強くたくましい大地のエネルギーに圧倒されます。

名物の黒たまごをおやつに

11:30

水戸岡鋭治氏デザインのクイーン芦ノ湖

次は箱根ロープウェイで桃源台駅へ。**箱根海賊船**P.38に乗って、きらきら輝く芦ノ湖をクルージング。

12:30

湖畔にある
名物ベーカリーへ

元箱根の桟橋からすぐの**Bakery & Table 箱根**P.41へ。眺めのいいカフェやレストランでランチを。

14:00

湖畔からのんびり歩いて**箱根神社**P.44にお参り。箱根を代表するパワースポットで身も心もリセットした気分に。

湖畔に立つ平和の鳥居はフォトスポットとしても人気

15:30

箱根登山バスに乗り、箱根町港近くの**箱根 寄木うちはら**P.86へ。かわいい寄木細工にときめきます。

16:30

箱根登山バスで箱根湯本に戻り、駅前の商店街をおさんぽ。**茶のちもと**P.20でひと休み。

名物の和菓子と抹茶を味わいましょう

もう1泊するなら…

3日め

10:00

仙石原のすすき草原P.55へ。ダイナミックな風景の中、散策路を歩いてみましょう。

秋が有名ですが春〜夏の青々とした野原も幻想的

デンマークライブレッドで作ったオリジナルスモーブローのランチ

11:30

箱根登山バスと観光施設めぐりバスで強羅の**ニコライ バーグマン 箱根ガーデンズ**P.29へ。

13:30

ゆっくり淹れるお茶と手づくりのお干菓子

観光施設めぐバスで途中下車し、強羅の**茶石**P.68へ寄り道。シックな店内で選りすぐりの煎茶やほうじ茶を。

14:30

強羅駅まで歩いて箱根登山鉄道に乗り塔ノ沢駅で下車。駅からすぐの**箱根湯寮**P.65で開放感いっぱいの露天風呂など湯めぐりを楽しみましょう。

サウナではロウリュウのサービスも♪

16:30

かわいいおみやげを探して

無料送迎バスで箱根湯本に戻り、にぎやかな駅前ストリートでおみやげ探しP.18。

17:30 帰りましょう

私の旅の
しおり

プランづくりのコツ

●広いエリアに見どころの多い箱根を効率よく回るには、バス・電車・ロープウェイ・観光船などの乗り物をうまく組み合わせて移動しましょう。
●箱根湯本・宮ノ下・強羅は、おいしいお店やショップ、日帰り温泉が比較的集中しているので、徒歩での散策も楽しめます。
●仙石原や宮城野エリアは路線バスのルートに沿ってプランニングするとスムーズです。

1日め

箱根湯本駅
↓
宮ノ下で雑貨店やアンティークショップめぐり
↓
富士屋ホテルでランチ
↓
彫刻の森美術館でアート鑑賞
↓
COFFEE CAMPでお茶
↓
箱根本箱にチェックイン

2日め

箱根ロープウェイ
↓
大涌谷を見物
↓
箱根海賊船で芦ノ湖をクルージング
↓
Bakery & Table 箱根でランチ
↓
箱根神社に参拝
↓
箱根 寄木うちはらを見学
↓
茶のちもとでティータイム
↓
帰りましょう

もう1泊するなら

3日め

仙石原すすき草原を散策
↓
ニコライ バーグマン 箱根 ガーデンズでランチ
↓
茶石でティータイム
↓
箱根湯寮で温泉を満喫
↓
箱根湯本でおみやげ探し
↓
帰りましょう

my memo

ことりっぷ co-Trip 箱根

CONTENTS

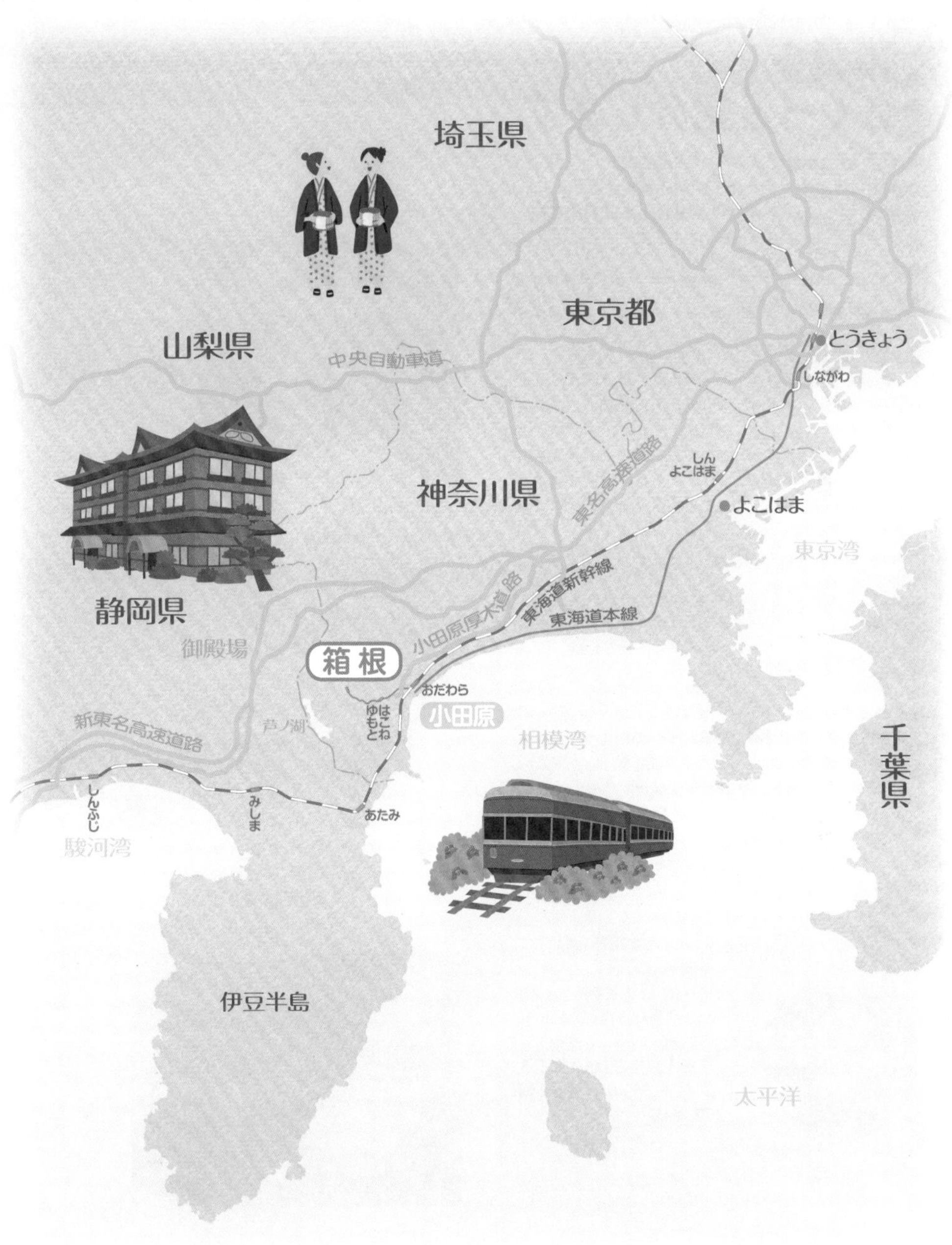

埼玉県
東京都
とうきょう
しながわ
山梨県
中央自動車道
神奈川県
東名高速道路
しん
よこはま
よこはま
東京湾
静岡県
東海道新幹線
東海道本線
小田原厚木道路
御殿場
箱根
おだわら
小田原
ゆもと
はこね
芦ノ湖
新東名高速道路
相模湾
千葉県
しんふじ
みしま
あたみ
駿河湾
伊豆半島
太平洋

箱根を
さくっと紹介します

江戸時代から庶民の憧れの湯治場として栄えてきた、
「元祖日本のリゾート」ともいうべき箱根。
都心からほんの数時間で味わえる非日常の数々が迎えてくれます。

箱根湯本駅で、旅の支度を整える

まずは最新情報を入手しましょう

改札口を出て、立体通路を渡ったところにある「箱根町総合観光案内所」に立ち寄って。季節ごとの最新情報が得られるほか、宿泊先も紹介してもらえます。隣には「箱根登山バス湯本営業所」の定期観光バス受付があるので、どこに行こうか迷ったら、こちらのバスを利用するのも手です。

箱根町総合観光案内所
☎0460-85-5700

箱根を周遊するならデジタルチケットが便利

箱根各地をめぐるなら、スマートフォンで利用できるデジタルチケットが便利。8種類の乗り物が期間中乗り放題になるお得な「箱根フリーパス」📖P.114など多彩なチケットがそろいます。交通ルートを確認したら購入＆利用開始をして出発。

荷物を手放して身軽になりましょう

駅構内の「箱根キャリーサービス」のカウンターへ。お昼の12時30分までに預ければ、箱根エリアの宿に荷物を届けてくれるので（15時以降受け取り可能）、宿のチェックインまで手ぶらで観光できます。通常サイズの荷物なら料金は900円。帰る日には宿で預けて、箱根湯本駅で受け取るサービスも実施していますよ。

お腹は空いていませんか？

駅の改札の横にベーカリー＆カフェの「箱根カフェ」📖P.83があり、季節のパンやデリ、スイーツがそろっています。改札外にあるお弁当やおみやげを販売するショップ「箱根の市」📖P.89も便利ですよ。

いろいろな持ちものやお金は大丈夫？

足りないものを調達するなら、駅から強羅方面に200mほどのコンビニ「セブンイレブン箱根湯本駅前店」が近くて便利です。もちろんATMも完備しています。

アートの世界を楽しむ
仙石原
せんごくはら P.48

湿原や草原が広がる中に、さまざまな美術館が点在している。

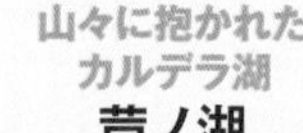

芦ノ湖
あしのこ P.38

箱根のオアシス。遊覧船が行き交い、ボート遊びも楽しめる。

箱根スカイライン
神奈川県
静岡県
芦ノ湖スカイライン

火山の鼓動を
感じる
大涌谷
おおわくだに
P.36

約3000年前の噴火口跡。今も大地から白い噴煙が立ち上る。

ピクニックしたい
ガーデンの宝庫
強羅
ごうら
P.28

ニコライ バーグマン 箱根 ガーデンズや彫刻の森美術館でピクニック気分のおさんぽを。

箱根めぐりの
玄関口
箱根湯本
はこねゆもと

箱根でいちばん大きな湯の町。ロマンスカーを降りると登山電車の旅が始まる。

江戸時代の
旅人気分で歩く
箱根旧街道
はこねきゅうかいどう
P.46

石畳や一里塚、杉並木など、いにしえの面影をとどめる散策コースが整備されている。

くつろぎの
滞在エリア
宮ノ下・小涌谷
みやのした・こわくだに
P.24

1世紀以上の伝統を誇る富士屋ホテルをはじめとして、上質な宿が多い。

箱根湯本駅構内のみやげもの店「箱根の市」は夜8時まで営業。箱根の名産品が豊富にそろっています。

そもそも箱根って、こんなところです

箱根は何で箱根というの？

「ね」は嶺、で山のこと。「はこ」は駒ヶ岳の山並みが「箱」を連想させるという説が有力です。山岳信仰が盛んな往時の人々の思いがこもった名前なのです。

美術館めぐりが楽しいです

日本初のヴェネチアングラス専門美術館として有名な、箱根ガラスの森美術館をはじめとした、個性的な美術館が多い箱根。散策がてら、芸術鑑賞もおすすめです。

珍しい乗り物が多いんです

ケーブルカーにロープウェイ、遊覧船に、スイッチバックの登山鉄道。これらを乗り継げば、効率よく箱根めぐりができるんです。くるくると変わる車窓の風景も楽しみです。

箱根の山は天下の嶮(けん)♪～

ご存知のとおり、鳥居忱(とりいまこと)作詞、滝廉太郎作曲『箱根八里』の唄い出し。「天下に名高い、険しい山」という意味です。明治以来100年以上歌い継がれている名曲です。

富士屋ホテルが有名なワケ

箱根リゾートの幕開けとなったのが、1878（明治11）年の富士屋ホテル創業。外国人専用ホテルとして内外の賓客を迎え、今なお高級リゾート地・箱根を象徴する存在です。

とっておきの箱根

いつもにぎやかな箱根最古の温泉街・箱根湯本、
ノスタルジックな雰囲気が漂う宮ノ下。
美しくそびえる富士山、青く輝く芦ノ湖…。
箱根にはいくつもの楽しみが詰まっています。

山々に抱かれた数々の美術館も見逃せません。
自然と一体となったアートにふれれば
自分磨きの旅にもなりそうです。

箱根のルーツと歴史を感じて 箱根湯本街並みさんぽ

奈良時代に開湯し、宿場や湯治場として栄えた湯本温泉。駅前を走る国道1号沿いは今も多くの人が行きかいます。歴史にふれながらのんびりおさんぽしてみましょう。

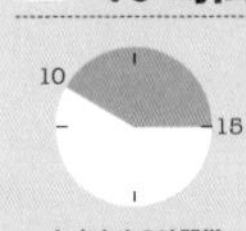

箱根温泉発祥の地といわれるのが、湯本橋の先にある湯場と呼ばれるエリア。箱根湯本駅からは徒歩7分ほどです。駅前から人力車に乗ってみたり、路地を歩いたりと気ままに。

1

1箱根最古といわれる源泉がある湯本熊野神社。小さな社で参拝自由

2

3

2箱根湯本駅と駅前を走る国道1号 3駅前の商店街ではレトロなおみやげも

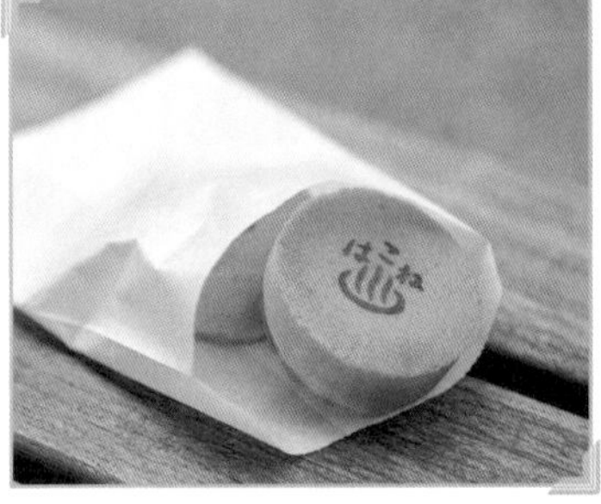
4

5

4箱根湯本駅前の菊川商店で昔なつかしいカステラ焼箱根まんじゅう1個80円をぱくり。レトロな機械で焼きたてのあつあつを 5湯本橋から湯場方面へ。界隈には箱根を代表する老舗宿や料理店も

人力車での散策はいかが

人力車 海風屋

じんりきしゃうみかぜや

箱根湯本駅前のあじさい橋を拠点にする人力車。20分から気軽に乗ることができ、四季折々の名所や街の歴史もガイドしてくれる。

人力車 ♪090-3930-1895 箱根町湯本 あじさい橋 ⓛ9:00～日没 休雨天時 ¥早川コース20分2名6000円～ Pなし 箱根登山鉄道箱根湯本駅からすぐ MAP付録① B-1

温泉マークのおまんじゅう

菊川商店

きくがわしょうてん

卵をたっぷり使ったカステラに白餡を詰めたカステラ焼箱根まんじゅうを販売。店頭のレトロな機械で焼き上げるあつあつを味わって。

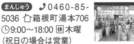

まんじゅう ♪0460-85-5036 箱根町湯本706 ⓛ9:00～18:00 休木曜(祝日の場合は営業) Pなし 箱根登山鉄道箱根湯本駅からすぐ MAP付録① B-1

三味線の音が聞こえてくるかも

箱根湯本見番

はこねゆもとけんばん

芸妓さんが踊りや唄の稽古を行っている風情ある建物。毎月第1・3土曜に実施されるお座敷体験「ふらっと芸者」などイベントも開催。

見番 ♪0460-85-5338 箱根町湯本694 ⓛ内部見学不可(お座敷体験は要問合わせ) Pなし 箱根登山鉄道箱根湯本駅から徒歩4分 MAP付録① B-1

早川沿いを歩くのもすてき

早川に沿って伸びる小道を歩けば、桜、新緑、紅葉と四季折々の自然が楽しめます。あじさい橋付近では水辺に下りることもできますよ。

5きりりと冷たい豆腐処 萩野の豆乳杏仁豆腐380円。ほのかな甘みと杏仁の香りが美味 6多くの人でにぎわう駅前の商店街

真っ赤な欄干が川面に映えるあじさい橋。河原に下りてのんびりするのもいい

飲む杏仁プリン、杏仁プリンマンゴーミニ500円

7 8湯本の歴史にちなんだ看板いろいろ

江戸時代から続く豆腐店

豆腐処 萩野

とうふどころはぎの

約200年の歴史を誇る老舗豆腐店。国産大豆、天然にがり、湯坂山の湧き水を使う伝統の味を、店先のベンチで食べることができる。

豆腐 ☎0460-85-5271 住箱根町湯本607 時9:00〜17:00 休水曜 Pなし 交箱根登山鉄道箱根湯本駅から徒歩7分 MAP付録① A-1

ホテルの味を駅前で

ピコット湯本駅前店

ピコットゆもとえきまえてん

湯本富士屋ホテル直営のショップ。ホテル内で焼き上げたパンのほか、中国料理の点心師がつくる「飲む杏仁プリン」なども好評。

テイクアウト ☎0460-85-6111（湯本富士屋ホテル） 住箱根町湯本256-1 時10:30〜16:30（冬季は〜16:00） 休無休 Pなし 交箱根登山鉄道箱根湯本駅からすぐ MAP付録① B-1

箱根 さくら姫

はこねさくらひめ

駅前で着物や浴衣をレンタルして街歩きはいかが？ レンタル一式と着付け代がセットになっていて最長7時間の着用が可能。ヘアセットは別途1430円。

☎0460-83-8908 住箱根町湯本706-36 箱根湯本駅前菊川ビル4F 時9:30〜17:00 休不定休 ¥スタンダードプラン4510円 Pなし 交箱根登山鉄道箱根湯本駅からすぐ MAP付録① B-1

人力車 海風屋では、あじさい橋発着の定番コースのほか、行き先や降りる場所などのアレンジも可能です。

箱根最古の温泉街 湯本商店街でのんびり食べ歩き

温泉街のメインストリート、箱根湯本駅前を通る国道1号沿いには約400mにわたってみやげもの店などが軒を連ねています。名物おやつを探しつつ、食べ歩きを楽しんでみては。

ジェラート
シングル540円～、ダブル670円～
シチリア産のピスタチオを使う濃厚なピスタチオと純度100%の自家製ナッツペーストに6種のナッツを混ぜ込んだナッツ・パラディソのダブル

一期一会の創作ジェラート

Hakone Dolce studio STELLA

ハコネドルチェスタジオステラ

砂糖を控え、厳選した素材をたっぷりと使用する手づくりの創作ジェラートショップ。近郊のフルーツを使った季節のジェラートを含め、常時5種類前後をラインナップ。

☎非公開 住箱根町湯本699
営11:00～20:00（場合により時短営業あり）休不定休 Pなし 交箱根登山鉄道箱根湯本駅から徒歩3分 MAP付録① B-1

口どけモンブランソフト 栗
1200円
しっかりしたミルク風味のソフトクリームとさくさくのメレンゲに目の前で栗クリームをたっぷり絞るオリジナルスイーツ

足湯でのんびり味わって

福久や

ふくや

「まんじゅう屋 菜の花」P.89の姉妹店。モンブランソフト以外にも九頭龍ソフトなどテイクアウトメニューが充実。店頭の足湯（利用料200円）に浸かりながら味わえる。

☎0460-85-8818 住箱根町湯本729
営9:00～17:00 休不定休
Pなし 交箱根登山鉄道箱根湯本駅から徒歩5分 MAP付録① A-1

巣房蜜ソフトクリーム 830円
はちみつをたっぷりかけたソフトクリームにハチの巣房とハニーワッフルをトッピングした贅沢なひと品

健康×美容のはちみつ専門店

杉養蜂園

すぎようほうえん

70年以上の歴史をもつ養蜂園。マヌカハニーや国産はちみつなど多種多様なはちみつを試食しながら購入できる。自社のはちみつを使ったオリジナルスイーツやドリンクも好評。

☎0460-85-7183 住箱根町湯本704
営9:15～18:00（時期により異なる）
休無休 Pなし 交箱根登山鉄道箱根湯本駅からすぐ MAP付録① B-1

試食めぐりも楽しいですよ

和洋のお菓子に小田原特産のかまぼこ…箱根湯本のお店では試食ができるところもたくさんあります。お気に入りの味を探してみては。

箱根ラスク キャラメル・アマンド 600円
濃厚なキャラメルと香ばしいアーモンドをたっぷり乗せた定番ラスク。8枚入り

箱根プレミアムソフトクリーム 460円
ミルクソフトクリームの上に濃厚なキャラメルソースとキャラメル・アマンドラスクをトッピング

箱根ラスクの最新ショップ

グランリヴィエール箱根 湯本店 HANARE

グランリヴィエールはこねゆもとてんハナレ

箱根みやげの定番・箱根ラスクの直営店。2023年にオープンしたこちらでは、箱根プレミアムソフトクリームや箱根やわらかぷりんなど、店舗限定スイーツも味わえる。

☎0460-83-9109 ⌂箱根町湯本699-1 ⏰10:00～18:00（時期により異なる） 休不定休 Pなし 🚶箱根登山鉄道箱根湯本駅から徒歩3分 MAP付録① B-1

籠てまりエビ 400円
まん丸でふわふわのかまぼこと桜エビの香りと旨みが楽しめる一品

たまねぎ棒 350円
粗みじんにしあタマネギの甘みが口中に広がる。人気ナンバーワン

老舗かまぼこ店の揚げかまぼこ

籠屋清次郎

かごやせいじろう

小田原で1814（文化11）年から続く老舗かまぼこ店・籠清が手がける実演販売の店。甘みのあるぷりっとしたかまぼこにさまざまな具が入る揚げかまぼこはおやつに最適。

☎0460-83-8411 ⌂箱根町湯本702 みつきビル1F ⏰9:00～18:00（土・日曜、祝日は～19:00） 休水曜 Pなし 🚶箱根登山鉄道箱根湯本駅からすぐ MAP付録① B-1

とうふアイス 400円
とうふアイスにせんべいが付く。醤油をかけて食べるのがツウだとか

海苔巻き煎餅 400円
顔くらいの大きさがある大判せんべい。目の前で香ばしくカリカリに焼いて仕上げてくれる

焼きたておせんべいに舌鼓

手焼堂 箱根湯本店

てやきどうはこねゆもとてん

備長炭を使ってひとつひとつ丁寧に手焼きする国産うるち米使用のおせんべいの店。食べ歩きには店頭で焼いてくれる大判のせんべいや箱根限定の豆腐を使ったスイーツを。

☎0460-85-6003 ⌂箱根町湯本704-7 ⏰10:00～17:00 休火曜、不定休 Pなし 🚶箱根登山鉄道箱根湯本駅からすぐ MAP付録① B-1

籠屋清次郎は同じビルの2階にイートインスペースがあり、早川を見ながらくつろげる席もありますよ。

温泉街のゆるりとした空気も心地いい 箱根湯本のおいしいカフェ

旅の途中でひと息つきたくなったら、
ゆったりとした時間が流れるカフェへどうぞ。
少し力の抜けた、のんびりした雰囲気も箱根湯本らしさです。

ハート型のお茶碗で
抹茶を一服

湯もちとお茶のセット1000円。羊羹の入ったふわふわのお餅は柚子の香り

和菓子屋さんが開いた小さなカフェ

茶のちもと

ちゃのちもと

おみやげとして人気の「湯もち」の販売元・ちもとP.22の駅前店に併設。種類豊富な和菓子とともに味わえるのが、こだわりの日本茶。煎茶、冷煎茶、抹茶から好きなものを選んで、自分好みの至福の一服を。

繭のようなインテリアもかわいい店内。小さなお店なので見逃さないで

0460-85-5632 箱根町湯本690 10:00〜16:00(土・日曜、祝日は〜17:00) 休年5日程度 Pなし 箱根登山鉄道箱根湯本駅から徒歩5分 MAP付録① A-1

あつあつの
りんごのパイを

さくさくの生地にごろりとリンゴが入るりんごのパイ。セット1000円

温泉街を見守るレトロでクラシカルな喫茶店

画廊喫茶ユトリロ

がろうきっさユトリロ

国道1号沿いに1975年創業。蔦のからむ洋館風の建物の中は、天井の高い空間にモーリス・ユトリロのパリの風景画が飾られ、クラシック音楽が流れる静かな空間。8時間かけて抽出する水出しコーヒーなども美味。

箱根湯本ゆかりの画家・平賀敬の絵画や四谷シモンの人形なども展示

0460-85-7881 箱根町湯本692 11:00〜19:00 休金曜、不定休 Pなし 箱根登山鉄道箱根湯本駅から徒歩3分 MAP付録① A-1

夏限定のかき氷も人気です

茶のちもとでは、夏限定でかき氷が登場します。2種類の抹茶を使うお濃茶のかき氷など、大人が楽しめる逸品。7〜9月頃の提供です。

甘さ控えめのクリームを添えた抹茶シフォンケーキ980円。ドリンク付き

こだわりコーヒーと名物シフォンケーキ

茶房うちだ

さぼううちだ

毎朝2種類を日替わりで焼き上げるシフォンケーキが人気の茶房。地元の銘菓やフルーツたっぷりのあんみつなど、和スイーツがそろう。サイフォンで淹れるコーヒーや香り高い抹茶とあわせて静かなひとときを。

ジャズやボサノバが流れる店内。湯本橋を渡った静かな一角にある

☎0460-85-5785 箱根町湯本640 🕒11:00〜17:00 休水曜（祝日の場合は翌日休） Pあり 箱根登山鉄道箱根湯本駅から徒歩6分 MAP付録① A-1

日替わりのスープと野菜が付くグリルドチーズサンド850円

あじさい橋のたもとの隠れ家カフェ

Cafe Timuny.

カフェティムニー

メインストリートの裏に、地元出身のスタッフが開いた静かなカフェ。5時間かけて抽出する水出しコーヒー570円や、自家製のフード、ケーキをゆったり味わって。早川のせせらぎが見える2階席もある。

ウッディな空間にカラフルなインテリアを配した1階店内

☎0460-85-7810 箱根町湯本706-32 1·2F 🕒10:00〜17:30 休水曜 Pなし 箱根登山鉄道箱根湯本駅から徒歩3分 MAP付録① B-1

連休や夏休み、紅葉の時期は箱根湯本も混雑します。カフェでくつろぐなら午前中からお昼過ぎまでがねらい目です。

おみやげストリート周辺で見つけた 箱根湯本のかわいいおみやげ

軒を連ねるお店にぎっしりと並ぶ箱根みやげの数々。どれを買おうか悩んでしまったらこちらの品々はいかが？ 見た目にもかわいいスイーツと雑貨をご紹介します。

オリジナルボトルもキュート ティラミス専門店

箱根てゐらみす

はこねてらみす

近郊にあるそうけい珈琲の豆と北海道産マスカルポーネチーズを使う自家製ティラミスの店。渋沢栄一など箱根ゆかりの人物をモチーフにした瓶もかわいい。

ティラミス ☎0460-85-5893 ⌂箱根町湯本706-1 ⏰10:00～17:00 休水曜（祝日の場合は営業）Ⓟなし 🚶箱根登山鉄道箱根湯本駅からすぐ MAP付録① B-1

店内の工房で作りたて

甘さ控えめでクリーミー＆濃厚な味わい

1店内の大きな提灯が目印 2かわいいイラストを描いたガラスボトル入り。プレーン、抹茶、苺など各480円～ 3ティラミスソフト550円は食べ歩きに

作りたて スイーツ

旬の果物や野菜も♪ 小田原食材のプリン

城下町ぷりん 箱根湯本店 春風楼

じょうかまちぷりん はこねゆもとてんしゅんぷうろう

卵形のケースとスポイトのソースがかわいいご当地プリン・小田原「城下町ぷりん」の姉妹店。小田原産の新鮮な卵、野菜、フルーツを使うユニークなプリンをおみやげに。

プリン ☎070-1313-1578 ⌂箱根町湯本692-7 ⏰10:00～売り切れ次第終了 休無休 Ⓟなし 🚶箱根登山鉄道箱根湯本駅から徒歩3分 MAP付録① A-1

1固め生地の「むかしぷりん」、キュウリや山椒を合わせた「味噌」など各420円～ 2ドリンクスタンドも併設 3足柄ほうじ茶の黒糖わらびもちラテ600円～

1湯もち1個280円。ひとつから買えるのでおやつにも 2静かな雰囲気の本店。駅前店もある

馬子衆の鈴をかたどった最中・八里1房290円

もちもち・ふわふわの定番和菓子

ちもと 滝通り本店

ちもとたきどおりほんてん

須雲川沿いに工房と本店を構える和菓子舗。白玉粉を練り上げたふわふわのお餅に、刻んだ羊羹を入れて柚子の香りで仕上げた「湯もち」は70年以上続く伝統の味。

和菓子 ☎0460-85-5632（総合窓口）⌂箱根町湯本509 ⏰9:00～16:00 休年5回程度不定休 Ⓟなし 🚶箱根登山鉄道箱根湯本駅から徒歩10分 MAP付録① A-2

おみやげショッピングは早めに

湯本のお店の多くは16〜17時でクローズとなるのでお買い物は早めに。遅い時間なら駅構内の箱根の市P.89などを候補に入れて。

和柄のキュートな小物

季節の雑貨 折折

きせつのざっかおりおり

巾着や手鏡、アクセサリー、文具など和をモチーフにしたさまざまなオリジナルの小物が並ぶ。柄違い、色違いでそろえるのも楽しそう。3か月ごとに新作が入荷する。

和雑貨 ☎0460-85-5798 箱根町湯本694 10:00〜17:00(天候により変動あり) 休水曜 Pなし 箱根登山鉄道箱根湯本駅から徒歩4分 MAP付録① B-1

リバーシブルの巾着各880円。富士山柄、かまぼこ柄など箱根らしいモチーフとパステルカラーがかわいい

包んだりバッグ状に結んだりとアレンジが多彩な小風呂敷550円

富士山マグネット各440円などキュートなステーショナリーはお配りみやげに

とっておきの 雑貨

まるでギャラリーのようにあぶらとり紙が並ぶ

箱根限定のコンパクトシリーズ385円など

箱根限定の絵柄の
あぶらとり紙

ひより 箱根湯本店

ひよりはこねゆもとてん

金箔を打つ技術によって作られる、100%天然和紙のあぶらとり紙をそろえるショップ。2種類ある箱根オリジナルパッケージはプチみやげによろこばれそう。

あぶらとり紙 ☎0460-85-7055 箱根町湯本702-1 10:00〜17:00 休不定休 Pなし 箱根登山鉄道箱根湯本駅からすぐ MAP付録① B-1

タマリンドから生まれたプルプルの美顔石鹸 白金1980円

職人さんが作るオリジナルの寄木細工

箱根寄木細工 木路

はこねよせぎざいくきろ

箱根寄木細工発祥の地・畑宿へと続く旧街道沿いにある。厚い種寄木をそのまま加工するムク作り、薄く削って木製品を飾るズク貼りという伝統の技を生かした作品が並ぶ。

寄木細工 ☎0460-86-4220 箱根町湯本386-36 9:00〜16:00 休木曜、不定休 Pあり 箱根登山鉄道箱根湯本駅から徒歩13分 MAP付録① B-2

さまざまな色彩とモチーフが揃うチャーム各550円〜

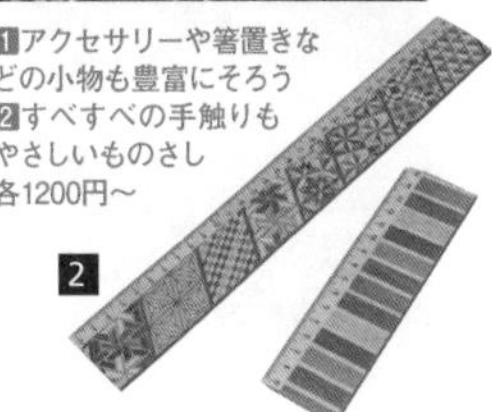

1 アクセサリーや箸置きなどの小物も豊富にそろう 2 すべすべの手触りもやさしいものさし各1200円〜

城下町ぷりんでは口どけのよいキャラメル・足柄茶らめーる750円など足柄茶を使った日持ちのするお菓子もそろっていますよ。

ノスタルジックな風情を残す宮ノ下を歩いてみましょう

富士屋ホテルに面した通りは「セピア通り」と名付けられ、今も欧文の看板を掲げたアンティークショップが並んでいます。歴史ある建物を使ったカフェに寄りながら、のんびり散策してみましょう。

1 足湯のあるナチュラルカフェ NARAYA CAFE ナラヤカフェ

今は閉館した老舗・奈良屋旅館の従業員寮を改装したカフェ。旅館時代から守り続ける源泉をかけ流しにした足湯があり、各種のスイーツやそばの実茶漬けをいただきながらのんびりくつろげる。ギャラリーやサウナも併設。

カフェ ☎0460-82-1259
住 箱根町宮ノ下404-13
⏰10:30～17:00
休 水曜、第4木曜
P あり 🚶箱根登山鉄道宮ノ下駅からすぐ MAP 25

古い木材を生かした店内にも席がある

P.101 HakoneHOSTEL 1914 H
C 4 café de motonami
宮の下
3 嶋写真店
138
5 川辺光栄堂 S
S 富士屋ホテル旧御用邸「菊華荘」P.56
S ベーカリー&スイーツ ピコット P.82・90
ホテル前
セピア通り
H 富士屋ホテル P.26
熊野神社
S 渡邉ベーカリー P.82
S 豊島豆腐店 P.84
R レストラン・カスケード P.79
1
常泉寺
神社下
チャップリンの散歩道
箱根神社
P.72 いろり家 R
強羅駅

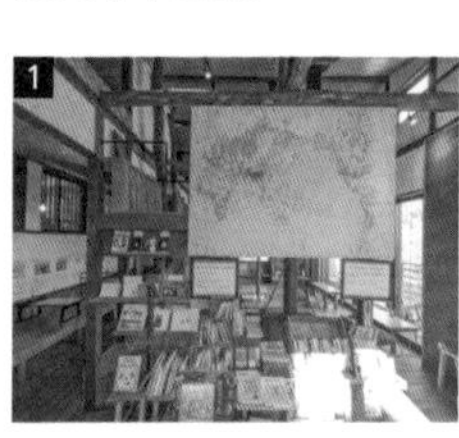

こし、ごま、うぐいす、季節の餡から好みを選ぶひょうたん形最中ならやん300円

1 店内には山の見晴らしがいいブックカフェスペースもある 2 ソフトクリームの下に自家製餡と白玉が入るナラヤパフェ 680円 3 ウッドテラスに設けられた広々とした足湯席。いつまでも浸かっていたくなる心地よさ

1 ひとつひとつ表情が異なるアクセサリーに夢中になりそう 2 世界的に希少なアンティークベルギーレースのブローチ30000円～

2 アンティークの雑貨屋さん 箱根光喜號 はこねこうきごう

ビンテージアクセサリーや輸入雑貨を扱うセレクトショップ。100年以上前のダイヤモンドのリングなども。

アンティーク ☎0460-82-5776
住 箱根町宮ノ下379 ⏰11:00～17:00 休 火曜（不定休）
P なし 🚶箱根登山鉄道宮ノ下駅から徒歩4分 MAP 25

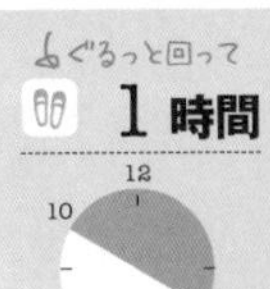

宮ノ下駅から富士屋ホテルを目標にセピア通り（国道1号）を往復するだけでも楽しめます。さらに一軒一軒立ち寄れば、お気に入りがきっと見つかるはず。ただし車の往来が激しいので、道の横断には気をつけて。

チャップリンの散歩道へ

箱根登山鉄道沿いには、約80年前に訪れたチャップリンが散策を楽しんだという小路が残っています。自然豊かな散策路で癒されます。

ハンモックやアンティーク家具が並ぶ店内

4 大正時代の建物でこだわりの和スイーツを
café de motonami カフェドモトナミ

富士屋ホテルのバス待合室だった建物を使った居心地のいいカフェ。北海道産大納言小豆などを使う和スイーツがそろう。

カフェ ☎0460-87-0222
箱根町宮ノ下366
10:00〜17:30 休木曜
Pなし 箱根登山鉄道宮ノ下駅から徒歩6分 MAP24

1セピア通りに面して建つ。2階からは宮ノ下の街並みが見下ろせる 2あんこや3色だんごがのった宮ノ下小町900円。かつて宮ノ下にあった花街をイメージしたとか

3 創業100年以上の老舗写真店
嶋写真店 しましゃしんてん

かのジョン・レノンも箱根を訪れた際に家族写真を撮影したという老舗。セピア色に加工してくれるレトロな記念写真は、旅のいい思い出になりそう。

ジョン・レノンなど著名人の写真も展示している

写真店 ☎0460-82-3329 箱根町宮ノ下372
10:00〜18:00
休不定休 Pなし
箱根登山鉄道宮ノ下駅から徒歩5分 MAP24

富士屋ホテルと同じ1878（明治11）年の創業。レトロな建物も味わい深い

5 レトロな缶入りのおせんべいをおみやげに
川辺光栄堂 かわべこうえいどう

1879（明治12）年創業。白玉粉などの材料を地元に湧く鉱泉水で練り、1枚ずつ手で焼き上げた「鑛泉煎餅」を販売。さくさくとした食感とやさしい甘みがくせになりそう。

創業当時の製法とレトロなデザインを受け継ぐ。小缶14枚入り1300円など

煎餅 ☎0460-82-2015 箱根町宮ノ下184 9:30〜16:00（時季により異なる）休月・水曜（臨時休あり）Pなし 箱根登山鉄道宮ノ下駅から徒歩7分 MAP24

富士屋ホテルの宿泊客向けに開店した歴史をもつ

NARAYA CAFEでは山々が美しく眺められる北欧スタイルのサウナを新設。要予約・水着持参、2時間制、1人3500円〜。

モダンでクラシカルな富士屋ホテルを体験

箱根リゾートのシンボル的存在“富士屋ホテル”。
歴史あるホテルとして、今なお憧れの存在です。
一歩足を踏み入れれば華やかな空間が広がります。

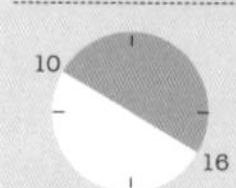
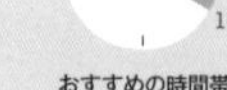

ぐるっと回って 1時間

おすすめの時間帯

本館ロビーでは、飴色に磨きぬかれた歴史を感じさせる館内や調度品の美しさに感動。無料のホテル・ミュージアムなどを見学した後は、ラウンジやレストランで気軽にお茶や食事を楽しんで。

1 7 吹き抜けや廊下、照明器具など館内は近代建築デザインのギャラリーのよう 2 5 フロントの位置を戻すなどして広くなった本館ロビーやエントランス 3 4 富士屋ホテルの建築の集大成ともいわれる花御殿 6 1891（明治24）年建築の本館は社寺建築を思わせる瓦葺屋根の建物

歴史に彩られた国内屈指のクラシックホテル

富士屋ホテル ふじやホテル

1878（明治11）年の開業で、皇族や数多くの著名人に愛されてきた日本のリゾートホテルの草分け的存在。異国情緒あふれる雰囲気を求め海外のセレブも数多く訪れた。2020年夏には2年に及んだ改修工事を終えてグランドオープン。登録有形文化財の本館、フラワーパレスと呼ばれる花御殿、壮麗なメインダイニングなど伝統を受け継ぎ、よりクラシカルに生まれ変わっている。

☎0460-82-2211 ⌂箱根町宮ノ下359 ⏰IN15:00 OUT 11:00 室洋120 ¥1泊2食付き46000円～ Ⓟあり
🚶箱根登山鉄道宮ノ下駅から徒歩7分 MAP 24

入館無料のホテル・ミュージアムも必見です

歴史的な写真や書籍などのほか、実際に使われていたレトロなバスタブなど備品類も展示。改修工事で発見されたメインダイニング「ザ・フジヤ」の天井画の下絵なども見ごたえがありますよ。

建物ごとの雰囲気の違いにも注目

和洋折衷の本館、1906（明治39）年建築の洋館・西洋館、1936（昭和11）年建築の花御殿など建物ごとの歴史やデザインも楽しんで。

装飾にも注目

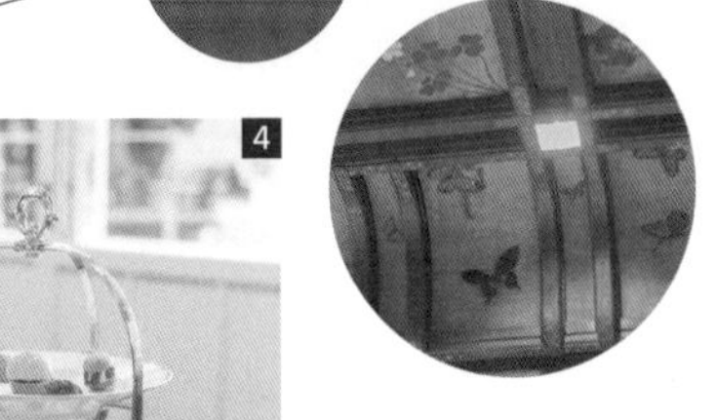

1メインダイニングルーム・ザ・フジヤ。高さ6mの折り上げ格天井を飾る636種の高山植物を描いた天井画も有名 2洋食中心のレストラン・カスケードP.79 34本館1階に40数年ぶりに復刻されたオーシャンビューパーラー。12～17時のアフタヌーンティー 6400円で至福のひとときを

1丸窓や火灯窓のある本館ヒストリックジュニアスイート 2部屋名の花モチーフが彩る花御殿の客室 3西洋館のヒストリックデラックスハリウッドツイン

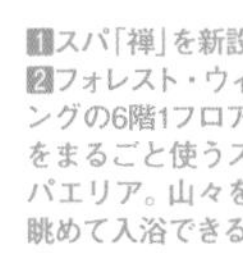

1スパ「禅」を新設 2フォレスト・ウィングの6階1フロアをまるごと使うスパエリア。山々を眺めて入浴できる

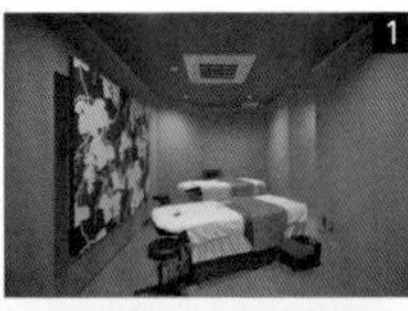

ホテル敷地内に豊かな源泉があり、スパはもちろん客室のプライベートバスまですべて歴史ある宮ノ下温泉を引いています。

オープンエアのアートはいかが 強羅のミュージアム&ガーデン

おしゃべりしながら、ピクニック気分でアートとふれあえる屋外展示の美術館。新たな話題を集めるガーデンや見事なモミジと苔の庭園まで、箱根の自然とアートの融合を切り取ってみるのもすてきです。

荘厳な雰囲気の作品からポップな作品、ベンチまで、自由な感性で鑑賞してみて

二ノ平温泉の湯が源泉かけ流しであふれる足湯。野外彫刻を見ながらいつまでも座っていたい

開放感あふれるミュージアムカフェ。オリジナルグッズも販売

1 7万㎡の敷地に約120点の彫刻作品を展示 2 油彩、素描、版画など300点以上を順次公開するピカソ館。ピカソの制作風景や私生活を写した貴重な写真も見られる 3 高さ18mの塔の壁面全体を手割りのステンドグラスで埋め尽くした作品も。屋上まで上りながら幻想的な世界を楽しんで

大自然に囲まれた野外美術館

彫刻の森美術館 ちょうこくのもりびじゅつかん

広々とした敷地をもつ日本初の野外美術館。いたるところに近・現代美術を代表する世界的な巨匠の名作が展示され、箱根の自然とともに気軽にアートとふれあえる。ピカソ館など屋内展示室も見学して。

☎0460-82-1161 ⌂箱根町二ノ平1121 ⏰9:00～17:00 休無休 ¥1600円 Pあり 箱根登山鉄道彫刻の森駅からすぐ MAP付録② D-3

とっておきのおみやげ

ひびのこづえ マグカップ 1320円
限定販売のオリジナルマグカップ。オレンジ×ブルーの色使いやどっしりとした形もかわいい

おこめケット 540円～
香川県産の米粉など、植物性の材料のみで作った体にやさしいお菓子

ニコライ・バーグマン氏と箱根

箱根の大自然からインスピレーションを受けるニコライ氏。オブジェやフラワーアートは順次追加されるので、季節を変えて訪問を。

自然素材を用いたオブジェが点在する森の中のガーデン

ニコライ バーグマン 箱根 ガーデンズ

ニコライバーグマンはこねガーデンズ

フラワーアーティストのニコライ・バーグマン氏が約8年の構想を経て開園。箱根の大自然が息づく約8000坪の森にガラス張りのパビリオン、プランターやオブジェが点在する。

☎0460-83-9087 箱根町強羅1323-119 ⏰10:00～17:00 休水曜(祝日の場合は翌日) ¥1800円(事前WEB予約1500円) Pあり バス停ニコライ バーグマン箱根 ガーデンズからすぐ MAP付録② C-2

1箱根内輪山の天然の樹木や地形を生かしたガーデンはニコライ氏の新しい世界観を表現 2初夏はアジサイが彩る 34併設のカフェNOMU hakoneとデンマーク風アップルケーキ990円

とっておきのおみやげ

フォレスト・ウォークなど箱根の大自然をアロマで表現した当地オリジナル

キャンドルコレクション 各8250円

苔庭がみごとな箱根最古の美術館

箱根美術館 はこねびじゅつかん

縄文土器から中世の古陶磁器を中心に展示。約130種の苔と約200本のモミジが植えられた美しい苔庭など、園内は国の登録記念物に登録されている。

☎0460-82-2623 箱根町強羅1300 ⏰9:30～16:00(12～3月は～15:30) 休木曜(祝日の場合は開館、11月は無休) ¥1300円 Pあり 箱根登山ケーブルカー公園上駅からすぐ MAP付録② C-3

1国内随一の苔の種類と評される苔庭。霧に包まれる幻想的な風景が見られる夏の早朝、モミジの紅葉がみごとな秋など、四季折々に表情を変える 2苔庭にある茶室。抹茶と生菓子で一服を 3展示された縄文土器

とっておきのおみやげ

美術館のシンボルである苔庭の夏と秋を写したステイショナリー

クリアファイル 各325円

箱根美術館では紅葉時期の11月のみ特別公開される奥庭があります。巨岩が彩るダイナミックな景観美が楽しめますよ。

本格的なものづくり体験も楽しめます 四季折々に美しい箱根強羅公園へ

明治時代、政財界人の別荘地として栄えた強羅。
そのシンボルとなっている箱根強羅公園には
新旧の楽しさが集まっています。

1大正3(1914)年に開園した、日本初のフランス式整型庭園 2春は桜を眺めながらランチを 34国登録有形文化財の白雲洞茶苑。風情ある4棟の茶室からなる 5多彩なクラフト体験も 6園内の一色堂茶廊ではダマスクローズを抽出した無添加ジュース880円も 7春と秋が見ごろのローズガーデン

四季折々の
美しい花に包まれる

箱根強羅公園

はこねごうらこうえん

シャクナゲやツツジ、アジサイなど四季折々の花が咲くフランス式整型庭園。熱帯植物館やローズガーデンのほか、カフェや茶室、体験工芸館もあり、さまざまな楽しみ方ができる。

☎0460-82-2825 箱根町強羅1300 ⏰9:00～16:30(変動あり) 休無休(メンテナンス休あり) ¥550円 Pあり 箱根登山鉄道強羅駅から徒歩5分 MAP付録② C-2

手づくりの思い出は後日到着

箱根強羅公園内の箱根クラフトハウスやポタリーペインティングなどで制作した作品は、後日郵送してもらえるのでお楽しみに。

白雲洞茶苑
はくうんどうちゃえん

明治、大正、昭和の3代を代表する茶人に伝えられてきた、山家風情の茶室群。大正時代建築の茶室で抹茶がいただける。

点茶体験料には内部見学料が含まれる

⏰10:00〜12:00、13:00〜16:00
¥点茶700円（抹茶、和菓子付き）

Cafe Pic カフェピック

園内のシンボルの噴水池を望む場所にある。1日40食限定の強羅園カレーやパンシチューが楽しめる。

⏰10:00〜16:15

ショウガがしっかりと香る自家製ジンジャーエール630円

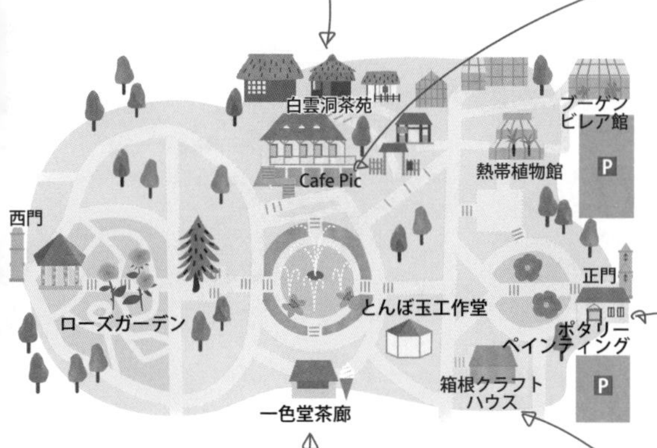

ポタリーペインティング

素焼きの陶器にスタンプや筆を使って自由に絵付けを楽しむ体験。陶器はプレートなどから選べる。

☎0460-82-9210（箱根クラフトハウス）
⏰10:00〜体験によって異なる ¥2900円〜

オリジナルの器をつくってみて

制作所要時間は約1時間

一色堂茶廊
いっしきどうさろう

素材や空間にこだわったサンドイッチ店。濃厚な自然有精卵のだし巻きサンド1320円やフレンチトーストなどが好評。

☎0460-83-8840 ⏰10:00〜15:30

（左）自然有精卵のだし巻きサンド（右）優雅な雰囲気の店内

箱根クラフトハウス
はこねクラフトハウス

吹きガラス体験や陶芸など、6つの制作体験ができる工房。人気のプログラムも多いので、体験をする際は事前の予約がおすすめ。

レーザー彫刻体験、サンドブラスト、とんぼ玉など多彩なメニューがある

☎0460-82-9210 ⏰10:00〜最終受付時間は体験によって異なる ¥吹きガラス体験3800円〜など

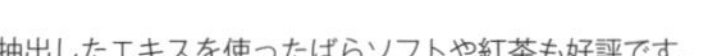

一色堂茶廊では美肌効果のあるダマスクローズの花びらから丁寧に抽出したエキスを使ったばらソフトや紅茶も好評です。

アジサイ見物の特等席は登山電車におまかせです

6月中旬から箱根各所で咲き乱れるアジサイの花。箱根登山鉄道の"あじさい電車"に乗れば、車窓を流れゆく美しいアジサイを眺められます。

1 2 ホームからもアジサイを観賞できる宮ノ下駅 3 箱根湯本駅と強羅駅を約40分で結ぶ 4 沿線最大の絶景が広がる出山鉄橋 5 運転席越しに見るアジサイもすてき 6 大きな窓が特徴のアレグラ号。60年以上現役のレトロでかわいい車両を含め、バラエティ豊かな車両が活躍

しっとり濡れた艶やかなアジサイを車窓から

あじさい電車 ‖箱根湯本〜強羅‖あじさいでんしゃ

6月中旬から7月下旬にかけて、電車の中からアジサイを眺められる箱根登山鉄道を別名「あじさい電車」と呼んでいる。日中は通常運行のため全席自由。6月中旬〜7月中旬の夜間にはポイントがライトアップされ幻想的な光景が見られるので、日帰りでもぜひ時間を合わせて乗ってみて。

☎0465-32-6823（箱根登山鉄道·鉄道部）🕒箱根湯本〜強羅間約40分、1時間の運行本数／昼4本、夜2〜3本 休無休 ¥箱根湯本〜強羅間460円 MAP付録① A-2、付録② D-3
※全席指定の特別列車「夜のあじさい号」の運行については公式HPを参照

登山電車のスイッチバックも見もの

スイッチバックとは、電車が進行方向を変えながらジグザグに山を登っていく運行法。急勾配を走るために必要な方法です。

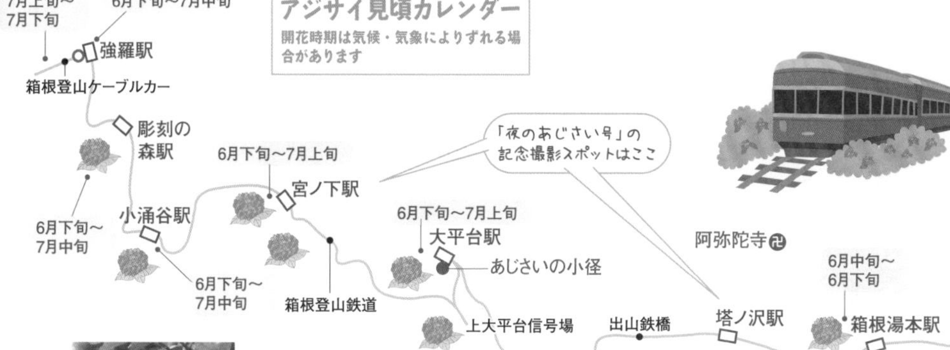

アジサイ撮影スポット

あじさいの小径

‖大平台‖あじさいのこみち

大平台駅から徒歩5分ほどの住宅街にある小道。大平台トンネル手前の坂道付近や大平台踏切ではアジサイと電車が撮影できる。見頃は6月下旬～7月上旬。住宅街なので撮影の際には住民への配慮も忘れずに。

ツバキとアジサイが彩る皇女・和宮ゆかりの寺

阿弥陀寺

‖塔之沢‖あみだじ

幕末を生きた皇女・和宮(かずのみや)の位牌をまつる由緒ある寺。2月下旬～3月下旬には約350本のツバキ、6月中旬～7月上旬にはアジサイが咲く。要予約の琵琶演奏（抹茶とお菓子付き、2名～、1名1000円）も好評。

寺 ☎0460-85-5193 住箱根町塔之澤24 ⏰9:00～17:00 休無休 ¥参拝無料 Ⓟあり 🚶箱根登山鉄道塔ノ沢駅から徒歩20分 MAP付録① B-2

全席指定の特別列車で幻想的なライトアップを

夜のあじさい号

‖箱根湯本～強羅‖よるのあじさいごう

季節限定で運行される予約制の特別列車。ライトアップ区間を特別に徐行運転・停車するので、アジサイ見物がゆっくり楽しめる。塔ノ沢駅、宮ノ下駅では数分間の休憩中、ホームに降りての記念撮影も可（年により異なる）。

イベント 詳細は公式サイトを参照
HP https://www.hakone-tozan.co.jp/

ライトアップされたアジサイはとても幻想的

箱根湯本～強羅間の標高差はなんと約445m。開花時期は標高によって異なるので、6月中旬から7月下旬にかけてアジサイが咲きます。

絶景、また絶景…。ロープウェイで箱根の空をおさんぽしましょう

緑まぶしい初夏、燃えるような紅葉の秋、一面雪景色の冬…。一年を通して箱根の大自然を楽しめるのが箱根ロープウェイ。目の前に広がるダイナミックな風景に感動もひとしお。

四方ガラス張りの大迫力ゴンドラ

最大18名が着席できるゆったりした広さで快適な乗り心地。四方がすべてガラス張りで視界も良好です。

大パノラマを眼下に進む、爽快な空の箱根旅

箱根ロープウェイ ‖早雲山～桃源台‖はこねロープウェイ

箱根山や芦ノ湖、かなたに雄大な富士山や相模湾の景観が四季折々楽しめる。早雲山駅から芦ノ湖畔の桃源台駅へ、4つの駅があり片道約45分。乗り換え駅となる大涌谷駅付近では、眼下に噴煙地が広がる。

☎0465-32-2205（土・日曜、祝日は早雲山駅0460-82-3052）🕘9:00～16:45（駅により異なる、冬季は変動あり）休定期点検整備工事時、悪天時休 ¥片道1500円※途中下車可 Pあり 🚶早雲山駅へは箱根登山ケーブルカー早雲山駅からすぐ MAP付録② B-3

1大涌谷上空を行くロープウェイ。早雲山駅との間では地上130mを通過する区間も
2赤・白・青のゴンドラが約1分間隔で運行している
3大涌谷駅では和柄のオリジナル手ぬぐいも。各1080円

スタッフの笑顔に見送られて出発。ゴンドラ48台が、約1分間隔で運行

大空を行く旅にわくわく。足元には一面、大涌谷の荒涼とした風景が

大涌谷駅を過ぎると雄大な富士山の眺めが間近に迫ってくる

桃源台駅に到着。海賊船乗り場、バス乗り場にもスムーズに接続

 箱根町・大涌谷周辺の火山活動についての最新情報は、自治体や各関係機関へ直接お問合わせください。

絶景ポイントは大涌谷

標高1044mにもなる大涌谷駅付近。眼下に噴煙地、かなたに富士山や東京スカイツリーを望む360度の絶好ビューポイントです。

ケーブルカーとの乗り換え駅に絶景の足湯

cuーmo 箱根

‖早雲山‖クーモはこね

早雲山駅構内のセレクトショップ。明星ヶ岳を正面に望むテラスに足湯があるほかスイーツ＆ドリンクも販売。

☎0460-87-7560 ⌂箱根町強羅早雲山駅構内 ◷9:00～17:30（足湯は～16:00、施設によって異なる）休無休 Pあり MAP付録② C-3

1 3 標高約757mのテラス。天然温泉の足湯が気持ちいい 2 雲をイメージしたスムージー750円など

桃源台駅（とうげんだい） 標高 741m
距離 1268m 約15分
姥子駅（うばこ） 標高 878m
距離 1265m 約15分
富士山
大涌谷駅（おおわくだに） 標高 1,044m
のりかえ
距離 1472m 約15分
早雲山駅（そううんざん） 標高 757m
芦ノ湖

海賊船との乗り換え駅

標高741mに位置する桃源台駅。芦ノ湖を行き交う海賊船の姿が見られるビューレストランも備えている

芦ノ湖が眼下に

姥子駅周辺では、芦ノ湖の全景が眺められる。奥には標高1000m級の箱根外輪山も見えてダイナミックな地形を実感

大涌谷駅で乗り換え

ゴンドラの乗り換え駅。すぐ前の噴煙地、駐車場から見える富士山は圧巻。駅構内にはみやげもの店やレストランも

箱根ロープウェイは、工事などで運休することも。訪れる前にホームページで運行情報を確認するのがおすすめです。

白煙立ち上る大涌谷で大地のエネルギーに感動

約3000年前の箱根火山爆発後にできた火口跡が大涌谷。今でも岩肌からは豪快に水蒸気や硫化水素が噴き出し、辺り一帯は鼻をつく硫黄の臭いが立ち込めています。

30分

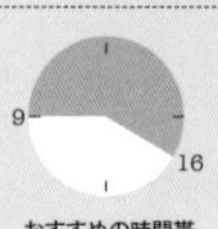

おすすめの時間帯

箱根ロープウェイ大涌谷駅を出ると目の前に噴煙地が広がっています。延命地蔵尊までぶらぶらと歩くと約30分の散策。大涌谷自然研究路に参加する場合は歩きやすい靴で、予約時間の20分前集合ですよ。

白煙立ち上る、箱根を代表するビュースポット

大涌谷 おおわくだに

かつて「地獄谷」と呼ばれていた大涌谷。硫黄の臭気が立ち込め、大岩石が転がる荒涼としたさまは、まさに地獄絵図のよう。今もなおみなぎる大地のパワーに圧倒されてしまう。ここで湧く温泉は仙石原や強羅でも広く利用されている。

0460-85-5700（箱根町総合観光案内所）箱根町仙石原 9:00～17:00 休無休 ¥無料 Pあり 箱根ロープウェイ大涌谷駅からすぐ MAP37

名物の黒たまご4個入り500円。大涌谷黒たまご館で買える

1大涌谷へは箱根ロープウェイP.34で 2大涌谷自然研究路の最深部では標高1409mの冠ヶ岳や荒涼とした風景が目の前に広がる 3 4弘法大師ゆかりの延命地蔵尊。手を清める温泉も真っ白 5大涌谷くろたまご館の前の展望台からは火山性物質に覆われた噴煙地を真横から観察できる

 箱根町・大涌谷周辺の火山活動についての最新情報は、町や各関係機関へ直接お問い合わせください。

黒たまごはなぜ黒い？

1個食べれば7年寿命が延びるといわれる黒たまご。殻の黒さは温泉で長時間茹でる際に温泉地の鉄分と硫化水素が硫化鉄になったもの。

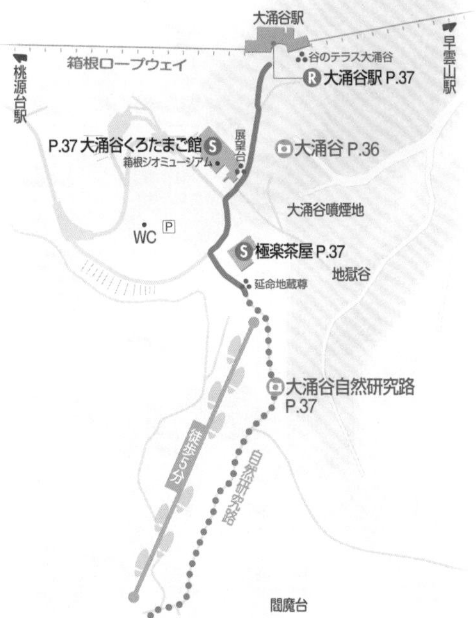

引率入場方式でダイナミックな景観の遊歩道へ

大涌谷自然研究路 おおわくだにしぜんけんきゅうろ

硫黄分を含んだ水蒸気の噴煙が上がる様が体感できる遊歩道。事前WEB予約で1周約40分のツアーに参加して訪問。

☎0460-84-5201（大涌谷インフォメーションセンター）⏰10:00～14:30の間で1日4回実施、要事前WEB予約、各回定員30人 休天候条件などで30分前に最終決定 ¥500円 MAP37

屋上展望台のある4号シェルターまで散策。ヘルメット貸与

グルメとおみやげが充実したロープウェー駅

大涌谷駅 おおわくだにえき

駅構内にショップとレストランを併設。どのフロアからも大涌谷が眺められひと休みにもいい。

☎0465-32-2207（箱根登山鉄道施設事業部）⏰10:45～16:30（時期、施設によって異なる）休無休 Pあり MAP37

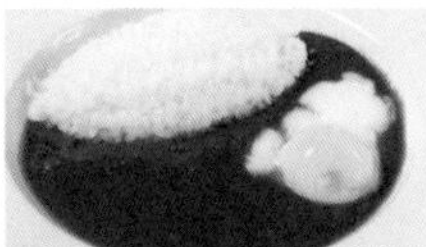

スパイシーで深みのある特製大涌谷カレー 1350円。温泉卵付き

大涌谷名物の珍しいグッズがそろう

大涌谷くろたまご館 おおわくだにくろたまごかん

黒たまごや湯の花などの人気商品を販売。レストランや箱根ジオミュージアム（入館料100円）も併設する。

☎0460-84-9605 ⏰9:00～16:00（黒たまご売店は～16:40、売り切れ次第終了）休無休 Pあり 🚶箱根ロープウェイ大涌谷駅からすぐ MAP37

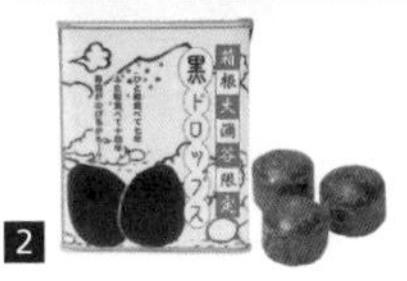

1箱根の人気みやげが勢ぞろい 2名物の黒たまごをイメージした黒ドロップス450円。缶入りでちょっとしたおみやげにもいい

赤いラーメンや黒いおまんじゅうが好評

極楽茶屋 ごくらくぢゃや

大涌谷自然研究路入口のすぐ近くにあるみやげもの店。黒ラーメンや黒もんじゃまん250円などが人気。

☎0460-84-7015 ⏰9:00～16:30 休無休 Pあり 🚶箱根ロープウェイ大涌谷駅からすぐ MAP37

自家製の唐辛子味噌を使う赤池地獄の黒ラーメン1100円が好評

極楽茶屋の黒ソフトクリーム400円など、大涌谷の各店ではユニークなテイクアウトフードも販売しています。

芦ノ湖の絶景は クルージングで楽しみましょう

富士山が背後にそびえる芦ノ湖は、箱根を代表する景勝地。天然の湖だけに変化に富んだ湖岸の美しさも見ものです。さまざなま船で湖上に繰り出し、絶景を楽しんで。

1

1クイーン芦ノ湖が停泊する芦ノ湖 2345箱根海賊船7代目となるクイーン芦ノ湖。黄金色の船体はJR九州の「ななつ星 in 九州」などを手がけたことで知られる水戸岡鋭治氏によるオリジナルのデザイン。寄木細工の床材、大川組子の装飾、カラフルで多彩な椅子など優美なデザインを楽しんで 618世紀のイギリスで活躍した戦艦をモデルにしたビクトリー 7元箱根港から少し進んだ先では富士山と箱根神社の鳥居が美しく眺められる

2

3

4

5

6

色とりどりの絢爛豪華な海賊船

箱根海賊船 はこねかいぞくせん

芦ノ湖でひときわ目を引くのが、色鮮やかな海賊船。箱根町港と元箱根港、桃源台港を結ぶ多数の便があり、国内外の観光客でいつもにぎわっている。水戸岡鋭治氏デザインのクイーン芦ノ湖などそれぞれ個性ある3隻が運航。各船には見晴らしのいい特別船室(別料金)も用意されている。

☎0460-83-6325(運航部) ⏰9:30〜16:20(季節・港により異なる) 休悪天時休 Pあり 🚶桃源台港乗り場は箱根ロープウェイ桃源台駅からすぐ MAP付録③ C-3

7

箱根町港	〈片道・普通〉	
420円 10分	元箱根港	
1200円 30〜40分	1200円 30分	桃源台港

芦ノ湖と富士山のベストショット

芦ノ湖と富士山が美しく眺められるのが元箱根港付近。船上の場合、桃源台・箱根園の各港と元箱根港の間がもっともきれいです。

箱根園港にも発着するので九頭龍神社本宮の参拝の足としても便利

展望デッキで爽やかな風を肌に感じて

箱根芦ノ湖遊覧船 はこねあしのこゆうらんせん

優れた安定性をもつ大型の双胴船。湖岸の4港を結ぶ便利な定期船のほか、湖上遊覧の周遊船も運航している。

☎0460-83-6351（元箱根港）
🕘9:00～16:45（時期・港により異なる）
休荒天時休 ¥元箱根港～箱根園港780円など Pあり ‼元箱根乗り場はバス停元箱根からすぐ MAP付録③ D-2

こちらもおすすめ

NINJA BUS WATER SPIDER

ニンジャバスウォータースパイダー

風魔忍者をモチーフにした水陸両用船。箱根園から路上走行後に芦ノ湖に入水。1日9便、所要時間20分～。入水時のスリリングな体験と湖上遊覧を楽しんで。

☎0460-83-1151（箱根園）
🕘9:30～16:30 休荒天時 ¥2400円～ Pなし ‼箱根園乗り場はバス停箱根園からすぐ MAP付録③ A-1・D-2

ペダル式のスワンボートと2人乗りの手こぎボートの2種類がある

湖水を間近に楽しむならこちら

手こぎボート＆スワンボート

てこぎボートアンドスワンボート

元箱根、箱根町、桃源台などの港付近にはレジャーボートを貸し出すボート店も。料金は一律。乗り場で声をかけてみて。

☎0460-83-6167（芦ノ湖フィッシングショップ ノザキ） 箱根町元箱根78 🕘日の出～日没 休荒天時 ¥手こぎボート30分1000円、スワンボート30分1500円（スワンボートは周辺店舗利用） Pなし ‼バス停箱根神社入口から徒歩5分 MAP付録③ D-1

芦ノ湖に打ちあがる約4000発の花火と湖面に灯る数百の灯籠。7月31日の「湖水まつり」は多くの人でにぎわいます。

芦ノ湖を眺めながらくつろぐしあわせ 湖畔のカフェでひと休み

まるで湖上に浮かぶようなサロン・ド・テから、
海賊船が間近を通る和の雰囲気のカフェまで、
刻々と移ろいゆく湖の景色が楽しめる特等席をご紹介します。

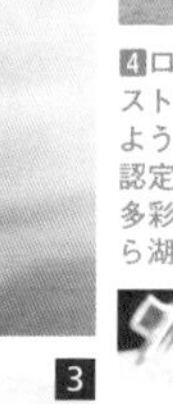

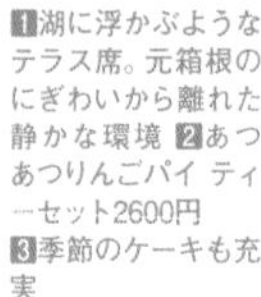

1湖に浮かぶようなテラス席。元箱根のにぎわいから離れた静かな環境 2あつあつりんごパイ ティーセット2600円 3季節のケーキも充実

4ロザージュフレンチトースト1600円 5湖にせり出すような造り 6日本紅茶協会認定で、上階のショップでは多彩な紅茶も販売 7全席から湖を眺められる

名物のりんごパイと上質な紅茶

プレミアムショップ&サロン・ド・テ ロザージュ ‖元箱根‖

小田急 山のホテル直営のデザートレストラン。6色のフルーツソースでお皿に絵を描いてくれるりんごパイが名物で、常時20種類以上をそろえる紅茶も美味。春から秋はテラス席が心地いい。

☎0460-83-6321(小田急 山のホテル) 🏠箱根町元箱根80 🕐11:00～16:00 休無休(冬季休館日あり) Pあり ‼バス停元箱根下車、無料送迎バスで5分 MAP付録③ A-2

元箱根港近くの古民家カフェ

箱根百薬

‖元箱根‖はこねひゃくやく

国道1号にかかる箱根神社の第一鳥居の真下にある。芦ノ湖の龍神伝説にちなんだ黄金色の水ゼリー・龍神の玉などの甘味のほか、箱根の老舗豆腐店の豆腐を使うランチも充実。

☎0460-83-9172 🏠箱根町元箱根6-21 🕐10:00～16:00(土・日曜、祝日は～17:00) 休無休 Pなし ‼バス停元箱根港からすぐ MAP付録③ D-2

1古い木造建築をリノベーションした一軒。どこかレトロな雰囲気が特徴 2窓際の席からは元箱根港を出る遊覧船も眺められる 3龍神の玉580円。箱根の湧水と和三盆を使った名物スイーツ。餡ときな粉、黒蜜で召し上がれ

ねらい目は開店直後の時間帯

行列ができることも珍しくない湖畔のカフェ。開店後すぐの時間帯は比較的空いているので、利用するなら早めの時間がベストですよ。

ベーカリーカフェやレストラン
足湯席もある人気店

Bakery & Table 箱根

‖元箱根‖ ベーカリーアンドテーブルはこね

新潟・妙高高原の老舗リゾート「赤倉観光ホテル」がプロデュースする店。元箱根の中心部にあり、芦ノ湖を目の前にした絶好のロケーションで人気が高い。素材と味にこだわったパンや料理を楽しんで。

☎0460-85-1530 住箱根町元箱根9-1 ⏰9:00〜17:00(施設によって異なる) 休無休 Pなし バス停元箱根港からすぐ MAP付録③ D-2

1屋外のパーラーにある源泉かけ流しの足湯席 25最上階のレストランにて特製ホットサンドプレート2880円、特製クロッフル1650円など 3461階がベーカリー、2階がカフェスペースとなっていて購入したパンが食べられる

1木々の間から湖と港の風景を一望 2スキレットであつあつが食べられる特製抹茶あずきパンケーキ1353円 3卓上の七輪を使って自分で焼きながら味わうユニークな七福だんご1848円

海賊船を眺めながら
くつろげる和カフェ

茶屋本陣 畔屋

‖箱根町‖ ちゃやほんじんほとりや

箱根海賊船P.38の箱根町港にある複合施設。2階にあるカフェはランチやスイーツのメニューが豊富で、船の発着風景を見ながらのんびりと過ごせる。1階はみやげ物店になっている。

☎0460-83-6711 住箱根町箱根161-1 ⏰10:00〜15:30 休無休 Pあり バス停箱根町港からすぐ MAP付録③ D-3

Bakery & Table 箱根周辺には湖畔の散歩道が続いています。ドリンクやフードをテイクアウトして外で食べるのも一案です。

テラス席やガーデンが心地いい 湖畔のとっておきリゾートランチ

箱根関所が置かれ、古くから旅人が行き来した芦ノ湖畔。
おしゃれで開放的なグルメスポットが集まり、
レイクリゾートエリアとしてにぎわっています。

Menu
マルゲリータ…2000円
おまかせ前菜(5種類)…1200円
自家製ティラミス…850円

2ガラス張りで開放感あふれる店内。正面に芦ノ湖が広がる 3広々としたテラス席も居心地がいい

1全30種のピザのうち一番人気のマルゲリータ 4箱根西麓野菜を使ったメニューも楽しめる

5濃厚なチーズもおいしいピッツァサクラマス2300円 6 10種類のジェラート600円～も美味

湖畔で味わう本場のピッツァ

ラ・テラッツァ 芦ノ湖

‖元箱根‖ラテラッツァあしのこ

複合施設「芦ノ湖テラス」にあるイタリアンレストラン。本場ナポリから取り寄せた薪窯で焼く本格ピッツァが看板メニューで、箱根西麓野菜や近海の鮮魚を使った料理もそろう。パラソルが立つテラス席があり、湖を眺めながらランチタイムが楽しめる。

☎0460-83-1074 住箱根町元箱根61（芦ノ湖テラス内）時10:30～19:30（土・日曜、祝日は9:00～）休無休（2月に臨時休あり）Pあり バス停元箱根港からすぐ

MAP付録③ D-1

ホテルダイニングは予約を

休日などは満席になることが多い箱根のランチスポット。下の2つのホテル内ダイニングは、ランチタイムでも予約を受け付けています。

1 オードブル、スープ、デザートが付く、シェフオリジナルソースが評判を集めるカジュアルコース4800円 2 芦ノ湖を望むテラス席。爽やかな風を感じながらランチを楽しんで 3 クラシカルな雰囲気の店内

Menu

カジュアルコース…4800円
ホテルオリジナル カレーセット…2800円

フレンチに魅了されたシェフが生み出す洋食を

ヴェル・ボワ

‖元箱根‖

芦ノ湖畔のリゾートホテル「小田急 山のホテル」にあるフランス料理レストラン。ホテルの伝統を受け継ぐ長谷川一美シェフによる本格フレンチが味わえる。

☎0460-83-6321（小田急 山のホテル） 箱根町元箱根80 小田急 山のホテル内 7:30～9:30、11:30～13:30、17:30～19:30（夕食は予約制） 休無休 Pあり バス停元箱根港から徒歩15分（元箱根港から送迎あり） MAP付録③ A-2

1 メインディッシュが好みで選べるシェフおすすめランチ、Aコースのイメージ。スープ、オードブル、デザート付き 2 天井も窓もアーチ型の店内 3 ガーデンやプライベート桟橋もある芦ノ湖畔の名ホテル

Menu

シェフおすすめランチ
Aコース メイン1品…4200円
Bコース メイン2品…6300円

欧州の宮殿のようなダイニング

イルミラジィオ

‖箱根町‖

富士屋ホテルの別館として大正時代からの歴史をもつ「箱根ホテル」のメインダイニング。創作フレンチのコースを楽しんだ後は富士山を望む湖畔のガーデンでくつろいで。

☎0460-83-6311（箱根ホテル）
箱根町箱根65 箱根ホテル 7:30～9:30、11:30～14:00、18:00～20:00（ディナーは予約制） 休無休 Pあり バス停箱根ホテル前からすぐ MAP付録③ D-3

ヴェル・ボワではランチタイムに、パスタやドリアなどのアラカルトメニューも楽しめます。

良いご縁がありますように…
箱根の山と湖の神社へお参り

箱根を代表するパワースポットといえば、
山の神をまつる箱根神社と、湖の神をまつる九頭龍神社本宮。
特に毎月13日の九頭龍神社本宮月次祭には、多くの人が参拝に訪れます。

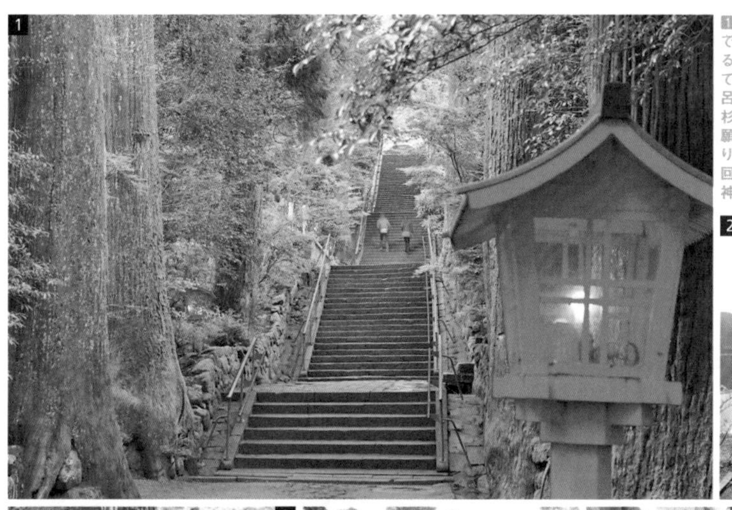

1正参道と御社殿は90段もの石段で結ばれている 2石段下、湖畔にある平和の鳥居。記念撮影スポットとしても人気 3奈良時代に坂上田村麻呂が戦勝祈願をしたと伝わる矢立の杉。樹齢1200年といわれ勝負事の祈願が多い 4御社殿は朱塗り権現造り 5御社殿の横にあるなで小槌。3回なでて願い事をとなえて 6霊水「龍神水」用のボトル100円もある

箱根の山の神を祀るパワースポット

箱根神社 ‖元箱根‖はこねじんじゃ

奈良時代に箱根大神のご神託により万巻上人が創建したと伝わる古社。源頼朝から現代の著名なスポーツ選手まで、多くの人がお参りに訪れたことでも知られる。境内には九頭龍神社の新宮もあり、霊水「龍神水」も湧き出る。

☎0460-83-7123 箱根町元箱根80-1 境内自由（宝物殿は9:00～16:00） Pあり バス停元箱根から徒歩10分 MAP付録③ A-2

おまもりはコチラ

勝守 500円
矢立の杉をモチーフにした勝運守護のお守り

九頭龍えんむすび御守 1000円
裏側に願い事を記して身に着けていると良縁に恵まれるとか

祈祷料は2000円以上を目安に

月次祭の中で行なわれる御祈祷をお願いする際は、受付時に申し込みを。2000円以上を目安に各々の気持ちで祈祷料を納めましょう。

1湖畔に建つ社殿 2湖上に見える鳥居も神秘的な雰囲気。月次祭以外の日はとても静か 3箱根園から箱根九頭龍の森へ向かう道。美しい自然と湖の風景を眺めながら歩いて

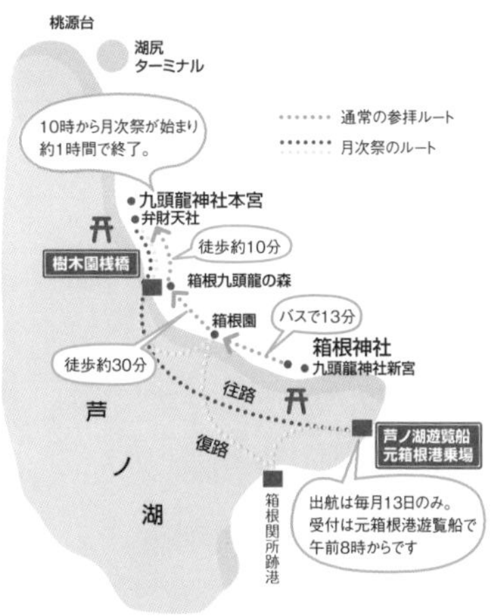

※天候や参拝者数により、船の欠航や増便もあります

その名が全国に広まる 縁結び祈願の聖地

九頭龍神社本宮

‖元箱根‖くずりゅうじんじゃほんぐう

奈良時代、万巻上人が芦ノ湖で暴れていた毒龍を調伏し、九頭龍大神としてまつった逸話に由来する神社。金運開運、商売繁盛、心願成就の神様として知られ、近年は良縁を願う女性にも人気。本格的な祈願をするため、月次祭に参加する人も多い。

☎0460-83-7123（箱根神社）住所 箱根町元箱根 箱根九頭龍の森内 時間 境内自由 料金 無料（参拝には箱根九頭龍の森入園料600円が必要、月次祭当日参加者は午前無料）P あり 交通 バス停箱根園から徒歩30分の箱根九頭龍の森から徒歩10分 MAP 付録④ A-2

毎月13日の月次祭が人気です

月に一度行なわれ、神様からいただく御神徳に感謝し、豊かな心で生活できるよう祈願する月次祭。特別運航の参拝船で向かう流れになっていて、特に良縁成就を願う女性でにぎわう。

参拝受付。元箱根港で乗船券1500円を購入し、御供などをいただいてスタート

月次祭。本殿では、祈祷をお願いした参拝者の氏名や願い事が読み上げられる

湖水神事。九頭龍神様に捧げるために、最初に受け取った御供をお供えする

九頭龍神社本宮の参拝後、元箱根港までモーターボートで帰るサービスも。詳しくは箱根園（☎0460-83-1151）へ。

箱根の原風景を訪ねて 箱根旧街道を歩いてみましょう

「箱根八里」と呼ばれ、旧東海道最大の難所だった箱根旧街道。
畑宿一里塚から箱根関所の間は、美しい緑のなかを行く人気の散策コース。
往時のままの石畳や風景、山里の風情を楽しんで。

1杉皮葺きの甘酒茶屋。釘を使わない昔ながらの建物は火災で焼失後、昭和期に再建。店内奥には座敷や囲炉裏も 2名物の甘酒はノンアルコールで砂糖不使用 3スタートの畑宿は寄木細工発祥の地P.86 4箱根関所近くの旧街道杉並木。圧倒されるほどの巨木に400年の街道の歴史を感じて

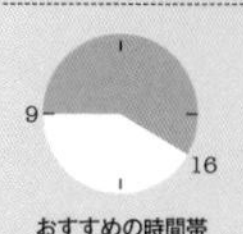

畑宿一里塚から山道の石畳を進み、猿滑坂を登ると甘酒茶屋に到着。さらに権現坂まで来ると、芦ノ湖が見えてきます。約5kmのアップダウンの多い道なので、歩きやすいスニーカーなどを履いて歩きましょう。

女性に厳しかった箱根関所

「出女（でおんな）」取り締まりのために設置された女性の専門役人「人見女」。人質として江戸に置いた大名の妻子の逃亡を厳しく取り締まったそう。

1 畑宿一里塚 はたじゅくいちりづか

ふたつに盛られた古の道しるべをスタートに

左右一対のこんもりした塚で、江戸からちょうど二十三里目にあたる一里塚。現在のものは1998年に復元整備でよみがえったもの。

史跡 ♪0460-85-5700（箱根町総合観光案内所）⌂箱根町畑宿172 ‼バス停畑宿からすぐ MAP付録③ C-2

近くには本陣茗荷屋跡もある

2 猿滑坂 さるすべりざか

歩きやすくなった江戸の難所ルート

「猿も滑るほどの急な坂」が名前の由来。苔むした石畳の坂の多い旧街道の中でも特に難所として知られていた場所。

史跡 ♪0460-85-5700（箱根町総合観光案内所）⌂箱根町畑宿 ‼バス停猿すべり坂からすぐ MAP付録③ C-2

現在は比較的歩きやすい。畑宿一里塚からは上り坂が続く

3 甘酒茶屋 あまざけちゃや

備長炭で焼く力餅。磯辺やうぐいすが人気

400年以上続くお茶屋さんで休憩を

江戸時代から13代続く茶屋。砂糖や添加物を使わない名物甘酒400円はさっぱりとした味わい。毎朝杵でつく力餅（2個）500円も美味。

茶屋 ♪0460-83-6418 ⌂箱根町畑宿二子山395-28 ⏱7:00〜17:00 休無休 Pあり ‼バス停甘酒茶屋からすぐ MAP付録③ C-2

囲炉裏もあって昔話に出てくる世界のよう

4 旧街道石畳 きゅうかいどういしだたみ

旧街道のハイライト 苔むした古道を歩いて

約1kmにわたって往時のままの石畳が続く、風情のあるエリア。石畳の終わりあたりが旧街道最高所。道は徐々に下り坂になる。

史跡 ♪0460-85-5700（箱根町総合観光案内所）⌂箱根町畑宿〜元箱根 ‼バス停旧街道石畳からすぐ MAP付録③ B-2

わらじを履くのもおすすめ！

草鞋2000円も販売（要予約）。専用の靴下付き

緑が濃い夏は特に印象的な風景が広がる

5 箱根関所 はこねせきしょ

芦ノ湖と関所がお出迎え 感動もひとしお

全国に50数カ所置かれた関所のなかでも、江戸時代四大関所のひとつに数えられた箱根関所。新たに発見された史料からその全容が解明され、復元された。約150年前の様子を忠実に再現している。

芦ノ湖に面した関所。展示はもちろん、建築物としても興味深い

観光施設 ♪0460-83-6635 ⌂箱根町箱根1 ⏱9:00〜16:30（12〜2月は〜16:00）休無休 ¥500円 Pなし ‼バス停箱根関所跡からすぐ MAP付録③ D-3

もう少し気軽に楽しむなら、甘酒茶屋から箱根関所までを歩いて。約3kmの道のりの後半は下り坂、所要1時間ほど。

印象派にアールヌーヴォー、アールデコ…仙石原のオトナな美術館へ

仙石原には、フランスを中心とした西洋近代絵画や、
19世紀後半のきらびやかな宝飾・ガラス工芸品を収蔵した美術館があります。
箱根の澄んだ空気に包まれると、いっそう輝きを増して見えるから不思議です。

1国立公園の森に配慮して建物の大半が地下にある 2ピエール・オーギュスト・ルノワール『レースの帽子の少女』 3クロード・モネ『睡蓮の池』 4エミール・ガレの『クロッカス文花器』 5森の遊歩道 6ベルト・モリゾ『ベランダにて』

自然光が降り注ぐ森の中の美術館

ポーラ美術館 ポーラびじゅつかん

ポーラ創業家2代目・鈴木常司氏が40年以上かけて収集したコレクションを中心に展示。モネやルノワールなど印象派の作品から気鋭の現代アートまで名作が並ぶ。建築界で多くの受賞歴がある建物も、美術品のように印象的。

0460-84-2111 箱根町仙石原小塚山1285 9:00～17:00 休無休 ¥1800円 Pあり バス停ポーラ美術館からすぐ MAP付録② B-2

とっておきのおみやげ

ルノワールのアーモンドドラジェ
1200円
人気作品をモチーフにした缶に入った、やさしいパステルカラーのドラジェ

ロゴサコッシュ
各2500円
美術館ロゴをデザインしたオリジナルのサコッシュ

宝飾・ガラス工芸の巨匠ルネ・ラリック

アール・ヌーヴォー、アール・デコの両時代で活躍。20～40代では美麗なジュエリーを、50代以降はガラス作品を制作しました。

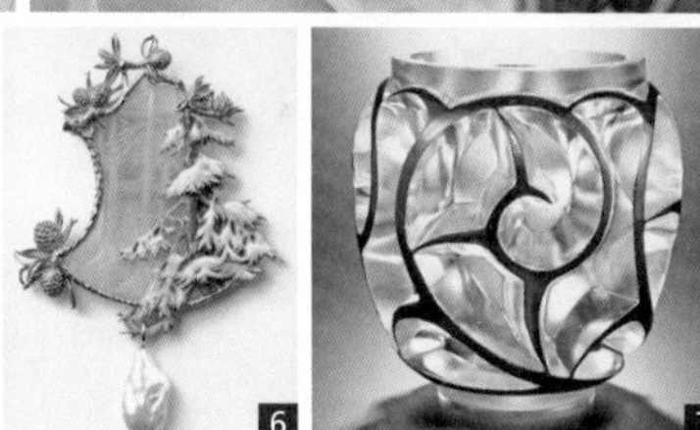

1緑鮮やかなテラス席のある「Hakone Emoa Terrace」P.52 2ブローチ『シルフィード』(1897～1899年) 3 4ラリックが室内装飾を手がけた本物のオリエント急行の車内でティータイムを。当日現地予約2200円 5日本最多のコレクションから約230点を常設展示 6ペンダント/ブローチ『冬景色』(1900年頃) 7花器『つむじ風』(1926年)

華麗なる装飾美術に時を忘れてうっとり

箱根ラリック美術館 はこねラリックびじゅつかん

フランスの宝飾・ガラス工芸の巨匠、ルネ・ラリックの作品を約1500点所蔵する美術館。独創的で色彩豊かなジュエリーやおしゃれなデザインの香水瓶など、美しいもの好きなら見とれてしまう作品ばかり。小川や森など箱根の自然をそのまま生かした敷地は、散策するだけでも楽しい。

☎0460-84-2255 箱根町仙石原186-1 9:00～15:30 休第3木曜(8月は無休)
¥1500円 Pあり バス停仙石案内所前からすぐ MAP付録② A-1

とっておきのおみやげ

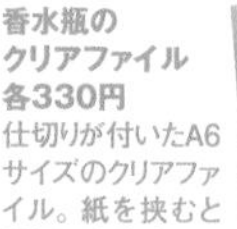

香水瓶のクリアファイル 各330円
仕切りが付いたA6サイズのクリアファイル。紙を挟むと絵柄が変化する

豊かな自然を生かした造りになっていることが多い箱根の美術館。アートだけでなく風景も楽しみましょう。

箱根の景色や地形を生かした 個性あふれるミュージアムへ

アートミュージアムが多い箱根。
箱根の変化に富んだ景観や地形を生かした美術館を訪ねて、
自然と一体になるようなアート体験はいかが？

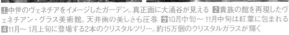

1中世のヴェネチアをイメージしたガーデン。真正面に大涌谷が見える 2貴族の館を再現したヴェネチアン・グラス美術館。天井画の美しさも圧巻 3 10月中旬～11月中旬は紅葉に包まれる 4 11月～1月上旬に登場する2本のクリスタルツリー。約15万個のクリスタルガラスが輝く

5『ドルフィン形脚赤色コンポート』19世紀ヴェネチアの作品 6 6月下旬～7月下旬はアジサイのガラスアートが登場

大自然とガラス芸術の競演

箱根ガラスの森美術館 ‖仙石原‖はこねガラスのもりびじゅつかん

15～19世紀のヴェネチアングラスと現代のガラス作品を展示。白煙を上げる大涌谷を一望するガーデンにも四季折々のガラスアートを配していて、自然風景との競演も美しい。

☎0460-86-3111 住箱根町仙石原940-48 時10:00～17:00
休成人の日の翌日から11日間休 ¥1800円 Pあり
交バス停俵石・箱根ガラスの森前からすぐ MAP付録② B-1

とっておきのおみやげ

クリスタルガラス ツリーブローチ 3850円
庭園に輝くクリスタルガラスのツリーをイメージした、オリジナルのブローチ

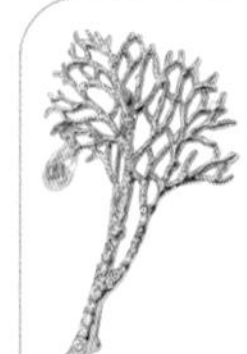

一輪挿し 16500円
花器や装身具などイタリア直輸入のヴェネチアン・グラス製品がそろう

日本庭園のなかでくつろいで

岡田美術館の庭園内には昭和初期の日本家屋を移築した開化亭があります。名物 豆アジ天うどん2200円などランチも楽しめますよ。

国内屈指の広さを誇る東洋美術の殿堂

岡田美術館 ‖小涌谷‖おかだびじゅつかん

日本を含めた東洋の美術コレクションを展示。展示室は約5000㎡という広さで、展示数も常時約450点を誇る。足湯カフェや庭園、食事処もある。

☎0460-87-3931 ⌂箱根町小涌谷493-1 ⏰9:00～16:30 休無休（展示替えのため臨時休あり）¥2800円 Ⓟあり 🚶バス停小涌園からすぐ MAP付録② C-3

とっておきのおみやげ

しおり（香入り）
各420円
収蔵作品をモチーフにしたしおり。白檀などの香木が入っていていい香り

1風神・雷神を描いた、縦12m、横30mの大壁画『風・刻（かぜ・とき）』（福井江太郎作）前にある足湯カフェ。（カフェのみ利用の場合は入湯料500円） 2暗闇に金屏風が浮かび上がる展示室 3重要文化財『色絵竜田川文透彫反鉢』（尾形乾山作）

日本画と芦ノ湖の眺めに心落ち着く

箱根・芦ノ湖 成川美術館

‖元箱根‖はこねあしのこなるかわびじゅつかん

平山郁夫、山本丘人、加山又造など、日本画家の作品を中心に約4000点を収蔵。芦ノ湖を望む大展望ラウンジからは、名作に勝るとも劣らない絶景が見られる。

☎0460-83-6828 ⌂箱根町元箱根570 ⏰9:00～17:00 休無休 ¥1500円 Ⓟあり 🚶バス停元箱根港からすぐ MAP付録③ D-2

1ティーラウンジからは、芦ノ湖と箱根の山並み、箱根神社の赤い鳥居、そして富士山という箱根を代表する風景が一度に眺められる 2巨匠から若手までの作品を展示。年4回展示替え 3ティーラウンジの期間限定スイーツセット1100円

とっておきのおみやげ

収蔵する作品をモチーフにしたオリジナル商品

ミニファイル
各330円

箱根・芦ノ湖 成川美術館のティーラウンジ「季節風」を利用する場合には、入館料が必要です。

ミュージアムレストランで至福のランチタイム

箱根の美術館のもうひとつの楽しみといえば、眺めのいいレストラン。緑まぶしいガーデンや雄大な山々を前にしていただく絶品ランチは、五感で楽しむアートの集大成かも。

1ランチのメインディッシュはラリック家のレシピをヒントに肉や魚を用意。箱根西麓野菜を中心に使うセミビュッフェはデリやサラダなど約20～25種が並ぶ 2セミビュッフェのデザートはラリック作品のガラスのきらめきをイメージ。カラフルでアートのような美しさ

ラリック家伝統のレシピから着想したごちそうを

●箱根ラリック美術館

Hakone Emoa Terrace ‖仙石原‖ハコネエモアテラス

カジュアルフレンチとセミビュッフェのレストランやパティスリーショップなどがある複合施設。ガーデンの緑を目にくつろいで。

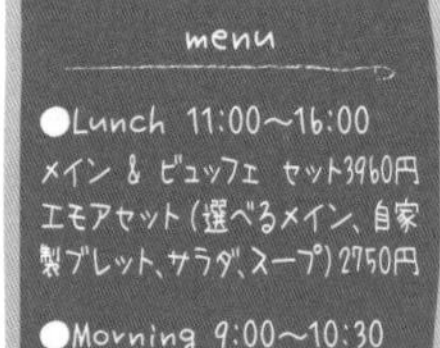

menu
●Lunch 11:00～16:00
メイン & ビュッフェ セット3960円
エモアセット(選べるメイン、自家製プレット、サラダ、スープ) 2750円
●Morning 9:00～10:30
モーニングセット1210円

☎0460-84-2262 住箱根町仙石原186-1 時9:00～16:00(飲み物は～16:30) 休第3木曜(8月は無休) Pあり 交バス停仙石案内所前からすぐ MAP付録②A-1

1企画展メニューは、作家ゆかりの地の名産品などを使って企画展の世界観を表現するこだわりのコース。特製のスイーツまで、食でもアートを楽しんで 2テーブルからテラス、パラソルまで、店内は白で統一

企画展から創作する限定メニュー

●ポーラ美術館

レストラン アレイ ‖仙石原‖

緑深い小塚山が望めるレストラン。画家ゆかりの地や名画の風景など、その時々の企画展からイメージして創作するコースが人気。

menu

ランチセット2700円
企画展メニュー 4000円
オリジナルシーフードカレー 1750円
ビーフシチュー 2300円
カフェ・ラッテ800円
睡蓮のゼリー 1300円

☎0460-84-2111 住箱根町仙石原小塚山1285 時11:00～16:00 休美術館に準ずる Pあり 交バス停ポーラ美術館からすぐ MAP付録② B-2

“こだわり食材”も味わって

沼津や小田原の魚、三島の野菜など、どのレストランもシェフ選りすぐりの逸品食材がズラリ。美術品同様、素材にもこだわりが。

1鉄板料理「うかい亭」特選牛の旨味を引き出した自家製ラグーソースで味わう、うかい特選牛ボロネーゼ
2ガーデンに面していて開放感いっぱい。テラス席も用意

箱根で「うかい」を味わうちょっと贅沢ランチ

●箱根ガラスの森美術館

カフェテラッツァうかい ‖仙石原‖

東京・神奈川に展開するレストラン「うかい」がプロデュース。黒毛和牛のステーキや季節のパスタ、デザートまで美食のひとときが楽しめる。

☎0460-86-3111 住箱根町仙石原940-48 時10:00〜17:00 休成人の日の翌日から11日間休 Pあり 交バス停俵石・ガラスの森前からすぐ MAP付録② B-1

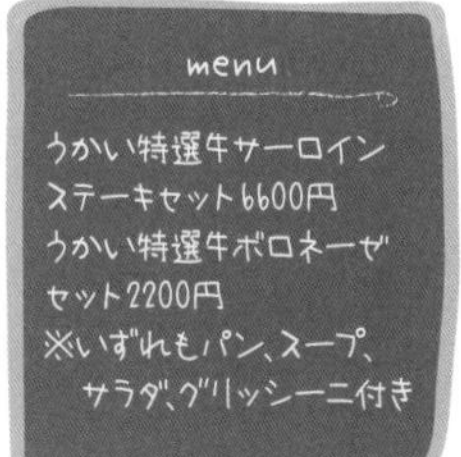

menu
うかい特選牛サーロインステーキセット6600円
うかい特選牛ボロネーゼセット2200円
※いずれもパン、スープ、サラダ、グリッシーニ付き

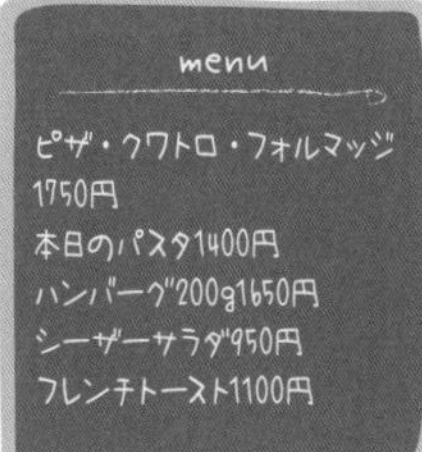

1ピザ・クワトロ・フォルマッジ、本日のパスタ、彫刻の森サラダなどバラエティ豊かなメニューがそろう
2前面が足元までガラス張りになっていて、どの席からも眺めが楽しめる

食材にこだわる絶景レストラン

●彫刻の森美術館

彫刻の森ダイニング ‖強羅‖ ちょうこくのもりダイニング

国内の新鮮な食材を使ったメニューがそろうレストラン。美術館入口の建物の上階にあり、彫刻作品が並ぶ広大な庭園や、晴れていれば相模湾まで見える景色もごちそう。

☎0460-82-1141 住箱根町二ノ平1121 時10:00〜16:30 休無休 Pあり 交箱根登山鉄道彫刻の森駅からすぐ MAP付録② D-3

menu
ピザ・クワトロ・フォルマッジ1750円
本日のパスタ1400円
ハンバーグ200g1650円
シーザーサラダ950円
フレンチトースト1100円

Hakone Emoa Terraceとレストラン アレイは、ミュージアムの入館料なしでも利用できます。

大きな富士山に見守られて 箱根の自然を楽しむドライブへ

箱根を自由に駆けめぐるならドライブの旅も一案です。
小田原から箱根外輪山を走り抜けて御殿場へ。
富士山と箱根のダイナミックな風景は感動的な美しさですよ。

START
西湘バイパス
早川IC

大観山
展望園地まで
約20分

ゆらゆらブランコから富士山と芦ノ湖を

アネスト岩田ターンパイク箱根

‖湯河原‖ アネストいわたターンパイクはこね

小田原市と箱根町・湯河原町を結ぶ観光有料道路。途中の大観山展望台には、富士山と芦ノ湖に臨む「箱根のぶらんこ」やアネスト岩田スカイラウンジがある。

☎0465-23-0381 🕒5:30～22:30（入場）¥普通車730円 MAP付録③ C-3

富士山形のカレーもあります

自家製のピリ辛、フジヤママグマカレー 1100円

スカイラウンジのDAMMTRAX CAFEでひと休み

箱根を代表する景観で知られる大観山展望台。「箱根のぶらんこ」は利用自由

三国峠まで
約20分

のんびり絶景ロードへ

芦ノ湖スカイライン

‖芦ノ湖‖ あしのこスカイライン

芦ノ湖西側の箱根外輪山を縦断する有料道路。芦ノ湖と富士山の眺めがよく、沿道には杓子峠や三国峠など展望スポットも豊富にある。

☎0460-83-6361 🕒7:00～19:00（入場）¥普通車800円 MAP付録④ A-3

北上すれば右手に芦ノ湖、前方に富士山が

メエ～

沿道のレストハウスレイクビューで出会ったヤギ

ふわふわ揺れる
すすきの穂

地域特産の農産物も買えます

大観山展望台のアネスト岩田スカイラウンジや芦ノ湖畔の道の駅箱根峠では小田原の採れたて農産物も販売。休憩がてらのぞいてみては。

白と緑のツートンカラーが美しい初秋の風景

箱根名物・すすきの大草原へ

仙石原すすき草原

‖仙石原‖ せんごくはらすすきそうげん

台ヶ岳に西麓に広がる広大な草原。10月上旬〜11月中旬には一面が黄金色に染まる美景が広がる。

☎0460-85-5700（箱根町総合観光案内所）住箱根町仙石原 時散策自由 Pあり（9〜11月のみ臨時駐車場）交バス停仙谷高原からすぐ MAP付録② A-2

カフェも
ありますよ

草原のすぐ前には仙石原茶屋📖P.69もある

県道75号線と湿原通りで
約15分

すぐ

湿原さんぽをしながら
貴重な草花を観察

箱根湿生花園

‖仙石原‖ はこねしっせいかえん

仙石原の原風景が息づく植物園。湿地や湿原の希少な植物を含む約1700種の植物が観賞できる。

園内は木道を歩いて1周40分ほど

☎0460-84-7293 住箱根町仙石原817 時9:00〜16:30 休3月20日〜11月、期間中無休 Pあり 交バス停仙谷案内所から徒歩8分 MAP付録② A-1

国道138号沿いの静かな立地

オレンジ風味とピンクグレープフルーツ風味のFUJIMIソーダ各825円

国道138号で
約10分

富士山の眺望で知られる
乙女峠のカフェ

FUJIMI CAFE

‖御殿場‖ フジミカフェ

ガラス張りの店内とウッドデッキのある開放的なカフェレストラン。スイーツやランチも豊富。

☎0550-82-3279 住静岡県御殿場市深沢1816 時10:30〜16:30（フードは11:00〜15:00）休木曜 Pあり 交バス停乙女峠からすぐ MAP付録④ A-1

国道138号で
約15分

露天風呂でぬくぬく富士を眺めて

木の花の湯

‖御殿場‖ このはなのゆ

御殿場プレミアム・アウトレット敷地内の温泉施設。大浴場のほか19室の貸切個室露天風呂も。

☎0550-81-0330（自動音声ダイヤル）住静岡県御殿場市深沢2839-1 時10:30〜21:00 休無休 ¥1700円（土・日曜、祝日は2100円）Pあり 交御殿場プレミアム・アウトレットWEST ZONEから無料循環バスで5分 MAP付録④ A-1

自家源泉の湯を引く露天風呂。富士山を一望

すぐ

GOAL

東名高速道
足柄スマートIC

FUJIMI CAFEでは相原精肉店📖P.89のローストビーフ＆ライスプレート1760円など箱根の名産品も味わえますよ。

伝統の老舗宿も 日帰り利用なら気軽です

明治、大正、昭和期に文人墨客や各国の著名人が多く訪れた箱根。そんな要人たちに愛された名旅館も、食事付きの日帰り入浴なら気おくれすることなく、気軽にその雰囲気を味わえます。

1日2組限定の
優雅なひととき

富士屋ホテル 旧御用邸「菊華荘」

‖宮ノ下‖ ふじやホテルきゅうごようていきっかそう

かつての皇室御用邸、後に高松宮家別邸となった建物を改装した富士屋ホテルの別館。現在はレストランとして使われているが、1日2組限定で入浴と個室での昼食・休憩のプランを用意。贅を凝らした建築や庭園とともに楽しんで。

☎0460-82-2211(富士屋ホテル) ⌂箱根町宮ノ下359 富士屋ホテル ¥季節のお弁当10000円 Ⓟあり 🚶箱根登山鉄道宮ノ下駅から徒歩7分 MAP 24

日帰りプラン

入浴・昼食・個室休憩
¥12500円～ ⏱11:30～15:00
休無休
※2名以上・前日までに要予約、浴衣・タオル付き

1明治時代に皇室庭師によって造られた回遊式庭園の面影を残す庭。入浴後に散策を 2総檜造りの2つの貸切風呂で宮ノ下温泉の名湯を堪能 3昼食と休憩は個室でのんびり楽しめる 4昼食の一例 51895(明治28)年に皇室の宮ノ下御用邸として建てられた建物

優美な名建築にときめく

明治～大正期に建てられた宿の中には重要文化財に指定されている建築物も。湯上がり後は細部まで美しいレトロな建物も楽しんで。

インフィニティ温泉と話題の露天風呂へ

箱根小涌園 天悠 ‖ 小涌谷 ‖ はこねこわきえんてんゆう

■1標高655mにある「浮雲の湯」。大浴場はもうひとつの「車沢の湯」と男女入れ替え制になっている。隣接する日帰り温泉施設「元湯 森の湯」も利用可能 ■2信楽焼の温泉露天風呂が付く客室。無料Wi-Fiなどサービスも整っている

箱根で60年の歴史をもつ小涌園の宿。客室は標準でもバルコニーを含め45㎡あり、全室に温泉露天風呂が付く。大空との一体感が味わえると好評なのが大浴場の「浮雲の湯」。最大10時間滞在の夕食付きデイユースプランで体験してみたい。

夕食はこだわりの食材をふんだんに使う和洋創作料理。ダイニングにて

☎0465-20-0260（予約センター）🏠箱根町二ノ平1297 ¥1泊2食付き37400円～ Pあり 🚶バス停天悠からすぐ MAP付録② C-3

日帰りプラン

デイユース
¥24200円～
🕒12:00～22:00 休無休
※要予約
※1室最大4名まで、シングル利用も可能

箱根きっての老舗宿で名湯と懐石風料理

元湯環翠楼 ‖ 塔之沢 ‖ もとゆかんすいろう

■1早川の清流を望む露天風呂。風呂は全て源泉掛け流し ■2日帰りで利用できる客室の一例 ■3山海の幸が膳を彩る月替わりの料理

1614（慶長19）年に塔之沢温泉の湯治場として開湯。古くは水戸光圀が登楼した記録が残るなど、名だたる著名人が訪れた。日帰りプランは、純和風の客室で懐石風料理の夕食を楽しむもの。露天風呂、大正風呂、貸切風呂も利用できる。

大正時代に選りすぐりの名工を集めて建築したという建物

☎0460-85-5511
🏠箱根町塔之沢88
¥1泊2食付き24200円～
Pあり 🚶箱根登山鉄道塔ノ沢駅から徒歩5分 MAP付録① B-3

日帰りプラン

夕食付き入浴
¥17160円～
🕒15:00～20:00
休特定日
※2名以上で要予約

いずれも立派な庭園を有する老舗宿。入浴や食事の前後には、のんびりと四季折々の風景を楽しみたいものです。

泉質自慢の宿で 美肌湯の効果を感じてみませんか

乳白色のにごり湯から、大涌谷源泉のかけ流しの湯まで、
心も体も優しく包み込んでくれるような箱根の湯。
とろりと肌になじむ数々の名湯も、日帰りで楽しめます。

濃厚な硫黄泉とさっぱりアルカリ泉にファン多数

美肌の湯 きのくにや ‖芦之湯‖ びはだのゆきのくにや

敷地内に源泉が湧く、湯自慢の宿。自然湧出の硫黄泉は硫黄含有量が多く、美肌効果抜群。また湯ノ花沢からもさっぱり系の弱アルカリ性温泉を引湯しており、一度に2種の湯が楽しめる。

☎0460-83-7045 ⌂箱根町芦之湯8 ¥1泊2食付き17600円～ Pあり 🚶バス停芦の湯からすぐ MAP付録③ B-1

日帰り入浴

¥1500円 ⏰12:00～17:00（土・日曜、祝日は～14:00、変動あり）
休火・水曜（臨時休あり）
時間制限：2時間
無料休憩室：あり
貸切風呂：宿泊者優先
※フェイスタオル(販売)300円、バスタオル(レンタル)500円

1本館の女性専用露天風呂「美肌風呂」 2日帰り入浴では、別館の「貴賓殿」も利用可能 3客室は趣のある佇まい 4創業1715（正徳5）年の老舗宿

乳白色のにごり湯に美肌効果

古くから美肌効果が高いとされる大涌谷源泉の硫黄泉。不要な角質を落としてくれるのでお風呂上がりの肌はしっとりすべすべに。

1岩造りの露天風呂「さくら亭 初音」 2日帰り入浴プランの食事。手前は「箱根もち豚豆乳鍋」 3個室休憩の客室

大涌谷源泉の湯でしっとり肌に

箱根強羅温泉 桐谷箱根荘

‖強羅‖はこねごうらおんせんきりたにはこねそう

現代風数寄屋造りの宿。美人の湯と評判のかけ流しの湯が、竹林に囲まれた露天風呂に絶え間なく注がれる。食事と個室休憩の付いた日帰り入浴プラン9550円～(2名以上、要予約)も好評。

日帰り入浴

¥1800円 ◷12:30～16:00
休不定休 時間制限：なし
無料休憩室：なし
貸切風呂：あり(露天50分/2名／4600円～)
※フェイスタオル・バスタオルレンタル無料

☎0460-82-2246 ⌂箱根町強羅1320-598 ¥1泊2食付き14650円～ Pあり 🚶箱根登山ケーブルカー公園上駅から徒歩5分 MAP付録② C-2

二ノ平温泉の自家源泉を贅沢に使用

箱根 ゆとわ

‖強羅‖はこねゆとわ

足湯があるナカニワやライブラリーラウンジなど自由なスタイルでくつろげる宿。自家源泉の湯は日によって色が変化することがある弱アルカリ性で美肌効果が高いとか。客室利用の日帰りプラン7000円もある。

日帰り入浴

¥1500円～ ◷14:00～18:00(金～日曜は13:00～) 休無休(年4回休館日あり)
無料休憩室：あり(ラウンジ)
貸切風呂：利用不可
※フェイスタオル・バスタオルレンタル無料、スパラウンジ、ナカニワ、ライブラリーラウンジ(フリードリンク含む)無料

☎0460-82-0321(10:00～18:00) ⌂箱根町強羅1300-27 ¥1泊2食付き19800円～(ホテル)、1室23800円～(コンドミニアム) Pあり 🚶箱根登山鉄道強羅駅から徒歩5分 MAP付録② C-3

1大きな足湯のあるナカニワ。木々を見上げてくつろいで 2カラフルな光を演出した女性大浴場 3フリードリンクが利用できるライブラリーラウンジ

日帰り入浴できる時間や人数は、曜日やシーズンによって変動することも。事前に確認してから出かければ安心です。

思いっきり羽を伸ばせる絶景・爽景ゆったり温泉へ

温泉にゆっくりと身を委ねる時間は、それだけで幸せです。
でもせっかく箱根に行くのなら、美しい空を眺めたり木々のざわめきに
耳を傾けながら自然の中で湯あみするのもおすすめです。

1女性用露天風呂。箱根十七湯の中で最も新しい蛸川温泉を引く 2男性用内風呂 3 1938(昭和13)年に浜名湖畔に建てられたホテルを昭和期に移築

芦ノ湖と富士山を目にとびきりの温泉浴

絶景日帰り温泉 龍宮殿本館

‖箱根園‖ぜっけいひがえりおんせんりゅうぐうでんほんかん

元箱根のにぎわいから離れた比較的静かな湖畔の温泉施設。芦ノ湖に面した露天風呂が名物で、とくに女性用は湖と富士山に向かって大きく開けた造り。箱根屈指の眺望を楽しみたい。

日帰り入浴

¥2200円 ◷9:00～19:00
休無休
時間制限:なし
無料休憩室:あり
貸切風呂:なし
※タオルセット350円、貸切個室3時間6600円～

☎0460-83-1126 ⌂箱根町元箱根139 Pあり
バス停箱根園からすぐ MAP付録③ A-2

食事もできます

館内に広々とした食事処「富士」があり、湯豆腐ご膳3190円などが食べられる。営業時間は11:30～15:00、予約は不要。

1天井と壁に寄木細工の意匠を施した「仁兵衛の湯」 2予約制の貸切露天風呂「うぶ湯」 3早雲山の高台にあり、外輪山を見渡すことができる

箱根連山を望む野趣あふれる露天風呂

白湯の宿 山田家

‖強羅‖しらゆのやどやまだや

目の前に広がる箱根連山を眺めながらのんびりできる露天風呂がある。季節や天候によって灰色にも薄黄色にも変化するにごり湯は、肌になじんでしっとりすると好評。

日帰り入浴

¥1300円 ◷12:00～16:00(休日・休前日は～15:00)
休火曜
時間制限:1時間30分
無料休憩室:あり
貸切風呂:あり(50分/3450円)
※フェイスタオル(販売)200円、バスタオル(レンタル)200円

☎0460-82-2641 ⌂箱根町強羅1320-907 ¥1泊2食付き14300円～
Pあり 箱根登山ケーブルカー早雲山駅から徒歩3分 MAP付録② C-3

食事もできます

2名から受付可能な夕食付き休憩プランは、入浴、個室休憩、夕食込みで9500円～。平日15:00～20:00に利用可能(要問合わせ)。

富士山の美しい時期を狙って

箱根の絶景といえば富士山。寒くなる晩秋から冬にかけてが最も美しく見えます。この時期を狙って出かけるのもおすすめです。

1雄大な富士山を眺めながら良質な自家源泉を堪能して 2中庭からも富士山を一望できる 3大型ライブキッチンのある宿泊者用レストラン。ランチはラウンジとなる

露天風呂越しにそびえる富士山を望む

ホテルグリーンプラザ箱根

‖仙石原‖ホテルグリーンプラザはこね

標高875mの静かな国立公園の中に佇むリゾートホテル。温泉大浴場は良質な仙石原温泉を源泉とし、湯に浸かったまま富士山の姿を眺められる、絶好のロケーションが魅力。

日帰り入浴

¥1600円 🕒13:00～18:00（曜日により異なる） 休無休
時間制限：なし
無料休憩室：なし（湯上がり処あり）
貸切風呂：なし ※フェイスタオル・バスタオル付き

☎0570-092-489 住箱根町仙石原1244-2 ¥1泊2食付き14600円～（洋室） Pあり 交箱根ロープウェイ姥子駅から徒歩3分 MAP付録② A-3

食事もできます

ランチ&日帰り入浴は2500円。箱根名物の絶景風呂とドリンク付きランチを楽しめる。期間限定のためHPなどで確認を。

1目の前の湯坂山を眺めながら、四季を感じつつ湯あみができる 2西館の最上階には、3つの貸切露天風呂がある 3ロビーには箱根の情報誌も完備

須雲川のせせらぎが響く温泉旅館

箱根パークス吉野

‖箱根湯本‖はこねパークスよしの

箱根の大自然を眺められる展望露天風呂が人気の、須雲川沿いに建つ温泉宿。アルカリ性で角質を柔らかくする美肌の湯が自慢。最上階の見晴らしのよい貸切露天風呂もおすすめ。

日帰り入浴

¥5050円～（昼食付）
🕒11:00～15:00（2名以上で要予約）
休金曜
時間制限：最大4時間
無料休憩室：あり
貸切風呂：あり（60分/3300円）
※フェイスタオル・バスタオル・浴衣無料貸し出し

☎0460-85-8111 住箱根町湯本茶屋139-5 ¥1泊2食付き19800円～（西館禁煙和室） Pあり 交箱根登山鉄道箱根湯本駅から徒歩12分 MAP付録① B-3

食事もできます

日帰り入浴は昼食付きで5050円～。旬の食材を思う存分味わった後に、もう一度温泉を楽しむのもよし。夕食付きのプランもあり。

温泉に入る前にはアクセサリーをはずしておきましょう。シルバーは硫黄分に反応して酸化し、真っ黒になってしまうことも。

女性どうし、気軽に行けます 湯めぐりが楽しいお手ごろ温泉

広々とした浴場にいくつもの湯船があって、湯めぐり気分が楽しめる——。
同性どうしで訪れるなら、そんな楽しい温泉もよいものです。
日帰りでも行きやすい場所にある温泉施設をご紹介します。

一日いても飽きない里山の癒やし空間

天山湯治郷 ひがな湯治 天山

‖箱根湯本‖てんざんとうじきょうひがなとうじてんざん

7本の源泉から1日約48万リットルの湧出量を誇る日帰り湯。湯船は男女各6つ、女性用には高温サウナやすぐに汗が吹き出す源泉蒸し湯も。大広間や有料の貸座敷を完備するほか、川沿いの開放的な読書室も人気。温泉水を使ったコーヒーなどのカフェ、温泉しゃぶしゃぶなどの食事処も併設する（各店定休日あり）。

☎0460-86-4126 ⌂箱根町湯本茶屋208 ⏰9:00～22:00 休12月中旬頃に5日間 Pあり 🚶箱根登山鉄道箱根湯本駅から旅館組合巡回バスで約10分 MAP付録① A-3

日帰り入浴
¥1450円
時間制限：なし
無料休憩室：あり
貸切風呂：なし
※フェイスタオル（販売）200円、バスタオル（販売）350円～、石けん、無添加シャンプー、リンスは備え付けあり

1玄関へのアプローチ。脇にはカフェ「うかれ雲」のテラスがある 2 3岩風呂、洞窟風呂など種類も豊富。浴場内には環境に優しい固形石けんあり

全長17mの湯船がある屋上天空大露天風呂へ

天成園

‖箱根湯本‖てんせいえん

大空の下、箱根の山々を目にくつろげる露天風呂が名物の宿。浴場は6～7階にあり、男女とも大きな露天風呂のほか寝湯、内湯、水風呂、ミストサウナなどがそろう。朝9～10時の1時間を除いて終日日帰り入浴が可能なのもうれしい。

☎0460-83-8511 ⌂箱根町湯本682 ⏰10:00～翌9:00 休無休 Pあり 🚶箱根登山鉄道箱根湯本駅から徒歩12分 MAP付録① B-3

日帰り入浴
¥2730円（深夜加算あり）
時間制限:なし
無料休憩室:あり
貸切風呂:あり（60分／2200円）
※バスタオル、色浴衣レンタル付き

1箱根湯本温泉の湯を源泉掛け流しで楽しめる屋外の石風呂 2露天風呂エリアにある爽快感いっぱいの寝湯 3庭園には良縁スポットとして人気の玉簾の瀧と玉簾神社も。湯上りに浴衣姿で散策して

個室でのんびり休憩できます

日帰り温泉施設には休憩用の有料個室があることも。グループで気がねなくくつろぐときに便利。事前に予約したほうが無難です。

男女7つずつの多彩な湯船が魅力

湯の里おかだ ‖ 箱根湯本 ‖ ゆのさとおかだ

湯坂山に抱かれた日帰り温泉施設。打たせ湯やジェット風呂のほか、寝湯やサウナなどがそろい、5本の源泉から湧き出す豊富な温泉を満喫できる。旬の山と海の幸を味わえる食事処も。

☎0460-85-3955 住箱根町湯本茶屋191 ⏰6:00～9:00、11:00～22:00 休不定休 Pあり 🚶バス停奥湯本入口から徒歩10分 MAP付録① B-3

1女性専用の岩風呂 2細かい気泡が全身をマッサージする泡風呂 3貸切おやすみ処は2時間3500円～ 4おしゃれな雰囲気の無料休憩室

日帰り入浴

¥1450円
時間制限：なし
無料休憩室：あり
貸切風呂：あり（45分/1500円）
※フェイスタオル・バスタオルセット（レンタル）300円

檜の香りに包まれて湯遊びざんまい

湯遊び処 箱根の湯 ‖ 箱根湯本 ‖ ゆあそびどころはこねのゆ

旧東海道を少し入ったところにある日帰り温泉施設。専用の源泉2本を所有し、安全性と清潔さにこだわったお風呂は、打たせ湯、ジェット湯、バイブラ湯、寝湯などバラエティに富む。

☎0460-85-8080 住箱根町湯本茶屋100-1 ⏰10:00～22:00 休不定休 Pあり 🚶バス停台の茶屋から徒歩4分 MAP付録① B-3

1女性用のジェットバス。男女各5つの湯船がある 2畳の無料休憩ルーム 3細かな刺激で美肌効果が期待できるバイブラ湯

日帰り入浴

¥1250円
時間制限：なし
無料休憩室：あり
貸切風呂：なし
※フェイスタオル・バスタオルセット（レンタル）350円

天山湯治郷 ひがな湯治 天山では平日限定ではしご湯券300円を販売。隣接するかよい湯治一休のお風呂も楽しめます。

駅からテクテク歩いて ゆっくり日帰りできれいになる旅

週末は、女性どうしで箱根へ。
都心からすぐの箱根だから、急に思い立っても行けるんです。
緑の中を歩いたり、温泉に入ったり。きれいを目指す休日はいかが？

9:00

ロマンスカーで
箱根へ

箱根湯本駅で
箱根登山鉄道に
乗り換えましょう

宮ノ下駅側のゲート。
ここから約1時間15分
のウォーキングへ

11:00

宮ノ下駅に到着

まずは自然の中で
リフレッシュ

堂ヶ島渓谷遊歩道

‖宮ノ下‖どうがしまけいこくゆうほどう

宮ノ下温泉街のそばを流れる早川沿いに整備された1.5kmの散策路。清流と手つかずの森が広がっている、穴場的なスポット。

遊歩道 ☎0460-82-1311（宮ノ下観光案内所） 箱根町宮ノ下 散策自由 Pなし 箱根登山鉄道宮ノ下駅から徒歩10分（宮ノ下側入口まで） MAP付録② D-3

ゆらゆら揺れる
吊り橋も。重量
制限は180kgだ
そう

遊歩道の終点から
宮ノ下駅前までレトロな
町並みを歩いて

12:30

目にも美しい宮ノ下の名物丼でランチ

森メシ

‖宮ノ下‖もりメシ

宮ノ下駅前にあるカフェ風の食事処。古民家をリノベーションしたレトロモダンな店内で地元食材や相模湾の幸を使った料理が味わえる。名物のあじ彩丼がねらい目。

和食 ☎0460-83-8886
箱根町宮ノ下404-13
11:30～14:30、17:00～20:30
休不定休 Pなし
箱根登山鉄道宮ノ下駅からすぐ MAP25

宮ノ下駅前の便利な立地。店内からは箱根の山並みが望める

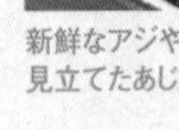

新鮮なアジや大根、キュウリなどを賽の目に切り、初夏の宮ノ下を飾るアジサイに見立てたあじ彩丼1750円

14:00
いよいよ本命。アルカリ性の温泉で肌をリセット

囲炉裏料理で里山の趣を楽しむ

箱根湯寮には囲炉裏席を設けた古風な「囲炉裏茶寮 八里」も。料理人が炉端で焼き上げる魚の炭火焼きや若鶏の串焼きが味わえます。

箱根湯寮

‖塔之沢‖はこねゆりょう

美肌効果も期待できる、アルカリ性の塔之沢温泉の湯を引く日帰り温泉。多彩な風呂がそろう男女別の大浴場のほか、サウナ「熱ノ室」や無料の休憩室も人気。19室の貸切個室露天風呂もある。

日帰り温泉 ☎0460-85-8411 住箱根町塔之澤4 時10:00～20:00（土・日曜、祝日は～21:00、飲食施設は11:00～）休無休（臨時休あり）Pあり 交箱根登山鉄道塔ノ沢駅から徒歩5分、または箱根湯本駅から無料送迎バスで3分 MAP付録① B-2

信楽風呂に岩風呂など湯めぐりを楽しんで。アロマと熱波で大量発汗できるロウリュウのサービスがある「熱ノ室」もぜひ

登山鉄道で2駅、とことこ

プライベートな湯あみなら貸切個室露天風呂（写真左、120分9400円～）へ。写真上は大浴場の露天風呂

16:30
箱根の人気豆腐店の豆腐を使うシェイクをいただきます

無料送迎バスで箱根湯本まで戻りましょう

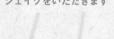

材料の半分が豆腐で、とろとろの食感が楽しめる生とうふシェイク。豆腐処 萩野や辻国豆ふ店P.84・85の豆腐を使用。バニラ、エスプレッソ、バナナ、抹茶、黒胡麻の5種各600円～

デリandカフェ みつき

‖箱根湯本‖デリアンドカフェみつき

箱根湯本駅とデッキで直結するフードコートスタイルのカフェ。お目当ては箱根名物の豆腐を使った濃厚なシェイク。箱根山麓豚のハンバーガーなどもそろう。

カフェ ☎0460-83-8412 住箱根町湯本702 みつきビル3F 時11:00～18:00 休水曜 Pなし 交箱根登山鉄道箱根湯本駅からすぐ MAP付録① B-1

テラス席もあり、早川の音や緑を楽しみながらくつろげる

17:00
おみやげストリートでお買い物して帰りましょう

宮ノ下駅前の森メシは週末だとウェイティングも。曜日によっては出発を1時間早めてみるのもおすすめです。

心に残る、箱根の風景

山と空。その美しさに
改めて気づいたり

古代からの信仰の地。
神秘的なパワーを感じて

通りすがりの雑貨屋さん。
木のおもちゃにも伝統の技術が

旧街道の夏。
セミの声だけが響いていました

山のこみちで出会う
不思議なかたちの巨木たち

秋風に揺れるススキの穂。
時間がたつのも忘れそう

写真左上から時計回りに芦ノ湖スカイラインP.54、芦ノ湖P.38、甘酒茶屋P.47、
すすき草原P.55、箱根の新緑(イメージ)、NARAYA CAFEP.24

箱根のおいしいかわいいを探して

箱根西麓の野菜に
駿河湾や相模湾で揚がった新鮮な地魚、
清らかな湧き水で打つ蕎麦やお豆腐。
箱根では、押し寄せる美食家たちを満足させようと
レストランやホテル、オーベルジュの
名シェフたちが日々しのぎを削っています。

また、ミュージアムグッズや寄木細工も
モダンで洗練された箱根ブランドの象徴として
ぜひ手に入れたい逸品です。

ゆったりとした時間が流れていく 箱根ローカルのおいしいカフェ

旅の途中でひと休みするなら、どんなカフェに行きましょう？
強羅や仙石原で地元の人にも愛されるカフェがこちら。
こだわりの空間とおいしいメニューでのんびりとした箱根時間を過ごして。

農協の建物を改装したスタイリッシュなカフェ

（上）カフェラテ690円など（左下）自家製スペアリブプレート1738円。三島など近郊の野菜がたっぷり（右下）杉材をふんだんに使った店内

COFFEE CAMP

‖強羅‖コーヒーキャンプ

強羅の人気ゲストハウスHAKONE TENTP.100が手がけるカフェ。2階には焙煎所があり、自家焙煎のコーヒーと自家製スイーツやランチでくつろげる。山のリゾートを思わせる店内の壁面アートもすてき。

☎0460-83-8644 箱根町強羅1320-261 ⏰8:00～16:00
休無休 Pなし 箱根登山鉄道強羅駅からすぐ
MAP付録② C-2

シングルオリジンの茶葉を味わう日本茶専門店

（上）煎茶・やぶきた900円、自家製お干菓子付き（左下）箱根寄木細工のスツールがかわいい店内。茶葉も販売（右下）箱根の和菓子各300円

茶石

‖強羅‖ちゃせき

煎茶、玉露、かぶせ茶、焙じ茶、水出し冷茶など20種類近い単一産地の茶葉を扱う。茶葉は煎茶道の教授者でもあるオーナーが全国を旅して農家から直接仕入れるもの。美しい作法で淹れる至福の一杯を。

☎0460-83-8816 箱根町強羅1300-307 ⏰10:30～17:30
休不定休 Pあり 箱根登山鉄道強羅駅から徒歩5分
MAP付録② C-2

新緑も紅葉も、雪景色も

お気に入りのカフェを見つけたら季節を変えて訪ねてみて。窓側やテラス席で箱根の四季の移ろいを感じて過ごすと旅がより楽しめます。

仙石原すすき草原を見ながらひと休み

（上）神奈川のこだわり卵を使うほろ苦レトロプリン500円など（左下）生乳ソフトをアレンジしたアフォガード660円（右下）かつて食堂だった建物

仙石原茶屋

‖仙石原‖せんごくばらちゃや

仙石原すすき草原P.55を眺められるのどかな雰囲気の古民家カフェ。檜や杉の一枚板を惜しみなく使ってリノベーションした居心地のいい店内で、こだわりのコーヒーや自家製スイーツが味わえる。

☎0460-83-8692 ⌂箱根町仙石原1246-122 🕒10:00～18:00
休水・木曜 Pなし バス停仙石高原からすぐ
MAP付録② A-2

お皿の上を走る登山電車のケーキ

（上）トコトコ登山電車のケーキ605円（左下）レトロな写真を飾った写真館の一角にある（右下）レモンのチーズケーキ550円

スタジオカフェ・シマ

‖強羅‖

大正8（1919）年創業の写真館が開いたカフェ。お目当ては、ドライフルーツの入ったケーキとほんのりレモンが香るクッキーで作った登山電車のケーキ。やさしい風味とほっこりしたルックスに心ときめいて。

☎0460-82-2749 ⌂箱根町強羅1300-280 🕒10:00～18:00
休木曜、不定休あり Pあり 箱根登山鉄道強羅駅からすぐ
MAP付録② C-2

茶石では笠間焼の焙烙を使って目の前で炒るほうじ茶もおいしい。茶葉はすべて販売しているほかテイクアウトもできますよ。

さんぽ途中のランチにぴったり 気軽に行けるレストラン

箱根は高級なお店ばかり？　いえいえ、地元の人が普段使いする
おいしいのに手ごろな料金のレストランが、ちゃんとあるんです。
店主の愛情が詰まった満足ランチ、ご賞味あれ。

箱根メイドのごちそうハンバーガー

（上）ジューシーなBOX BURGER2130円（左下）有機抹茶の抹茶レモネード825円など（右下）花街の日本家屋を改装したレトロな風情もすてき

BOX BURGER 箱根湯本店

‖**箱根湯本**‖ボックスバーガーはこねゆもとてん

宮城野で話題のハンバーガー店が箱根湯本に登場。相州牛をふんだんに使う自慢の自家製パテはそのままに、店舗限定で箱根ベーカリーのバンズを使用。前菜やこだわりの抹茶ドリンク、シェイクなども豊富にそろう。

☎0460-83-8539 箱根町湯本474-37
🕒11:00～15:00、17:00～19:00 休 不定休 P なし
箱根登山電鉄箱根湯本駅から徒歩9分 MAP 付録① A-2

野菜をたっぷり使うオーガニックカフェ

（上）御殿場産のオーガニック野菜を使った季節野菜のカレーライス1760円（左下）テラス席もある（右下）季節により野菜やフルーツも販売

ポコアポコ

‖**仙石原**‖

箱根で働く人に愛される穴場的なカフェ。自家焙煎のコーヒーやオーガニック野菜のメニューがそろっていて、カレーのほかロールキャベツやグラタンも好評。体に優しい料理とほっこりした雰囲気に癒されて。

☎0460-84-8214 箱根町仙石原180
🕒9:00～19:00（ランチは11:00～14:00）休 水・木曜 P あり
バス停仙石案内所前からすぐ MAP 付録② A-1

サイドメニューも見逃せない

メイン料理はもちろん、自家製パンやデザートなどにも力を入れている店がほとんど。おすすめの一品も忘れずにいただきましょう。

ランチどきには行列のできる名物店

(上) 看板メニューのぱんグラタン1430円。御殿場のベーカリーに特注したパンを使う（左下）アットホームな店内（右下）大通りから外れた住宅街にある

ランチ&ドリンク ぱんのみみ

‖宮城野‖

特注した食パンほぼ1斤に、シーフードとチーズたっぷりのグラタンが入るぱんグラタンで有名な店。ボリューミーながらバランスのいい味で意外と丸々食べられてしまう。オムライス1320円なども人気。

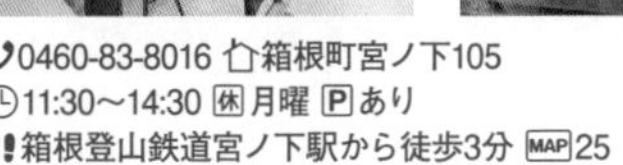

☎0460-82-4480 箱根町宮城野170
🕒11:00～15:00（変動あり）休火・水曜 Pあり
バス停宮城野案内所前から徒歩3分 MAP付録② D-2

旬の野菜のおいしさを味わうイタリアン

(上) ランチコース2915円。スープ、前菜、パスタなどを日替わりで（左下）木の温もりが伝わる店内（右下）店内や外から見えるオープンキッチン

ソラアンナ

‖宮ノ下‖

近郊の露地栽培野菜など、新鮮な旬の野菜をふんだんに使うイタリアン。野菜のスープや3～4種類から選ぶパスタなど、その日の仕入れで変わるランチコースを味わいたい。近郊の魚介がお目見えすることも。

☎0460-83-8016 箱根町宮ノ下105
🕒11:30～14:30 休月曜 Pあり
箱根登山鉄道宮ノ下駅から徒歩3分 MAP25

かつて芸妓さんの置屋だった建物を改装したBOX BURGER 箱根湯本店。3室のみの温泉宿「はこの和」として宿泊も可能です。

何度でも通いたくなる 箱根のおいしい名店、あります

**箱根についつい何度も通ってしまう、
そんな箱根好きな人に支持されるお店があります。
箱根を代表する名店の名物料理をじっくり味わいましょう。**

鯛ごはん

京都の老舗料亭で修業した店主の懐石料理の店で、名物は鯛ごはん。昆布と赤穂の天然塩ベースの特製ダシで炊いたご飯の上に、香ばしく焼いた鯛の身をほぐしてのせたもの。あっさりとした上品な味わい。

（上）早川のせせらぎが眺められる
（右）瓔珞鯛ごはん4380円

鯛ごはん懐石 瓔珞 ‖塔之沢‖ たいごはんかいせきようらく

0460-85-8878 箱根町塔之澤84 11:30～14:30
休 水曜 P あり 箱根登山鉄道塔ノ沢駅から徒歩5分
MAP 付録① B-3

足柄牛

宮ノ下の住宅街に立つ隠れ家的な立地ながら、足柄牛やアワビがお値打ち価格の丼で楽しめると人気の一軒。ふっくらご飯にステーキをのせた足柄牛のステーキ丼はブランド牛のうまみが存分に楽しめるランチメニュー。温泉卵やポン酢で味変しながら楽しんでみては。

（上）昼は食事処、夜は居酒屋としてにぎわう（右）足柄牛のステーキ丼1800円（ランプ）。温泉卵、味噌汁、漬物付き

いろり家 ‖宮ノ下‖ いろりや

0460-82-38314 箱根町宮ノ下296
11:30～13:30、18:00～21:00 休 木曜 P あり
箱根登山鉄道宮ノ下駅から徒歩15分 MAP 24

名物の中に名物アリ

いろり家はかながわブランド牛を、田むら銀かつ亭は箱根銀豆腐📖P.85の特製豆腐を使用。名物料理も箱根の自然から生まれています。

豆腐かつ煮定食1738円。ダシがじんわり染み込んだ味が評判

豆腐かつ煮

平日でも行列のできる人気の和食処。2代目田村洋一氏が、歯を悪くした母のために考案した「豆腐かつ煮」は、挽肉をはさんだ豆腐を揚げ、卵でとじた一品。今や箱根名物の代名詞ともいえる人気メニュー。

(上) 座敷とテーブル席がある
(下) 落ちついた佇まいの建物

田むら銀かつ亭

‖強羅‖ たむらぎんかつてい

☎0460-82-1440 住箱根町強羅1300-739 ⏰11:00～14:30、17:00～19:00 (火曜は昼のみ、季節により変動あり) 休火曜の夜、水曜 Pあり 🚶箱根登山鉄道強羅駅から徒歩3分 MAP付録② C-2

白米6に国産麦4の黄金麦飯に自慢のとろろをかけて

自然豊かな環境にある

自然薯

宮ノ下で人気を博した「箱根自然薯の森 山薬」の本店。美と健康をテーマに、自社農園で約3年をかけて育てた自然薯を使い多彩な自然薯料理を提案する。ランチはシンプルな麦めしとろろ膳から、富士湧水豚の西京焼きなど多彩な副菜が付く至高の昼ご飯膳3410円まで好みの御膳を選びたい。

麦めしとろろ膳2090円。毎朝11時まではこだわり卵が付く朝食メニューも好評

自然薯農家レストラン 山薬 宮城野本店

‖宮城野‖ じねんじょのうかレストランやまぐすりみやぎのほんてん

☎0460-82-1066 住箱根町宮城野829

⏰8:00～19:00 (土・日曜、祝日は7:00～) 休無休 Pあり

🚶バス停明神平からすぐ MAP付録② C-2

鯛ごはん懐石 瓔珞の鯛ごはん弁当1500円～はテイクアウトできるので、帰りの電車の中でも箱根名物が楽しめます。

丁寧に作られた和食だからこそ素材そのもののおいしさに感動

箱根ならではの天然食材を心を込めて、丁寧に。
素材の持ち味を存分に引き出した料理には
最後のひとすくいまで、自然の恵みが感じられます。

古民家風の店内でコクのある豆腐料理を

1豆腐点心1930円 2風雅な木造建築。店内には囲炉裏を囲むテーブル席も 3湯場とうふは単品で840円

menu

知客点心2400円
豆腐とき膳2400円
知客とき膳3350円
山芋とき膳2400円

知客茶家 ‖箱根湯本‖しかぢゃや

懐かしい和の情緒あふれる店内で、豆腐と山芋を使った料理をいただける。田舎味噌で味付けし、とろろをかけたオリジナルの早雲豆腐が名物。豆腐点心などのセットメニューで味わって。

☎0460-85-5751 住箱根町湯本640 ⏰11:00～14:15、16:30～18:45 休水・木曜(祝日の場合は営業) Pあり 🚶箱根登山鉄道箱根湯本駅から徒歩7分 MAP付録① A-1

湧き水を使った絶品とろろ汁を堪能

1とろろ汁、天日干しの干物などが付く麦とろ3300円 2家庭的な雰囲気で和める 3厳選した自然薯を使用

menu

自然薯づくし7500円
自然薯のとろろそば1800円～

しずく亭 ‖仙石原‖しずくてい

麦とろには自然薯と湧き水「嬰寿(えいじゅ)の命水」、2種類の生味噌を使用。すりたてのとろろはほどよく空気を含み、ふんわりと舌触りもなめらか。米を研ぐ水にも湧水を使用している。

☎0460-84-2248 住箱根町仙石原1246 ⏰11:00～なくなり次第終了 休不定休 Pあり 🚶バス停仙石高原から徒歩3分 MAP付録② A-2

おいしい精進料理「湯葉」

植物性タンパク質たっぷりの「湯葉」は豆乳の加熱時にできる膜を引き上げたもの。精進料理の材料として古くから食されています。

近郊の食材を使った釜めし

1甘辛い味付けが美味なさがみ牛釜めし2200円 2和風の落ち着いた店内。2階には座敷も 3すすきでスモークした、いぶし煮豚915円

menu
山菜わっぱめし 1760円
わかさぎの唐揚げ1100円

ごはんと板前料理 **銀の穂**

‖仙石原‖ごはんといたまえりょうりぎんのほ

自家菜園で育てた野菜、芦ノ湖産のワカサギ、御殿場産のお米など、こだわりの食材を使う和食処。名物の釜めしとわっぱ飯は種類も豊富。夜にはお造り付きのコース料理4400円～も。

☎0460-84-4158 住箱根町仙石原817 時11:00～14:30、17:00～20:30 休水曜、12～2月の第1・3火曜 Pあり 交バス停仙石高原からすぐ MAP付録② A-2

熱々の汲み上げ湯葉をたっぷりと

1看板メニューの湯葉丼1200円 2大きな窓から早川を眺められる立地 3一番しぼり湯葉刺800円はわさび醤油でどうぞ

menu
湯葉丼＋湯葉刺セット 1800円
湯葉丼ご膳2400円

湯葉丼 直吉

‖箱根湯本‖ゆばどんなおきち

店内に入った途端、ダシの香りがふわっと漂う。湧き水と良質な大豆でできた豆乳で作る湯葉を特製ダシで温めた湯葉丼が人気。熱々の土鍋で味わって。湯葉ぜんざい780円などもぜひ。

☎0460-85-5148 住箱根町湯本696 時11:00～18:00（湯葉がなくなり次第閉店） 休火曜（祝日の場合は営業） Pなし 交箱根登山鉄道箱根湯本駅から徒歩3分 MAP付録① B-1

ごはんと板前料理 銀の穂では、専用陶器のおみやげ釜めしも販売。注文から30分かかるので早めにオーダーを。

名水と素材を生かす心が作り出す箱根名物の蕎麦

随所に清水があふれ出す、名水の地・箱根。
ゆっくりと大地に染み込み、時間をかけて自然にろ過された水は
雑みがなく蕎麦打ちに最適。澄んだ空気と一緒に味わって。

ヤマイモと卵でつなぐ
なめらかな蕎麦

はつ花そば 本店

‖箱根湯本‖はつはなそばほんてん

「箱根の名物は蕎麦」を定着させた一軒。創業以来、ヤマイモと卵だけでつなぐ蕎麦はコシがあってのど越しもいいと評判。行列ができていたら、近くにある新館を利用するのもおすすめ。

☎0460-85-8287
箱根町湯本635
10:00～18:45
休 水曜 P あり
箱根登山鉄道箱根湯本駅から徒歩6分
MAP 付録① A-1

1 粘りけの強い自然薯の山かけが付くせいろそば1300円が一番人気 2 湯本橋のたもとの早川沿いに建つ 3 店内には貴重な史料も

1 鴨汁蕎麦2100円。驚くほど柔らかく旨みの濃い鴨肉は生のまま仕入れて独自に調理しているとか 2 白海老の天ぷら1200円 3 モダンな和カフェのような店内

挽きぐるみの蕎麦を
辛めのつゆでいただく

手打ち蕎麦 彦

‖箱根湯本‖てうちそばげん

殻付きのまま石臼で挽いた挽きぐるみの蕎麦粉を使う彦1100円は、1日限定15食の二八蕎麦。通好みの辛つゆとの相性が抜群。蕎麦粉を9割使うせいろ1100円も端正な味わいで人気。

☎0460-85-3939 箱根町湯本茶屋183-1 11:00～14:30（売り切れ次第終了） 休 月・火曜 P あり 箱根登山鉄道箱根湯本駅から徒歩20分 MAP 付録① B-3

二八に十割、何のこと？

「十割」は蕎麦粉100％、「二八」は蕎麦粉8割に対して小麦粉などのつなぎ2割で打った蕎麦のこと。つなぎの量の違いです。

国産蕎麦粉を使った
こだわりの一軒

竹やぶ 箱根店

‖元箱根‖たけやぶはこねてん

箱根ロープウェイ姥子駅に近い豊かな自然のなかに立つ。鼻に抜ける香り豊かな十割蕎麦を求め、足しげく通う蕎麦ツウが多い名店のひとつ。11～3月は長野県黒姫高原産の天日干し、4～10月は新潟県塩沢産の蕎麦の実を使用。

☎0460-84-7500 住箱根町元箱根160-80
時11:00～売り切れ次第終了 休水曜
Pあり 交箱根ロープウェイ姥子駅から徒歩6分 MAP付録② A-3

1細くてコシのある十割蕎麦。こちらは鬼殻を剥いて挽いたせいろそば1320円。石臼で鬼殻ごと挽く数量限定の田舎そば1320円もあるので好みで選んで 2タイルやビーズで彩られた店内

木々に囲まれた立地

北海道多度志産の粉を使う
香り高い蕎麦

そば処 みよし

‖元箱根‖そばどころみよし

貴重な北海道産の蕎麦粉を使い、打った蕎麦を少し寝かせて香りと甘みを引き出す。伊豆の桜海老と岩海苔そば1380円などが評判。

☎0460-84-9140
住箱根町元箱根160-90
時11:00～14:30
休不定休 Pあり
交バス停桃源台から徒歩5分
MAP付録② A-3

1桜海老と岩海苔そば。箱根山麓豚を使う山麓そばも好評
2湖尻・桃源台エリアの静かな環境

こだわりの古式石臼製法で
挽いた蕎麦粉を味わう

深生そば

‖元箱根‖しんしょうそば

箱根神社鳥居近くにある蕎麦処。北海道十勝鹿追産の蕎麦粉を使った蕎麦はコシがしっかり。食後にはそばの実アイス380円をどうぞ。

☎0460-83-6618
住箱根町元箱根6-17
時11:00～16:00（季節・曜日により異なる） 休水曜 Pあり
交バス停元箱根港からすぐ
MAP付録③ D-2

1国産鴨のうま味が溶け込んだつゆがおいしい鴨せいろ1480円
2芦ノ湖を目の前に眺める立地

山に降った雨が地下水となって地表から自然に湧出する湧き水。箱根ではこの湧き水を料理に使う店も多いです。

洗練された雰囲気もごちそう 正統派ダイニングのランチ

箱根を旅するなら、一度は訪れてみたい正統派のダイニング。
一見ハードルが高そうな店でも、ランチタイムなら雰囲気も少し気楽。
料理はもちろん、建物やインテリアにも注目して。

1昼のコース。新鮮な地野菜や人気のパスタ、メインディッシュに、デザートとコーヒーが付く 23仙石原の自然の中にある

白亜の邸宅でいただく優雅なイタリアン

アルベルゴ・バンブー

‖仙石原‖

イタリア直輸入の建材を使った建物は、イタリアの豪邸のよう。フレスコ画と大理石に彩られたメインダイニングで、近郊の野菜や肉、魚介を使う「箱根イタリアン」を。

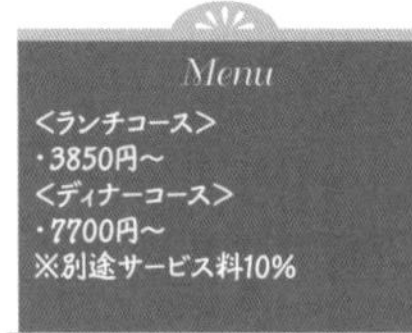

Menu
<ランチコース>
・3850円～
<ディナーコース>
・7700円～
※別途サービス料10%

0460-84-3311 箱根町仙石原984-4 11:30～14:00、17:30～20:00(要予約) 休火曜 Pあり バス停仙石原小学校前から徒歩5分 MAP付録② B-1

1ランチコースのイメージ。近郊の旬の食材を取り入れた洋食が味わえる 2美しい緑を眺めながらくつろいで 3箱根を代表するリゾート

スタイリッシュに楽しむハイアットのランチ

ダイニングルーム - ウェスタンキュイジーヌ

‖強羅‖

中央にオープンキッチンを配したメインダイニング。上質な魚介や肉、野菜のおいしさを引き出す料理とおしゃれなインテリアが好評。

Menu
・シーズナルランチ 5200円
※税込み、サービス料別
※内容・提供時間が変更になる場合あり。最新の情報はHPにて要確認。

0460-82-2000(ハイアット リージェンシー 箱根 リゾート＆スパ) 箱根町強羅1320 朝食7:30～11:00、ランチ11:30～14:00、ディナー17:00～21:00 休無休 Pあり 箱根登山ケーブルカー上強羅駅から徒歩5分(箱根登山鉄道強羅駅から送迎あり、駅到着後要連絡) MAP付録② C-2

箱根に集まる新鮮野菜＆地魚

とれたての地魚は相模湾や駿河湾から、みずみずしい野菜は箱根西麓三島ブランドで知られる静岡の三島などから届けられています。

1ブイヨンではなく伝統の自家製コンソメを使い驚くほどまろやかなビーフカレー 2 3竣工当時のままの彫刻やステンドグラスも見ごたえがある

伝統のビーフカレーが味わえる

レストラン・カスケード

‖宮ノ下‖レストランカスケード

富士屋ホテルで不動の人気を誇るビーフカレーをランチ限定で提供。1920（大正9）年建築の旧宴会場カスケードルームを復原した華麗な空間にもときめいて。

Menu
・ランチ
ビーフカレー 3900円
選べる洋食セット
カスケードセレクトランチ7500円
クラシックランチ7500円～

☎0460-82-2211（富士屋ホテル） 箱根町宮ノ下359 富士家ホテル カスケード・ウイング 3階 ランチ11:30～14:00、ディナー 17:30～20:00 休不定休 Pあり 箱根登山鉄道宮ノ下駅から徒歩7分 MAP24

1月ごとにメニューが変わる懐石料理のコース 2柔らかな光とアール・デコ調のインテリアに囲まれた室内 32階席からの眺めもいい

宮家別邸の洋館で味わう旬の懐石料理

懐石料理 花壇

‖強羅‖かいせきりょうりかだん

昭和初期建造の旧閑院宮（かんいんのみや）別邸で、名旅館として知られる強羅花壇の味を気軽に楽しめる。新鮮な魚介と厳選された旬の食材を使った料理は、心に残る逸品。

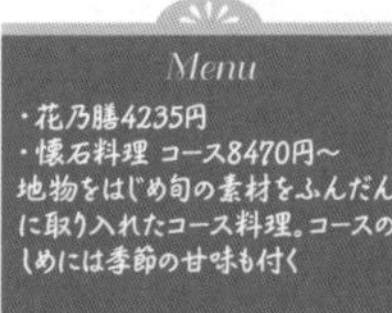

Menu
・花乃膳4235円
・懐石料理 コース8470円～
地物をはじめ旬の素材をふんだんに取り入れたコース料理。コースのしめには季節の甘味も付く

☎0460-82-3333 箱根町強羅1300 11:00～14:00、17:30～19:00 休不定休 Pあり 箱根登山鉄道強羅駅から徒歩3分 MAP付録② C-3

ゆったりと食事を味わう店なので、ランチタイムでも予約を。当日に決めた場合も電話で問い合わせをしてから行きましょう。

箱根だからこそ行ってみたい別荘族御用達レストラン

保養地、別荘地として長い歴史をもつ箱根だけに、
別荘族が足しげく通う店にも注目してみたいもの。
静かな環境と温かいサービスも、愛され続ける理由です。

クラフトビール醸造所があるブリュワリーレストラン

ラムチョップステーキ 8000円
2〜3人でシェアするメインディッシュ。表面をグリルで焼き上げ石窯でじっくりと火入れしたジューシーなラムをスパイシーなソースで召し上がれ

GORA BREWERY & GRILL

‖強羅‖ゴウラブリュワリーアンドグリル

箱根の天然水を100%使う個性豊かなクラフトビールで知られる。時間帯を問わずメニューはアラカルトで、炭火と石窯で焼き上げる豪快なグリルを中心に多彩なラインナップ。

☎0460-83-8107
住 箱根町強羅1300-72
時 13:00〜20:30
休 無休
P あり
交 箱根登山鉄道強羅駅から徒歩10分
MAP 付録② C-3

設計は建築家・中村拓志氏のデザイン

五感で楽しむ新しい鉄板焼き

ランチコース 3850円〜
その日の特製スープ、箱根野菜のサラダ、黒毛和牛ステーキなどのメインにパンが付く

ITOH DINING by NOBU

‖強羅‖イトウダイニングバイノブ

世界中のセレブリティに愛される料理人・NOBUこと松久信幸氏とコラボレーションした、鉄板焼きのダイニング。強羅の閑静な別荘街にあり、リピーターも多い。

☎0460-83-8209
住 箱根町強羅1300-64
時 11:30〜14:00、17:00〜20:30
休 無休
P あり
交 箱根登山ケーブルカー公園下駅からすぐ
MAP 付録② C-2

シンプルでスタイリッシュな店内

別荘が多いエリアといえば？
明治時代に開発が始まり、政財界の要人に愛された強羅。仙石原にも温泉付き別荘が数多くあり、おいしいお店が集まっています。

箱根で代々愛される洋食店

サクサクミートパイ 3150円
ほろほろになるまで煮込まれたビーフとあつあつの濃厚ソースをさくさくのパイに閉じ込めた看板メニュー

レストラン ロア
‖小涌谷‖

富士屋ホテルで修業した先代が開いた洋食店。現在のシェフが考案したサクサクミートパイのほか、希少価値の高い足柄牛のメニューなども人気となっている。

☎0460-82-4720
箱根町小涌谷520
11:30～14:00、17:00～なくなり次第終了 休火曜（祝日の場合は翌日休） Pあり
箱根登山鉄道彫刻の森駅から徒歩5分
MAP付録② C-3

晴れた日はテラス席も気持ちいい

薪の石窯がある本格ピッツェリア

マルゲリータ 1980円
ピザのおいしさをシンプルに楽しめる人気メニュー。中はもっちり、外はパリパリの生地を堪能して

solo pizza TARO'S
‖仙石原‖ソロピッツァタロウズ

ヨーロッパの農家風の一軒家。ピザは素材の味わいが楽しめるベーシックなものを中心に8種類前後を用意。生地から手作りし、イタリア直輸入の石窯で焼き上げる。

☎0460-85-2884
箱根町仙石原999
11:30～14:30、17:00～20:00（月曜の夜は～19:00、木曜は夜のみ） 休火・水曜 Pあり
バス停仙石原小学校前から徒歩15分
MAP付録② B-1

アンティーク家具を配した店内

国内外で評価を高めるGORA BREWERYのクラフトビール。箱根エリア各所でも販売されているのでチェックしてみては。

わざわざ買いに行く価値あります 箱根の名物パン

湧き水や源泉水を練り込んだ温泉地ならではのパンから
老舗ホテルのカレーパン、和の食材を使ったパンまで。
明治から洋食文化が発展した箱根では、パンの歴史も古いのです。

セピア通りに面した老舗パン屋さん

温泉シチューパン680円(税別)
丸いフランスパンの中は、じっくり煮込んだビーフシチュー。箱根でも一、二を争う人気パン

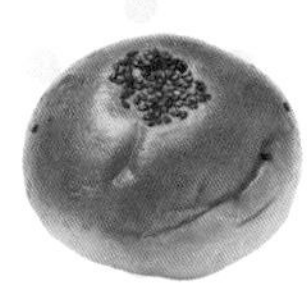

梅干あんぱん320円(税別)
柔らかい果肉の梅干しが入った、ユニークあんぱん。しっとりとしたこし餡との甘酸っぱいハーモニー

カステラパン300円(税別)
いちごジャムをぬった自家製カステラ入りのスイーツ系パン

富士屋ホテル伝統の技が生きたパンとスイーツ

パン・オ・ショコラ300円
サクサクのクロワッサン生地とチョコレートの相性がいい

クラシックカレーパン350円
富士屋ホテルの人気ビーフカレーをアレンジした惣菜パン。午前中で売り切れてしまうことも

ミニ・レーズンパン400円
ほんのりと甘く柔らかい生地に、たっぷり入ったレーズンの酸みがぴったり。おみやげとして不動の人気を誇る一品

渡邊ベーカリー

‖宮ノ下‖わたなべベーカリー

1891(明治24)年創業、箱根で最も古い老舗ベーカリー。50種類以上のパンが並び、中でもパン生地に箱根の湧き水を使った温泉パンが名物。温泉シチューパンはイートインコーナーで、できたてをどうぞ。

☎0460-82-2127
箱根町宮ノ下343
9:30～17:00 休水曜、第1·3·5火曜 Pあり 箱根登山鉄道宮ノ下駅から徒歩7分 MAP24
(イートインOK)

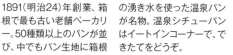

ベーカリー＆スイーツ ピコット

‖宮ノ下‖

富士屋ホテルの直営ベーカリー。名物カレーパンのカレーはホテルレストランのカレーに限りなく近づけたもの。代々受け継がれた技術と味わいはどのパンにも生きている。焼きあがり時間には行列ができることも。

☎0460-82-5541
箱根町宮ノ下359
9:00～17:00 休無休
Pあり 箱根登山鉄道宮ノ下駅から徒歩7分 MAP24
(イートインOK)

パン屋へのお出かけは早い時間に

ホテルメイドや老舗など、行列ができることもある箱根のパン店。人気のパンは早くに売り切れてしまうことも。早起きして出かけて。

箱根に根ざした小さなパン屋さん

メロンパン210円
ふんわりとしたパンにカリッとコクのあるクッキー生地をのせた店で1番の定番の人気パン

塩バターフランス115円
もちもち食感のフランスパン。バターの香りと塩分のバランスがいい。おやつにも食事にも

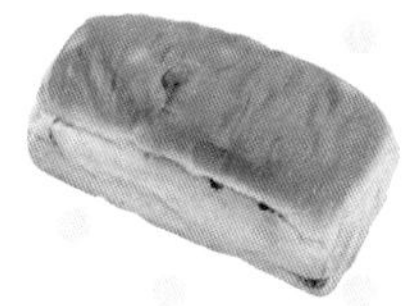

おいしいレーズンパン290円
シンプルな生地にレーズンがぎっしり入り、素朴でやさしい甘み。地元ファンが多いそう

箱根湯本の駅ナカにあるカフェ

シナモンロール260円
シナモンパウダーを練りこみシュガーペーストをかけた定番。食べごたえのあるサイズ

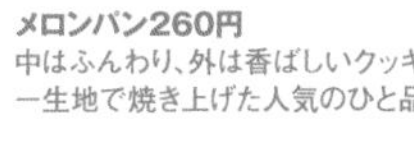

メロンパン260円
中はふんわり、外は香ばしいクッキー生地で焼き上げた人気のひと品

山のホテルカレーパン350円
薄めの生地でサクサク食感。めずらしいスティック型で食べ歩きにもぴったり

あやぱん

‖箱根湯本‖

箱根湯本の住宅街にある小さなベーカリー。オープン以来、大人から子どもまで楽しめる約20種のパンで地元っ子に愛されている。パンは随時焼き上げているので、比較的空いている午後が狙い目だとか。

☎0460-83-9141 住箱根町湯本203 湯本マンション104 ⏰11:00〜18:00 休月曜、不定休 Pあり 交箱根登山鉄道箱根湯本駅から徒歩10分 MAP付録④ C-2

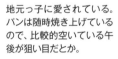

箱根カフェ

‖箱根湯本‖はこねカフェ

箱根湯本駅の改札フロアにあり、電車の待ち時間や待ち合わせに便利。パンやテイクアウト商品のほかイートイン限定のケーキセットなどもある。電車のホームを見下ろしながら、くつろいだひとときを。

☎0460-85-8617 住箱根町湯本707 ⏰10:00〜17:00（土・日曜、祝日は〜19:00） 休不定休 Pなし 交箱根登山鉄道箱根湯本駅構内 MAP付録① B-1

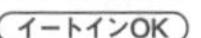

富士屋ホテルの「ベーカリー＆スイーツ ピコット」は箱根湯本駅前にもショップP.17があるので、宮ノ下まで行かない場合はこちらへ。

その場で食べる派？　テイクアウト派？ 逸品豆腐がそろっています

箱根といえば忘れてはならないのが、名水仕込みのお豆腐。
丁寧に仕込まれた一品を口にすれば、
ふるふるとふくよかな大豆の甘さが口いっぱいに広がります。

豆乳杏仁豆腐
豆乳で作った杏仁豆腐。ほんのりとした大豆の甘みがデザートにもぴったり。店先で食べてもOK。380円

ちっちゃくても
本格派

ひと口がんも
愛らしい小さなかんもどき。つなぎに大和芋を使うことで、ふんわりとした食感が続く。10個450円

汲み豆腐
にがりを通常より減らしているので大豆の風味をより一層感じられる。醤油がなくてもペロリといただける。持ち帰り用は390円

大豆の甘みを
実感できます

豆乳(200㎖)
丸みのあるなめらかな舌触りの豆乳を店頭で。佐賀県産の大豆を使い、素材そのものの甘さを感じることができる。持ち帰り用160円

天然にがりと湧き水を使用 江戸時代から200年以上続く老舗

豆腐処 萩野

‖箱根湯本‖とうふどころはぎの

豆腐には瀬戸内海の天然にがりと地元・湯坂山の湧き水を使用。3回に分けてにがりを加える木綿豆腐220円は、豆腐本来の甘みや旨みが存分に感じられる逸品。

☎0460-85-5271 住箱根町湯本607 営9:00～17:00 休水曜 Pなし 交箱根登山鉄道箱根湯本駅から徒歩7分 MAP付録① A-1
(テイクアウト)

宮ノ下の名水とこだわり製法で 上質な大豆本来の味を引き出す

豊島豆腐店

‖宮ノ下‖とよしまとうふてん

こちらも江戸時代から続く老舗。北海道産大豆と宮ノ下の湧き水を使い、通常よりにがりを少なくすることで大豆本来の味を引き出している。評判の汲み豆腐で味わって。

☎0460-82-2545 住箱根町宮ノ下340-2 営休土・日曜の不定期に営業、要問合わせ Pなし 交箱根登山鉄道宮ノ下駅から徒歩7分 MAP24
(テイクアウト)

まずは何もつけずに味わって

店先でできたてを味わうなら、醤油はつけずにまずは一口。そのままいただくことで、大豆本来の上品な旨みが味わえます。

強羅でいちばんの名物かも

しゃくり豆腐
強羅の名物豆腐。午前中に売り切れることもあるので早めに出かけて。230円

冷奴で食べてみて

玉肌もめん 姫乃水
おいしい水と上質な大豆から作る、もめん豆腐。店一番の人気商品。248円

厚揚げ
水との相性を考えて厳選した豆を使用。焼いて、すり下ろしたニンニクとともに食べるのがおすすめ。1枚170円

箱根白雪　姫乃水
もめん豆腐よりもさらに舌触りなめらかな、絹ごし豆腐。食べ比べてみて。216円

人気の「しゃくり豆腐」で行列も
強羅の山々を眺めながら味わって

箱根銀豆腐

‖強羅‖はこねぎんどうふ

強羅で100年以上の歴史を持つ人気店。名物のしゃくり豆腐は80～100℃に保たれた釜から豆腐をおたまでしゃくってもらうもの。ふわふわの食感と大豆の甘みがいい。

☎0460-82-2652 箱根町強羅1300-261 8:00～売り切れまで 休木曜 Pなし 箱根登山鉄道強羅駅からすぐ
MAP付録② C-2
(テイクアウト(しゃくり豆腐はテイクアウト不可))

箱根山中きっての名水から生まれた
「姫とうふ」シリーズ

辻国豆ふ店

‖大平台‖つじくにとうふてん

名水「姫の水」が湧くことで知られる大平台の店。こちらでも箱根内輪山・浅間山の伏流水を使っている。「姫とうふ」各種のほか豆乳100円～も好評。電話で予約も可。

☎0460-82-2156 箱根町大平台442-2 8:30～16:00 休水・木曜 Pなし 箱根登山鉄道大平台駅から徒歩10分
MAP付録① A-2
(テイクアウト)

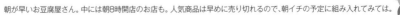

朝が早いお豆腐屋さん。中には朝8時開店のお店も。人気商品は早めに売り切れるので、朝イチの予定に組み入れてみては。

メイド・イン・ハコネの代表は昔も今も寄木細工です

天然の木材の色目で、多彩な幾何学模様を作る寄木細工は、
江戸時代末期、木材が豊富で木工が盛んだった畑宿(はたじゅく)で生まれた伝統工芸品。
木目の織り成す文様は、現代アートにも引けをとらない美しさです。

店内は広々としたスタイリッシュな空間

穴あきコースター各1200円

葉っぱの小物入れ各3300円。カラフルな手のひらサイズのかわいいケース

ドットバッグチャーム1800円。ドット柄の寄木を使ったうちはらオリジナル商品

テーブルウエア、ステーショナリー、アクセサリーなど多彩な作品が並ぶ。インテリアのお手本にもなりそう

芦ノ湖畔で必ず行きたい寄木細工のセレクトショップ

箱根 寄木うちはら

‖箱根町‖ はこねよせぎうちはら

生活をおしゃれに彩ってくれる箱根寄木細工の専門店。熟練の職人から気鋭の若手作家まで多数の作品をセレクトしていて、店内はまるでギャラリーのよう。さまざまなタイプの寄木があるので、ゆったり眺めて楽しんでみてはいかが。

0460-83-6222 箱根町箱根165
11:00～17:00 休 水曜、不定休
P あり バス停箱根町港からすぐ
MAP 付録③ D-3

1 カラフルなものからシンプルなものまで作品と表現の幅に驚かされる 2 2階は不定期でオープンするカフェになっている 3 箱根町港の近くに建つ

「ムク」と「ズク」って何？

色の異なる木材をブロック状に組み合わせる寄木。そこから削り出して作るのが「ムク」、薄く削って木製品に貼るものが「ズク」です。

発祥の地・畑宿の工房を訪ねてみましょう

みやげ品だった寄木細工を工芸品に昇華させたとされる工房。箱根駅伝の往路優勝トロフィーも手がけている

自分だけのコースターを作ってみては

モダンデザインの先駆者

金指ウッドクラフト

かなざしウッドクラフト

「ムク」の寄木細工を開発し、伝統を守りながら独自のモダンデザインの工芸品を制作し続ける店。寄木のコースター作り体験1100円もできる（所要約1時間20分）。

0460-85-8477 箱根町畑宿180-1 10:30～15:30 休月・水曜（祝日の場合は営業） Pあり バス停畑宿からすぐ MAP付録③ C-1

ムク作りの小物、ズク貼りの和装小物や帯など幅広い品ぞろえ。おみやげを探すのにもよさそう

絵画としても楽しめる木象嵌など奥深い木工と寄木の世界が垣間見られる

寄木細工の創始者子孫の工房

浜松屋

はままつや

箱根寄木細工の創始者、石川仁兵衛を祖先にもつ店。1階が店舗、2階が工房となっていて作品作りの様子を見学することも可能。実演後は記念にズクをプレゼントしてくれる。

0460-85-7044 箱根町畑宿138 9:30～17:00（実演は～16:00） 休無休 Pあり バス停本陣跡からすぐ MAP付録③ C-1

カスタネット3960円。ぬくもりある音にもときめいて

パスケース5940円。名刺やカードを入れてもよさそう

遊び心あふれる作品で知られる工房。日曜のみオープンなので注意を

若手職人・清水勇太さんが営む

るちゑのやどりぎ

ムクの寄木細工にこだわる清水勇太さんの工房&ショップ。茶石P.68のスツールを手がけたり、ポーラ美術館P.48で取り扱いがあるなど、その作品は箱根でも高い人気を誇る。

0460-83-8194 箱根町畑宿203-1 11:00～16:00 休月～土曜 Pなし バス停本陣跡からすぐ MAP付録③ C-1

古代のシリアで生まれ、シルクロードを経て日本に伝わったともいわれる寄木細工。国内ではほぼ箱根のみで発達した伝統工芸品です。

箱根のとっておきを探しましょう おみやげ&ギフト

箱根の旅では、おみやげ探しも楽しみのひとつ。
自然や風景をモチーフにしたもの、伝統の食品や技術を生かしたもののほか
新しい発想で生まれた新名物までよりどりみどりですよ。

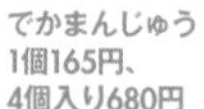

でかまんじゅう
1個165円、
4個入り680円
老舗の土産店が発売した手のひらサイズの温泉まんじゅう。黒糖の皮の中に地元の老舗和菓子舗のつぶし餡がぎっしり

A

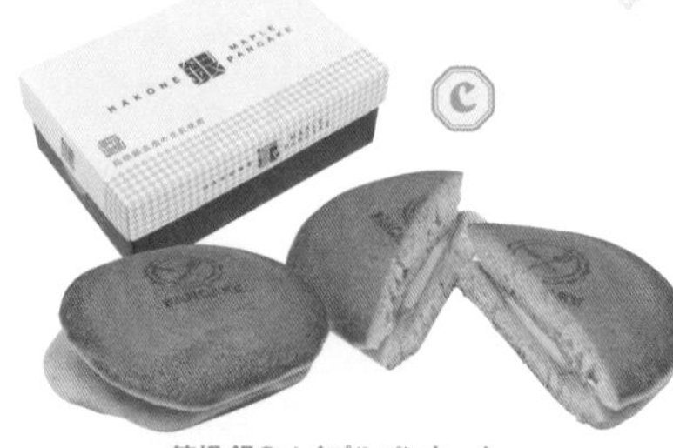

C

箱根 銀のメイプルパンケーキ
4個入り900円
箱根銀豆腐📖P.85の豆乳を使用。カスタードクリームとメープルフィリング入り

B

箱根プレミアム
バターカステラ
1本1080円
長崎のカステラに南箱根の厳選バターを使ったオリジナルカステラ。箱根登山鉄道沿線などで買える

HAKONE BUTTER SAN D
1個400円
箱根の風景をイメージして店内工房で手づくりするバターサンド。国産レモンが香るプレーン、ダブルチョコレート、ピスタチオ&ベリーの3種

C

手作りボンレスハム 100g400円、
ボロニアソーセージ 562円
別荘オーナー御用達の老舗精肉店。店主自ら仕入れ、加工、販売を行うこだわりのハム類やローストビーフが美味

D

C

HAKONE COOKIE SAN D 5個1480円
塩味を効かせたサクサクのバタークッキーにフレーバーチョコレートをサンド。キャラメル、ミックスベリー、抹茶&オレンジなど

箱根のおみやげはどこで買う？

いわゆるみやげもの店が多いのは箱根湯本と強羅の駅前、芦ノ湖畔の港周辺。お配り用のプチみやげはこうした場所で探してみて。

チーズケーキ 1個432円〜

厳選したクリームチーズと南箱根産の牛乳や卵を使った上質なチーズケーキ。プレーン、静岡県産の抹茶、いちご、チョコの4種

箱根のお月さま 1個120円

北海道産小豆や国産小麦など厳選した材料を使う温泉まんじゅう。箱根湯本駅前の直営店では蒸したてあつあつが食べられる

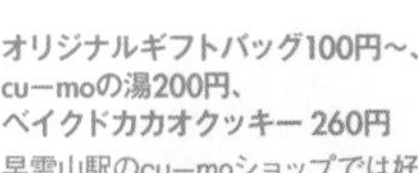

オリジナルギフトバッグ100円〜、cu−moの湯200円、ベイクドカカオクッキー 260円

早雲山駅のcu−moショップでは好みのおみやげを詰め合わせられるサービスも。オリジナルバッグを購入して自分らしいギフトを作ってみては

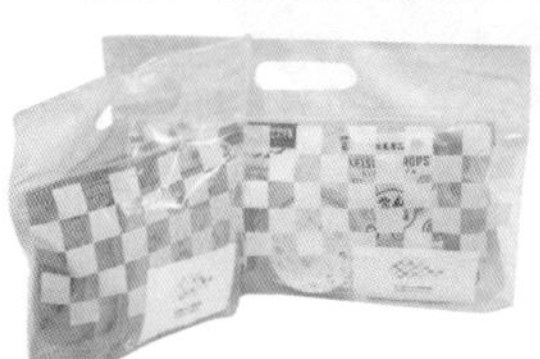

田中屋土産店

‖箱根湯本‖ たなかやみやげてん

☎0460-85-5351 箱根町湯本706 8:30〜18:00 休 木曜 P なし 箱根登山鉄道箱根湯本駅からすぐ MAP 付録① B-1

箱根の市

‖箱根湯本‖ はこねのいち

☎0460-85-7428 箱根町箱根湯本駅2F 9:00〜20:00 休 無休 P なし MAP 付録① B-1

箱根バターサンド SUN SAN D

‖元箱根‖ はこねバターサンドサンサンド

☎0460-83-6300 箱根町元箱根37 10:00〜17:00 休 不定休 P なし バス停箱根神社入口からすぐ MAP 付録③ D-2

相原精肉店

‖仙石原‖ あいはらせいにくてん

☎0460-84-8429 箱根町仙石原226 9:00〜17:00 休 火曜、水曜不定休 P あり バス停仙石案内所前からすぐ MAP 付録② A-1

箱根チーズテラス

‖元箱根‖ はこねチーズテラス

☎0460-83-9007 箱根町元箱根54 10:00〜16:00 休 不定休 P なし バス停箱根神社入口からすぐ MAP 付録③ D-1

まんじゅう屋 菜の花

‖箱根湯本‖ まんじゅうやなのはな

☎0460-85-7737 箱根町湯本705 8:30〜17:00 休 不定休 P なし 箱根登山鉄道箱根湯本駅からすぐ MAP 付録① B-1

cu−mo 箱根

‖強羅‖ クーモはこね

P.35

田中土産店のでかまんじゅうは店頭で1個売りもしています。2023年11月の発売以来、食べ歩きのおやつとしても人気ですよ。

朝食が待ち遠しくなる ジャム＆コンフィチュールコレクション

おいしいパン屋さんが点在している箱根には
実はこだわりのジャムやコンフィチュールがいっぱい。
ベーカリー、スイーツ店、美術館など多彩な場所で出会えますよ。

箱根のパン屋さんは
P.82

A　B&Tオリジナルジャム
ニューサマーオレンジ／いちご／
ブルーベリー 各573円

しっかりとフルーツの食感を残したベーシックなジャム。伊豆特産のニューサマーオレンジは爽やかな酸味でパンやスイーツでも人気

B　北海道箱根牧場
手造り 牧場のミルクジャム／
ミルクジャムコーヒー 各540円

昭和期に箱根町から北海道千歳市に移転したファームの自然派ジャム。生乳と砂糖のみを使い、とろりとした食感で濃厚な味わい

C　富士屋ホテルオリジナルジャム
ブルーベリー／ストロベリー／
マーマレード 各960円

日本を代表するクラシックホテル、富士屋ホテルの朝食で出される伝統のジャム。果肉を残した果実味いっぱいのシンプルなおいしさ

D　メープルセサミ 白ゴマ・黒ゴマ
各1080円

メープルシロップにゴマを加えた滑らかなペースト。添加物を使用していないナチュラルな味はパンのほか各種の料理にもおすすめ

E　山のホテル「ロザージュ」オリジナルジャム　ニューサマーオレンジ／カシス各870円

低糖度で果実の甘みを生かしたフレッシュな味わい。東伊豆産のニューサマーオレンジ、甘酸っぱいカシスの2種がある

A

Bakery & Table 箱根

ベーカリーアンドテーブルはこね

‖元箱根‖

芦ノ湖畔のベーカリー。カフェやレストランも併設する人気スポット。

P.41

B

箱根てゑらみす

はこねてらみす

‖箱根湯本‖

渋沢栄一など箱根ゆかりの3人のおじさまをモチーフにしたティラミス専門店。

P.22

C

ベーカリー＆スイーツ ピコット

‖宮ノ下‖

富士屋ホテル直営のベーカリー。ホテルメイドのパンや焼き菓子が好評。

P.82

D

箱根ガラスの森美術館

はこねガラスのもりびじゅつかん

‖仙石原‖

ガーデンにあるかわいい水車小屋アチェロでオリジナルの食品類を販売。

P.50

E

プレミアムショップ＆サロン・ド・テ ロザージュ

‖元箱根‖

小田急 山のホテルのデザートレストラン。2階のショップで紅茶などを販売。

P.40

箱根のお宿で ゆっくり、ほっ

客室露天風呂のある人気宿に、
絶品フレンチをいただけるオーベルジュ。
憧れのリゾートホテルがある一方、
気軽に足を運べる少しリーズナブルな宿も。

温泉、料理、客室、ロケーション、
そして心に残る温かいおもてなし。
箱根の宿は訪れる人を飽きさせません。

コンセプトも空間もお気に入り デザインにときめく宿

ここに泊まるためだけに出かけたくなる、
そんな宿が箱根にはいくつもあります。
客室の温泉に浸かったりラウンジでくつろいだり自由きままに過ごしましょう。

日がな一日、本と温泉に浸るしあわせ

箱根本箱 ‖強羅‖はこねほんばこ

国内外の良書12000冊をそろえたブックホテル。高さ6.5mの本棚が向き合う本箱ラウンジを中心に、廊下や客室、穴蔵のようなおこもりスペースなど館内のいたるところに本があり、すべて購入できる。強羅と大涌谷の2つの温泉を引く大浴場のほか、全室にある露天風呂も心地いい。

☎0460-83-8025 ⌂箱根町強羅1320-491 ⓛIN15:00 OUT11:00 室洋17、和洋1 Pあり 🚶箱根登山ケーブルカー中強羅駅から徒歩4分 MAP付録② C-2

宿泊プラン

露天風呂付き1階テラスツイン
1泊2食付き(2名1室/1名分)
平日21656円〜

こんなスペースも

コーヒーが自由に飲めるラウンジやショートフィルムのシアターなど自分の世界に浸れる空間が多数

1宿のシンボル、本箱ラウンジ 25本を使ったアートが彩るダイニングで大人のローカルガストロノミーを堪能 3居住性を追及した客室は全室デザインが異なる 4露天風呂が付く大浴場

ランチ＆足湯で「インディゴ」体験

ホテルインディゴ箱根強羅のレストランはビジター利用が可能。ハンバーガーやパスタなどを足湯テラスとともに楽しんでみては。

1 早川に面したレストラン。左右にバーやカフェが連なる大空間と寄木細工をモチーフにしたデザインが圧巻 2 77㎡のプレミアスイート。テラスに大きな露天風呂付き 3 デラックスツイン ヒルサイド温泉風呂付き。箱根のレトロな写真のアートがかわいい

箱根のエッセンスをちりばめた海外発リゾート

ホテルインディゴ箱根強羅 ‖宮城野‖ ホテルインディゴはこねごうら

世界で約150軒を展開するブティックホテル「ホテルインディゴ」の日本第1号ホテル。箱根寄木細工のモチーフや箱根の歴史的な写真をアートとして取り入れたり、近隣の食材や箱根の鹿肉ジビエを積極的に使うなど箱根ならではの滞在を提案する。全室に温泉プライベートバスが付くほか、館内には水着着用のスパ・サーマルスプリングもあって自由気ままに楽しめる。

☎0460-83-8310
箱根町木賀924-1
IN15:00 OUT11:00
室 洋98
P あり
バス停宮城野橋からすぐ
MAP 付録② D-2

宿泊プラン

朝食付きベストプライスプラン
1泊朝食付き（2名1室/1名分）
平日26000円～、
休前日34000円～
※税込み、サ別、入湯税別

強羅駅からのんびり歩いて到着

客室の寄木モチーフがかわいい

水着を着てサーマルスプリングへ

川沿いの足湯テラスで夕涼み

夕食は薪で焼くグリルが名物

館内がまるごと書店のような箱根本箱。選書は日本出版販売のチームが、運営は雑誌社の自遊人が手がけています。

ずっと眺めていたくなる景色の中へ 個性いろいろ眺めのいい山のリゾート

澄んだ芦ノ湖、青くかすむ箱根の山々、のびやかな高原。
変化に富んだ箱根の風景は眺めているだけで時間を忘れそう。
個性豊かな温泉リゾートで癒しの時間はいかが。

絶景の水盤テラスが指定席

箱根・芦ノ湖 はなをり

‖桃源台‖はこねあしのこはなをり

料金プラン
1泊2食付（2名1室/1名分）
26950円～

芦ノ湖と一体感のある水盤テラスが名物の宿。湖畔の高台に建ち、湖や箱根連山が一望できる。客室は芦ノ湖を望むタイプやテラスに露天風呂が付くタイプなどさまざまに全154室。元箱根温泉の大浴場も楽しみ。

☎0460-83-8739
箱根町元箱根桃源台160
IN15:00 OUT10:00
室洋138、和洋16
Pあり バス停桃源台からすぐ MAP付録② A-3

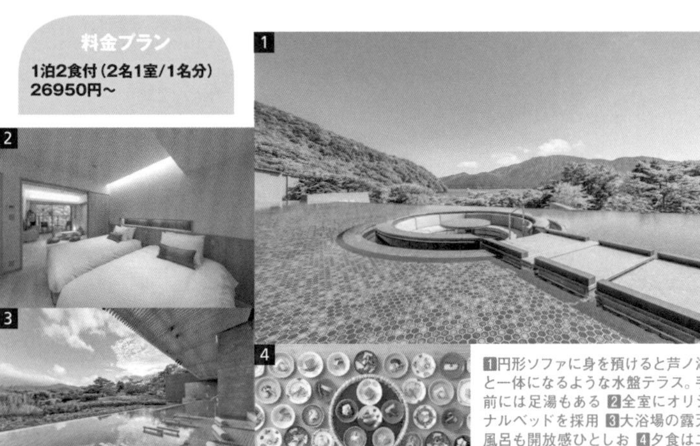

1円形ソファに身を預けると芦ノ湖と一体になるような水盤テラス。手前には足湯もある 2全室にオリジナルベッドを採用 3大浴場の露天風呂も開放感ひとしお 4夕食は二十四節季に基づいた新スタイルの和洋ビュッフェ。小鉢料理が充実

温泉テーマパークをフルに楽しむ

箱根ホテル小涌園

‖小涌谷‖はこねホテルこわきえん

温泉テーマパーク「箱根小涌園ユネッサン」と一体的に箱根の温泉、自然、食を楽しむをコンセプトに誕生したリゾート。箱根外輪山の風景、自家源泉の湯、こだわりのビュッフェレストランなどで自由な滞在を。

1展望露天風呂付き大浴場。神奈川県産の檜を使うドライサウナや貸切風呂もある。滞在中は隣接するユネッサンや日帰り温泉・元湯森の湯が入り放題に 2スタンダードルーム 3ビュッフェレストランのフォンテンブロー

☎0465-22-5489（10:00～18:00） 箱根町二ノ平1297
IN15:00 OUT10:00
室洋135、和15
Pあり
バス小涌園からすぐ
MAP付録② C-3

料金プラン
1泊2食付（2名1室/1名分）
18150円～

箱根のハイシーズンはいつ？

GWと夏休み期間、年末年始に加え、紅葉が美しい11月も混雑期。逆に冬季や春休み明けの4月、6月などは比較的静かで狙い目ですよ。

本格フレンチと露天風呂付き客室のオーベルジュ

箱根フォンテーヌ・ブロー仙石亭

‖仙石原‖はこねフォンテーヌブローせんごくてい

仙石原にある隠れ家的オーベルジュ。地元の食材をふんだんに使った正統派フレンチとワインのペアリングが心ゆくまで楽しめる。緑豊かな環境も心地よく、幅広い世代から記念日旅行の宿としても利用されている。

☎0460-84-0501
箱根町仙石原1245-703
IN15:00 OUT11:00
室 洋11、和洋1 P あり バス停箱根カントリー入口から徒歩10分 MAP 付録② A-3

料金プラン
1泊2食付（2名1室/1名分）
28750円～

1全12室それぞれに露天風呂または半露天風呂が付き、大涌谷からの天然温泉をひとり占め。オリジナルのバスケアなどアメニティも充実
23夕食はシックなダイニングでフランス料理のフルコース。箱根の山々を目に美食体験を

異空間に誘われるスタイリッシュなリゾート

天翠茶寮

‖強羅‖てんすいさりょう

扉を開けたとたんに広がる足湯カフェ＆バー、17時まで楽しめる専任パティシエのウエルカムサービスなど非日常のもてなしが好評。大涌谷と木賀の2つの温泉、厳選した旬の食材にこだわる懐石料理の夕食も楽しみ。

☎0570-062-302
箱根町強羅1320-276
IN15:00 OUT10:00
室 和洋21、和10、洋3
P あり
箱根登山鉄道強羅駅からすぐ
MAP 付録② C-2

1吹き抜けのロビーにある足湯カフェ＆バー「待宵」。美しい大理石のカウンターでくつろいで 2本館の露天風呂付き和室12畳。離れと合わせ10タイプの部屋がある 3季節の食材を使った月替わりの夕食

料金プラン
1泊2食付（2名1室/1名分）
27500円～

天翠茶寮には無料で貸切利用できる岩盤浴や、マイクロバブル付きの貸切風呂も。温泉と相乗効果で美肌効果を高めて。

客室の露天風呂で温泉をひとり占め 憧れのラグジュアリー宿

しっとりと落ち着ける、大人のための隠れ宿。
静寂に包まれてそっと客室の温泉に入れば、木々のざわめきだけが聞こえ、
そこには訪れた人だけが味わえる、幸福な時間が流れています。

1眺めのいい星タイプの客室。テラスの露天風呂がすてき 2約100㎡と広く、オープンテラスに露天風呂が付く月タイプの客室 3日帰り利用もできるGinyu Spa 4月ごとに変わるオリジナル懐石風の夕食

全室スイートのとっておきリゾート

箱根吟遊 ‖宮ノ下‖はこねぎんゆう

市松模様を描く琉球畳が敷かれたリゾート。客室は和室、洋室、メゾネットがあり、いずれも68～102㎡とゆとりの広さ。全室ウッドデッキやテラスに温泉を引く露天風呂があり、大浴場とともにとびきりの湯あみが楽しめる。オリジナル懐石風の夕食、和洋が選べる朝食ともに部屋出しなのもうれしい。旅館では珍しい直営のスパも人気。

☎0460-82-3355
箱根町宮ノ下100-1
IN14:00 OUT11:00
室スイート20 Pあり
箱根登山鉄道宮ノ下駅から徒歩3分 ●露天風呂あり
MAP25

宿泊プラン

星タイプ(3階和室・洋室)
1泊2食付き(2名1室/1名分)40850円～
月タイプ(1階和室・洋室)
1泊2食付き(2名1室/1名分)
50750円～
※入湯税別

1部屋の中央に内湯、テラスに露天風呂がある「姫」 25層3階建ての客室「空」の露天風呂 3幽玄な竹林の眺め 4食事は京懐石を客室で

幻想の世界に誘われるあでやかな宿

金乃竹 仙石原 ‖仙石原‖きんのたけせんごくはら

ほのかな明かりが灯る畳の廊下を進んだ先に待つのは、趣向を凝らした客室。9ある客室はすべて意匠が異なり、にごり湯の客室露天や、キングサイズベッド、ミニバーも完備。広々としたデッキスペースがある客室や部屋の中央に露天風呂のある客室など、どの部屋にもサプライズが。月夜の下でのエステもぜひ。

☎0460-85-9200
箱根町仙石原817-342
IN15:00 OUT11:00 室メゾネット4、フラット5 Pあり バス停台ヶ岳から徒歩3分
●露天風呂あり(客室のみ)
MAP付録② A-2

宿泊プラン

メゾネットタイプ 空
1泊2食付き(2名1室/1名分)
83600円～
フラットタイプ 姫
1泊2食付き(2名1室/1名分)
141900円～

1日1組限定のさらなる贅沢な時間

スパ専用露天風呂を含めて箱根吟遊のスパエリアを丸ごと貸し切る特別な体験「Night Ginyu」はいかが？　21～23時、専属バーテンダー付き、宿泊者13200円（施術はなし）。

1大涌谷温泉の湯を引く客室露天風呂 2約2000本の色鉛筆が並ぶアトリエライブラリー 3広々とした客室 4箱根近郊の四季の幸を味わう夕食

「アトリエ温泉旅館」をコンセプトにした贅沢な宿

界 仙石原 ‖仙石原‖ かいせんごくはら

全16室の客室はすべて大きなバルコニーと露天風呂付き。眼下に緑豊かな仙石原高原、正面に金時山など箱根の山々が広がる風景を目にのびのびとくつろげる。館内にはこの宿で国内外のアーティストが手がけた多くのアート作品があるほか、アトリエライブラリーで創作も可能。手ぬぐいの絵付け体験などを楽しんで。

☎050-3134-8092（界予約センター）
住 箱根町仙石原817-359
時 IN15:00 OUT12:00
室 和洋16 P あり
交 バス停台ヶ岳から徒歩5分
MAP 付録② B-2

宿泊プラン
本館 仙石原アトリエの間 露天風呂付き和洋室
1泊2食付き（2名1室/1名分）
61000円～

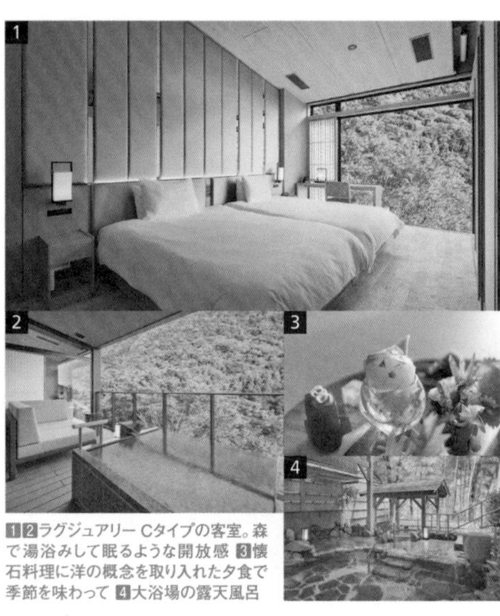

12ラグジュアリー Cタイプの客室。森で湯浴みして眠るような開放感 3懐石料理に洋の概念を取り入れた夕食で季節を味わって 4大浴場の露天風呂

全室露天風呂付きの宿へリニューアル

はつはな ‖箱根湯本‖

湯坂山に向き合い、須雲川のせせらぎが響く奥湯本の人気宿。リニューアルで全室に露天風呂が付いたほか、大浴場とデザインを違えた4つの貸切風呂を新設。自然の息吹を感じながらのんびり湯三昧できる。五感で楽しむモダン懐石の夕食では、ソムリエと唎酒師が常駐し料理とドリンクのペアリングを楽しませてくれる。

☎0460-85-7321（10:00～19:00）
住 箱根町須雲川20-1
時 IN15:00 OUT11:00
室 和洋35 P あり
交 箱根登山鉄道箱根湯本駅から専用送迎車で10分（要予約）
MAP 付録① A-3

宿泊プラン
1泊2食付（2名1室/1名分）
48150円～

さりげない家具や調度品にもその宿ならではのこだわりが。実はデザイナーズや貴重なアンティークだったりすることも。

箱根の歴史と名湯にふれる レトロな老舗宿にときめいて

江戸時代初期からの歴史をもつ旅館など老舗が多い箱根。
文化財でもある美しい建築も見逃せません。
ときには時代を超えた空間でレトロな旅を楽しんでみましょう。

明治の香りを伝える有形登録文化財の宿

三河屋旅館

‖小涌谷‖みかわやりょかん

1883（明治16）年の創業。当時の面影を色濃く残し有形文化財にも登録されている本館には、政治家・孫文や渋沢栄一が泊まった部屋があり、今なお宿泊が可能。四季折々の日本料理でもてなす食事や小涌谷温泉の名湯も定評がある。

☎0460-85-0261 箱根町小涌谷503
IN15:00 OUT10:00 室和22、和洋3 Pあり
バス停蓬莱園からすぐ
MAP付録② C-3

料金プラン
1泊2食付（2名1室/1名分）
23250円〜

1入母屋千鳥破風の緑青屋根に唐破風の玄関 2磨き込まれた床や飾り窓が美しい館内。資料展示室もある 3別館には露天風呂付きのモダンな客室もあり好みで選べる

料金プラン
1泊2食付（2名1室/1名分）
27650円〜

浮世絵にも描かれた名湯の宿

松坂屋本店 ‖芦之湯‖まつざかやほんてん

1662（寛文2）年創業で歌川広重の浮世絵に描かれたことでも知られる宿。加水・加温しない源泉かけ流しの湯が評判で大浴場や客室露天風呂で楽しめる。

☎0460-83-6511 箱根町芦之湯57
IN15:00 OUT11:00 室和洋22 Pあり
バス停東芦の湯から徒歩3分
MAP付録③ B-1

12023年に改装した大浴場 2大正時代の離れ・仰光荘の客室。露天風呂付き 3明治〜昭和前期の6棟からなる

昼間だけ営業する「三河屋cafe」

三河屋旅館では和洋折衷のクラシカルな本館ラウンジでカフェを営業。11:00～14:00のオープンでビジターでも利用できますよ。

和洋折衷の建築は国内初の重要文化財

萬翠楼福住

‖箱根湯本‖ばんすいろうふくずみ

福沢諭吉や伊藤博文も投宿した、1625（寛永2）年創業という箱根随一の老舗宿。現在の旧館は明治期建築の和洋折衷の造りで、現役旅館として国内初の国の重要文化財に指定。箱根でも数少ない自噴式の温泉を引いた伝統の名湯にもファンが多い。

☎0460-85-5531 ⌂箱根町湯本643
ⓛIN15:00 OUT11:00 室和13 Ⓟあり
‼箱根登山鉄道箱根湯本駅から徒歩7分
MAP付録① A-1

料金プラン
1泊2食付（2名1室/1名分）
24200円～

1重要文化財部分にある有名な十五号客室。見学のみの対応 2さわら材を使った大浴場の露天風呂。毎分100リットル以上の湧出量を誇る 3伝統的な数寄屋の日本建築に西洋のエッセンスを融合した建物

料金プラン
1泊2食付（2名1室/1名分）
27500円～

レトロで美しい木造3階建ての宿

福住楼

‖塔ノ沢‖ふくずみろう

早川に面して立つ木造3階建ての日本旅館。創業は1890（明治23）年で全館が国の有形登録文化財に登録。松の木をくりぬいて組んだ大丸風呂も有名。

☎0460-85-5301 ⌂箱根町塔之澤74
ⓛIN15:00 OUT10:00 休月・火曜 室和17
Ⓟあり ‼箱根登山鉄道箱根湯本駅から徒歩15分 MAP付録① B-3

1大丸風呂。時間で男女が入れ替わる 2川側3階の桜五の客室。客室は全て間取りや造作が異なる 3貴重な京普請の数寄屋造り。ゆっくり滞在したい

富士山や花鳥を描いた萬翠楼福住の十五号客室の天井画。24人の描き手が2枚ずつ描いた48枚の壮大なアート作品です。

ひとりだけの箱根時間 ゲストハウスに泊まる旅

近年、箱根にも少しずつ増えているゲストハウス。
外国人宿泊客も多く、インターナショナルな雰囲気も特徴です。
女性どうしやひとり旅などいろいろなシーンで使えそう。

バーラウンジは
ビジターにも人気です

1広々としたバーラウンジ。夜は各国から訪れるゲストの交流の場に 2源泉掛け流しの温泉は1組ずつ貸切で利用 3温もりのあるシャワー室 42〜4名で泊まれる和室 51名用個室5400円も 67バーカウンターでは生ビールや生地から手づくりするピザを用意 8強羅駅近くの路地にある

強羅駅前の人気ゲストハウス

HAKONE TENT

‖強羅‖ハコネテント

気さくな日本人スタッフが迎えてくれるゲストハウス。強羅駅前というアクセスのよさや居心地のいい1階のバーラウンジもあり、リピーターも多い。

☎0460-83-8021 ⌂箱根町強羅1320-257 ¥1泊素泊まりドミトリー3500円〜、2名用個室12000円 Pあり ‼箱根登山鉄道強羅駅から徒歩3分 MAP付録② C-2

ゲストハウスって？

リーズナブルな料金の宿泊施設。基本は素泊まりで、バス・トイレは共同。ドミトリーと呼ばれる相部屋または個室に宿泊します。飲食ができるコミュニティ空間がある宿が多く、ゲストどうしの交流も盛んです。

古い教会を改装したゲストハウス

杜の宿

‖宮城野‖もりのやど

宮城野の約250坪の森のなかにたたずむゲストハウス。かつて地元で愛された教会だった建物をリノベーションした空間でナチュラルな滞在が楽しめる。

☎090-3235-4696 箱根町宮城野833-3 ¥1泊朝食付き個室利用2名15000円～ ⏰IN15:00 OUT10:00 Pあり バス停明神平からすぐ MAP付録② C-2

1 2 緑豊かなガーデンと教会の建物を改装したカフェスペースがシンボル 3 朝食の一例。BBQなど夕食もオーダー可能 4 新しく快適な客室棟。ミネラル豊富な鉱泉の風呂もある

かわいいツインルームも

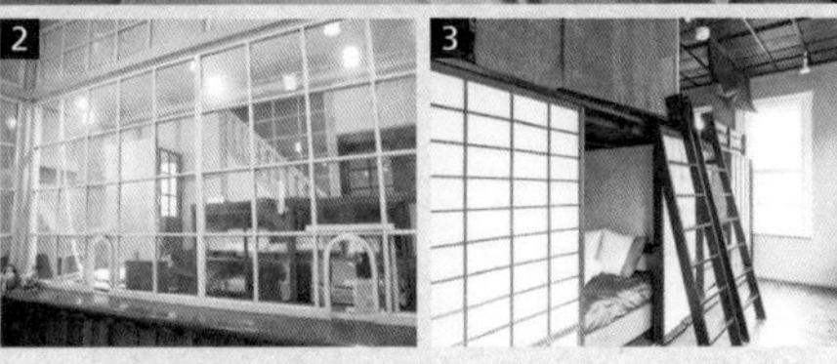

1 大きな窓から宮ノ下の街並みが望めるツインルーム。街なかにあって便利な立地 2 郵便局時代の名残があるかわいい木造の洋風建築。1階には共用スペースもある 3 2段ベッド形式のドミトリー客室

セピア通りのレトロ建築

HakoneHOSTEL1914

‖宮ノ下‖ハコネホステルイチキューイチヨン

100年以上前に建てられた郵便局の建物をリメイクしたかわいいホステル。温泉を楽しみたい場合は近隣の宿泊施設の貸切風呂や共同浴場を紹介してくれる。

☎0460-83-8897 箱根町宮ノ下362 ¥1泊素泊まりドミトリー4000円、プライベートルーム9000円～ Pなし 箱根登山鉄道宮ノ下駅から徒歩6分 MAP24

一般的なホテルや旅館とは使い勝手が異なることもあるゲストハウス。気になる点は事前に確認しましょう。

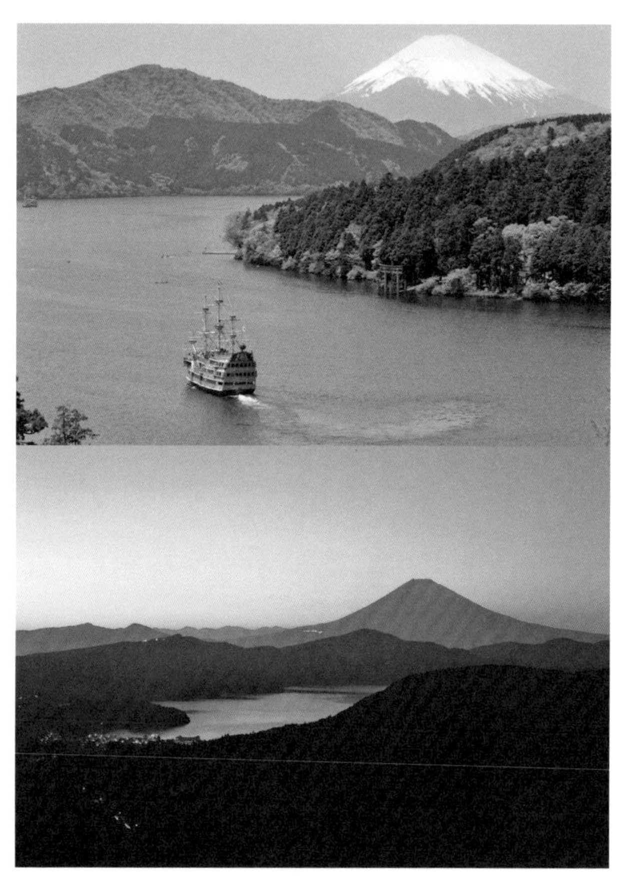

霧の多い箱根では、富士山が見えない日も。
そんなはずかしがり屋の富士山に会うために
ついつい、何度も来てしまうのかも。

海沿いの城下町
小田原をぶらり

歴史ある城下町・小田原は、
ぶらりと街歩きするにはちょうどいい規模。

小田原城址公園内の天守閣から景色を眺めたり、
小田原の伝統工芸品からかわいい木工クラフトを探したり、
ゆったりくつろげる、おしゃれなカフェもたくさんあります。
ちょっと欲張って、箱根＋αのプチ旅もおすすめです。

お城と名物をめぐる のんびり小田原さんぽ

戦国大名・北条早雲ゆかりの城下町、小田原。眺めのいい天守閣やこだわりのお店をめぐる、ちょっとツウなおさんぽを楽しんでみましょう。

ぐるっと回って 3時間

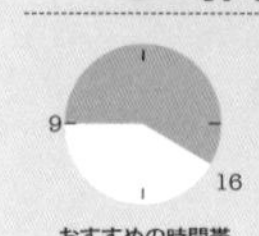

小田原駅は箱根登山鉄道の起点駅でもあるので、箱根帰りに寄りましょう。街のシンボル、小田原城天守閣を見学したら、城下をぐるりおさんぽ。春には梅や桜も楽しめます。

START

小田原駅東口

東海道新幹線、JR東海道線、箱根登山鉄道、小田急線などが発着。駅ビルも充実。

眺めのいい天守閣を中心に見どころがいっぱい

1 小田原城址公園

おだわらじょうしこうえん

復興天守閣や本丸広場を中心とした公園。約300本の桜、約1万株のハナショウブなど花々もみごと。

史跡 ☎0465-23-1373 住小田原市城内 時入園自由(天守閣、常盤木門、歴史見聞館、SAMURAI館は9:00〜16:30) 休無休(天守閣は12月第2水曜休) ¥無料(天守閣は510円、常盤木門SAMURAI館は200円、歴史見聞館は310円) Pなし 交JR小田原駅から徒歩10分 MAP 105

1天守閣から小田原市街や相模湾を一望 2鉄筋コンクリート造り、3重4階の天守閣 3天守模型や古文書など小田原城や小田原北条氏にまつわる展示スペースもある 4常盤木門内では500円で甲冑や着物などをレンタル。天守閣をバックに記念撮影ができる

小田原城址公園前で ちょこっとものづくり体験

2 小田原市観光交流センター

おだわらしかんこうこうりゅうセンター

予約なしで寄木細工体験や食品サンプルの小さな海鮮丼づくりが気軽に楽しめるスポット。若手作家の工芸品やスイーツを販売するショップやカフェも併設する。

体験 ☎0465-46-8403 住小田原市本町1-7-50 時9:00〜17:00(CAFE SANNO MARUは10:00〜16:30) 休無休 Pあり 交JR小田原駅から徒歩10分 MAP 105

1寄木コースターづくりは所要20分〜、1320円 2約1時間で完成するミニ海鮮丼づくり、1760円 3神奈川県産の木材を使う

世界的注目を集める小田原の木製品

そのルーツは平安時代にさかのぼる小田原の木工芸。寄木、木地挽きなど伝統の技術で、欧米のハイブランドからも注目されています。

ひと休み

季節の和スイーツが美味。写真は春のもの

伝統の和菓子を販売。錦甘露864円、ういろう1本756円～

ういろう

約600年前に考案したういろうで知られる老舗。和風喫茶もある。

和菓子 ☎0465-24-0560
小田原市本町1-13-17
10:00～17:00（喫茶は～16:00）
休 水曜、第3木曜 P あり JR小田原駅から徒歩15分 MAP 105

お城と海を眺める足湯やご当地グルメの寄り道

3 ミナカ小田原

ミナカおだわら

タワー棟と風情ある小田原新城下町からなる複合商業施設。タワー棟最上階の展望足湯庭園でくつろいだらご当地フード探検を。

複合施設 ☎0465-22-1000 神奈川県小田原市栄町1-1-15 10:00～23:00（一部店舗により異なる） 休 無休 P あり JR小田原駅からすぐ MAP 105

天然温泉の足湯から市街を一望

和桜"WAO"の小田原城パフェ 660円、創作煉處 籠清の小田原ロール450円など

小田原・箱根の森の恵みを暮らしに取り入れて

4 TAKUMI館

タクミかん

小田原・箱根の伝統技術を受け継ぐ職人たちの製品を販売するショップ。家具から小物まで眺めるだけでも楽しい。

木製品 ☎0465-46-9306 小田原市栄町1-1-7 HaRuNe小田原 10:00～20:00 休 HaRuNe小田原に準じる P なし JR小田原駅直結 MAP 105

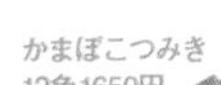

かまぼこつみき 12色1650円

寄せ木DON 5280円

ミナカ小田原の小田原新城下町3階にはオープンエアの金次郎広場があり、テイクアウトしたフードをのんびり食べられます。

相模湾の幸と山々の恵みをいただきます 地元で愛される名物ランチ

すぐ前に広がる相模湾、温暖な気候と豊かな土壌。
小田原はおいしい魚介と農産物の宝庫です。
地元の人にも人気のお店で町自慢のひと品を味わってみましょう。

炭火で焼き上げるあつあつ干物

himono stand hayase

ヒモノスタンドハヤセ

無添加・甘塩製法で1912（大正元）年から続く早瀬ひもの店の直営。干物は注文を受けてから炭火で焼き上げるスタイル。香ばしい香りとうま味がやみつきになりそう。

☎090-3168-1291 住小田原市本町3-12-21 時11:00〜15:30（土・日曜、祝日は〜17:00）休火曜 Pあり 徒JR小田原駅から徒歩13分 MAP 105

カフェ風のイートインがある

さば醤油干を揚げてスイートチリを効かせたミニさば干物バーガー。地元産の梅干しを使う小田原梅サイダーもおいしい

menu
ミニさば干物バーガー 450円
ハーフ&ハーフ弁当 860円
小田原梅サイダー 500円

小田原産の米を使う炊きたてご飯に、さば醤油干しと骨なしあじみりん干をのせたハーフ&ハーフ弁当

老舗かまぼこ店のおでん種が勢ぞろい

小田原おでん本店

おだわらおでんほんてん

市内11社のかまぼこ店や地元商店の小田原おでん種がすべてそろう名物店。古民家をリノベーションした趣ある母屋のほか、ランチコースが楽しめる茶室もある。

☎0465-20-0320 住小田原市浜町3-11-30
時11:30〜14:00、16:00〜20:30
休月曜 Pあり
徒JR小田原駅から徒歩18分 MAP 105

menu
おでん茶飯ランチ 1580円
特選おでん盛合わせランチ 2420円
おまかせ三品 660円

1 5種類の種が選べるおでん茶飯ランチ 2 あつあつのおでん鍋。こだわりの出汁もおいしさの秘密 3 とろとろに煮込んだ牛すじなどアラカルトも豊富

テイクアウトしてビーチでランチ

himono stand hayaseのメニューは食べ歩きやテイクアウトに対応。すぐそばの御幸の浜でアウトドアランチを楽しむのもすてきです。

季節で内容が変わるやまじょうプレートランチ。こちらは無添加の小田原蒲鉾、いわしつみれのラタトゥイユ、アジから揚げのスパニッシュオムレツなど

無添加かまぼこのカルボナーラ。イタリアンとかまぼこの出会いが新鮮

menu

やまじょうワンプレートランチ　1320円
無添加かまぼこのカルボナーラ　1300円
鯵から揚げうどん　880円

相模湾を眺めてかまぼこランチ

CAFE & RESTAURANT やまじょう

カフェアンドレストランやまじょう

小田原で145年以上の歴史をもつ山上蒲鉾店が開いた一軒。工場の2階にあり、大きな窓から相模湾を一望。海を見ながらかまぼこをアレンジした料理を楽しんで。

☎0465-24-5034 ⌂小田原市浜町3-16-12工場2F 🕒11:00〜15:30 休 火・水曜 P あり 🚶JR小田原駅から徒歩15分 MAP 付録④ D-2

大きな窓がある明るい店内。晴れた日には真鶴半島も見える

とれたてぴちぴちのアジ丼はいかが

MORI-MESHI小田原

モリメシおだわら

宮ノ下にある森メシ📖P.64の小田原店。小田原漁港直送の新鮮なアジをたっぷり使う名物のあじ彩丼のほか、小田原店ならではの旬の食材を使う一品料理が豊富。

☎0465-43-8846 ⌂小田原市栄町2-8-5 錦ビル1F 🕒11:30〜15:00、17:00〜22:00 休 無休 P なし 🚶JR小田原駅からすぐ MAP 105

海老しんじょと原木椎茸の裏白揚げ。肉厚な小田原産シイタケを使う

1

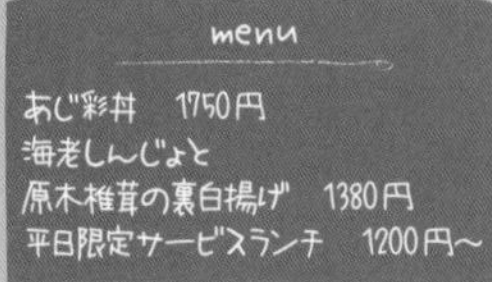

menu

あじ彩丼　1750円
海老しんじょと
原木椎茸の裏白揚げ　1380円
平日限定サービスランチ　1200円〜

1 アジをキュウリや大根、柴漬けと叩いて芽ネギを効かせたあじ彩丼。有田焼など器のあしらいもすてき 2 シックな雰囲気の店内。フローリング席の中2階もある

2

MORI-MESHI小田原はこだわりのワインや日本酒の品ぞろえもピカイチ。季節の一品料理と味わう夜の訪問もいいですよ。

おいしい食材と歴史の町 小田原らしさにくつろぐカフェ

築80年を超える鉄道会社の建物を使ったカフェや神社カフェなど、
個性あふれるおしゃれなカフェが多い小田原。
歴史や手づくり、ものづくりのカルチャーとともに味わってみて。

木造駅舎のレトロな空間がすてき。壁の制服を着て記念撮影も楽しめる

1 三浦の赤たまご温玉が入る焼きチーズカルボナーラパスタ1375円 2 ボリューム満点のメロンクリームソーダ550円

昭和初期の駅舎にときめくレトロカフェ

大雄山線 駅舎カフェ 1の1

だいゆうざんせんえきしゃカフェいちのいち

大雄山線の旧管理事務所を使ったカフェ。事務所時代に使われていた机や伊豆箱根鉄道の電車の備品が数多く飾られ、昭和初期にタイムスリップしたかのよう。

☎0465-20-7330
住 神奈川県小田原市栄町1-1-1
時 10:00～17:00（フード、デザートは～16:00）
休 不定休 P なし
交 JR小田原駅からすぐ
MAP 105

二宮金次郎と開運をモチーフにしたカプチーノ605円、ポンデケージョをアレンジしたきなぽん495円

1 ナチュラルでおしゃれなたたずまいが目を引くオープンスタイルのカフェ
2 報徳二宮神社の御朱印帳2200円などオリジナル雑貨もいっぱい

銅像でおなじみの二宮金次郎がラテアートに

きんじろうカフェ

江戸時代に生きた小田原の偉人、二宮金次郎をモチーフにしたカフェ。金次郎を祀る報徳二宮神社の参道脇にあり、小田原城址公園からのさんぽで寄るのもいい。

☎0465-23-3246（報徳会館）
住 小田原市城内8-10（報徳二宮神社内）時 10:00～16:30（季節により変動あり）
休 不定休（荒天時など臨時休あり）P あり 交 JR小田原駅から徒歩15分 MAP 105

上府中公園の「カミイチ」へ

小田原ではオリジナルの手づくり品にこだわるクラフト市が人気。ハンドメイド作品、地場野菜、食品など100以上の作り手が参加し、市北部の上府中公園で毎月第4土曜に開催中です。

小田原産の梅酢を下味に使うサクサク梅酢唐揚げご飯のランチプレート1400円。玄米や五穀米のご飯も美味

1じっくり観察したくなるインテリア。店内ではハンドメイドの人形「大磯妻」や雑貨も販売 2もとは建具屋さんだった建物を再利用

「暮らしの遊び」がテーマの名物カフェ

nico cafe

ニコカフェ

デザイナー夫妻が約100年前に建てられた木造建築を利用してつくりあげたカフェ。遊び心のある空間と、手づくりのランチやスイーツにとりこになりそう。

☎0465-43-6692
住 小田原市栄町2-15-26
営 10:30～17:00 休 臨時休あり
P なし 交 JR小田原駅から徒歩8分 MAP 105

抹茶ティラミスの表面に梅の花をあしらった城町枡ティラミス1150円

1握りたてのおにぎりに週替りのおかず3品、具だくさん味噌汁などが付くおさるのかごやおばんざい籠膳1530円 2木のぬくもりがある店内

お堀端通りにあるオーガニックカフェ

城町CAFE

しろまちカフェ

無農薬野菜や小田原産の米を使ったヘルシーなランチ、個性豊かなスイーツなどこだわりのメニューが豊富にそろう。無農薬・有機栽培の野菜や自然食品も販売。

☎0465-44-4601
住 神奈川県小田原市栄町1-14-41 丸越ビル1F
営 11:30～16:00
休 無休 P なし
交 JR小田原駅から徒歩5分
MAP 105

相模湾の幸が有名な小田原ですが、特産の梅やレモンなど農産物も豊富。市内のカフェで見かけたらぜひ味わって。

箱根までのアクセスは
小田急ロマンスカーが快適・便利です

箱根旅行のスタート、箱根湯本駅へはさまざまな
アクセス方法があるので、快適・便利な手段を選びましょう。
その際、お得なきっぷの利用も忘れずに。

鉄道利用のワンポイント

箱根への足として最もなじみ深いのが小田急ロマンスカー。シルキーホワイトボディの「ロマンスカー・VSE」をはじめいくつかの車両タイプがあり、いずれもゆったりとした上質な旅が楽しめます。ＪＲ利用の場合は、新幹線利用がスピーディーですが、埼玉・群馬県内の高崎線主要駅からは、乗り換えなしで小田原まで行ける湘南新宿ラインの特別快速・快速が便利。1000円(土・日曜、祝日は800円。事前購入の場合)でグリーン券を買えば、リーズナブルにゆったり感が味わえます。

各地から箱根へ

東京近郊に控える観光地とあって、箱根へ向かう交通機関は運行本数が多く、種類や所要時間、ねだんもさまざま。予算や時間、気分に合わせて好みの乗り物が選べる。小田急・JRいずれを利用する場合も小田原側から入るルートがメインとなるが、熱海・三島側から入るルートもあり。

どこから	ルート	所要	ねだん
東京から	**東京駅**→新幹線 JR東海道新幹線こだま(一部のひかりでも可)→**小田原駅**→その他の鉄道 箱根登山鉄道→**箱根湯本駅**	55分～1時間20分	4170円
	東京駅→その他の鉄道 JR東海道本線(上野東京ライン)快速・普通→**小田原駅**→その他の鉄道 箱根登山鉄道→**箱根湯本駅**	1時間40分～2時間10分	1880円
新宿から	**新宿駅**→その他の鉄道 小田急特急ロマンスカー→**箱根湯本駅**	1時間15～45分	2470円
	新宿駅→その他の鉄道 小田急線快速急行・急行→**小田原駅**→その他の鉄道 箱根登山鉄道→**箱根湯本駅**	1時間45分～2時間5分	1270円
横浜から	**横浜駅**→その他の鉄道 JR東海道本線(上野東京ライン)快速・普通→**小田原駅**→その他の鉄道 箱根登山鉄道→**箱根湯本駅**	1時間15～35分	1350円
名古屋から	**名古屋駅**→新幹線 JR東海道新幹線こだま(一部のひかりでも可)→**小田原駅**→その他の鉄道 箱根登山鉄道→**箱根湯本駅**	1時間30分～2時間50分	9460円
大阪から	**新大阪駅**→新幹線 JR東海道新幹線こだま(一部のひかりでも可)→**小田原駅**→その他の鉄道 箱根登山鉄道→**箱根湯本駅**	2時間40分～4時間	13210円

注:料金はいずれもICカード乗車券を使用しない場合の普通運賃・通常期の料金で利用の場合の片道、新幹線は普通車指定席利用。

問い合わせ

小田急お客さまセンター
☎044-299-8200(9:00～17:00　特急券予約は10:00～17:00)
JR東海テレフォンセンター(東海道新幹線利用の場合)
☎050-3772-3910(6:00～24:00)
JR東日本お問い合わせセンター(在来線利用の場合)
☎050-2016-1600(6:00～24:00)

●ことりっぷおすすめ
使えるサイト

箱根ナビ
きっぷ情報のほか、
箱根の観光情報も見られます。
https://www.hakonenavi.jp/

箱根までのアクセスにお得なきっぷ

●箱根フリーパス

小田原までの小田急線往復乗車券に、箱根エリア内での指定された主な交通機関の乗り降り自由がセットになったきっぷP.114。新宿発の箱根フリーパスを持っていれば、小田急箱根高速バスのバスタ新宿～東名御殿場間を1000円（通常1660円）で利用できるなど、お得なサービスもあり。なお、ロマンスカー利用の際は、別途特急券が必要。

●休日おでかけパス

東京近郊のJR東日本指定区間内を走る快速・普通列車の普通車自由席に乗り放題。箱根への玄関口となる小田原駅も指定区間に含まれる。出発駅から小田原駅までJR線で片道1460円以上の区間ならこのきっぷがお得。土・日曜、祝日やGW、夏休み期間、年末年始のうち1日のみ有効、2720円。首都圏のJR東日本の主な駅のみどりの窓口やびゅうプラザ、主な旅行会社などで販売。

交通マップ

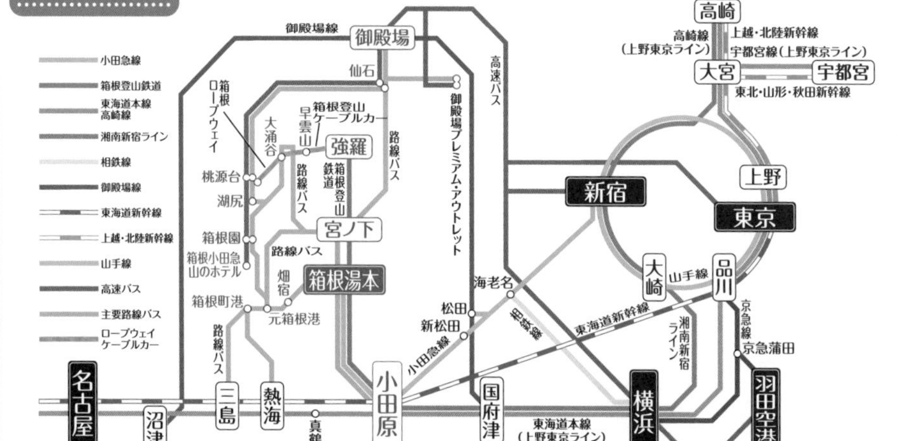

小田急線
箱根登山鉄道
東海道本線
高崎線
湘南新宿ライン
相鉄線
御殿場線
東海道新幹線
上越・北陸新幹線
山手線
高速バス
主要路線バス
ロープウェイ
ケーブルカー

御殿場線
御殿場
仙石
高速バス
御殿場プレミアム・アウトレット
箱根ロープウェイ
大涌谷
箱根登山ケーブルカー
早雲山
強羅
路線バス
箱根登山鉄道
桃源台
湖尻
箱根園
箱根小田急山のホテル
宮ノ下
箱根湯本
畑宿
箱根町港
元箱根港
路線バス
三島
熱海
真鶴
小田原
小田急線
新松田
松田
海老名
相鉄線
国府津
東海道本線
（上野東京ライン）
名古屋
沼津
高崎
高崎線
（上野東京ライン）
上越・北陸新幹線
宇都宮線（上野東京ライン）
大宮
宇都宮
東北・山形・秋田新幹線
上野
新宿
東京
大崎
山手線
品川
東海道新幹線
湘南新宿ライン
京急線
京急蒲田
横浜
羽田空港

東京メトロ千代田線にロマンスカーが乗り入れしています。北千住や大手町・霞ヶ関・表参道から直接箱根湯本へ行けますよ。

高速バス利用ならエリア内のスポットへ直行 羽田空港からの便もあり

バスタ新宿（新宿駅新南口）や羽田空港と箱根を結ぶ
高速バスのほか、クルマ利用の移動方法をご紹介。
距離感や移動時間の目安にして、プランニングにお役立てください。

出発地	ルート	運行便数(下り片道)	所要時間(下り)	ねだん
新宿から	**バスタ新宿→ 🚌 東名御殿場→箱根仙石案内所→箱根桃源台**	12～13	2時間20～25分	2240円
	バスタ新宿→ 🚌 東名御殿場→箱根ガラスの森→箱根桃源台	8～9	2時間25分	2240円
	バスタ新宿→ 🚌 東名御殿場→箱根仙石案内所→箱根桃源台→箱根園	1	2時間35分	2420円
	バスタ新宿→ 🚌 東名御殿場→箱根仙石案内所→箱根桃源台→箱根小田急山のホテル	1	2時間40分	2480円
羽田空港から	**羽田空港**(注1)**→ 🚌 横浜駅東口→御殿場駅→仙石高原→箱根桃源台**	4	2時間20～50分	2600円

注1:第1·第2·第3ターミナルいずれからも乗車できます。

·運行便数は2023年10月現在。　·運賃は起点から終点までの片道。

クルマで行くなら

箱根エリアは高速道路からのアクセスもよく、自然の中のドライブが楽しめます。
ただし、行楽シーズンにはかなりの渋滞が発生するのでご注意を。

東京から

東名高速道路·小田原厚木道路·西湘バイパスで

箱根口ICまで67km 🕒55分 ¥2040円

東名高速道路の厚木ICから小田原厚木道路の小田原西IC（西湘バイパス箱根口IC）を経て箱根湯本方面へ。芦ノ湖方面へは、さらに小田原西ICから小田原箱根道路、箱根新道経由で。仙石原方面へは東名高速道路を御殿場ICまで行き、国道138号で神奈川県側に戻るルートで。

東京IC → 東名高速道路 → 厚木IC → 小田原厚木道路 → 小田原西IC（箱根口IC） → 国道1号 → 箱根湯本

小田原箱根道路 → 山崎IC → 箱根新道 → 箱根峠 → 国道1号 → 元箱根

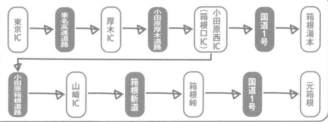

名古屋·大阪から

東名高速道路·御殿場ICへ

名古屋ICから御殿場ICまで
231km 🕒2時間5分 ¥5580円
大阪·吹田ICから御殿場ICまで
385km 🕒3時間45分 ¥9200円

御殿場ICから国道138号で仙石原方面から箱根エリアに入るのが便利。沼津IC・長泉沼津ICで下り、伊豆縦貫道と国道1号経由で箱根へ向かう方法もある。

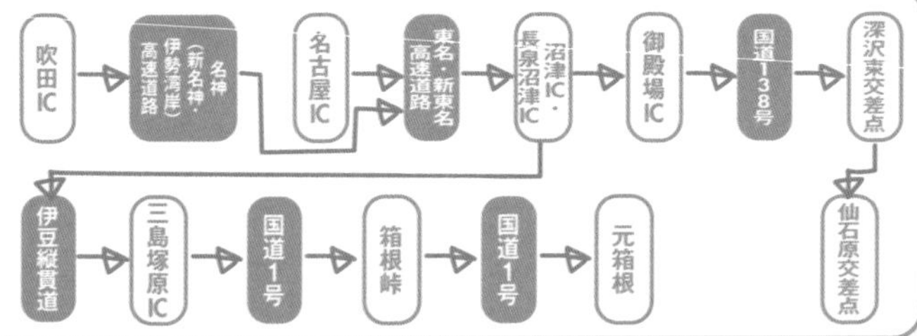

高速道路・有料道路の料金は、ETCを使用しない場合の普通車一般料金です。

箱根の道路交通情報

日本道路交通情報センター
☎ 050-3369-6614（神奈川情報）
携帯電話からの短縮ダイヤル　#8011
HP https://www.jartic.or.jp/

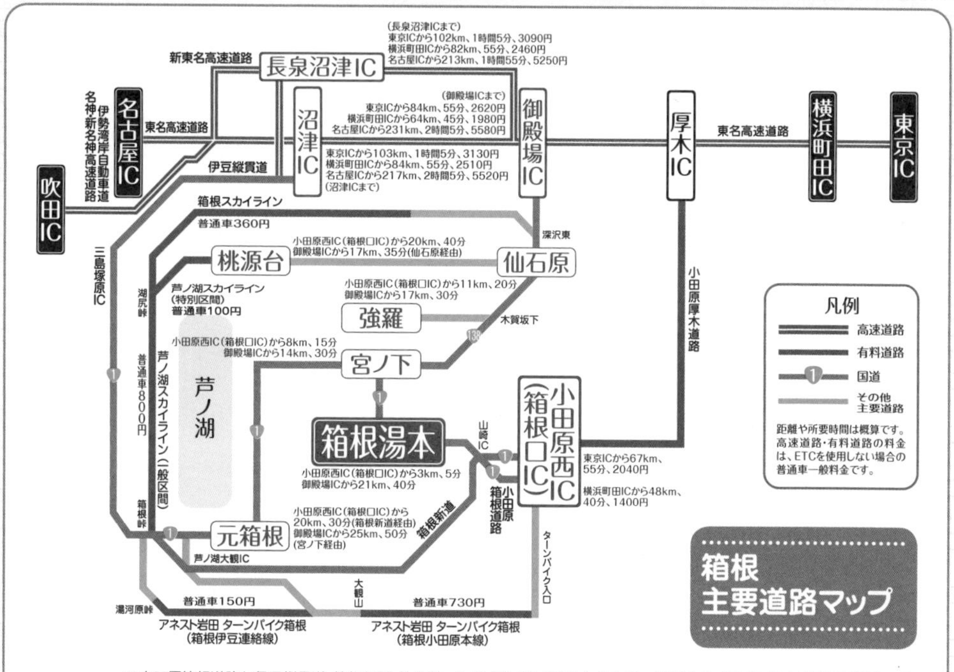

箱根 主要道路マップ

長泉沼津IC
（長泉沼津ICまで）
東京ICから102km、1時間5分、3090円
横浜町田ICから82km、55分、2460円
名古屋ICから213km、1時間55分、5250円

沼津IC
東京ICから103km、1時間5分、3130円
横浜町田ICから84km、55分、2510円
名古屋ICから217km、2時間5分、5520円
（沼津ICまで）

御殿場IC
（御殿場ICまで）
東京ICから84km、55分、2620円
横浜町田ICから64km、45分、1980円
名古屋ICから231km、2時間5分、5580円

小田原西IC（箱根口IC）
東京ICから67km、55分、2040円
横浜町田ICから48km、40分、1400円

吹田IC　名古屋IC　厚木IC　横浜町田IC　東京IC
新東名高速道路　東名高速道路　名神・新名神高速道路　伊勢湾岸自動車道　伊豆縦貫道　小田原厚木道路　小田原箱根道路　三島塚原IC　深沢東　山崎IC　木賀坂下

箱根スカイライン　普通車360円
芦ノ湖スカイライン（特別区間）普通車100円
芦ノ湖スカイライン（一般区間）普通車800円
湖尻峠　箱根峠　湯河原峠　大観山　芦ノ湖大観IC　ターンパイク入口
芦ノ湖
箱根新道
アネスト岩田 ターンパイク箱根（箱根伊豆連絡線）普通車150円
アネスト岩田 ターンパイク箱根（箱根小田原本線）普通車730円

桃源台・仙石原
小田原西IC（箱根口IC）から20km、40分
御殿場ICから17km、35分（仙石原経由）

強羅
小田原西IC（箱根口IC）から11km、20分
御殿場ICから17km、30分

宮ノ下
小田原西IC（箱根口IC）から8km、15分
御殿場ICから14km、30分

箱根湯本
小田原西IC（箱根口IC）から3km、5分
御殿場ICから21km、40分

元箱根
小田原西IC（箱根口IC）から20km、30分（箱根新道経由）
御殿場ICから25km、50分（宮ノ下経由）

凡例
高速道路
有料道路
国道
その他主要道路

距離や所要時間は概算です。高速道路・有料道路の料金は、ETCを使用しない場合の普通車一般料金です。

※小田原箱根道路と伊豆縦貫道、箱根新道、箱根ターンパイク、芦ノ湖スカイライン、箱根スカイラインは自動車専用道路です。

●レンタカーを借りるなら

主なレンタカー会社の予約電話番号

トヨタレンタリース
☎0800-7000-111
日産レンタカー
☎0120-00-4123
ニッポンレンタカー
☎0800-500-0919
オリックスレンタカー
☎0120-30-5543

●レール&レンタカーも便利

レンタカー料金とJRのきっぷが割安になる、JRの「レール&レンタカーきっぷ」。上手に使えば旅費の節約に。詳細は市販の時刻表やJR各社HPで確認を。

最新の交通情報は、おでかけ前にWEBサイトなどでチェックしておくと安心です。

箱根エリア内は多彩な乗り物で楽しく移動しましょう

登山電車、ケーブルカー、ロープウェイ、船、バスと、エリア内の移動にさまざまな乗り物が使えるのも箱根の旅のおもしろさ。お得なきっぷもいろいろあるので、目的に合わせて上手に活用しましょう。

便利な「箱根フリーパス」

小田急線発駅から小田原までの往復に、箱根エリア内の指定された主な交通機関の乗り降り自由がセットされた周遊券。2日間用と3日間用があり、小田急線の各駅や主な旅行代理店などで購入できる（小田原駅・箱根湯本駅でも発売）。また西武線、相鉄線の各駅から出発できるタイプもあり。パス提示により、エリア内で約70以上の施設を優待・割引料金で利用できる特典も。料金は出発駅により異なる（2日間用・小田原から5000円）ので、下記まで問い合わせを。

小田急お客さまセンター ☎044-299-8200

そのほかのお得なきっぷ

●電車・ケーブルカー1日乗車券（トコトコきっぷ）

発売当日に限り、箱根登山鉄道（小田原～箱根湯本～強羅）と箱根登山ケーブルカー（強羅～早雲山）の全線が乗り降り自由。1580円。小田急線小田原駅、箱根登山鉄道各駅（無人駅を除く）、箱根登山ケーブルカー早雲山駅などで購入できる。

●箱根旅助け

箱根エリア内の、伊豆箱根バス、箱根 駒ヶ岳ロープウェー、箱根 十国峠ケーブルカー、箱根 芦ノ湖遊覧船（双胴船）が2日間乗り降り自由。箱根水族館にも1回無料で入場できる。3900円。伊豆箱根バスの小田原駅前、湯河原駅前、箱根園、元箱根の各案内所や熱海営業所、主な旅行代理店などで購入できる。

●海賊船・ロープウェイ乗り放題パス

箱根海賊船と箱根ロープウェイが1日または2日乗り降り自由。1日券4000円、2日券4500円。海賊船の各港、ロープウェイの各駅で購入できる。

【箱根フリーパス 乗り降り自由エリア概略図】

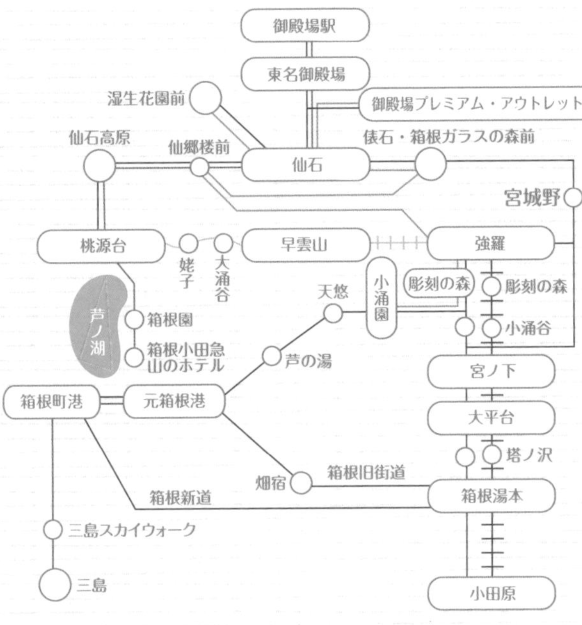

※観光施設めぐりバスは、曜日・時間帯によってルートが異なります。事前に時刻表などで確認しましょう。

箱根登山電車
箱根登山ケーブルカー
箱根ロープウェイ
箱根海賊船
箱根登山バス
観光施設めぐりバス（箱根登山バス）
小田急箱根高速バス
東海バス

PASMO、Suicaなども利用可能

箱根エリア内の電車・路線バスは、一部路線を除いてPASMO、Suicaなどの交通系ICカードを使って乗り降り可能です。

見どころをしっかり押さえた「観光施設めぐりバス」

強羅・仙石原地区の観光スポットをぐるっとめぐる便利な路線バス。天窓のあるレトロモダンな4タイプの「Skylight」車両が走る。
運行ルートは、天悠・ユネッサン前から彫刻の森、ポーラ美術館、箱根ガラスの森などの観光スポットに立ち寄りながら湿生花園前まで。日中おおむね30分おきに運行されている。また、天悠から御殿場プレミアム･アウトレットとの間も日中1時間に1便運転されていて、箱根の旅にお得なショッピングを組み込むこともできる。「箱根フリーパス」でも乗車可。

問い合わせ
箱根登山バス
箱根山崎案内所
☎0460-83-9022

【観光施設めぐりバス(小塚林道経由) ルートマップ】 ※一部バス停は省略しています。

天悠～ユネッサン前～彫刻の森～強羅駅～箱根美術館・強羅公園～ニコライ バーグマン 箱根 ガーデンズ～ポーラ美術館～仙郷楼前～川向～箱根ガラスの森～品の木・箱根ハイランドホテル～仙石案内所前～湿生花園前

※ほかに宮城野経由の運行便や、湿生花園前から、さらに御殿場プレミアム･アウトレットまでの運行便もあります。

デジタルチケット

小田急電鉄ではスマートフォンで手軽に購入できるデジタルチケットを発売中。P.114で紹介した箱根フリーパスやそのほかのお得なきっぷのデジタル版で、旅のスタイルに合わせて便利でお得な旅が楽しめる。購入は「箱根ナビ」へ。旅の情報ページもあってプランニングにも活用できる。

購入は
箱根ナビ
HP https://www.hakonenavi.jp/

箱根の交通は「小田急・箱根登山系」と「伊豆箱根系」の2種類があります。

index

あ

か

Ⓜ みどころ Ⓡ レストラン Ⓒ カフェ Ⓢ ショップ Ⓗ ホテル ♨ 温泉

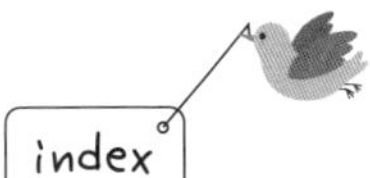
index

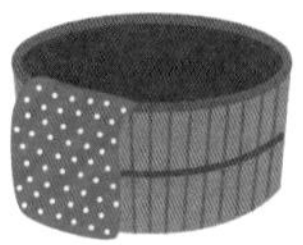

📷 みどころ Ⓡ レストラン Ⓒ カフェ Ⓢ ショップ Ⓗ ホテル ♨ 温泉

ことりっぷ co-Trip
箱根

STAFF
●編集
ことりっぷ編集部
ブラックフィッシュ
●取材・執筆
ブラックフィッシュ（佐藤史子）
●撮影
井上英祐
丹治たく
圷邦信
清水ちえみ
しずおかオンライン
山下コウ太
依田佳子
安藤美紀
●表紙デザイン
GRiD
●表紙写真
山下コウ太
●フォーマットデザイン
GRiD
●キャラクターイラスト
スズキトモコ
●イラストマップ
前川達史
桜井葉子
●本文デザイン
GRiD
●DTP制作
明昌堂
●地図制作協力
エムズワークス
●校正
アイドマ編集室（外岡実）
田川英信
●協力
関係各市町観光課・観光協会、
関係諸施設

2024年2月1日　5版1刷発行

発行人　川村哲也
発行所　昭文社
本社：〒102-8238 東京都千代田区麹町3-1
☎0570-002060（ナビダイヤル）
IP電話などをご利用の場合は☎03-3556-8132
※平日9:00～17:00（年末年始、弊社休業日を除く）
ホームページ:https://www.mapple.co.jp/

●掲載データは、2023年10～11月の時点のものです。変更される場合がありますので、ご利用の際は事前にご確認ください。消費税の見直しにより各種料金が変更される可能性があります。そのため施設により税別で料金を表示している場合があります。なお、感染症に対する各施設の対応・対策により、営業日や営業時間、開業予定日、公共交通機関に変更が生じる可能性があります。おでかけになる際は、あらかじめ各イベントや施設の公式ホームページ、また各自治体のホームページなどで最新の情報をご確認ください。また、本書で掲載された内容により生じたトラブルや損害等については、弊社では補償いたしかねますので、あらかじめご了承のうえ、ご利用ください。
●電話番号は、各施設の問合せ用番号のため、現地の番号ではない場合があります。カーナビ等での位置検索では、実際とは異なる場所を示す場合がありますので、ご注意ください。
●料金について、入場料などは、大人料金を基本にしています。
●開館時間・営業時間は、入館締切までの時刻、またはラストオーダーまでの時刻を基本にしています。
●休業日については、定休日のみを表示し、臨時休業、お盆や年末年始の休みは除いています。
●宿泊料金は、基本、オフシーズンの平日に客室を2名1室で利用した場合の1人あたりの料金から表示しています。ただし、ホテルによっては1部屋の室料を表示しているところもあります。
●交通は、主要手段と目安の所要時間を表示しています。ICカード利用時には運賃・料金が異なる場合があります。
●本書掲載の地図について
測量法に基づく国土地理院長承認（使用）
R 5JHs 15-162243　R 5JHs 16-162243
R 5JHs 17-162243

ISBN 978-4-398-16224-3
定価は表紙に表示してあります。

旅アンケート プレゼントあります♪

ことりっぷco-Trip についてお聞かせください。

ことりっぷガイドブック、ことりっぷマガジン、ことりっぷアプリに対するご意見、ご感想をぜひこの機会にお聞かせください。いただいた回答は、今後の誌面づくりの参考にさせていただきます。アンケートにお答えいただいた方の中から抽選で賞品をプレゼントいたします。

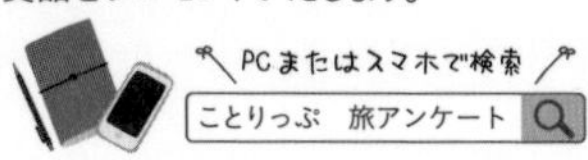

PCまたはスマホで検索
ことりっぷ　旅アンケート

国内版シリーズ

札幌 小樽 ●★
富良野・美瑛・旭川 ●★
知床・阿寒 釧路湿原 ●★
函館 ●★

青森・函館 八戸・十和田・下北 ●
弘前 津軽・白神山地 ●★
青森・十和田 弘前・八戸 ●★
角館・盛岡 平泉・花巻・遠野 ●★
いわて 盛岡・花巻・三陸海岸 ●
仙台 松島 ●★
山形 米沢・鶴岡・酒田 ●★
会津・磐梯 喜多方・大内宿 ●★
いわき

日光・那須 栃木・益子 ●★
伊香保・草津 群馬 ●★
ちちぶ ●
千葉・房総 ●★
東京 ●★
東京さんぽ ★
立川・福生・青梅 昭島・羽村 ●
横浜 ●★
鎌倉 江ノ電 ●★
横須賀・逗子・葉山 三浦半島 ●★
箱根 ●★
伊豆 熱海 ●★

小笠原 伊豆大島・八丈島 ●★
河口湖・山中湖 富士山・勝沼 ●★
清里・八ヶ岳 南アルプス ●
軽井沢 ●★
小布施・長野 ●★
安曇野・松本 上高地 ●★
新潟 佐渡 ●★

富山 立山黒部・五箇山 ●★
金沢 能登・加賀温泉郷 ●★
福井 ●
飛騨高山・白川郷 ●★
静岡・浜松 ●★
名古屋 ●★
伊勢志摩 ●★

滋賀 近江八幡・彦根・長浜 ●★
京都 ●★
京都さんぽ ●★
京都・京阪沿線 祇園・伏見・貴船 ●
大阪 ●★
神戸 ●★
奈良・飛鳥 ●★
和歌山 白浜・熊野古道・高野山 ●★
淡路島・鳴門 ●★
丹波篠山 ●
海の京都 天橋立・伊根 ●

城崎温泉 出石・豊岡 ●★

鳥取 倉吉・米子 ●★
出雲・松江 石見銀山 ●★
倉敷・尾道 瀬戸内・しまなみ海道 ●★
広島・宮島 ●★
山口・萩・下関 長門・角島 ●★

四国 ●★
香川 小豆島・アートな島々 ●★
えひめ南予 ●
高知 四万十・室戸 ●

福岡 糸島・太宰府 ●★
有田・唐津 伊万里・武雄・嬉野 ●
長崎 ハウステンボス・五島列島 ●★
大分 ●
由布院・黒川温泉 別府・阿蘇 ●★
屋久島・鹿児島・霧島 ●★

沖縄 ●★
沖縄さんぽ ★
石垣・宮古 竹富島・西表島 ●★

＊1 ●印は電子書籍の発売エリアです。
＊2 ★印は「ことりっぷ携帯サイト(有料)」の収録エリアです。
(いずれも2023年12月現在)

国内版シリーズ
69 タイトルの
ラインナップはこちら

海外版シリーズ
45 タイトル、
会話帖シリーズ
9 タイトルもありますよ。
(2023年12月現在)

ことりっぷ co-Trip passport

ことりっぷの
電子書籍版が
読み放題になる
《ことりっぷ passport》
もありますよ。

ISBN978-4-398-16224-3

C0326 ¥950E

定価：1045円
（本体950円＋税10%）

昭文社

ことりっぷ co-Trip

滋賀

近江八幡・彦根・長浜

ご・あ・ん・な・い

ことりっぷは「週末に行く小さな旅」を提案するガイドブックです。
女性向けにセレクトした旅メニューと、オススメのモデルプランで、
“自分だけの旅”作りをお手伝いします。

ことりメモでは旅を楽しむために、ぜひ知っておきたいポイント&コツを紹介します。
実際に行った人のクチコミや、ちょっとしたはみ出し情報もあります。

旅の先輩、ものしりフクロウの、ためになる用語解説。

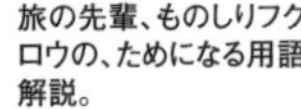

「MYことりっぷ」マークがついているページでは、新しいたびのプランを提案しています。

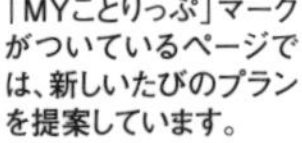

旅メニュー

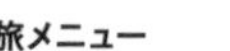

- みる
- たべる
- かう
- くつろぐ
- とまる

データ欄

- 電話番号
- 営業時間
- 休業日
- 金額目安
- 客室数
- 所在地
- 交通手段
- 駐車場
- 地図掲載ページ
- 他のページとのリンク

地図

- みる
- たべる
- カフェ
- かう
- きれい
- 温泉
- とまる

ぐるっと回って…

所要時間

アドバイス

ぐるっと回って 2時間

香林坊の繁華街から西へ入った一角が長町です。かつて加賀藩の中級武士の武家屋敷があったこの一帯は、当時の面影を残す用水が流れ、小路に薄茶色の土塀が巡る、古都・金沢を代表する、城下町の風情漂うエリア。

エリアめぐりに合った手段を示しています。

あるき 自転車 くるま

歩くのにおすすめの時間帯

記号の説明はこちらです。
←帯をめくってね

読者限定

ことりっぷ co-Trip

滋賀

近江八幡・彦根・長浜

電子書籍が無料ダウンロードできます♪

電子書籍のいいところ

購入した「ことりっぷ」が
いつでも
スマホやタブレットで
持ち運べますよ♪

JN00603

詳しくは裏面で

いってきます。

滋賀に行ったら…

滋賀に着きました。

さて、なにをしましょうか？

琵琶湖を抱く雄大な自然を満喫したり、歴史ある社寺や風情ある街並みを散歩したり。湖国ならではの旅が楽しめます。

滋賀といえばやっぱり琵琶湖。湖上クルーズや湖岸ドライブ、そして山頂からその魅力を感じましょう。国宝の彦根城、情緒ある街並みの近江八幡を散歩しながらめぐる旅も人気です。さらに、長浜の黒壁スクエアでガラスアートや、信楽での作陶体験や窯元めぐりもおすすめです。

ミシガンクルーズで優雅な船の旅に出ましょう。ナイトクルーズなら夜景も抜群です。P.72

check list

- ☐ 山頂から琵琶湖の雄大な景色を P.14
- ☐ 近江八幡の八幡堀周辺をゆったり散歩 P.42
- ☐ 見どころ満載の国宝彦根城をめぐる P.54
- ☐ 長浜の黒壁スクエアでガラスアートを楽しむ P.66
- ☐ レイククルーズを楽しむ P.72
- ☐ 比叡山延暦寺でプチ修行体験 P.86
- ☐ やきものの里の信楽で窯元めぐり P.102
- 

国宝のひとつ、彦根城のまわりには観光スポットもたくさん。運がよければひこにゃんに遭遇できるかも。P.54

湖の風を感じながらドライブ。琵琶湖のくびれを横断する琵琶湖大橋からの景色を満喫。P.71

びわこ箱館山で琵琶湖の絶景を眺め、山頂を爽やかにプチハイク P.15

近江商人屋敷が並ぶ八幡堀を船で遊覧。周辺には風情ある町並みや西洋建築があり散策を楽しめます。P.42

滋賀に行ったら…

なにを食べましょうか？

近江牛や湖魚、旬の野菜を使った独創的な料理で、湖国の恵みを味わいましょう。P.47

近江牛、新鮮野菜、琵琶湖でとれた湖魚など多くの地産食材が楽しめる滋賀。自然の恵みを生かした料理をいただきましょう。

まず味わいたいのは三大和牛のひとつといわれる近江牛。ランチならお得にいただけるのでおすすめです。近江野菜や湖魚など、滋賀ならではの新鮮な地元食材が味わえるレストランや、ひと休みしながらスイーツが味わえるカフェも人気です。

check list

きめ細かい霜降りとなめらかな口当たりが特徴の近江牛。新鮮な野菜とともにいただきましょう。P.50

なにを買いましょうか？

有名な酒蔵がたくさんある滋賀。地酒入りのスイーツで酒蔵めぐりはいかが？ P.23

手作りの雑貨や温かみのある信楽焼、話題の人気スイーツはおみやげプラス自分用にも。

老舗の和洋菓子や地酒を使ったスイーツなど、甘いもの好きな女子に人気のおみやげは要チェック。ガラスアートの工芸品や伝統ある手法の手作り雑貨、店主のセンスが光るセレクト品を見てまわり、自分好みのものを選ぶのも楽しいです。

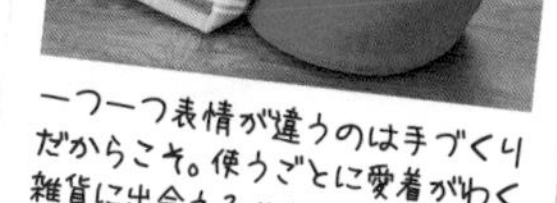

一つ一つ表情が違うのは手づくりだからこそ。使うごとに愛着がわく雑貨に出会えるかも。P.20

check list

小さな旅のしおり

今週末、1泊2日で滋賀へ

大津も近江八幡も長浜も、もちろん彦根も訪れたい。ドライブしながらあちこちまわる欲張りプランをご紹介。琵琶湖や大自然の風景を愛でながら楽しんでみて。

1日め

9:30

JR米原駅に着きました。滋賀で旅を満喫するには、断然車が便利。レンタカーを乗り捨てで借りて出発。

10:00

黒壁スクエア P.66に到着。**黒壁ガラス館** P.66でガラス製品の美しさにふれたり、ステンドグラス体験も。

11:30

長浜には手作り雑貨や、店主の個性が光る品を置く店がたくさん。**季の雲** P.20でお気に入りの一品に出会えるかも。

12:30

築100余年の町屋を生かしたカフェ、**じらそーれ** P.68。趣のある坪庭を眺めながら人気のランチをいただきます。

14:00

彦根のシンボル**彦根城** P.56へ。天守までは急勾配の石段もあるので、歩きやすい靴で出かけましょう。

17:00

城下町の雰囲気が残る**夢京橋キャッスルロード**や**四番町スクエア** P.55を散策。

地元で愛される**三中井** P.59の洋菓子

18:00

彦根キャッスル リゾート&スパ P.55にチェックイン。滋賀が誇る近江牛と、旬の食材を使った料理をいただきましょう。

2日め

9:00

近江商人ゆかりの町、近江八幡へ。八幡堀周辺やヴォーリズ建築のある町並みを散策して美しい情景を満喫。

10:00

たねやとクラブハリエの複合施設、**近江八幡日牟禮ヴィレッジ**P.19で、スコーンセットに舌鼓。もちろんおみやげも忘れずに。

12:00

小腹を満たしたら、湖岸ドライブへ。**琵琶湖大橋** P.71は絶景ポイント。

窓を開けて爽快ドライブ♪

13:00

湖の風を感じる**なぎさWARMS** P.17。テラス席で味わうワンプレートランチがおすすめ。

14:30

湖岸ドライブを満喫したあとは**ミシガンクルーズ** P.72。景色を楽しむだけでなく、イベントがある船内でも非日常気分を味わえる優雅な船旅へ。

心地よい風を感じられる

16:00

大津港に到着。JR大津駅まで行き、レンタカーを返して帰路へ。

3日め　もう1泊するなら…

9:30

チェックアウトしたら、車で信楽へ出発。信楽ICから**滋賀県立陶芸の森** P.106へ。焼き物をテーマにしたテーマパークで、ミュージアムや工房、ショップなど見どころ満載。

標高300メートルの絶景ポイント！

信楽の歴史を感じる登り窯が目印

11:00

信楽窯元散策路を散策し、明山窯が営むギャラリー＆カフェ **Ogama**P.102へ。食器やオブジェ、作家ものなどからお気に入りの器を探しましょう。

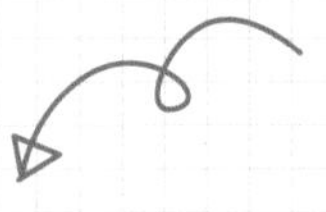

12:00

CafeあわいさP.108で信楽焼の器でいただくランチタイム。全国から集めた作家による器や雑貨の展示販売にも注目。

13:30

しがらき顕三陶芸倶楽部 P.110で自分だけのオリジナル器づくりに挑戦。ていねいに指導してくれるので安心です。

15:00

深い森に囲まれた美術館、**MIHO MUSEUM** P.112へ。近未来的空間で貴重な美術品をじっくり鑑賞しましょう。

16:00

アートにふれたら、自然の中でもう一度深呼吸。旅の思い出にひたりつつ、信楽ICから滋賀の玄関口・JR大津駅へ帰りましょう。

私の旅の
しおり

プランづくりのコツ

見どころが広域なので、移動は車がおすすめ。行きたい場所へ行くのが効率的になり、レイクサイドドライブも楽しめます。プランニングは、北から南へ行くか、その逆ルートにするか。琵琶湖大橋と近江大橋を上手に使いましょう。

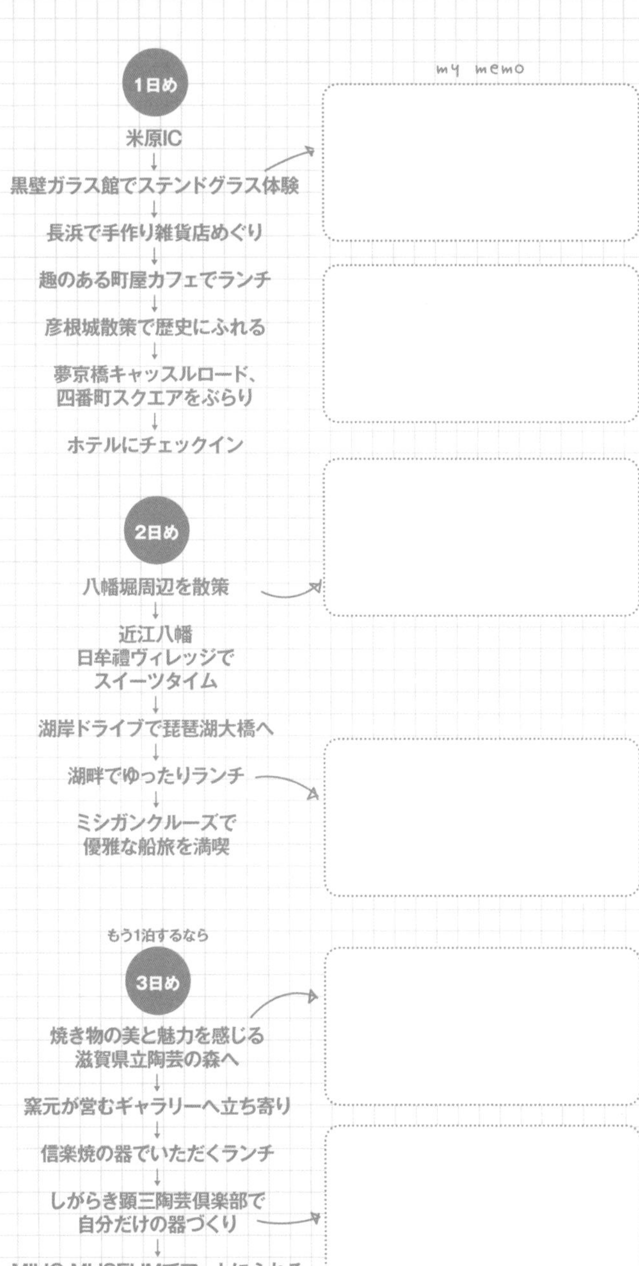

1日め
米原IC
↓
黒壁ガラス館でステンドグラス体験
↓
長浜で手作り雑貨店めぐり
↓
趣のある町屋カフェでランチ
↓
彦根城散策で歴史にふれる
↓
夢京橋キャッスルロード、
四番町スクエアをぶらり
↓
ホテルにチェックイン
2日め
八幡堀周辺を散策
↓
近江八幡
日牟禮ヴィレッジで
スイーツタイム
↓
湖岸ドライブで琵琶湖大橋へ
↓
湖畔でゆったりランチ
↓
ミシガンクルーズで
優雅な船旅を満喫
もう1泊するなら
3日め
焼き物の美と魅力を感じる
滋賀県立陶芸の森へ
↓
窯元が営むギャラリーへ立ち寄り
↓
信楽焼の器でいただくランチ
↓
しがらき顯三陶芸倶楽部で
自分だけの器づくり
↓
MIHO MUSEUMでアートにふれる
my memo

ことりっぷ co-Trip **滋賀** 近江八幡・彦根・長浜

CONTENTS

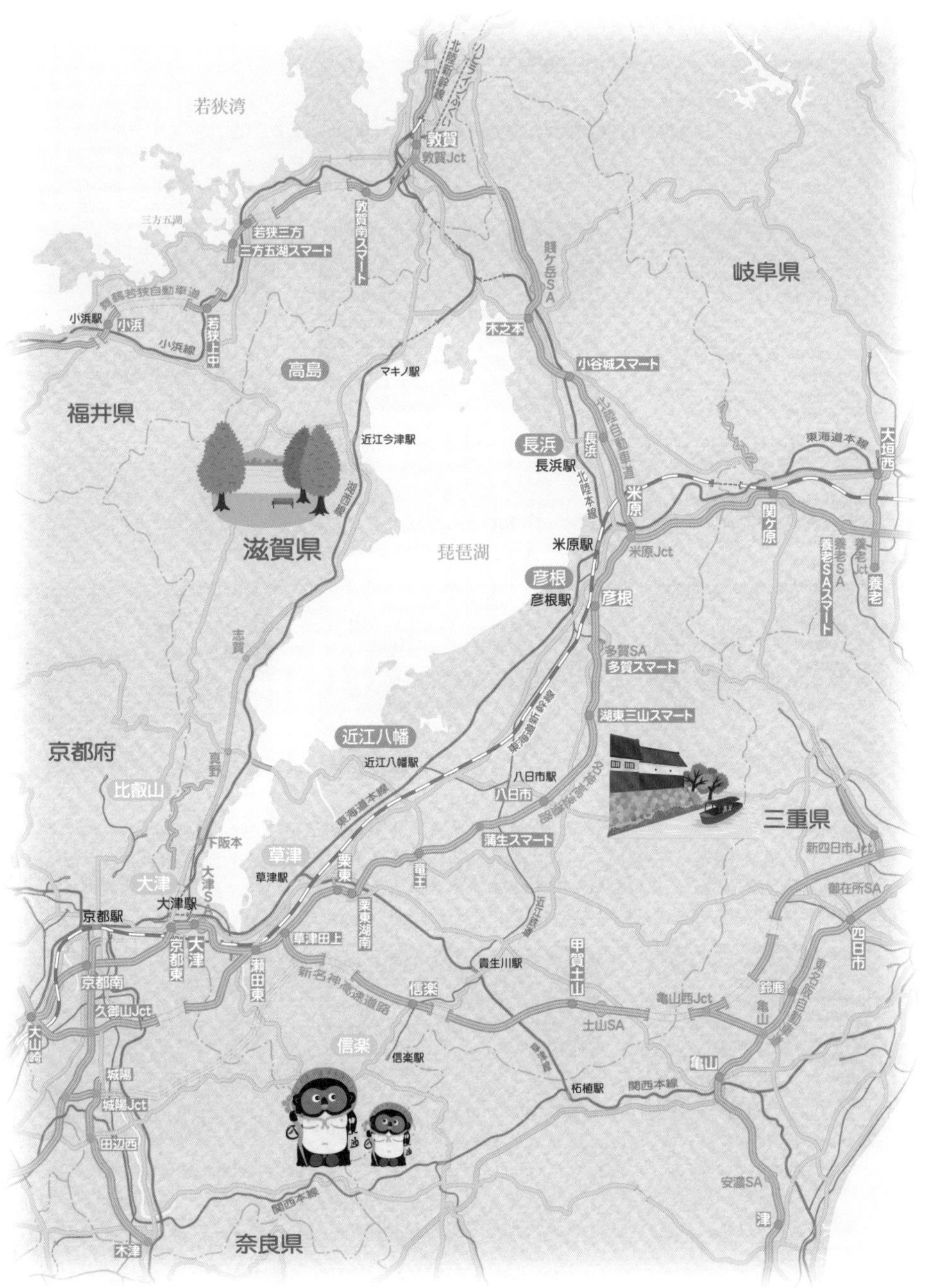

若狭湾
北陸新幹線
ハピラインふくい
敦賀
敦賀Jct
三方五湖
若狭三方
三方五湖スマート
敦賀南スマート
舞鶴若狭自動車道
小浜駅
小浜
小浜線
若狭上中
賤ケ岳SA
岐阜県
木之本
高島
マキノ駅
小谷城スマート
福井県
近江今津駅
長浜
長浜駅
北陸自動車道
北陸本線
湖西線
東海道本線
大垣西
米原
関ケ原
滋賀県
琵琶湖
米原駅
米原Jct
養老SA
養老SAスマート
養老Jct
養老
彦根
彦根駅
志賀
多賀SA
多賀スマート
東海道新幹線
湖東三山スマート
近江八幡
京都府
近江八幡駅
真野
八日市駅
八日市
名神高速道路
比叡山
三重県
下阪本
草津
蒲生スマート
新四日市Jct
大津
草津駅
栗東
竜王
大津SA
御在所SA
大津駅
京都駅
近江鉄道
栗東湖南
草津田上
四日市
京都東
瀬田東
甲賀土山
貴生川駅
新名神高速道路
京都南
信楽
鈴鹿
亀山西Jct
東名阪自動車道
亀山
久御山Jct
土山SA
大山崎
信楽
信楽駅
城陽
亀山
柘植駅
関西本線
城陽Jct
田辺西
安濃SA
関西本線
津
奈良県
木津

滋賀の四季アルバム

季節の花や紅葉など、県内各地で美しい風景に出会える滋賀。
さぁ、どのシーズンにどの場所を訪れましょうか？

海津大崎の桜並木
約800本の桜並木が湖岸4kmにわたり続く

見ごろ ✿ 4月上～中旬
‖高島市‖MAP付録① B-1

MIHO MUSEUMの桜
桜色に染まるトンネルを抜けて美術館へ

見ごろ ✿ 4月上～中旬
‖甲賀市‖MAP付録① B-4

滋賀農業公園 ブルーメの丘のチューリップ
約12万本のチューリップが咲き誇る

見ごろ ✿ 4月中～下旬
‖日野町‖MAP付録① C-3

地蔵川の梅花藻
醒井の清流の水面に可憐な花が咲く

見ごろ ✿ 7月下旬～ 8月下旬
‖米原市‖MAP付録① C-2

伊吹山の高山植物
滋賀最高峰に約1300種の高山植物などが自生

見ごろ ✿ 7～8月
‖米原市‖MAP付録① C-1

金剛輪寺の紅葉
湖東三山の古刹は関西屈指の紅葉の名所

見ごろ ✿ 11月上旬～ 12月上旬
‖愛荘町‖MAP付録① C-3

びわこ箱館山のコキア
約8000株のコキアが赤く色づく

見ごろ ✿ 10月上旬
‖高島市‖MAP付録① B-1

メタセコイア並木
ドライブロードが幻想的な白銀の世界に

見ごろ ✿ 1月上旬～ 2月中旬
‖高島市‖MAP付録① B-1

湖北野鳥センターの水鳥
コハクチョウなど多くの野鳥が観察できる

見ごろ ✿ 10月中旬～ 3月上旬
‖長浜市‖MAP付録① B-1

気になる滋賀

日本一大きな湖をもつ滋賀。
母なる湖に見守られるこの地は、
水と暮らし、水と憩う自然豊かな癒やしの場所。
四季折々に表情を変える湖はもちろん、
滋賀には雄大な自然や歴史を感じる場所、
豊かな自然に育まれた新鮮な食材など、
さまざまな魅力が詰まっています。
あなたもゆっくりと滋賀を訪ねてみませんか。

山頂から望む絶景 琵琶湖の雄大な眺めに癒やされる

ロープウェイやゴンドラを使って山頂へ登ると、
眼下に琵琶湖の大パノラマが広がります。
日本最大の湖・琵琶湖と山頂の四季折々の風景を楽しみましょう。

1水盤に囲まれたグランドテラスは、まるで空中に浮いているかのよう 2湖の北側を望むノーステラスには、プライベート感あふれる有料の特別席もある 3蓬莱山山頂では扇状に広がるデッキから360°の景色が一望できる 4明るい光に包まれたグランドテラスのテラスカフェ

開放感あるテラスでパノラマビュー

びわ湖バレイ／びわ湖テラス びわこバレイ／びわこテラス

標高1100mの打見山と蓬莱山の間に広がるびわ湖バレイに、春から秋にかけてオープンするテラス。打見山にある「The Main」にはグランドテラスとノーステラス、リフトを乗り継いで行く蓬莱山には展望デッキがある。テラスによって琵琶湖の見え方が異なり、カフェでは地元の素材を生かしたメニューがそろう。春はスイセン、秋は紅葉が楽しめ、冬には関西屈指のスキー場となる。

☎077-592-1155 ⌂大津市木戸1547-1
🕘ロープウェイ9:30～17:00（土・日曜、祝日と8月は9:00～）※時期により変更あり
休定期休業・天候による変更あり（HP要確認）¥ロープウェイ（往復）3500円（お得なWEBチケットあり）Pあり（有料）
‼湖西道路志賀ICから車で5分
MAP付録① A-2

（左）オリジナルジェラート550円～（右）スパイシーな味わいのびわ湖ブラックカレー1300円

山頂で味わうランプ型パフェ

箱館山の山頂にある「パフェ専門店LAMP」では、ランプの灯りを基調とした幻想的な店内で、ランタンを器にした種類豊富なパフェが味わえます。

1色とりどりの高島ちぢみが風になびく「虹のカーテン」 2山上からは伊吹山など対岸の山々や琵琶湖に浮かぶ竹生島が眺められる 3琵琶湖に生える葦と長浜市のガラスを使った「風鈴のよし小道」 4ペアリフトに乗ると足元にペチュニアのお花畑が広がる

琵琶湖を眺めながらプチハイク

びわこ箱館山「びわ湖のみえる丘」 びわこはこだてやまびわこのみえるおか

箱館山にあるビュースポット。山頂の「びわ湖のみえる丘」まではゴンドラが直結、琵琶湖の雄大な景色が見渡せる。地元の高島ちぢみを使う「虹のカーテン」や、882個の風鈴の音色が涼やかな「風鈴のよし小道」も登場。夏と秋のペチュニアのお花畑や、秋に色づく約8000株のコキアパークなど見どころが多く、ゆったり園内を散策したい。冬にはスキーも楽しめる。

☎0740-22-2486 ⌂高島市今津町日置前 ⏰散策自由、ゴンドラ9:30〜17:00(季節運行、要確認) 休季節により異なる(びわ湖のみえる丘は冬期休業)、HP要確認 ¥ゴンドラ(往復)2500円 Pあり 👣バス停箱館山からすぐ MAP付録① B-1

太陽の反射によりきらめく琵琶湖の水面をイメージしたオリジナルトニックソーダ500円〜

びわ湖バレイでは全6コースあるジップラインアドベンチャーや、空中アスレチックなどのアクティビティが楽しめますよ。

ここちよい風がそよぎます 水辺のカフェの特等席

琵琶湖を楽しむなら、レイクビューのカフェはいかが。
風を感じる湖岸沿いの特等席に座れば、
時の流れを忘れるような憩いのカフェタイムが訪れます。

マグロとアボカドのポキ2310円。サラダとスープに平日はドリンクも付く

ハワイの雑貨店をイメージした店内。目の前に琵琶湖の景色が広がる

ふわふわの雲と青くクリアな琵琶湖をイメージした、ビワコスカイ850円

フルーツたっぷりのハワイアンパンケーキ1450円

この看板が目印

リゾート気分で満たされる空間

R cafe at Marina ‖大津‖アールカフェアットマリーナ

目の前には雄大なびわ湖と青空が広がるヨットハーバー内のカフェ。ロコモコやポキをはじめ、ボリューム満点のパンケーキや多彩なカクテルも人気。

☎077-571-6017 大津市今堅田1-2-20 レイクウエストヨットクラブ2F ランチ11:00〜15:00、カフェ11:00〜16:00 休 火曜 P あり JR堅田駅から徒歩15分 MAP 付録② B-1

旅で心に残る記念日を

「R cafe at Marina」ではサプライズの演出を相談できます（要予約）。琵琶湖を眺めながら、ちょっぴり贅沢にオトナ旅を満喫しましょう。

静かな湖畔のレストポイント

シャーレ水ヶ浜

‖近江八幡‖シャーレみずがはま

水ヶ浜ビーチ沿いに建つ、眺めがいいカフェ。コーヒーは天然地下水を使用。目の前に琵琶湖が広がる絶好のロケーションで、特にテラス席からの夕日は絶景。

☎0748-32-3959 近江八幡市長命寺町水ヶ浜182-8 10:00〜17:00 休月曜（祝日の場合は翌日休） Pあり JR近江八幡駅から車で20分 MAP付録① B-3

波音や鳥のさえずりに癒やされるテラス席は冬でも人気

湖のほとりの高台に建つ

自家製シフォンケーキとドリンクのセット880円

週替わりのパスタランチセット2200円。地元野菜などが使われている

セットのデザートは季節のパンケーキ

すぐそばに湖面が広がるテラス席。浮御堂、三上山、琵琶湖大橋などの名所も目の前

湖上の名所を眺めながら食事を

ペコリーノ ‖大津‖

堅田の名所「浮御堂」が目の前に見える、古民家を改装したレストラン。ランチセットはパスタやビーフシチューなどをメインに、デザートまでが付く豪華版。

☎077-572-8138 大津市本堅田1-18-5 11:30〜17:00（金・土曜は〜21:00 ※夜は予約がベター） 休月曜（祝日の場合は営業、翌日休）、不定休あり Pあり JR堅田駅から徒歩20分 MAP付録② B-1

湖の風を感じながらのんびりランチ

なぎさWARMS ‖大津‖なぎさウォームズ

湖や山々を一望でき、有機野菜や近江米など地元食材を使った手作りの料理がそろうカフェ。ランチプレートは惣菜やキッシュなどに加えて、メインが日替わりで選べるのも嬉しい。

☎077-526-8220 大津市打出浜15-5 11:00〜17:00（ランチメニューが売り切れ次第カフェ営業） 休無休 Pあり 京阪石場駅から徒歩4分 MAP付録② B-3

LUNCHプレート1200円（ドリンク別）

なぎさ公園内にあり、周辺の自然が心地よい

琵琶湖と比叡比良山系の絶景が楽しめる

バスクチーズケーキ750円

なぎさ公園内のなぎさテラスでは、なぎさWARMSやアンチョビ（P.93）など4つの飲食店が並び、どの店でも絶景が楽しめますよ。

「たねや」「クラブハリエ」が展開する特別なお店へ

「たねや」「クラブハリエ」が産声を上げたのは滋賀県。
その創業の地・滋賀の店舗では、メニューや雰囲気もバリエーション豊富。
評判のスイーツやパンをめあてに足を運んでみましょう。

自然に囲まれて
心満たされるスイーツ空間

ラ コリーナ近江八幡

ラ コリーナおうみはちまん

和菓子の「たねや」とバームクーヘンで有名な洋菓子の「クラブハリエ」のフラッグシップ店。専門ショップやカフェなどが点在する緑豊かな敷地内でスイーツが楽しめる。ここだけの限定品やメニューがそろうのも魅力。

☎0748-33-6666 ⌂近江八幡市北之庄町615-1 🕒9:00～18:00（フードコートは10:00～17:00）休1月1日 Pあり 🚶バス停北之庄ラ コリーナ前からすぐ MAP78 C-1

屋根一面が芝で覆われた、独特なデザインのメインショップ。季節により、さまざまな表情を見せる

オールスターバームパフェ 1680円～
バームクーヘン商品を全部詰め込んだパフェ（時期により内容変更あり）

バームソフト 600円
サクサク食感のバームサブレを添えたソフトクリーム

草屋根 たねや饅頭 桑の葉 1026円
桑の葉の粉末を使った生地でこし餡を包んだたねや饅頭（ラ コリーナ限定パッケージ）

1バームファクトリーに初の見学通路を併設 **2**バームファクトリーカフェで味わえるバームクーヘンminiセット1170円

滋賀発祥の人気ブランド クラブハリエのあゆみ

1951（昭和26）年に「たねや」の洋菓子部門「クラブハリエ」が誕生。その後、バームクーヘンの製造を開始。一層ずつ丹念に焼き重ね、しっとりやわらかな食感で今や人気は全国区。2023年1月にはクラブハリエ最大規模の「バームファクトリー」がラ コリーナ内にオープン。

滋賀限定パッケージもチェック！

たねや・クラブハリエ 草津近鉄店

2023年にリニューアルオープンし、より買い回りしやすい空間に。クラブハリエは地層をモチーフにし、積み重なる歴史を木材で表現しています。MAP付録② C-3

1庭園が眺められる店内 2スコーンセット1342円～。特製クリームと季節のコンフィテュールをぬる 3赤煉瓦づくりが印象的

庭園を眺めながらスイーツタイム

近江八幡日牟禮ヴィレッジ（クラブハリエ 日牟禮館）

おうみはちまんひむれヴィレッジ（クラブハリエひむれかん）

洋館にはバームクーヘンをはじめ「クラブハリエ」が誇る洋菓子が勢ぞろい。併設のカフェでは、四季の花々が咲くガーデンを眺めながらスイーツやドリンクが優雅に味わえる。和菓子店「たねや 日牟禮乃舎」とも向かい合う。

☎0748-33-3333（特別室予約専用は0748-33-9995）住近江八幡市宮内町日牟禮ヴィレッジ ⏰10:00～17:00（カフェは～16:30）休無休 Pあり 🚶JR近江八幡駅から車で8分 MAP43

ヴォーリズ建築で優雅なひとときを♪

ヴォーリズが手がけた旧忠田邸をリノベーションし日牟禮カフェの特別室に。貸切で利用可能(1人500円、要予約)

お気に入りを選ぶ幸せな時間を

クラブハリエ守山玻璃絵館

クラブハリエもりやまはりえかん

イギリスの田園風景をイメージしたショップ&カフェ。月ごとにテーマが替わる旬の素材を使った作りたてのスイーツが並ぶペーストリーブッフェが大人気。

☎077-598-5555 住守山市吉身3-19-15 ⏰9:00～19:00、ペーストリーブッフェは10:00～16:45（インターネット事前予約制）休1月1日 Pあり 🚶JR守山駅から徒歩20分 MAP付録② C-2

1ペーストリーブッフェでケーキや焼菓子を堪能(価格は季節により異なる。HP要確認) 2甘い香りに包まれる店内

手づくり酵母の個性豊かなパン

クラブハリエ ジュブリルタン

琵琶湖のほとりに建つ「クラブハリエ」のパン専門店。石窯や自家製酵母など素材や製法にこだわったパンが並ぶ。2階のカフェでは食事系やスイーツメニューも充実。

☎0749-21-4477 住彦根市松原町1435-83 ⏰9:00～パンが売り切れ次第閉店（カフェは9:00～16:00）休火曜（祝日の場合は営業）Pあり 🚶JR彦根駅から車で10分 MAP付録① C-2

1ハード系から菓子パンまで個性豊かなパン約60種類がそろう 2ブラータ&ラクレットのチーズフレンチトースト1900円

東近江市にある「クラブハリエ 八日市の杜」では、焼きたてのショコラバームや旬の果物を使ったスイーツなどが味わえます。MAP付録① B-3

ぬくもりを感じる手しごと 長浜で見つけた雑貨

昔ながらの技術や製法で作られた生活雑貨や工芸品。
そんな作品が並ぶギャラリーや店舗が集まる長浜で、
お気に入りの品を見つけ、日々の生活に彩りを添えてみませんか。

暮らしを豊かにする器に出会える

季の雲

ときのくも

天井の高いモダンな空間で、80名以上の作家の器とじっくり向きあう時間を楽しめる。器と作家の魅力をていねいに伝えるセレクトには定評があり、遠方からわざわざ足を運ぶ人も多い。定期的に開催される展覧会も好評。

陶器・ギャラリー
☎0749-68-6072
住 長浜市八幡東町211-1 🕒11:00～18:00 休 不定休
P あり JR長浜駅から車で8分
MAP 78 C-4

開放感のある吹き抜けが特徴のモダンなギャラリーにセンスが光る器が並ぶ

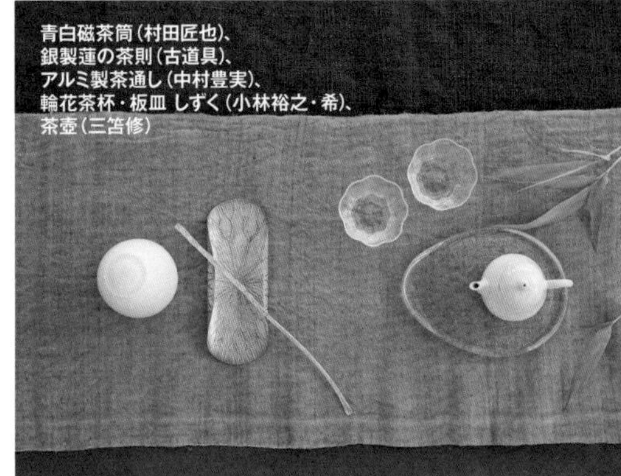

青白磁茶筒（村田匠也）、
銀製蓮の茶則（古道具）、
アルミ製茶通し（中村豊実）、
輪花茶杯・板皿 しずく（小林裕之・希）、
茶壺（三笘修）

月3回、茶と器を愉しむ中国茶教室も開催（設え例）

地元の帆布で作ったオリジナルバッグ

kii工房

キイこうぼう

琵琶湖の北西に位置する高島市で昔から織られている帆布を使ったバッグを販売。丈夫で使うほどに風合いが増す帆布バッグは、一点一点手づくり。ストライプや格子柄など色やデザインも豊富にそろっている。

帆布製品
☎0740-25-6616
住 長浜市元浜町21-38ゆう壱番商店街内 🕒10:00～17:00
休 月～金曜 P なし
JR長浜駅から徒歩11分 MAP 67

丈夫で質の良い高島帆布の使いやすい色やデザインのバッグがそろう

中型トート マスタード5170円（左）、
ポーチ チェックベージュ1980円（中）、
バケツ型 赤4950円（右）

バッグのデザインの企画はもちろん、糸の選定、染色も行なっている

手づくりの老舗和菓子店もある長浜

1894（明治27）年創業以来、長浜ではおなじみの堅ボーロ。小麦粉の生地を二度焼きし、生姜砂糖でコーティングしたお菓子です。元祖堅ボーロ本舗 ☎0749-62-1650 MAP 78 B-4

神永朱美 琵琶湖彩 ワイングラス各5940円

…い琵琶湖からインスピレーションを得て創り出された淡いグリーンのグラス

色とりどりのガラスに心ときめく

エクラン

「宝石箱」を意味する店名の通りに、宝石箱を開けるときのときめきが味わえるガラス製品が並ぶ。琵琶湖や滋賀をモチーフにした作品や、自社のガラス工房で作られたものもあり、プレゼントにもぴったり。

日々の暮らしに彩りを添えてくれる、使い勝手のよい器や花瓶などが並ぶ

ガラス
☎0749-65-2330（代）
長浜市元浜町7-11
10:00〜17:00
休 無休 P なし
JR長浜駅から徒歩5分 MAP 67

いろ色浜独楽1320円〜、木製置台330円〜

…とつひとつ手で色づけされたコマ。コマの絵付け体験は3700円〜（3名〜、要予約）

唯一無二と出会える町の木工所

木工房かたやま 片山木工所

もっこうぼうかたやまかたやまもっこうしょ

コマをメインにつくる、地域で愛される木工所。伝統工芸品の「いろ色浜独楽（いろはまごま）」は、その名のとおり色も形も大きさもいろいろで、同じものはひとつとしてないのが特徴。色鮮やかで美しい、お気に入りに出会える。

閑静な住宅街の中にある工房。コマの原料となるサクラやケヤキなどの木材が立ち並ぶ

木工品
☎0749-62-9804
長浜市三ツ矢町7-7 9:00〜17:30
休 日曜 P あり
JR長浜駅から徒歩20分 MAP 78 B-4
URL http://iroirohamakoma.jp/

kii工房の工房がある高島市は、雨が多く常に適度な湿度がある繊維にとって最適な風土で、江戸時代から栄えた繊維の町です。

買い物やおやつ時間が楽しめる東近江のギャラリーや工房

滋賀を拠点とする作家ものを置くお店や歴史を感じるショップ。地元名産を使うおいしいスイーツ店など、訪れてみるとほかにはない滋賀の良いものと出会えます。

信楽を拠点に活動する夏草さんの作品。シンプルなフォルムと微妙な色合いが特徴

1古民家らしい雰囲気が漂うショップには、器や布小物がそろう 2赤いのれんが目印

商人のまちから発信するギャラリーカフェ

genzai

ゲンザイ

築200年の商家を生かしたギャラリー&カフェ。オーナーが仕入れるのは、心に留まった滋賀や近隣の作家の作品が中心。カフェのコーヒーや紅茶には、地元の御澤神社の湧水が使われまろやかな味わい。

☎0748-26-5110
東近江市五個荘川並町732-1
10:00～18:00 休火～木曜 Pあり
バス停ぷらざ三方よし前から徒歩3分
MAP47

庭で飼う鶏の卵を使った、うちの鶏のエッグトースト500円とホットコーヒー 550円

カフェスペースは、重厚すぎないナチュラルテイストで統一

ていねいな仕事の天然酵母パン

ファブリカ村内には、ベーカリー、フラワーショップ、焼き菓子、チョークアート、近江の麻の洋服などを扱う店や教室があります。https://www.fabricamura.com/member/

工場跡地からつくる喜びを発信

ファブリカ村 ファブリカむら

麻織物・近江の麻工場だった、北川織物工場の跡地を土日限定でオープン。「生活の中にほんの少しの芸術を」をコンセプトに、地元作家によるアート作品の展示販売をするだけでなく、不定期でワークショップの開催もある。出張カフェもあり、ゆったりできる。

☎0748-42-0380 東近江市佐野町657北川織物工場 11:00～17:00 休月～金曜(8月は夏休み、2月は冬休み) Pあり JR能登川駅から徒歩15分 MAP付録① B-3

暖かみのある
色とりどりの
手づくりストール

1織物工場時代の織機が残された販売スペース 2のこぎり屋根が印象的な白い建物が目印 3週末の展覧会やイベントに合わせてのカフェは、県内さまざまな店が出張し登場 4イベントにより多ジャンルの作品が並ぶ

滋賀の地酒をスイーツで食べくらべ

工房しゅしゅ こうぼうしゅしゅ

滋賀県内の6つの酒蔵から仕入れた酒粕を使い仕上げた生チーズケーキを販売。それぞれの銘柄を書いたお猪口に入ったなめらかで濃厚な大人のスイーツが評判。

☎0748-20-3993 東近江市上羽田町786-1 10:00～18:00 休月・木曜 Pあり JR近江八幡駅から近江鉄道バス羽田停留所下車すぐ MAP付録① B-3

1湖のくに生チーズケーキのお猪口入り1個583円。七本鎗、松の司、浪乃音、萩乃露、美冨久、喜楽長と、滋賀を代表する酒蔵を使う 2個性的な壁が目印

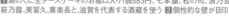

genzaiでは年に数回、現代作家の企画展示が開催されています。ショップの作品と同様に購入できるものもありますよ。

学びのある空間
気になる美術館&博物館

2021年に大幅リニューアルした、公園の中にある滋賀県立美術館に、湖と人間の歴史を学べる琵琶湖博物館と、クール&モダンな佐川美術館。心安らぐ空間で、豊かな感性をアップデートしましょう。

1展示室とギャラリーの3つの建物がガラス張りの回廊でつながる 2展示は数か月ごとに入れ替わる 3サインやテーブルなど随所に信楽焼が使われたエントランスには、カフェやミュージアムショップが併設

公園の中にあるくつろぎのアートスポット

滋賀県立美術館 ‖大津‖ しがけんりつびじゅつかん

四季折々の景色が美しいびわこ文化公園内に位置し、日本美術や戦後現代美術、アール・ブリュットなど、幅広いジャンルの作品を鑑賞できる。カフェもあり、リビングルームのような空間でゆったりアートに浸れる。

077-543-2111 大津市瀬田南大萱町1740-1 9:30〜16:30 休月曜(祝日の場合は翌日休) ¥540円(企画展は別途) Pあり バス停県立図書館・美術館前から徒歩5分 MAP付録② C-4

1水面にたたずむような美しい外観 2「人間の美」を追求したブロンズ像が並ぶ佐藤忠良館 3世界を旅し、そこで見たものを日本画作品として描く平山郁夫館 4360度どの角度からも作品を眺められる樂吉左衞門館

水面にたたずむアートな美術館

佐川美術館 ‖守山‖ さがわびじゅつかん

日本画の平山郁夫、彫刻の佐藤忠良、陶芸の樂吉左衞門の作品を3つの展示館でゆっくり鑑賞できるほか、国内外問わず幅広い特別展も人気。比叡山・比良山を望む自然と調和した空間で、感性が揺さぶられる時間を。

077-585-7800 守山市水保町北川2891 9:30〜16:30(WEB事前予約制の場合あり) 休月曜(祝日の場合は翌日休) ¥1000円(企画展ごとに変更あり) P無料 バス停佐川美術館からすぐ MAP付録② C-1

ミュージアムグッズもCheck

滋賀県立琵琶湖博物館内のミュージアムショップでは、ビワマスやカリツブリなど琵琶湖の生物をモデルにしたオリジナルグッズを販売中。

1琵琶湖の沖合いをイメージしたトンネル水槽 2樹冠トレイルからは琵琶湖を一望できる 3大人の知的好奇心をくすぐる「おとなのディスカバリー」 4世界でも珍しい半骨半身のゾウの標本 5オリジナルグッズが豊富なミュージアムショップ「おいでや」 6レストラン「にほのうみ」ではオリジナルメニューが楽しめる

（写真提供）滋賀県立琵琶湖博物館

琵琶湖をもっと身近に感じる博物館

滋賀県立琵琶湖博物館

‖草津‖しがけんりつびわこはくぶつかん

400万年間の琵琶湖の自然や歴史、淡水生物を五感で体験できるミュージアム。映像や迫力ある標本で琵琶湖について楽しみながら学べる。(一部の水槽は閉鎖されています)

077-568-4811 草津市下物町1091 9:30～17:00（最終入館16:00）詳細は公式HP確認 休月曜（祝日の場合は開館）、ほか臨時休館あり ¥800円 Pあり バス停琵琶湖博物館からすぐ MAP付録② C-2 URL https://www.biwahaku.jp/

立ち寄りスポット

烏丸半島の草津市立水生植物公園みずの森では、ハスやスイレンなど国内外の水生植物が楽しめる。温室内は通年でスイレンが咲く。

草津市立水生植物公園みずの森

くさつしりつすいせいしょくぶつこうえんみずのもり

077-568-2332 草津市下物町1091 9:00～16:30（夏期・冬期は変更有） 休月曜（祝日の場合は翌平日休） ¥300円 Pあり バス停水生植物公園みずの森からすぐ MAP付録② C-2

彫刻家の佐藤忠良氏は、絵本『おおきなかぶ』の画を描いたことでも有名です。

ローザンベリー多和田で自然を楽しみ癒やしの時間を過ごす

一歩足を踏み入れると海外のような空気が流れる「ローザンベリー多和田」。
ガーデンを散策したり、美味しい食事やスイーツを楽しんだり。
美しい自然の中で心ゆくまで過ごしましょう。

1宿根草とバラが織りなす絵画のような美しい風景が広がる 2片道1キロを約10分かけて周遊するSL列車ミルキーウェイ 3「ひつじのショーン」の世界を再現した世界初のエリア 4約400種、1000株のバラが艶やかに咲き誇る 5アンティークのレンガや門扉にまでこだわった庭園。優雅に仕立てられたバラは圧巻

癒やしのイングリッシュガーデン

English Garden ローザンベリー多和田

イングリッシュガーデンローザンベリーたわだ

四季折々の美しい風景が広がる本格的なイングリッシュガーデンがある観光施設。広大な敷地の中には、自然との調和を大切にした庭園をはじめ、妖精が隠れていそうなフェアリーガーデンやのどかな牧場、イギリス発のクレイ·アニメをテーマにしたエリアや野菜の収穫体験など楽しいエリアが点在。五感で楽しみながらの散策やSL列車で非日常感を味わって。

☎0749-54-2323 住米原市多和田605-10 時10:00〜17:00(12月〜2月下旬は〜16:00) 休火曜(祝日の場合は営業) ¥1900円 Pあり バス停ローザンベリー多和田からすぐ MAP付録① C-2

ガーデンの石畳をイメージして作られたオリジナルクッキー缶「ココロードクッキー」2250円。英国紅茶やバラなど6種の味が楽しめる

自然を感じながら美味しいひととき

園内には野菜を自分で収穫できるバーベーキュー場や、地元の食材を使ったランチや英国紅茶やスイーツが楽しめるカフェがあるので気分に合わせて選びましょう。

フェアリーガーデン

妖精たちが住む村。一番の高台に建つ村長さんの家やかわいいレストラン、バーなどおとぎ話の世界が広がる。

小高い丘にある牧場に放牧されている世界一かわいい羊さんにも出会える

羊のふれあい&わくわくファーム

バラと宿根草の庭

自生している木々や周りの自然との一体感を大切にしたイングリッシュガーデン。季節ごとにうつろう美しい風景が楽しめる。

ひつじのショーンのパン作り体験1200円（予約優先）

「ひつじのショーンファームガーデン」
羊のふれあい&わくわくファーム
野菜畑
パンピザ体験工房
ローザンベリーマナー
クラフト体験工房
バラと宿根草の庭
フェアリーガーデン
ローザン鉄道ミルキーウェイ
ぶどうハウス
バーベキュー
カフェ EAZY TIME
ヒルサイドカフェ Tearoom
TEA PASTRIES
スイーツスタンド
レストラン CHEF'S

「ひつじのショーンファームガーデン」

イギリスの人気クレイ・アニメ「ひつじのショーン」をテーマにしたエリア。園内にはショップや体験工房、カフェが併設されさまざまな楽しみが待っている。

TEA PASTRIES

イギリスの湖水地方で愛されているティーハウスの紅茶と焼菓子が楽しめる。

本場のクリームティーやおいしい紅茶を

1 クレイ・アニメーションのリアルワールドへ 2「スイーツスタンド」で味わえるキャラクタードーナツは、ショーンとビッツァー、いたずらブタの3種 3 クラフト体験工房で羊毛マグネット作り1000円

「ぶどうハウス」では希少な品種のブドウを栽培。収穫体験は8月中旬から9月中旬。

近江の自然が育んだ 地産地消のレストラン

琵琶湖の水と豊かな土壌に育まれた近江の野菜たち。
日野菜(ひのな)や金美(きんび)人参などの伝統野菜はもちろん、
とれたて野菜のおいしさが楽しめるレストランを集めました。

1昼のコースメニュー 3850円～ 2契約農家から届くみずみずしい野菜がどの料理にも登場 3プロヴァンス風の建物

自然を味わうシンプルフレンチ

violette stella

‖栗東‖ヴィオレットステラ

地元の契約農家や家族で栽培する野菜や果物をはじめ、地鶏、瀬戸内産の魚介など、吟味した食材を使う。オリーブオイルをベースにした、シンプルで健康的なフレンチコースが楽しめる。

大きな窓の外には自然が広がる

フレンチ
077-552-7136
栗東市中沢3-5-11
11:30・12:00・12:30、18:00・18:30スタート(前日までの完全予約制)
休 水・木曜(ディナーは金～日曜、祝日のみ営業) P あり JR草津駅から徒歩20分
MAP 付録② C-2

紅茶と彩り野菜を味わうヘルシーランチ

SPOON GARDEN RESTAURANT

‖野洲‖スプーンガーデンレストラン

地元契約農家の野菜などを使うせいろ蒸しと、柔らかな風味が魅力のムレスナティーを楽しめる店。食事には+330円でフリーティーが付くのもうれしい。自家製ケーキなどスイーツも充実。

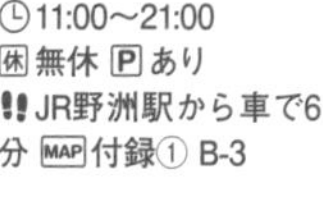

創作料理
077-586-6020
野洲市富波甲1117-1
11:00～21:00
休 無休 P あり
JR野洲駅から車で6分 MAP 付録① B-3

多彩なフレーバーティーも販売

1鶏3種スペシャル3段せいろ蒸し1900円。4種のタレで味わえる 2ナチュラルな雰囲気の一軒家 3野菜とチキンのスープカレー 2300円

農産物直売所もチェック

滋賀には農産物直売所がたくさんあります。ファーマーズ・マーケットおうみんち☎077-585-8318 MAP付録② C-1。道の駅 びわ湖大橋米プラザ ☎077-574-6161 MAP付録② B-1

古材で建てた一軒家で食す近江の逸品

coctura 桜井

‖大津‖コクトゥーラさくらい

築100年の民家の古材を使って建てた店。メニューは西洋食材も使う懐石料理で、月ごとに替わる創作懐石のコース料理のほか、ランチタイムにはミニコースも。日野菜や伊吹大根など、近江の伝統野菜を中心に使う。

和食 ☎077-533-3002
大津市国分1-217-10
12:00～13:00、18:00～19:00（前日までの要予約）
休 不定休 P あり
バス停仏神寺からすぐ
MAP 付録② B-4

煤竹が施された天井など、古材が店内に独特の趣を添える

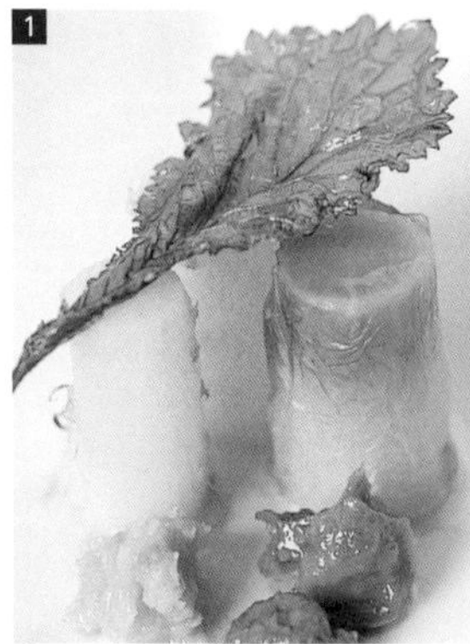

1ランチコース3500円～ 2海老芋、タラ、金時人参などが入った椀物 3店内の随所にオーナーのセンスが光る

コースからアラカルトまで
気取らないおいしさを追求

洋食SHIMADA

‖彦根‖ようしょくシマダ

一流フレンチで修業したシェフによる、素材の風味を生かした料理がカジュアルに楽しめる店。野菜は、自家菜園で育てたものなど地元産を中心に使用。メイン料理を炭火で仕上げるなど和テイストな洋食も特徴。

洋食 ☎0749-33-0637 彦根市後三条町288 Nasu23B
11:30～13:30、17:30～20:30 休 日曜 P あり
JR彦根駅から車で10分 MAP 79 B-4

1魚や肉などメインが選べるシンプルランチコース1900円～。子羊のグリルは＋2000円 2前菜の一例、パテ・ド・カンパーニュ 3白を基調とした落ち着いた空間

彦根周辺の新鮮な朝採れ野菜を使う

減農薬栽培・地元産の「環境こだわり農産物」の栽培を推進している滋賀の農産物は、安心・安全で知られています。

わざわざ行きたい個性豊かな パティスリー&ベーカリー

有名シェフが腕をふるうパティスリーや
老舗が手がける焼菓子の店やベーカリーをご紹介。
おいしいスイーツやパンを味わう幸せなひとときを。

滋賀でフランスを感じる名店

W. Boléro

ドゥブルベ ボレロ

まるで南仏の別荘みたいな一軒家。約20年前から本格派フランス菓子店として一目置かれ、世界でも活躍する渡邊雄二シェフのスイーツは、どれも渡仏して得た感性によるもの。レベルの高い味わいを。

☎077-581-3966 ⌂守山市播磨田町48-4 ⏲10:00～19:00（カフェは～17:30）休月・火曜 Pあり JR守山駅から車で5分
MAP付録② C-2

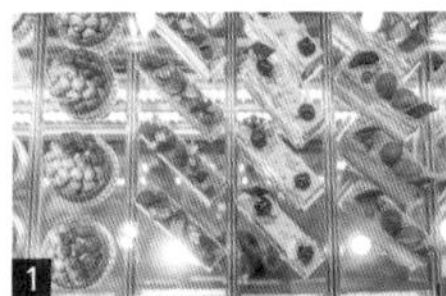

1 旬の素材を使うケーキは常時20種以上 2 オレンジ色の洋瓦が印象的な店構え 3 定番人気のアイアシェッケ518円は4層のチーズケーキ

気取らない洋菓子にほっこり

& Anne

アンドアン

和菓子店「菓心おおすが」が手がける洋菓子のお店。焼き菓子やケーキなど世界各国の伝統的な手作りスイーツをテイクアウトできる。生活雑貨や本が並ぶスペースがあり、さまざまな楽しみ方ができるのも魅力。

☎0749-22-5288 ⌂彦根市中央町4-35 ⏲10:30～18:00
休水・木曜 Pあり JR彦根駅から徒歩15分 MAP55

1 & Anneガレット(1袋)700円、チョコレートのスコーン320円 2 自家製小倉餡と生クリームが入ったAnneコルネ360円 3 季節のジャムやグラノーラが並ぶ

世界が認めるボンボンショコラ

世界のショコラティエ100にも選ばれた「W.Boléro」の渡邊シェフ。6年連続「サロン・デュ・ショコラ・パリ」で金賞の実力派ショコラは1個313円、1箱4個入り1512円～。

多彩な味わいが楽しいまんまるパン

まるい食パン専門店

まるいしょくパンせんもんてん

ご当地グルメ「サラダパン」で有名なつるやパンが手がける「まるい食パン」の専門店。丸い型で焼き上げるふわふわのパンをベースにしたサンドは、人気の焼サバをはじめ惣菜系からスイーツ系まで幅広い味がそろう。

☎0749-62-5926 住長浜市朝日町15-31 時8:00～17:00 休水曜 Pあり 交JR長浜駅から徒歩4分 MAP78 B-4

1まるい食パン480円は、ハーフサイズ250円もある 2パンの形をした看板が目印。イートインも可能 3サラダ220円、フレンチトースト190円のほか、季節の商品も

1匠のあんぱん249円やあんこバター 238円のほか、バゲットも人気 2選べる野坐のパンプレート、ドリンク付き1540円 3ゆったりした時間が流れる

和菓子屋が生み出すこだわりのパン

Bakery&Café 野坐

ベーカリーアンドカフェのざ

「叶 匠壽庵 寿長生の郷」にあるベーカリー＆カフェ。約19種のパンは国産小麦と天然酵母を使用し、職人が炊いた自慢のあんこが入るパンが人気。2階のカフェでは軽食やサイフォンで淹れたコーヒーも味わえる。

☎077-546-3131 住大津市大石龍門4-2-1 時10:00～16:00※売り切れ次第終了（カフェ LO16:15） 休水曜（寿長生の郷に準じる） Pあり 交JR石山駅から車で20分 MAP付録① A-4

「Bakery&Café 野坐」のある「叶 匠壽庵 寿長生の郷」P.100には、茶室や食事処、菓子売場もあるので四季折々の景色とともに楽しんで。

A 老舗和菓子店による爽やかレモンケーキ

滋賀在住の人気切り絵作家とのコラボ商品。ほろ苦く大人の味わいに仕上げたオトナレモンケーキ5個入1296円

B 果実の芳醇な味わいが楽しめる

野生酵母で作る酸化防止剤無添加のにごりワイン。h3 Caribou白・微発泡辛口750mℓ2178円、自社畑 赤・辛口750mℓ3190円

C まるい形がかわいいラスク

人気のまるい食パンを6種の味で楽しめるラスク。12袋入りもある。まるい食パンラスク(小)6袋780円

D 近江商人ゆかりの羊羹

竹の皮に包んで蒸した甘さ控えめのでっち羊羹1本356円

お気に入りをお持ち帰り

滋賀の定番みやげあれこれ

湖国の名産品やお菓子はおみやげの定番。また和ろうそくといった伝統工芸品も。何にしようか迷ったときのために、おすすめのおみやげをセレクトしました。

E 和菓子の技が光る新定番スイーツ

伝統的な和菓子の琥珀糖にアドベリー味のもちっとしたゼリーをとじ込めたMIO 10個1728円

F 自慢の牛乳をたっぷり使うジェラート

牛乳を75%以上使用。さわやかな甘さと牛乳のコクが味わい深い、イタリアンジェラート各140mℓ375円

ショップリスト

A 菓匠 禄兵衛 黒壁店
かしょうろくべえくろかべてん
☎0749-53-2307 住長浜市元浜町10-27 ⏰9:30～17:00 休無休 Pなし 🚶JR長浜駅から徒歩5分 MAP78 B-4

B ヒトミワイナリー
☎0748-27-1707 住東近江市山上町2083 ⏰11:00～18:00 休月・木曜 Pあり 🚶バス停山上口からすぐ MAP53

C 木之本 つるやパン本店
きのもとつるやパンほんてん
☎0749-82-3162 住長浜市木之本町木之本1105 ⏰8:00～18:00(日曜、祝日は9:00～17:00) 休無休 Pなし 🚶JR木ノ本駅から徒歩7分 MAP付録① B-1

D 和た与 わたよ
☎0748-32-2610
住近江八幡市玉木町2-3 ⏰9:00～18:00 休火曜(祝日は営業) Pあり 🚶バス停小幡町資料館前からすぐ
MAP43

E とも栄 藤樹街道本店
ともえとうじゅかいどうほんてん
☎0740-32-0842 住高島市安曇川町西万木211-1 ⏰9:30～18:30 休1月1日 Pあり 🚶JR安曇川駅から徒歩5分
MAP付録① B-2

F 池田牧場 ジェラートショップ香想
いけだぼくじょうジェラートショップこうそう
☎0748-27-1600
住東近江市和南町1572-2 池田牧場内
⏰10:00～18:00(10～3月は～17:00)
休水曜(1～2月は水・木曜休) Pあり
🚶八日市ICから車で20分 MAP53

江戸時代から伝わるご当地飴

菊水飴 水あめ800円は、砂糖や添加物を一切使用していない白く泡立った飴。箸に巻きつけて食べる

H 井伊直弼ゆかりの彦根銘菓「埋れ木」

白餡を求肥で包み和三盆糖と抹茶をまぶした埋れ木6個972円

I 老舗醸造元による多彩なビネガー

牛乳や水で割って気軽に味わえる、アドベリービネガー 300mℓ1190円、生姜酢200mℓ650円

J 長寿を願う多賀の銘菓

こし餡を餅で包み、三味線の糸で切った糸切餅10個800円

K 優しい火を灯す和ろうそく

伝統の櫨(はぜ)ろうそくをはじめ、お米のろうそく1320円、米ぬかろうそくまめアースカラーアソート1320円も人気

近江・政所地区の幻の銘茶、政所茶

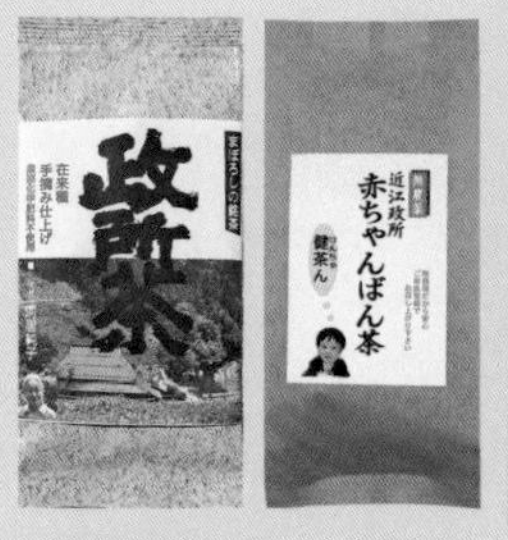

農薬化学肥料不使用 近江政所茶50g1080円、農薬化学肥料不使用 近江政所 赤ちゃん番茶100g540円

M 長浜で生まれたクラフトビール

伊吹バイツェン、長浜エールなど定番3種のビールのほか、季節に応じたビールを販売。350mℓ各583円～

ショップリスト

G 黒壁AMISU くろかべアミス
☎0749-65-2330(代) 住長浜市元浜町8-16 ⏰10:00～17:00 休無休 Pなし 🚶JR長浜駅から徒歩5分 MAP67

H いと重菓舗 いとじゅうかほ
☎0749-22-6003 住彦根市本町1-3-37 ⏰8:30～18:00 休火曜 Pあり 🚶JR彦根駅から徒歩15分 MAP58

I 淡海堂 おうみどう
☎0740-36-0218 住高島市勝野1406-2 ⏰9:00～18:00 休水曜 Pあり 🚶JR近江高島駅から徒歩5分 MAP付録① B-2

J 多賀や たがや
☎0749-48-1430 住多賀町多賀601 ⏰8:00～17:00 休無休 Pなし 🚶近江鉄道多賀大社前駅から徒歩10分 MAP65

K 和ろうそく 大與 わろうそくだいよ
☎0740-22-0557 住高島市今津町住吉2-5-8 ⏰9:00～17:00 休不定休 Pあり 🚶JR近江今津駅から徒歩7分 MAP付録① B-1

L 政所園 夢京橋店 P.59

M 長濱浪漫ビール ながはままろまんビール
☎0749-63-4300 住長浜市朝日町14-1 ⏰11:30～14:30、17:00～20:15(土・日曜、祝日は11:30～20:15) 休火曜(祝日の場合は営業) Pあり 🚶JR長浜駅から徒歩5分 MAP78 B-4

レイクビューが楽しめる 湖畔にたたずむ癒やしのホテル

**滋賀に泊まるなら、やっぱりレイクビューが気になりますよね。
贅沢にくつろげるリゾートから施設充実のホテル、
ゆったり過ごせる温泉宿まで、琵琶湖が見渡せる癒やしのステイをご紹介します。**

ここでしか味わえない 特別なおもてなし

ロテル・デュ・ラク

透明度の高い奥琵琶湖畔に広がる4万坪の広大な敷地に建つホテルには、手つかずの自然が残る。15室だけの特別な空間で受けるホスピタリティ溢れるサービスとともに、ここだけのイノベーティブな料理で唯一無二のグルメ体験を。

☎0749-89-1888
長浜市西浅井町大浦2064
IN15:00 OUT12:00 室15室
Pあり JR永原駅から車で5分
MAP付録① B-1

1

2

3

1自然豊かで開放的な立地 2広大な敷地内には非日常の時間を過ごせる場所が多くある 3発酵や熟成を巧みに使った、滋賀県を中心とする食材を生かした個性豊かな料理も魅力

宿泊プラン
レイクビューシアタールーム
(2名1室／1名分)
1泊2食付 38500円～
ドックフレンドリーヴィラ
(2名1室／1名分)
1泊2食付 44000円～

レイクビュー シアタールーム

レイクビューシアタールームは、シンプルながら琵琶湖の眺望は抜群で朝焼けも美しい

眺めのよい温泉も魅力の リゾートホテル

琵琶湖ホテル びわこホテル

目の前に雄大な琵琶湖や比叡、比良の山々を望むリゾートホテル。全室レイクビューの客室で癒しとくつろぎの時間を過ごせる。琵琶湖が見晴らせる瑠璃温泉＆露天風呂も魅力。和洋のレストランでは、近江の恵みを堪能できる。

☎077-524-7111 大津市浜町2-40 IN15:00 OUT12:00 室175室 Pあり JR大津駅からシャトルバスで5分、京阪びわ湖浜大津駅から徒歩5分 MAP付録② B-3

1

2

3

1全客室から望める琵琶湖は絶景 2プレミア・ラグジュアリーフロアはクラブラウンジが利用でき、ゆったり過ごせる 3朝食は和洋のビュッフェスタイル

宿泊プラン
プレミア・ラグジュアリーフロア「Aqua」ツイン
(2名1室／1名分)
1泊朝食付 28500円～
デラックスフロア「Lumina」ツイン
(2名1室／1名分)
1泊朝食付 14900円～

琵琶湖を一望できる「瑠璃温泉 るりの湯」は天然温泉。旅の疲れをゆっくり癒して

琵琶湖畔でピクニック

「ロテル・デュ・ラク」では、広大な敷地内でピクニックをすることもできます。見晴らし丘から琵琶湖を眺めたり、湖岸でのんびり過ごしたり、非日常を楽しめます。

琵琶湖を180度見渡す
ランドマークホテル

びわ湖大津プリンスホテル

びわこおおつプリンスホテル

琵琶湖のパノラマを望む38階建て、高さ約133mの高層ホテル。目の前の桟橋からクルーズへ出たり、レンタサイクルもあり、いろいろな目線で美しい湖を余すことなく満喫できる。滋賀県ならではの美食とともに特別な一日を。

☎077-521-1111 ⌂大津市におの浜4-7-7 ⓛIN14:00 OUT11:00 室529室 Ⓟあり(有料) 🚶JR大津駅から車で10分、大津駅から無料シャトルバスあり MAP付録② B-3

1全室レイクビュー。琵琶湖の絶景を堪能できる 2スカイフロアは21階以上の見晴らしのいいゲストルーム 3見渡す限りの絶景と、湖国の味を楽しめる和洋中のブッフェ

宿泊プラン

スカイフロアツイン
(2名1室／1名分)
1泊朝食付13431円～
レイクフロア ツイン
(2名1室／1名分)
1泊朝食付10717円～

シーズンごとにオリジナルスイーツも登場

大人のリゾートを感じられるロビーラウンジポートニオ。地産地消にこだわったメニューも豊富

心ほぐれるくつろぎの温泉宿

おごと温泉 びわこ緑水亭

おごとおんせんびわこりょくすいてい

前に琵琶湖、後ろに比叡山を望むロケーション抜群の宿。湖游宿泊プランでは、朝食が近江牛や近江鴨を使った洋風、2段重ねの岡持ちに入った和風から選べ、好きな時に客室のベランダで味わえる。夕食は近江牛がメインの会席料理を個室料亭で提供する。

☎077-577-2222 ⌂大津市雄琴6-1-6 ⓛIN15:00 OUT10:00 室73室 Ⓟあり 🚶JRおごと温泉駅から車で7分、おごと温泉駅からシャトルバスあり MAP付録② B-1

1露天風呂付客室「湖游」ではベランピングが楽しめる 2星屑が降りてきたかのようなやさしい光と炎に囲まれたテラス 3近江牛のしゃぶしゃぶを会席でいただける

宿泊プラン

湖游宿泊プラン
プレミアスイート
(2名1室　1名分)47300円～
エレガントスイート
(2名1室　1名分)40700円

きらめく水盤を眺めながら料理を食べられる

ダイニングレストラン「和楽」からすぐの中庭では、足湯や手湯が気軽に楽しめる

レイクビューのホテルで四季折々の琵琶湖を楽しみましょう。お好みの宿を見つけてステキな旅を。

水辺で過ごす非日常な時間 優雅に湖畔グランピング

自然豊かな滋賀では、アウトドア施設も充実。
グランピングなら優雅におしゃれキャンプができるのでおすすめです。
自分へのごほうびにしたい、湖畔のグランピングを紹介します。

ラグジュアリーなテントステイを満喫

VIWAKO GLASTAR

ビワコグラスター

透明度の高い美しい琵琶湖と山々に囲まれた青柳浜にある施設。おしゃれなバーベキューやアクティビティ、広々したテントステイなど日常では味わえない特別な時間が過ごせる。美しい湖面や満天の星空など自然を存分に謳歌して。

☎0120-015-105 住大津市大物640-2
時IN15:00、OUT10:00 室12棟 Pあり
交湖西道路志賀ICから車で5分
MAP付録① B-2

1夜は琵琶湖からの波音や星空が楽しめる心豊かなひとときが過ごせる 2自然と一体になれるSUP体験（1時間3500円、要予約） 3ダブルベッド2台が配された快適なテント 4間近に広がる美しい琵琶湖の絶景をひとり占め 5テントで過ごしながらビーチビュー席でバーベキューが味わえる 6バーベキューは肉セット2900円～（1人前）、活け海鮮セット2900円（1人前） などがある

宿泊プラン

浜辺のテント（一棟貸し、～2名）
1泊2食付12475円～／1名
ベーシックテント（一棟貸し、～4名）
1泊2食付11835円～／1名

心ほぐれる
癒やし空間で
リフレッシュ

さらに新しいスタイルも

「VIWAKO GLASTAR」では、海外で人気の車中泊をイメージした「グランピングカー」の宿泊プランも登場。スタイリッシュで機能的なバンで快適な時間を過ごせます。

宿泊プラン
フラミンゴ（一棟貸し、～6名）
1泊朝食付29600円～／～2名
クロコダイル（一棟貸し、～4名）
1泊朝食付29600円～／～2名

琵琶湖と比良山系の自然に包まれたヴィラ

エバーグレイズ琵琶湖

エバーグレイズびわこ

大自然の中に登場した13タイプ35棟の多彩なキャンプ施設。快適なアウトドアライフが楽しめ、近江舞子内湖でのカヌー体験、素材のうまみをフルに引き出す欧米スタイルのバーベキューなど様々な体験ができる。

☎0599-55-3867
住大津市南小松1249-1
時IN14:00、OUT11:00 室35棟 Pあり 交JR近江舞子駅から徒歩5分 MAP付録① B-2

豪華な食材が味わえるアメリカンBBQ

1カヌーが付くキャビン「クロコダイル」。リゾート気分で魅惑的な夜を 2カナディアンカヌーで冒険へ 3最高部位の赤身肉がワイルドに堪能できる、リブアイステーキ&ロブスターセット7400円～ 4内湖へつながる水辺に面した美しいウォーターフロントキャビン「フラミンゴ」

テントから雄大なレイクビューを

グランドーム滋賀高島

グランドームしがたかしま

琵琶湖をのぞむ半円形のドーム型テントが魅力。全室にエアコンが完備されているのでオールシーズン利用可能。近江牛や湖魚など地元の食材を使用した夕食もうれしい。

☎050-3161-4581 住高島市安曇川町下小川2248-2 時IN15:00、OUT10:00 室6棟 Pあり 交JR近江高島駅から車で5分 MAP付録① B-2

宿泊プラン
グランピングBBQ（～8名）
1泊2食付23430円～／1名

1部屋は異なる3タイプから選べる。本やドリンクが楽しめるプライベートバーも 2夕食は近江牛ステーキやビワマスのホイル焼きなど地元産の新鮮な食材がずらり 3各部屋のプライベートガーデンには専用のファイヤーピットが。焚き火体験のほか、燻製やコーヒーの焙煎などが体験できる

バーベキューやテントステイの日帰りプランがある施設も多いので、各施設のHPなどをチェックしてみて。

長浜曳山まつり

ながはまひきやままつり

400年の歴史ある日本三大山車祭のひとつでユネスコ無形文化遺産。5～12歳の男子が演じる子ども歌舞伎が有名。

☎0749-65-6521（長浜市文化観光課）、☎0749-65-3300（長浜市曳山博物館）
MAP 78 B-4　日程 4月13～16日
場所 長濱八幡宮ほか市街地一帯

日吉大社山王祭

ひよしたいしゃさんのうさい

1200年以上の歴史を持つ五穀豊穣を祈る大祭。神輿が練り歩く12日の午の神事や13日の宵宮落としが見物。

☎077-578-0009（日吉大社）
MAP 88
日程 4月12～14日
場所 大津市坂本 日吉大社

草津宿場まつり

くさつしゅくばまつり

草津宿本陣を中心に草津の今と昔を感じるイベント。時代行列、ステージパフォーマンス、にぎわいブースなどの催しがある。

☎077-566-3219（草津市観光物産協会内）
MAP 付録② C-3
日程 4月第4日曜
場所 JR草津駅周辺東海道筋一帯・de愛ひろば

びわ湖大花火大会

びわこだいはなびたいかい

大津港沖から約1万発を打ち上げる大規模な花火大会。湖面に映る花火がとても美しい。有料観覧席もあり。

☎未定（びわ湖大花火大会実行委員会コールセンター MAP 付録② B-3
日程 開催時期未定
場所 滋賀県営大津港沖水面一帯

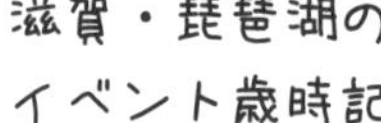

滋賀・琵琶湖のイベント歳時記

一年を通して、滋賀各地でさまざまなイベントが開催される。毎年にぎわう主なイベントを紹介します。

万灯祭

まんとうさい

高さ12mの支柱に吊るした約1万灯以上の提灯に明かりが灯される。神楽や猿楽の、ステージショーもある。

☎0749-48-1101（多賀大社）
MAP 65
日程 8月3～5日
場所 多賀町 多賀大社

大津祭

おおつまつり

重要無形民俗文化財で湖国三大まつりのひとつ。豪華絢爛な13基の曳山が市内を巡行する。

☎077-525-0505（NPO大津祭曳山連盟）
MAP 付録② B-3
日程 宵宮:本祭の前日、本祭:スポーツの日（10月第2月曜）の前日
場所 大津市天孫神社周辺

信楽陶器まつり

しがらきとうきまつり

信楽焼の協力店舗で陶器まつりを開催。掘り出し物やさまざまな作風に出会えることも楽しみの一つ。

☎0748-83-1755（信楽焼振興協議会）
MAP 付録① A-1
日程 10月中旬
場所 信楽焼協力店舗

左義長まつり

さぎちょうまつり

火除・厄除を祈る祭礼で、国選択無形民俗文化財。干支にちなんだ左義長を担ぎ最後には奉火する。

☎0748-33-6061（近江八幡駅北口観光案内所）MAP 43
日程 3月中旬の土・日曜
場所 近江八幡市 日牟禮八幡宮

近江八幡・彦根・長浜
琵琶湖周辺

豊臣秀次の開いた水路が流れる近江八幡、
井伊家の居城・彦根城と城下町・彦根、
北国街道の宿場町・長浜。
この3つの町は、昔ながらの風情を残す古き懐かしい町。
どこを見ても、それぞれの町は、
ノスタルジックな雰囲気に包まれています。
お天気のいい日にふらりとでかけると、
やさしい時間がゆるりと流れています。

近江八幡・彦根・長浜をさくっと紹介します

商家の町並みが残る近江八幡、彦根城がシンボルの彦根、北国街道の宿場町・長浜。いずれも古くに栄え、その面影をたたえた町です。歴史とモダンが融合する町へ、のんびり訪れてみませんか。

旅のスタートは

近江八幡・彦根・長浜へ

見どころの3つのエリアは、それぞれJR京都駅またはJR米原駅から経由して向かいます。JR近江八幡駅からJR長浜駅までは電車で約40分で移動できます。

とりあえず 観光案内所で情報集め

JR近江八幡駅は北口1階に、JR彦根駅と長浜駅は構内にそれぞれ観光案内所があり、観光パンフレットや地図などが入手できます。

重い荷物は置いて行きたい コインロッカーへ

JR近江八幡駅、彦根駅、長浜駅の構内にあり、料金はそれぞれ300円～。

車の場合はどうするの？ 駅または観光スポット周辺の駐車場へ

近江八幡 八幡堀周辺には市営小幡観光駐車場（1回500円）と多賀観光駐車場（1回500円）があります。

彦根 彦根城には3つの駐車場（1日1000円）があり、夢京橋キャッスルロード周辺には京橋口（1時間まで400円、最大24時間以内1000円）があります。

長浜 市内随所に駐車場があるので、車を停めて散策しましょう（料金は駐車場によって異なる）。

問い合わせ先

近江八幡駅北口観光案内所 ☎0748-33-6061
彦根市観光案内所 ☎0749-22-2954
彦根観光協会 ☎0749-23-0001
長浜駅観光案内所 ☎0749-63-7055
近江鉄道（鉄道部） ☎0749-22-3303

高島へ

湖西にある高島は、JR京都駅を経由してJR近江今津駅方面へ向かいましょう。

とりあえず 観光案内所で情報集め

JR近江今津駅やJRマキノ駅の構内には観光案内所があり、観光パンフレットや地図などが入手できます。

車の場合は そのまま目的地へ

自然の多い高島エリアは観光スポットも点在。ドライブを楽しみ、各スポットの駐車場に車を停めましょう。

問い合わせ先

びわ湖高島観光協会 ☎0740-33-7101

水郷と近江商人の ふるさとで有名

近江八幡 P.42
おうみはちまん

近江商人発祥の地といわれる近江八幡。風情のある八幡堀や、昔懐かしい町並みに、古い商家を生かしたショップが並ぶ。

琵琶湖の自然に包まれて P.74

高島

たかしま

白鬚神社や海津大崎などの名所のほか、アウトドアスポットも多数ある。

レンタサイクルが便利です

観光スポット間は距離があるので、JR各駅や観光案内所にあるレンタサイクルの利用がおすすめ。乗り捨てが可能なものもあります。

滋賀県
岐阜県
三重県
余呉湖
賤ケ岳
賤ケ岳SA
木之本
北陸自動車道
北陸本線
小谷城跡
小谷城スマート
揖斐川町
伊吹山
竹生島
長浜市
長浜
長浜駅
東海道新幹線
米原市
中山道
名神高速道路
関ケ原町
関ケ原
米原
米原駅
米原Jct
彦根城
彦根駅
彦根
彦根市
大垣市
巡見街道
多賀大社
多賀SA
多賀スマート
多賀町
豊郷町
甲良町
東海道本線
西明寺（池寺）
いなべ市
五個荘
愛荘町
湖東三山スマート
金剛輪寺（松尾寺）
石馬寺
東近江
百済寺
蒲生スマート
八日市駅
東近江市
永源寺
八風街道
八日市
石塔寺
近江鉄道
菰野町
日野町
御在所山
甲賀市

歴史とモダンが融合する風情ある町へ

長浜 P.66

ながはま

北国街道沿いの古い町並みを生かした黒壁スクエアは長浜随一の観光名所。パワースポットとして話題の竹生島もおすすめ。

彦根城で小江戸情緒を満喫

彦根 P.54

ひこね

国宝の天守を有する彦根城へ。彦根城博物館で学んでみるのもおすすめ。ひこにゃんグッズは、城下町の夢京橋キャッスルロードでチェック。

自然と芸術をのんびり楽しむ

東近江 P.22・52

ひがしおうみ

工房や地元作家のギャラリーが点在。豊かな自然を感じる愛知川沿いのドライブも心地良い。

JR長浜駅すぐの長浜観光協会ツアーセンターには、電動アシスト自転車1日1000円もあります。☎0749-53-2500

古い商家の町並みや水路沿いをてくてくおさんぽしましょう

近江八幡は国内外で活躍した近江商人のふるさと。豪壮な商人屋敷が残る通りや風情ある八幡堀をゆっくり歩いてみましょう。

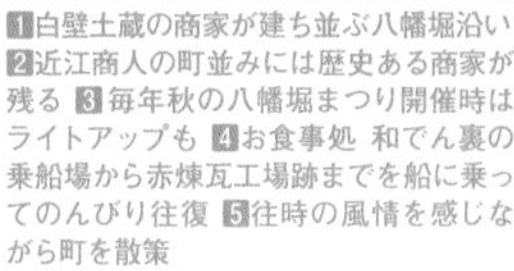

1白壁土蔵の商家が建ち並ぶ八幡堀沿い 2近江商人の町並みには歴史ある商家が残る 3毎年秋の八幡堀まつり開催時はライトアップも 4お食事処 和でん裏の乗船場から赤煉瓦工場跡までを船に乗ってのんびり往復 5往時の風情を感じながら町を散策

船で下ってみましょう

八幡堀めぐり はちまんぼりめぐり

琵琶湖水運の要衝として設けられた八幡堀を屋形船でめぐる。堀沿いには白壁土蔵や旧家が建ち並び、風情満点。季節には桜や花ショウブなどの花が咲き、白壁土蔵が続く景色に彩りを添える。

屋形船 ♪080-1510-5334 ⌂近江八幡市多賀町743 ◷10:00～16:00 休無休（天候により臨時休業あり）¥1500円 Pあり ‼バス停八幡堀（大杉町）八幡山ロープウェー口から徒歩3分 MAP43

約2kmを35分ほどかけて往復

観光案内はこちら

白雲館

はくうんかん

明治初期、西洋建築の形態を日本の建築技術によって作った旧八幡東学校。観光案内のほかギャラリーがある。

観光案内 ♪0748-32-7003（近江八幡観光物産協会）⌂近江八幡市為心町元9-1 ◷9:00～17:00 休無休 Pなし ‼バス停八幡堀（大杉町）八幡山ロープウェー口からすぐ MAP43

レトロな白亜の洋館

ぐるっと回って **3時間**

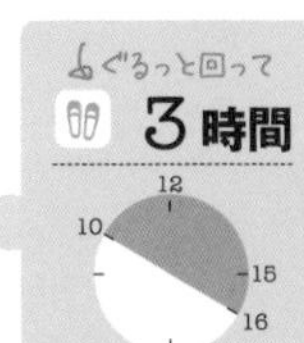

おすすめの時間帯

まずは新町通り（MAP 43）の近江八幡市立資料館へ。通りを北上すると八幡堀。堀沿いの遊歩道を散策したら、ロープウエーで八幡山へ。山上からの眺望は格別。八幡堀周辺のカフェやショップにも寄ってみて。

近江八幡ってこんなところです

近江八幡は豊臣秀吉の甥・秀次が築いた城下町。また近江商人発祥の地としても知られ、商人屋敷が軒を連ねる新町通りは伝建地区に選定されています。

町屋をいかした美術館

ボーダレス・アートミュージアムNO-MA

ボーダレスアートミュージアムノマ

昭和初期の町屋を改装。障害のあるアーティストの作品や現代アートなどさまざまな表現を並列して展示するユニークな美術館。ゆったりとアート鑑賞できる。

美術館 ☎0748-36-5018 近江八幡市永原町上16 ⏰11:00～17:00 休月曜(祝日の場合は翌日休) ¥200円～300円（企画展により変動あり） Ⓟあり バス停八幡堀（大杉町）八幡山ロープウェー口から徒歩8分 MAP 78 B-3

古い町並みの中にたたずむ町屋を改装

八幡堀周辺MAP

P.43 日牟禮八幡宮
P.38 左義長まつり
八幡堀川
近江八幡日牟禮ヴィレッジ（クラブハリエ 日牟禮館）P.19
クラブハリエ 日牟禮カフェ P.49
たねや 日牟禮茶屋 P.45
順応寺
P.45 喜兵衛
玉木
和た与 P.32
八幡堀
白雲橋
P.43 かわらミュージアム
八幡堀めぐり P.42
大杉町
P.43 近江八幡市立資料館
宝積寺
P.42 白雲館
正福寺
旧西川家住宅
歴史民俗資料館
新町通り P.43
徒歩3分
滋賀
郷土資料館
まるたけ近江西川 P.51
滋賀中央
街並・水郷美術館
近江牛創作ダイニング くぼ多屋 P.51
小幡
小幡町資料館前
P.48 一柳記念館（ヴォーリズ記念館）
P.44 idea note
P.44 Going Nuts!
antiquenara P.44
近江八幡市
近江八幡まちや倶楽部
旧八幡郵便局 P.48
近江八幡駅
P.49 アンドリュース記念館
右上が北
周辺図 P.78
0 100m
1:8,300

近江商人の氏神様

日牟禮八幡宮

ひむれはちまんぐう

近江商人の信仰を集めた古社。老木に囲まれ銅板葺きの楼門、拝殿、本殿、摂社などが立つ。3月は左義長祭、4月には八幡祭が行なわれる。

神社 ☎0748-32-3151 近江八幡市宮内町257 ⏰境内自由 バス停八幡堀（大杉町）八幡山ロープウェー口から徒歩5分 MAP 43

八幡瓦について学ぶ

かわらミュージアム

かわらミュージアム

八幡堀の景観に合う白壁と瓦が美しい、全国でも珍しい瓦の博物館。八幡瓦の製法や国内外の瓦を紹介する。

博物館 ☎0748-33-8567 近江八幡市多賀町738-2 ⏰9:00～16:30 休月曜(祝日の場合は開館)、祝日の翌日※4・5・10・11月は無休 ¥300円 Ⓟなし バス停八幡堀（大杉町）八幡山ロープウェー口から徒歩3分 MAP 43

近江商人のくらしにふれる

近江八幡市立資料館

おうみはちまんしりつしりょうかん

郷土資料館、歴史民俗資料館、旧西川家住宅の3館の総称。江戸期の商家を公開し、道具を展示。

資料館 ☎0748-32-7048 近江八幡市新町2-22 ⏰9:00～16:00 休月曜（祝日の場合は翌日休）、祝日の翌日 ¥500円（3館共通） バス停小幡町資料館前からすぐ MAP 43

八幡山ロープウェーは山麓から山頂までを約4分で結びます。山頂からは琵琶湖や近江八幡市街が一望できます。

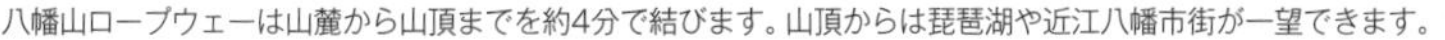

八幡堀で寄り道したくなる素敵なカフェ＆ショップ

堀沿いに白壁土蔵や旧家が並ぶ情緒たっぷりの八幡堀。
堀沿いの道やその周辺をのんびりと歩いて
商家を生かしたお店を訪れてみましょう。

1日常使いしたいアイテムをはじめ、ユニークな雑貨、作家ものなどが並ぶ 2チェコの植物図鑑を1枚ずつ切り離したポストカード150円 3デザインや風合いを楽しみたいプレートやグラス

目利きが光るくらしのアイテム

antiquenara

アンティークナラ

古民家を改装した建物の中にある店。店主が国内外から買い付けたシンプルで美しい古道具やアンティーク雑貨がそろう。

雑貨 ♪0748-43-0180
近江八幡市永原町中4
11:00～17:00 休水～金曜 Pなし
バス停八幡堀(大杉町)八幡山ロープウェー口から徒歩3分 MAP43

物語のある手芸用品やコスメ

idea note

イデアノート

ヴィンテージのボタンやビーズなどを中心に扱う手芸雑貨店。国内外の上質なパーツはピアスやイヤリングにしても素敵。

手芸雑貨 ♪090-3718-5770
近江八幡市仲屋町中21 近江八幡まちや倶楽部2階 11:00～17:00 休火・木曜 Pあり
バス停八幡堀(大杉町)八幡山ロープウェー口から徒歩3分 MAP43

1パーツをはじめ、作家が手がける衣類や雑貨も 2琵琶湖パールのネックレス7700円、母貝の池蝶貝と組み合わせたピアス4500円 3たくさんあるパーツからお気に入りを探したい。1つ50円～

1酒蔵を改装した建物の中にあり、ナッツだけでなく、グラノーラや挽きたてのナッツバターの販売も
2ナッツやドライフルーツなどを合わせたスムージー各520円～

こだわりのナッツ量り売り専門店

Going Nuts!

ゴーイングナッツ

店主自ら厳選した、ギルトフリーのナッツとドライフルーツ専門店。テイクアウトのナッツスムージーも散策のお供に人気。

ナッツ ♪0748-43-1933
近江八幡市仲屋町中21 近江八幡まちや倶楽部内 10:00～17:00(日曜は12:00～17:00) 休水曜 Pあり JR近江八幡駅から車で10分 MAP43

長く大切にしたいアイテムを

「idea note」で定期的に開催しているワークショップでは、地元のハーブと湧水を使ったコスメ作りや刺繍を体験できますよ（要予約）。

1ほんのりと焼き上げられたつぶらな餅が芳ばしい、つぶらぜんざい770円 2落ち着いた雰囲気の店内。囲炉裏を囲む席でほっと一息

日牟禮八幡宮境内の和の空間

たねや 日牟禮茶屋

たねやひむれちゃや

近江八幡日牟禮ヴィレッジ内の茶屋。近江米の餅で粒餡を包んだ「つぶら餅」や、地元の食材を生かした食事が味わえる。

茶屋 ☎0748-33-4444
近江八幡市宮内町日牟禮ヴィレッジ
10:00 ～ 17:00（食事11:00 ～ 15:00）
休 無休 P あり JR近江八幡駅から車で8分
MAP 43

近江八幡の郷土料理を味わう

喜兵衛

きへえ

古い商家を生かした店内で、和牛、湖魚、赤こんにゃく丁字麩などを使った料理が味わえる。おすすめは喜兵衛膳。

郷土料理 ☎0748-32-2045
近江八幡市新町1-8 11:00～14:30、17:00～21:00（夜は6名以上で1組限定、前日までに要予約） 休 水曜（祝日の場合は営業）
P あり バス停新町からすぐ MAP 43

1喜兵衛膳3300円。赤こんにゃくなど近江八幡の味が詰まったお弁当と、鯉の煮付けや近江牛ローストビーフなどから一品が選べる 2商家の建物を生かした店舗。蔵では歴史ある調度品などを展示

1土蔵を改装した店舗。額縁窓からは八幡堀の季節のうつろいが楽しめ、ゆったりと時間が流れる
2日野産全粒粉のクレープ600円～（写真はイメージ）

水路を眺めながらゆっくりお茶を

ティースペース茶楽

ティースペースさらく

築180年の土蔵を改装したカフェ。オリジナルスイーツが味わえ、キーマカレーや各国の紅茶などもある。

カフェ ☎0748-47-7980 近江八幡市佐久間町17-1 11:30～16:00（土曜は～17:00）
休 日・月・金曜、不定休あり P あり バス停小幡資料館前から徒歩7分 MAP 78 A-2

idea noteとGoing Nuts!が入る「近江八幡まちや倶楽部」には、町家を生かした宿泊施設や雑貨店などが集まっています。

近江商人屋敷が並ぶ 五個荘ってこんなところです

近江商人のふるさと東近江市・五個荘。
商人たちは全国に進出してもこの地に本宅を残したため、
今も白壁土蔵に舟板塀の豪壮な屋敷が残っています。

おすすめの時間帯

五個荘へはJR能登川駅から近江鉄道バスで10分、バス停ぷらざ三方よし前で下車。ここを起点に2館をめぐると約1時間半。車の場合もぷらざ三方よしに駐車場があるので便利です。

往時の商人の生活を伝える

五個荘近江商人屋敷

ごかしょうおうみしょうにんやしき

重要伝統的建造物群保存地区に指定されている五個荘金堂地区の外村繁邸、中江準五郎邸と、宮荘町の藤井彦四郎邸などを一般公開。主家を中心に、数寄屋風の離れや白壁土蔵、池や築山を配した庭を持つ近江商人屋敷を見学できる。立派な構えの中にも暮らしの知恵と工夫が見え、質素倹約を重んじた近江商人の生活や文化にふれることができる。

屋敷 ☎0748-48-3399（中江準五郎邸） 東近江市五個荘金堂町 ⏰10:00～16:30 休月曜、祝日の翌日 ¥単館券400円、3館共通券1000円 Pあり バス停ぷらざ三方よし前からすぐ MAP47

1第一回芥川賞候補にもなった作家外村繁の生家 2朝鮮半島や中国で三中井百貨店を築いた中江準五郎の本宅 3五箇荘金堂町の風情ある町並みは日本遺産に認定 4屋敷内に水路を引き込み洗い場や防火用水として利用した川戸。残飯は水路の鯉のエサとなる 5町を縦横に走る水路には錦鯉が泳ぐ

商人屋敷に
残る帳簿

昔ながらの
おくどさん

近江八幡や五個荘は数多くの有力商人を輩出した町です

近江商人って？

江戸から昭和初期にかけて活躍した滋賀県出身の商人のこと。彼らは「売り手よし、買い手よし、世間よし」という三方よしの精神で天秤棒を担ぎ全国を渡り歩きました。

CS genzai P.22
R 湖香六根 P.47
ぷらざ三方よし P.47
卍福應寺
卍照曜寺
川並
ぷらざ三方よし前
金堂竜田口
五個荘金堂町
JAライスセンター
中江準五郎邸
あきんど通り
外村宇兵衛邸（休館中）
弘誓寺
寺前・鯉通り
外村繁邸
五個荘近江商人屋敷 P.46
観音寺口
五個荘塚本町
八幡神社
大城神社
徒歩5分
藤井彦四郎邸
近江商人屋敷
八幡神社
フレンドマート
青蓮寺
日若宮神社
五個荘小
観峰館
近江八幡
国道石塚
五個荘北町屋町
大郡神社
蔵福禅寺
てんびんの里文化学習センター
東近江市近江商人博物館・中路融人記念館 P.47
ディオン
日通
五個荘南
北町屋
8
東海道新幹線
周辺図▶付録① B-3
右上が北
0 300m
1:25,000
竜田
東近江市
彦根
五箇荘駅

ランチはここで

湖国の恵みを粋な空間で

湖香六根

うかろっこん

近江牛や湖魚、旬の地野菜と発酵食を組み合わせた独創的な料理が味わえると評判。商家の趣を生かしたこだわりの空間で、心満たされるひとときを。

ランチコース6600円～の〆は近江牛のぬか漬け茶漬け

地元の山野草が飾られる店内

和食 ☎0748-43-0642
住 東近江市五個荘川並町713 営11:30～14:30、17:00～（完全予約制） 休 火・水曜 P あり 交 JR能登川駅から車で15分 MAP 47

近江八幡／近江商人屋敷が並ぶ五個荘へ

五個荘めぐりの拠点に

ぷらざ三方よし

ぷらざさんぽうよし

観光パンフレットがそろう五個荘観光案内所や、地元特産品を販売するショップ「ごきげん館」がある。

観光情報はここで入手できる

観光案内 ☎0748-48-6678
住 東近江市五個荘塚本町279 営9:00～17:00 休 月曜、祝日の翌日 P あり 交 バス停ぷらざ三方よし前からすぐ MAP 47

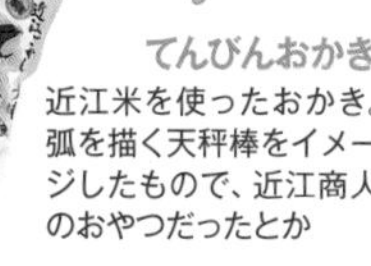

かき餅（右）、焼きおかき（左）各300円

てんびんおかき

近江米を使ったおかき。弧を描く天秤棒をイメージしたもので、近江商人のおやつだったとか

近江商人の里の歴史と文化にふれる

東近江市近江商人博物館・中路融人記念館

ひがしおうみしおうみしょうにんはくぶつかんなかじゆうじんきねんかん

近江商人の商法、教育、家訓、芸術などを映像や模型、レプリカを使って紹介する。2階では、日本画家中路融人が描いた湖国の風景画を展示。

多彩な資料から近江商人の生き様が見える

博物館 ☎0748-48-7101
住 東近江市五個荘竜田町583 てんびんの里文化学習センター内 営9:30～16:30 休 月曜（祝日は開館し、火・水曜休館）、祝日の翌平日、不定休あり ※要問合せ ¥300円 P あり 交 バス停ぷらざ三方よし前から徒歩15分 MAP 47

2階ではさまざまなテーマの企画展を開催

五個荘地区では毎年秋にイベント「ぶらっと五個荘まちあるき」を開催。近江商人時代絵巻行列などが行われます。

ヴォーリズ建築を訪ねて カメラを持って、アートさんぽ

**近江八幡を愛し、数々の功績を残したヴォーリズ。
実業家だけでなく建築家としても有名で、
ヴォーリズの建築物が近江八幡には数多くあります。**

ヴォーリズさんって？

全国に数多くの建造物を残すウィリアム・メレル・ヴォーリズ(1880～1964)。24歳のとき滋賀県立商業高校（現八幡商業高校）の英語教師として来日し、医療、教育、製薬などの事業を展開し、建築設計会社や近江兄弟社を設立しました。近江八幡市名誉市民にも選ばれています。

当初は教師宿舎として設計された

ヴォーリズの建築精神にふれる

一柳記念館（ヴォーリズ記念館）

ひとつやなぎきねんかん(ヴォーリズきねんかん)

旧ヴォーリズ邸を資料館として公開。簡素な造りだが、広い居間と応接室、和室を備え、ヴォーリズの住宅観が見られる。愛読書や遺品なども展示する。

☎0748-32-2456
住 近江八幡市慈恩寺町元11
時 要事前電話予約 休 月曜、祝日、不定休(12月15日～1月15日休)
¥500円 Pあり
バス停鍛冶屋町から、徒歩3分
MAP 43

郵便局として建てられた建物を活用した交流館

旧八幡郵便局

きゅうはちまんゆうびんきょく

1921(大正10)年に建てられた旧郵便局舎。正面妻壁を曲線状に立ち上げたスペイン風の玄関が特徴。現在はヴォーリズ建築の保存活動団体の拠点＆ギャラリー。

☎0748-33-6521
住 近江八幡市仲屋町中8
時 11:00～17:00(冬期～16:00)
休 月～金曜、祝日
¥無料 Pなし バス停大杉町から徒歩3分 MAP 43

入り口は当時の図面や写真を元に復元

建築のヴォーリズスタイル

大きな窓、ゆるやかな階段、アーチ形の様式など、ヴォーリズは当時日本になかった建築様式を導入するなどの画期的な取り組みで、町の発展にも寄与しました。

✤ マークのついたものは内部見学ができます

おしゃれなヴォーリズ学園の旧幼稚園舎

ハイド記念館 ✤

ハイドきねんかん

ヴォーリズの妻、満喜子夫人が開設・運営した清友園幼稚園(のちの近江兄弟社幼稚園)の園舎(1931年建設)。名前はメンソレータム創始者のハイド夫妻にちなむ。

☎0748-32-3444(ヴォーリズ学園) ⌂近江八幡市市井町177 ⏰10:00～16:00(10名以上は要予約) 休 月曜、臨時休あり ¥500円 P なし 👣バス停ヴォーリズ学園前からすぐ MAP 78 C-3

クリーム色のスタッコ壁に白い窓枠、赤い瓦が可愛らしい

上空からは屋根が5枚の葉のように見える五葉館

美しい環境と自然が共生する施設

旧近江療養院(ツッカーハウス) ✤

きゅうおうみりょうよういん(ツッカーハウス)

1918(大正7)年、当時流行った結核の療養所として創設。緑豊かな敷地に当時の建築である本館(ツッカーハウス)、五葉館、礼拝堂が現存。ボランティアガイドの案内で建物の内部を見学できる。事前電話予約要。

☎0748-32-2456 ⌂近江八幡市北之庄町492 ⏰10:00～、13:00～ 休 日～水曜 ¥1000円 P あり 👣バス停ヴォーリズ記念病院前からすぐ MAP 付録① B-3

もっとヴォーリズ建築

池田町洋風住宅街

いけだまちようふうじゅうたくがい

近江八幡の池田町には吉田邸やダブルハウスなどヴォーリズ建築が残る。かつてヴォーリズと伝道活動をした人々の住宅。

👣バス停小幡上筋から徒歩3分 MAP 78 A-3

アンドリュース記念館

アンドリュースきねんかん

旧YMCA会館。ヴォーリズの処女作。現在の会館は1935(昭和10)年に建て替えられた。春と秋に特別公開する部屋も。

⌂近江八幡市為心町中 👣バス停大杉町から徒歩5分 MAP 43

クラブハリエ 日牟禮カフェ ✤

クラブハリエひむれカフェ

1936(昭和11)年築の旧忠田邸を日牟禮ヴィレッジ内の日牟禮カフェとして利用。趣の異なる4つの特別室を前日までの予約でカフェ利用できる。

📖P.19 MAP 43

近江八幡のヴォーリズ建築をめぐるにはJR近江八幡駅のレンタサイクルがおすすめです。

近江八幡でランチなら ちょっぴり贅沢に近江牛♪

滋賀の名物といえば近江牛。やっぱり滋賀に来たからには、本場近江牛を味わってみたいものです。ランチなら気軽に近江牛を楽しめますよ。

上質な近江牛を落ち着いた空間で

近江牛処 ますざき

おうみぎゅうどころますざき

一頭買いの近江牛を中心に厳選して仕入れ、リーズナブルに提供。昼はすき焼きなどの御膳からハンバーグ定食やローストビーフ丼まで近江牛の多彩なメニューがそろう。夜は焼肉や酒に合うアラカルトが充実。庭園を望む趣ある空間でゆったり味わいたい。

☎0748-36-3663 近江八幡市出町417-21 11:00～14:00、17:00～21:00 休 不定休 P あり JR近江八幡駅から徒歩15分 MAP 付録① B-3

柔らかな近江牛を堪能できる近江牛ひつまぶし御膳

menu

牛ひつまぶし御膳 3025円
ローストビーフ丼 2035円

掘りごたつがありくつろげる

近江牛のローストビーフに特製ソースと半熟卵を絡ませたローストビーフ丼

創業142年の名店の近江牛を堪能

近江牛 毛利志満

おうみうしもりしま

1879（明治12）年創業、145年の歴史を持ち、長年愛され続けている近江牛のレストラン。自然豊かな竜王町山中の自社牧場で、愛情深く丹精込めて育てられた近江牛を、名物「すき焼き」や、ステーキ、フランス料理などで味わえる。真の目利きが選り抜いた精肉販売も行っている。

☎0748-37-4325 近江八幡市東川町866-1 11:00～14:30、17:00～20:30（最終入店19:30） 休 水曜 P あり バス停東川からすぐ MAP 付録① B-3

一番人気のメニューは、すき焼きコース（和）11400円～

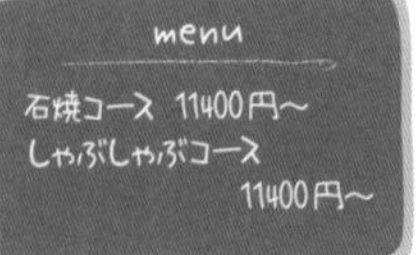

1879（明治12）年創業、近江牛の老舗

フレンチ ディナーコース11000円～（写真はイメージ）。伝統と創造の料理人として経験を積んだ阿部彰シェフの料理に向けた想いを楽しめる

とろけるようにおいしい近江牛

近江牛は、「豊かな自然と水に恵まれた滋賀県内で最も長く飼育された黒毛和種」と認定されたもので、等級もいくつかあります。肉質は霜降り度合が高く、甘みがあり、柔らかいのが特徴です。

コース料理「ティファニー」8800円のロースステーキ

テーブル席と、奥にはステーキカウンターも

menu
近江牛ステーキランチ 4950円
近江牛ショートコース 6900円

創作料理など多彩なメニューも好評

近江牛レストラン ティファニー

おうみぎゅうレストランティファニー

近江牛の老舗精肉店直営のレストラン。ステーキやしゃぶしゃぶ、すき焼きなど豊富なメニューがそろう。近江牛炙り寿司や牛フィレ肉の洗いなどオリジナルの逸品料理も人気。

☎0748-33-3055 ⌂近江八幡市鷹飼町558
🕒11:30 ～ 15:00、17:00 ～ 20:00 休火曜（祝日は営業）Pあり 🚶JR近江八幡駅からすぐ
MAP付録① B-3

近江牛すきやき御膳3850円

店内は落ち着いた雰囲気

menu
近江牛ハンバーグ 1870円
近江牛づくし弁当 3080円

肉のうまみにこだわる

まるたけ近江西川

まるたけおうみにしかわ

1947（昭和22）年創業。自家牧場で飼育した近江牛を中心に、厳選したものだけを提供する。とくに人気のある、香り豊かでうまみあふれる近江牛すきやきは絶品。

☎0748-32-6494 ⌂近江八幡市仲屋町中16
🕒11:00 ～ 18:30（最終入店）休火曜（祝日は営業）Pあり 🚶バス停大杉町からすぐ MAP43

近江牛あみ焼き御膳2500円。肉の旨味を引き立てる自家製のタレで味わう

カフェとしての利用もできる

menu
ハンバーグ御膳 1700円
すき焼き御膳 3200円

八幡山の景色とともに贅沢なひととき

近江牛創作ダイニング 久ぼ多屋

おうみぎゅうそうさくダイニングくぼたや

あみ焼き、すき焼き、ステーキなどの定番メニューには、良質な近江牛を使用。これらがリーズナブルに味わえると人気を集めている。八幡山やロープウエーが眺められるのも魅力。

☎0748-32-2121 ⌂近江八幡市仲屋町中14
🕒11:00～17:00（土・日曜、祝日は～18:30）
休木曜 Pあり 🚶バス停大杉町からすぐ MAP43

近江牛が食べられるお店は、近江八幡のほかに東近江から彦根にかけての湖東にもたくさんあります。

東近江の豊かな自然に包まれて愛知川沿いをドライブしましょう

山の風や川のせせらぎを五感で楽しむドライブへ。
自然豊かな景色を眺めながら車を走らせれば、
心も体もきっと癒されます。

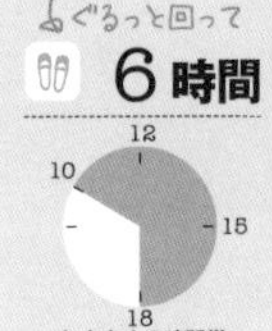

おすすめの時間帯

周りを囲む山々や澄んだ川の流れなど、昔ながらの自然な風景に出会えます。各所で休憩をとりながら観光スポットをめぐり、帰りに温泉につかってのんびりするのも旅の醍醐味。

1 作品にふれたあとは天然酵母パンも
日登美美術館
ひとみびじゅつかん

作家バーナード・リーチを中心に民藝運動関連の美術品を展示。隣接したワイナリーでは種類豊富な焼きたてパンを販売する。国産ぶどう100%のワインはおみやげに。

☎0748-27-1707(ヒトミワイナリー) 住東近江市山上町2083 時11:00～18:00(最終入館17:00) 休月・木曜 Pあり 交八日市ICから車で15分 MAP53

1近未来的な展示室に約150点の作品が並ぶ 2日本産生ぶどうを使用したろ過しない「にごりワイン」スタイルがこだわり 3メインはワイン酵母を使ったパン。ワインとともにいただきたい

2 紅葉のトンネルは格別 四季折々楽しみあるお寺
永源寺 えいげんじ

南北朝時代に創建された歴史ある臨済宗永源寺派の大本山。自然に囲まれた静かな景勝地は関西有数の紅葉の名所として知られ、大勢の参拝客でにぎわう。秋にはライトアップが行なわれる。

☎0748-27-0016 住東近江市永源寺高野町41 時9:00～16:00(11月紅葉期は8:00～17:00、ライトアップ期間は～20:30) 休無休 ¥参拝志納料500円、紅葉期の含空院庭園特別拝観は抹茶と菓子付で別途500円 Pなし 交八日市ICから車で20分 MAP53

鮮やかな紅葉に彩られる境内

山門前から紅葉のトンネルが続く

3 景色が美しい自然公園で小休止
永源寺ダム えいげんじダム

ダム湖の広さは98.4ha。甲子園球場の約25倍

愛知川の本流筋にある農業用ダム。春は桜、夏は新緑、秋はモミジ、冬には雪化粧と四季折々、色鮮やかに風景を彩る。公園や歩道が整備されていて、周囲を散策することもできる。

☎0748-27-0058 住東近江市永源寺相谷町34-7 時見学自由 Pなし 交八日市ICから車で20分 MAP53

ダム周辺のサクラの道は、春のドライブにぴったり

洪水吐ゲートの左側がコンクリート、右側が土と岩でできた珍しい複合ダム

あいとうマーガレットステーション
日本コバ
ふる里まなびや
奥永源寺渓流の里
6 永源寺温泉八風の湯
421
4 日登美山荘
307
八風街道
識蘆の滝
日登美美術館 1
3 永源寺ダム
P.32 ヒトミワイナリー
東近江市
2 永源寺
5 池田牧場
姫が滝　天狗滝
ジェラートショップ香想 P.32

ご当地グルメのダムカレー

「道の駅・奥永源寺渓流の里」のふる里まなびやでは、ごはんやルーでダムの様子を再現した永源寺ダムカレーを販売中。MAP 53

4

家族で営む民宿で山里料理をいただきます

日登美山荘 ひとみさんそう

清流の音を間近に感じる茅葺屋根の山荘は、1泊1組限定の宿。予約すれば日帰りで、ランチのみも可能。岩魚の塩焼きや刺身、季節の野菜を使った料理をいただこう。ワンプレートランチは1800円～。

☎0748-29-0112 住 東近江市政所町1691
営 12:00～14:00 休 不定休 P あり
交 八日市ICから車で30分 MAP 53

1 ワンプレートランチは前日まで予約可能
2 自然に囲まれた古民家で憩いのひとときを

5

遠出してでも食べたい濃厚ジェラート

池田牧場 いけだぼくじょう

ポニーやカモ、ヒツジなどとふれあえる山里の人気スポット。場内にある、ジェラートショップ香想には、しぼりたて牛乳で作ったイタリアンジェラートが375円からあり好評。敷地内には自然を満喫できるキャンプ施設も。

☎0748-27-1600 住 東近江市和南町1572-2 営 10:00～18:00（10～3月は～17:00）休 水曜（1・2月は水・木曜）P あり 交 八日市ICから車で20分 MAP 53

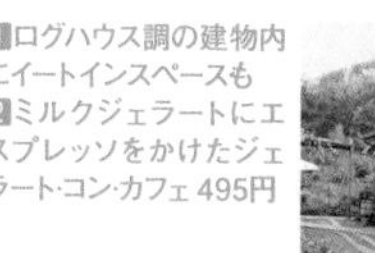
1 ログハウス調の建物内にイートインスペースも
2 ミルクジェラートにエスプレッソをかけたジェラート・コン・カフェ 495円

6

眺めの良い露天風呂がある美肌の湯へ

永源寺温泉八風の湯

えいげんじおんせんはっぷうのゆ

古民家風の建物と季節料理が自慢の日帰り温泉施設。愛知川の自然を一望できる露天風呂と、天井に木の梁がはしる内湯は男女週替わり。食事と入浴がセットのプランもあるので、旅の途中に気軽に立ち寄ろう。

☎0748-27-1126 住 東近江市永源寺高野町352 営 10:30～22:00 休 無休 ¥ 1300円（土・日曜、祝日は1700円）P あり 交 八日市ICから車で12分 MAP 53

食事と入浴がセットになった、いろり懐石料理4180円～（前日までに要予約）

「美肌の湯」と言われる泉質で、入浴後はお肌すべすべ

永源寺の研修道場では読経、坐禅、法話、食事作法、作務などの修行体験（5名以上、要予約）もできます。

井伊家のお殿様が愛した古き良き時代を感じる彦根城下へ

彦根城周辺には、商店街や観光スポットなど見どころがたくさん。博物館や彦根藩主・井伊家ゆかりの寺院で歴史を感じ、趣のある商店街でお買いものを楽しみましょう。

1

彦根ってこんな町です

彦根城の城下町として栄えた歴史と伝統を誇る町、彦根。城の周辺には往時をしのぶ町並みが残り、夢京橋キャッスルロードなど人気の観光スポットも。彦根市のキャラクター、ひこにゃんも人気を集めています。

2

3

4

1旧彦根藩井伊家の居城として築かれた彦根城P.56 2ひこにゃんは彦根城天守前広場などに登場するP.57 34江戸時代の町並みをイメージした夢京橋キャッスルロードP.55 5四番町スクエアP.55には大正建築の洋館を思わせる建物が並ぶ

5

「殿様」と今も慕われる井伊直弼

能や和歌、茶道に通じた13代当主、井伊直弼。日米修好通商条約調印など政治的手腕をふるいましたが、江戸城桜田門外の変で46歳の生涯を閉じました。

宿泊はこちら

彦根キャッスル リゾート&スパ

ひこねキャッスルリゾートアンドスパ

彦根城天主と佐和口多聞櫓を正面にたたずむホテル。客室のほか、ラウンジや大浴場からもぜいたくな景色を楽しめる。

0749-21-2001 彦根市佐和町1-8（国宝彦根城いろは松前） IN15:00 OUT 11:00 ¥1泊2食付17280円～ Pあり JR彦根駅から徒歩8分 MAP 55

よみがえる江戸時代の町並み

夢京橋キャッスルロード

ゆめきょうばしキャッスルロード

彦根城の中堀にかかる京橋から南へ延びる江戸時代の町並みを再現した通り。飲食、みやげ物店などが並ぶ。

商店街 彦根市本町 Pあり JR彦根駅から徒歩15分 MAP 58 P.58

開運の六童子めぐりも楽しい

四番町スクエア

よんばんちょうスクエア

かつて「彦根の台所」として賑わった本町商店街を再現。大正洋風建築の建物が並び、大正ロマンの雰囲気。

商店街 0749-27-7755 Pあり JR彦根駅から徒歩25分 MAP 58 P.58

井伊家の菩提寺

龍潭寺

りょうたんじ

遠州井伊谷から移された井伊家ゆかりの寺。ふすま絵など見どころが多くだるま寺、庭の寺、花の寺でも知られる。

寺院 0749-22-2777 彦根市古沢町1104 9:00～16:00 ¥400円 Pあり JR彦根駅から徒歩20分 MAP 79 B-1

重要伝統的建造物群保存地区に選定された花しょうぶ通りでは、古い町家を生かした店が軒を連ねます。MAP 79 C-3

美しい天守が魅力的
国宝 彦根城めぐり

**緑の中にそびえる三重の天守が印象的な彦根城。
滋賀の観光には欠かせないスポットです。
櫓や石垣など見どころいっぱいの彦根城をご案内します。**

地元の人に
親しまれる彦根城の雄姿

1 江戸初期の城郭の姿を今に伝える 彦根城 ひこねじょう

関ヶ原の戦い後、徳川家康の命を受けた井伊直継と直孝が20年の歳月をかけて築城した。城内には国宝の天守のほか、太鼓門櫓、天秤櫓など重文の建物が多く残る。

☎0749-22-2742（彦根城運営管理センター）
住 彦根市金亀町1-1 時 8:30～17:00（最終入場16:30）休 無休 ¥ 800円、博物館とのセット券1200円（共に玄宮園と共通）※2024年10月～1000円、セット券1500円
P あり JR彦根駅から徒歩15分 MAP 55

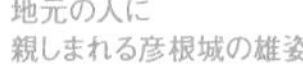

表門
おもてもん

石垣は東側が打ちこみハギ積み、西側が落し積みになっている

天秤櫓
てんびんやぐら

廊下橋を中央にして左右対称に建てられていて、彦根城の要。日本の城郭でこの形式のものは彦根城だけ。

太鼓門櫓
たいこもんやぐら

本丸への最後の関門がこの櫓。太鼓を鳴らし登城の合図をしていたといわれる。

天守
てんしゅ

入母屋の屋根に唐破風を付けた三層三階の天守。内部には隠れ部屋や隠し狭間などがあり、眺望も素晴らしい。

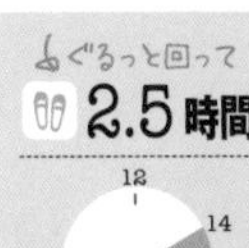

入場は表門、大手門、黒門の3か所。表門から天守、玄宮園までを早足でめぐっても90分はかかります。さらに彦根城博物館や玄宮園まで足を延ばすと2時間半。半日かけてゆっくり回りましょう。

ひこにゃんに会うには

人気のひこにゃんは、彦根城天守前広場や彦根城博物館に登場します。詳しいスケジュールは公式HPで確認を。HP https://www.city.hikone.lg.jp/kanko/ibento/5/index.html

©彦根市

美しい緑の向こうに白い天守が見える。国の名勝に指定

3 緑美しい大名庭園 玄宮園 げんきゅうえん

彦根城北側にある池泉回遊式庭園。四代藩主直興が1677（延宝5）年、中国湖南省にある洞庭湖の「瀟湘八景」や近江八景を模して造営したと伝わる。鳳翔台、龍臥橋などがある。池を琵琶湖に見立て、近江八景の縮景を再現したといわれている。

庭園 ¥800円（彦根城と共通）、玄宮園のみは200円
※2024年10月～共通券1000円、玄宮園400円 MAP 55

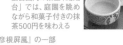

玄宮園内の茶室「鳳翔台」では、庭園を眺めながら和菓子付きの抹茶500円を味わえる

西の丸三重櫓 にしのまるさんじゅうやぐら

西の丸の西北隅に位置し、西からの敵に備えた櫓。現在の建物は江戸後期に解体修理されたもの。

国宝『彦根屏風』の一部（彦根城博物館蔵）。京の遊里が描かれた近世初期の風俗図の傑作

2 井伊家の貴重な資料を所蔵 彦根城博物館 ひこねじょうはくぶつかん

彦根城表御殿を復元した建物に、井伊家伝来の貴重な美術品や武具、古文書を数多く所蔵。展示室のほか、江戸時代の能舞台、復元した大名の居室や庭も見学できる。

博物館 ☎0749-22-6100 🕒8:30～16:30 休 指定休館日あり
¥500円※2024年10月～料金改定。公式HP要確認 P なし
JR彦根駅から徒歩15分 MAP 55

井伊家二代当主直孝所有の甲冑

紅葉シーズンには玄宮園のライトアップを開催。昼とは違った幻想的な光景が広がります。

夢京橋キャッスルロードと四番町スクエアでお買いもの

彦根城の後は、城下町となる夢京橋キャッスルロードと、彦根の台所と知られた商店街を再生した四番町スクエアへ。お菓子や和雑貨などのおみやげが買えます。

城下町の伝統を残す夢京橋キャッスルロード

通り沿いに町家風の建物が続く

黒格子の町家風建物

Check

彦根観光に便利な彦根ご城下巡回バス

JR彦根駅から四番町スクエア、彦根城をめぐる。1日乗車券は、彦根城（玄宮園含む）や彦根城博物館入場料などの割引特典付き。

☎0749-25-2501（湖国バス彦根営業所）🕒季節運行、彦根駅発9:00～17:00（要確認）¥乗車料210円、1日券400円

右上が北 周辺図▶P.55・79
0 100m 1:5,500

ひこにゃんグッズが買えます

彦根市
宗安寺
和光寺
夢京橋キャッスルロード P.55・58
本町1
京橋
彦根城
Ⓡ麺匠ちゃかぽん P.61
Ⓡ近江肉せんなり亭伽羅 P.60
Ⓢ山上 金亀城町 P.59
Ⓢからんころん P.59
P.60 ここっと珈琲店Ⓡ
彦根観光協会
Ⓢひこね食賓館四番町ダイニング P.59
四番町スクエア P.55・58
四番町スクエア
Ⓡ楽座 P.61
来迎寺
願通寺
徒歩2分
Ⓢ戦国桜 sengoku zakura P.59
大信寺
ⓇⓈ三中井 P.59
もんぜんや P.61
本町キャッスルロード
Ⓢ政所園 夢京橋店 P.33・59
彦根城 中堀
彦根東高
P.33 Ⓢいと重菓舗
本町局
Ⓒ彦根美濠の舎（たねや・クラブハリエ）P.59

建物が切妻屋根の町屋風に統一されている

大正期をイメージした四番町スクエア

城下町らしいたたずまいの三中井

豊富な武将グッズに出会える

本町の「戦国桜 sengoku zakura」では、オリジナルの武将印「戦将の符」をはじめ、手工芸品や武将グッズが充実。かわいい武将のキャラクターグッズもありますよ。MAP58

大正建築の洋館をイメージ

「食」がテーマのセレクトショップ

ひこね食賓館四番町ダイニング

ひこねしょくひんかんよんばんちょうダイニング

ひこにゃんなどのゆるキャラグッズがそろう「もへろんスタジオ」のほか、地元の野菜や銘菓、地酒が並ぶ。

みやげ ☎0749-27-7755（四番町スクエア）
彦根市本町1-7-34 10:00～18:00
休 無休 MAP58

オリンピア 1カット400円

彦根城180円

地元で愛される昔ながらの味

三中井

みなかい

創業約60年の洋菓子店。甘味料や保存料などを使わない、創業当時の製法を守るケーキや焼き菓子が評判。

洋菓子 ☎0749-22-5953
彦根市本町1-6-28 9:00～18:30
休 不定休 MAP58

白菜に大葉、大根、昆布、人参を重ねたさっぱり味の漬け物、白菜大葉の重ね680円～

近江の旬を味わえる漬物

山上 金亀城町

やまじょうこんきしろまち

季節の近江伝統野菜を中心に素材の持ち味を生かした漬け物がそろう。近江牛や赤こんにゃくの味噌漬けも人気。

漬物 ☎0749-26-0205
彦根市本町2-1-5 10:00～17:00
休 無休 MAP58

もこもこ源三郎・抹茶ソフトクリームとほうじ茶ソフトクリーム各530円

茶葉の専門店

政所園 夢京橋店

まんどころえんゆめきょうばしてん

2種類の抹茶を使用した抹茶ソフトクリームは、香り高い大人の味わい。抹茶ラテも人気。

お茶 ☎0749-22-8808
彦根市本町2-1-7 10:00～17:00 休 火曜（祝日の場合は営業） MAP58

七転八起だるま 315円

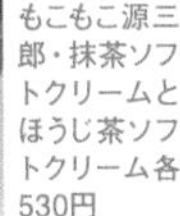

お地蔵さん 1300円

正絹古布ブローチ 1100円

個性豊かな和雑貨

からんころん

人気の布小物をはじめ、扇子や下駄、かんざしなどがそろう。手ごろな値段も魅力。

和雑貨 ☎0749-27-2455
彦根市本町1-1-31
10:00～18:00 休 不定休
MAP58

ここでひとやすみ

お濠の近くのカフェでいっぷく

彦根美濠の舎（たねや・クラブハリエ）

ひこねみほりのや（たねや・クラブハリエ）

和菓子のたねやと、洋菓子のクラブハリエの複合店。それぞれ趣向を変えた空間に、定番商品をはじめ四季折々の和洋菓子や、地元彦根にちなんだ限定商品などが並ぶ。2階には「美濠カフェ」を併設。

栗饅頭と斗升最中が2個ずつ入った、美濠 彦根城918円～（内容や価格は季節により異なる）

カフェ限定の天使のふわふわミニスフレ671円

カフェ ☎0749-49-2222
彦根市本町1-2-33
9:00～18:00（カフェは10:00～17:00） 休 1月1日
MAP58

ここ本町は彦根城建築とともに、城下町の町割が始められたところです。

散策途中のランチにいかが？彦根城下のおいしいお店

**彦根城を歩いた後は、お食事タイム。
散策途中に立ち寄りたい夢京橋キャッスルロードと
四番町スクエアにあるお食事処を紹介します。**

武家屋敷で味わう
パスタ&カフェ

ここっと珈琲店

ここっとこーひーてん

キャッスルロード南端にあり、武家屋敷風の外観が目印。特製トマトソースを使ったパスタなど素材にこだわるランチが味わえる。ケーキなどのカフェメニューも充実しており、ドリンクはテイクアウトもできる。

カフェ　☎0749-22-8761
彦根市本町1-7-35
10:00～17:00
休 不定休　P あり
JR彦根駅から徒歩20分　MAP 58

武家屋敷を改装した建物

数量限定のプリン550円

近江牛コロッケをサンドした、ひこにゃんコッペ580円（ドリンク付き980円）

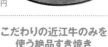

こだわり卵の
カルボナーラ1080円

menu
パスタ　980円～
ケーキセット　960円

前菜や近江牛の刺身がセットの
すき焼き鍋御膳 贅沢

重厚感のある
和風建築でゆったりと

300年前の築と伝わる特別室の「蔵」。堀りごたつ席でくつろげる

大人気の和風ロースステーキ重。小鉢や椀物などが付く

menu
すき焼き鍋御膳　贅沢　5500円
和風ロースステーキ重　4200円

こだわりの近江牛のみを
使う絶品すき焼き

近江肉せんなり亭伽羅

おうみにくせんなりていきゃら

近江牛の専門店「千成亭」の直営店。ランチでも、厳選された近江牛で作るすき焼きが味わえる。旨味が凝縮されたとろけるような食感の肉と、滋賀県産近江米のこしひかりで、贅沢この上ないランチタイムを。

すき焼き　☎0749-21-2789
彦根市本町2-1-7
11:30～14:30、17:00～20:30
休 火曜　P あり
JR彦根駅から徒歩15分
MAP 58

滋賀名物の近江ちゃんぽん

黄金だしにこだわった野菜たっぷりの近江ちゃんぽん野菜大盛990円は、滋賀県民のソウルフード。近江ちゃんぽん亭彦根駅前本店 ☎0749-23-1616 MAP55

ちょっと豪華に懐石を味わう

楽座

らくざ

月替わりの懐石料理が味わえる。昼だけの「楽座御膳」には名物さば寿しが付いている。夜の懐石料理や一品料理とともに地酒を楽しむ人も多い。

懐石料理
☎0749-21-4466
彦根市本町1-12-10
11:30～13:30、17:00～21:30
休 月曜不定休
JR彦根駅から徒歩15分 MAP58

四番町スクエアにある

menu
楽座御膳 2100円
フナ寿司 3000円

お造りや茶わん蒸しなどがセットになった、近江牛焼しゃぶ膳3500円

うどん×近江牛の贅沢な組み合わせ

麺匠ちゃかぽん

めんしょうちゃかぽん

彦根藩主の井伊家がモチーフの赤鬼うどん。3種ある中で「二代目」は、うどんにしゃぶしゃぶ用の近江牛を置き、赤味噌仕立てのだしをかけて味わう。

うどん
☎0749-27-2941
彦根市本町2-2-2
11:00～14:30
休 火曜、第2・4月曜(祝日の場合は営業)
P あり JR彦根駅から徒歩15分 MAP58

落ち着いた雰囲気の店内

menu
赤鬼うどん一代目 1180円
赤鬼うどん二代目 1380円

赤鬼うどん二代目。熱々のだしで近江牛の色が程よく変わる

口当たりのいい手打ちそば

もんぜんや

国内産のそば粉のみを使用した自家製の十割蕎麦が味わえる。近江鴨や近江牛、小鮎の天ぷら、小鮎煮など湖国の幸とともに味わいたい。

そば
☎0749-24-2297
彦根市本町1-6-26
10:30～18:00
休 不定休 JR彦根駅から徒歩15分
MAP58

古い民家のたたずまい

menu
近江鴨そば 1580円
近江牛肉そば 1880円

石臼でひいたそば粉を使う

夢京橋キャッスルロード、四番町スクエアの情報はP55・58へどうぞ。

彦根郊外で注目のこだわりカフェでスイーツ

雑貨を販売していたり、自家焙煎コーヒーを楽しめたり
ゆったり過ごせる彦根のカフェを紹介。
お気に入りのお店を見つけて足を運んでみましょう。

自家焙煎珈琲に合う手づくりスイーツ

1きみとチーズケーキ550円、スペシャルティコーヒーはブレンドもシングルも全て500円 2店主夫妻の青シール本は読む専用、ほかは古書店「半月舎」セレクトで販売可 3シンプルな白空間 4店主が好む珈琲店から譲り受けた焙煎機 5湖を想う青色看板

きみと珈琲 Biwako Roastery

きみとコーヒービワコロースタリー

コーヒー好きが高じて東京で修業。その後、地元へ戻りロースタリーカフェを開店した店主は、深煎りから浅煎りまで5種以上と、誰もの口に合う味を自家焙煎し用意する。甘さを主張しない体に優しい+コーヒーに合うスイーツに、地元野菜やパンを使う軽食も評判。

☎非公開 彦根市柳川町218-1 VOID A PART内 9:00～17:30(LO17:00)、土・日曜、祝日は8:30～17:30(LO16:00)
休 火・水曜 P あり JR稲枝駅から車で10分 MAP 付録① B-2

びわ湖ロースタリーブレンド
200g1580円
人気の中煎は100g800円から販売
テイクアウト用アイスコーヒー
500円
風味豊かで雑味のない味わい

日常的だけど非日常な空間へ

「きみと珈琲 Biwako Roastery」のあるVOID A PARTには、ガラス廃材と草花によるプロダクト「HACOMIDORI」のアトリエがあり、コーヒーを飲み、見て選び過ごすのも素敵です。

琵琶湖畔の一軒家で過ごす
穏やかなひととき

VOKKO

ヴォッコ

古いもの好きな夫妻による店は、北欧で買い付けた雑貨を扱い、スウェーデン紅茶や手づくりケーキが味わえる。時には湖を眺め北欧話を聞くのもあり。

☎0749-43-7808 住彦根市柳川町207-1
🕒11:00〜18:00 休木曜、第1・3・5水曜
Pあり 🚶JR稲枝駅から車で15分
MAP付録① B-2

1季節のフルーツタルトと定番2種類のケーキが用意されている 2コーヒーと紅茶はフィンランドやスウェーデンのカップ&ソーサーで味わえる 3琵琶湖へと通じる芝生が広がる空間にちょこんとある一軒家

アーティスティックな
ラテ&ケーキ

菓子工房真下

かしこうぼうました

バリスタでもある店主が作り出すアートなフォルムのケーキが人気。県内ではここだけのマルゾッコ社のエスプレッソマシンで淹れるラテとも相性抜群。

☎非公開 住彦根市戸賀町81-3
🕒11:00頃〜18:30（売り切れ次第閉店）
休火曜、不定休あり Pあり 🚶JR南彦根駅から徒歩15分 MAP付録① B-2

1色遣いが美しい季節限定のタルトやケーキをはじめ、カヌレやマカロンなどの焼き菓子もそろう 2旬の素材を使ったケーキが並ぶ。ケーキ480円〜、焼菓子250円〜 3ゆっくりとケーキやドリンクが楽しめる1階のソファ席

「VOKKO」近くの湖畔には、「あのベンチ」と呼ばれる琵琶湖を望むビュースポットがあります。

多賀大社と参道を願い事をこめておさんぽ

**心身ともに元気になれる、心洗われる場所へ。
願いごとをしたり、自分を見つめ直したりしながら
多賀大社への参道を歩いてみましょう。**

古民家カフェでまずははらごしらえ

藝やcafe げいやカフェ

築100年の時計屋をリノベーションした川沿いのカフェ。手作りケーキほか、パスタやピザトーストなどメニューも充実。地元作家のクラフト作品の購入もできる。

☎090-7759-2222
⌂多賀町多賀1199
🕒11:00〜18:00
㊡木曜 Ⓟあり
‼近江鉄道多賀大社前駅から徒歩3分
MAP64

地元の陶芸家の作品でいただくコーヒー 450円

願いをかなえてくれる地蔵菩薩に参拝

桜町延命地蔵尊

さくらまちえんめいじぞうそん

閻魔大王や地獄の像が祀られている地蔵尊。江戸時代末期に多賀大社ゆかりの名物・糸切餅を考案した北国屋市兵衛が建立したとされされる。

☎なし ⌂多賀町多賀
🕒㊡参拝自由 Ⓟなし
‼近江鉄道多賀大社前駅から徒歩5分
MAP64

中をのぞくと珍しい像が見える

通りに現れる赤い門が目印

大人も怖がる地獄絵図を保存

真如寺 しんにょじ

国指定重要文化財の木造阿弥陀如来坐像が本尊。江戸時代に修行僧が描いたとされる地獄を連想させる細かい描写の地獄絵図が有名。

☎0749-48-0507 ⌂多賀町多賀660 🕒9:00〜16:00 ㊡不定休 Ⓟなし ‼近江鉄道多賀大社前駅から徒歩7分 MAP64

新たな門前名物

多賀大社門前の湯葉丼専門店

一休庵 柏葉 多賀店

いっきゅうあんはくようたがてん

昔ながらの豆腐が好評であったことから、旨味あるとろ湯葉丼を考案。グツグツと土鍋に入る湯葉丼からはだしの香りがふわり。国産大豆の甘味とコクが口いっぱいに広がる。

☎0749-48-1955 ⌂多賀町多賀598 🕒11:00〜15:30 ㊡無休 Ⓟあり ‼近江鉄道多賀大社前駅から徒歩8分 MAP65

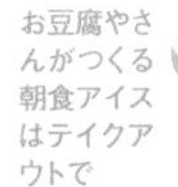
お豆腐やさんがつくる朝食アイスはテイクアウトで

湯葉丼、わさび椎茸、がんもどき、生湯葉付きの湯葉丼竹1800円

のどかな景色が広がる多賀大社前駅　みかげ石で作られた叶♡多賀門　通りの多くの軒先にかかる絵馬　趣のある建物。多賀あさひや

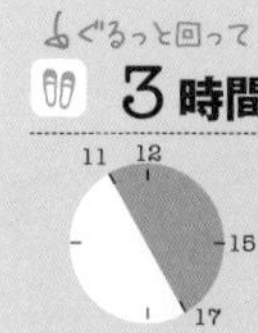

駅前から多賀大社までは、歩いて10分ほど。その間にお寺、飲食店、雑貨店、おみやげ店などがたくさん並びます。気になるお店に立ち寄りながら、町の雰囲気を楽しみましょう。

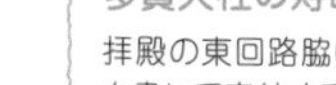

多賀大社の寿命石

拝殿の東回路脇にある寿命石。白石に願いを書いて奉納すると延命の願いがかなうといわれています。

御利益がたくさん パワースポットで有名

多賀大社 たがたいしゃ

伊邪那岐大神と伊邪那美大神を祀り、お多賀さんの名で親しまれる大社は多賀のシンボル。莚命長寿、縁結び、厄除けの神様として知られ、古くから多くの参拝者が来訪する。

☎0749-48-1101 住多賀町多賀604 ⏰境内自由（授与受付は8:30～17:00）休無休 ¥庭園300円 Pあり 🚶近江鉄道多賀大社前駅から徒歩10分 MAP65

杓子型の絵馬。お多賀杓子は「おたまじゃくし」の語源ともいわれる

参道から見る多賀大社。ここから広い境内へ

歴史を感じる拝殿には、大きなお多賀杓子が祀られている

金咲稲荷神社
P.65 多賀大社
P.38 万灯祭
太閤橋
306
表参道絵馬通り
多賀
一休庵 柏葉 多賀店 P.64
多賀や P.33
307
P
多賀あさひや P.65
多賀観光案内所

160年の歴史が受け継がれる和カフェでしめくくり

多賀あさひや たがあさひや

フレンチプレスのコーヒ、もち粉ケーキ、特製いなり、甘酒スムージー、白玉あんみつが好評の古民家カフェ。庭が見える和室や落ち着いた蔵でゆったりくつろげる。

☎0749-48-0186 住多賀町多賀627 ⏰11:00～17:00 休月・木曜 Pなし 🚶近江鉄道多賀大社前駅から徒歩7分 MAP65

手づくりのもち粉ケーキ、あさひやいなりセット800円。ランチは要予約

おみくじは通常と恋みくじの2種類　多賀大社内にある金咲稲荷神社　境内にかかる素敵な吊灯篭　御神門の手前、曲線が美しい太閤橋

多賀大社のおみくじは白、藤、桃色の3色。おみくじの結び所がカラフルと話題です。

北国街道沿いのなつかし町 長浜黒壁スクエアをご案内

古い商家を生かしたお店が軒を並べる黒壁スクエア。
飲食店、みやげ物、ギャラリーなどをめぐり、
周辺スポットへも足をのばしましょう。

レトロモダンな空間で美しいガラスに出会う

黒壁ガラス館

くろかべガラスかん

1900（明治33）年に建てられた旧第百三十国立銀行長浜支店の建物を生かした施設。天井の高い開放的な館内では、世界各国のガラス製品を展示販売している。日常に取り入れやすい小物やアクセサリーなど、手にとってその美しさを感じられる。

☎0749-65-2330(代) 住長浜市元浜町12-38 時10:00～17:00(HP要確認)
休無休 ¥無料 Pなし !!JR長浜駅から徒歩5分 MAP67

1

2

3

4

5

1黒壁がさらに黒く美しくリニューアル 2館内には世界各国のガラスが並ぶ 3チェコの小さな村で作られた香水瓶2970円～。お気に入りの色や装飾を探してみて 4職人がていねいに装飾を施したトルコ製カップ&ソーサー3960円 5猫ブルー 1320円

ガラス体験アトリエ「ルディーク」では、自分だけのガラス作品を作れる

ガラスの町・長浜観光の中心

黒壁スクエア

くろかべスクエア

伝統的建造物群を生かした長浜の観光スポット。「見る・遊ぶ・買う・食べる」を網羅しており、シンボルとして親しまれる1號館の黒壁ガラス館を中心に、ギャラリーや体験教室、ショップ、カフェなど、町家や商家をリノベーションした施設が建ち並ぶ。

好きな色のガラスパーツを組み合わせて、お皿やアクセサリーを作るフュージング

名所 ☎0749-65-2330(代) 時休¥施設により異なる
Pなし !!JR長浜駅から徒歩5分 MAP67

自分だけのガラスを

黒壁スクエア内の「ルディーク」は「遊び心がある」の意味。吹きガラス、ステンドグラス、カットグラスなどいろいろなメニューがあり、ものづくりを満喫できますよ。

黒壁スクエアMAP

Check

町家と蔵を改装した素敵空間

BIWA COLLAGE

ビワコラージュ

イタリアンの名店アルケッチァーノの奥田政行シェフが監修するレストラン。厳選した素材の良さを生かす料理をコース仕立てで楽しめる。

☎0749-53-2831 住長浜市元浜町13-16 時11:30～14:00、18:00～21:30 休火曜、不定休あり Pなし 交JR長浜駅から徒歩8分 MAP67

黒壁スクエア周辺にも立ち寄ってみましょう

湖畔に建つ秀吉の出世城

長浜城（長浜城歴史博物館）

ながはまじょう（ながはまじょうれきしはくぶつかん）

秀吉が築いた城郭を再興。内部は歴史博物館となっており、最上階の天守展望台からは琵琶湖を一望できる。

☎0749-63-4611（長浜城歴史博物館） 住長浜市公園町10-10 時9:00～17:00（最終受付16:30） 休月曜（祝日の場合は開館、翌平日休） ¥410円 Pあり 交JR長浜駅から徒歩7分 MAP78 A-4

庭園の美を堪能する

慶雲館

けいうんかん

1887（明治20）年に明治天皇の行在所として建設。春から秋の通常公開に加え、冬は長浜盆梅展が催される。

☎0749-62-0740 住長浜市港町2-5 時9:30～16:30 ¥300円（盆梅展は特別料金） Pなし 交JR長浜駅から徒歩3分 MAP78 B-4

長浜御坊と呼ばれる古刹

大通寺

だいつうじ

「ごぼうさん」の名で親しまれる真宗大谷派の別院。伏見城の遺構と伝わる本堂や、総欅造りの山門などが建つ。

☎0749-62-0054 住長浜市元浜町32-9 時10:00～16:00 休冬期休業あり ¥500円 Pあり 交JR長浜駅から徒歩15分 MAP78 B-4

長浜観光協会ツアーセンターでレンタサイクルを借りると、長浜市内だけでなく周辺のスポットへも足をのばせて便利です。

黒壁スクエアで一息つける ほっこり癒やしカフェ

歩き疲れたらカフェで休憩を。
黒壁スクエアには古い建物を生かしたカフェが多いので、
落ち着いた雰囲気の中でお茶の時間に浸れます。

1野菜の甘みとバジルの風味が効いた、鳥もも肉とキノコのイタリア風煮込み
2アンティークの調度品で統一された店内から坪庭が眺められる

和空間の町屋カフェ

じらそーれ

築100余年の建物を生かしたカフェ。家屋の建具や坪庭が残る店内で、料理とともに香り高いコーヒーやクロワッサン、デニッシュパンなども味わえる。オリジナルハーブティーも人気。

落ち着いた雰囲気の築100余年の建物

カフェ 0749-63-7533
長浜市元浜町14-25
10:00～17:00 休 月曜(祝日は営業) P なし JR長浜駅から徒歩10分 MAP 67

menu

鶏もも肉とキノコのイタリア風煮込み(サラダ、パン、ドリンク付)…1450円
パンプレートランチ(サラダ・選べるパン・ビスコッティ・ドリンク付)…950円

1ロールケーキにクリームチーズとリンゴのムースを挟んだリンゴのチーズケーキ
2シンプルでスタイリッシュな外観

モダンな町家でティータイム

CAFE Yoshino

カフェヨシノ

スタイリッシュな和空間で、坪庭を眺めながら旬のフルーツを使ったスイーツが味わえる。上品な甘さのケーキやぜんざい、有機栽培豆のコーヒーなどもある。

緑が見える開放的な窓が特徴の店内

カフェ 0749-62-1910
長浜市元浜町6-16
11:00～17:00 休 木曜(祝日は営業)
P なし JR長浜駅から徒歩10分
MAP 67

menu

ケーキ各種……490円
コーヒー………550円
ケーキセット…880円～

おやつには牛まんを

「近江牛まん本舗」のすき焼き風味の牛まん580円は、肉も野菜もたっぷり。食べ歩きやおみやげに。チーズ入りも人気。☎0749-62-3327 MAP 67

1 分福セット750円。滋賀県産もち米を使用した2種のぶんぶく餅（ごま餡・つぶ餡）と、黒壁ガラスの器に盛られたみつ豆のセット
2 町並みになじむ情緒ある店構え

商家を改装した趣ある茶屋

分福茶屋

ぶんぶくちゃや

明治時代から生糸業を営んでいた商家を改装した甘味処。ゆったりとくつろげて、散策中の休憩にぴったり。うどんや茶そば、季節に合わせたメニューなどランチも味わえる。

＼ 純和風の店内でのんびりできる ／

和甘処 ☎0749-62-0243
長浜市元浜町7-13 🕒10:00～17:00 休 火曜（祝日の場合は営業）
P なし 🚶JR長浜駅から徒歩5分
MAP 67

menu
抹茶パフェ……900円
お抹茶セット……900円
栗ぜんざい……850円

1 もちもちのどらやきに好みのトッピングをはさんでいただく、花一日660円～ 2 築100年の古民家を改装したモダンカフェ

黒漆喰のレトロカフェ

カフェ叶 匠壽庵 長浜黒壁店

カフェかのうしょうじゅあんながはまくろかべてん

和菓子店の「叶 匠壽庵」が営むカフェ。和菓子の素材と技法をミックスさせた創作スイーツやあんみつ、ぜんざいなどが趣のある空間で味わえる。季節の和菓子も販売。

＼ くつろいだ気分で黒壁の町を楽しめる ／

和甘処 ☎0749-65-0177
長浜市元浜町13-21 🕒9:00～17:00（カフェ LO16:30）
休 水曜（祝日は営業）P なし
🚶JR長浜駅から徒歩10分 MAP 67

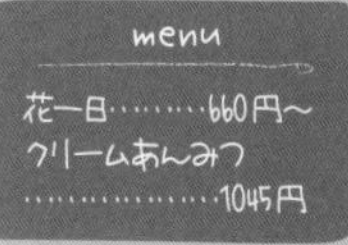
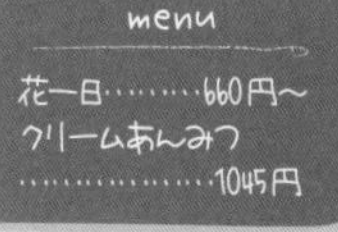

店内のおしゃれなガラス食器や照明などに、長浜ガラスを使用しているお店もあるのでチェックしてみて。

湖岸道路を楽しむ レイクサイドドライブ

近江大橋と琵琶湖大橋を渡り、湖岸道路を走る。
レイクサイドビューを思いきり楽しむコースをご紹介。
爽快な湖岸ドライブに出かけましょう。

ぐるっと回って 4.5時間

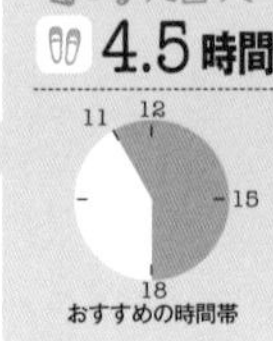

近江大橋を渡り、隠れ家カフェに立ち寄ってから北上するコース。矢橋帰帆島公園から琵琶湖大橋東詰のセトレ マリーナびわ湖までの湖岸道路を走る約30分は、信号も少なく快適なドライブが楽しめます。

窓を開けて湖の風を感じながら走るのもいい

1 近江大橋

おうみおおはし

湖の絶景を堪能できる大橋

地元住民の交通手段としても愛される、景観の美しい雄大な橋。さえぎるものが何もなく、思う存分琵琶湖の眺望を楽しめる。夜は夜景が美しい。

☎077-524-2812（大津土木事務所）
MAP 付録② B-3

2 カヤノコーヒー

閑静な住宅街にある癒し空間

雑貨店の一角にある隠れ家カフェ。オーダーを受けてから豆を挽くというこだわりの一杯は、人気のフレンチトースト850円とも相性ぴったり。

☎077-547-5505 大津市萱野浦12-3 1階 11:00～17:00 休 火・水曜 P あり JR瀬田駅から徒歩20分、車で9分 MAP 付録② B-3

1 苺のプリンアラモード690円
2 コーヒーとよく合うメニューが充実
3 白とネイビーを基調にして落ち着く店内

大津市から守山市へ向かう琵琶湖大橋追い越し車線を、法定速度の60キロ以下で走ると「琵琶湖周航の歌」の旋律を聴くことができる。

琵琶湖の風を感じる広場でスポーツが楽しめる

3 矢橋帰帆島公園
やばせきはんとうこうえん

湖畔でゆったり体を動かそう

高さ10mのジャングルジムをはじめ、豊富なアクティビティや広々とした芝生の広場を備えた公園。テニスなどのスポーツや、キャンプ、バーベキューもできる。(2024年4月現在、一部の遊具が使用禁止)

☎077-567-1969 草津市矢橋町2108 ⏰6:30～21:30(有料施設を除く) ¥無料(施設使用料は別途) 休無休 Pあり 瀬田西IC・草津田上ICから車で15分 MAP付録② B-3

緑の多い散歩コースで深呼吸。心も体もリフレッシュできる

5 DINING ROOM BY THE BIWAKO
ダイニングルームバイザビワコ

滋賀の旬を味わう贅沢ディナー

コース12000円。四季折々の滋賀の恵みをびわ湖の美しい景色とともに(写真はイメージ)

セトレマリーナびわ湖内にあるレストラン。雄大なびわ湖の風景を眺めながら契約農家から直接仕入れた地元野菜や湖魚を使った料理が楽しめる。

☎077-585-1125 守山市水保町1380-1 ヤンマーマリーナ内 ⏰18:30～(事前予約制) 休火曜 Pあり 栗東IC・瀬田西ICから車で20分 MAP付録② C-1

ぽっこり高くなっている橋の曲線部分は、湖上を行き交う船舶のためなんだとか

4 琵琶湖大橋
びわこおおはし

琵琶湖の"くびれ"にかかる橋

大津市と守山市をつなぐ有料橋。湖の自然とも調和し、滋賀を代表する景観として知られる。自転車、歩行者用道路もありサイクリングも楽しめる。

☎077-585-1129(琵琶湖大橋有料道路管理事務所) ¥通行料普通車150円(ETC利用120円) MAP付録② C-1

道の駅 びわ湖大橋米プラザでは新鮮野菜や米、地酒など滋賀の名産品、おみやげがそろうほか、屋外に展示された8つの彫刻作品も見物。

琵琶湖の心地よい風を感じながら のんびりゆったり水遊び

琵琶湖らしさを全身で感じられる、クルーズや湖遊び。
近江八幡では水路を周遊する水郷めぐりもあります。
さわやかな風を感じながら、水上でのひと時を過ごしてみませんか。

19世紀のアメリカをイメージした遊覧船ミシガン

落ち着いた雰囲気のレストラン

ミシガン90ではランチブッフェ 3500円が予約可能

デッキからの絶景パノラマ

白い外輪船で湖上遊覧を満喫

ミシガンクルーズ

びわ湖の南湖を周遊するアーリーアメリカン調の外輪船。デッキからはびわ湖の雄大な景色が望めるほか、船内では多彩な料理（予約制）や観光案内、ライブショーも楽しめる。

ミシガン60、ミシガン90

（60分、90分コース）
のりば…大津港
期間……通年（冬期運休日あり）
時間……①9:40～、②11:00～、③13:00～、④15:00～
※①④は60分コース、②③は90分コース
（時期により便数変動あり）
乗船料…2400円～

ミシガンナイト

（90分コース）
のりば…大津港
期間……GW、お盆、夏休み～9月の土・日曜、祝日（びわ湖大花火大会開催日は運休）
時間……18:30
乗船料…3200円～

夜のクルーズにでかけましょ

ディナー 5000円～も味わえる

チケットはここで

琵琶湖汽船 予約センター

☎077-524-5000
大津市浜大津5-1-1
9:00～17:00
P 公共駐車場を利用
京阪びわ湖浜大津駅から徒歩3分 MAP 付録② B-3

琵琶湖汽船のイベントクルーズ

じっくり琵琶湖が満喫できる「ぐるっとびわ湖島めぐり」も開催日限定で運航。その他にもさまざまなイベントクルーズが開催されています。

のんびり湖上散歩を満喫する

SUP(スタンドアップパドル)

夕焼けに
染まる琵琶湖の
眺めは格別

初心者から上級者までていねいに教えてくれる

サーフボードの上に立ってパドルで漕いで進む、ハワイ発祥のウォータースポーツ。半日から挑戦できるスクールや、夕焼けの琵琶湖を眺めながら漕ぐツアーなども開催する。

☎050-5802-9050(PukaPuka) 住東近江市粟見出在家町781-1 営10:00～19:00(スクールやツアーは要予約) 休火曜 ¥6000円 Pあり 交JR能登川駅から車で15分 MAP付録① B-2

琵琶湖の上で浮遊体験

ウォーターチューバー

まるで
シャボン玉の中に
いるみたい

スタッフの誘導で湖の上を楽しむ

筒状のビニールに入り、琵琶湖の上を自由に駆け回る体験。その後、体験中の写真を使って、メモリアルボードが作成できる。3月下旬～11月下旬頃。(前日までに要予約)

☎077-579-7111(オーパル) 住大津市雄琴5-265-1 営9:30～16:00 休木曜(季節により異なる) ¥4620円～(保険代、施設利用料などを含む) Pあり 交JRおごと温泉駅から徒歩12分 MAP付録② B-1

ヨシの群生地帯などに囲まれた水路をゆったり進む

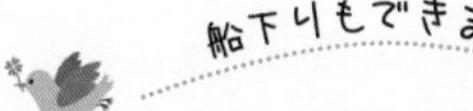

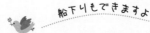

のどかな風景の中で水郷めぐり

水郷めぐり すいごうめぐり

琵琶湖八景のひとつ「春色・安土八幡の水郷」をめぐる近江八幡観光の名物。西の湖周辺の水路を屋形船で約60～80分かけて回遊する。

春は桜と菜の花の
コントラストが美しい

☎0748-33-6061(近江八幡駅北口観光案内所) 住近江八幡市北之庄町豊年橋ほか3か所 ¥船会社により異なる Pあり 交JR近江八幡駅からバスで9～17分、各船乗り場口バス停からすぐ MAP78 C-1

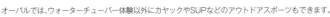

オーパルでは、ウォーターチューバー体験以外にカヤックやSUPなどのアウトドアスポーツもできます。

琵琶湖の自然を感じながら高島ですてきなランチ時間

たくさんの山の幸、湖の幸に出会える自然豊かな街。
命のありがたみを感じたり、動物とふれあったり。
琵琶湖に感謝したくなるレストランやカフェを紹介します。

1木を基調にしたナチュラルテイストのインテリア 2おみやげには、滋賀の無農薬素材を使った焼き菓子を 3ランチのショートコース2980円。サラダには地元マキノ町の無農薬野菜がたっぷり 4テイクアウト用の旬の素材を使ったジェラート 各600円。果物だけでなく野菜を使ったフレーバーも 5周りには何もさえぎるものがない広々とした敷地

食材からの声を聞きながら紡ぐ料理の数々

料理と氷菓 禾果漂馨 りょうりとひょうかかかふか

惜しまれつつ閉店した高島ワニカフェの店主夫妻が、メタセコイヤ並木近くにレストランをオープン。光が降り注ぐ空間でいただけるのは、地元の無農薬野菜や湖魚など滋賀ならではの素材を使ったメニュー。店名の「禾果漂馨」は、それぞれ穀物、果物、漂う舟にたとえた湖と山のある高島、声を表し、高島で料理を通して自然や生産者の声を感じて欲しいという意味だそう。テイクアウト用のジェラートもぜひ。

イタリアン ☎0740-20-2096
高島市マキノ町沢新ノ堂1436-1 11:30〜15:00、17:30〜21:00 休火曜、不定休あり Pあり バス停マキノ支所前から徒歩4分 MAP付録① B-1

高島と湖国ならではの食材

「料理と氷菓 禾果漂馨」では、みなくちファームの無農薬野菜をはじめ、タキノベーカリーのパンなど高島の人気店の味が楽しめます。冬には鮎の稚魚である氷魚が登場することも。

1三角形のユニークなデザインの建物。晴れた日にはテラス席もおすすめ 2アイスをのせていただくフレンチトースト600円 3黄色い看板が目印 4湖畔サイクリングの合間に訪れる人も多いという 5こだわりの素材を使う自家製ベイクドチーズケーキ500円 6野菜たっぷりのグリーンスープカレープレート1500円

心地よい風を感じる癒やしのカフェ

Cafe HULL カフェハル

高島市新旭水鳥観察センターのほど近くに建つ、木の温もりを感じるカフェ。自家菜園で育てたものなど地元産の野菜を使用したカレーやガパオなどのランチ1350円～や地元の今津ミルクによるカフェオーレ500円など、地産地消のオーガニック料理が味わえる。手作りスイーツやコーヒーでちょっとひと休みしたいときにもおすすめ。のんびり窓の外を眺める至福のひとときを堪能できる。

カフェ ☎090-7108-9112
高島市新旭町饗庭1599
11:00～16:00(土・日曜、祝日は10:00～16:30) 休水・木曜(臨時休業あり) Pあり JR近江今津駅から徒歩30分 MAP付録① B-1

Cafe HULL近くの水鳥観察センターでは、野鳥観察ガイドウォーク（要予約）などアクティビティもあります。

近江・琵琶湖のパワースポットめぐり

古来より「神の棲む島」として尊ばれる島や、
湖に立つ姿が印象的な鳥居、霊山に建つ古社など
湖国近江には神秘的な雰囲気が漂う聖域スポットがあります。

願いを書き、鳥居へ投げる「かわらけ投げ」も有名

船で向かうのも楽しみのひとつ

湖上に浮かぶ神の島

竹生島

ちくぶしま

長浜市の沖合6kmに浮かぶ周囲2kmの島。「神を斎(いつ)く島」として古来より信仰を集め、今でも参詣に訪れる人が絶えない。湖のエネルギーが集中するパワースポットとしても注目を集める。2016年日本遺産に認定。

☎080-2536-7568(竹生島奉賛会)
住長浜市早崎町 時9:00〜14:05(最終便、季節により異なる) ¥入島料600円
交長浜港からは約35分(往復3400円)、今津港から船で約25分(往復3000円)、竹生島港下船
MAP付録① B-1

観音堂と神社の本殿を結ぶ重文の舟廊下は、秀吉の御座船を用いたもの

お守り

弁天様の琵琶守り700円

水に縁のある弁才天。芸能の神として知られる

行基が創建した古刹

宝厳寺

ほうごんじ

本尊の弁才天は日本三大弁才天のひとつ。西国三十三ヶ所観音霊場の第三十番札所でもある。もとは大坂城極楽橋の一部であった桃山彫刻の美しい国宝の唐門も有名。

☎0749-63-4410
時9:00〜16:00

竹生島の古名を付けた社

都久夫須麻神社

つくぶすまじんじゃ

竹生島神社ともいう。本殿は伏見城の遺構を移築したもので、国宝。美しさに時間の経つのも忘れてしまうほどの絢爛さから「日暮御殿」と呼ばれる。

☎0749-72-2073
時9:30〜16:00

かわらけ投げで願掛け

都久夫須麻神社では、願いを書いた小皿を投げ、鳥居をくぐれば成就するとされるかわらけ投げに挑戦できます。

朱の鳥居が湖水に浮かぶ
近江最古の社

白鬚神社

‖高島‖ しらひげじんじゃ

垂仁天皇の御代の創建と伝えられる近江最古の社で、湖中に朱塗の大鳥居が立つ。現在の本殿は、豊臣秀頼と生母淀君が寄進したもの。

☎0740-36-1555
高島市鵜川215
境内自由
Pあり
JR近江高島駅から徒歩40分
MAP付録① B-2

1湖中に立つ鳥居が神秘的 2上の宮には神の石といわれる石が残る 3祠をのぞくと中は石室となっている

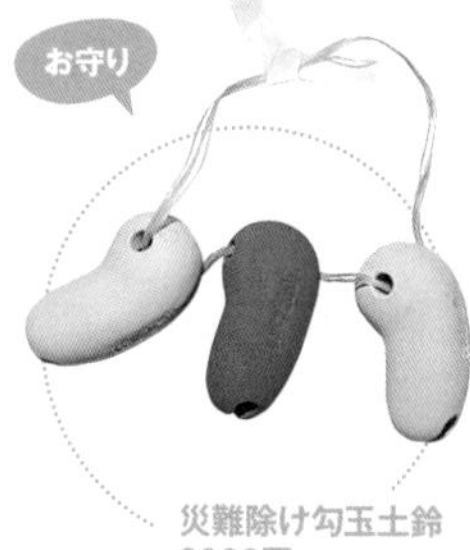

お守り

災難除け勾玉土鈴
2000円

神宝の勾玉をかたどったもの。玄関に吊るすと災難から守ってくれる

勝運の神様を祀る
霊山の岩肌に建つ古社

太郎坊宮（阿賀神社）

たろうぼうぐう（あがじんじゃ）

1300年以上の歴史を持つ神社。勝利の神様を祀ることから、スポーツ選手の参拝が多い。「天狗が住む」と伝わる山の中にいくつもの社殿が建ち並んでいる。山上からは東近江市街から鈴鹿の山々まで一望できる。

☎0748-23-1341
東近江市小脇町2247
境内自由 Pあり
近江鉄道太郎坊宮前駅から徒歩20分
MAP付録① B-3

1古くから霊山として信仰されてきた赤神山に鎮座する 2長い石階段が続く 3数々の言い伝えが残る巨大な夫婦岩

お守り

お守りづくり体験1500円

好きなデザインの袋と結び紐を選び、世界に一つだけのオリジナルお守りを作ることができる。（受付10:00～15:30、体験時間約15分～）

竹生島へは今津港、長浜港から高速船に乗って渡ります。彦根港から渡る航路もあります。

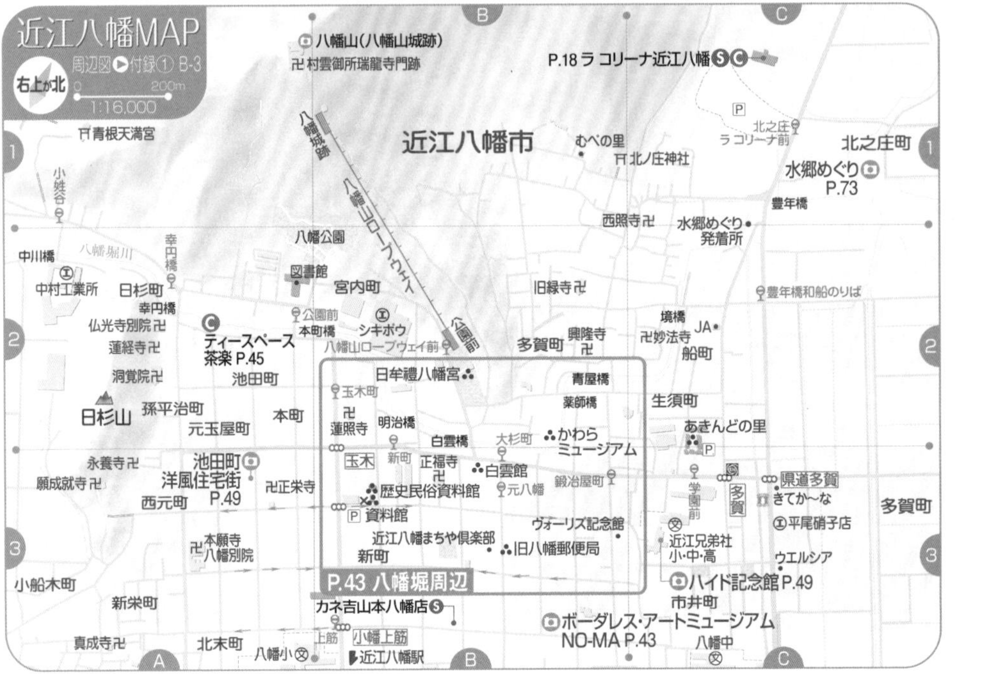

近江八幡MAP

周辺図▶付録① B-3
右上が北
0 200m
1:16,000

八幡山(八幡山城跡)
卍村雲御所瑞龍寺門跡
P.18 ラ コリーナ近江八幡
近江八幡市
青根天満宮
八幡城跡
八幡山ロープウェイ
むべの里
北ノ庄神社
北之庄 ラ コリーナ前
北之庄町
水郷めぐり P.73
豊年橋
小姓谷
西照寺
水郷めぐり 発着所
中川橋
八幡堀川
幸円橋
八幡公園
中村工業所
日杉町
図書館
宮内町
旧緑寺
豊年橋和船のりば
幸円橋
公園前
仏光寺別院
本町橋
シキボウ
境橋
JA
蓮経寺
ティースペース 茶楽 P.45
八幡山ロープウェイ前
公園前
多賀町
興隆寺
妙法寺
船町
洞覚院
池田町
日牟禮八幡宮
青屋橋
玉木町
薬師橋
生須町
日杉山
孫平治町
本町
蓮照寺
明治橋
あきんどの里
元玉屋町
大杉町
かわら ミュージアム
白雲橋
永養寺
池田町 洋風住宅街 P.49
玉木
新町
正福寺
白雲館
願成就寺
正栄寺
歴史民俗資料館
元八幡
鍛冶屋町
学園前
多賀
県道多賀
きてか〜な
西元町
資料館
ヴォーリズ記念館
平尾硝子店
多賀町
本願寺 八幡別院
近江八幡まちや倶楽部
近江兄弟社 小・中・高
新町
旧八幡郵便局
ウエルシア
小船木町
P.43 八幡堀周辺
ハイド記念館 P.49
新栄町
カネ吉山本八幡店
市井町
ボーダレス・アートミュージアム NO-MA P.43
真成寺
北末町
上筋
小幡上筋
八幡中
八幡小
近江八幡駅

長浜MAP

周辺図▶付録① C-1
右上が北
0 300m
1:24,000

虎姫駅
木工房かたやま 片山木工所
三菱ケミカル
木之本IC
川崎町南
末広町
P.21
三ツ矢元町
三ツ矢局
三菱ケミカル
一の宮町
大塚産業
シャンブル
北陸本線
P.67 大通寺
米川
看護専門学校
西友
小堀町
長浜楽市
KBセーレン
P.67 黒壁スクエア
神前町
峰高稲荷神社
ドン・キホーテ
タカタ
元浜局
赤十字病院
アヤハディオ
琵琶湖
裁判所
曳山博物館
長浜曳山まつり P.38
八幡東町
P.32 菓匠 禄兵衛 黒壁店
宮前町
大宮町
P.20 季の雲
浜湖月
公園町北
高田
長浜図書館
市役所前
法務局
八幡東局
アルプラザ
公園町
長浜駅
駅
西本町
妙法寺
高田町
P.67 長浜城(長浜城歴史博物館)
フレンドマート
P.21 元祖堅ボーロ本舗
西中学前
長浜小
西中
長浜市役所
八幡東町
八幡東
長浜鉄道スクエア
長濱浪漫ビール P.33
北船町
南高田町
ホンダ
大島町
まるい食パン専門店 P.31
ハローワーク
長浜文化芸術会館
朝日町
朝日局
南高田町
グランドメルキュール
長浜市
長浜北星高 長浜北星高等養護
成田美術館
保健所
北ビワコホテルグラツィエ
地福寺町
港町
ソプラ・デッレ・グラツィエ
港町
慶雲館 P.67
三和町
地福寺
交流センター
平方町
長浜署 市民体育館
長浜港
長浜盆梅展
ステーキガスト
四ツ塚町
米原駅
米原

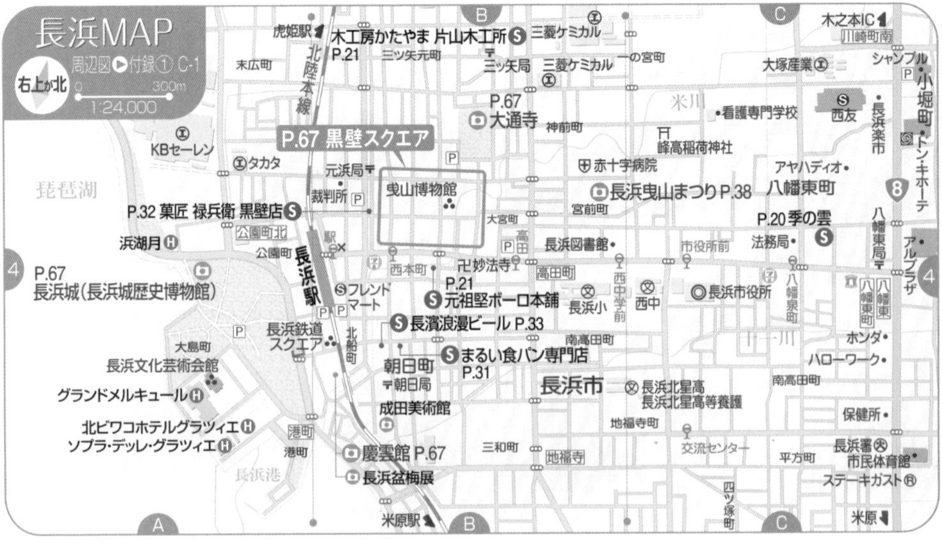

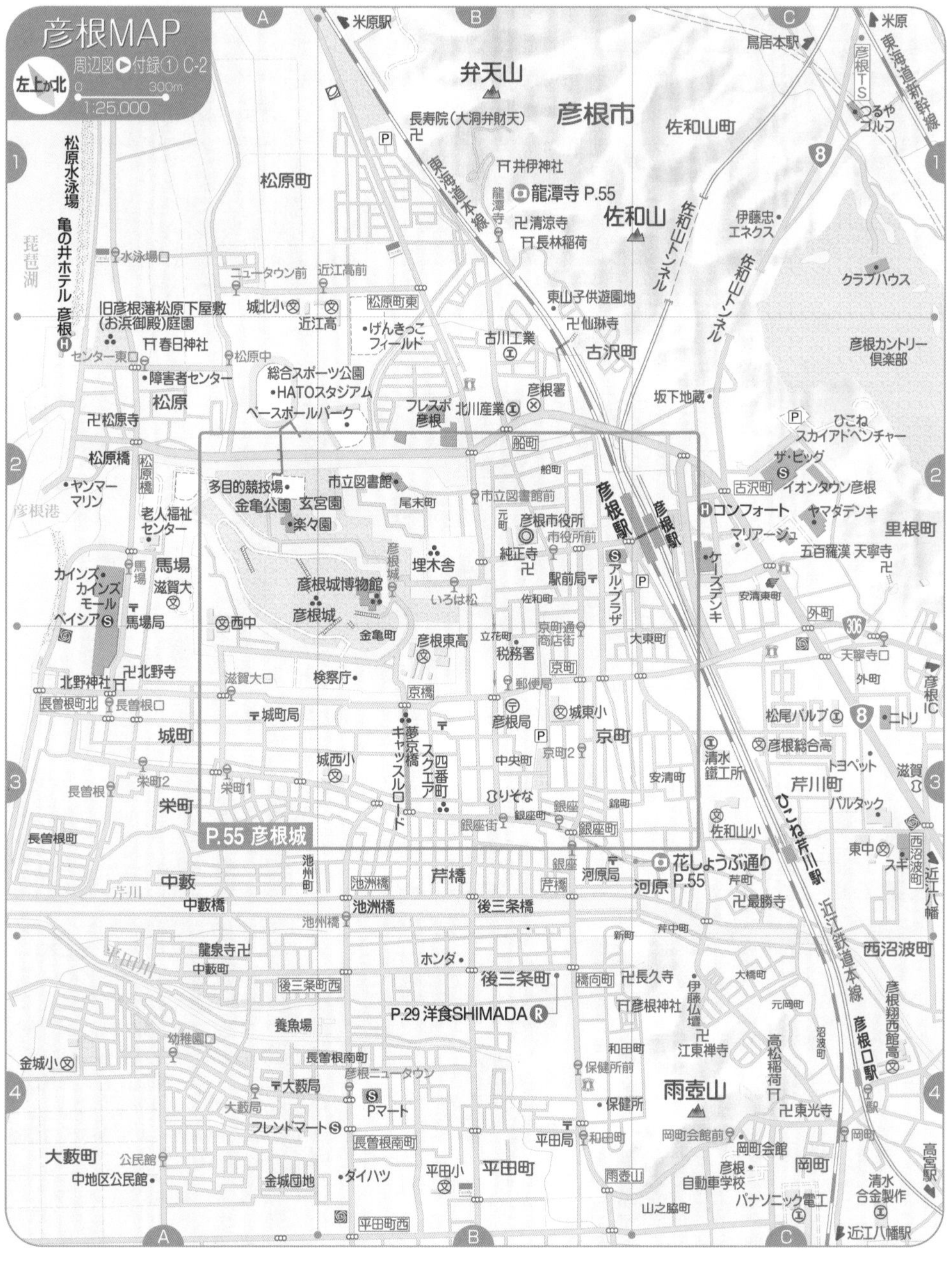

彦根MAP
周辺図▶付録① C-2
左上が北
1:25,000
弁天山
彦根市
佐和山町
長寿院(大洞弁財天)
井伊神社
龍潭寺 P.55
佐和山
清凉寺
長林稲荷
松原町
松原水泳場
亀の井ホテル 彦根
旧彦根藩松原下屋敷(お浜御殿)庭園
春日神社
障害者センター
松原
松原寺
松原橋
総合スポーツ公園
•HATOスタジアム
ベースボールパーク
げんきっこフィールド
城北小
近江高
古川工業
彦根署
北川産業
フレスポ彦根
東山子供遊園地
仙琳寺
古沢町
坂下地蔵
彦根カントリー倶楽部
ひこね スカイアドベンチャー
ザ・ビッグ
イオンタウン彦根
コンフォート
ヤマダデンキ
里根町
マリアージュ
五百羅漢 天寧寺
ケーズデンキ
伊藤忠エネクス
クラブハウス
つるやゴルフ
米原駅
鳥居本駅
米原
東海道新幹線
東海道本線
佐和山トンネル
彦根駅
多目的競技場
市立図書館
金亀公園
玄宮園
楽々園
尾末町
彦根市役所
埋木舎
彦根城博物館
彦根城
純正寺
駅前局
アル・プラザ
西中
金亀町
彦根東高
税務署
京町
大東町
検察庁
郵便局
彦根局
城東小
城町局
夢京橋キャッスルロード
四番町スクエア
城西小
中央町
りそな
銀座
安清町
P.55 彦根城
ヤンマーマリン
老人福祉センター
馬場
滋賀大
カインズ
カインズモール
ベイシア
馬場局
北野神社
北野寺
城町
栄町
長曽根町
中藪
中藪橋
芹橋
池洲橋
後三条橋
河原
河原局
花しょうぶ通り P.55
ひこね芹川駅
清水鐵工所
彦根総合高
芹川町
佐和山小
松尾バルブ
ニトリ
トヨペット
パルタック
滋賀
東中
スギ
芹町
最勝寺
龍泉寺
ホンダ
後三条町
長久寺
彦根神社
伊藤仏壇
江東禅寺
P.29 洋食SHIMADA
養魚場
金城小
大藪局
Pマート
フレンドマート
大藪町
中地区公民館
金城団地
ダイハツ
平田小
平田町
平田局
保健所
雨壺山
高松稲荷
東光寺
彦根口駅
岡町会館
彦根自動車学校
岡町
パナソニック電工
清水合金製作
西沼波町
彦根翔西館高
近江鉄道本線
山之脇町
近江八幡駅
近江八幡
高宮駅
彦根IC
天寧寺口

滋賀の食文化に根ざした〝醗酵〟がテーマの複合施設

喫茶室で味わえる、おうみ海老のマルゲリータ風グラタン1350円

米糀チーズケーキ580円と、ハッピー甘酒いちごスムージー1000円

田んぼの守り神でもあるキツネが目を引く、どぶろく1本(480㎖) 1760円～。カクテルのようにフルーティー

湖のスコーレの最大の魅力は、同じフロア内にチーズの製造室と、味噌、甘酒、どぶろくの醸造所があること

おみやげ＆テイクアウトも楽しめる

地元滋賀や全国から選りすぐった器やカトラリーなどの生活雑貨をはじめとする素敵なアイテムが並ぶ

琵琶湖に浮かぶ沖島風の白味噌をまとわせた、みそフロマージュ1210円

フロマージュブランの入った、自家製ソフトクリーム500円

ストア、ギャラリー、喫茶室、スタンドカフェ、醸造所、チーズ製造室、体験教室、図書印刷室からなる商業文化施設

湖のスコーレ

‖長浜‖うみのスコーレ

米どころである滋賀県では、昔から味噌や醤油、日本酒などの醗酵食品が作られてきた。その食文化を体験できるのが、400坪もの広大な商業文化施設である湖のスコーレ。館内で造られるチーズや味噌を使った料理が味わえるカフェやショップ、体験教室などがある。おみやげには、奈良で「くるみの木」を主宰する石村由起子さんプロデュースの空間に並ぶ衣食住に関するグッズや、施設内で製造するオリジナルチーズ、ハッピー太郎醸造所の甘酒やどぶろくなどがおすすめ。

☎0749-53-3401 ⌂長浜市元浜町13-29
🕒11:00～18:00（喫茶室は～17:00）休火曜
Ⓟあり（提携）JR長浜駅から徒歩5分 MAP67

大津・草津周辺

琵琶湖の南部に広がる大津は、滋賀の中心。
東海道の宿場町としての名残をとどめ、
比叡山延暦寺や三井寺など、
古い歴史をもつ観光名所もあります。
大津から草津にかけての湖岸沿いには、
レストランやスイーツなどの新しいお店も登場。
あれもこれも楽しみたい！という
あなたを満足させてくれる町です。

大津・草津をさくっと紹介します

**琵琶湖とともに歩んできた水の町、大津・草津。
延暦寺、三井寺、石山寺などの名刹が残る大津は湖の都。
草津・守山は宿場町としての面影を残しています。**

旅のスタートは大津駅またはびわ湖浜大津駅から

**とりあえず
観光案内所で情報集め**

JR大津駅直結のビエラ大津1階に観光案内所があり、三井寺や石山寺などの観光情報が入手できます。そのほか京阪石山駅や坂本比叡山口駅近くにも、それぞれ観光案内所があるので、パンフレットやマップを手に入れましょう。

**重い荷物は
コインロッカーへ**

JR大津駅構内と京阪びわ湖浜大津駅構内にそれぞれコインロッカーがあります。

**車の場合は
大津市公共駐車場へ**

JR大津駅は北口に公共駐車場があり、また浜大津にも公共駐車場が2か所あります。街なかの散策や琵琶湖クルーズは、駐車場に停めて歩くほうが便利。料金は30分150円（最初の30分無料）です。

問い合わせ先

大津駅観光案内所 ☎077-522-3830
びわ湖大津観光協会 ☎077-528-2772
草津市観光物産協会 ☎077-566-3219
守山市商工観光課 ☎077-582-1131

**琵琶湖を一望
延暦寺がある霊山**

比叡山 ひえいざん P.86

世界遺産の比叡山延暦寺を中心に山全体が仏教の霊地。

**大津市パーク&
ライド駐車場がお得**

車を停めたあと、駐車券を持ってびわ湖浜大津駅に行き、パーク&ライド対象乗車券を購入すると、500円で1日駐車サービス券が買えます。

大津市&パークライド指定駐車場
- 大津市浜大津公共駐車場
- 明日都浜大津公共駐車場

🚗京阪びわ湖浜大津駅すぐ MAP付録② B-3

**湖上から湖岸から
琵琶湖にふれる**

大津 おおつ P.72・84

大津港周辺は滋賀のウォーターフロント。ホテルやアミューズメント施設、レストランに雑貨店などがそろう。

比叡山の表玄関
石垣の門前町

坂本 さかもと

P.88

比叡山延暦寺、日吉大社の門前町。穴太衆による石垣が美しい場所でも知られる。

大津の有名なお寺

石山寺 西国三十三所観音霊場。紫式部ゆかりの寺としても注目を集めています。P.85
三井寺 金堂、三井の晩鐘など見どころの多いお寺です。西国三十三所観音霊場です。P.84

琵琶湖大橋の東
湖岸沿いがおすすめ

守山 もりやま

P.24・71

琵琶湖大橋東詰めの湖岸は、比良山系が対岸に一望できるビュースポット。佐川美術館があり、ビーチではウォータースポーツが楽しめる。

琵琶湖沿いの
カルチャースポット

草津 くさつ

P.25

本陣や常夜灯が今なお残る宿場町の草津。琵琶湖に突き出した烏丸半島は、スイレンの自生地で、琵琶湖博物館や植物公園などがある。

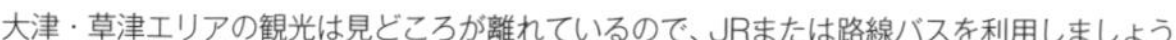

大津・草津エリアの観光は見どころが離れているので、JRまたは路線バスを利用しましょう。

見どころいっぱいの大津の名刹を訪れませんか

言わずと知れた大津名刹の双璧、三井寺と石山寺。
霊験あらたかなこの地で生み出された歴史や文化に
思いを馳せながら訪れてみましょう。

1 徳川家康の寄進による仁王門は重要文化財 2 三井の晩鐘は冥加料800円でつける 3 檜皮葺きの屋根が美しい国宝の金堂

境内には1300本の桜がある桜の名所寺

近江八景「三井の晩鐘」で有名な古刹

三井寺（園城寺）

みいでら（おんじょうじ）

天台寺門宗の総本山。天智、天武、持統・三天皇の産湯を汲んだ「御井（三井）」にちなむ。創建は飛鳥時代。平安時代に智証大師円珍が再興。境内には国宝の金堂をはじめ三重塔など数々の文化財が並ぶ。西国三十三所第14番札所の観音堂がある。

寺院 ☎077-522-2238
大津市園城寺町246
8:00～17:00 ¥600円 Pあり
京阪三井寺駅から徒歩7分 MAP 付録② B-3

見どころpoint

霊鐘堂の鐘は弁慶が延暦寺まで引きずったという伝説があり、弁慶の引き摺り鐘と呼ばれています。

できたてをどうぞ 弁慶の怪力にちなんだ力餅

イートインは抹茶セット800円

三井寺力餅（7本910円～）は小餅に白蜜と青大豆きな粉をまぶしたもので、懐かしい味わいが好評。

三井寺力餅本家

みいでらちからもちほんけ

カフェ ☎077-524-2689
大津市浜大津2-1-30 7:00～19:00
休 無休 Pなし 京阪びわ湖浜大津駅からすぐ MAP 付録② B-3

紫式部の見た景色

源氏物語は光源氏の都落ちを描いた須磨の巻から執筆されたともいわれています。紫式部は石山寺からの月を見て、須磨の情景を思い描いたのだとか。

四季の花々が咲き誇る名刹

石山寺

いしやまでら

西国三十三所第13番札所。747(天平19)年に東大寺の僧、良弁が開いた。本尊は如意輪観音。境内には国宝の本堂や多宝塔、重文の東大門や蓮如堂などが建つ。紫式部が参籠し『源氏物語』を起筆したことでも知られる。梅、桜、紅葉など花の寺としても有名。

見どころpoint

本堂内には紫式部が源氏物語の着想を得たと伝わる『源氏の間』があります。

寺院 ☎077-537-0013
大津市石山寺1-1-1
8:00〜16:00 ¥600円
P あり(石山寺観光駐車場)
京阪石山寺駅から徒歩10分 MAP 付録② B-4

1 寺名の由来となった天然記念物の硅灰石と多宝塔 2 運慶、湛慶作と伝わる仁王像が立つ東大門 3 ライトアップされた秋の境内は別世界のよう

瀬田川沿いの立ち寄りSPOT

瀬田川を眺めながら中国茶を

茶館喫茶去

さかんきっさこ

石山にある中国茶と薬膳料理の店。瀬田川を眺めながら、岩間山の湧き水で淹れた中国茶と、五行を取り入れた季節の料理が楽しめる。

menu

点心3種盛りセット …1500円
中国茶…………770円〜

カフェ ☎077-537-3022
大津市蛍谷4-45
11:00〜15:30(土・日曜、祝日は〜16:30)
休 水・木曜 P あり
京阪石山寺駅から徒歩3分 MAP 付録② B-4

約60種類の中国茶でいっぷく

参拝後にみやげを買って一服

叶 匠壽庵 石山寺店

かのうしょうじゅあんいしやまでらてん

石山寺の門前にあり、寺名の由来となった岩に見立てた小豆餡をのせた石餅が名物。夏期は石餅かき氷、冬期は石餅ぜんざいも人気。

menu

石餅…1人前2個にお茶付き350円
石餅かき氷(夏期限定)…600円
石餅ぜんざい(秋冬限定)…600円

カフェ ☎077-534-6331
大津市石山寺1-576-3
10:00〜16:00LO(石山寺のイベントにより変更あり) 休 水曜(祝日の場合は営業) P あり(石山寺観光駐車場を利用※有料)
京阪石山寺駅から徒歩10分
MAP 付録② B-4

ねじり合わせた白とよもぎの餅の上にたっぷりの小豆がかかる

三井寺、石山寺へは京阪電車が便利。それぞれ寺名の付いた駅があります。

世界遺産の比叡山延暦寺へ

滋賀と京都にまたがる比叡山にある約150堂塔の総称。高僧が訪れた聖地・延暦寺では、大伽藍などの拝観とプチ修行体験で、自らの心と向き合う時間が持てます。

1

2

3

4

5

1国宝・根本中堂にある不滅の法燈は1200年灯り続けている 2東塔・西塔・横川それぞれの中心となる仏堂が中堂と呼ばれる 3阿弥陀堂の横にある法華総持院東塔 4名僧が修行した碑も建てられている 5横川中堂。船が浮かんでいる姿に見えるのが特徴 ※写真はすべてイメージ

威厳に満ちみちた聖地

比叡山延暦寺 ひえいざんえんりゃくじ

始まりは、788（延暦7）年のこと。比叡山に草庵を結んだ19歳の最澄は、中国に留学して禅と密教を学び天台宗を開創。拠点となる総本山として修行道場として、平安時代以後、法然、親鸞、栄西、道元、日蓮など多くの高僧たちを輩出した。戦国時代に織田信長の比叡山焼き討ちにより焼失したが、豊臣秀吉や徳川幕府の尽力により再興。数多くの国宝や重文がある。

☎077-578-0001 大津市坂本本町4220 8:30～16:00（1～2月は9:00～、12月は9:00～15:30、西塔・横川は30分後開堂、30分前閉堂）休無休 坂本ケーブル延暦寺駅から徒歩10分 Pあり MAP付録② A-2

延暦寺の基本

三塔のみどころ

境内は3地域に分かれている。中心となる「東塔」は、延暦寺発祥地で、根本中堂などがある。東塔からバスで5分の「西塔」には、釈迦堂（転法輪堂）があり最澄上人の御廟所も。西塔からバスで10分の「横川」には、遣唐使船がモデルの舞台造りを持つ横川中堂がある。

宗史に残る根本中堂大改修

国宝の根本中堂ならびに重要文化財の回廊を2027年ごろまで大改修工事中。改修期間中も拝観は可能で、国宝改修ならではの珍しい作業も間近で見ることができます。

延暦寺ではこんな体験ができます

坐禅

最も大切な修行のひとつ「坐禅」は、身を整え、息を整え、まず座ることからはじまる。

実際に座るのは20分ほど。説明や法話も含め30分から1時間程度

写経

お釈迦様が説かれたお経を一字一句、心をこめて写すことで、佛とひとつになれる修行。

筆、墨、硯、用紙などすべて用意される。説明なども含めて90分ほど

延暦寺会館では、予約すれば精進料理のみ味わうことも可能

精進料理

感謝し味わうことを知る。生命の尊さを感じる、殺生や煩悩への刺激を避ける料理を提供。

体験はこちらで

延暦寺会館

えんりゃくじかいかん

延暦寺東塔にある宿坊。写経体験や坐禅体験を申し込むことができる。

☎077-579-4180 MAP付録② B-2

体験DATA

●**開催日時**　無休（法要行事等により休止の場合あり）
●**予約**　電話かHPから要予約（坐禅体験は電話のみ）
●**料金**　和室（琵琶湖側・室内風呂有）23800円～／1名
写経体験1100円
坐禅体験1100円
●**所要時間**　写経体験約90分、坐禅体験約60分

ここでひとやすみ

寺カフェでほっとひといき

喫茶れいほう

きっされいほう

琵琶湖の絶景が眺められる延暦寺会館内のカフェ。カフェラテや抹茶ラテに干支によって決まっている守護梵字を描いてくれる「梵字ラテ」が人気。

カフェ ☎077-579-4180
🕒10:00～16:00
MAP付録② B-2

梵字抹茶ラテ700円

比叡山延暦寺では、それぞれ見ごろの時期に「比叡のさくらと青もみじ」、「比叡のもみじ」と称されるお祭りが開催されます。

延暦寺の門前町、坂本をてくてく歩くと…

延暦寺の門前町坂本は、「山王さん」で知られる日吉大社や延暦寺ゆかりの里坊が並ぶ町。穴太衆積みの石垣を見て歩くのも趣があります。

京の都の鬼門を守り続けてきた古社

1 日吉大社
ひよしたいしゃ

重要文化財の西本宮楼門　参道を彩る桜。秋は紅葉の名所として有名

全国の山王神社の総本宮。42万㎡の境内には、西本宮と東本宮のほか多くの摂社、末社がある。西本宮に大己貴神、東本宮に大山咋神を祀る。国宝の東西本宮をはじめ、ほとんどの建物が文化財。

神社 ☎077-578-0009
大津市坂本5-1-1 ⓛ9:00～16:30
¥500円 Ⓟあり 京阪坂本比叡山口駅から徒歩10分 MAP88

山に見立てた合掌形が珍しい山王鳥居

洗練された庭園が残る

2 旧竹林院
きゅうちくりんいん

八王子山を借景にした庭園

延暦寺僧侶の隠居所であった元里坊。大宮川を取り込み、滝や築山を配した庭園は、季節を問わず楽しめる。大小の茶室があり、情緒たっぷり。

庭園 ☎077-578-0955
大津市坂本5-2-13
ⓛ9:00～16:30 休月曜（祝日は開園、翌日休） ¥330円 Ⓟあり 京阪坂本比叡山口駅から徒歩10分 MAP88

日吉東照宮
ひよしとうしょうぐう

徳川家康を祀る東照宮のひとつで、天海僧正が創建。極彩色の彫刻が施された社殿は創建当時のもの。絢爛な権現造りは日光東照宮に先立つものといわれる。

豪華絢爛な権現造り

神社 ☎077-578-0009（日吉大社社務所）
大津市坂本4-2-12 ⓛ10:00～16:00
休月～金曜 ¥300円 Ⓟあり
京阪坂本比叡山口駅から徒歩10分 MAP88

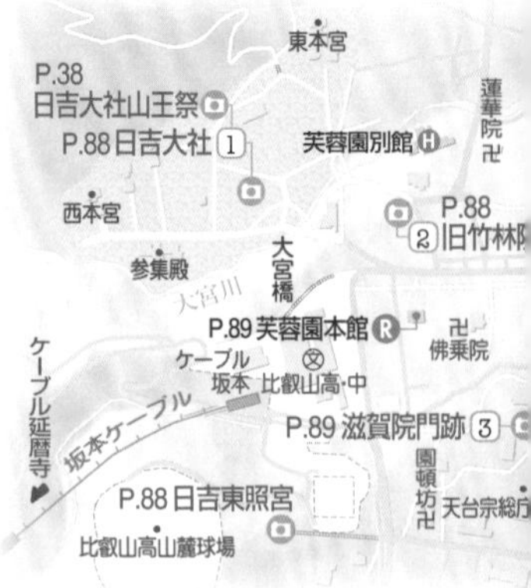

里坊が多く点在する坂本

里坊とは、比叡山の山坊に対する言い方で、修行を終えた老僧が山麓に構えた隠居所のこと。修行場の山坊とは違い、余生を送る場として美しく趣向を凝らした庭園が造られました。

石垣に囲まれた最大級の里坊

3 滋賀院門跡

しがいんもんぜき

穴太衆積みの石垣に囲まれて建つ

延暦寺の門跡寺院。穴太衆積み（あのうしゅうづ）の石垣に囲まれた境内には、内仏殿や宸殿、書院などが建ち並ぶ。小堀遠州作の庭園が有名。

寺院 ☎077-578-0130
大津市坂本4-6-1
9:00〜16:00 休 無休 ¥500円
P あり 京阪坂本比叡山口駅から徒歩5分 MAP 88

石積みの町・坂本

整然と積まれた石垣

穴太衆積み（あのうしゅう）と呼ばれる石垣がめぐらされている坂本。穴太衆とは、江戸時代初期から活躍した自然石を巧みに組み上げ堅固な石垣を造る坂本の石工集団のこと。延暦寺などの寺院建築や安土城などの築城に力を発揮したといわれる。

ここでランチ♪

坂本では知られた名物そば

手打蕎麦 鶴㐂 てうちそばつるき

初代鶴屋喜八の味を受け継ぐ、創業300余年の老舗。手打ちにこだわり、伝統を守り続ける数少ない店。

そば処 ☎077-578-0002 大津市坂本4-11-40 11:00〜14:30（HP要確認） 休 月の最終月曜（8月は最終月・火曜連休、11月は無休）
P あり 京阪坂本比叡山口駅からすぐ MAP 89

天ざるそば1790円

築134年の店舗は有形文化財

日本庭園を眺めながら近江懐石を

芙蓉園本館 ふようえんほんかん

穴太衆積みの石垣や、名勝庭園を眺めながら懐石料理が味わえる。湖魚や湯葉を使った御膳がおすすめ。

懐石料理 ☎077-578-0567
大津市坂本4-5-17 11:00〜15:00（予約優先） 休 不定休 P あり 京阪坂本比叡山口駅から徒歩10分 MAP 88

比叡ゆば重ね膳3300円

比叡山から流れる川水を引き入れた池泉回遊式庭園

日吉大社の神使は猿で「神猿（まさる）」と言い、「魔去る」、「勝る」に通じ、魔除けや勝運にご利益があるとされています。

すてきな雑貨屋さんで見つける わたしだけのかわいい小物

キュートな手作りバッグやかわいいアクセサリー、
スタイリッシュなキッチン小物…。
滋賀で見つけたかわいい雑貨を紹介します。

フィンランドARABIA社のアンティークカップ＆ソーサー「KOSMOS」6600円

大分県日田市で300年変わらぬ技法を受け継ぐ小鹿田焼の器1100円〜

国内のイラストレーターとのコラボが楽しい、手紙社のスタンプ605円〜

ノルウェー BJØRKLUND社のケーキサーバー各3080円

くるみの木のカッティングボード3300円〜

キノコの形をしたリトアニアの蓋付バスケット6600円

＼少しずつ集めるのが楽しい／

世界の雑貨に出会えるセレクトショップ

NORTHWEST SELECT

‖大津‖ノースウエストセレクト

店内には、北欧のテーブルウェアや国内作家の器、紙もの、洗練されたデザインのウェアやジュエリーなどが並ぶ。セレクトされた楽しい雑貨たちに心躍る。

☎077-544-6760
大津市萱野浦23-22 ⏰11:00〜17:00(10〜2月は〜16:00) 休 火曜
P あり バス停ロイヤルオークホテル前から 徒歩2分 MAP 付録② B-3

スウェーデンalmedahls社のキッチンクロス約45×75cm各2860円

県内各地にある手作り雑貨の店

作家さん自らがショップをオープンする雑貨店が増えてます。大津以外のエリアにもキッチングッズやガーデングッズ、インテリアなどの雑貨店があります。

徳島の工房、器れもんの「太陽と大地の丸小皿 ぐるぐる」550円

滋賀在住の版画家工房カモの大人気注染手ぬぐいシリーズ1870円～

パッチワークや古布を生かしたプー民族のカバン11000円

暮らしを彩る個性的なセレクトよろずや

ビオチェド

‖大津‖

山間にある雑貨店。個性光る雑貨や洋服などの作家作品や、暮らしを彩り地球に寄り添うオーガニックフードド、自然素材のアクセサリーなどが並ぶ。

☎077-529-0028 ⌂大津市比叡平3-21-23 🕒11:00～18:00頃 休日・月・木・金曜 Ⓟなし 🚶JR大津京駅から車で15分 MAP付録② A-2

小さな店内に並ぶあふれるほどの品々

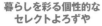

安土工房のペンダントライト14700円～。吹きガラスによる繊細に波打つ表面から発する光は、独特の世界観

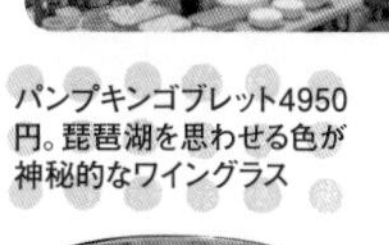

パンプキンゴブレット4950円。琵琶湖を思わせる色が神秘的なワイングラス

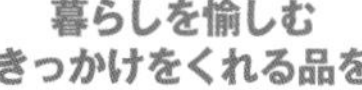

野菜をモチーフにした槇田商店の日傘各22000円～

暮らしを愉しむきっかけをくれる品を

KIKKAKEKKO

‖大津‖キッカケッコ

琵琶湖疏水近くの古民家を改装したショップ＆ギャラリー。作家ものの器や照明、傘やアクセサリーなど一つひとつ愛情を持って選ばれた品が並ぶ。

☎077-509-1784 ⌂大津市大門通4-3 🕒12:00～17:00 休月～木曜（祝日の場合は営業） Ⓟあり 🚶京阪三井寺駅から徒歩7分 MAP付録② B-3

ワークショップや珈琲豆の販売も

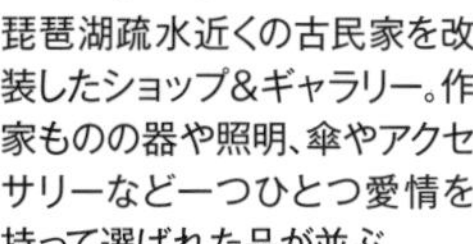

「KIKKAKEKKO」には2号店の膳所ときめき坂店があります。こちらは平日もオープンしています。

地元っ子も通う大津で話題のおいしいお店

湖を見渡せるカフェや、古い建物を改修したレストランなど、新しいカフェ、レストランが続々と登場する大津。そんな中から選んだ4店をご紹介します。

くつろぎ空間でお箸でいただくフレンチ

掘りごたつ式の座敷でゆっくり味わえる

シックな外観が落ち着く、隠れ家的ビストロ

掘りごたつでいただく アットホームなフレンチ

こっからんHORII

こっからんホリイ

ホテルの料理長や海外での修業経験もあるシェフが腕をふるう本格フレンチ。古い長屋を改装したアットホームな店内で、自家栽培のハーブや地野菜、京地鶏などこだわりの地産食材を使った料理を堪能できる。

フレンチ ☎077-522-5766 大津市梅林1-2-21 17:30～22:00 休日・月曜、祝日、不定休あり Pなし JR大津駅から徒歩3分 MAP付録② B-3

琵琶湖畔の風景と ヘルシー料理に癒される

madocafe

マドカフェ

煮込みハンバーグやカレー、鍋など、新鮮な地産食材を生かした週替わりの煮込みプレートが自慢のカフェ。湖に面した大きな窓から景色を眺めながら、無農薬小麦を使用した焼きたてワッフルを楽しむカフェタイムも贅沢。

カフェ ☎077-525-5516
大津市島の関14-1 大津市民会館2F
11:00～16:30（土・日曜、祝日は～17:30）
休月曜、第2・3火曜（祝日の場合は翌日休）
Pあり 京阪島ノ関駅から徒歩5分
MAP付録② B-3

プレートランチの内容はInstagramで発信中（11:00～14:00のみ、数量限定）

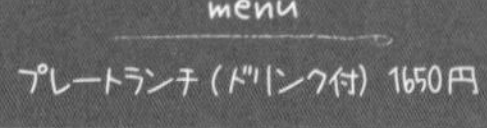

大きな窓から琵琶湖が一望できる人気のソファ席

キャラメルナッツワッフル820円、ドリンク付きなら1210円

レトロモダンな公会堂

旧大津公会堂は貸館施設で、ニクバル モダンミールP.97のほかに、3つの飲食店が入っています。077-522-8220(管理事務所) MAP 付録② B-3

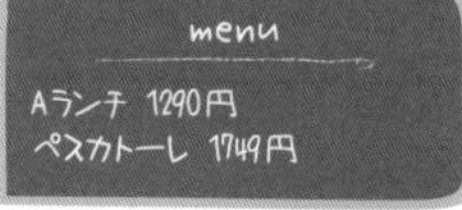

「大津なぎさ公園打出の森」内に建つ

menu
Aランチ 1290円
ペスカトーレ 1749円

琵琶湖一面を眺めながらイタリアン
アンチョビ

琵琶湖の絶景が存分に楽しめるレストラン。パスタ＆ピッツァは、身近な素材をシンプルかつ斬新にアレンジした料理。赤白豊富にそろったワインとともに、繊細で奥深い味をいただける。

イタリアン 077-522-1811
大津市打出浜15-3 大津なぎさ公園内 11:30～14:30(土・日曜・祝日は17:30～20:30LOも営業) 休水曜 Pあり 京阪石場駅から徒歩3分 MAP 付録② B-3

四季折々の琵琶湖が眺められる

Bランチ2530円は、日替わりパスタにボリューム満点の前菜盛り合わせ、パン、サラダ、デザート、ドリンクがセット

近江野菜も味わえる気軽な本格派フレンチ
bistro guccho

ビストログッチョ

自家栽培や契約農家の穫れたて近江野菜など旬の素材を使い、地元出身の若きシェフが手腕を発揮。自らソースを注ぐなど趣向を凝らした料理は､改めてフランス料理のおいしさを発見する。

フレンチ 077-572-7881
大津市粟津町17-14-2 1F
11:30～14:00、17:30～23:00
休火曜 Pなし JR石山駅から徒歩7分 MAP 付録② B-3

ランチの一例､仏産の仔鴨のロティ赤ワインソース

誰でも入りやすい雰囲気のナチュラル空間

menu
ランチコース 1980円～
ディナーコース 4400円～
各種アラカルトもあります

夏野菜とイカのクリュ フレッシュトマトソースは前菜の一例

JR大津駅や京阪浜大津駅、また南草津駅などの駅近に飲食店がたくさんあるので便利ですよ。

甘い香りに誘われて…絶品スイーツ見つけました

大津・草津には、ふらっと立ち寄ってみたくなる
かわいいスイーツのお店がたくさん。
甘い魅力に誘われて、幸せなひとときをぜひ。

A

びわ湖シフォン 2500円
琵琶湖をイメージしたブルーの色合いと、バニラ風味のふわふわしっとり食感が人気

B

ルージュ 480円
ラズベリーなどのベリーを使い、甘酸っぱいくちどけの良いムース

タルトフロマージュ
400円（ホール4号1600円〜）
さっくり焼いたタルトと、なめらかなチーズのコクと風味が合う

C

マカロン（FUSE、アールグレイ、苺）
各320円
琵琶湖を思わせるブルーの「FUSE」は、大会での優勝ケーキをマカロンにしたもの。コーヒーとマカダミアとチョコレートが融合

タブレットショコラ・桜
1200円
苺やアンズ、金箔を散らし、華やかに仕上げられた期間限定のチョコレート（デザインや内容は時期により異なる）

A

極上の「ふわふわ感」と「しっとり感」を味わって

手づくりシフォンケーキ dimple

‖大津‖てづくりシフォンケーキディンプル

キャラメルやアールグレイ味などバリエーション豊かなシフォンケーキが常時7、8種そろう。地卵の「利助(りすけ)卵(たまご)」を使って焼いたケーキを求めて、県外から訪れる人も多い。

☎077-573-4520 住大津市衣川2-18-30 時10:30〜19:00（売り切れ次第閉店）休月曜（祝日の場合は翌日休）Pなし 交JR堅田駅から徒歩10分 MAP付録② B-1

B

口当たりなめらかなチーズケーキは上品な味わい

ラ パティスリーナチュール

‖大津‖

後味さっぱりのベイクドチーズケーキが人気。国内産の厳選した材料を使うため、濃厚なこくと風味がある。なめらかな口どけのクリームブリュレ、プリンもおすすめ。

☎077-548-1112 住大津市一里山4-15-9 時10:00〜19:00 休火曜 Pあり 交JR瀬田駅から徒歩10分 MAP付録② B-3

C

トップオブパティシエ優勝ケーキがマカロンに

FUSE

‖大津‖フューズ

洋菓子のアジア大会優勝の経歴をもつオーナーシェフによるマカロンとショコラの専門店。季節のオリジナルマカロンが常時12種ほどそろい、断面が美しいのも特徴。

☎非公開 住大津市島の関12-11 時11:00〜18:00 休日〜水曜 Pなし 交京阪島ノ関駅からすぐ MAP付録② B-3

知る人ぞ知る大津の隠れ家パティスリー

大津駅近くのPatisserie Lumiere MAP付録② B-3には、常時10種ほどの色鮮やかなケーキが並びます。ビル奥にあるので見過ごさないよう、通り沿いの看板を目印に向かいましょう。

カスタードグラタンロール 540円
栗入りのふわふわロールケーキはほろ苦いキャラメリゼがアクセントに

E

ブルーベリーチーズタルト 497円
甘めのタルト生地にブルーベリーとクリームチーズのさっぱりした味わい

F

ショコラフラブール 750円
サクサクのビスケット生地と、ほんのり塩気が効いた濃厚なチョコクリームが絶妙

D

スコーン 各218円
プレーン、ブルーベリーをはじめとする10種以上のスコーンから日替わりで数種が並ぶ

E

D

素材を生かしたこだわりスイーツ
PATISSERIE flaveur
‖草津‖パティスリーフラブール

素材そのものを大切にし、ていねいに作られたケーキが並ぶ。ヨーロッパ・フランス菓子を中心とした本格的な洋菓子の種類も豊富で、12種類のカラフルなマカロンも人気がある。

☎077-563-8228 ⌂草津市川原1-8-12 ⏰10:00～18:00 休水・木曜 Pあり 🚶JR草津駅から徒歩20分 MAP付録② C-2

E

楽しい時間に華を添える優しい味のスイーツ
アラベスク舎
‖草津‖アラベスクしゃ

名物のカスタードグラタンロールをはじめ、季節の果物を使った華やかなケーキなどがそろう。ランチタイムには、ソースの種類が豊富なふわとろオムライスのテイクアウトも。

☎077-509-7103 ⌂草津市野路東5-25-19 ルーツ1F ⏰11:00～18:00（イートインは～17:30） 休木曜 Pあり 🚶JR南草津駅から車で7分 MAP付録② C-3

F

草津郊外にある地元に愛されるパティスリー
洋菓子工房エス・ヴェール
‖草津‖ ようがしこうぼうエス・ヴェール

地産の新鮮な果物をふんだんに使ったスイーツがショーケースを彩る。草津の米粉を使ったロールケーキの種類も多く、ダクワーズなどの焼菓子はおみやげにもぴったり。

☎077-535-5954 ⌂草津市志那中町33-5 ⏰10:00～19:00 休月・火曜（祝日の場合は営業） Pあり 🚶JR草津駅から車で14分 MAP付録② C-2

各店の名物ケーキは、売り切れることもしばしば。予約、または問い合わせがベター。

贅沢か気軽かは気分で選ぶ 近江牛をいただきます

滋賀グルメの代表格といえば近江牛。
やわらかな肉質がたまらない贅沢メニューか、
気軽に楽しめるメニュー、お好きなプランを選んで味わってください。

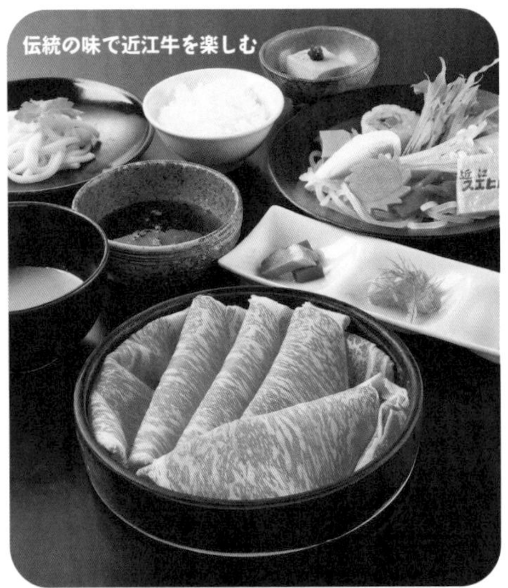

しゃぶしゃぶ 季(2名～)9900円

近江スエヒロ本店

‖草津‖おうみスエヒロほんてん

1910（明治43）年創業の本店からのれん分けし、しゃぶしゃぶの元祖としても知られる。秘伝のゴマダレで味わうしゃぶしゃぶはもちろん、近江牛のすき焼きや陶板焼など伝統の味を堪能できる。予約がおすすめ。

テーブル、個室、宴会場と用途に合わせて選べる座席

☎077-562-3651 ⌂草津市大路3-1-39
🕒11:00～14:00、17:00～20:00
休 月曜（祝日の場合は翌平日休） P あり
🚶JR草津駅から徒歩10分 MAP 付録② C-3

紫式部近江牛御膳5500円

近江牛 れすとらん松喜屋 本店

‖大津‖おうみぎゅうれすとらんまつきやほんてん

本社は精肉販売店、170席ある新館のレストランにはステーキカウンターがあり、テーブル席や個室で牛肉割烹やすき焼きが味わえる。紫式部と平安貴族をモチーフにした「紫式部近江牛御膳」(数量限定）も人気。

シェフの手さばきと贅沢な味わいを楽しめるカウンター席

☎077-534-2901 ⌂大津市唐橋町14-17
🕒11:30～14:00（土・日曜は11:00～）、17:00～20:00
休 無休（臨時休あり）
P あり 🚶京阪唐橋前駅からすぐ MAP 付録② B-4

近江牛の老舗の味をお持ち帰り

近江八幡で120年余りの歴史を持つ「カネ吉山本」。各店舗では和牛を使ったオリジナルのカレーやそぼろ煮などの加工品も販売していますよ。カネ吉山本 野洲店 ☎077-518-1223（MAP付録② C-2）

やわらかい肉に
特製タレが絡む

昼のお重のコース2640円

肉料理くすたろう

‖大津‖ にくりょうりくすたろう

店主が長年シェフを務めた「毛利志満（もりしま）」からの黒毛和牛を使い、昼夜ともにリーズナブル。ランチコースの肉100gは脂を落として量るからボリュームがあり、地元産野菜もたっぷり味わえて満足度が違うと評判。

1階のカウンター席のほかに2階にはテーブル席もある

☎077-523-0676 ⌂大津市中央2-1-9
🕒11:30〜13:30、17:30〜20:00 休 月・火曜
P なし 🚶JR大津駅から徒歩8分 MAP付録② B-3

近江牛ハンバーグを
リーズナブルに

近江牛ハンバーグ1319円

ニクバル モダンミール

‖大津‖

ワインを片手にステーキやハンバーグなどの肉料理を楽しめる、近江牛のグリル&バー。京都の精肉店直営のためコストパフォーマンスのよさは抜群。有形文化財に登録された歴史ある建物も美しい。

近江牛を使ったランチメニューも充実

☎077-522-1630 ⌂大津市浜大津1-4-1 旧大津公会堂1F
🕒11:00〜13:30、17:00 〜 22:30（LO22:00） 休 無休（臨時休あり）
P あり 🚶京阪びわ湖浜大津駅からすぐ MAP付録② B-3

ステーキカウンターでの食事は贅沢の極み。目でも楽しめる食事を堪能しましょう。

食べて遊んで泊まれる大津駅の素敵スポットへ

JR大津駅直結の観光拠点「ビエラ大津」には、
カプセルホテルやブックスペースを併設したレストランがあります。
観光案内所もあるので、魅力たっぷりの大津駅に立ち寄ってみませんか。

365日いつ訪れても充実した時間が過ごせる

THE CALENDAR ザカレンダー

地元野菜を使う一品などが味わえるレストランに、スタイリッシュなカプセルホテル、店内で自由に読めて購入できるブックスペースを併設。テーブルやカウンター、小上がりや屋外テラスの席もあり、ちょっとした休憩からゆったり食事を楽しむ時間まで幅広いシーンで利用できる。

☎077-526-9090（レストラン）住大津市春日町1-3 ビエラ大津 ⏰11:00～23:00(LO22:30) 休無休 P なし 🚶JR大津駅からすぐ MAP付録② B-3

テラスレストラン＆BBQ

広々とした空間にソファやデッキチェアが並べられたテラススペース。レストランメニューのほか、春～秋はバーベキューも楽しむことができる。

手ぶらで楽しめる飲み放題90分付きのバーベキュープランは、1名5000円～

1パスタ1100円～や牛のハネシタステーキ2200円などの肉料理のほか、気軽につまめるアンティパスト450円～もある。レストランのディナータイムは17～22時半。ワインは赤白各3種がグラス528円～からそろう 2ラウンジには、ゆったりくつろげるソファ席や気軽に立ち寄れるカウンターがある 3コンクリート打ちっ放しの壁にデザインされた店名がオシャレなエントランス

通りすがる駅から立ち寄る駅に

コンビニやスターバックスのほか、地元料理を楽しめるレストランまで全7施設から構成されるビエラ大津。アクセスに便利な駅前の憩いの場、ぜひ立ち寄ってみましょう。

マルチスペース＆ブックカフェ

ラウンジとマルチスペース、ホテルの3か所に約2000冊の本を設置。ブックコーディネーターが選書する幅広いジャンルの本がそろう。

1気に入った本は購入できる 2線路沿いの小上がり席からは電車や桜を見ながら食事ができる 3冬期はコタツ席となり、小さな子供連れのファミリーにも人気

カプセルホテル

シャワールームやコインランドリーを完備し、アメニティも充実。モーニングが付いたお得なプランも。

☎077-526-9080
🕒IN16:00、OUT10:00
室 男34、女26
¥ 1泊3850円〜、1泊朝食付4350円〜

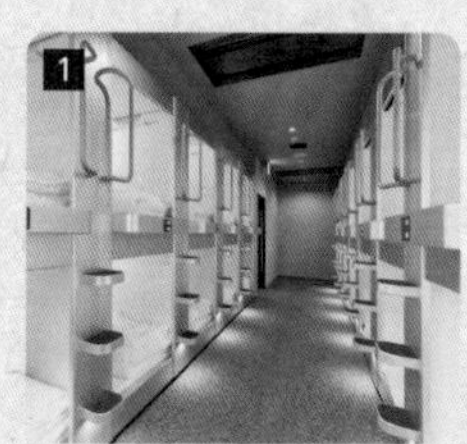

1カプセルホテルにはテレビ付きのベッドもある 2ホテルのロビーにも本が並び、自由に読むことができる

レストラン＆カフェ

ランチからディナー、カフェやバー使いまで、時間ごとに充実したメニューを用意。テラスも合わせ全240席もあり広々としている。

1ラウンジのバーカウンター 2メインを2種盛り込んだボリュームたっぷりチキン南蛮＆コロッケランチはドリンクバー付きで980円

大津の最新情報をキャッチ

大津駅観光案内所 OTSURY

おおつえきかんこうあんないじょオーツリー

スタッフによる観光案内や各種パンフレットの設置をはじめ、おみやげの販売、レンタサイクル、大津みやげや地酒のイートインスペースもある。イベントなども開催。

駅周辺のわかりやすい地図や、地元のお店のクーポン付ショップカードも。気軽に立ち寄ろう

☎077-522-3830
🕒9:00〜18:00
休 無休 P なし
MAP 付録② B-3

ブックスペースの本は、さまざまな施設の書棚をコーディネートする久禮書店の久禮さんが選書しています。

梅の花が華やかに彩る 人里はなれた 和菓子の桃源郷

梅窓庵前の梅林は圧巻。花の季節だけでなく、初夏には梅の実を収穫するイベントも

寿長生の郷で最初に出会う古民家は総合案内所。甘味処が併設され、「あも」をメインにした和甘味が味わえる

梅窓庵で味わえる、抹茶クリームあんみつ1155円。白蜜がかかるあっさりとした風味

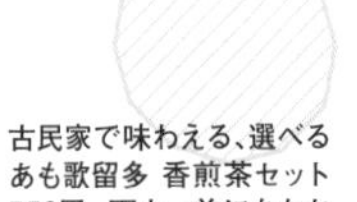

古民家で味わえる、選べるあも歌留多 香煎茶セット550円。百人一首にちなむもなか種で「あも」をサンド。あもは粒餡、こし餡のほか、季節ごとの味から選べる

古民家のテラス席。涼やかな竹林が目の前に広がる

主菓子と抹茶のお茶席1650円。作法を教えてもらえるお茶席体験教室もある。鳥のさえずりや、風に揺れる木の葉の音にも耳をかたむけて

寿長生の郷

‖大津‖ すないのさと

銘菓「あも」で知られる「叶 匠壽庵」の和菓子作りの拠点。総合案内所でもある古民家をはじめ、里山の風景が残る広大な敷地には、茶室や、食事のできる「梅窓庵」、ベーカリー＆カフェ「野坐」P.31、季節の和菓子が並ぶショップも。毎年2月〜3月に梅まつりが催される。

077-546-3131 大津市大石龍門4-2-1
10:00〜17:00（施設により異なる） 休 水曜
P あり JR石山駅から車で30分（JR石山駅からシャトルバスあり） MAP 付録① A-4

信楽へうつわ旅

自然に包まれたのどかな山里、信楽。
タヌキの置物でおなじみの信楽焼の里です。
町内にはたくさんの窯元やショップが点在。
窯元をたずねてショッピングをしたり、
自分だけの器づくりに挑戦したり、
信楽焼の器でランチやお茶をしたり、
器をめぐる楽しみがいっぱいです。
信楽焼三昧のうつわ旅へ、さあどうぞ。

坂道を上ったり下ったり ゆっくり歩いて窯元めぐり

**20 以上の個性豊かな窯元が点在する、信楽。
多くの窯元や製陶所が集まる長野地区周辺には 4 つの窯元散策路があり、
やきものの街の歴史と新たな魅力に出会えます。**

伝統と新風が融合するギャラリー

TSUBO-BUN ツボブン

陶芸家の奥田章が営む江戸時代から続く窯元。粉引きや線引きのシンプルな器や、器の両面が使えるリバーシブルシリーズなどを販売。白や黒を基調とした温かみのある器は料理に合わせやすい。

☎0748-82-3153 甲賀市信楽町長野1087
⏰10:00〜17:00 休 月曜、第2·4火曜 P あり
信楽高原鐵道信楽駅から徒歩10分
MAP 付録① A-1

洗練と機能性を兼ね備えた器が並ぶ

1 鉄錆が味わい深いマグカップ3850円 2 トクサという植物をイメージした細い線がほどこされた器が並ぶ

1 明山窯の商品や地元作家の器が並ぶギャラリー 2 モザイク柄をモチーフにした食器シリーズも人気 3 併設のカフェでは自家製焼き菓子や朝宮紅茶などが味わえる 4 マフィンなどが付くOgamaひと休みセット750円

信楽の歴史を感じる登り窯が目印

Ogama オオガマ

創業400余年の明山窯が営む店。古民家を生かした建物は登り窯を見ながら休憩できるカフェと、食器やオブジェ、作家作品などが並ぶギャラリーショップを併設。企画展や陶芸教室も開催する。

☎0748-82-8066 甲賀市信楽町長野947 ⏰10:00〜16:30(カフェは〜16:00) 休 水·木曜(祝日の場合は営業) P あり 信楽高原鐵道信楽駅から徒歩15分 MAP 付録① A-1

手のひらサイズのたぬきの置物は全6色。SHIGA★LUCKY 各1870円

やきものの街を見守る神社

街の中心にある新宮神社と愛宕山山頂の陶器神社では、毎年7月に火まつりを開催。陶器で作られた鳥居や狛犬など信楽ならではの風景も見られます。

レトロな建物で作品の魅力に浸る

谷寛窯ギャラリー陶ほうざん

たにかんがまギャラリーとうほうざん

明治時代に使われていた建物を利用した、谷寛窯の工房兼ギャラリー。窯主・谷井芳山さんが作る信楽焼ならではの土ものの味わいが伝わる作品を、若手作家の個性豊かな作品とともに展示販売する。

☎0748-82-2462 住甲賀市信楽町長野788 時10:30～17:00 休火曜 Pあり 交信楽高原鐵道信楽駅から徒歩18分 MAP付録① A-1

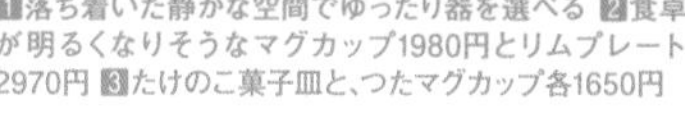

1落ち着いた静かな空間でゆったり器を選べる 2食卓が明るくなりそうなマグカップ1980円とリムプレート2970円 3たけのこ菓子皿と、つたマグカップ各1650円

照明、器、傘立て、椅子など大小さまざまな陶器がそろう

職人による一品で暮らしを彩る

卯山窯 うざんよう

信楽ならではの大物から皿や花器まで、職人が手作業で仕上げる焼き物を展示・販売。光を通す「信楽透器」も扱い、温かみある灯りが魅力の照明や透け感の美しい器などがそろう。

(左)信楽透器の湯呑み3300円。光が透ける軽やかな質感と優しい色合いが人気 (右)花入れ5500円

☎0748-82-0203 住甲賀市信楽町長野789 時10:00～17:00 休不定休 Pあり 交信楽高原鐵道信楽駅から徒歩15分 MAP付録① A-1

地元で愛されるパン屋さん

焼きたての香りに誘われて

YAKUME BAKERY

ヤクメベーカリー

ハード系から菓子パンまで約70種が並ぶ。パンの特徴により8種の生地を使い分け、一口目からおいしさの違いがわかると評判。

☎090-3943-4018 住甲賀市信楽町長野516-18 時10:00～17:00（売り切れ次第終了） 休月・火曜 Pあり 交信楽高原鐵道信楽駅から徒歩10分 MAP付録① A-1

りんごや栗などの具材とサクサクの生地の組み合わせが人気のデニッシュ 220円～

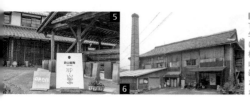

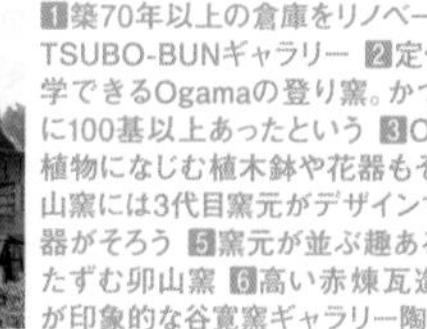

1築70年以上の倉庫をリノベーションしたTSUBO-BUNギャラリー 2定休日でも見学できるOgamaの登り窯。かつては周辺に100基以上あったという 3Ogamaでは植物になじむ植木鉢や花器もそろう 4卯山窯には3代目窯元がデザインする多彩な器がそろう 5窯元が並ぶ趣ある坂道にたたずむ卯山窯 6高い赤煉瓦造りの煙突が印象的な谷寛窯ギャラリー陶ほうざん

駅から各窯元までの道のりには、バリエーション豊富な土鍋や器が並ぶ店「クラフトウブウブ」もあります。MAP付録① A-1

ギャラリーをたずねて自分好みの信楽の器を

信楽焼の作家さんが営むギャラリーをのぞくと、
暮らしになじむ器とそのぬくもりを伝える人たちの思いにふれられます。
長く大切にしたい、お気に入りの器を探しましょう。

1白いおうちのオブジェ 2200円。一輪挿しにぴったり 2おうちブローチと鳥ブローチ各1540円 3店内も白が基調。窯も併設する

土の風合いを生かした存在感のある器

もうひとつの器のしごと

もうひとつのうつわのしごと

陶芸作家の村上直子・白井隆仁さんの店。植物や鳥など自然のフォルムを取り入れた温かみのある器や小物が並ぶ。白を基調に落ち着いた色で統一されたデザインは、使い手に寄り添い日々の暮らしになじみやすいと評判。

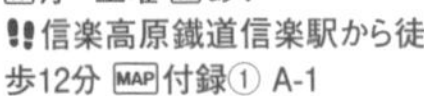

☎090-4305-6662
甲賀市信楽町長野1318
11:00～17:00
休 月～土曜 P あり
信楽高原鐵道信楽駅から徒歩12分 MAP 付録① A-1

1皿や碗などシリーズごとに種類が豊富。店のロゴマークでもあり、焼物の原点でもある埴輪のオブジェも人気 2「唐津」「彩」皿(5寸)各4400円～ 3「紅貴」カップ&ソーサー6600円(手前)

鮮やかな色使いの器が並ぶ

ギャラリー YASUO

ギャラリーヤスオ

安兵衛窯5代目窯元による器を中心に、親子3人の作品が並ぶ。さまざまな色を重ねた「彩」、白い釉薬から覗く土の表情と青の色合いが絶妙な「唐津」など、一つひとつ表情が異なる器の中からお気に入りを探せる。

☎0748-82-0090
甲賀市信楽町長野620-1
11:00～17:00
休 不定休 P あり
信楽高原鐵道信楽駅から徒歩15分 MAP 付録① A-1

11月8日は「信楽たぬきの日」

信楽を象徴する、縁起の良いたぬきの置物。信楽では駅から道沿いまでたぬきがいっぱい。11月にはたぬきにちなんださまざまなイベントも開催されますよ。

1元製陶所の場所を改装 2ドリンクなどが楽しめるカフェスペースも 3気泡を生かしたカップ5060円ととっくり5500円～ 4吊るして楽しむ花器、VASE write series各17160円 5壺を半分にしたような形のWALL POT各11660円

暮らしに溶け込む洗練されたプロダクト

NOTA_SHOP

ノタショップ

陶器の制作所兼ギャラリーショップ。作家ものやオリジナルの陶器、オブジェクトなど、現代のライフスタイルに合わせた作品を提案。広々とした空間とこだわりのディスプレイも素敵。

☎0748-60-4714
甲賀市信楽町勅旨2317
11:30～18:00
休火曜 Pあり
信楽高原鐵道勅旨駅から徒歩10分 MAP付録① B-4

伝統とモダンが交わる
直感で楽しむ器

丸十製陶 CONTENTS

まるじゅうせいとうコンテンツ

窯元の丸十製陶が立ち上げた、生活提案型オリジナルブランドのショールーム。培われてきた技術を継承しつつ、時代の空気感をまとった暮らしを豊かにする陶器が並び、目を楽しませる。

☎0748-82-0258 甲賀市信楽町神山499 9:00～17:00（土・日曜、祝日は10:00～16:00）休不定休 Pあり
信楽高原鐵道信楽駅から車で5分 MAP付録① B-4

1素朴な色味から人気のターコイズブルーまで、種類豊富なマグカップ2200円～ 2赤い扉が目を引くショールーム

「もうひとつの器のしごと」から姉妹店の「器のしごと」へは徒歩で10分足らず。合わせて訪ねてみて。MAP付録① A-1

滋賀県立陶芸の森で
信楽焼を楽しみ自然の中でゆったり

**日本六古窯の一つである信楽焼の魅力を発信する滋賀県立陶芸の森は、
やきものをテーマにした文化公園。
ユニークな陶芸作品が点在する広大な敷地をゆったり回りましょう。**

スウェーデンを代表する陶芸家、リサ・ラーソンがデザインした「生命の樹」

陶芸館前の女性のオブジェ「JUMP」

高さ3.6mの陶芸作品「炎の人」は、見晴らしのよい星の広場に展示

信楽焼を用いた現代アート、「クライム ブルー」

緑に包まれたやきもののテーマパーク

滋賀県立陶芸の森

しがけんりつとうげいのもり

やきものを素材として、展示や創造など多彩な機能を果たす公園。自然が豊かで広い園内には、美術館やショップ&ギャラリーのほか、窯場を備える創作研修館や、レストラン、作品の屋外展示もある。

☎0748-83-0909 ⌂甲賀市信楽町勅旨2188-7 ⏰9:30〜16:30 休月曜(祝日の場合は翌日休) ¥無料 Pあり バス停陶芸の森下車すぐ MAP付録① A-1

ミュージアムや窯場工房、ショップなど多彩な施設を備える

自分好みの窯元を見つけて

「滋賀県立陶芸の森」では、春は作家市、秋にはセラミック・アート・マーケットなどのイベントがあるので、チェックしてみましょう。

園内の立ち寄りたいスポットいろいろ

陶芸館（陶芸美術館）

とうげいかん（とうげいびじゅつかん）

国内外の現代陶芸や陶磁デザイン、古陶磁を紹介する陶芸専門の美術館。多様な視点で陶芸の魅力を発信する。

☎0748-83-0909 ⏰9:30〜16:30 休月曜（祝日の場合は翌日休）、冬期休業 ¥展覧会により異なる

1信楽と縁の深い岡本太郎の作品「犬の植木鉢」（陶芸館所蔵） 2室町時代の信楽焼の大壺 3陶芸館では定期的に企画展を開催する

信楽産業展示館

しがらきさんぎょうてんじかん

さまざまなメーカーが手がける信楽焼を展示・販売。食器や花器をはじめとした幅広い作品が並び、園内を散策後にじっくりお好みを探せる。

☎0748-83-1755（信楽焼振興協議会）
⏰9:30〜16:30
休月曜（祝日の場合は翌日休）

1広い館内では季節ごとの展示も 2信楽焼の新しい魅力を発信 3ツジ久陶器のフリーカップ・コーヒー豆とカカオ豆 各3300円

山とおむすび 銀月舎

やまとおむすびぎんげつしゃ

コシヒカリや無農薬酵素玄米を使ったおむすびや、地元産野菜のおかずなどが楽しめ、どれも滋味深い味わい。園内でピクニックも可。

☎0748-83-2882 ⏰11:00〜16:00（ランチは〜15:00）
休月曜（祝日の場合は翌日休）

（上）具沢山のスープとおむすびを選べるセット1680円〜 （左）おむすび230円〜は1個からテイクアウトできる

1晴れた日には眺めのよいテラス席も人気 2オーナーセレクトの発酵食品や器、雑貨を販売 3珍しい野生種のニホンミツバチのハチミツを自社で製造販売

甲賀市信楽伝統産業会館では、鎌倉時代から現代までの信楽焼の展示のほか、観光インフォメーションも併設しています。MAP付録① A-1

信楽焼の器でどうぞ ほっこりごはん&ゆったり時間

工房めぐりや作陶の合間にちょっとひと息。
信楽焼の器でのんびりと、カフェタイムなんていいですね。
ギャラリーを併設しているお店もあるので、楽しみも倍増です。

作家作品と人が集まる憩いの場

cafe あわいさ

カフェあわいさ

古い商家を生かしたカフェ&ギャラリー。ギャラリーでは全国の若手作家20余人の器や雑貨を展示販売。カフェではタイカレーやケーキなどが味わえる。

カフェ ☎0748-60-2160
甲賀市信楽町長野903-2
11:00～17:00 休日～火曜、1・2月 Pあり 信楽高原鐵道信楽駅から徒歩10分
MAP付録① A-1

1レモンと豆乳マフィン260円、ホットコーヒー 450円
2もとは道具屋さんだった建物

自然農法の野菜やパンの販売も♪

menu
タイカレー(サラダ付き) 950円
朝宮ほうじ茶 400円
季節のお野菜とおあげさんの和風パスタ(サラダ付き) 950円

1近江鶏を味わえる、鶏のひつまぶし2200円 2店は萱葺き屋根の古民家

信楽焼の器でいただくひつまぶし

Chatoran チャトラン

前菜と季節の薬味、お出汁がセットになったひつまぶしは、鶏、ローストビーフ、魚の3種。1膳目はそのまま、2膳目は薬味で、3膳目はお出汁をかけて味変しながら食べるのがおすすめ。

レストラン ☎0748-70-2921
甲賀市信楽町牧15
11:00～15:00LO
休月曜 Pあり
JR紫香楽宮跡駅から徒歩6分 MAP付録① B-4

器はすべて嘉祥窯のものを使っています

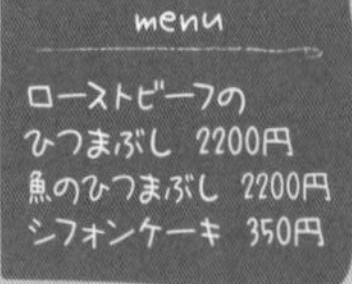

menu
ローストビーフのひつまぶし 2200円
魚のひつまぶし 2200円
シフォンケーキ 350円

短時間のローカル鉄道の旅へ

信楽高原鐵道は、信楽駅から貴生川駅を結ぶローカル鉄道です。約24分間の鉄道の旅を車窓の風景とともに楽しむのもいいですね。

土鍋ごはん&CAFÉ睦庵

どなべごはんアンドカフェむつみあん

信楽焼の土鍋は店頭で販売も

窯元で生まれ育った店主が、土鍋の魅力を提案する。土鍋ご飯はもちろん、ふっくら焼いたハンバーグやごはんのおともなど、土鍋を活用したメニューは自宅でも真似したくなるものばかり。

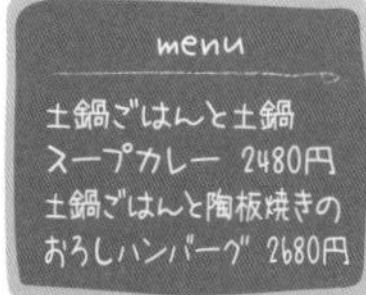

menu
土鍋ごはんと土鍋スープカレー 2480円
土鍋ごはんと陶板焼きのおろしハンバーグ 2680円

カフェ ☎0748-82-3460 甲賀市信楽町長野317-21 🕒11:00～15:30（LO14:30）、土・日曜、祝日は10:30～16:00（LO15:00） 休金曜 Ⓟあり 信楽高原鐵道信楽駅から徒歩17分 MAP付録① A-1

1 土鍋ごはんと陶板焼きのハンバーグ2480円。お米は信楽産を使用
2 古民家を改装した店内はくつろげる空間

ここちよい空間が広がる大人の喫茶店

TORASARU

トラサル

スタイリッシュなカフェ。チーズの風味が濃厚な自家製のチーズケーキは常時7～8種類。コロンビアやインドなど深い味わいのコーヒーとともに味わいたい。信楽の器などのギャラリーも併設。

カフェ ☎0748-83-1186 甲賀市信楽町勅旨1970-4 🕒11:00～19:00（1～2月は～18:00） 休水曜 Ⓟあり 信楽高原鐵道玉桂寺前駅から徒歩25分 MAP付録① A-1

ケーキはテイクアウトや予約販売もOK

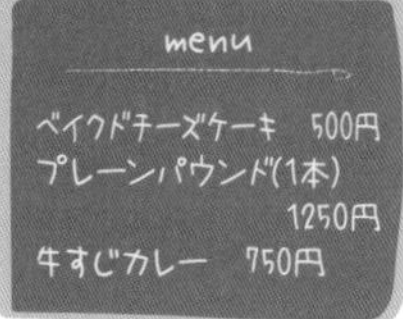

menu
ベイクドチーズケーキ 500円
プレーンパウンド（1本） 1250円
牛すじカレー 750円

1 ベイクドチーズケーキ500円、ホットコーヒー 500円～
2 ギャラリーではカフェで使うカップやプレートも展示・販売する

信楽のカフェでは、店内でライブや陶芸作品展をしたりイベントを行っています。お店のHPなどでチェックしてみて。

窯元で陶芸家から手ほどき自分だけの器作り

やきものの里信楽で、世界にひとつだけのマイうつわを作ってみませんか？豊かな緑を眺めながら、のんびり土と戯れると、その楽しさに夢中になれます。

●所要時間 …手びねり約90分、電動ロクロ約60分
●作陶料（焼成込み、3点まで）…5500円（手びねり 土1kg、電動ロクロ 土1.5kg）

1 土をよく練り、高く伸ばして形づくったら、中心を押さえて穴を開けていく

小川さん自らが手ほどき

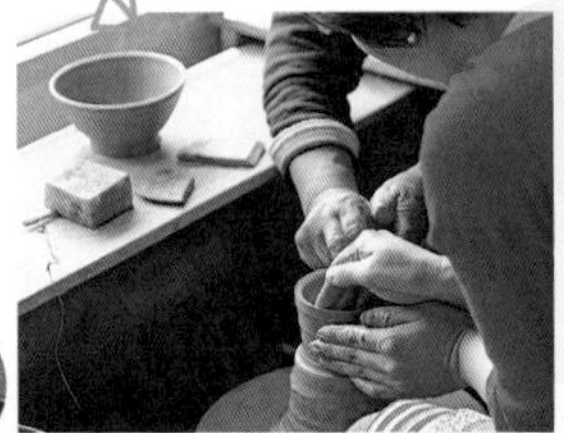

2 穴を広げ、手をよせて形を作っていく

3 コテやヘラを使い、内側を整える

なめし皮で口部分を滑らかにし、くびれを作る

ここで体験しました

閑静な山間の作房

しがらき顕三陶芸倶楽部

しがらきけんぞうとうげいくらぶ

四代続く陶芸家の小川顕三さんが主宰する陶芸体験施設。電動ロクロ、手びねりなどから希望のものを選ぶ。小川さんと息子の記一さんが直接指導してくれる。

☎0748-82-2216
甲賀市信楽町長野755-1
10:00〜17:00 休 不定休
P あり 信楽高原鐵道信楽駅から徒歩20分
MAP 付録① A-1

陶芸家小川顕三さんの作品

土の温もりがある焼き締めが特徴

気取りなく使える信楽焼を

和食器などで、信楽焼の素朴さと京焼の柔らかさを融合した「京信楽焼」を確立した小川顕三さん。息子の記一さんとともに、信楽焼の新たな魅力の表現を探求しています。

糸で高台を台から切り離す

作陶の後は眺め抜群のサロンでお茶を一服

5

乾燥させたあと窯で焼き上げてもらえる

先生の作品といっしょに窯で焼いてもらえる

作品は自宅に送ってもらえます

完成した作品は、後ほど釉薬を付けて焼成し、自宅に送ってもらえます。

完成

●ここもおすすめ! 陶芸体験●

日本一の大きな登り窯をもつ老舗窯元

宗陶苑

そうとうえん

200年以上の歴史を誇る窯元。江戸時代の登り窯や穴窯があり、見学が可能。工房では作陶や狸造りの体験ができる。

●狸造り…3500円
●手びねり………2000円～
●電動ロクロ………4200円～

☎0748-82-0316
甲賀市信楽町長野1423-13
8:30～17:30 休不定休
Pあり 信楽高原鐵道信楽駅から徒歩15分
MAP付録① A-1

手びねりで器作りに奮闘

信楽町内の窯元の多くが陶芸教室を行っています。定期的に講習を受けにくる人も多いとか。

山間のモダンな美術館で ゆるりアート

静かな森の中にたたずむMIHO MUSEUMはまるで別世界。
近未来的な空間で、時代や文化を超えた貴重な美術品をゆっくり鑑賞しませんか？
神秘的な雰囲気に心ゆくまで癒されましょう。

1 美術館棟のエントランス。信楽の山々とI.M.ペイ氏が厳選した松の木が一幅の絵画のように見える
2 レセプション棟からトンネルを抜けて美術館棟へ
3 春はトンネル内部が桜色に染まる

ミュージアム入り口までは、電気自動車で

チケットを購入したら
美術館棟入り口へ。
電気自動車も利用できる。

トンネルを抜けて
美術館棟へ。
玄関口に着きます。

※電気自動車は運行を休止する場合があります。

世界の古代美術をコレクション
森の中のモダンな美術館

MIHO MUSEUM

ミホミュージアム

建築家I.M.ペイ氏設計の美術館。レストランやチケット売り場のあるレセプション棟と美術館棟に分かれている。美術館棟は紀元前のエジプトやギリシア、中国美術などを常設展示する南館と、企画展を行う北館からなる。

☎0748-82-3411
⌂甲賀市信楽町田代桃谷300
🕒3月中旬～6月初旬、7月中旬～8月中旬、9月～12月中旬の10:00～17:00（受付は～16:00、開館期間は年により異なる）
休 月曜（祝日の場合は翌平日休）
¥1300円 P あり
バス停ミホミュージアムからすぐ
MAP 付録① B-4

ミュージアムグッズもチェック

ショップは美術館棟に2か所。MIHOコレクションのオリジナルグッズをはじめ、書籍やステーショナリー、雑貨やポストカードなどがあります。

美術館の人気のヒミツ

迷子になりそうなほど広いけれど、この標識を見て進もう

South ←  → North

その1

紀元前の美術品が鑑賞できます

南館にはラムセス2世の浮彫や銀のホルス神像など紀元前のエジプト美術、モザイク画、アポロ神像など紀元前のギリシア・ローマ美術を、そして南アジアの部屋にはガンダーラの仏教美術などを展示。

短命の王妃といわれたアルシノエ2世の像で、エジプトプトレマイオス朝のころのもの

紀元前の精緻な技法を見る猛禽装飾杯と牡牛装飾脚杯

その2

特別展が開催されます

北館では年に3回の特別展を開催。HPなどでチェックして、その時期に合わせて訪れるのもおすすめ。

佐治石を配した中庭を囲むように展示室がある北館へ

Lunch
レセプション棟

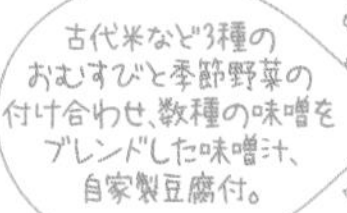

古代米など3種のおむすびと季節野菜の付け合わせ、数種の味噌をブレンドした味噌汁、自家製豆腐付。

おむすび膳1800円

その3

無農薬栽培の野菜を使った体にやさしいランチを

レセプション棟にある「レストラン ピーチバレイ」では無農薬、無肥料で栽培した野菜など、厳選した素材を使ったそばやおむすび膳が味わえます。料理を盛る器は、陶芸作家さんの作品。

建物自体がアートです

設計はルーヴル美術館のガラスのピラミッドなどを手がけた建築家I.M.ペイ氏。「Light is the key」と氏が語るように、多くの光を取り入れる幾何学形のガラス屋根になっている。桃源郷の物語をイメージした建物だとか。

美術館棟エントランスでは、常設展と企画展のオーディオガイド600円を貸し出しています。

滋賀への交通アクセス

**移動だって旅の一部だから速く、快適にありたいものです。
今度の旅がさらに楽しくなる交通アクセスを紹介します。**

各地から現地へ

新幹線の最寄り駅は、京都駅と米原駅。
そこから主要駅へ向かいます。

滋賀の玄関口は、京都駅と米原駅。京都駅なら「のぞみ」も停車し、京都～大津ならわずか10分の距離。さらに、滋賀県下を走るJR列車の大半は、京都、大阪方面から直通があります。

新幹線の駅から滋賀主要都市へのめやす

JR京都駅から	JR米原駅から
大津へ→JR琵琶湖線新快速・普通 10分　200円	大津へ→JR琵琶湖線新快速 43分　990円
彦根へ→JR琵琶湖線新快速 48分　1170円	彦根へ→JR琵琶湖線新快速・普通 5分　190円
長浜へ→JR琵琶湖線新快速 1時間5～10分　1340円	長浜へ→JR琵琶湖線新快速・普通 9分　200円

どこから	なにで?	ルート	所要	ねだん
東京から	新幹線・その他の鉄道	**東京駅**→新幹線のぞみ→**京都駅**→JR琵琶湖線新快速・普通→**大津駅**	2時間20～40分	14370円
	バス	**京成上野駅**→千葉中央バス→**大津駅**	6時間35分	6000～8000円
	新幹線・その他の鉄道	**東京駅**→新幹線ひかり→**米原駅**→JR琵琶湖線新快速・普通→**長浜駅**	2時間35分～3時間5分	12630円
大阪から	その他の鉄道	**大阪駅**→JR京都線・琵琶湖線新快速→**大津駅**	40分	990円
	その他の鉄道	**淀屋橋駅**→京阪本線特急(一部快速特急・快速急行・急行)→**三条駅**→徒歩→**三条京阪駅**→京都市営地下鉄東西線・京阪京津線直通→**びわ湖浜大津駅**	1時間15～30分	860円
	その他の鉄道	**大阪駅**→JR京都線・琵琶湖線新快速(一部快速)→**長浜駅**	1時間30～55分	1980円
名古屋から	新幹線・その他の鉄道	**名古屋駅**→新幹線のぞみ→**京都駅**→JR琵琶湖線新快速・普通→**大津駅**	50分～1時間	6110円
	その他の鉄道	**名古屋駅**→JR東海道本線新快速・快速→**大垣駅**→JR東海道本線普通→**米原駅**→JR琵琶湖線新快速・快速→**大津駅**	1時間55分～2時間25分	2310円
	新幹線・その他の鉄道	**名古屋駅**→新幹線ひかり※・こだま→**米原駅**→JR琵琶湖線新快速・普通→**長浜駅**	40～55分	3810円
	その他の鉄道	**名古屋駅**→JR東海道本線新快速・快速→**大垣駅**→JR東海道本線普通→**米原駅**→JR琵琶湖線新快速・普通→**長浜駅**	1時間25～55分	1520円
広島から	新幹線・その他の鉄道	**広島駅**→新幹線のぞみ→**京都駅**→JR琵琶湖線新快速・普通→**大津駅**	1時間55分～2時間5分	11940円
	バス・その他の鉄道	**広島駅北口**→WILLER EXPRESS→**京都駅**→JR琵琶湖線新快速・普通→**大津駅**	6時間50～55分	3690～7600円
	新幹線・その他の鉄道	**広島駅**→新幹線のぞみ→**京都駅**→新幹線ひかり・こだま→**米原駅**→JR琵琶湖線新快速・普通→**長浜駅**	2時間25～50分	13270円

※米原駅に停車しないひかりもあるので注意

北海道、東北、九州、沖縄からは飛行機で。伊丹空港が最寄りの空港です。

新幹線沿線から遠いエリアなら、飛行機のほうが速い場合もあります。伊丹空港からは新大阪駅までリムジンバスで行き、JRの各線に乗り継ぎます。

●伊丹空港から

バス・鉄道　伊丹空港→空港バス→新大阪駅→JR京都線・琵琶湖線新快速→大津駅　1時間15～30分 1370円

バス・鉄道　伊丹空港→空港バス→新大阪駅→JR京都線・琵琶湖線新快速→長浜駅　2時間15～30分 2490円

●関西空港から

鉄道　関西空港→JR特急はるか→京都駅→JR琵琶湖線新快速・普通→大津駅　1時間40分 3930円

バス旅という手もあります

新幹線や飛行機より割安な高速バス。各地から夜行・昼便が運行しています。夜行バスはほとんどが3列並びのシートになっていて、隣席を気にせず眠れます。早朝着の夜行バスなら、旅先でたっぷりと1日を楽しむことができます。

青春18きっぷでスローな旅を

青春18きっぷは、JRの快速・普通列車が1日乗り放題のきっぷです。のんびりと列車に揺られるスローな旅では、旅先までの道中思わぬ発見があることも。1枚で5日(人)使えて12050円。春・夏・冬休み期間に合わせて発売します。

マークの説明　新幹線　その他の鉄道　バス

レール&レンタカーきっぷ

旅の玄関口まではJRで移動（101km以上、復路も含め合計201km以上）して、到着後は駅レンタカーで気ままに観光したいという人のためのお得なきっぷ。駅のみどりの窓口やおもな旅行代理店で販売しています。

飛行機

JAL(日本航空)・・・☎0570-025-071
ANA(全日空)・・・☎0570-029-222

鉄道

JR東海テレフォンセンター
・・・・・・・・・・・・・・☎050-3772-3910
JR西日本お客様センター
・・・・・・・・・・・・・・☎0570-00-2486
京阪電車お客さまセンター
・・・・・・・・・・・・・・☎06-6945-4560
近江鉄道(鉄道部)
・・・・・・・・・・・・・・☎0749-22-3303

高速バス

京成高速バス予約センター
（千葉中央バス）
・・・・・・・・・・・・・・☎047-432-1891
WILLER予約センター
・・・・・・・・・・・・・・☎0570-200-770

ことりっぷおすすめ使えるサイト

駅探
飛行機や鉄道の時刻・運賃が検索できます。
https://ekitan.com/

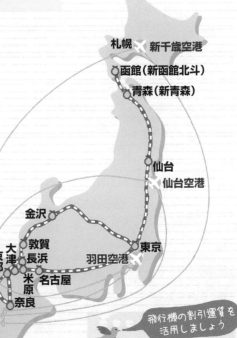

札幌
新千歳空港
函館（新函館北斗）
青森（新青森）
仙台
仙台空港
金沢
東京
羽田空港
敦賀
大津
長浜
京都
米原
名古屋
伊丹空港
広島
大阪（新大阪）
奈良
高松
関西空港
福岡空港
福岡（博多）
鹿児島（鹿児島中央）

※データは2024年5月現在のものです。
※JRの新幹線を利用する場合の料金は、通常期の普通車指定席特急料金込みのものです。

飛行機の割引運賃を活用しましょう

航空会社によっては往復で購入したり、早期の予約や特定の便を利用したりすることで割引運賃が適用されます。すっかり定着した割引運賃制度をうまく活用して、お得な空の旅を楽しみましょう。

高速バスは、当日空席があれば予約なしでも乗車できます。

ドライブ情報と船&鉄道ルートマップ

県の真ん中に日本一の湖、琵琶湖を抱える滋賀。車や鉄道、船を利用して移動をスムーズに行なうことが旅を満喫するためのポイントになります。

車で移動するなら

滋賀県内を名神高速道路が縦走していて、米原JCTからは長浜方面へ向かう北陸自動車道が、草津JCTからは信楽方面に向かう新名神高速道路が分岐しています。また湖西方面へは、名神京都東ICからバイパス経由で接続する湖西道路(無料)を走行すると便利。ただし志賀までなので、それより北へは国道161号を走ることになります。

おすすめドライブルート 琵琶湖岸を走りましょう

琵琶湖岸は一周できる道路があり、どの区間を走っても雄大な湖の風景が楽しめます。おすすめは、琵琶湖東岸の琵琶湖さざなみ街道。瀬田の唐橋から木之本まで、琵琶湖沿岸を走る95㎞の街道で景色は抜群。道の駅が草津、米原、長浜に計6か所あり、快適に走行できます。

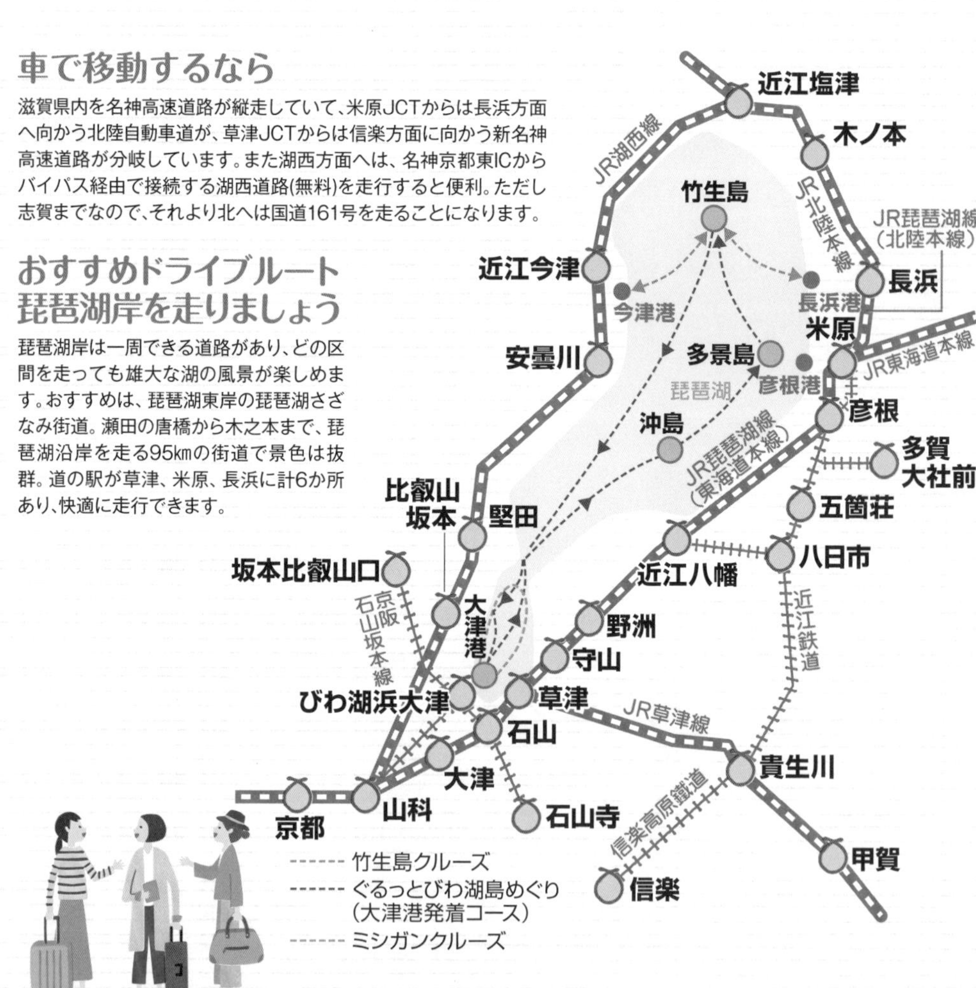

 マークの説明 JR 私鉄 船

> **お〜み満喫パス**
>
> 近江鉄道と近江鉄道バス、湖国バスの全線が1日乗り降り自由で2000円。加えて八幡山ロープウェイも1往復乗車できます。近江鉄道の彦根駅・八日市駅・貴生川駅・近江八幡駅などで購入できます。

遊覧船・連絡船ナビ

レイククルーズは大津港からミシガンなどの遊覧船が出航しています。 竹生島へは今津港、長浜港、彦根港の3か所から連絡船が出航していますが、季節によって異なるので事前に確認が必要です。

	船名	期間	大津港	長浜港	今津港	彦根港
遊覧船	ミシガン（シーズンクルーズもあり）	通年（冬期運休あり）	9:40 11:00 13:00 15:00			
		ゴールデンウイークの毎日、夏休み期間〜9月下旬の土・日曜、祝日、お盆	18:30（ナイトクルーズ）			
連絡船	竹生島クルーズ ※一部増便・減便臨時運航あり	3月上旬〜12月上旬の毎日（オーミマリンは3〜11月）		琵琶湖汽船 8:50 10:15 11:40 13:05 14:30	琵琶湖汽船 9:30 10:45 12:00 13:10 14:20	オーミマリン 9:00 10:00 12:00 14:00
		12月上旬〜22日、1月上旬〜3月上旬（今津港は土・日曜、祝日のみ）		琵琶湖汽船 10:15 13:05	琵琶湖汽船 10:45 13:10	
		12〜2月の土・日曜、祝日と1/1〜5				オーミマリン 9:00 10:00 12:00 14:00（平日：12・1月は10:00 13:00、2月は運休）

問い合わせ：琵琶湖汽船予約センター HP https://www.biwakokisen.co.jp/ ☎077-524-5000　琵琶湖観光船オーミマリン☎0749-22-0619

お得なきっぷ情報

びわ湖1日観光チケット（京阪電鉄）

京阪電車大津線全線が1日乗り放題。大津線の一部の駅（駅員配置時間内のみ）、大津市観光案内所（石山駅・堅田駅前）などで販売しています。料金は700円。

1デイスマイルチケット（近江鉄道）

年末年始を除く金・土・日曜、祝日に限り、近江鉄道全線が1日乗り放題で900円。きっぷの利用日に限って、彦根城や五個荘近江商人屋敷など、沿線のおもな観光、文化施設の入場料金もこのきっぷを提示すれば割引になります。

坂本周遊バス・ケーブル1日乗車券（1700円）は、坂本ケーブルと坂本エリアの江若交通バスが1日乗り降り自由になるお得なきっぷです。

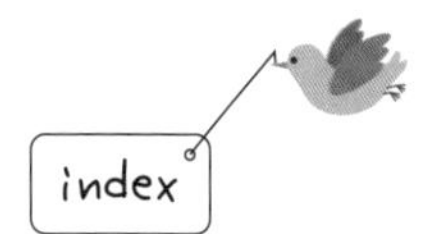

あ

か

さ

みどころ　Ⓡ レストラン　Ⓒ カフェ　Ⓢ ショップ　Ⓗ ホテル　温泉

ことりっぷ co-Trip

滋賀
近江八幡・彦根・長浜

STAFF

●編集
ことりっぷ編集部
らくたび
●取材・執筆
らくたび(戸塚江里子)
アイドマ編集室(外岡実)
●撮影
道海史佳、山本章貴、マツダナオキ、
津久井珠美
昭文社(保志俊平)
●表紙デザイン
GRiD
●フォーマットデザイン
GRiD
●キャラクターイラスト
スズキトモコ
●本文デザイン
GRiD
●DTP制作
明昌堂
●地図制作協力
エムズワークス
●校正
田川企画
●協力
関係各市町観光課
関係諸施設
(公社)びわこビジターズビューロー
●写真協力
滋賀県立美術館(大竹央祐、辻村耕司)
琵琶湖大橋有料道路管理事務所

2024年7月1日　4版1刷発行

発行人　川村哲也
発行所　昭文社
本社：〒102-8238 東京都千代田区麹町3-1

0570-002060(ナビダイヤル)
IP電話などをご利用の場合は 03-3556-8132
※平日9:00～17:00(年末年始、弊社休業日を除く)

ホームページ:https://sp-mapple.jp/

●掲載のデータは、2024年3～5月の時点ものです。変更される場合がありますので、ご利用の際は事前にご確認ください。消費税の見直しにより各種料金が変更される可能性があります。そのため施設により税別で料金を表示している場合があります。なお、感染症に対する各施設の対応・対策により、営業日や営業時間、開業予定日、公共交通機関に変更が生じる可能性があります。おでかけになる際は、あらかじめ各イベントや施設の公式ホームページ、また各自治体のホームページなどで最新の情報をご確認ください。また、本書で掲載された内容により生じたトラブルや損害等については、弊社では補償いたしかねますので、あらかじめご了承のうえ、ご利用ください。
●電話番号は、各施設の問い合わせ用番号のため、現地の番号ではない場合があります。カーナビ等での位置検索では、実際とは異なる場所を示す場合がありますので、ご注意ください。
●料金について、入場料などは、大人料金を基本にしています。
●開館時間・営業時間は、入館締切までの時刻、またはラストオーダーまでの時刻を基本にしています。
●休業日については、定休日のみを表示し、臨時休業、お盆や年末年始の休みは除いています。
●宿泊料金は、基本、オフシーズンの平日に客室を2名1室で利用した場合の1人あたりの料金から表示しています。ただし、ホテルによっては1部屋の室料を表示しているところもあります。
●交通は、主要手段と目安の所要時間を表示しています。ICカード利用時には運賃・料金が異なる場合があります。
●本書掲載の地図について
測量法に基づく国土地理院長承認(使用)
R 5JHs 14-156211　R 5JHs 15-156211
R 5JHs 16-156211　R 5JHs 17-156211
R 5JHs 18-156211

ISBN 978-4-398-15621-1
定価は表紙に表示してあります。